조영남 (趙英男, Young Nam Cho)

2002년부터 현재까지 서울대학교 국제대학원 교수로 재직하고 있다. 서울대학교 동양사학과를 졸업하고 정치학과에서 석사 및 박사 학위를 받았다. 중국 베이징대학(北京大學) 현대중국연구센터 객원연구원(1997~1998년), 난카이대학(南開大學) 정치학과 방문학자(2001~2002년), 미국 하버드-옌칭연구소(Harvard-Yenching Institute) 방문학자(2006~2007년)를 역임했다. 연구 성과로는『중국의 엘리트 정치』(2019년),『덩샤오핑 시대의 중국』(2016년) 3부작(『개혁과 개방』,『파벌과 투쟁』,『톈안먼 사건』), Local People's Congresses in China(2009년) 등 열다섯 권의 단독 학술서와 많은 학술 논문이 있다. 서울대학교 연구공로상(2007년), 니어(NEAR) 재단 학술상(2008년), 한국정치학회 학술상(저술 부문)(2020년)을 수상했다.

(주)북이십일 경계를 허무는 콘텐츠 리더

21세기북스 채널에서 도서 정보와 다양한 영상자료, 이벤트를 만나세요!

페이스북 facebook.com/jiinpill21   포스트 post.naver.com/21c_editors
인스타그램 instagram.com/jiinpill21   홈페이지 www.book21.com
유튜브 youtube.com/book21pub

서울대 가지 않아도 들을 수 있는 명강의! 〈서가명강〉
'서가명강'에서는 〈서가명강〉과 〈인생명강〉을 함께 만날 수 있습니다.
유튜브, 네이버, 팟캐스트에서 '서가명강'을 검색해보세요!

중국의
통치 체제 2

이 저서는 2020년 대한민국 교육부와 한국연구재단의 지원을 받아 수행된
연구(NRF-2020S1A6A4043003)이다.

중국의 통치 체제

2

공산당 통제 기제

조영남

21세기북스

중국은 어떻게 움직이나?

정말 오랫동안 쓰고 싶었던 책이다!

1994년에 서울대학교 정치학과 대학원에 진학하여 중국 정치를 공부할 무렵부터 나는 이 책을 꿈꿨다. '중국을 제대로 이해하려면 공산당을 중심으로 움직이는 중국 정치의 실제 모습을 정확히 파악해야 한다. 중국은 공산당이 통치하는 국가이기 때문이다.' 이런 생각을 가지고 대학원 수업을 들었고, 전문 서적과 학술 논문도 열심히 읽었다. 밤을 지새우며 여러 편의 연구 보고서도 작성했다. 훌륭한 선생님들의 정성 어린 지도하에 학계의 연구 성과를 체계적으로 학습하면서, 또한 뜻이 맞는 동료들과 함께 자료 조사차 중국을 오가면서 나도 서서히 '중국 전문가'로 성장하고 있다는 생각에 뿌듯한 마음이 들기도 했다.

그런데 시간이 가도 마음 한구석에는 여전히 무언가 부족함과 허전함이 남았다. 중국과 관련된 다양한 이론을 학습하고 전문 지식을 차곡차곡 쌓았는데도, 중국 정치의 '실체(實體)' 혹은 '실제 모습(像)'은 여전히 잡히지 않았기 때문이다. 마치 산(山)의 지형은 제대로 알지도 못하면서 나무를 통해 산을 파악하겠다는 각오로 온 숲을 헤매는 느낌이었다. 그래도 학술 이론과 전문 지식을 더 많이 쌓다 보면 부족함과 허전함을 메울 수 있을 것이라는 믿음을 갖고 계속 학습하고 연구했다.

그러다 문득 이런 생각이 들었다. '중국 정치의 실제 모습은 앞으로도 파악하지 못할 수 있다.' 내가 원하는 지식 자체가 원래부터 부족하거나 거의 없고, 그래서 기존 지식을 아무리 찾아 헤매도 찾을 수가 없을 수 있기 때문이다.

그렇다면 이런 부족함과 허전함은 나만 느끼는 것일까? 아닌 것 같았다. 이후 더 많은 학습과 연구를 진행하면서 국내외 중국 정치의 '대가(大家)'라는 분들도 아주 소수를 제외하고는 나와 비슷하다는 사실을 알게 되었다. 즉 자기 연구 분야는 아주 잘 알면서도 그 분야를 벗어나면 잘 모른다는 것이다. 결국 이들 '대가' 대다수도 중국 정치의 전체 움직임은 제대로 파악하지 못한 상태에서 일부 분야의 전문 지식을 많이 알고 있는 '전문가'일 뿐이다. 전문가가 이 정도라면 중국 정치를 공부하는 학생과 중국에 관심이 있는 일반인은 말할 필요도 없다.

핑계처럼 들리겠지만, 이는 어쩌면 당연한 현상일 수 있다. 중국은 한국과는 완전히 다른 정치 체제를 가지고 있다. 한국은 민주 국가인데 중국은 독재 국가라는 뜻이 아니다. 양국의 정치 체제가 근본적으로 다르다는 뜻이다. 그래서 아무리 뛰어난 한국 정치 전문가라도 중국 정치를 제대로 이해할 수 없다. 반면 한국 정치 전문가라면 미국 정치나 일본 정치를 이해하는 데 큰 어려움이 없다. 미국과 일본은 한국처럼 자유 민주주의 국가로서, 유사한 정치 원리에 따라 비슷한 정치 체제를 운영하기 때문이다. 그러나 중국은 다르다. 중국은 사회주의 국가로서, 공산당 일당 체제를 가장 중요한 특징으로 하는 정치 체제를 가지고 있다. 따라서 중국 정치가 실제로 움직이는 모습을 이해하려면 처음부터 다시 학습해야 한다.

문제는 중국 정치가 매우 비밀스럽게 움직이기 때문에 '외부인'이 그것을 알려고 노력해도 제대로 알 수가 없다는 점이다. 특히 공산당의 조직과 운영은 더욱 그렇다. 외국인만 그런 것이 아니라 일반 중국인도 마찬가지다. 중국이 1978년 무렵부터 개혁·개방 정책을 추진하면서 경제와 사회는 많이 열렸다. 그러나 정치는 여전히 '죽(竹)의 장막'에 가려있다. 예를 들어, 공산당 총서기가 어떻게 선임되는지, 한반도 정책은 어떻게 결정되는지 우리는 여전히 잘 모른다. 중국의 정치학 교과서는 〈헌법〉과 법률을 근거로 이를 설명하는데, 이런 설명은 중국 정치의 실제 모습을 이해하는 데 도움이 되기는커녕 오히려 방해만 될 뿐이다. 중국 정치는 결코 〈헌법〉과 법률의 규정대로 움직이지 않기 때문이다.

게다가 공산당 일당 체제는 우리가 쉽게 접근할 수 있는 만만한 연구 대상이 결코 아니다. 공산당은 중국에서 유일한 '집권당(執政黨)'이자 '영도당(領導黨)'으로, 국가를 '통치'할 뿐만 아니라 전 사회와 개인도 '영도'한다. 그래서 공산당이 통치하고 영도하는 범위와 영역은 매우 넓고, 그 내용 또한 다양하고 복잡하다. 예를 들어, 공산당은 국가기관과 군대뿐만 아니라 국유기업과 대중조직의 인사권도 행사한다. 학교나 병원 같은 공공기관은 물론 민영기업(民營企業)과 비정부조직(NGO) 같은 민간조직에도 공산당 조직이 활동한다. 그 밖에도 공산당은 방송과 신문, 인터넷과 소셜미디어(SNS) 등 언론매체를 총동원하여 국민의 감정과 생각을 통제한다. 이처럼 공산당 조직 체제는 중국 전역에 거미줄처럼 뻗어있고, 공산당의 손길은 정치부터 예술까지 미치지 않는 영역이 거의 없다. 결국 아무리 열심히 연구하는 중국 전문가라도 방대한 공산당 일당 체제의 실제 움직임을 파악하기는 쉽지 않다.

그래도 우리는 중국 정치의 실제 모습을 파악하기 위해 노력해야 한다. 불과 십수 년 전이라면 소수의 전문가만이 중국을 이해해도 크게 문제 될 것이 없었다. 당시에 중국은 좋은 의미에서건 나쁜 의미에서건 우리에게 그렇게까지 중요한 국가가 아니었기 때문이다. 그러나 지금은 다르다. 중국은 이미 한국을 포함한 아시아 전역에 커다란 영향을 미치는 '지역 강대국(regional power)'으로 성장했고, 얼마 후면 미국과 함께 전 세계를 호령하는 '세계 강대국(global power)'이 될 것이다. 그래서 미국 전문가가 아니어도 미국을 어느 정도 이해하고 영어를 조금은 구사할 줄 아는 것처럼, 중국에 대해서도 좀 더 많이 알아야 한다. 이때 중국 정치에 대한 정확한 이해는 필수다. '공산당의 국가'인 중국에서 정치, 그중에서도 공산당 일당 체제가 실제로 어떻게 움직이는지를 모른다면 말이 되겠는가?

이처럼 이 책은 공산당 일당 체제를 중심으로 작동하는 중국의 통치 체제(governing system)를 분석할 목적으로, 궁극적으로는 이를 통해 중국이 실제로 움직이는 모습을 파악할 목적으로 쓴 것이다. 동시에 내가 오래전에 스스로 냈던 '숙제'를 완성하여 제출하는 것이기도 하다. 2002년에 서울대학교 교수로 부임한 이후에도 나는 계속 이 책을 쓰고 싶었다. 우리 학생들의 중국 연구에도 매우 필요했기 때문이다. 그러나 그렇게 할 수 없었다. 시간이 없어서가 아니라 능력이 부족했기 때문이다. 이제 중국 정치를 공부한 지도 거의 30년이 다 되어간다. 처음 공부를 시작할 때 스스로 냈던 '숙제'를 해결할 수 있을 정도로 충분한 지식과 경험이 쌓였는지는 모르겠다. 여전히 부족하다. 나도 이를 잘 알고 있지만, 중국 정치의 실제 모습을 파악하는 일은 더 이상 미룰 수 없는 학문적 과제라는 판단에서 용기를 내어 이 책을 쓰게 되었다.

이번 연구 시리즈는 모두 세 권으로 구성된다. 중국 정치의 실제 모습을 이해하려면 공산당뿐만 아니라 국가와 사회와 개인까지 모두 포괄해서 종합적이고 체계적으로 분석해야 한다. 개설서나 교과서를 쓰는 것이라면 몰라도, 한 권의 책으로 이런 내용을 모두 담는 일은 거의 불가능하다. 그래서 어쩔 수 없이 여러 권으로 나누어 썼다. 이 중에서 이번에 두 권의 책을 먼저 출간한다. 이 두 권은 공산당을 전문적으로 분석하는 내용을 담고 있어 함께 출간하는 것이 타당하다. 세 번째 책은 중국 정치 체제에서 국가와 사회와 개인이 수행하는 다양한 활동을 다루고 있다. 그래서 이후에 따로 출간해도 무방하다.

제1권 『중국의 통치 체제 1: 공산당 영도 체제』는 공산당의 특징과 원칙, 조직과 운영, 당원과 활동 등 공산당 그 자체에 초점을 맞추어 공산당 일당 체제를 분석한다. 제1부 「공산당 영도 체제와 원칙」에서는 이론적 측면에서 공산당 일당 체제가 무엇인지를 설명한다. 공산당 일당 체제는 학술적으로 '당-국가(party-state) 체제'라고 부른다. 이는 공산당과 국가가 인적 및 조직적으로 결합해 있고, 실제 정치 과정에서 공산당이 국가를 영도할 뿐만 아니라 종종 대체하는 정치 체제를 가리킨다. 한마디로 말해, 공산당일당 체제는 곧 '공산당 영도 체제'다. 따라서 중국 정치를 이해하기 위해서는 무엇보다 먼저 공산당 영도 체제를 알아야 한다. 또한 공산당의 다양한 영도 원칙도 알아야 한다. 자유 민주주의(liberal democracy)가 자유주의와 민주주의의 결합 원리에 따라 운영되듯이, 공산당 영도 체제도 '공산당 전면 영도', '민주 집중제', '당관간부(黨管幹部: 공산당의 간부 관리)', '통일전선' 등 몇 가지 원칙에 따라 운영된다.

제2부 「공산당 조직」에서는 공산당의 각종 조직 체제를 자세히 살펴본다. 공산당 조직체제는 지역별로는 중앙·지방·기층 조직, 기능별로는 영도조직과 사무기구로 나눌 수 있다. 예를 들어, 중앙의 공산당 영도조직에는 전국대표대회(당대회), 중앙위원회, 중앙정치국, 중앙정치국 상무위원회가 있다. 또한 중국에는 '당조(黨組)'와 '영도소조(領導小組)'라는 매우 독특한 영도조직이 있다. 성(省)·시(市)·현(縣) 등 지방에는 공산당 위원회, 향(鄕)·진(鎭)·가도(街道) 등 기층에는 공산당 기층위원회, 그 아래 단위인 도시의 사구(社區)와 농촌의 행정촌(行政村)에는 공산당 (총)지부가 있다. 제2부에서는 이런 다양한 조직의 실제 모습과 운영을 체계적으로 분석한다.

제3부 「공산당 당원」에서는 공산당원의 구성과 활동을 자세히 살펴본다. 먼저 시기별로 당원이 얼마나 늘어났고, 그들의 구성 상황, 즉 나이·직업·학력·성별·민족이 어떻게 변화했는지를 살펴본다. 이어서 당원의 충원과 일상 활동을 살펴본다. 이를 통해 중국에서는 어떤 사람들이 당원이 되려고 애쓰는지, 이들은 어떤 교육과 훈련을 통해 '공산당인(共産黨人, communist)'으로 성장하는지를

이해할 수 있다. 또한 당원이 참여하는 다양한 '당의 조직 생활'—예를 들어, 당원 간의 비판과 자기비판—도 이해할 수 있다. 이런 내용은 지금까지 외부에 잘 알려지지 않은 것이다.

제4부 「결론」에서는 지금까지 살펴본 공산당 영도 체제를 평가하고 전망한다. 공산당 영도 체제는 국민의 지지와 성원 속에서만 유지될 수 있다. 그래서 공산당은 국가를 효율적으로 운영하여 국민이 원하는 다양한 공공재(예를 들어, 경제발전과 생활 수준 향상)를 원활히 공급하기 위해 노력한다. 또한 새로운 통치 이데올로기를 개발하여 공산당 영도 체제가 왜 정당한지를 국민에게 설명하고 동의를 얻으려고 시도한다. 그 밖에도 엘리트 정치의 안정은 공산당 영도 체제가 공고하게 유지되기 위한 필수 전제 조건이다. 이런 점들을 종합적으로 고려할 때, 공산당 영도 체제는 현재 비교적 견고하게 유지되고 있고, 특별한 이변이 없는 한 최소한 당분간, 그것이 구체적으로 언제까지인지는 모르겠지만, 큰 문제 없이 유지될 것으로 보인다.

제2권 『중국의 통치 체제 2: 공산당 통제 기제』는 공산당이 국가를 통치하고 사회와 개인을 영도하는 구체적인 방법과 제도, 소위 '통제 기제(control mechanism)'를 자세히 분석한다. 이것은 인사 통제, 조직 통제, 사상 통제, 무력 통제, 경제 통제 등 모두 다섯 가지로 구성된다. 제1부 「인사 통제」는 공산당의 인사 통제 기제를 살펴본다. 공산당 영도 체제는 '당관간부 원칙'이 효과적으로 집행되기에 잘 유지될 수 있다. 이를 통해 공산당은 국가와 공공기관, 국유기업과 대중조직 등 주요 기관과 조직을 통제할 수 있기 때문이다. 중국의 민주화란 다른 말로 표현하면, '당관간부 원칙'을 폐기하여 공산당이 독점하고 있는 당정간부에 대한 인사권을 국민과 기관과 조직에 돌려주는 것을 뜻한다.

제2부 「조직 통제」에서는 공산당의 조직 통제 기제를 살펴본다. 제1권에서는 공산당 자체의 조직 체제를 살펴보았다면, 여기서는 '당외(黨外)' 기관과 지역에 설립되어 '영도 핵심' 역할을 담당하는 공산당의 각종 조직을 살펴본다. 공산당은 2000년대 들어 급격히 증가한 민영기업과 비정부조직(NGO) 같은 신생 사회 세력을 철저히 통제해야 한다. 이들이 공산당에 도전할 수 있는 가장 유력한 후보이기 때문이다. 또한 대학은 중국에서도 민주화의 '진지(陣地)이자 선봉대' 역할을 담당하기 때문에 역시 철저히 관리해야 한다. 도시 기층사회도 마찬가지다. 공산당은 이에 필요한 유용한 수단인 조직 체제를 갖추고 있고, 실제로 이를 잘 운용하고 있다. 그 결과 현재까지 공산당 영도 체제에 도전하는 세력이나 조직이 등장하지 않았고, 앞으로도 최소한 당분간은 그럴 것이다.

제3부 「사상 통제」에서는 공산당의 '정치 사상공작'을 다룬다. 공산당은 간부 당원과 일반 당원을 대상으로 다양한 정치학습 제도를 운용한다. 일반 국민을 대상으로 '애국주의(愛國主義) 교육 운동'과 같은 대중 학습 운동도 전개한다. 방송과 신문은 오래전부터

'공산당의 입'으로서 공산당 영도 체제를 선전하고 옹호하는 핵심 수단이었다. 2000년대 이후에는 인터넷과 소셜미디어가 급속히 보급되면서 공산당의 사상 통제는 이제 신매체를 중심으로 이루어진다. 제3부를 통해 공산당이 이런 사상 통제 기제를 통해 어떻게 '학습형(學習型) 정당'으로 거듭나고 있고, 동시에 어떻게 성공적으로 국민의 감정을 빚어내고 생각을 조종하는지를 이해할 수 있다.

제4부 「물리적 통제」에서는 공산당의 '경성(hard)' 통제 기제인 무력 통제와 경제 통제를 살펴본다. 중국에서 인민해방군은 '공산당의 군대'이지 '국가의 군대'가 아니다. 무장경찰 부대(武警)와 민병(民兵), 공안(경찰)·법원·검찰 같은 정법(政法)기관도 마찬가지다. 공산당은 이들을 '절대영도'하고, 이들은 공산당에 '절대복종'한다. 공산당 영도 체제를 굳건히 유지하기 위해서는 군사력과 공권력에 대한 확고한 통제가 필수적이기 때문이다. 공산당이 1989년 6월에 톈안먼(天安門) 민주화 운동을 무력으로 진압한 일은 이를 잘 보여준다. 국유자산과 국유기업에 대한 통제도 마찬가지다. 공산당에게 경제 통제는 경제발전과 관련된 '정책 선택의 문제'가 아니라, 공산당 영도 체제의 생사가 달린 '정치 원칙의 문제'다. 그래서 '국유경제는 공산당 집권의 기둥'이라고 말한다. 제4부를 통해 공산당이 어떻게 군사력과 공권력을 이용하여 영도 체제를 공고히 유지하는지, 또한 어떻게 국유자산과 국유기업을 동원하여 경제 전반

을 통제하는지를 이해할 수 있다.

제5부「결론」에서는 지금까지 논의한 내용을 종합적으로 평가하고 전망한다. 내가 볼 때, 공산당 통제 기제는 최소한 당분간 큰 문제 없이 잘 작동하고, 그 결과 공산당 영도 체제도 계속 유지될 것이다. 중국의 정치 민주화(democratization)가 실현된 이후에나 공산당 통제 기제가 작동을 멈추고, 그런 경우에만 공산당 영도 체제가 붕괴할 것이다. 반대로 말하면, 공산당 통제 기제가 작동을 멈추고, 그 결과 공산당 영도 체제가 붕괴한 경우에만 중국에도 정치민주화가 실현될 수 있을 것이다. 그런 날이 올지, 온다면 언제 올지 현재로서는 알 수 없다.

이번에 출간하는 두 권의 책은 '현대 중국 연구 시리즈'의 세 번째 연구 결과물이다. 2016년에는 '덩샤오핑 시대의 중국' 3부작인『개혁과 개방(1976~1982년)』,『파벌과 투쟁(1983~1987년)』,『톈안먼 사건(1988~1992년)』을 출간했다. 2019년에는 엘리트 정치에 초점을 맞춘『중국의 엘리트 정치: 마오쩌둥에서 시진핑까지』를 출간했다. 이를 이어 이번에『중국의 통치 체제 1·2』를 출간한다. 이로써 3년마다 새로운 연구서를 출간한다는 원래의 계획은 현재까지 잘 지켜지고 있다. 국가와 사회와 개인을 분석하는『중국의 통치 체제 3』은 조만간 선보일 것이다. 이렇게 되면 세 번째 연구도 완성된다.

이번에도 책을 쓰면서 여러분들로부터 정말 많은 도움을 받았다. 방대한 초고를 꼼꼼하게 읽고 훌륭한 조언을 해주신 서강대학교의 전성흥 교수, 한국국제전략연구원의 김태호 이사장, 인천대학교 중국학술원의 구자선 교수, 서울대학교 국제대학원 국제학연구소의 윤태희 교수께 깊이 감사드린다. 전성흥 교수는 필자와 오랜 시간 함께 토론하면서 책의 구성과 전개를 어떻게 바꾸면 좋을지에 대해 많은 조언을 해주셨다. 김태호 이사장은 전처럼 초고의 세밀한 내용까지 일일이 검토하여 보완 사항을 제시해주셨다. 특히 공산당의 무력 통제와 관련된 내용은 김 이사장의 도움이 컸다. 구자선 교수는 부정확하거나 틀린 내용을 찾아내어 책의 오류를 바로잡는 데 큰 도움을 주었다. 윤태희 교수는 자신의 박사학위 논문과 관련된 내용, 즉 공산당의 민영기업 통제와 관련하여 많은 조언을 해주었다. 그래도 남아있는 부족한 점은 선후배 학자와 독자의 도움을 받아 계속 보완해나갈 것이다. 많은 분의 가르침을 고대한다.

이 책에는 독자의 이해를 돕기 위해 150개가 넘는 각종 표·그래프·그림이 들어있다. 이 중에서 그래프와 그림은 모두 김성민·임굉건(林宏建)·왕흠우(王鑫宇) 석사 등 세 명의 조교가 정성껏 만들어준 것이다. 또한 이들은 학생의 관점에서 초고를 읽고 유익한 의견을 말해주었고, 수많은 오탈자도 바로잡아 주었다. 진심으로 감사한다. 이 책에는 글자가 전달하지 못하는 생생한 현장감을 전달하기 위해 150장이 넘는 다양한 종류의 사진도 실려있다. 사진을 통해 독자들은 글자로 읽은 내용을 직접 눈으로 확인하고 감상하는 기쁨을 맛볼 수 있을 것이다. 중국의 많은 인터넷 사이트와 게티 이미지(Getty Images) 등을 조사하여 좋은 사진을 선별하기 위해 애써준 왕흠우 조교에게 다시 한번 고마운 마음을 전한다.

한국연구재단은 이번에도 연구비를 제공해주었다. 이 자리를 빌려 감사드린다. 책 출간을 흔쾌히 수락해주신 21세기북스의 김영곤 대표이사께도 감사드린다. 요즘처럼 너나없이 중국을 싫어하는 냉혹한 '반중(反中) 감정의 시대'에 '벽돌 한 장' 분량의 중국 책, 그것도 딱딱하기 그지없는 정치 관련 책을 출간하는 일은 출판 경영인의 관점에서 볼 때 결코 수지타산이 맞는 장사가 아니다. 김 대표께서는 이를 초월하는 대범함을 보여주셨다. 책의 편집을 맡아주신 양으녕 팀장께도 감사드린다. 양 팀장은 '출판의 달인'답게 책의 편집 기획부터 초고 교정과 표지 디자인까지 모든 일을 주도면밀하게 해주셨다. 필자의 반복되는 까다로운 요구에도 싫은 기색 하나 없이 흔쾌히 처리해주신 일은 말할 필요도 없다. 이처럼 여러분의 도움 덕분에 좋은 책이 나올 수 있었다.

마지막으로, 이번에 출간하는 이 책이 우리 학계의 중국 정치 연구를 한 단계 발전시키는 데 작은 보탬이라도 되었으면 좋겠다. 또한 이 책이 우리 사회가 중국을 좀 더 진지하고 깊이 있게 이해하는 데 조금이라도 도움이 되었으면 좋겠다. 내 능력의 한계와 책의 수준을 생각할 때, 이는 분명 주제넘은 바람이다. 그래도 이런 소망을 품지 않으면 어떻게 학문의 망망대해를 두려움 없이 헤쳐 나갈 수 있으랴!

2022년 9월
서울대 연구실에서
조영남

차례

제4부 물리적 통제

제5부 결론

중국의 통치 체제 1: 공산당 영도 체제

공산당 통제 기제:
'다섯 가지의 기둥'

◆◆◆◆

중국공산당(이하 공산당)은 중국에서 '유일한 집권당(執政黨, ruling party)'이면서 동시에 '영도당(領導黨, leading party)'이다. 공산당이 집권당이 된 것은, 사회주의 혁명을 통해 국민당을 물리치고 정권을 장악하여 중화인민공화국(중국)을 수립했기 때문이다. 공산당식으로 표현하면, 역사와 인민이 국민당과 자본주의의 길을 버리고, 대신 공산당과 사회주의의 길을 선택했다는 것이다.[1] 2021년에 창당 100주년을 기념하면서 공산당이 일 년 내내 공산당원뿐만 아니라 일반 국민에게도 귀가 따갑도록 선전했던 공산당 집권의 역사적 정통성(historical legitimacy) 주장이다.

또한 중국에서 유행하는 주장에 따르면, 공산당이 영도당이 된 데에는 그럴 만한 이유가 있기 때문이라고 한다. 예를 들어, 한 중국학자는 세 가지 이유를 제시한다. 첫째는 공산당의 '선진성(先進

性)'이다. 즉 공산당은 전체 인민과 중화민족의 '선봉대'로서, "선진 생산력의 발전 요구, 선진문화의 전진 방향, 가장 광범위한 인민의 근본이익"을 대표하기 때문에 영도당이 될 수 있다. 장쩌민의 '삼개대표(三個代表) 중요 사상'을 강조하는 주장이다. 둘째는 〈헌법〉이 부여한 합법성(合法性)이다. 즉 〈헌법〉에 따르면, "공산당은 중국 인민을 영도하여 중화인민공화국을 건립했다." 셋째는 공산당이 이룩한 정치안정과 사회경제적 발전이다. 막스 베버(Max Weber)가 말한 업적 정통성(performance legitimacy) 주장이다.[2]

그렇다면 현재도 중국에서 공산당이 유일한 집권당이면서 동시에 영도당으로 국가와 사회를 통치하고 영도할 수 있는 '진짜 이유'는 무엇일까? 다른 식으로 말하면, 개혁·개방 시대(1978년~현재)에 중국이 개인 소유제와 시장경제를 운용하면서도 공산당 일당 체제가 무너지지 않고 잘 작동하는 '진짜 이유'는 무엇일까? 더 나아가서, 공산당이 '권위주의의 끈질김(authoritarian resilience)'을 유지하면서도 눈부신 사회경제적 발전을 이룩할 수 있는 '진짜 이유'는 무엇일까? 이에 대해서는 그동안 국내외 학계에서 다양한 논의가 있었다.[3]

1. 공산당 통제 기제

그런데 내가 볼 때, 공산당 일당 체제, 지금까지 우리가 논의해 왔던 방식으로 말하면, 중국의 '당-국가 체제(party-state system)' 혹은 '공산당 영도 체제(領導體制, leadership system)'가 유지되는 가장 근본적인 이유는, 다섯 가지의 '공산당 통제 기제(統制機制, control mechanism)'가 제대로 작동하기 때문이다. 비유적으로 표현하면, 공산당 통제 기제는 공산당 영도 체제를 지탱해주는 든든한 '다섯 가지의 기둥(five pillars)'이라고 할 수 있다.

여기서 내가 말하는 공산당 영도 체제는 '〈당장(黨章)〉과 당규(黨規)에 근거하여 구성되고 운영되는 정치 체제', 줄여서 '〈당장〉에 근거한 정치 체제'를 가리킨다. 이 말이 너무 어려우면, 그냥 공산당 일당 체제와 비슷한 개념이라고 이해해도 좋다. 공산당 영도 체제에 대해서는 이미 제1권의 제1부에서 자세히 설명했다.

〈그림 1〉은 공산당의 다섯 가지 통제 기제가 공산당 영도 체제를 지탱하고 있는 상황을 집(家)에 비유하여 묘사한 것이다. '다섯 가지의 기둥' 중에서 첫째는 인사 통제, 둘째는 조직 통제, 셋째는 사상 통제, 넷째는 무력 통제, 다섯째는 경제 통제다. 순서는 공산당이 실제 정치 과정에서 사용하는 빈도수를 기준으로 내가 매긴 것으로, 앞에 호명된 통제 기제가 뒤의 통제 기제보다 더 중요하다는 것을 의미하지는 않는다. 만약 공산당의 관점에서 본다면, 가장

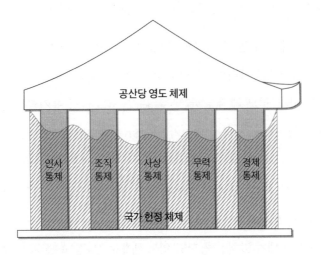

공산당 영도 체제

인사
통제

조직
통제

사상
통제

무력
통제

경제
통제

국가 헌정 체제

자료: 필자 작성

중요한 통제 기제는 무력 통제일 것이다. 이것이 공산당 영도 체제
를 수호하는 가장 든든한 '최후의 요새'이고, 가장 강력하고 확실
한 '최강의 무기'이기 때문이다.

또한 〈그림 1〉은 공산당 영도 체제와 다섯 가지 통제 기제 간
의 관계뿐만 아니라, 이것들과 '국가 헌정 체제(憲政體制, political
system of constitution)' 간의 관계도 함께 보여준다. 공산당 영도 체제
가 '〈당장〉에 근거한 정치 체제'라고 한다면, 국가 헌정 체제는 '〈헌
법〉과 법률에 근거하여 구성되고 운영되는 정치 체제', 줄여서 '〈헌
법〉에 근거한 정치 체제'를 가리킨다. 중국의 정치 교과서가 기술하
고 있는 중국 정치 체제가 바로 국가 헌정 체제라고 할 수 있다. 공

산당은 이를 근거로 중국도 '중국 특색의 사회주의 민주'를 실행한다고 주장한다. 그러나 실제 정치는 〈헌법〉의 법조문대로 움직이지 않는다.

대신 중국의 정치 체제는 앞에서 말했듯이 당-국가 체제라고 규정할 수 있다. 또한 중국의 당-국가 체제는 공산당 영도 체제와 국가 헌정 체제로 구성되고, 실제 정치 과정에서는 공산당 영도 체제가 국가 헌정 체제를 영도할 뿐만 아니라 종종 대체하는 권위주의 정치 체제다. 여기서 공산당의 다섯 가지 통제 기제는 중요한 역할을 담당한다. 공산당 영도 체제가 국가 헌정 체제를 영도 및 대체할 수 있도록 만들어주는 핵심 수단(leverage)이기 때문이다. 다만 겉에서 보면, 국가 헌정 체제라는 '벽'에 가려서 집 안에서 실제로 작동하고 있는 공산당 통제 기제가 제대로 보이지 않을 뿐이다.

이 책에서 나는 공산당 영도 체제를 지탱하는 '다섯 가지의 기둥'을 집중적으로 살펴볼 것이다. 이를 통해 제1권에서 던진 질문, 즉 개혁·개방 시대에 공산당은 어떻게 국가와 사회를 안정적으로 통치하는가에 대한 답을 얻을 수 있을 것이다. 또한 공산당이 지난 40여 년 동안 권위주의 체제를 끈질기게 유지하면서도 동시에 눈부신 사회경제적 발전을 달성할 수 있었던 비결을 이해할 수 있을 것이다.

2. '연성(soft)' 통제 기제와 '경성(hard)' 통제 기제

공산당의 다섯 가지 통제 기제는 편의상 두 가지 종류로 나눌 수 있다. 하나는 '연성(soft)' 통제 기제다. 여기에는 인사 통제, 조직 통제, 사상 통제가 포함된다. 다른 하나는 '경성(hard)' 통제 기제다. 여기에는 무력 통제와 경제 통제가 포함된다. 공산당 영도 체제가 유지되기 위해서는 '연성' 통제 기제와 '경성' 통제 기제가 모두 필요하고, 동시에 이 두 기제가 협조하면서 조화롭게 잘 작동되어야 한다.

인사 통제와 조직 통제는 공산당이 주로 법규와 제도를 이용하여 당정간부, 국가기관, 국유기업, 공공기관, 인민단체 등을 자신의 의도대로 움직이게 만드는 기제다. 또한 사상 통제는 교육과 선전 제도, 언론매체와 인터넷 매체를 동원해서 중국인의 생각을 빚어내고 감정을 조종하여 공산당 영도 체제를 수용하도록 만드는 기제다. 모두 군사력이나 공권력을 동원하지 않고도 '부드러운 방식'으로 공산당이 원하는 목적을 달성할 수 있도록 도와준다. 그래서 나는 이를 '연성' 통제 기제라고 부른다.

그런데 만약 이와 같은 '연성' 통제 기제가 제대로 작동하지 않는 상황이 온다면 어떻게 할 것인가? 다시 말해, 공산당이 '연성' 통제만으로는 국민이 공산당 영도 체제를 수용하도록 만들 수 없게 된다면 어떻게 할 것인가? 예를 들어, 일부 사회 세력이 겉으로는 공산당에 복종하는 척하면서 실제로는 딴마음을 먹고 있다가 결정적인 순간에 공산당에 반기를 들고 도전하면 어떻게 할 것인가? 또한 일상적으로도 물리적 수단의 뒷받침 없이 '연성' 통제 기제가 잘 작동한다고 누가 보장할 수 있는가?

결국 공산당은 '연성' 통제 기제를 보완할 수 있는 '경성' 통제 기제를 갖추어야만 한다. 무력 통제와 경제 통제가 바로 그것이다. 구체적으로 '경성' 통제 기제는 공산당 영도 체제의 유지 및 작동을 위해 두 가지 역할을 담당한다. 첫째, '연성' 통제 기제가 제대로 작동하지 않는 특별한 상황, 대개는 '비상 상황'이 도래하면 즉시 동원되어 공산당 영도 체제를 수호하는 '소방수' 역할을 한다. 공산당이 1989년 6월에 인민해방군을 동원하여 톈안먼 민주화 운동을 무력으로 진압한 일은 이를 잘 보여준다. 앞으로도 이런 일이 발생하면 군은 언제든지 다시 출동할 것이다.

둘째, '연성' 통제 기제가 일상적으로 잘 작동되도록 물리적으로 뒷받침해주는 든든한 '후원부대' 역할을 한다. 일반 국민은 공산당의 '연성' 통제, 즉 인사·조직·사상 통제를 따르지 않으면 무슨 일이 벌어지는지를 과거의 역사적 경험과 개인의 일상 체험을 통해 이미 잘 알고 있다. 그래서 평상시에도 '연성' 통제를 따른다. 이처럼 '연성' 통제 기제 뒤에는 '경성' 통제 기제의 '무서운 그림자'가 어른거린다. 평상시에 '연성' 통제 기제가 잘 작동하는 이유는 이 때문이다.

이제 공산당의 다섯 가지 통제 기제를 하나하나 자세히 살펴보자. 제1부에서는 '인사 통제'를 살펴볼 것이다. 제2부에서는 '조직 통제', 제3부에서는 '사상 통제'를 살펴볼 것이다. 이렇게 하면 '연성' 통제 기제에 대한 검토가 끝난다. 이어서 '경성' 통제 기제로 넘어가서, 제4부 '물리적 통제'에서는 무력 통제와 경제 통제를 한데 묶어서 살펴볼 것이다.

제1부

인사 통제

◆◆◆◆

"인사가 만사(人事万事)"라는 말이 있다. 국가나 기업이 성공하려면 능력 있고 헌신적이며 업무에 합당한 인재를 기용해야 한다는 뜻이다. 공산당 영도 체제도 마찬가지다. 공산당이 영도 체제를 굳건히 유지하면서 정치안정과 사회경제적 발전을 동시에 달성하기 위해서는 그에 필요한 간부를 발굴하고 육성해야 한다. 소위 '홍(紅: 혁명성)'과 '전(專: 전문성)'을 겸비한 간부가 그들이다. 다른 말로 표현하면, 간부는 공산당에 충성하는 '공산당인(共産黨人, communist)'이면서 동시에 업무 수행에 필요한 전문 지식과 업무 능력을 갖춘 '전문가(專家, expert)'여야 한다.

그런데 이것보다 더욱 중요한 일은, 공산당이 주요 간부에 대한 인사권을 독점해야 한다는 점이다. 그래야만 공산당이 자기에게 충성하는 간부를 당정기관, 국유기업, 공공기관, 인민단체 등에 마음대로 배치할 수 있고, 그래야만 간부들이 인사권자인 공산당의 말을 들을 것이기 때문이다. 그래서 공산당 영도 체제의 가장 효과적인 통제 기제는 공산당만이 간부를 관리한다는 원칙, 즉 '당관간부(黨管幹部, party's cadre management)' 원칙이라고 말한다.[1] 일부 연구자들이 레닌주의 체제의 핵심 요소 중 하나로 당관간부 원칙을 드는 것은 이 때문이다.[2]

공산당은 예나 지금이나 당관간부 원칙을 굳건히 지키고 있다. 이 원칙에 따라 중국에서는 공산당을 제외한 그 어떤 정치 세력도 당정기관뿐만 아니라 국유기업, 공공기관, 인민단체 등의 인사 문제에 관여할 수 없다. 이에 도전하는 세력이 있다면 공산당은 단호히 탄압한다. 공산당은 앞으로도 이 원칙을 굳건히 지킬 것이다. 이 원칙의 포기는 곧 권력의 포기를 의미하기 때문이다. 중국의 민주화란, 다른 식으로 표현하면 공산당이 장악한 간부 인사권을 국민에게 돌려주는 일이다. 즉 당관간부 원칙의 폐기다.

또한 개혁·개방 시대(1978년~현재)에 중국은 정책 결정권, 인사권, 자원 분배권 등 여러 가지 권한을 중앙에서 지방으로 이양하는 분권화(decentralization) 정책을 실행했다. 그 결과 중앙-지방 관계에서 지방의 지위가 전보다 높아지고, 권한도 더욱 많아졌다. 이를 두고 일부 학자들은, 분권화 정책에 따라 '실제적 연방제(federalism)', 즉 법률적으로는 단방제(單邦制)이지만 실제로는 연방제로 운영되는 상황이 출현할 수 있다고 주장했다. 그러나 공산당 중앙은 여전히 성급(省級: 성·자치구·직할시) 지방 지도자에 대한 인사권을 행사하고, 이를 통해 지방을 통제할 수 있다.[3] '실제적 연방제' 같은 지방 분권화 체제가 등장하지 않은 것은 이 때문이다. 공산당의 인사 통제는 이처럼 중국을 단일한 국가로 유지하기 위해서도 없어서는 안 되는 중요한 수단이다.

공산당의 인사 통제는 모두 네 가지 제도를 통해 실현된다. 첫째는 인사 임명 제도다. 공산당이 주요 간부를 임명하거나 면직하는 통제 기제를 말한다. 임명 제도는 인사 통제의 기본이면서도 가장 중요한 기제다. 공산당은 특히 영도간부(領導幹部)에 대해서는 철저하게 통제한다. 이를 실행하는 구체적인 방법이 바로 '간부직무명칭표(幹部職務名稱表, nomenklatura)' 제도다. 이에 비해 공무원 제도는 주로 비(非)영도직무의 공무원을 관리하는 보조 수단으로 사용된다.

둘째는 간부 교육 훈련 제도다. 간부의 충성심을 배양하고 업무 능력을 향상하기 위해서는 교육 훈련이 필수적이다. 이를 위해 공산당은 중앙에서 현급(縣級) 지방까지 당교(黨校, party school)와 각종 간부학원(幹部學院, cadre academy)을 운영하고 있다. 또한 일상적으로는 공산당 정치국 집단학습(集體學習) 제도를 포함하여 당 위원회(당조) 이론 중심조(中心組) 학습 제도와 당원의 정치 학습 제도를 실행한다. 이런 점에서 공산당은 전 세계의 어떤 국가에서도 찾아볼 수 없는 '학습형(學習型) 정당'이라고 평가할 수 있다.

셋째는 간부 인사 평가 제도다. 우수한 간부는 육성하고 무능한 간부는 도태시키기 위해 공정한 기준과 객관적인 절차에 입각한 인사 평가가 이루어져야 한다. 게다가 인사 평가 제도는 공산당 중앙이 생각하는 정책의 우선순위에 따라 지방 간부가 정책을 집행하도록 유도하는 중요한 통제 수단이기도 하다. 따라서 인사 평가 제도가 잘 실행되어야만 공산당 중앙의 정책이 지방에서 제대로 집행될 수 있다.

넷째는 인사 감독 제도다. 중국과 같은 공산당 영도 체제에서는 당정간부가 공산당을 대신하여 인사권과 정책권 등 막강한 권한을 행사한다. 그래서 인사 감독이 제대로 이루어지지 않으면 간부의 부정부패가 만연하고, 이는 곧 국민의 불만을 불러일으켜 공산당의 통치 정통성에 치명상을 입힐 수 있다. 실제로 1990년대 이후 간부의 부정부패는 공산당을 괴롭히는 가장 중요하고 민감한 문제가 되었다.[4] 간부에 대한 철저한 감독과 통제가 필수적인 이유는 이 때문이다.

제1부에서는 이 네 가지 인사 통제 제도를 순서대로 살펴볼 것이다.

인사 임명: 간부와 공무원 통제

공산당의 인사 통제를 살펴볼 때 가장 어려운 점은, 용어가 너무 복잡해서 외국인은 물론이고 중국인도 이를 제대로 이해하기가 쉽지 않다는 점이다. 예를 들어, 중국에서는 '간부(幹部)', '공무원(公務員)', '정부 고용인(政府雇員)', '재정 부양인(財政供養人員)' 등의 개념이 혼용되고 있다. 이 중에서 간부와 공무원이 가장 중요한 개념이다. 따라서 이에 대한 정확한 이해가 선행되어야 한다.

또 다른 어려운 점은, 공산당과 정부가 인사 통계자료를 제대로 발표하지 않을 뿐만 아니라, 발표한 자료도 분류 기준과 내용이 제각각이라는 점이다. 예를 들어, 전체 국가 공무원 규모에 대한 최신 통계는 2016년에 발표한 716만 7,000명이라는 숫자가 전부다. 이들의 직급과 구성이 어떻고, 각 당정기관에 분포하는 비율은 어느 정도인지에 대해서는 밝히지 않았다. 그래서 불완전한 자료를 긁어모아 간부와 공무원의 전체 규모를 파악할 수밖에 없다. 뒤에서 살펴볼 각종 통계표와 그래프가 조금 엉성한 이유는 이 때문이다.

1. 간부와 공무원:
정의와 규모

먼저 간부와 공무원의 차이부터 살펴보자. 중국에서는 이 두 가지 용어를 자주 섞어서 사용한다. 그러나 간부와 공무원은 분명히 다르다.

(1) 간부: '공공기관에서 공무(公務)를 수행하는 사람'

간부의 일반적인 의미는 '공산당과 정부의 인사 부서가 관리하는 정신노동자'로, 노동자나 농민과 대비되는 일종의 '신분' 개념이다.[1] 또한 간부는 '정치 엘리트'와 '당정기관에서 공무를 수행하는 인원'을 가리키기도 한다.[2] 그런데 이런 규정은 너무 포괄적이고 애매해서 공산당의 인사 통제를 이해하는 데에는 적절하지 않다.

| 간부의 정의

공산당은 이보다 조금 더 체계적인 의미로 간부 개념을 사용한다. 예를 들어, 공산당 중앙 조직부가 편찬한 『중국공산당 조직공작(組織工作) 사전(辭典)』(2009년)에서는 간부를 다음과 같이 정의한다. "중국에서 간부는 공산당, 국가기관, 국유기업, 사업단위(공공기관―인용자), 인민단체, 군대에서 공직(公職)을 담당하거나 공무(公務) 활동에 종사하는 인원"을 가리킨다.[3] 이 규정에 따르면, 간부는 크게 네 가지 종류로 나눌 수 있다. 첫째는 당정간부, 둘째는 국유기업 간부, 셋째는 사업단위 간부, 넷째는 군 간부다.[4]

여기서 '사업단위'는 "국가가 사회 공익(公益)을 달성할 목적으로 직접 설립하거나, 아니면 사회기관이 국가의 자산과 재원을 이용하여 설립한 교육·과학·문화·위생·체육·출판·방송·사회복지 등 분야의 단체와 조직"을 가리킨다.[5] 우리가 흔히 말하는 공공기관과 비슷한 개념이다. 또한 '군 간부'는 군이 특별히 관리하기 때문에 일반적으로 정부 고용인에 포함하지 않는다. 그래서 중국에서 간부라고 말할 때는 군 간부를 제외한다.[6] 참고로 공무원은 이 네 가지 범주의 간부 중에서 첫 번째인 당정간부만을 가리킨다. 즉 범위 면에서 볼 때, 간부가 공무원보다 훨씬 넓은 개념이다.

간부의 구분: 고급간부, 중급간부, 기층간부

또한 간부는 직위에 따라 고급간부(高級幹部), 중급간부(中級幹部), 기층간부(基層幹部)로 나뉜다. '고급간부'는 국가급(國家級) 간부와 성부급(省部級: 장·차관급) 간부를 가리킨다. 이 중에서 국가급 간부는 공산당 직위로 말하면 정치국원과 정치국 상무위원을 가리킨다. 여기에는 공산당 총서기와 서기처 상무서기, 중앙기위 서기와 부서기, 국가 주석과 부주석, 국무원 총리와 부총리, 전국인민대표대회(전국인대: 중앙 의회) 위원장과 부위원장, 중국 인민정치협상회의 전국위원회(전국정협: 통일전선 조직) 주석과 부주석, 중앙군사위원회(중앙군위) 주석과 부주석이 포함된다. 최고인민법원 원장과 최고인민검찰원 검찰장은 정치국원은 아니지만, 국무원 부총리와 같은 국가급 부직(副職) 간부로 분류된다. 성부급 간부의 예로는, 공산당 중앙 조직부 부장과 국무원 외교부 부장, 성급 지방의 당서기와 성장·주석·시장 등을 들 수 있다.

'중급간부'는 지청급(地廳級: 지방 지급 시의 당서기·시장과 중앙 부서 청장급) 간부와 현처급(縣處級: 지방 현의 당서기·현장과 중앙 부서 처급) 간부를 가리킨다. 지청급 간부는 다른 말로 청국급(廳局級) 또는 사청급(司廳級) 간부라고 부른다. 여기서 '청·국'과 '사·청'은 모두 동급의 직무다. 예를 들어, 공산당 중앙 조직부 인사국 국장, 베이징시 정부 재정청 청장, 지급(地級) 시의 당서기와 시장이 지청급 간부다. 현처급 간부는 공산당 중앙 조직부 인사국 인사처 처장, 베이징시 정부 재정청 재무처 처장, 현급 지방의 당서기와 현장·시장·구장(區長)이 포함된다. 마지막으로 '기층간부'는 향(鄕)·진(鎭)·가도(街道)의 당서기와 향장(鄕長)·진장(鎭長)·주임(主任)을 가리킨다.[7]

이 세 가지 층위의 간부 중에서 '중급간부' 이상, 즉 현처급·지청급·성부급·국가급 간부를 통칭하여 '영도간부(領導幹部, leading cadre)'라고 부른다. 이는 뒤에서 살펴볼 공무원의 '영도직무(領導職務, leading position)'와는 다른 개념이기 때문에 잘 기억해두어야 한다. 이처럼 간부는 어떤 법률이 규정한 용어가 아니라, 공산당의 정의에 근거하여 일반적으로 통용되는 개념이다.

(2) 공무원: '법률이 규정한 특정한 범주의 사람'

반면 국가 공무원의 의미와 범위는 법률로 엄격히 규정되어 있다. 〈중국 공무원법〉(2018년 수정)에 따르면, 공무원은 세 가지 조건을 충족하는 사람을 말한다. 첫째, 법률에 근거하여 공직(公職)을 수행한다. 이에 따르면, 정부나 인민대표대회(人大/인대) 같은 국가기관뿐만 아니라 공산당, 민주당파, 인민단체에서 일하는 사람도 공무원이다. 둘째, 국가의 행정 편제(行政編制)에 편입된다. 국가 재정으로 운영되는 인원 편제는 행정 편제(行政編制), 사업 편제(事業編制), 기업 편제(企業編制), 군사 편제(軍事編制) 등 네 가지로 나뉘는데, 공무원은 이 중에서 행정 편제에 편입된 사람만을 가리킨다. 셋째, 국가 재정으로 임금과 복지를 부담한다. 설사 국가기관에 근무하더라도 만약 임금과 복지를 국가 재정이 아닌 다른 재원(예를들어, 해당 기관이 자체 사업을 통해 얻은 수익금)으로 충당한다면 공무원이 아니다.

이런 세 가지 기준에 따라 〈'중국 공무원법' 실시 방안〉은 다음
과 같은 일곱 개 범주의 사람을 법적으로 공무원이라고 규정한다.
즉 ① 공산당 기관, ② 전국인대와 지방인대 등 인대(人大) 기관(한
국식으로는 입법기관), ③ 국무원과 지방정부 등 행정기관, ④ 전국정
협과 지방정협 등 정협기관(통일전선 기관), ⑤ 최고인민법원과 지방
법원 등 심판기관(사법기관), ⑥ 최고인민검찰원과 지방검찰원 등 검
찰기관, ⑦ 민주당파(民主黨派)와 공상련(工商聯) 기관이 그것이다.

여기서 알 수 있듯이, 국가 재정으로 설립했거나 운영하는 국유
기업, 공공기관(사업단위), 군대에 소속된 사람은 공무원이 아니다.
다만 공공기관(사업단위) 소속원, 예를 들어 국립대학의 교수와 직
원, 박물관 연구원과 직원, 방송국 직원은 〈중국 공무원법〉에 준

〈표 1-1〉 간부와 공무원의 분류

간부		공무원
당정간부 (행정 편제)	공산당, 정부, 인대, 정협, 법원, 검찰원, 민주당파, 인민단체	공산당 인민대표대회(전국인대와 지방인대) 행정기관(국무원과 지방정부) 인민정치협상회의(전국정협과 지방 정협) 법원(최고인민법원과 지방법원) 검찰원(최고인민검찰원과 지방검 찰원) 민주당파와 공상련(工商聯)
국유기업 간부 (기업 편제)	국유기업(금융포함)	
사업단위 간부 (사업 편제)	교육, 문화, 의료, 위생, 체육, 언 론, 사회복지 등 기관	
군 간부 (군사 편제)	인민해방군과 무장경찰 부대	

자료: 桂宏誠,「中國大陸黨管幹部原則下的公務員體制」,「中國大陸研究』56卷 1期(2013), pp. 63-66, 68-69; 桂
宏誠·彭思舟,「大陸'公務員'和'幹部'之關係」,『展望與探索』11卷 1期(2013), p. 35; 〈中共中央·國務院關於印發《中
華人民共和國公務員法》實施方案的通知〉(2006년 4월); 〈中共中央辦公廳印發《公務員職務與職級并行規定》〉
(2019년 3월).

용하여 관리된다. 이런 점에서 공공기관은 '준(準)국가기관', 그 직원은 '준공무원'이라고 말할 수 있다. 또한 공상련 이외에도 총공회(總工會: 노조연합회), 공산주의청년단(共靑團), 부녀연합회(婦聯) 등 공산당이 통제하는 인민단체는 국가기관으로 간주되고, 그 소속원은 공무원으로 분류된다.

〈표 1–1〉은 지금까지 논의한 내용을 정리한 것이다.

(3) 간부와 공무원의 전체 규모

그렇다면 간부와 공무원의 전체 규모는 얼마나 될까? 중국에서 사용하는 주요 개념에 맞추어 각종 '공직자'와 공산당원의 전체 규모를 정리한 것이 〈표 1–2〉다.

| 재정 부양인

먼저 국가 재정으로 임금과 복지 비용을 부담하는 사람을 '재정부양인(財政供養人員)'이라고 한다. 이는 가장 포괄적인 개념이다. 우리말로는 '공직자' 정도가 될 것이다. 그 규모는 2015년 말 기준으로 대략 5,000만 명이다. 이 중에서 '당정기관' 인원, 즉 공무원은 약 700만여 명으로 전체의 약 14%, 공공기관(사업단위) 종사자는 약 3,100만 명으로 전체의 약 62%, 퇴직자는 약 1,200만 명으로 전체의 약 24%를 차지한다. 이처럼 재정 부양인 중에서 2/3는 공공기관 종사자이고, 법률이 규정한 엄격한 의미의 공무원은 '재정 부양

〈표 1-2〉 중국의 '공직자'와 공산당원 규모

단위: 명/퍼센트(%)

범주 (통계연도/단위)	구분		규모(%)		소계(%)
재정 부양인 (財政供養人員) (2015년/만 명)	당정기관		700(14)		5,000(100)
	사업단위		3,100(62)	교사 1,500	
				의료·위생 500	
				문화 등 1,100	
	퇴직자		1,200(24)		
공무원 (2007년/명)	성부급(省部級)		2,485(0.04)		6,888,478(100)
	지청급(地廳級)		47,993(0.7)		
	현처급(縣處級)		623,000(9.0)		
	향과급(鄕科級)		3,152,000(45.8)		
	과원(科員)		3,063,000(44.5)		
영도직무 (간부) (2007년/명)	고급	성부급	2,485(0.06)	673,478(17.6)	3,825,478(100)
	중급	지청급	47,993(1.25)		
		현처급	623,000(16.28)		
	기층	향과급	3,152,000(82.4)	3,152,000(82.4)	
공산당 당원 (2021년/만 명)	당정기관		777.3(8.1)		9,514.8(100)
	일반 당원		8,737.5(91.9)		

자료: 다음 자료를 취합하여 필자가 작성했다: Hon S. Chan and Jie Gao, "The Politics of Personnel Redundancy: The Non-leading Cadre System in the Chinese Bureaucracy", *China Quarterly*, No. 235 (September 2018), p. 627; 「中國公務員總數首次披露: 716.7萬人」, <中國經濟周刊> 2016년 6월 21일, www.cpc.people.com.cn (검색일: 2012. 3. 16); 「人社部 : 縣處級副職以上職務的公務員占整個公務員隊伍10%」, <新華網> 2016年 6月 27日, www.xinhuanet.com (검색일: 2021. 3. 16); 李建國(全國人大常會副委員長), 「關於<中華人民共和國監察法(草案)>的説明」(2018년 3월 13기 전국인대 1차 회의), lianghui.people.com.cn/2018npc (검색일: 2018. 3. 30); 中國共產黨 中央組織部, 「中國共產黨黨內統計公報」, <人民網> 2021년 6월 30일, www.people.com.cn (검색일: 2021.6.30).

인'의 약 14%에 불과하다.

중국의 '재정 부양인'을 다른 나라의 공직자와 비교하면 차이가 있다. 먼저 타국에서는 포함하지 않는 퇴직자를 포함한다. 또한 타국에서는 포함하는 군인, 특히 직업군인을 중국에서는 군사 편제로 분류하여 별도로 관리한다. 참고로 중국의 정규군인 인민해방군은 200만 명이다. 만약 인민 무장경찰 부대를 군으로 분류하면 최소 68만 명을 추가해야 한다. 다시 말해, 군인은 최소 268만 명이다. 이를 모두 재정 부양인에 포함하면 국가 재정으로 부양하는 사람의 전체 규모는 5,300만 명 정도가 된다.

한편 2005년 통계를 기준으로, 재정 부양인의 규모를 인구 대비로 비교하면 중국은 28.7 대 1이다. 즉 국가 재정으로 부양하는 사람이 인구 28.7명마다 한 명꼴이다. 이는 독일(20.1:1), 이탈리아(16.1:1), 영국(11.0:1), 스페인(16.1:1), 캐나다(11.9:1) 같은 선진국, 혹은 러시아(9.6:1)나 폴란드(23.1:1) 같은 이전 사회주의 국가와 비교했을 때 양호한 편이다. 다만 사회주의 국가인 쿠바(56.4:1)와 비교했을 때는 중국의 재정 부양인이 많은 편이다.[8]

| '공무원'과 '공산당원'

〈표 1-2〉에서는 '공무원'의 행정등급별 분포도를 알아보기 위해 2007년 통계를 사용했다. 이에 따르면, 공무원의 44.5%가 과원(科員) 이하다. 이를 한국에 비교하면 7~9급 공무원에 해당한다. 또

한 공무원의 45.8%가 향과급(鄕科級)인데, 이는 한국의 면장(面長)이나 읍장(邑長) 또는 도청의 과장(科長) 등급에 해당하는 직위다. 과원 이하와 향과급을 합하면 전체 공무원의 90.2%로, 공무원의 절대다수가 향과급 이하의 하위직에 근무한다. 반면 현처급 이상의 '영도간부'는 전체의 9.8%밖에 되지 않는다.

'공산당 당원'을 보면, 2021년 6월 기준으로 당원 규모는 9,514만 8,000명이고, 이 가운데 당정기관에 근무하는 당원은 777만 3,000명으로 전체 당원의 8.1%를 차지한다. 이처럼 공산당원의 절대다수인 92%는 당원이라는 '정치 신분'을 가지고 있는 사람이지, 당정기관에 근무하는 간부나 공무원이 아니다. 이들 공산당원은 자신의 업무와 상관없이 다양한 '당의 조직 생활'에 참여한다. 마치 신자가 각자 생업에 종사하다가 주말이면 성당에 나가 미사를 보는 것처럼 말이다.

2. 인사 임명 방식과 절차

〈중국 공무원법〉 등을 근거로 간부와 공무원의 임용 제도와 절차를 간략히 살펴보자. 중국의 임용 제도는 크게 네 가지로 나눌 수 있다.[9]

(1) 고시 임용제: 시험을 통한 임용

첫째는 고시 임용제(考任制)다. 이 제도는 공무원 직무의 맨 아래 단계인 과원(科員) 이하를 선발할 때 사용한다. 한국과 비슷하게 중앙 시험과 성급별 지방 시험이 따로 있다. 1993년 8월에 〈중국 공무원 임시조례〉가 반포되면서 고시 임용제는 전국적으로 시행되기 시작했다.[10] 고시 임용제는 말단 공무원을 선발하는 것으로, 공산당이 아니라 정부 인사부서가 관리한다.

참고로 〈표 1-3〉은 중앙 부서의 공무원 시험 경쟁률을 제시한 것이다. 이를 보면, 중국에서도 공무원이 되려는 경쟁이 매우 치열하다는 사실을 알 수 있다. 최근 들어서는 국내외 경제 상황이 불안정해지고, 사영기업의 노동환경이 나빠지면서 안정적인 직업을 선호하는 경향이 더욱 증가했다. 그 결과 젊은이들 사이에서 공무

〈표 1-3〉 중앙 부서 공무원 시험 경쟁률(2006~2010년)

단위: 명/퍼센트(%)

연도	지원자	정원	충원율(%)	경쟁률
2010	1,401,845	15,526	1.1	4,723:1
2009	800,000	13,566	1.7	3,592:1
2008	640,000	13,977	2.2	4,407:1
2007	535,574	12,724	2.4	2,014:1
2006	365,000	10,282	2.8	322:1

자료: Yijia Jing and Qianwei Zhu, "Civil Service Reform in China: An Unfinished Task of Value Balancing", *Review of Public Personnel Administration*, Vol. 32, No. 2 (2012), p. 141.

원의 인기는 더욱 높아지고 있다. 매년 수백만 명이 중앙과 지방의 공무원 시험에 몰리는 것은 이 때문이다.

(2) 위임제: 자체 선발을 통한 임용

둘째는 위임제(委任制)로, 각 당정기관이 주어진 권한 안에서 필요한 인원을 직접 선발하여 임용하는 제도를 말한다. 중국에서 그냥 임명 제도라고 하면 대개 위임제를 뜻한다. 이는 주로 영도간부의 임용에 사용되는 제도로서, 누가 누구를 어떻게 임용할지는 〈당정 영도간부 선발 임용(選拔任用) 공작조례(工作条例)〉(2019년 3월 수정)에 상세히 규정되어 있다. 위임제는 영도간부를 대상으로 실행하기 때문에 정부 인사부서가 아니라 공산당 위원회와 조직부가 담당한다.

| 영도간부의 네 단계 임용 절차

임용 절차는 크게 네 단계로 나눌 수 있다. 첫째 단계는 인사 정책의 결정과 준비다. 특정 지역과 기관의 공산당 위원회(당 위원회)가 간부 선발과 임용에 대한 방침을 결정하면, 당 조직부가 이에 필요한 실무 업무를 주관한다. 예를 들어, 당 위원회가 정부 각 부서에 얼마나 많은 영도간부(책임자)를 임용할지를 결정하면, 당 조직부가 이에 대한 계획과 방안을 제시한다. 여기에는 공개 경쟁 선발로 할지, 아니면 비공개 제한 선발로 할지 등의 인선 방법도 포함된다. 또한 조직부가 사전 조사를 통해 준비한 초보적인 인사 명단도 포함된다.

둘째 단계는 민주추천(民主推薦)이다. 이는 공산당 조직부가 담당한다. 당 조직부는 사전 조사를 통해 자격 조건을 갖춘 예비후보를 선정한다. 이들 중에서 정식 후보를 선정하는 절차가 민주추천이다. 민주추천에 참여하는 범위는 공산당 지도자와 부서 책임자, 정부·인대·정협 등 국가기관 지도자, 법원과 검찰원 지도자, 인민단체 지도자 등이다.

민주추천에는 두 가지 방식이 있다. 하나는 추천자들이 함께 모여 회의를 개최하여 예비후보 명단을 검토한 후에 투표를 통해 최종 후보를 결정하는 방식이다. 이를 '집단 투표 추천'이라고 부른다. 다른 하나는 추천자들이 개별적으로 예비후보 명단을 검토한 후에 당 조직부 고찰조(考察組)와의 면담을 통해 최종 후보를 추천하는 방식이다. 이를 '개별 면담 추천'이라고 부른다.

민주추천은 단순한 요식행위라고 무시해버릴 수도 있다. 먼저 민주추천 투표의 중요성에 대해 공산당은 상반된 규정을 두고 있다. 즉 투표 결과가 최종 후보 결정에서 "가장 중요한 요소의 하나" 혹은 "중요한 참고 자료"라고 말하면서, 동시에 "단순히 투표로 결정하는 관행은 피해야 한다"라고 규정한다. 또한 투표 결과를 외부에 공개하지 않기 때문에 공산당 지도부가 최종적으로 인사를 결정할 때 구속 요소로 작용하는 데 한계가 있다.

그렇다고 민주추천이 의미가 없다는 것은 결코 아니다. 우선 이를 통해 공무원 사이에, 또한 지역 주민에게 인기가 없는 간부가 고위직에 임용되는 일을 예방할 수 있다. 게다가 인사를 결정하는 공산당 지도부의 견해가 다를 때는 투표 결과가 중요한 역할을 담당한다. 이런 이유로 승진 예정자는 민주추천에서 더 많은 표를 얻기 위해 사전에 '선거 활동'이나 로비 활동을 활발히 전개한다. 그래서 일부 지식인과 간부들은 민주추천이 인기 영합 정책 혹은 대중추수주의(populism)를 초래한다고 비판한다.[11] 어쨌든 이는 민주추천이 현실에서 상당히 중요하다는 점을 보여준다.

셋째 단계는 공산당 조직부의 고찰(考察)이다. 정식 후보 추천이 완료되면, 이들에 대한 고찰이 진행된다. 고찰은 모두 8단계에 걸쳐 품성(德)·능력(能)·근면(勤)·실적(績)·청렴(廉) 등 다섯 가지 항목을 중심으로 진행된다. 이를 위해 구성된 고찰조는 평가 대상자의 인사 자료인 당안(檔案) 검토, 소속 기관장과 부서 관계자와의 면담, 여론조사, 해당 후보와의 면담 등 다양한 방식으로 검증을 진행한다. 이를 종합하여 고찰조는 임용 대상자를 잠정적으로 결정하고, 이를 임용 대상자 소속기관의 공산당 조직에 통보하여 의견을 청취한다.

넷째 단계는 토론 결정이다. 결정은 인사 범위에 따라 달라진다. 예를 들어, 당서기나 시장 등 공산당과 정부의 지도부 인사는 상급(上級) 공산당 위원회에서 결정한다. 반면 정부 재정청(財政廳) 청장이나 공상국(工商局) 국장 인사는 동급(同級) 당 위원회가 결정한다. 인사는 당 위원회 전체회의 혹은 상무위원회 회의를 개최하여 토론을 진행한 이후에 투표하는 방식으로 결정된다. 회의는 재적자의 2/3 이상 출석으로 성립하고, 안건은 출석자의 1/2 이상 찬성으로 통과된다. 인사 결정 이후에는 상급 당 위원회에 보고(備案)해야 한다.

(3) 선거 임용제와 초빙 임용제: 선거와 초빙을 통한 임용

셋째는 선거 임용제(選任制)다. 이는 전국인대와 각급 지방인대가 선거를 통해 임용하는 방식이다. 정부 수장과 부서 책임자, 인민법원 원장과 부원장, 인민검찰원 검찰장과 부검찰장 등 국가기관의 지도자들은 법률적으로 이 방식을 통해 임용되어야만 한다. 예를 들어, 국무원 총리나 전국인대 위원장은 전국인대 전체회의에서 선출되어야 한다. 따라서 인사 규모로 보면 선거 임용제의 대상은 상대적으로 적다. 이들은 모두 당정기관의 영도간부에 해당하기 때문에 후보 추천과 검증 등 인사 과정은 공산당 위원회와 조직부가 철저히 통제한다.

넷째는 초빙 임용제(聘任制)다. 이 제도는 제한된 범위에서 당정기관 밖의 전문가를 활용하기 위해 사용되는 일종의 개방식 임용제도다. 예를 들어, 도시 설계 전문가인 대학 건축학과 교수를 정부 도시건설국의 부국장으로 초빙하여 1~2년 계약을 맺어 활용하는 방식이다. 단 당정기관의 정직(正職)에는 이를 사용할 수 없고, 부직(副職)에만 사용할 수 있다. 예를 들어, 베이징시 정부 교육국 국장 임용에는 초빙 임용제를 사용할 수 없고, 교육국 부국장 임용에는 사용할 수 있다. 정직 임용은 앞에서 살펴본 위임제 방식으로 임용한다.

초빙 임용제는 정부 인사 부서가 담당한다. 그러나 인사 결정 이후에는 반드시 해당 기관에 설립된 공산당 조직의 비준을 받아야만 한다는 점에서 역시 공산당의 관리 범위 내에 있다고 할 수 있다. 장쩌민과 후진타오 시기에는 초빙 임용제가 비교적 널리 사용되었다. 그러나 시진핑 시기에 들어서는 이 제도가 대폭 축소되었다. 이것이 인사 비리 혹은 인사와 관련된 부패가 발생하는 하나의 수단으로 이용되었다고 판단했기 때문이다.

3. 간부 인사 제도의 변화

앞에서 말했듯이, 공산당의 인사 임명은 크게 두 가지 제도를 통해 이루어진다. 첫째는 간부직무명칭표 제도이고, 둘째는 공무원 제도다. 이 두 가지 제도의 차이를 가장 간단하게 이해하는 방법은 이렇다. 간부직무명칭표 제도는 '영도직무'의 공무원, 즉 국가급(國家級)·성부급(省部級)·지청급(地廳級)·현처급(縣處級)·향과급

(鄕科級) 간부 공무원을 관리하는 제도다. 반면 공무원 제도는 '비
(非)영도직무'의 일반 공무원을 관리하는 제도다.

(1) 간부직무명칭표와 간부 인사 제도의 변화

공산당의 간부 인사 제도는 소련공산당의 영향을 받아 만들
어졌다. 단적으로 간부직무명칭표 제도는 소련의 '노멘클라투라
(nomenklatura)'—중국어 번역은 '간부직무명단제(幹部職務名單制)'—
를 도입한 것에 불과하다. 따라서 소련 제도가 중국에 어떻게 도입
되고 변용되었는가에 대해 간략히 살펴볼 필요가 있다.

│ 소련의 노멘클라투라

소련의 노멘클라투라는 건국 이후 3년이 지난 1920년 소련공산
당 9차 당대회에서 시작되었다. 노멘클라투라는 두 종류로 구성되
었다. 첫째는 '기본(basic) 노멘클라투라'로서, 공산당이 관리하는
공산당·정부·군 등 주요 기관과 단위의 고위직 명단(list)이다. 둘
째는 '등록(registered) 노멘클라투라'로서, 1951년에 도입되었다. 이
는 '기본 노멘클라투라'에 공석(空席)이나 결원이 생길 때 보충하기
위해 작성한 후보 명단이다. 노멘클라투라는 각급 공산당 서기처
(secretariat)—중국식으로는 정치국—가 관리하고, 인사권은 다양
한 공산당 부서가 나누어서 행사했다. 즉 중국처럼 공산당 조직부
가 인사권을 통일적으로 주관하지 않았다.[12]

이처럼 노멘클라투라는 두 종류의 간부 명단을 관리하는 제도를 의미한다. 하나는 공산당이 직접 임명하는 간부 명단이고, 다른 하나는 국가기관이나 기업 등이 임명하지만 당의 비준이 필요한 간부 명단이다. 이것이 중국에 도입될 때, 전자는 '중앙 관리 간부직무명칭표(中管幹部職務名稱表)'로, 후자는 '중앙 보고 간부직무명단(向中央備案幹部職務名單)'으로 번역되었다. 소련처럼 중국에서도 간부직무명칭표는 공산당 중앙만이 아니라 성급, 지급, 현급 지방의 당 위원회가 각자 작성하여 운영한다. 그런데 소련과는 달리 중국에서는 군대 직위가 포함되지 않는다는 특징이 있다.[13]

이런 용법을 중국에 적용하면, 간부직무명칭표 제도는 두 가지를 의미한다. 첫째는 공산당이 직접 임명하는 고위직 목록이다. 둘째는 공산당 이외의 다른 기관이 인사권을 행사하지만, 당의 승인(비준)을 받아야 하는 직위 목록이다.[14] 이를 간단히 정리하면, 간부직무명칭표는 '공산당이 직접 임명하거나 임명을 승인(비준)하는 공산당·정부·기업·단체의 주요 직위 목록'이라고 정의할 수 있다.

| 편제(編制)

여기서 간부직무명칭표와 '편제(編制, authorized establishment)'의 차이에 대해 살펴보자. 두 가지 모두 공산당이 관리하는 인사 목록이라는 점에서는 같지만, 그 내용이 달라 혼동하면 안 되기 때문이다. 실제로 중국 전문가조차 이 두 가지를 혼동하는 경우가 있다.

편제는 '특정 기관이나 조직에 인가(認可)된 부서 수와 인원수'를 가리킨다. 앞에서 보았듯이, 편제는 크게 ① 행정 편제, ② 기업 편제, ③ 사업 편제, ④ 군사 편제로 나뉜다. 군사 편제는 공산당 중앙군사위원회(중앙군위)가 별도로 관리하기 때문에 일반적인 국가 편제에는 포함되지 않는다. 편제는 다시 '기구(부서) 편제'와 '인원 편제'로 나뉜다. 행정 편제를 예로 들면, 당정기관에 얼마나 많은 기구(부서)를 설치하고, 각 기구(부서)에는 얼마나 많은 인원을 배치할 것인지를 규정하는 것이 행정 편제다. 이런 편제에 따라 예산이 배정된다. 공무원은 바로 행정 편제에 소속된 인원을 가리킨다. 이에 비해 간부직무명칭표는 각 편제의 영도 직위만 포함한다.

원래 편제는 공산당이 아니라 정부가 관리했다. 예산을 정부가 관리하기 때문에 이는 당연한 조치였다. 그런데 1991년에 공산당 중앙이 산하에 '중앙 기구편제위원회(中央機構編制委員會)'를 설치하면서 정부가 아니라 공산당이 편제를 관리하는 방식으로 바뀌었다. 이는 공산당의 인사 통제가 강화되었다는 점, 편제와 간부직무명칭표 간의 연관성이 높아졌다는 점을 의미한다. 이렇게 되면서 공산당은 중국에 있는 모든 주요 기관과 단위의 기구(부서) 및 인원을 통제할 수 있게 되었다.[15]

(2) 마오쩌둥 시대의 간부 인사 제도: 분부(分部) 분급(分級) 관리 체제

중국이 건국한 지 4년째가 되는 1953년 11월에, 공산당은 소련의 노멘클라투라를 도입하여 인사 제도를 새롭게 정비했다. 〈간부 관리 공작 강화 결정〉을 하달하면서 '분부(分部) 분급(分級) 관리 체제'를 수립한 것이다. 이것이 최초의 체계적인 간부 인사 제도다.

| 분부 관리(分部管理)

먼저 분부 관리(分部管理)는 '부서를 나누어 간부를 관리한다'라는 뜻이다. 전체 간부를 아홉 개의 범주로 나누고, 공산당 위원회의 각 부서가 이를 분담하여 관리하는 제도를 말한다. 이것은 당 조직부의 통일적이고 독점적인 인사권 행사를 인정하지 않는 대신, 다른 당 부서도 조직부와 동등하게 자기 분야의 간부를 관리하는 권한을 행사하는 제도다. 소련의 노멘클라투라를 그대로 도입한 결과였다. 〈표 1-4〉는 이를 정리한 것이다.[16]

| 분급 관리(分級管理)

다음으로 분급 관리(分級管理)는 '중앙과 지방이 간부의 등급을 나누어 관리한다'라는 뜻이다. 공산당 중앙과 각급 당 위원회가 직위 급별에 따라 각자의 독자적인 '간부직무명단'을 작성하고 관리하는 제도를 말한다. 1953년에는 중앙과 지방을 5등급으로 나누

〈표 1-4〉 1953년의 간부 분부(分部) 관리 체제

분류	명칭	관리 담당 부서
제1류	군대 간부	군위(軍委) 총간부부와 총정치부
제2류	문교(文敎) 공작 간부	당 위원회(黨委) 선전부
제3류	계획·공업 공작 간부	당 위원회 계획공업부
제4류	재정·무역 공작 간부	당 위원회 재정무역공작부
제5류	교통·운수 공작 간부	당 위원회 교통운수부
제6류	농(農)·림(林)·수리(水利) 공작 간부	당 위원회 농촌공작부
제7류	소수민족·종교계·정협·민주당파·공상련·불교협회·무슬림협회·회교(回敎)문화협회 간부	당 위원회 통전공작부
제8류	정법(政法) 공작 간부	당 위원회 정법공작부
제9류	당군(黨群) 공작 간부와 기타 간부	당 위원회 조직부

자료: 陳麗鳳, 『中國共產黨領導體制的歷史考察: 1921-2006』(上海: 上海人民出版社, 2007), pp. 174-178; 桂宏誠, 「中國大陸黨管幹部原則下的公務員體制」, 『中國大陸硏究』 56卷 1期(2013), pp. 64-65.

고, 공산당 중앙과 각급 당 지방위원회가 각각 어떤 간부를 관리할 지를 규정했다. 이에 따라 1955년 1월에 중앙의 '간부직무명칭표'가 중국 역사상 처음으로 제정되었다.

그런데 이는 너무 복잡한 방식이라 1956년 말에 공산당 중앙 조직부의 관리 범위를 '아래 이급 관리(下管二級)'로 축소하는 방침이 결정되었다. 이에 따르면, 공산당 중앙은 아래 단계인 성부급(省部級) 간부와 그 아래 단계인 지청급(地廳級) 간부만을 관리한다.[17] 1980년 5월에는 〈중공 중앙 관리의 간부직무명칭표(中共中央管理的

幹部職務名稱表)〉를 다시 발표하면서 '아래 이급 관리'를 중앙과 지방 모두에 적용했다. 예를 들어, 베이징시 같은 성부급 공산당 위원회는 두 단계 아래인 지청급과 현처급 간부만을 관리한다.

(3) 개혁기의 간부 인사 제도: 분급(分級) 분류(分類) 관리 체제

공산당 중앙은 1984년 7월에 간부직무명칭표를 다시 제정하면서 간부 인사 제도를 개혁했다. 기존의 '분부(分部) 분급(分級) 관리 체제'를 대신하여 '분급(分級) 분류(分類) 관리 체제' 또는 '분급 관리 (分級管理) 층층책임(層層責任)' 제도를 도입한 것이다.[18] 이는 개혁·개방 정책에 맞추어 공산당의 인사 통제 방식도 변화해야 한다는 시대적 요구를 수용한 결과였다. 이에 따라 간부 인사 제도에 몇 가지 변화가 나타났다.

| '분부(分部) 관리'의 폐지와 당 조직부의 권한 강화

첫째, '분부(分部) 관리'가 폐지되면서 간부 인사 관리 권한이 공산당 조직부로 집중되었다. 앞에서 살펴보았듯이, '분부 관리' 체제에서는 당 조직부 이외에 다른 당 부서들도 해당 분야의 간부 인사 권한을 행사할 수 있었다. 이런 면에서 간부 인사권은 당 조직부만이 독점하는 권한이 결코 아니었다. 그런데 분부 관리가 폐지되면서 분산되었던 간부 인사 권한이 당 조직부에 집중되었다. 그 결과 이때부터 당 조직부가 간부 인사에 대한 통일적인 관리 권한을 갖게 되었다.

이 무렵에 분부 관리 체제가 폐지된 것은, 공산당이 조직 체계를 개혁하면서 나타난 당연한 결과였다. 개혁·개방이 시작된 1970년대 말부터 1980년대 초까지 공산당은 당정 직능분리(職能分開) 방침에 따라 당 위원회의 여러 부서 중에서 정부 부서와 중복되는 부서를 폐지했다. 당 위원회 산하에 있었던 계획공업부, 재정무역공작부, 농업공작부, 교통운수부가 폐지된 것이 대표적이다. 이들 부서는 정부 부서와 중복되므로 유지할 필요가 없었다. 따라서 폐지된 당 부서가 행사했던 인사 권한이 자연스럽게 당 조직부에 귀속되었다.

그렇다고 공산당 조직부만이 독점적으로 인사 권한을 행사하는 것은 결코 아니다. 당 위원회에는 아직도 여러 부서가 남아있고, 이런 당 부서는 자신의 업무 영역과 관련된 인사 문제에서는 권한을 행사할 수 있다. 이런 측면에서 당 조직부는 다른 부서와 인사권을 공유(共有)한다고 말할 수 있다. 예를 들어, 당 선전부는 언론, 문화, 예술, 교육 등 자기 분야의 인사권을 조직부와 함께 행사한다. 당 통일전선부는 민주당파 인사나 무당파 인사, 종교계 인사나 소수민족 인사 등 당외(黨外) 인사를 결정할 때는 발언권을 행사할 수 있다. 당 중앙 조직부가 중앙이 관리하는 국유기업(中管企業)의 인사 문제를 결정할 때는 반드시 국무원 국유자산 감독관리위원회(國資委/SASAC)의 의견을 듣고 반영해야 한다.

| 분급(分級) 관리의 변화: '아래 일급 관리(下管一級)'의 도입

둘째, 분급 관리(分級管理) 체제를 강화하기 위해 '아래 이급 관리(下管二級)' 대신에 '아래 일급 관리(下管一級)'로 방침을 변경했다. 이런 방침 변경에 따라 공산당 중앙은 이제 성부급(省部級: 장·차관급) 간부만 관리하고, 지청급(地廳級: 국장급) 간부의 관리 권한은 성부급 단위에 넘겼다. 성급 당 위원회 등 지방도 마찬가지로 아래 일급 간부만 관리한다.

그 결과 공산당 중앙이 관리하는 간부, 즉 '중관간부(中管幹部)'의 규모는 1만 3,000명에서 4,200명으로 대폭 축소되었다.[19] 이는 지방의 인사 권한을 강화함으로써 지방이 더욱 적극적으로 개혁·개방을 지지하고 추진하도록 격려하는 정책이었다. 즉 인사 분권화 정책의 일환이었다. 동시에 공산당 중앙의 과중한 인사 업무 부담을 줄이고, 중요한 인사만을 효율적이고 집중적으로 관리하기 위한 대책이기도 했다.[20]

공산당 중앙은 '아래 일급 관리' 체제에 대한 대비책도 당연히 세워놓았다. '중앙 관리 간부직무명칭표' 이외에 '중앙 보고 간부직무명단(向中央備案的幹部職務名單)'을 작성하여 보고하도록 지시한 것이다. 이는 소련의 '등록 노멘클라투라'와 비슷한 제도다. 여기에는 중앙이 지방과 하급 단위에 이양했던 직무 명단이 포함된다. 이에 따라 지방과 하급 단위는 자신이 행사한 인사권의 내용과 결과를 공산당 중앙에 보고(備案)해야 한다. 공산당 중앙은 이를 심사하여 문제가 있는 경우에는 개입하여 인사권을 행사할 수 있다. 이처럼 '아래 이급 관리'에서 '아래 일급 관리'로 인사권이 하향 조정되었지만, 공산당은 '아래 이급 간부'에 대해서도 간접적인 방식이지만 여전히 인사권을 행사할 수 있다.

지금까지 살펴보았듯이, 1984년 이후 공산당 중앙은 두 종류의 간부 인사 명단을 작성하여 집행하고 있다. 하나는 '중앙 관리 간부직무명칭표'이고, 다른 하나는 '중앙 보고 간부직무명단'이다. 전자는 공산당 중앙이 '직접' 인사권을 행사하는 직무 명단이고, 후자는 다른 당정기관이 인사권을 행사하지만, 공산당 중앙의 승인 (비준)을 받아야만 하는 직무 명단, 즉 공산당 중앙이 '간접' 인사권을 행사하는 명단이다. 간부 등급으로 말하면, 전자는 성부급(省部級: 장·차관급) 간부이고, 후자는 지청급(地廳級: 국장급) 간부다. 지방에서도 같은 방식으로 간부직무명칭표 제도를 운용하고 있다.

4. 공산당 중앙의 간부직무명칭표 제도

이제 중앙의 간부직무명칭표 제도에 대해 자세히 살펴보자. 앞에서 우리는 세 가지의 '중앙 관리 간부직무명칭표'(이하 명칭표), 즉 1955년 명칭표, 1980년 명칭표, 1984년 명칭표를 언급했다. 이것

외에 지금까지 학계에 확인된 것은 두 가지가 더 있다. 1990년 명칭
표와 1998년 명칭표가 그것이다.[21] 1998년 이후에도 새로운 간부직
무명칭표가 작성되었지만, 학계에 알려진 것은 없다. 공산당이 인
사 자료를 철저하게 관리하면서 자료가 외부로 유출되지 않았기
때문이다.

이 중에서 인사 제도가 개혁된 이후에 만들어진 1984년,
1990년, 1998년의 명칭표를 자세히 살펴보자.

(1) 중앙 관리 간부직무명칭표

〈표 1-5〉는 '중앙 관리 간부직무명칭표'를 정리한 것이다. 중앙
이 관리하는 간부인 '중관간부(中管幹部)' 혹은 '성부급(省部級)' 간부
의 규모는 계속 축소되었다. 1984년 명칭표는 4,200명이고, 1990년
명칭표는 4,100명이었는데, 1998년 명칭표는 2,562명으로 줄었다.
이를 통해 중관간부 혹은 성부급 간부가 약 3,000명 정도라는 사
실을 알 수 있다. 성부급 간부는 다시 성부급 정직(省部級正職: 장관
급) 간부와 성부급 부직(省部級副職: 차관급) 간부로 구분된다.

또한 공산당 중앙이 직접 임명하는 직위도 계속 변화했다. 예
를 들어, 대학의 당서기와 총장(校長)은 1984년 명칭표에는 포함되
었다가 1990년 명칭표에는 빠지고, 1998년 명칭표에는 다시 포함되
는 우여곡절을 겪었다. 구체적으로 1998년 '중앙 관리 간부직무명
칭표'에는 17개 중점대학(重點大學: 주요 대학)의 당서기와 총장이 포

〈표 1-5〉 중앙 관리 간부직무명칭표(中管幹部職務名稱表): 1984년, 1990년, 1998년

	1984년		1990년		1998년	
규모 (개)	4,200		4,100		2,562*	
종류	1	공산당 중앙 직속기구	1	공산당 중앙	1	공산당 중앙
	2	전국인대, 전국정협, 최고인민법원, 최고인민검찰원	2	공산당 중앙 직속기구	2	공산당 중앙 직속기구
	3	국무원	3	국가 주석/부주석	3	국가 주석/부주석, 중앙군위 주석/부주석/위원
	4	인민단체	4	전국인대, 전국정협, 최고인민법원, 최고인민검찰원	4	전국인대
	5	지방(성급) 조직	5	국무원	5	전국정협
	6	대학	6	인민단체	6	국무원
	7	기업단위와 사업단위	7	지방(성/지급) 조직	7	최고인민법원, 최고인민검찰원
					8	인민단체
					9	지방(성급/부성급) 조직
					10	대학

주: • 1997년 통계

자료: 안치영, 「중국의 엘리트 정치 충원 메카니즘과 그 특성」, 『아시아문화연구』 21집(2011년 3월), pp. 13-14; John P. Burns, "Strengthening Central CCP Control of Leadership Selection: The 1990 Nomenklatura", *China Quarterly*, No. 138 (June 1994), p. 460; Hon S. Chan, "Cadre Personnel Management in China: The *Nomenklatura* System, 1990-1998", *China Quarterly*, No. 179 (September 2004), p. 706; Pierre Landry, *Decentralized Authoritarianism in China: The Communist Party's Control of Local Elites in the Post-Mao Era* (New York: Cambridge University Press, 2008), p. 45.

함되었다. 반면 1990년에는 그 아래 단계인 '중앙 보고 간부직무명단'(이하 명단)에 중점대학의 당서기와 총장이 포함되었다.

이처럼 1998년 명칭표에 다시 중점대학이 포함된 것은, 1989년 톈안먼 민주화 운동의 영향 때문이었다. 즉 민주화 운동 이후, 공산당 중앙은 최소한 중점대학에 대해서만이라도 인사 통제를 강화하겠다는 생각으로 이를 다시 명칭표에 포함한 것이다.[22] 참고로 2021년 6월 기준으로 중앙이 관리하는 중점대학인 '중관대학(中管大學)'은 31개로 증가했다.[23] 이는 1998년 명칭표 이후에 새로운 명칭표가 작성되었음을 의미한다. 1998년 명칭표에는 '중관대학'이 17개뿐이었기 때문이다.

중앙 관리 국유기업과 공공기관(사업단위)에 대한 인사 통제도 바뀌었다. 1984년에는 이들이 명칭표에 포함되었는데, 1990년과 1998년에는 그 아래 단계인 '중앙 보고 간부직무명단'(명단)에 포함되었다. 이들에 대한 공산당 중앙의 인사 통제가 완화된 것이다. 특히 1997년 공산당 15차 당대회 이후 국유기업 개혁이 본격화되면서 공산당 중앙이 아니라 국무원이 국유기업 관리와 통제를 주도하게 되었다. 이에 따라 공산당 중앙이 직접 국유기업의 당서기와 최고경영자를 임명하는 방식에서 국무원(구체적으로는 국무원 국유자산 감독관리위원회와 재정부)이 임명하고 공산당 중앙은 그것을 승인(비준)하는 방식으로 인사 제도가 변화되었다.

그런데 2000년대 들어 중관기업에 대한 공산당 중앙의 통제가 강화되면서 이들 기업의 책임자들이 다시 명칭표에 포함되었다. 현재 공산당 중앙이 직접 인사권을 행사하는 중관기업은 모두 64개

다. 그래서 이들 국유기업의 공산당 서기와 최고경영자(회장과 사장)
는 대부분 성부급 부직, 즉 차관급(일부는 장관급)으로 공산당 중앙
(정확히는 정치국 상무위원회)이 직접 인사권을 행사한다. 이를 보아도
1998년 명칭표 이후에 새로운 명칭표가 작성되었음을 알 수 있다.
다만 그것이 외부로 유출되지 않아 자세한 상황을 알 수 없을 뿐
이다.

(2) 중앙 보고 간부직무명단과 예비간부명단

한편 '중앙 보고 간부직무명단'(명단)도 1990년 명단과 1998년 명
단이 조금 다르다. 〈표 1-6〉은 이를 정리한 것이다. 1990년 명단은
모두 4개 범주로 구분했는데, 1998년 명단은 3개 범주로 나누었다.
또한 포함하는 직위에도 약간의 변화가 있다. 1990년 명단에는 '주
요 사회단체 영도간부'가 포함되었는데, 1998년 명단에는 이것이

〈표 1-6〉 중앙 보고 간부직무명단(向中央備案幹部職務名單): 1990년과 1998년

	1990년		1998년
1	당정기관 국처급(局處級) 간부와 주요 사회단체 영도간부	1	공산당과 정부, 사업단위, 기업 단위 등 국사급(局司級) 간부
2	지방 청국급(廳局級) 간부와 지사급(地司級) 간부	2	지방 청국급(廳局級) 간부
3	주요 중점대학 서기·부서기, 총장·부총장	3	주요 17개 중점대학 부서기·부총장, 19개 주요 사업단위 영도간부
4	주요 특정 기업과 사업단체 영도간부		

자료: 안치영, 「중국의 엘리트 정치 충원 메카니즘과 그 특성」, 『아시아문화연구』 21집(2011년 3월), pp. 13-14.

빠졌다. 이는 공산당 중앙이 간접 방식으로도 사회단체 인사를 관리하지 않는다는 사실을 의미한다. 이를 제외한 나머지는 두 개의 명단이 똑같다. 즉 중앙의 당정기관, 기업단위(국유기업), 사업단위(공공기관)와 지방 당정기관이 두 개 명단 모두에 포함되어 있다.

마지막으로, 공산당 중앙이 관리하는 '예비간부명단(後備幹部名單)'을 살펴보자. 〈표 1-7〉은 이를 정리한 것이다.

앞에서 말했듯이, 간부직무명칭표 제도는 '중앙 관리 간부직무명칭표'와 '중앙 보고 간부직무명단' 두 가지만 포함한다. 따라서 '예비간부명단'은 이 제도의 정식 구성 요소가 아니다. 그러나 차세대 지도자를 육성한다는 측면에서 공산당은 1980년대부터 이와 같은 명단을 작성하여 운영해왔다. '제3제대(第三梯隊) 프로젝트'가 대표적이다.[24] 이런 측면에서 보면 '예비간부명단'도 공산당 중앙이

〈표 1-7〉 중앙 관리 예비간부(後備幹部)의 규모(2010년)

단위: 명

급별	규모
성부급(省部級)	1,000
지청급(地廳級)	6,000
현처급(縣處級)	50,000
총계	57,000

주: 다른 연구는 2009년에 예비간부가 47,000명이었다고 주장한다. 여기에는 성부급 1,000명, 지청급 6,000명, 현처급 40,000명이 포함된다. 이문기, 「중국공산당의 간부 교육과 정치적 통합」, 『현대중국연구』 20집 3호(2018년 12월), p. 61.

자료: Wen-Hsuan Tsai and Chien-Wen Kou, "The Party's Disciples: CCP Reserve Cadres and the Perpetuation of a Resilient Authoritarian Regime", *China Quarterly*, No. 221 (March 2015), p. 6.

관리하는 인사 범위에 들어있다고 말할 수 있다.[25]

'예비간부명단'에 포함된 간부들은 차후에 중앙 및 지방의 당정 지도자로 선발될 가능성이 매우 큰 사람들이다. 또한 공산당 중앙은 중앙당교(中央黨校) 등 전문 간부 교육기관을 통해 이들을 교육 훈련하는 별도의 프로그램을 운영하고 있다. 이에 대해서는 뒤의 장에서 자세히 살펴볼 것이다.

5. 공무원 제도: '당관간부(黨管幹部)' 원칙의 적용

중국에서 공무원은 첫째, 법률에 근거하여 공직을 수행하고, 둘째, 국가의 행정 편제에 편입되어 있으며, 셋째, 국가 재정으로 임금과 복지 비용을 부담하는 인원을 가리킨다. 그렇다면 누가 공무원이 될 수 있을까? 즉 공무원의 임용 조건은 무엇인가? 또한 공무원 제도는 앞에서 살펴본 간부직무명칭표 제도와 어떻게 연결될까?

(1) 공무원 제도와 간부직무명칭표 제도의 결합

〈중국 공무원법〉에 따르면, 공무원이 되기 위해서는 일곱 가지 조건을 갖추어야 한다. 첫째는 중국 국적, 둘째는 만 18세 이상, 셋째는 〈헌법〉을 옹호하고, 공산당의 영도와 사회주의 제도를 옹호할 것 등이다. 또한 이에 따르면, 공무원은 여덟 가지 의무를 지켜야 한다. 그 가운데 첫째가 〈헌법〉에 충성하고 모범적으로 준수하며, 스스로 헌법과 법률을 수호하고, 공산당 영도를 스스로 수용할 것이다.

반면 〈중국 공무원법〉은 중국에서 공무원이 될 수 없는 사람으로 다섯 가지 부류를 나열하고 있다. 그 가운데 첫째가 범죄로 실형을 받아 교도소에서 복역한 사람이고, 둘째가 공산당 당적에서 제적된 사람이다. 마지막으로 〈중국 공무원법〉 어디에도 공무원의 신분 보장에 대한 명확한 규정이 없다. 즉 중국에서는 다른 국가에서와는 달리 공무원의 신분이 법률로 보장되지 않는다.

이와 같은 공무원의 임용 조건과 의무를 보면, 흥미로운 점을 발견할 수 있다. "공산당 영도의 수용"과 "공산당 당적에서 제적되지 않았을 것"이라는 규정이 법에 명시되어 있다는 점이다. 이를 보면, 다른 나라에서 강조되는 공무원의 정치적 중립이 중국에서는 허용되지 않는다. 즉 공산당원이건 아니건 공무원은 반드시 공산당 영도를 수용해야 한다. 또한 공산당 당적을 잃었다는 것은 정치적 잘못을 저지르거나 기타 범법 행위를 저질렀다는 것을 뜻하기 때문에 이런 사람은 공무원이 될 수 없다. 역시 공산당에서 버림받은 사람은 공무원이 될 수 없다는 점을 명확히 한 것이다. 실제로 공무원의 80%, 영도간부의 95%가 공산당원이다.

〈중국 공무원법〉은 '당관간부 원칙'을 법제화했다는 점에서도 특징이 있다. 다시 말해, 공산당은 공무원 제도와 간부직무명칭표 제도를 결합하여 운영한다. 〈중국 공무원법〉 '제1장 총칙'의 제4조는 "공무원 제도는 공산당 영도를 견지"하고, "당의 간부 관리 원칙을 견지"한다고 명시하고 있다. 또한 〈중국 공무원법〉의 적용 대상도 "비(非)영도 인원", 즉 비영도직무 공무원임을 명시하고 있다. 반면 '영도직무', 즉 국가급·성부급·지청급·현처급·향과급 간부는 〈중국 공무원법〉이 아니라 〈공산당 영도간부 선발 임용 공작조례〉에 따라 관리한다. 영도직무는 간부직무명칭표 제도에 따라 관리한다는 점을 합법화한 것이다. 이렇게 되면서 공산당이 공무원 전체를 통제할 수 있는 법적 근거, 영도직무를 당규로 관리할 수 있는 법적 근거가 확보되었다.

이처럼 공산당의 간부직무명칭표 제도와 국가의 공무원 제도를 혼합한 것이 〈중국 공무원법〉의 가장 중요한 특징이다.[26]

(2) 공무원의 규모와 분류

공무원 규모는 약간의 변동은 있지만 계속 증가하고 있다. 〈그래프 1-1〉은 이를 정리한 것이다.

이에 따르면, 공무원 규모는 2007년 688만 8,000명에서 2008년 659만 7,000명으로 29만 1,000명이 줄었다. 이는 2008년에 정부가 기구개혁을 추진하면서 중앙과 지방의 여러 부서를 통폐합하고 공

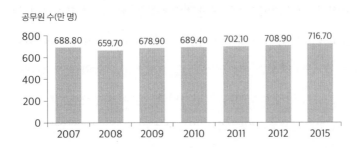

〈그래프 1-1〉 국가 공무원의 증가 상황(2007~2015년)

공무원 수(만 명)

| | 688.80 | 659.70 | 678.90 | 689.40 | 702.10 | 708.90 | 716.70 |

자료: 『第一財經日報』 2013年 7月 2日, 48면: 「中國公務員總數首次披露: 716.7萬人」, <中國經濟周刊> 2016년 6월 21일, www.cpc.people.com.cn (검색일: 2016. 6. 30)

무원 수를 줄인 결과였다. 그런데 2009년부터 공무원 수가 다시 증가하기 시작해서, 2015년에는 716만 7,000명이 되었다. 정부 개혁의 '악순환(怪圈)' 현상, 즉 부서와 인원이 '축소−팽창−재축소−재팽창'을 반복하는 현상이 최근까지 이어지고 있음을 보여준다.[27]

| '영도직무'와 '비(非)영도직무'

또한 〈중국 공무원법〉에 따르면, 공무원은 크게 '영도직무'와 '비(非)영도직무'로 나눌 수 있다. 이는 앞에서 설명한 그대로다. 〈표 1-8〉은 이를 정리한 것이다.

전체 공무원 중에서 '영도직무' 공무원은 간부직무명칭표 제도에 따라 공산당 위원회가 결정하고 당 조직부가 관리한다. 방식은 위에서 살펴본 그대로 '아래 일급 관리(下管一級)'다. 예를 들어, 공산당 중앙(中央)은 성부급, 성급(省級) 당 위원회는 지청급, 지급(地

〈표 1-8〉 중국 공무원의 직무와 직급 분류

구분	공무원 직무(職務)		공무원 직급(職級)
영도직무 (領導職務)	국가급(國家級)	정직(正職)	1*
		부직(副職)	2~4
	성부급(省部級)	정직	4~8
		부직	6~10
	청국급(廳局級)	정직	8~13
		부직	10~15
	현처급(縣處級)	정직	12~18
		부직	14~20
	향과급(鄕科級)	정직	16~22
		부직	17~24
비영도직무 (非領導職務)	1급순시원(一級巡視員)		8~13
	2급순시원(二級巡視員)		10~15
	1급조사연구원(一級調硏員)		11~17
	2급조사연구원(二級調硏員)		12~18
	3급조사연구원(三級調硏員)		13~19
	4급조사연구원(四級調硏員)		14~20
	1급주임과원(一級主任科員)		15~21
	2급주임과원(二級主任科員)		16~22
	3급주임과원(三級主任科員)		17~23
	4급주임과원(四級主任科員)		18~24
	1급과원(一級科員)		18~26
	2급과원(二級科員)		19~27

주: '공무원 직무'는 업무와 관련된 직위(position)를 가리킨다. 예를 들어, 국가 주석, 국무원 총리, 외교부 부장, 베이징시 시장, 하이뎬구 당서기 등이다; '공무원 직급'은 한국의 호봉(號俸)과 비슷한 개념으로 등급(rank)을 가리킨다. 공무원 임금은 직급에 따른 기본급과 직무에 따른 수당 등을 합하여 책정한다; • 2006년 4월에 발표된 <'중화인민공화국 공무원법' 실시방안(實施方案)>에는 공무원 영도직무에도 직급이 있었다. 그런데 2018년 12월에 수정된 <중국 공무원법>과, 2019년 3월에 발표된 <공무원 직무(職務)와 직급(職級) 병행규정(竝行規定)>에는 이런 직급이 없다. 즉 새로운 규정에 따르면 공무원 영도직무에는 직급이 부여되지 않는다. 다만 여기서는 원래의 직급 표시를 그대로 두었다.

자료: 안치영, 「중국의 엘리트 정치 충원 메카니즘과 그 특성」, 『아시아문화연구』 21집(2011년 3월), p. 5; <中共中央·國務院關於印發《中華人民共和國公務員法》實施方案的通知>(2006년 4월); <中華人民共和國公務員法>(2018년 수정); <中共中央辦公廳印發《公務員職務與職級并行規定》>(2019년 3월).

級) 당 위원회는 현처급, 현급(縣級) 당 위원회는 향과급 인사를 결정한다. 이를 위해 각급 당 위원회는 각자의 간부직무명칭표를 작성하여 운영한다. 이것도 앞에서 말한 그대로다. 정치국원과 정치국 상무위원 등 약 30명 정도의 국가급 지도자들은 별도의 원칙에 따라 당 중앙이 결정한다. 이에 대해서는 내가 다른 책에서 자세히 설명했다.[28]

이에 비해 '비(非)영도직무' 공무원은 해당 당정기관의 각 부서가 동급 공산당 조직부의 감독하에 관리한다. 이때도 해당 기관에 설치된 당 지도조직인 당조(黨組)가 이들 인사를 결정하고, 이런 면에서 보면 비영도직무 공무원에 대해서도 공산당이 인사권을 행사한다는 점은 같다. 다만 그것을 관리하는 공산당 조직의 행정등급이

〈표 1-9〉 공무원 영도직무와 비(非)영도직무의 규모(2007년)

직급	영도직무	비 영도직무	소계
① 국가급(國家級)	-	-	-
② 성부급(省部級)(%)	2,485(100)	-	2,485(100)
③ 지청급(地廳級)(%)	31,223(65.1)	16,770(34.9)	47,993(100)
④ 현처급(縣處級)(%)	411,180(66)	211,820(34)	623,000(100)
⑤ 향과급(鄕科級)(%)	1,576,000(50)	1,576,000(50)	3,152,000(100)
⑥ 직원(科員/辦事員)(%)	-	3,063,000(100)	3,063,000(100)
총계(%)	2,020,888(29.3)	4,867,590(70.7)	6,888,478(100)

자료: Hon S. Chan and Jie Gao, "The Politics of Personnel Redundancy: The Non-leading Cadre System in the Chinese Bureaucracy", *China Quarterly*, No. 235 (September 2018), p. 627.

상급이냐, 아니면 동급이냐의 차이가 있을 뿐이다.

〈표 1-9〉는 2007년 통계를 기준으로 공무원의 '영도직무'와 '비영도직무'의 분포 상황을 정리한 것이다. 〈표 1-8〉과 〈표 1-9〉에 따르면, 공무원 영도직무는 모두 5등급으로 구분된다. 인원이 극소수(약 30명 정도)라서 〈표 1-9〉에는 규모를 표시하지 않은 국가급, 그리고 나머지인 성부급·지청급·현처급·향과급이 그것이다. 또한 영도직무와 비영도직무의 분포를 보면, 비영도직무는 약 487만 명으로 전체 공무원(약 688만 8,000명)의 70.7%다. 반면 영도직무는 202만 명으로 전체 공무원의 29.3%를 차지한다. 비율로 보면, 비영도직무가 영도직무보다 2.5배가 많다.

또한 전체 영도직무 공무원(약 202만 명) 중에서 향과급의 기층간부(基層幹部)는 약 157만 6,000명으로, 이들이 영도직무의 78%를 차지한다. 이는 공무원 영도직무의 78%는 기층간부이고, 22%만이 현처급·지청급·성부급·국가급의 영도간부(領導幹部)라는 사실을 보여준다. 참고로 영도간부와 전체 공무원을 비교하면, 전체 공무원 약 688만 9,000명 중에서 영도간부는 67만 3,000명으로, 전체 공무원의 9.8%를 차지한다.

| 공무원의 기관별 및 행정등급별 분포

〈표 1-10〉은 2003년 통계를 기준으로, 공무원의 기관별 분포와 행정등급별 분포를 정리한 것이다.

〈표 1-10〉 공무원의 기관별 및 행정등급별 분포 상황(2003년)

단위: 만 명/퍼센트(%)

기관별	규모(만 명)와 비중(%)	행정급별	규모(만 명)와 비중(%)
공산당	72(11.32)	중앙(中央)	47(7.39)
정부	392(61.63)	성급(省級)	53(8.33)
인대	112(18.61)	지급(地級)	150(23.58)
정협	6(0.94)	현급(縣級)	280(44.02)
법원/검찰원	45(7.07)	향급(鄕級)	105(16.51)
민주당파 등	9(1.41)	총계	636(100)
총계	636(100)		

자료: Hon S. Chan and Edward Li Suizhou, "Civil Service Law in People's Republic of China: A Return to Cadre Personnel Management", *Public Administration Review*, Vol. 67, No. 3 (May/June 2007), pp. 386-388.

이에 따르면, 기관별로 볼 때 공무원의 61.63%는 정부에 근무하고, 다음이 인대(18.61%), 공산당(11.32%), 법원/검찰원(7.07%), 민주당파와 공상련(1.41%), 정협(0.94%) 순이다. 행정등급별로 보면, 전체 공무원 중에서 44.02%가 현급 행정단위에 근무하고, 다음이 지급(23.58%), 향급(15.51%), 성급(8.33%), 중앙(7.39%) 순이다. 이 중 현급과 향급을 합하면 전체 공무원의 67.6%로, 전체 공무원의 약 2/3가 현급 이하의 지방에서 근무하고 있다.

◆◆◆◆

간부 교육과 사상 통제

다음으로 공산당이 당정간부를 대상으로 체계적으로 실행하는 교육 훈련과 사상 통제를 살펴보자. 이는 공산당 학교인 '당교(黨校) 계통'이 주로 담당한다. 그래서 당교를 중심으로 이를 살펴볼 필요가 있다. 또한 간부 교육은 능력 배양을 위한 교육 훈련의 성격과 함께 사상 통제의 성격도 갖고 있다. 따라서 우리가 간부 교육을 살펴볼 때는 사상 통제의 측면에도 주의를 기울여야 한다.

공산당의 간부 교육기관은 크게 네 가지로 구성된다. 이들 교육기관은 중앙(中央)과 성급(省級)·지급(地級)·현급(縣級)의 지방 단위에 설치된다. 첫째는 중앙당교와 각급(各級) 지방당교다. 둘째는 국가 행정학원과 각급 지방 행정학원이다. 셋째는 중앙이 관리하는 네 개의 간부학원(幹部學院)이다. 간부학원에는 이외에도 당정기관의 주요 부서, 중앙 국유기업 등이 설립하여 운영하는 다양한 간부학원이 추가된다. 넷째는 민주당파(民主黨派), 무당파 인사(無黨派人士) 등 '비당간부(非黨幹部)'를 교육하기 위한 사회주의학원(學院)이다.[1] 이 중에서 가장 중요한 교육기관이 당교다.

1. 당교(黨校) 계통:
당정간부의 요람

공산당의 〈간부 교육 훈련 공작조례〉(2006년 제정)는 간부 교육 훈련(培訓)의 중요성에 대해 이렇게 강조한다.

"간부 교육 훈련은 높은 소질의 간부 대오를 건설하는 선진성(先進性), 기초성(基礎性), 전략성(戰略性) 공정(工程)이다. [이것은] 중국 특색 사회주의의 위대한 사업 추진과 당 건설의 새로운 위대한 공정 중에서 대체할 수 없는 중요한 역할(作用)을 발휘한다."[2]

이런 강조에 합당하게 이 〈공작조례〉는 상세한 교육 체계와 과정을 규정하고 있다. 교육 대상은 공산당과 모든 국가기관의 종사자다. 즉 공무원보다 더 넓은 범주인 간부가 교육 대상이다. 다만 교육의 중점은 현처급(縣處級) 이상의 '영도간부'와 우수한 '중청년(中青年) 간부'다. 또한 주무 기관은 공산당 조직부다. 교육과정은 대상과 성격에 따라 집중 교육(集中培訓), 전문주제 교육(專題培訓), 신임 직무교육(初任培訓), 승진 직무교육(任職培訓), 재직 직무교육(崗位培訓) 등 다양하다.

또한 〈공작조례〉는 당정간부의 직급에 따라 최소한 이수해야만 하는 교육 시간을 명시하고 있다. 첫째, 영도간부, 즉 성부급(省部級), 청국급(廳局級), 현처급 간부는 5년마다 업무에서 벗어나 최소한 3개월 혹은 550시간 이상 중앙당교 등에서 집체 교육을 받아야 한다. 둘째, 이를 제외한 기타 간부는 매년 12일 혹은 90시간 이상 집중 교육을 받아야 한다. 이와 비슷하게 공산당 중앙이 5년마다 작성하여 실행하는 '전국 간부 교육 훈련 계획(規劃)'도 당정간부의 교육 시간을 명시하고 있다. 예를 들어, 〈2018-2022년 전국 간부 교육 훈련 계획〉(2018년 11월 반포)에 따르면, 영도간부와 기타 간부의 교육 시간은 〈공작조례〉의 규정과 같다.[3]

(1) 중앙당교와 중앙 간부학원: 1교(校) 5원(院)

현재 중국에는 모두 약 5,000개의 간부 교육기관이 있다. 이 가운데 국가급은 '1교(校) 5원(院)'이라고 부른다. '1교'는 중앙당교, '5원'은 국가 행정학원, 옌안(延安) 간부학원, 징강산(井岡山) 간부학원, 푸둥(浦東) 간부학원, 다롄(大連) 고급경리학원(高級経理學院)을 가리킨다. 참고로 중앙당교와 국가 행정학원은 2018년부터 하나로 통합하여 운영한다(지방도 같다). '1교 5원'은 공산당 중앙과 국무원이 직접 관리한다. 2022년 2월 기준으로, 다롄학원은 국무원 국유자산 감독관리위원회(국자위) 주임인 왕융(王勇)이 원장을 맡고 있고, 중앙당교와 나머지 네 개의 국가급 간부학원은 공산당 중앙 조직부 부장인 천시(陳希)가 교장과 원장을 맡고 있다.

〈표 1-11〉은 이런 각종 학교를 행정등급별로 나누어 정리한 것이다.

중앙당교는 1933년 3월에 장시성(江西省) 루이진(瑞金)의 혁명 근거지, 일명 장시 소비에트에서 정식으로 설립되었다. 당시 명칭은 마르크스 공산주의학교(馬克思共産主義學校)였다. 그러나 문화대

〈표 1-11〉 공산당 당정간부 교육 훈련 기관

분류	규모(개)	종류
국가급(國家級)	6	중앙당교, 국가행정학원, 간부학원(푸둥·징강산·옌안·다롄)
성급(省級)	56	당교, 행정학원, 간부학원, 사회주의학원
지급(地級)	502	당교, 행정학원, 간부학원, 사회주의학원
현급(縣級)	약 2,600	당교, 행정학원, 간부학원, 사회주의학원
중앙 부서	약 200	간부훈련센터(培訓中心)
국유기업	약 1,700	간부훈련센터
고등교육 기관	14	일반대학(베이징대학·칭화대학 등), 중국사회과학원 등
총계	약 5,000	

주: 행정학원은 원래 국무원과 지방정부 소속이었는데, 시진핑 시기에 들어 당교와 통합 운영한다. 중앙과 성급에 47개, 지급 및 현급에 384개 등 모두 431개가 있다.

자료: 何毅亭 等著, 『中國共産黨的成功奧秘與中央黨校』(北京: 外文出版社, 2018), p. 81; 조호길·리신팅, 『중국의 정치권력은 어떻게 유지되는가: 강력한 당-국가체제와 엘리트 승계』(서울: 메디치, 2017), pp. 243-250; 이문기, 「중국공산당의 간부교육과 정치적 통합」, 『현대중국연구』 20집 3호(2018년 12월), pp. 53-54.

혁명 기간에 폐교되었다가 1977년에 복교되어 현재의 모습을 갖추게 되었다. 국가 행정학원은 공무원 교육을 목적으로 1994년에 설립되었다. 푸둥·징강산·옌안 간부학원은 2005년, 다롄학원은 2006년에 설립되었다.

각 교육기관은 간부의 교육 훈련을 담당한다는 점에서는 같지만, 교육 중점과 목표에서는 차이가 있다. 중앙당교와 각급 지방당교는 정치이론과 이념 교육을 통해 당성(黨性), 즉 공산당 중앙에 충성하는 태도를 함양하는 것, 그래서 '충성스러운 공산당인'을 양성하는 것이 교육 목표다. 반면 행정학원은 고위 공무원의 행정 지식과 통치 능력의 향상, 다롄학원은 국유기업 경영자와 관리층의 경영 능력 향상이 중점 교육 내용이자 목표다. 따라서 이들 교육에서는 정치성보다는 전문성이 강조된다.

푸둥·징강산·옌안 간부학원은 중앙당교가 특성상 다양한 교육 훈련을 제공할 수 없는 한계를 극복하기 위해 설립된 것이다.[4] 이 중에서 푸둥학원은 경제가 발전한 상하이시에 설립되어 주로 경제가 낙후된 지역의 간부를 선발하여 혁신, 인력과 자원 관리, 도시계획, 위기관리, 국제금융 등 개혁·개방에 필요한 지식과 지도력을 함양하는 데 주력한다. 반면 징강산학원과 옌안학원은 공산당의 중요한 혁명 근거지에 설립된 간부학원이다. 여기서는 혁명 역사, 국정 상황, 공산당 정신 등 혁명 교육과 이념 교육을 통해 간부의 당성을 함양하는 데 중점을 둔다.[5]

공산당과 국가기관의 중앙 부서, 국유기업 등이 설립한 간부훈련센터는 한국의 대기업이나 정부 기관이 설립한 직원 연수원과 비슷하다. 한국의 대기업은 전국에 크고 작은 연수원을 운영하고 있다. 전국의 광역자치단체와 주요 정부 기관들도 마찬가지다. 이와 비슷하게 중국에서도 공산당과 국가기관의 부서, 국유기업 등이 운영하는 약 2,000개에 가까운 간부훈련센터가 있다. 간부훈련센터에서는 각 기관이 필요로 하는 간부를 양성하기 위해 다양한 직무훈련을 진행한다.

이들 외에도 베이징대학과 칭화대학 같은 주요 명문대학, 중국 사회과학원 등 국가의 중점 연구기관도 당정간부의 교육 훈련 기지(基地)로 사용된다. 간부들은 이곳에 파견되어 1~2년 정도 교육을 받는다(석사과정도 있다). 이들 기관은 앞에서 말한 당교나 간부학원과는 달리 체계적이고 깊이 있게 관련 분야의 이론과 최신의 연구 성과에 집중하여 교육한다는 특징이 있다. 반면 당교와 간부학원은 당면 과제와 현안 정책을 중심으로 교육할 수밖에 없다. 이런 점에서 간부 위탁 교육을 담당하는 고등교육기관은 당교와 간부학원의 부족한 점을 채워준다고 말할 수 있다.

(2) 연수 간부의 규모

그렇다면 여러 교육기관 중에서 '당교 계통'의 교육기관은 일 년에 얼마나 많은 당정간부를 교육할까? 이에 대해서는 전국적인 통계자료를 구할 수가 없어서 단정적으로 말할 수 없다. 다만 위에서 살펴본 〈간부 교육 훈련 공작조례〉와 〈2018~2022년 전국 간부 교육 훈련 계획〉의 규정을 통해 대략적으로나마 규모를 유추할 수 있다.

앞에서 보았듯이, 현급 이상의 영도간부는 5년에 1회 이상, 누적 3개월 이상 중앙당교 등에서 집체 교육을 받아야 한다. 그런데 앞에서 보았듯이, 2007년 전국의 공무원 중에서 현처급 이상의 영

〈표 1-12〉 공산당 중앙 조직부의 연도별 교육 배치 인원(2018~2022년)

	대상	규모(명)	교육 기관	내용
영도 간부	성부급 영도간부	500	중앙당교	이론학습 연수
	성부급 당 위원회	1,000	국가급 교육 훈련기관	전문화 능력 연수
	시급 영도간부	3,000	국가급 교육 훈련기관	육성
	현 당서기	800	중앙당교	육성
	신임 현 당서기	2,000	징강산, 옌안, 푸둥 간부학원	육성
	시·현 당정기관	1,000	중앙 간부 교육 훈련센터	육성
	소계	8,300		
기관 공무 원	사국급(司局級)	3,000	중앙당교	전문 연수
	사국급(司局級)	300		육성
	신임 사국장(司局長)	150		
	신임 처장(處長)	100		육성
	소계	3,550		
	총계	11,850		

자료: <2018-2022年全國幹部教育培訓規劃>(2018년 11월 반포).

도간부는 약 67만 명이다. 이들은 5년 동안 최소한 한 번 이상 교육을 받아야 하는데, 이를 일 년 기준으로 나누면 매년 평균 13만 4,000명 정도가 된다. 이 중에서 일부만이 중앙당교에서 교육을 받고, 나머지는 성급(省級) 및 지급(地級) 지방당교에서 교육을 받는다.

〈표 1-12〉는 공산당 중앙 조직부가 매년 국가급 교육기관, 즉 '1교 5원'에서 연수를 진행하는 인원의 규모를 정리한 것이다. 이에 따르면, 중앙 조직부는 매년 1만 1,850명 정도의 영도간부를 각종 교육 훈련에 배치한다. 이 중에서 '영도간부' 8,300명이 핵심 교육 대상이다. 이들은 공산당 중앙 조직부가 직접 선발하여 매년 3개월 이상 '1교 5원'에서 교육하는 인원이다. 반면 '기관 공무원' 3,550명은 당정기관의 공무원 중에서 선발하여 교육하는 대상으로, 그 규모는 해마다 달라질 수 있다.

그런데 간부 교육은 공산당 중앙 조직부만이 아니라 전국에 있는 모든 현급 이상의 당 위원회 조직부도 담당한다. 게다가 앞에서 보았듯이, 공산당의 각 부서와 국가기관의 각 부서도 역시 간부 교육에 참여한다. 이렇게 보면, '당교 계통'에서만 매년 최소한 수십만 명 이상의 당정간부가 교육을 받는다고 말할 수 있다. 예를 들어, 한 연구에 따르면, 1977년부터 2000년까지 23년 동안 전국에 있는 중앙당교와 각급 지방당교에서 교육받은 간부가 약 400만 명에 달한다(매년 평균 17만 4,000명). 또한 2001년을 기준으로 전국에 있는 693만 명의 공무원 중에서 50% 정도에 해당하는 308만 명이

한 번 이상 당교 연수를 마쳤다.[6]

2. 당교의 교육 원칙과 내용

〈간부 교육 훈련 공작조례〉에 따르면, 간부 교육 원칙은 모두 여섯 가지다. 그중에서 가장 기본이 되는 원칙은 "덕(德) 우선 능력(能力) 중시"다. 여기서 '덕'은 공산당에 대한 충성과 사회주의 이념에 대한 헌신을 의미한다. 반면 '능력'은 업무 수행에 필요한 전문 지식, 행정 능력, 지도력 등을 말한다. 이를 보면, 공산당이 추구하는 간부 교육의 목적은 분명하다. 즉 '덕'을 갖춘 '정치적 충성파(political loyalist)'이면서 동시에 '능력'을 갖춘 '특정 분야의 전문가(specific expert)'라는 이중의 정체성을 가진 간부 육성이 그것이다.[7] 또는 '충실한 공산당인(共産黨人)'이면서 동시에 '유능한 전문가'인 간부를 육성하는 것이 목적이라고 말할 수 있다.[8]

(1) 교육 원칙: 당교 성당(黨校姓黨)

그런데 당교는 간부의 두 가지 덕목 중에서 '덕'을 훨씬 강조한다. 〈공산당 당교(행정학원) 공작조례〉(2008년 제정/2019년 수정)에 따르면, 당교는 5대 교육 원칙을 추구한다. 첫째는 당교 성당(黨校姓黨: 당교의 성씨는 당), 둘째는 실사구시(實事求是: 사실에서 진리 발견), 셋째는 질량 입교(質量立校: 높은 수준의 교육 수행), 넷째는 개혁 혁신(改革創新), 다섯째는 종엄 치교(從嚴治校: 엄격한 학교 관리)다. 이 중에서 가장 중요한 원칙이 바로 '당교 성당'이다.

이를 통해 당교는 여섯 가지의 특징을 보유한 간부를 양성하는 것이 교육 목표다. 이를 당교의 6대 목표라고 한다. 즉 ① 공산당에 충성하고, ② 마르크스주의 입장과 관점을 충분히 이해하며, ③ 인민을 중심에 놓고, ④ 주어진 업무를 용감하게 감당하고 실천하며, ⑤ 업무 능력이 전면적으로 증강되고, ⑥ 기율을 엄정히 준수하는 간부 양성 목표가 바로 그것이다.

| '당교 성당' 원칙

여기서 '당교 성당(黨校姓黨: 당교의 성씨는 당)'의 의미는 간부가 "사상·정치·행동 면에서 스스로 깨달아 공산당 중앙과 고도의 일치를 유지할 수 있도록 교육 훈련하는 것"을 말한다. 즉 '당교 성당'은 간부의 당성(黨性: 공산당에 충성하는 마음) 함양이 당교의 핵심 목표이자 원칙이라는 점을 강조한다.

구체적으로 당교의 교육 목적은 "영도간부가 당 중앙과 일치하도록(看齊) 도와주고, 당의 기본 이념·노선·전략(方略)의 교육을 통해 전 당의 사상과 행동을 통일하며, 당과 국가의 여러 업무(工作)를 순조롭게 완성하도록 추동"하는 것이다. 당교의 구호는 이를 잘 보여준다. "학술 연구에는 금지구역이 없지만(學術研究無禁區), 당교 교육에는 기율이 있다(黨校教育有紀律)!"[9] 한마디로 말해, 당교는 공산당 중앙에 절대복종하고 충성하는 간부, 즉 당성이 충만한 간부를 양성하는 것이 목적이다.

당교의 이런 교육 원칙에 대해서는 시진핑 총서기도 여러 차례 강조했다. 예를 들어, 시진핑은 2015년 12월에 개최된 전국 당교 공작회의에서 '당교 성당' 원칙을 다시 한번 명확히 천명했다.

"당교 성당은, 모든 교육(敎學) 활동, 모든 연구(科硏) 활동, 모든 학습(辦學) 활동에서 당성(黨性) 원칙과 당 정치노선을 반드시 견지한다는 것을 의미한다. [중략] 당교는 간부를 교육 훈련하는 곳으로, 영도 간부를 당교에 모아놓고 교육하는 중요한 목적은, 그들이 당 중앙과 일치하도록 돕는 것이다. [중략] 당교 성당에 따라 당교 업무의 중심은 반드시 당 이론 교육과 당성 교육이어야 한다. 영도간부가 당교에 와서 학습하는 주요 임무는 당 이론을 학습하고, 당성 교육을 받는 것이다."[10]

이와 같은 '당교 성당' 원칙은 교육 시간의 배분을 통해 실현된다. 〈공산당 당교(행정학원) 공작조례〉에 따르면, '당 이론 교육'과 '당성 교육'은 중앙당교, 성급 및 시급(市級) 당교의 전체 교육 시간 중에서 70%보다 적으면 안 된다. 2015년 12월에 하달된 〈신 형세하 당교 공작 강화 및 개진 의견〉도 구체적인 시간까지 명시하고 있다. '당 이론 교육'과 '당성 교육'은 전체 교육과정의 70%, '당성 교육'은 교육 내용과 시간의 20%보다 적으면 안 된다는 것이다.[11]

(2) 교육 내용: 정치교육·직무교육·교양교육

이처럼 공산당의 간부 교육 훈련, 특히 '당교 계통'의 교육 훈련은 간부의 업무 소질과 능력 향상보다는 정치이론과 당성 함양에 일차적인 목적이 있다. 이를 보면, 간부 교육은 인사 통제와 함께 사상 통제의 성격도 가지고 있다는 사실을 확인할 수 있다. 다시 말해, 간부 교육이 간부의 업무 능력 향상에 도움을 주는 것은 맞지만, 그것보다는 간부의 정치이론과 당성을 함양하여 공산당 중앙에 복종하고 충성하는 '정치적 충성파'를 양성하는 것이 주된 목적이라는 것이다.

그렇다고 공산당이 '당 이론 교육'과 '당성 교육'만을 강조하는 것은 결코 아니다. 〈간부 교육 훈련 공작조례〉와 〈2018-2022년 전국 간부 교육 훈련 계획〉에 따르면, 간부의 교육 훈련 내용은 크게 네 가지로 나눌 수 있다. 첫째는 당 기본이론 교육, 둘째는 당성 교육, 셋째는 전문화 능력 훈련, 넷째는 지식 훈련이다. 〈표 1-13〉은 이를 정리한 것이다.

우리는 이를 다시 세 가지 범주로 묶을 수 있다. 첫째는 정치교육으로, '당 기본이론 교육'과 '당성 교육'이 이에 해당한다. 둘째는 직무교육으로, '전문화 능력 훈련'이 이에 해당한다. 셋째는 교양교

〈표 1-13〉 공산당 간부 교육 훈련 내용

분류	세부 교육 내용
당 기본이론 교육	• '시진핑 사상' 학습 중심 • 마르크스-레닌주의, 마오쩌둥 사상, 덩샤오핑 이론, 삼개대표 중요 사상, 과학적 발전관 등 학습 • 유물변증법과 역사유물론의 세계관과 방법론 견지 등
당성(黨性) 교육	• 당장(黨章), 당규(黨規)와 당기(黨紀), 당 종지(宗旨)와 작풍(作風), 당내 정치문화 • 공산당 역사(黨史)와 중국사(國史), 공산당의 우량한 전통·세계정세 및 국가 정세(國情) 교육, 사회주의 핵심 가치 등
전문화 능력 훈련(培訓)	• 현대화 경제체제 건설, 사회주의 민주정치 발전, 사회주의 문화 번영 추동, 사회 거버넌스(治理) 강화 및 혁신 등에 필요한 전문 능력 배양 • 일대일로(一帶一路) 건설 등 능력
지식 훈련	• 공산당의 노선·방침·정책, 당 건설(黨建) • 경제·정치·문화·사회·생태 문명의 건설, 철학·역사·과학기술·국방·외교 등 방면의 기초성 지식 • 빅데이터, 인공지능 등 • 국가 안보관, 통일전선, 민족, 종교, 금융, 통계, 도시관리, 응급 관리 등

자료: <幹部教育培訓工作條例>(2015년 수정); <2018-2022年全國幹部教育培訓規劃>(2018년 11월 반포); 何毅亭 等著, 『中國共產黨的成功奧秘與中央黨校』(北京: 外文出版社, 2018), pp. 89-99.

육으로, '지식 훈련'이 이에 해당한다. 이처럼 간부 교육은 정치교육, 직무교육, 교양교육으로 구성된다.

3. 중앙당교 사례

지금까지는 전체 '당교 계통'을 중심으로 공산당의 간부 교육 훈련 체계에 대해 살펴보았다. 이것이 실제로 어떻게 운영되는지를 자세히 알아보기 위해 중앙당교를 사례로 살펴보도록 하자. 전체 교육기관 중에서 중앙당교가 가장 중요하고, 여기서 실시하는 교육과정과 교과목은 성급·지급·현급의 지방당교에도 적용된다.[12]

참고로 중앙당교는 단순한 교육기관이 아니라 공산당과 정부에 이론과 정책을 제공하는 중요한 싱크 탱크(智庫, think tank)이기도 하다. 특히 2005년에 푸둥학원 등 국가급 간부학원이 설립되면서 중앙당교의 싱크 탱크 역할은 전보다 더욱 강조되고 있다.[13] 실제로 중앙당교는 공산당과 정부에 새로운 이념과 정책을 제공했다. 장쩌민의 '삼개대표 중요 사상', 후진타오의 '화평굴기(和平崛起: 평화적 부상)'와 '화평발전(和平發展: 평화적 발전)', '과학적 발전관'이 대표적이다. 또한 공산당의 중요한 정책 문건 작성에도 직접 참여한다. 당대회에서 총서기가 발표하는 정치 보고의 작성 과정에 참여하는 것이 대표적이다.[14]

중앙당교는 다양한 공개 및 비공개 간행물도 발행한다. 『학습시보(學習時報)』, 『이론동태(理論動態)』, 『이론전연(理論前沿)』, 『중공중앙 당교학보(中共中央黨校學報)』, 『중국 정당간부논단(中國政黨幹部論壇)』, 『사상이론 내참(思想理論內參)』이 대표적이다.[15] 이는 성급 및 지급 지방당교도 마찬가지다.[16] 이외에도 중앙당교는 '당교 계통'의 최고 기관으로, 교육과정의 개발과 교재 편찬, 지방당교 교수 양성 등의 업무에서도 선도적인 역할을 담당한다. 이를 통해 '당교 계통'은 중앙부터 지방까지 전국적으로 통일성을 유지할 수 있다.

(1) 교육과정: '주체반(主體班)'과 '주제 연구반(專題班)'

먼저 중앙당교의 전체 교육과정을 살펴보자. 이는 구체적으로 중앙당교가 개설하는 교육과정, 중국어로는 '반차(班次)'로 나뉜다. 반차는 크게 '주체반(主體班)'과 '전문주제 연구반(專題班)', 줄여서 '주제 연구반'으로 나눈다. 여기서 '주체반'은 '당교에서 중심(主體)이 되는 반'이라는 뜻으로, '연수반(進修班)'과 '육성반(培訓班)'을 가리킨다. 반면 '주제 연구반'은 특정 주제에 대한 간부의 업무 능력을 향상하기 위해 개설하는 전문 교육과정을 가리킨다.

〈표 1-14〉는 이를 정리한 것이다.

│ 주체반 1: 연수반(進修班)

연수반은 2개월에서 4개월 반(半)의 과정으로 운영된다. 연수반은 연수생의 직급에 따라 세 종류로 나뉜다. 첫째는 성부급(省部級: 장·차관급) 간부 연수반, 둘째는 청국급(廳局級: 국장급) 간부 연수반, 셋째는 신임 현(縣) 당서기 연수반이다. 이 가운데 성부급 및 청국급 간부는 5년마다 3개월 이상 업무를 벗어나서 집체 교육을 받아야 한다는 〈간부 교육 훈련 공작조례〉에 따라 영도간부라면 누구나 한 번씩 받는 연수 과정이다. 그래서 이를 '순환 연수(輪訓)'라고 부른다.

현 당서기 연수반은, 현 당서기로 승진하여 처음으로 받는 직무 연수다. 이는 농촌에서 현 당서기가 차지하는 중요성을 고려하여

〈표 1-14〉 공산당 중앙당교(中央黨校)의 영도간부 교육과정(班次)

유형	세부 종류			대상(간부)	기간	특징
연수반 (進修班)	성부급(省部級) 간부			성부급	2~4개월	모든 영도간부는 5년에 3개월 이상 연수 필수/중앙 조직부 선발
	청국급(廳局級) 간부			청국급	2~4개월	
	현(縣) 당서기			신임 현 당서기	2~4개월	승진 후 직무교육
육성반 (培訓班)	중청년 간부반 (中靑班)	1반		정(正) 청국급	4개월	성부급 승진 위한 예비간부(後備幹部) 교육/중앙 조직부 선발
		2반		부(副) 청국급	1년	성부급 승진 위한 전략(戰略) 예비 간부 육성/중앙 조직부 선발
	민족 간부반 (民族 幹部班)	신장 (新疆)	지청급 (地廳級)	부(副) 지청급	4개월	신장·티베트 통치할 소수민족 핵심 간부 육성/신장·티베트 공산당 위원회 조직부 선발
			현처급 (縣處級)	45세 이하 현처급	4개월	
		티베트 (西藏)	반년제	지청급/현처급	4개월	
			1년제	45세 이하 현처급	1년	
주제 연구반 (專題 硏討班)	성부급 간부			성부급	1~3주	특정 주제를 전문적으로 연구 토론하여 전문 지식과 능력 향상
	청국급 간부			청국급	1~3주	
교수 양성반 (師資班)	석사 과정			당교 교수/일반	2년	정식 학위 과정
	박사 과정			당교 교수/일반	3년	

자료: 何毅亭 等, 『中國共產黨的成功奧秘與中央黨校』(北京: 外文出版社, 2017), pp. 173-180; 조호길·리신팅, 『중국의 정치권력은 어떻게 유지되는가』(서울: 메디치, 2017), pp. 256-258; 「중앙당교 심층 분석」, 『차이나 포커스』 9호(2014년 1월), pp. 14-15; Charlotte Lee, *Training the Party: Party Adaptation and Elite Training in Reform-era China* (New York: Cambridge University Press, 2015), p. 45; Frank N. Pieke, *The Good Communist: Elite Training and State Building in Today's China* (New York: Cambridge University Press, 2009), pp. 65-68; Gang Tian and Wen-Hsuan Tsai, "Ideological Education and Practical Training at a County Party School: Shaping Local Governance in Contemporary China", *China Journal*, No. 85 (January 2021), pp. 5-9.

중앙당교가 특별히 개설하는 과정이다. 일반적으로 현급 영도간부는 중앙당교가 아니라 성급(省級)이나 지급(地級) 지방당교에서 교육 훈련을 받기 때문이다.

중앙당교에서 교육받는 간부를 선발하는 주무 기관(부서)은 조금씩 다르다. 전체적으로는 공산당 중앙 조직부가 총괄 관리하지만, 세부적으로는 간부 등급에 따라 선발 및 파견 기관(부서)이 다르다. 예를 들어, 성부급 간부와 다음에 살펴볼 중청년 간부 육성반(中靑班)은 전원 공산당 중앙 조직부가 선발한다. 매우 중요하기 때문이다. 반면 청국급 간부와 현 당서기 연수반은 공산당 중앙 및 중앙 국가기관, 국무원 국유자산 감독관리위원회(국자위)의 조직 인사 부서, 각급 지방 당 위원회의 조직부가 중앙당교의 학생 모집 계획에 맞추어 선발하여 파견한다. 다음에 살펴볼 신장 및 티베트 민족간부 육성반은 각각 신장 및 티베트 자치구 당 위원회의 조직부가 선발하여 파견한다.[17]

│ 주체반 2: 육성반(培訓班)

'현재' 지도자를 교육하는 연수반과 달리, 육성반은 '미래' 지도자를 양성하는 교육과정이다. 그래서 이를 '연수(進修)'반과 구별하여 '육성(培訓)'반이라고 부른다. 이는 공산당 영도 체제의 유지를 위해 매우 중요한 과정이기 때문에, 공산당 중앙 조직부가 직접 주관한다. 중앙당교도 공산당 중앙 조직부의 방침에 맞추어 육성반을 주체반의 하나로 특별 관리한다. 이런 육성반에는 두 가지 종류가 있다. 첫째는 '중청년 간부 육성반(中靑年幹部培訓班)', 줄여서 '중청반(中靑班)'이다. 둘째는 '민족간부 육성반(民族幹部培訓班)', 줄여서 '민족 간부반(民族幹部班)'이다.

먼저 '중청반'은 1반과 2반으로 나뉜다. 중청 1반은 4개월 반(半) 과정으로, 청국급(廳局級) 정직(正職) 간부, 즉 청장(廳長)이나 국장(局長) 중에서 성부급(省部級) 부직(副職) 간부, 즉 부부장(副部長: 차관), 부성장(副省長), 부서기(副書記)로 승진할 가능성이 있는 간부를 대상으로 개설된다. 그래서 중청 1반을 '성부급 예비 간부반(後備幹部班)'이라고 부른다. 중청 1반의 교육생으로 선발되었다는 것은, 머지않아 성부급 부직(차관급) 간부로 승진할 가능성이 크다는 것을 의미한다.

반면 중청 2반은 1년 기간의 비교적 긴 과정으로, 우수한 청국급 부직(副職), 즉 부청장이나 부국장 중에서 장래에 성부급 부직(차관급)으로 성장할 가능성이 큰 간부를 대상으로 개설된다. 그래서 중청 2반을 '성부급 전략(戰略) 예비 간부반'이라고 부른다.[18] 중청 2반의 교육생으로 선발되었다는 것은, 장래에 성부급(장·차관급) 간부로 승진할 가능성이 크다는 사실을 의미한다. 따라서 중청 2반은 공산당의 미래 지도자를 육성하는 대표적인 교육 프로그램이라고 할 수 있다.

공산당의 관점에서 볼 때, 중청반은 당과 국가의 미래 지도자를 양성하는 매우 중요한 과정이다. 그래서 중청반의 교육생을 특별 관리한다. 이런 이유로 당정간부들은 중청반의 교육생으로 선발되기 위해 매우 치열한 경쟁을 벌인다. 앞 장에서 '인사 임명'을 살펴볼 때, 공산당 중앙이 미래의 지도자를 양성하기 위해 '예비간부명단'을 작성하여 관리한다고 말했다. 여기에 포함된 청국급 간부들이 바로 중청반에서 교육받는 대상이다.

실제로 중청반을 통해 최고 지도자로 성장한 사람들이 많이 있다. 후진타오 전 총서기, 후춘화(胡春華) 정치국원 겸 국무원 부총리, 쑨정차이(孫政才) 전 정치국원 겸 충칭시 당서기는 각각 1983년, 1996년, 2000년에 중청반에 선발되어 중앙당교에서 교육을 받았다.[19] 공산당 19차 당대회(2017년) 시기의 중앙위원을 사례로 보면, 204명의 정위원 중에서 47명, 172명의 후보위원 중에서 38명이 중청반 출신으로, 이들은 전체의 23%를 차지한다.[20]

또한 중청 2반은 1년이라는 비교적 긴 기간 동안 교육을 받는데, 여기에는 한두 달의 해외 연수도 포함된다. 재미있는 사실은, 중청 2반의 해외 연수생 중 일부가 매년 한국의 삼성전자 인력개발원에서 교육을 받는다는 점이다. 즉 2004년부터 매년 40~50명의 중청 2반 연수생이 처음에는 4주, 이후에는 2주 정도 삼성전자를 방문하여 교육을 받는다. 이는 당시 중앙당교 교장이었던 쩡칭훙(曾慶紅) 국가 부주석이 고 이건회 삼성 회장에게 직접 부탁하여 시작된 것이다. 중청 2반의 나머지 연수생들은 싱가포르와 홍콩 등 가까운 아시아 지역으로 연수를 떠난다.

다음으로 '민족 간부반'은 신장반(新疆班)과 티베트반(西藏班)으로 나누어 운영된다. 두 지역은 문화와 언어, 사회경제적 조건, 당면한 과제가 다르므로 별도로 운영되는 것이다. 이들은 현재 신장 자치구와 티베트 자치구를 통치하고 있거나, 미래에 이 지역을 통치할 소수민족의 핵심 간부를 육성하는 과정이다. 민족간부 육성반은 간부 등급에 따라 각각 두 개로 나뉘어 구성된다. 이 중에서 티베트 현처급 간부 육성반은 1년 과정으로, 중청 2반과 비슷하다. 즉 티베트 지역에서 예비 간부를 미리 선발하여 장기간에 걸쳐 육성한다는 성격을 갖고 있다.

| 주제 연구반과 교수 양성반

다음으로 '주제 연구반(專題研討班)'으로 넘어가자. 교육생의 급별에 따라 성부급 연구반과 청국급 연구반 두 가지가 있다. 공산당 중앙은 국가의 중대한 전략 배치와 공산당의 중점 사업을 둘러싼 주요 현안(issue)을 해결하기 위해, 또한 고위급 당정간부가 전문적인 정책과 업무를 제대로 이해할 수 있도록 돕기 위해 주제 연구반을 개설한다. 이 과정은 1999년 1월에 성부급 주요 영도간부를 대상으로 하는 금융연수반을 개설한 것을 시작으로 지금까지 해마다 개설되고 있다.[21]

마지막은 당교 계통의 교수 요원을 양성하기 위한 '교수 양성반

(師資班)'이다. 이 반을 개설한 목적은 지방당교 교수의 학문적 자질과 능력을 향상하기 위한 것이다. 이전에 지방당교, 특히 현급 지방당교의 교수는 석사나 박사 학위가 없는 사람이 많았다. 이들의 자질과 능력을 높이기 위해 2016년에 전국 당교계통(黨校系統) 교수연수학원(教師進修學院)을 중앙당교 내에 설립하고, 마르크스주의 이론 과정과 공산당 이론 과정을 개설했다. 인원은 2년 과정의 석사생 100명, 3년 과정의 박사생 200명이다. 당교와 상관없는 당정간부나 일반대학 졸업생도 중앙당교의 석·박사 과정에 진학할수 있다.[22]

(2) 공통 과정과 세부 과목

앞의 〈표 1-13〉에서 우리는 당교의 교육 내용에 대해 살펴보았다. 이는 크게 네 가지, 즉 당 기본이론, 당성, 전문화 능력, 일반 지식으로 구성된다. 이것은 다시 간단하게 정치교육, 직무교육, 교양교육으로 묶을 수 있다고 말했다. 그렇다면 이와 같은 교육 내용은 중앙당교의 공통 교과목과 세부 교과목으로 어떻게 구체화될까?

〈표 1-15〉는 중앙당교가 개설한 공통 교육과정과 세부 교과목을 정리한 것이다. 이는 각급 지방당교에도 그대로 적용된다. 다만 각 과정의 교육 시간 배분이 조금씩 다를 뿐이다. 이를 통해 우리는 중앙당교의 교과목이 상당히 정례화되었다는 사실을 확인할수 있다. 동시에 교과목이 정치교육, 직무교육, 교양교육이라는 간

<표 1-15> 중앙당교의 공통 교육과정과 세부 교과목

교육과정	세부 교과목	특징
당 이론 교육 과정(三個基本)	① 마르크스-레닌주의 기본문제 ② 마오쩌둥 사상 기본문제 ③ 중국 특색 사회주의 이론체계	연수반과 육성반의 필수 과목*
당성 교육과정	① 당성 이론 ② 역사 경험과 교훈 ③ 당장(黨章), 당기(黨紀), 당규(黨規) ④ 당성(黨性) 분석	
당대 세계 과정 (五個當代)	① 당대 세계 경제 ② 당대 세계 과학기술 ③ 당대 세계 법제(法制) ④ 당대 세계 군사 ⑤ 당대 세계 사조(思潮)/당대 세계 민족 종교	연수반과 육성반의 필수 과목*
전략 사유와 영도 능력 과정	① 형세와 임무 보고 ② 마르크스주의 사유 방법 연구 ③ 전략 사유와 방법	

주: • 이 두 교과목은 연수반과 육성반에 참여하는 모든 영도간부가 일생에 한 번은 반드시 이수해야 하는 필수 과목이다.

자료: 何毅亭 等, 『中國共產黨的成功奧秘與中央黨校』(北京: 外文出版社, 2017), pp. 193-198.

부 교육 내용에 맞추어 편성되었다는 사실도 확인할 수 있다. 즉 〈간부 교육 훈련 공작조례〉와 〈공산당 당교(행정학원) 공작조례〉가 현실에서 실행되고 있다는 것이다.

| 당 이론 교육과정(三個基本)

첫째는 당 이론 교육과정이다. 이 과정은 세 개의 세부 교과목으로 구성된다. ① 마르크스–레닌주의 기본문제, ② 마오쩌둥 사상 기본문제, ③ 중국 특색 사회주의 이론 체계가 그것이다. 중앙당교는 이를 '세 개의 기본(三個基本)'이라고 부른다. 이는 '당 기본 이론'을 대표한다.

여기서 세 번째 과목인 '중국 특색 사회주의 이론 체계'는 다시 덩샤오핑 이론, 삼개대표 중요 사상, 과학적 발전관, 시진핑 신시대 중국 특색의 사회주의 사상('시진핑 사상')으로 구성된다. 이 중에서 덩샤오핑 이론은 기본이지만, 나머지는 상황에 따라서 강조점이 달라진다. 예를 들어, 2017년 공산당 19차 당대회에서 '시진핑 사상'이 공산당의 지도 이념으로 결정된 이후, 중앙당교와 각급 지방 당교는 '시진핑 사상'을 중국 특색 사회주의 이론 체계의 핵심 내용으로 교육한다.

│ 당성 교육과정

둘째는 당성 교육과정이다. 세부 교과목은 네 개다. ① 당성 이론, ② 역사 경험과 교훈, ③ 당장(黨章)·당기(黨紀)·당규(黨規) 교육, ④ 당성(黨性) 분석이다. 이 과정의 목적은 당정간부가 〈당장(黨章)〉의 종지(宗旨)에 헌신하고 공산당 중앙에 충성하는 '공산당인(共産黨人)', 당기와 당규를 철저히 준수하는 '혁명전사(革命戰士)', 부정부패를 저지르지 않고 주어진 업무를 충실히 수행하는 '청백리(清白吏)'가 되도록 교육하는 것이다. 반대로 이런 간부가 되지 않으면 어떤 일이 벌어지는가를 이론과 실제 경험을 통해 생생하게 전달하는 것이 교육 목적이다.

이 교과목이 다른 교과목과 다른 점은, 강의뿐만 아니라 비디오 상영, 교도소 등 현장 방문 방법도 함께 활용한다는 것이다. 주제는 크게 세 가지다. 첫째는 당원의 올바른 행동이다. 둘째는 법률과 당규를 위반한 당원, 다시 말해 부정부패를 저지른 당원의 운명에 대한 경고다. 이때는 부정부패로 처벌받은 고위 당정간부가 어떻게 부패의 나락으로 떨어졌는지, 또한 처벌을 받은 이후 이들이 어떻게 후회하는 삶을 살고 있는지에 대한 생생한 증언을 담은 비디오를 보거나, 교도소를 직접 방문하기도 한다. 셋째는 소련 및 동유럽 사회주의 국가의 붕괴다. 이들이 섣부른 민주화로 정권을 잃고 국가가 분열되는 과정을 기록 영화를 통해 소개한다.[23] 핵심 메시지는 공산당 정권이 붕괴하면 간부의 엘리트 지위도 동시에 상실한다는 점이다.[24]

당성 교육과정의 네 번째인 '당성 분석'은 교육생이 각자 자신의 당성을 분석하여 발표한 이후 교육생 간의 비판과 자기비판을 통해 문제점을 발견하고 해결하는 과목이다. '자기 검토서(檢討書)'는 당연히 사전에 정해진 형식과 내용에 맞추어 서면으로 작성해서 제출해야 한다. 사실 영도간부에게 이런 식의 자기 검토서 작성과 자기비판은 새로운 것이 아니다. 영도간부들은 민주생활회에서 이런 일을 수없이 해왔기 때문이다. 그래도 이를 정규 교과목으로 편성한 것은, 이번에는 1년 단위의 자기 검토가 아니라 평생의 자기 검토를 수행하라는 취지다. 이를 통해 간부로서 새로운 삶을 살 수 있도록 결의를 다지고 심기일전하는 계기로 삼자는 뜻이다.

│ 당대 세계 과정(五個當代)과 전략 사유 및 영도 능력 과정

셋째는 당대 세계 과정이다. 세부 교과목은 다섯 개다. ① 당대 세계 경제, ② 당대 세계 과학기술, ③ 당대 세계 법제(法制), ④ 당대 세계 군사, ⑤ 당대 세계 사조(思潮) 혹은 당대 세계 민족 종교가 그것이다. 중앙당교는 이를 '다섯 개의 당대(五個當代)'라고 부른다. 이는 직무교육과 교양교육의 범주에 속하는 교과목이다. 이 교과목의 교육 목적은, 교육생이 세계의 흐름을 정확히 파악하고, 그 속에서 중국이 당면한 과제, 더 좁게는 자신이 맡은 업무를 정확히 이해하고 수행할 수 있도록 도와주는 것이다.

재미있는 사실은, 영도간부들이 반드시 알아야 하는 세계의 흐름 중에 '법제'가 포함되었다는 점이다. 이는 1997년 공산당 15차 당대회에서 '의법치국(依法治國: 법률에 근거한 국가통치)'이 국가통치 방침으로 채택되면서 나타난 현상이다. 이 결정 이후 공산당 중앙은 '당교 계통'의 교육과정에 반드시 법치 및 법제 과목이 포함되어야 한다는 지시를 하달했다. 이에 맞추어 중앙당교와 각급 지방당교는 이를 공통 과목의 하나로 편성했다.[25]

넷째는 전략 사유와 영도 능력 과정이다. 세부 교과목은 세 개, 즉 ① 형세와 임무 보고, ② 마르크스주의 사유 방법 연구, ③ 전략 사유와 방법이다. 이는 직무교육 범주에 속하는 내용으로, 영도간부로서 임무를 수행하는 데 꼭 필요한 업무 능력과 지도력을 갖추기 위한 교과목이다. 예를 들어, '형세와 임무 보고'는 영도간부가 늘 작성하는 각종 보고서를 제대로 작성하기 위한 교육이다. '전략 사유와 방법'도 마찬가지다. 즉 중대한 과제나 도전에 직면했을 때, 간부가 이를 해결하기 위해 어떤 방식으로 문제에 접근해서 어떤 전략을 실행할지를 교육하는 것이다.

│ 과외 생활과 활동: '종엄 치교(從嚴治校)'

앞에서 〈공산당 당교(행정학원) 공작조례〉를 살펴보면서 당교의 다섯 번째 원칙이 '종엄 치교(從嚴治校: 엄격한 학교 관리)'라고 말했다. 이는 교과 학습만을 가리키는 것이 아니라, 과외 생활과 활동에도 그대로 적용된다. 따라서 당교 교육을 살펴볼 때는 교과 교육과 함께 생활 교육도 함께 보아야 한다. 그래야 당교의 교육 내용과 목표를 제대로 이해할 수 있다.

'종엄 치교'의 원칙에 따라 당교는 교육생의 당성을 함양하기 위해 군대식으로 교육한다. 첫째는 엄격한 생활이다. 교육생은 오전 8시에 시작하여 오후 9시에 끝나는 빽빽한 일과를 소화해야 한다. 교육생 간에는 친밀한 관계 유지가 권장되지만, 소그룹 형성은 엄격히 금지된다. '당내 파벌 엄금' 원칙이 여기에도 적용된다. 또한 교육생은 기율을 철저히 준수해야 한다. 작은 일탈이라도 상부에 보고되고, 당안(檔案: 인사 파일)에 기록되어 승진에 결격 사유가 된

다. 과외 생활도 통제된다. 수업 외에도 교육생은 매주 독서 보고
서를 제출해야만 한다. 음주는 당연히 허용되지 않는다.

둘째는 비판과 자기비판의 생활화다. 이는 당성 강화를 통해 간
부 개인의 생각과 특성을 억제하도록 훈련하기 위한 것이다. 앞에
서 보았듯이, 정규 과목에도 당성 분석이 포함된다. 그런데 이런
정규 과목 이외에 임시로 조직된 당 지부와 당 소조 모임에서도 '교
류 비평(交流點評)'이라는 명목으로 상호 검토와 비판이 수시로 이
루어진다.

비판과 자기비판 과정은 교육생들이 "얼굴이 붉어지고(臉紅), 식
은땀이 흐르며(出汗), 견디기 힘들게(難受)" 설계되었다. 모두 자기의
개성을 억제하고 비판 수용을 생활화하라는 뜻이다. 이는 교육 기
간 내내 교육생들에게 커다란 심리적 압박으로 다가온다. 물론 서
로의 감정을 다치지 않도록 배려하기는 한다. 친한 사람들끼리 비
판함으로써 불필요한 오해를 피하도록 하고, 비판할 내용을 미리
전달해 대비하도록 한다. 그래도 압박은 압박이다.[26]

| '간부가 되는 법' 교육

또한 당교의 생활과 교육은 간부가 되는 법, 즉 간부의 사회화
(socialization)가 이루어지는 과정이기도 하다. 중앙당교는 고급 간부
로서 갖추어야 하는 올바른 언행을 교육한다. 예를 들어, 공개 석
상에서 발언할 때 시진핑 총서기의 지시를 어떻게 인용할지를 교

육하고 실습한다. 지방당교는 간부들에게 각 직급에 맞는 올바른 언행을 교육한다. 예를 들어, "기치를 선명히 한다(鮮明旗幟)"라는 표현은 국가급 지도자 혹은 최소한 성급(省級) 지도자만이 사용할 수 있다. 그 아래 간부들이 이 말을 사용하면 "독립왕국(独立王國)을 세운다", 즉 자기 파벌을 형성한다고 비판받는다. "태도 표명(表態)"도 중앙 및 성급 지도자가 먼저 사용한 다음에 하급 간부가 하는 것이다. 그렇지 않으면 "야심가(野心家)"로 오해받는다.[27]

간부들이 상급자에 의해 '저급 홍색선전(低級紅)'과 '고급 흑색선전(高級黑)'으로 의심받지 않도록 행동거지도 교육한다. 공산당은 2010년 2월 27일에 〈공산당의 정치건설 강화 의견〉을 발표하면서 '저급 홍색선전'과 '고급 흑색선전'을 금지했다. '저급 홍색선전'은 공산당 지도자를 옹호하려고 선전했지만, 방식이 단조롭고 거칠어서 역효과를 초래하는 선전을 말한다. 반면 '고급 흑색선전'은 특정 지도자나 정책을 과도하게 칭찬하다가 오히려 반감을 초래해 결과적으로 그 지도자와 정책을 '먹칠하는(抹黑)' 선전을 가리킨다.[28]

이를 위해 첫째, 상급자의 언행과 기타 미묘한 신호로부터 정치 분위기를 파악 및 판단하는 능력을 훈련한다. 둘째, 중앙 문건을 정확히 읽고 이해하는 능력을 배양한다. 셋째, 기율 위반과 처벌에 대해 정확히 이해하도록 교육한다. 예를 들어, 시진핑 시기에 들어서 공산당 중앙은 부패와 관련하여 가족과 친인척 단속을 강조한다. 따라서 이에 특별히 주의해야 한다. 넷째, 올바른 당내 예절(manner)을 교육한다. 예를 들어, 회의 자리에서는 나이가 아니라 당령(黨齡: 입당 시기와 당 활동 기간)이 우선한다. 또한 상급자가 연설할 때는 반드시 받아 적어야 한다. 이는 이후에 상급자의 지시를 이행할 때 필요하고, 동시에 상급자에게 순종하는 모습을 보여주는 효과도 거둘 수 있다. 중국 간부들도 한국의 공무원처럼 '적자 생존의 법칙', 즉 '적는 자만이 생존할 수 있다'라는 법칙을 따라야 한다.

이처럼 과외 생활과 활동에서도 교육은 계속된다. 이와 같은 정치교육을 통해 당교는 두 가지 목적을 달성하려고 한다. 첫째는 당정간부를 공산당, 특히 당 중앙과 더욱 밀착시켜 하나가 되도록 만든다. 즉 '공산당 중앙과 간부의 일체화(一體化)'다. 둘째는 당정간부가 되는 법을 머리로 깨달을 뿐만 아니라 몸으로도 숙달하도록 만든다. 즉 '간부가 되는 법의 체화(體化)'다.[29] 이런 이유로 당교를 '당정간부의 요람'이라고 부르는 것이다.

이외에도 교육생들은 당교 교육생으로 선발되었다는 것 그 자체를 영광으로 생각하고 공산당에 대해 더욱더 우호적이고 친밀한 감정을 갖게 된다. 당교에서 '특별한 경험'을 겪으면서 당으로부터 '특별 대우'를 받는다고 느낀다. 또한 교육생들은 상호 간에 밀접한 관계를 형성하여, 연수 이후에도 끈끈한 관계를 계속 유지한다. 당교는 간부들에게 사교를 통해 교수와 교육생, 교육생과 교육생 간에 '관시(關係)'를 만들 수 있는 합법적인 기회를 제공하는 셈이다.

이렇게 형성된 관시는 이후의 업무 수행과 승진 과정에서 음으로 양으로 커다란 도움을 준다.[30]

(3) 중앙당교의 교육과정 개설 사례: 2016년 가을학기

위에서 살펴본 중앙당교의 '반차(班次: 프로그램)'와 교육과정이 실제로 어떻게 편성되는지를 구체적인 사례를 통해 살펴보도록 하자.

| 주체반: 육성반과 연수반

⟨표 1–16⟩은 2016년 가을학기에 개설된 중앙당교의 육성반과 연수반을 정리한 것이다. 육성반과 연수반을 합친 '주체반'의 전체 규모는 1,207명이다. 이는 '주제 연구반'의 894명(⟨표 1–17⟩)보다 313명이 많다. 이를 통해 우리는 중앙당교는 주체반(즉 육성반과 연수반)이 주제 연구반보다 더 많은 수의 영도간부를 교육한다는 사실, 다시 말해 중앙당교는 주체반을 중심으로 운영된다는 사실을 알 수 있다. 여기서 성급(省級) 지방당교는 살펴보지 않았지만, 이와 유사한 특징을 보일 것으로 추정할 수 있다.

반면 현급(縣級) 지방당교는 상황이 다르다. 한 현급 당교에 대한 조사에 따르면, 2010년부터 2020년까지 약 10년 동안 이 현급 당교의 육성반은 매년 100~200명, 연수반은 매년 200~340명을 배출했다. 이 둘을 합한 주체반의 연수 규모는 매년 300~540명 정도

〈표 1-16〉 중앙당교 2016년 가을학기 육성반(培訓班)과 연수반(進修班) 개설 상황

과정 구분		육성반 종류와 연수반 주제	규모(명)	기간
육성반 (培訓班)		중청년 간부 육성 1반(제41기)	143	4개월 반
		신장 지청급(地廳級) 민족간부 육성반(제79기)	38	
		신장 현처급(縣處級) 민족간부 육성반(제80기)	53	
		반년제(半年制) 티베트 민족간부 육성반(제60기)	44	6개월
		소계	278	
연수반 (進修班)	성부급 (省部級) (제60기)	전략 사유와 영도 능력 연구 주제	32	2개월
		민생과 사회건설 연구 주제	24	
		경제 뉴노멀(新常態)과 발전 신이념 연구 주제	22	
		당 18기 6중전회 정신 관철 학습 연구 주제	27	
	청국급 (廳局級) (제67기)	경제 뉴노멀(新常態)과 발전 신이념 연구 주제	42	2개월
		문화건설과 문화 체제 개혁 연구 주제	40	
		세계 구도 변화와 중국 대외전략 연구 주제	67	
		전면적 의법치국(依法治國) 추진 연구 주제	75	
		생태 문명 건설 연구 주제	47	
		당 18기 6중전회 정신 관철 학습 연구 주제	65	
		중국 특색 사회주의 이론 연구 주제	50	3개월
	기타	현(縣) 당서기 연수반(제8기)	147	2개월
		현 당서기 연수반(제9기)	195	
		전국 당교계통 교육 관리 간부 이론 연수반(제6기)	96	
	소계		929	
총계			1,207	

자료: 何毅亭 等, 『中國共産黨的成功奧秘與中央黨校』(北京: 外文出版社, 2017), p. 175.

다. 그런데 주제 연구반의 교육생은 2013년에 2,434명이었던 것이 2020년에는 7,710명으로 급증했다. 그 결과 2020년 기준으로, 전체 당교 교육생 약 8,250명 중에서 주체반은 최대 540명으로, 전체 교육생의 6.5%밖에 되지 않는다. 즉 이 현급 당교 교육생의 절대다수인 93.5%는 주제 연구반이다.[31] 이처럼 현급 당교는 중앙당교와는 달리 주제 연구반을 중심으로 운영된다.

한편 〈표 1-16〉에 따르면, 2016년 가을에 개설된 육성반은 모두 네 개로, 학생 수는 총 278명이다. 이것을 연수반의 교육생 수 929명과 비교하면, 육성반의 교육생 규모는 연수반의 1/3 수준임을 알 수 있다. 이는 중앙당교가 주체반 중에서도 연수반 중심으로 운영된다는 사실을 보여준다. 또한 네 개의 육성반 중에서 세 개는 4개월 반(半) 과정이고, 다른 하나는 6개월 과정으로, 모두 단기 과정이다. 이를 통해 육성반 중에서 1년 동안의 장기 과정, 즉 중청 2반과 티베트 1년 반은 가을학기가 아니라 봄학기에 개설된다는 사실을 알 수 있다.

또한 〈표 1-16〉의 연수반을 살펴보면, 성부급과 청국급 연수반은 다양한 주제로 두세 달 과정으로 개설되었다. 공통 과정은, 성부급 연수반은 '전략 사유와 영도 능력 연구', 청국급 연수반은 '중국 특색 사회주의 이론 연구'뿐이다. 나머지는 모두 새로운 주제로 연수를 진행했다. 이는 연수생들의 특성에 따라 개설한 것이다. 예를 들어, 성부급 연수반의 '민생과 사회건설 연구 주제'는 민정(民

政) 업무를 담당하는 성부급 간부를 대상으로 했을 가능성이 크다. 반면 '경제 뉴노멀(新常態)과 발전 신이념 연구 주제'는 경제를 담당하는 성부급 간부, 국유기업의 성부급 지도자를 대상으로 했을 가능성이 크다. 이런 식으로 연수 대상의 특성에 맞추어 다양한 연수반이 개설된다.

〈표 1-17〉중앙당교 2016년 가을학기 주제 연구반(專題研討班) 개설 상황

반 종류	규모(명)	기간
성부급(省部級) 간부 통일전선 이론 정책과 종교 업무 주제 연구반	46	7일
종교 업무 주제 연구반	69	7일
성부급 간부 종합 국가 안보관(總體安全觀) 주제 연구반(제2기)	50	9일
성부급 간부 전국 과학기술 혁신대회 정신 학습 관철과 혁신 추동 발전 전략 실시 주제 연구반	62	5일
청국급(廳局級) 간부 전국 과학기술 혁신대회 정신 학습 관철과 혁신 추동 발전 전략 실시 주제 연구반	78	5일
성부급 간부 당내법규 학습 주제 연구반(제2기)	41	5일
중앙 관리 기업 당조(黨組) 서기 당 건설 주제 연구반	72	5일
중앙 관리 대학 중청년 간부 육성반(培訓班)	56	1개월
국유기업 개혁 심화 주제 연구반(研討班)(제2기)	91	1개월
중앙 관리 금융기업과 중앙 관리 기업 중청년 영도 인원 육성반	67	1개월
청국급 간부 사이버(網絡) 안보와 정보화 주제 연구반(제2기)	80	5일
천인계획(天人計劃) 국가 특별초빙 전문가 이론 연수반(研修班)	182	5일
총계	894	

자료: 何毅亭 等, 『中國共產黨的成功奧秘與中央黨校』(北京: 外文出版社, 2017), p. 178.

| 주제 연구반

〈표 1-17〉은 같은 시기 중앙당교가 개설한 주제 연구반의 상황을 정리한 것이다. 주제 연구반은 앞에서 말했듯이, 특정한 업무 주제에 대한 전문 지식과 업무 능력을 향상할 목적으로 해당 주제의 업무를 담당하는 간부만을 선발하여 교육하는 과정이다. 그래서 당연히 다양한 주제로 연구반이 개설되었다. 교육 기간은 세 과정만 한 달이었고, 나머지는 모두 5일에서 9일 사이의 단기 교육이었다. 교육생은 모두 894명으로, 그렇게 많다고 할 수는 없다.

| 중앙당교의 '성부급 주요 영도간부' 주제 연구반 사례

〈표 1-18〉은 중앙당교가 '성부급 주요 영도간부'를 대상으로 1999년부터 2021년까지 22년 동안 개설한 주제 연구반의 개설 시기와 주제를 정리한 것이다. 앞에서 말했듯이, 성부급 주요 영도간부를 대상으로 하는 주제 연구반은 1999년에 처음 개설된 이후 매년 한 번씩 개설되고 있다. 그런데 이 과정을 그냥 '성부급 간부'라고 부르지 않고 '성부급 주요 영도간부'라고 부르는 이유는, 여기에 참여하는 교육생이 성부급 간부 전체가 아니라 일부이기 때문이다.

우선 성부급 간부 중에서 정직(正職), 우리식으로 말하면 장관급만이 참여한다. 또한 성부급 정직 중에서도 주요 부서의 책임을 맡는 간부만이 참여한다. 구체적으로 공산당 중앙에서는 정치국 상무위원, 정치국원, 서기처 서기, 중앙기위 서기/부서기와 위원

〈표 1-18〉 중앙당교의 '성부급 주요 영도간부' 주제 연구반 개설 상황 (1999~2021년)

시기	주제
1999년 1월	금융 문제 연구
2000년 1월	재정 세금 주제 연구
2002년 2월	국제 정세와 세계무역기구(WTO) 주제 연구
2003년 9월	삼개대표(三個代表) 중요 사상 학습 관철 주제 연구
2004년 2월	과학적 발전관 수립과 실천 주제 연구
2005년 2월	사회주의 조화사회(和諧社會) 건설 능력 제고 주제 연구
2006년 2월	사회주의 신농촌(新農村) 건설 주제 연구
2007년 2월	<장쩌민 문선(文選)> 학습 주제 연구
2008년 9월	과학적 발전관 심화 학습 실천 주제 연구
2010년 2월	과학적 발전관과 경제발전 방식의 전환 주제 연구
2011년 2월	사회관리와 사회관리 혁신 주제 연구
2013년 1월	시진핑 연설 정신 학습 연구
2014년 2월	당 18기 3중전회 정신 학습 관철과 전면 개혁 심화
2015년 2월	당 18기 4중전회 정신 학습 관철과 전면 의법치국 추진
2016년 1월	당 18기 5중전회 정신 학습 관철과 5대 발전 이념 실행
2017년 2월	당 18기 6중전회 정신 학습 관철과 전면 당 엄격 관리
2018년 1월	시진핑 신시대 중국 특색 사회주의 사상과 19차 당대회 정신 학습 관철
2019년 1월	최악 상황 대비 정신(底線思維) 견지와 중대 위험의 예방 및 해결
2021년 1월	당 19기 5중전회 정신 학습 관철

자료: 何毅亭 等, 『中國共產黨的成功奧秘與中央黨校』(北京: 外文出版社, 2017), p. 179; 「20年来, 在中央黨校举办的省部級主要領导干部研讨班都學了啥?」, <搜狐> 2021년 1월 14日, www.sohu.com (검색일: 2021. 6. 1).

등이 대상이다. 국무원에서는 총리/부총리, 국무위원, 국무회의 구성원(각 부의 부장과 위원회의 주임), 전국인대에서는 위원장/부위원장과 전문위원회 주임이 해당한다. 지방에서는 성급 단위의 당서기와 성장·주석·시장, 군은 최고 계급인 상장(上將: 삼성 장군) 중에서 주요 부서 및 지역 책임자가 대상이다.

성부급 주요 영도간부 주제 연구반은 보통 1년에 1회, 설날(春節) 전후인 1월 중순에서 2월 중순 사이에 개최된다. 이때는 앞에서 말한 공산당·정부·군의 주요 지도자 전원이 참석한다. 기간은 보통 1주일이다. 이때에도 주제 발표자가 있는데, 일반적으로는 공산당 총서기와 국무원 총리가 직접 발표자로 나선다. 특별 주제가 있을 경우는 그 분야의 전문가가 발표하기도 한다. 이처럼 중앙과 지방의 최고 지도자들은 1년에 한 번은 모두 모여서 중요한 문제를 집중적으로 학습하고 토론한다. 이를 통해 중앙에서 지방까지, 공산당에서 군까지 최고위급 지도자들의 사상과 인식을 통일할 수 있다.

지금까지 살펴본 중앙당교의 간부 교육은 공산당 영도 체제의 유지를 위해 매우 중요한 역할을 담당한다. 정치교육을 통해 당정 간부의 사상과 이론을 통일한다. '세 개의 기본(三個基本)' 과목이 대표적이다. 또한 중앙당교는 간부들이 중국뿐만 아니라 전 세계의 흐름을 이해할 수 있도록 도움을 주어 상황 파악과 업무 추진을 촉진한다. '다섯 개의 당대(五個當代)' 과목이 대표적이다. 해외 연수를 통해 간부들이 다양한 정책 사례를 학습하고, 이를 토대로 자신의 업무를 수행함으로써 현실 정책 능력을 높이는 데에도 도움을 준다. 마지막으로 주제 연구반을 통해 간부들이 통일적인 가치와 규범을 형성하고, 이를 통해 전체 간부의 통합성을 높인다.[32]

(4) 당교 교육과 간부 승진: '간부 승진의 지름길'

그렇다면 중앙당교 연수가 간부 개인에게 어떤 실제적인 이익을 가져다줄까? 한마디로 말해, 승진에 도움을 준다.

〈표 1-19〉는 2010년의 시점에서 1995년과 2000년에 중앙당교 중청반을 이수한 간부의 승진 상황을 정리한 것이다. 이를 보면,

〈표 1-19〉 중앙당교 중청반(中青班) 교육생의 승진 분석(2010년 기준)

단위: 명/퍼센트(%)

직책 분류		2000년 반(명/%)		1995년 반(명/%)		소계(명/%)	
처급(縣級)		0	0	1	0.5	1	0.2
국급(局級)	부	134 → 25 / 55.5 → 10.3		46 → 9 / 23.1 → 4.5		180 → 34 / 40.7 → 7.7	
	정	109 / 44.9		27 / 18.6		146 / 33.0	
부급(部級)	부	85 → 75 / 35.0 → 30.9		131 → 96 / 65.8 → 48.2		216 → 171 / 48.9 → 38.7	
	정	10 / 4.1		35 / 17.6		45 / 10.2	
부(副)총리급		0	0	2	1.0	2	0.5
면직		2	0.8	3	1.5	5	1.1
불명		22	9.1	16	8.0	38	8.6
총계		243	100.0	199	100.0	442	100.0

자료: Charlotte Lee, *Training the Party: Party Adaptation and Elite Training in Reform-era China* (New York: Cambridge University Press, 2015), p. 84.

중청반 연수 이후 10년이 지난 뒤, 즉 2000년 교육생 중에서 청국급 간부는 134명으로 55.5%인 데 비해 성부급 간부는 85명으로 35.0%였다. 그런데 15년이 지난 뒤, 즉 1995년 교육생 중에서 청국급은 46명으로 23.1%인 데 비해 성부급은 131명으로 65.8%나 되었다. 5년 사이에 청국급은 20.5% 포인트가 줄어든 반면, 성부급은 30.8% 포인트가 증가한 것이다. 이는 중청반 교육생이 예상대로 승진하고 있다는 사실을 보여준다.

〈표 1-20〉은 중앙당교 교육생과 전체 간부들이 직급별로 평균 연령이 어떻게 다른가를 보여주는 것이다. 이에 따르면, 현처급 간부의 경우 두 집단의 차이가 13.2세로 매우 크고, 지청급은 9.7세, 성부급은 4.2세로 차이가 있다. 이를 통해 우리는 중앙당교 교육생이 일반 간부보다 이른 나이에 승진한다는 사실을 알 수 있다. 즉 중앙당교 교육이 간부의 승진에 매우 큰 도움이 된다는 것이다.

〈표 1-20〉 중앙당교 교육생과 전국 평균의 직급별 간부 나이 비교(1995년)

직책	1995년 연수생	1995년 전국 평균	차이
현처급(縣處級)	34.8세	48.0세	13.2세
지청급(地廳級)	43.5세	53.2세	9.7세
성부급(省部級)	54.7세	58.9세	4.2세

자료: Charlotte Lee, *Training the Party: Party Adaptation and Elite Training in Reform-era China* (New York: Cambridge University Press, 2015), p. 86.

〈표 1-21〉 중앙당교 교육생과 비(非)교육생 간의 간부 승진 소요 시간 비교

승진 과정	연수생	비연수생	차이
부청급(副廳級) → 정청급(正廳級)	3.17년	4.78년	1.61년
정청급(正廳級) → 부부급(副部級)	4.52년	8.26년	3.77년

자료: Charlotte Lee, *Training the Party: Party Adaptation and Elite Training in Reform-era China* (New York: Cambridge University Press, 2015), p. 87.

마지막으로 〈표 1-21〉은 중앙당교 교육생과 비교육생 간의 승진 소요 시간을 비교한 것이다. 청국급(廳局級) 내에서의 승진, 즉 부청급(副廳級: 부청장)에서 정청급(正廳級: 청장)으로의 승진은, 교육생이 비교육생보다 평균 1.61년이 빨랐다. 성부급(省部級)으로의 승진, 즉 정청급(正廳級: 청장)에서 부부급(副部級: 차관)으로의 승진은 교육생이 비교육생보다 3.77년이 빨랐다. 두 경우 모두 중앙당교에서의 교육이 빠른 승진에 도움을 주었다는 사실을 확인할 수 있다. 이는 중앙당교 교육생만을 대상으로 한 조사 결과인데, 각급 지방당교 교육생을 대상으로 조사해도 결과는 크게 달라지지 않을 것이다.[33]

이상에서 살펴본 이유로, 당정간부들은 기회가 있으면 중앙당교 교육에 참여하려고 노력한다. 특히 중청반은 성부급 간부 양성반으로, 간부들이 여기에 참여하기 위해서는 치열한 경쟁과 엄격한 선정 과정을 통과해야만 한다. 공산당은 간부 선발 과정과 교육훈련 과정을 통해 이들의 능력을 향상할 뿐만 아니라, 충성심과 헌

신성도 함께 함양할 수 있다. 간부에 대한 사상 통제가 당교 계통을 통해 효과적으로 이루어지고 있다는 것이다.

4. 간부의 해외 연수

당정간부의 교육 훈련은 해외에서도 이루어진다. 중앙당교도 간부의 해외 연수를 포함하여 국제교류 활동을 활발히 전개하고 있다.[34] 그러나 해외 연수는 '당교 계통'을 초월하여 중앙과 지방의 많은 기관과 지역 차원에서 이루어진다. 1997년에 간부의 해외 연수를 전문적으로 지원하기 위해 국무원령에 따라 중국 발전연구기금회(發展研究基金會)가 설립되었다. 중요한 해외 연수의 경우는, 공산당 중앙 조직부가 연수생을 직접 선발하고, 해외 연수 과정 전체도 감독한다. 또한 국무원 국가 외국전문가국(外國專家局)이 이에 필요한 행정 실무를 지원한다.

이 가운데 가장 대표적인 것이 칭화대학교와 하버드대학교 케네디스쿨(Kennedy School of Government)이 합동으로 운영하는 연수 프로그램이다. 공산당 중앙 조직부는 2002년부터 매년 60명 정도의 청국급(廳局級) 간부를 선발하여 하버드대학교 케네디스쿨에 파견한다. 영국 케임브리지대학교(Cambridge University)가 개설한 최고 경영자과정(Executive Leadership Program)도 유명하다. 역시 중국은

2005년부터 매년 국유기업 경영자 약 30명을 선발하여 이곳에 파견한다.[35]

(1) 간부 해외 연수의 규모

간부 해외 연수는 1949년 중국 건국 이후부터 현재까지 계속된 오래된 전통이다. 다만 연수 국가가 바뀌었을 뿐이다. 중국 건국 직후인 1951년부터 1963년까지, 즉 중국과 소련 간에 우호적인 관계가 유지되었던 12년 동안에는 약 1만 명의 간부들이 소련과 동유럽 사회주의 국가에 연수를 다녀왔다. 장쩌민 전 총서기와 리펑 전 총리가 대표적인 사례다.

그런데 1978년 이후 개혁·개방 시대에는 주로 미국과 유럽, 아시아에서는 싱가포르·일본·홍콩으로 해외 연수를 떠났다. 그 결과 1978년부터 2006년까지 28년 동안 약 72만 명(매년 평균 2만 6,000명)의 간부가 해외 연수를 다녀왔다.[36] 이를 이어 2007년부터 2016년까지 다시 10년 동안에는 67만 3,000명(매년 평균 6만 7,000명)의 간부가 해외 연수를 다녀왔다(《그래프 1-2》 참고). 이처럼 1978년부터 2016년까지 개혁기 38년 동안 해외 연수를 다녀온 간부의 총수는 약 140만 명(매년 평균 3만 7,000명)에 달한다.

〈그래프 1-2〉는 2007년부터 2016년까지 10년 동안 해외 연수를 다녀온 간부의 상황을 연도별로 정리한 것이다. 이에 따르면, 후진타오 시기에는 해외 연수가 계속 증가하여 2012년에는 11만 명으

〈그래프 1-2〉 당정간부의 해외 연수 상황(2007~2016년)

단위: 명

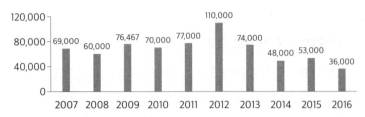

자료: Kai Zhou and Ge Xin, "Borrowing Wisdom from Abroad: Overseas Training for Political Elite in Reform-Era China", *China Review*, Vol. 20, No. 4 (November 2020), p. 97.

로 정점에 달했다. 그런데 시진핑 시기인 2013년부터 해외 연수 규모가 계속 감소하여 2016년에는 3만 6,000명으로 대폭 축소되었다. 이를 2012년의 11만 명과 비교하면, 거의 1/3 수준으로 떨어진 것이다.

시진핑 시기에 해외 연수 규모가 이렇게 급격히 축소된 것은, 연수 비용 절감과 함께 간부 교육에서 '당 기본이론'과 '당성 교육'을 한층 강화했기 때문이다. 이런 교육은 해외 연수를 통해 얻을 수 있는 것이 아니다. 따라서 시진핑 정부는 간부의 해외 연수를 축소하라고 지시했다. 특히 지방의 해외 연수를 단속하기 위해 국무원과 성급(省級) 정부만이 해외 연수를 비준할 수 있도록, 다시 말해 지급(地級)과 현급(縣級) 정부는 해외 연수를 비준할 수 없도록 정책을 변경했다.[37]

한편 중국은 간부의 해외 연수를 위해 선진국의 교육기관 중에

116

<표 1-22> 당정간부 해외 연수 자격 기관의 규모(2010~2014년)

연도	미국	호주	독일	영국	일본	홍콩	캐나다	싱가포르	프랑스	이탈리아	총계
2010	73	25	22	17	15	12	14	11	9	7	205
2011	72	25	22	17	15	14	14	11	10	8	208
2012	76	25	22	16	16	14	14	12	10	8	213
2013	76	25	22	18	18	14	14	12	11	8	218
2014	77	25	22	18	18	18	15	12	10	7	222

자료: Kai Zhou and Ge Xin, "Borrowing Wisdom from Abroad: Overseas Training for Political Elite in Reform-Era China", *China Review*, Vol. 20, No. 4 (November 2020), p. 105.

서 자격을 갖춘 일부 기관을 선정했다. 〈표 1-22〉는 이를 정리한 것이다. 이에 따르면, 2014년 기준으로 미국이 77개로 가장 많고, 다음이 호주 25개, 독일 22개, 영국·일본·홍콩 각 18개, 캐나다 15개, 싱가포르 12개, 프랑스 10개, 이탈리아 7개 등 모두 222개였다. 2016년에는 243개로 다시 증가했다. 참고로 한국의 교육기관은 하나도 없다.

이들 교육기관은 재정 조건과 법적 지위, 국제적 평판과 공무원 훈련 경험, 다양한 교육 훈련 네트워크 구축 정도, 기타 정치적 조건이 없을 것 등 몇 가지 기준에 의해 선정되었다. 공산당 중앙 조직부와 국무원 국가 외국전문가국의 주선하에 외국 교육기관과 중국 각 지역 및 기관 관계자 140여 명은 매년 연수 관련 회의를 개최하여 계약을 맺고 연수를 진행했다. 교육 대상은 중앙 조직부가 청

국급 이상의 간부 중에서 선발했다.[38]

(2) 해외 연수 간부의 사상 통제

재미있는 점은, 장단기 해외 연수를 다녀온 간부들이 서양 민주주의와 자본주의를 동경하기는커녕 중국의 현행 정치 체제와 정책을 더욱 지지하게 되었다는 점이다. 이는 철저한 사상 통제가 있었기 때문에 가능한 일이다. 여기에는 네 가지 통제 방식이 사용된다.

첫째, 모든 해외 연수생은 출발 전에 체계적인 정치사상 교육을 받아야 한다. 교육 이수 후에는 일종의 정치 기율 준수 각서라고 할 수 있는 '보증서(保証書)'에 서명해야 한다. 이는 상징적인 행위 같지만, 실제로는 해외에 머무는 동안 스스로 규제하고 통제하도록 만드는 족쇄 같은 역할을 한다.

둘째, 해외에 머무는 기간에도 연수생들은 임시 공산당 지부혹은 당 소조를 구성하여 '당의 조직 생활'을 계속한다. 당 지부에는 당서기가 임명되고, 기율 담당 부서기, 대외 담당 부서기 등 간부가 임명된다. 동시에 당 지부 회의나 당 소조 회의가 연수 기간내내 정기적으로 개최되어 연수생 상호 간에 생활과 학습을 평가하고 감독한다. 비판과 자기비판도 당연히 진행된다. 일종의 상호 감독 기제인 셈이다. 특히 당서기와 부서기는 연수생 전체의 생활과 학습을 감독하고 관리해야 하는 임무를 띠기 때문에 심리적 부담이 크다고 한다.

셋째, 인터넷을 이용한 감독 시스템(網上監管系統)이 연수 기간 내내 운영된다. 이에 따르면, 모든 연수생은 매일 학습한 내용과 생활 상황을 일지 형식으로 작성해서 인터넷에 올려야 한다. 그러면 국무원 국가 외국전문가국이 이를 검토하여 회신한다. 이런 방식을 통해 관계 당국은 연수생의 생활과 학습 내용, 연수 진행 상황에 대해 파악할 수 있다. 이외에도 연수생들은 교육 프로그램에 대한 자신의 평가서를 작성해서 인터넷에 올려야 한다. 이를 통해 관계 당국은 해외 위탁 기관의 교육 프로그램에 대한 연수생의 평가도 파악할 수 있다.

넷째, 조별 행동 원칙이다. 연수생들이 해외에 도착하면 담당자가 여권을 일괄 회수하여 보관한다. 명분은 여권의 분실 위험 방지이지만, 실제로는 이들이 개별적으로 활동할 수 없도록 통제하는 조치다. 또한 이들이 교육기관을 벗어나서 다른 지방이나 장소로 이동할 때는 반드시 개인이 아니라 조별로 활동해야 한다. 이를 통해 개별 활동에서 발생할 수 있는 일탈 행위, 예를 들어 음주와 도박을 방지할 수 있다.

이와 같은 연수생 통제 정책은 성공적이었다. 그동안 연수 과정에서 정치적 또는 사회적 문제를 일으킨 적이 없었기 때문이다. 사실 연수생들은 대개 청국급 이상의 고위 간부로서 해외에 나간다고 함부로 행동할 가능성은 별로 없다. 이들은 연수를 마치고 귀국하면 승진이 거의 보장되므로 정치 기율을 위반하는 행위를 할 이

유도 없다. 그럴 경우는 승진 기회가 박탈될 뿐만 아니라 직위 자체도 잃을 가능성이 크기 때문이다. 게다가 외국에서 생활하면서 다양한 민주주의의 '병폐'와 문제점, 언론 자유의 '한계' 등을 보았기 때문에 '중국 상황'에 비추어보았을 때 이런 자유 민주주의가 별 소용이 없다는 점을 더욱 깨닫게 된다.[39]

사실 나도 이런 상황을 직접 경험할 기회가 있었다. 경기도와 광둥성이 경제교류 협정을 맺고, 그 협정의 하나로 광둥성 국유기업 최고경영자의 한국 연수를 서울대학교 국제대학원에 위탁한 적이 있었다. 그때 나는 다른 중국 전공 교수와 함께 2004년부터 2009년까지 6년 동안 연수 프로그램의 주임 교수로서 연수를 직접 맡아서 운영했다. 따라서 연수생들이 중국 내에서 어떻게 선발되었고, 어떤 교육을 받았으며, 한국에 와서는 어떻게 생활하고 학습했는지, 귀국해서는 어떤 정리 과정을 거쳤고, 이후에 연수생들은 어떻게 지내는지를 비교적 자세히 알고 있다. 그 내용은 위에서 살펴본 것과 크게 다르지 않다.

인사 평가와 간부 승진

다음으로 인사 평가 제도로 넘어가자. 간부 인사 평가는 공산당 영도 체제뿐만 아니라 중앙의 권위를 유지하고 전국을 통치하는 데 매우 중요한 역할을 담당한다. 공산당은 중앙에서 지방 구석까지 인사 평가 제도를 통해 간부를 통제함으로써 자신의 방침과 정책을 관철할 수 있다. 동시에 공산당은 특정 영역에 대한 평가 기준에 가중치를 부과함으로써 정책 집행의 우선순위를 변경할 수 있다. 즉 인사 평가 제도는 정책 집행의 중요한 수단이기도 하다. 또한 인사 평가 제도는 인사 통제의 한 요소로서 공산당 중앙이 분권화 정책 이후 중앙의 권위를 유지하고 전국을 통합하는 데 없어서는 안 되는 중요한 수단이다.[1]

1. 인사 평가의 기준과 절차: 고핵(考核) 제도

공산당이 시행하는 인사 평가에는 여러 종류가 있다.[2] 이 중에서 당정간부 개인 혹은 집단의 활동과 업적을 평가하는 '고핵(考核)'이 가장 기본이면서 동시에 가장 중요하다. '고핵'은 우리말로 '고과(考課)'에 해당한다. 〈중국 공무원법〉에 따르면, 고핵에는 일상적으로 진행하는 평시(平時) 고핵, 1년에 한 번 실시하는 정기(定期) 고핵, 특정한 사업만 평가하는 특별 항목(專項) 고핵 등이 있다. 여기서 정기 고핵이 기본이다. 당정간부의 승진이나 강등 등은 이에 따라 결정되기 때문이다.

〈중국 공무원법〉에 따르면, 인사 고핵 결과는 4등급으로 나뉜다. 우수(優秀), 직무 적합(稱職), 기본적합(基本稱職), 직무 부적합(不稱職)이 그것이다. 직무 부적합을 연속해서 받으면 강등 등 처벌을 받고, 그래도 개선되지 않으면 면직 혹은 파면된다. 반면 우수 등급을 계속 받으면 빠르게 승진할 수 있다.

(1) 다섯 가지의 인사 평가 기준:
품성(德)·능력(能)·근면(勤)·실적(績)·청렴(廉)

〈중국 공무원법〉은 공무원, 특히 영도간부의 인사 고핵 기준으로 다섯 가지를 제시한다. 첫째는 정치 소질을 의미하는 품성(德),

〈표 1-23〉지방 영도간부(領導幹部) 개인에 대한 평가 항목(2009년)

범주	내용	세부 평가 항목
품성(德)	당성(黨性) 수양	이상 신념, 당 노선·방침·정책의 관철, 민주집중제 실행, 정치 기율
	이론 소양	학습 수행, 전략 사유, 전체(全局) 파악, 정책 수준
	원칙 견지	과감하고 유능한 관리, 비판과 자기비판 전개
	도덕 품성	직업 도덕, 사회 공덕(公德), 가정 미덕(美德), 개인 품덕(品德)
능력(能)	업무 사고(工作思路)	발전관, 정치업적관, 거시 정책 결정(혁신 의식)
	조직 조정(協調)	조직 동원, 각방 조정(분담 협력), 돌발사건(突發事件) 처리, 사회안정 유지
	의법 일처리(依法辦事)	법치 의식, 의법 일처리(의법행정) 수준
근면(勤)	정신 자세(精神態度)	성취감(事業感), 책임감, 직업정신(敬業精神)
	업무 태도(工作作風)	실제 천착(深入實際), 실효 추구, 군중 연계
실적(績)	직책 이행 실적	분담 업무 완성 상황, 팀 관리(抓班子帶隊伍) 및 발전 집행 상황
	복잡한 문제 해결	
	기초 건설	장기 전망 중시, 기층업무 중시(부문 관리 중시), 제도 건설 강화 상황
청렴(廉)	청렴 자율(廉潔自律)	청렴 규정 준수(경제 책임 이행), 배우자·자녀·주변인 관리와 통제, 감독 수용, 생활 태도

자료: Hui Li and Lance L. P. Gore, "Merit-Based Patronage: Career Incentives of Local Leading Cadres in China", *Journal of Contemporary China*, Vol. 27, No. 109 (January 2018), p. 102.

둘째는 전문 지식과 업무 능력을 의미하는 능력(能), 셋째는 업무 태도를 의미하는 근면(勤), 넷째는 실제 업무 성과를 의미하는 실적(績), 다섯째는 부패 없음을 의미하는 청렴(廉)이다. 이 중에서 품성과 업적이 가장 중요한 평가 기준이다. 행정등급과 지역에 따라 각 항목의 가중치가 다른데, 향(鄕)과 진(鎭)의 기층 간부 평가에서는 업적이 60~70%, 나머지가 30~40%의 비중을 차지한다.[3]

그러나 이런 규정은 너무 간단해서 실제 인사 평가에 그대로 적용될 수 없다. 현실적으로 사용되는 세부 평가 기준을 정리한 것이 〈표 1-23〉이다. 이에 따르면, 다섯 가지 평가 기준은 각각 몇 가지 세부 평가 항목으로 구분된다. 물론 세부 평가 항목도 자세히 보면 객관적인 평가 기준이 되기에는 미흡하다. 예를 들어, 품성에서 '도덕 품성'의 세부 항목은 '직업 도덕·사회 공덕·가정 미덕·개인 품덕'인데, 이것이 구체적으로 무엇을 의미하고, 그것을 어떻게 측정할 것인지는 다분히 주관적이다. 결국 인사 평가는 그것을 시행하는 주체, 즉 영도간부의 경우는 상급 공산당 조직, 일반 간부나 공무원의 경우는 동급 공산당 조직의 주관적인 평가가 강하게 개입될 수밖에 없다.

〈표 1-24〉는 한 지역의 영도간부 '집단(班子)'에 대한 평가 기준을 정리한 것이다. 이것은 개인 평가 기준보다는 훨씬 객관적이고 명확하다. 예를 들어, 경제발전 항목에서 '경제발전 수준'은 국내총생산(GDP)과 1인당 국내총생산 수치를 사용하여 측정할 수 있다. 사회발전 항목의 '기초 교육'이나 '도시 취업'도 역시 통계 수치를 통해 측정할 수 있다. 다만 당정 업무 태도의 '기층 당 조직 전투력'과 '당원의 역할 발휘' 항목은 무엇을 어떻게 평가할 수 있을지 명확하

〈표 1-24〉 지방 영도간부 집단(領導班子)의 평가 항목(2009년)

범주	세부 평가 항목
경제발전	경제발전 수준
	경제발전 종합 효율(效益)
	도농 주민 수입
	지역 경제발전 차이
	발전 비용(代價)
사회발전	기초 교육
	도시 취업
	의료 위생
	도농 문화생활
	사회 안전
지속 가능한 발전	에너지 절약, 온실가스 감소, 환경보호
	생태 건설과 경지 등 자원 보호
	인구와 가족 계획
	과학기술 투자와 혁신
민생 개선	수입 수준 제고와 거주 환경 개선
	취업 확대와 최저생계 보장
	군중의 진료와 입원, 자녀 취학, 교통
	문화시설 건설과 문화 활동 전개
사회조화(社會和諧)	사회 치안, 군중 안전감
	사회모순 조절, 청원(信訪) 대응
	시민 도덕교육, 문명사회 기풍(風尚)
	민주와 권리보장, 기층 민주정치 건설
당정 업무 태도 (黨風政風)	의법 행정(依法辦事/依法行政), 당무/정무(黨務/政務) 공개
	기관 서비스 품질, 업무 태도(工作作風)
	기층 당 조직 전투력, 당원의 역할 발휘
	부패 반대 청렴 제창, 영도간부 청렴 자율

자료: Hui Li and Lance L. P. Gore, "Merit-Based Patronage: Career Incentives of Local Leading Cadres in China", *Journal of Contemporary China*, Vol. 27, No. 109 (January 2018), p. 101.

지 않다.

(2) 다섯 단계의 인사 평가 절차

〈중국 공무원법〉에는 공무원의 인사 평가 절차에 대한 별도의 규정이 없다. 영도간부에 대한 평가 절차는 〈공산당 영도간부 선발 임용 공작조례〉에 규정되어 있다. 이를 토대로 실제 상황을 보면, 영도간부에 대한 인사 평가는 다섯 단계로 진행된다.

첫째 단계는 민주 평가(民主測評)다. 이는 각 기관에 근무하는 사람들이 해당 기관의 평가 대상자(영도간부)를 평가하는 단계를 말한다. 공산당 조직부를 중심으로 구성된 인사 고핵조(考核組)는 민주 평가를 위해 대개 설문 조사를 실행한다. 민주 평가를 통해 평가 대상자의 평판과 대중의 인식을 파악할 수 있다.

둘째 단계는 개별 면담(個別談話)이다. 인사 고핵조는 평가 대상자의 동료 간부들과 개별 면담을 진행하고, 이를 통해 평가 대상자의 업무 태도 등을 파악한다.

셋째 단계는 여론조사(民意調査)다. 이는 평가 대상자가 근무하는 기관 밖의 사람들을 대상으로 조사하는 단계다. 조사 대상자는 지방인대 대표와 지방정협 위원 등 평가 대상자의 활동에 대해 알 수 있는 위치의 사람뿐만 아니라 일반 시민들도 포함된다. 조사 내용은 평가 대상자의 성실한 업무 자제, 실제 업무 성과, 청렴도, 민주적인 업무 태도 등이다. 이때도 인사 고핵조는 개별 면담이나 집단 면담 방법을 사용하기도 한다.

넷째 단계는 상급 평가(上級評價)로, 상급 기관이 평가 대상자를 평가하는 단계다. 예를 들어, 현(縣) 정부 교육국 국장이 평가 대상자라면, 상급 기관인 시(市) 정부 교육국 국장이나 성(省) 정부 교육국 국장이 평가 대상자를 평가한다.

다섯째 단계는 실제 업적분석(實績分析)이다. 이는 연초에 상급 기관이 평가 대상자와 체결한 목표 책임제(目標責任制)에 근거하여 세부 평가 항목의 실제 달성 여부를 평가하는 것이다.[4] 여기까지 끝나면 영도간부에 대한 인사 고핵이 완료된다.

2. 목표 책임제: '압력형(壓力型) 체제'의 등장

지방과 기층, 특히 현급(縣級)과 향급(鄕級) 단위에서는 인사 평가 제도의 하나로서 목표 책임제가 널리 시행되고 있다. 명칭은 '간부 책임제(幹部責任制)'나 '직위 책임제(崗位責任制)' 등 다양하지만, 내용은 다르지 않다. 이 제도는 상급 당정기관과 하급 당정기관 간에, 혹은 상급 당정기관과 하급 당정기관의 영도간부 간에 연초에 분야별로 달성해야 할 목표를 설정하여 계약을 체결한 다음, 연말에 하급 당정기관 혹은 영도간부가 실제로 달성한 결과를 원래 목표와 비교 평가하여 인사고과에 반영하는 제도를 말한다. 이로 인해 지방에서는 당정간부가 심한 정치적 압박에 시달리면서 업무를 수행하는 '압력형(壓力型) 체제'가 등장했다고 주장하기도 한다.[5]

목표 책임제의 대상은 영도간부다. 즉 일반 간부나 비영도직무 공무원은 적용 대상이 아니다. 이 제도를 실행하는 이유는 분명하다. 첫째는 영도간부 통제다. 목표 책임제를 통해 공산당은 영도간부를 특정한 방향으로 행동하도록 통제할 수 있다. 둘째는 공산당 중앙이 정책 우선순위를 조정하기 위해서다. 정책 우선순위가 조정되면 그것을 평가 지표에 반영하고, 지방 간부들은 변경된 평가 지표에 맞추어 정책을 집행한다. 이런 방식으로 중앙이 조정한 정책이 지방에서 집행된다. 셋째는 소통 수단이다. 상부의 정책 의도를 평가 지표에 반영하여 집행하도록 지시하고, 평가를 통해 정책의 문제점과 실제 집행 상황을 파악할 수 있다. 넷째는 격려 기제다. 평가에 기초하여 영도간부의 승진을 결정함으로써 간부에 행동 동기를 부여할 수 있다.[6]

(1) 목표 책임제의 세 가지 방식

목표 책임제의 실행 방식은 크게 세 가지로 나눌 수 있다. 첫째는 '목표 고핵(目標考核)' 방식이다. 이는 어떤 정책의 특정한 목표를 설정하고, 그것을 달성하겠다는 업무 계약을 체결한 후에 실제 집행 결과를 평가하는 방식이다. 예를 들어, 1980년대부터 추진된 농촌 빈곤퇴치(扶貧) 정책, 2000년부터 본격적으로 추진된 서부대개발(西部大開發) 정책,[7] 2000년대 중반에 추진된 신농촌건설(新農村建設) 정책 등이 이런 방식으로 추진되었다.[8] 각 현(縣)과 시(市), 혹은 향(鄕)과 진(鎭)은 상급 공산당 위원회나 정부와 연초에 이런 정책의 특정 목표를 달성하겠다는 업무 계약을 체결한다. 이후 연말에 이들의 목표 달성 여부를 평가하여 인사고과에 반영한다.

둘째는 '영도간부 고핵(考核)' 방식이다. 이것은 앞에서 살펴본 영도간부 개인과 집단에 대한 상급 단위의 평시 혹은 정기 고핵을 말한다. 평가 기준도 앞에서 살펴본 품성(德)·능력(能)·근면(勤)·실적(績)·청렴(廉)이고, 각 지역은 이를 구체화한 평가 지표를 마련하여 평가한다. 연초에 각 항목의 목표나 기준치를 설정하고, 연말에 그 목표나 기준치를 얼마나 달성했는지를 평가하여 영도간부의 인사고과에 반영한다. 여기서 다시 확인할 수 있듯이, 일반 간부나 비영도직무 공무원은 목표 책임제의 대상이 아니다.

셋째는 '일표부결(一票否決, one-ballot veto)' 방식이다. 이는 지역마다 실행 방식에서 약간의 차이가 있는데, 공통점은 특정 정책 목표의 달성 여부를 중심으로 영도간부 개인과 집단의 업무를 평가한다는 점이다. 전 지역에서 공통으로 사용했던 정책 목표로는 산아제한(計劃生育)과 사회안정(社會維穩) 유지가 있다. 이 중에서 산아제한 지표는 현재 사용하지 않는다. 산아제한 목표는 신생아 출생률, 사회안정 유지 목표는 '군체성사건(群體性事件)'(대중 소요 사건)

과 신방(信訪)(편지와 방문을 이용한 청원) 활동 수로 평가한다. 영도간
부가 이 지표의 목표치를 달성하지 못하면, 다른 지표의 성과가 아
무리 뛰어나도 '우수'나 '직무 적합'의 판정을 받을 수 없다.[9]

(2) 목표 책임제의 평가 지표와 보상

〈표 1-25〉는 목표 책임제에서 사용되는 지표의 변화를 정리한
것이다. 이를 통해 우리는 두 가지 사실을 알 수 있다. 첫째, 인사
평가는 인센티브제를 강화하는 방향으로 변화했다. 이를 위해 전

〈표 1-25〉 현급(縣級) 이상 지방 당정간부의 업적 평가 목표에 대한 전국 지침

1988년 범주	2006년 범주	2009년 범주
1. GNP	1. 1인당 GDP	1. 1인당 GDP
2. 산업 산출 총가치	2. 1인당 GDP 성장률	2. 경제발전의 포괄 이익
3. 농업 산출 총가치	3. 1인당 지방 예산 수입	3. 경제발전의 지역 편차
4. 부가가치 산출 총가치	4. 1인당 지방 예산 수입 증가율	4. 경제발전의 비용
5. 1인당 국민소득	5. 도시 수입	5. 도시 수입
6. 1인당 농민소득	6. 도시 수입 증가율	6. 농촌 수입
7. 세금과 이윤 기여	7. 자원 소비	7. 자원 소비
8. 재정 수입	8. 9년 의무교육 이행률	8. 9년 의무교육 이행률
9. 국영기업 노동생산성	9. 사회안전망	9. 위생 건강
10. 소매량	10. 도시 취업	10. 도시 취업
11. 기반시설 투자	11. 산업 안전	11. 공공 안전
12. 곡물 산출	12. 도농 문화 활동	12. 인구와 가족 계획
13. 지방 예산 수입	13. 인구와 가족 계획	13. 자원(농지) 보존
14. 지방 예산 지출	14. 자원(농지) 보존	14. 기술 혁신 투자
15. 농산품 수매	15. 기술 혁신 투자	15. 환경보호
16. 녹지 면적	16. 환경보호	
17. 9년 의무교육 이행률		
18. 자연 인구 성장률		

자료: Cai (Vera) Zuo, "Promoting City Leaders: The Structure of Political Incentives in China", *China Quarterly*, No. 224 (December 2015), p. 964.

체 평가 지표 중에서 실적 지표의 비중을 높였다. 실적 지표는 앞에서 살펴본 민주 평가와 여론조사 등의 방식을 활용하여 평가할 수 있다. 또한 평가 결과를 영도간부의 승진과 더욱 밀접하고 명확하게 연계시켰다. 당정간부가 정책 집행에 적극적으로 나서도록 동기를 부여하기 위해서다.

둘째, 평가 지표가 경제성장 최우선에서 주민 생활 개선, 환경 개선, 사회복지 향상 등으로 변화하고 있다. 예를 들어, 환경보호, 산업 안전(즉 산업재해 방지), 농지와 자원 보존, 온실가스 감축 등 사회 환경 정책이나 사회복지와 관련된 지표가 '일표부결' 지표로 사용되는 경우가 전보다 더욱 많아졌다. 또한 인사 평가에서 사회복지 지표의 비중을 강화함으로써 영도간부가 이를 적극적으로 집행하도록 유도하고 있다. 특히 베이징시, 톈진시, 상하이시, 광둥성 등 동부 연해 지역에서는 목표 책임제의 지표 설정에서 이런 변화가 더욱 뚜렷하게 나타나고 있다.[10]

| 영도간부에 대한 보상

그렇다면 영도간부가 목표를 달성하면 어떤 보상이 있을까? 첫째는 물질적 보상으로, 임금이 인상되고 특별 보너스가 지급된다. 상하이시의 기층정부(향과 진)를 조사한 연구를 보면, 2000년대 초에 국유기업 내에서 같은 직무의 최대 임금과 최소 임금 간 격차가 7.8%였는 데 비해 기층정부 내의 임금 격차는 66%나 되었다. 즉 목표 달성 여부에 따라 영도간부의 임금이 크게 달라진다.[11] 또한 산둥성의 현급 간부 수입 구성을 조사한 연구를 보면, 기본급이 수입의 24%인 데 비해 각종 수당과 보너스가 수입의 76%에 달한다. 이도 역시 목표 달성 여부에 따라 영도간부의 실제 수입이 크게 달라진다는 사실을 보여준다.[12] 다른 지역도 정도의 차이는 있지만 목표 달성 여부에 따라 임금과 보너스에서 큰 차이가 난다는 점은 같다.

둘째는 정치적 보상 혹은 '정치 보너스'다. 가장 중요한 보상은 승진이다. 승진에는 상급 직위로의 수직 승진도 있고, 권한과 복지 면에서 더 좋은 동급 직위로의 수평 승진(이동)도 있다. 자리가 부족하여 승진이 어렵다면 '겸직(兼職)' 승진으로 보상할 수 있다. 예를 들어, 현(縣: 한국의 군 단위) 당서기로 있으면서 한 등급 위인 시(市) 공산당 위원회의 상무위원을 겸직하거나, 구(區) 당서기로 있으면서 한 등급 위인 시(市) 당 위원회의 상무위원을 겸직하는 것이다. 이 경우 정치 경제적 대우가 한 등급씩 높아지는 효과와 혜택을 누릴 수 있다.

만약 특정 향(鄕: 한국의 면 단위)이나 현의 성과가 계속해서 좋을 경우, 그 지역의 행정등급이 전체적으로 승급되거나 변경될 수 있다. 예를 들어, 향에서 현으로 승급되거나, 진(鎭: 한국의 읍 단위)으로 지위가 변경될 수 있다. 현이라면 지급시로 승급되거나, 시 혹은 지급시의 구(區)로 지위가 변경될 수 있다. 이처럼 향과 현의 행정등급이 높아지면 그에 속한 당정간부 전체가 승진하는 것과 같은 효과가 있다. 행정등급은 그대로 유지하면서 지위만 변경—예를 들어, 현에서 시(市)나 구(區)로, 향에서 진으로—되어도 당정간부에게는 많은 권한과 혜택이 돌아간다.[13]

(3) 목표 책임제의 문제점

목표 책임제는 현재 전국적으로 실행되고 있다. 이 제도가 중앙의 정책을 집행하고, 당정간부를 통제하는 데 아주 효과가 있기 때문이다. 그러나 목표 책임제가 문제가 없다는 뜻은 아니다.

첫째, 평가 지표가 너무 많을 뿐만 아니라, 지표 간에 상호 충돌하면서 특정 지표에만 집중하는 문제가 있다. 현실에서 영도간부들은 평가 지표를 세 가지로 구분한다. 의법치국(依法治國: 법률에 근거한 국가통치)이나 당내 민주(黨內民主) 강화 등 수치로 계산되지 않는 '말랑한 지표(軟指標)', 경제성장처럼 수치로 계산되는 '엄격한 지표(硬指標)', 목표를 달성하지 못하면 망하는 '일표부결 지표(一票否決指標)'가 그것이다. 간부들은 '일표부결 지표' 달성에 가장 노력하고, 다음으로 '엄격한 지표' 달성에 노력한다. 두 지표는 집행 결과가 분명하고, 그에 따른 보상과 징계도 확실하기 때문이다. 반면 '말랑한 지표'는 구호로 끝나는 경우가 많다.

또한 2~3년의 짧은 임기 내에 경제성장 등 '엄격한 지표'를 달성하기 위해 무리한 정책을 추진하면서 많은 문제가 발생한다. 예를 들어, 사업 타당성은 따지지도 않고 자금을 끌어모아 투자하는 '정치업적 프로젝트(政績工程)'와, 그로 인한 엄청난 자원 낭비와 정부 부채 증가가 대표적이다. 이런 도덕적 해이(moral hazard) 현상을 방지하기 위해 양적 평가에서 질적 평가로의 전환 등 보완책을 마련했지만,[14] 문제가 쉽게 해결되지는 않는다.

둘째, 영도간부의 부담이 과도하고, 이로 인해 각종 일탈 행위가 보편적으로 발생하는 문제가 있다. 해마다 달성해야 하는 지표는 수십 개가 넘는다. 능력과 자원은 한정되어 있는데, 이런 지표를 동시에 달성하기는 현실적으로 불가능하다.[15] 그래서 온갖 대응책을 동원하여 목표 책임제를 무의미하게 만든다. 자료 조작이나 허위 과장 보고, 실패를 숨기고 성과만 보고하는 관행은 지금도 계속되고 있다. 날치기 공사를 하고는 성과라고 내세워 평가를 통과하는 기술, 떠들썩한 행사를 조직해서 겉으로만 상부가 요구한 목표를 달성한 것처럼 꾸미는 기만전술 등 간부의 대응 전략은 무궁무진하다. 그렇다고 상부가 이를 일일이 밝혀내서 처벌할 수도 없다.[16]

셋째, 영도간부의 업적과 승진을 연계하기 어려운 경우가 많다. 평가 지표가 너무 많다 보니 어떤 지표는 높은 데 비해 어떤 지표는 낮아 일괄적으로 평가하기 어려운 경우가 대표적이다. 재직 기간이 너무 짧아 성과를 낼 수 없을 뿐만 아니라, 설사 성과가 있어도 그것이 현직 지도자가 노력한 결과인지 아니면 전임 지도자 덕

분인지 알 수가 없을 수도 있다. 영도간부의 법정 임기는 5년이지만, 실제 재임 기간은 성급 지도자는 3~4년, 그 아래 간부는 2~3년이 보통이다.[17] 빠른 간부 교류와 순환보직을 통해 간부를 통제하고 부패를 억제하려는 정책을 실행한 결과다.[18]

게다가 자원이 빈약하거나 낙후된 지역에서는 영도간부가 아무리 노력해도 구조적인 문제로 인해 성과가 좋지 않을 수가 있다. 이를 무시하고 같은 평가 기준으로 모든 지역을 획일적으로 평가하여 업적이 나쁜 간부를 처벌하면, 그런 지역 간부의 불만과 원성을 살 것은 불을 보듯 뻔하다. 그렇다 보니 뛰어난 업적을 세운 영도간부가 승진하는 경우는 있지만, 성과가 나빠서 면직되거나 강등되는 영도간부는 거의 없는 상황이 발생한다. 평가에 따른 보상과 처벌이 한쪽으로만 치우친다는 것이다.

넷째, 인센티브제가 일부 영도간부에는 무용지물이다. 승진 가능한 영도간부나 승진 예정인 영도간부는 목표 책임제 등 인사 평가에 매우 민감하다. 반면 '종착역 간부(終站幹部, terminal cadres)'는 처벌과 감독에만 민감하게 반응한다.[19] 앞에서 보았듯이, 공무원의 절대다수인 90.3%가 현급 및 향급 이하에 속한다. 그런데 이들이 수직 승진하여 시급(市級)이나 도시 지역으로 옮겨가기는 하늘의 별 따기다.

이들은 무엇보다 나이 제한과 학력 제한을 극복하기 어렵다. 예를 들어, 승진을 위해서는 4년제 대졸 학력은 필수이고, 어려운 필기시험까지 통과해야 한다. 도시 지역의 직위도 부족하고, 성급 지도자와의 관시(關係)도 거의 없기에, 또한 시급 및 성급 지도자들은 성이나 시에서 근무한 경험이 있는 영도간부를 선호하기에 이들이 승진하기는 쉽지 않다.[20] 결국 이들은 뇌물 등 부정한 방법으로 승진을 시도하고, 그 결과 인사 부패가 널리 퍼져있다.[21]

3. 인사 평가와 간부 승진: 세 가지 모델

지금까지 공산당의 인사 평가 제도에 대해 자세히 살펴보았다. 그렇다면 간부는 정말로 객관적인 인사 평가의 결과에 따라 승진하는가? 다시 말해, 간부 승진에 영향을 미치는 가장 중요한 요소는 무엇인가?

세 가지 모델이 달리 설명한다. 첫째는 업적(performance) 모델이다. 업적이 간부 승진의 결정적 요소라는 입장이다. 업적은 주로 사회경제적 성과를 말하는데, 목표 책임제 등 평가 제도를 통해 확인할 수 있다. 둘째는 파벌(factional) 모델이다. 승진은 인사권자와의 관시(關係) 혹은 후견 제도(patronage)에 의해 결정된다는 주장이다. 이에 따르면, 앞에서 살펴본 인사 평가 제도는 큰 의미가 없다. 셋째는 혼합(mixed) 모델이다. 업적과 관시는 승진에서 배타적 요소가 아니라 동시에 작용하는 보완 요소라는 입장이다. 다만 어느 요소가 중요할지는 행정등급(예를 들어, 성급과 현급)이나 직무(예를 들어, 당서기와 성장)에 따라 달라질 수 있다.[22]

(1) 업적 모델: '간부는 업적에 따라 승진한다'

업적 모델의 주장은 간단하다. 개혁·개방 시대에 중국은 업적이 뛰어난 간부는 승진시키고 그렇지 않은 간부는 도태시키는 능력주의(賢能主義, meritocracy) 원칙을 실행했고, 이것이 제대로 작동하면서 개혁·개방에 성공할 수 있었다. 일부 학자는 이를 중국 모델(中國模式, China model)의 핵심 내용으로 본다.[23] 여기서 업적은 주로 국내총생산(GDP)이나 1인당 국민소득의 증감으로 계산되는 경제성장률을 가리킨다.[24]

업적 모델을 옹호하는 다른 학자는 단순한 경제성장률이 아니라 상급 정부에 대한 재정 기여도가 더 중요한 요소라고 주장한다.[25] 일부 학자는 그것보다 사회안정 유지와 주민에 대한 사회복지 제공이 더 중요한 요소라고 강조한다.[26] 특히 소수민족 지역에서는 세금 징수 능력이나 경제성장률보다 사회안정 유지가 승진에서 관건 요소다.[27] 이처럼 업적 모델을 주장하는 학자들 간에도 승진에서 가장 중요한 업적이 무엇인가에 대해서는 이견을 보인다.

이들의 설명 논리를 살펴보면 이렇다. 조직에는 두 가지 유형이 있고, 사회주의 국가는 이에 따라 다른 유형으로 구분된다. 하나는 다중분할 유형(multi-division form)이다. 중국은 다중지역 정부 유형(multi-regional government form)으로 이 모델에 속한다. 중국의 성(省)·시(市)·현(縣)·향(鄕) 등 각 행정단위에 있는 지방정부는 수평적으로는 동급으로, 모두 경제발전과 사회안정 등 특정한 목표를 달성하기 위해 서로 치열한 경쟁을 전개한다. 업적에 따라 소속 영도간부의 승진 여부가 결정되기 때문이다. 예를 들어, 광둥성 내에 있는 현급 시와 현은 각자 지역 경제의 발전을 위해 경쟁적으로 외부 투자를 유치하고, 공업단지를 설립하는 등의 활동을 전개한다. 광둥성은 이런 현급 시와 현의 실제 업적(결과)을 보고, 해당 지역 영도간부들의 승진 여부를 결정한다.

다른 하나는 단일 유형(unitary form)이다. 소련과 동유럽 사회주의 국가는 단일 정부 유형(unitary government form)으로 이 모델에 속한다. 예를 들어, 소련의 국유기업은 산업별로 묶여있고, 각 산업은 중앙정부의 단일한 부서가 통일적으로 통제한다. 또한 각 지역은 이런 다양한 산업 중에서 어느 하나의 산업에 집중(특화)한다. 그 결과 산업 간의 특성 차이로 인해 동급의 지방정부라고 해도 간부를 같은 업적 기준으로 평가할 수 없다. 농업 지역과 공업 지역, 같은 공업 지역이라고 해도 중화학공업 지역과 경공업 지역을 산업 간 특성을 무시하고 단순 비교 평가할 수는 없기 때문이다.

이처럼 다중분할 유형에 속하는 중국에서는 개혁·개방 시대에 여러 지방의 간부들이 더 높은 경제 성과를 달성하기 위해 치열한 경쟁을 벌이는, 일종의 토너먼트 경쟁(tournament competition)이 일어났다. 이들이 경쟁에서 지면 낙오하기 때문에 이를 토너먼트 경쟁으로 본 것이다. 이처럼 사회경제적 업적(성과)과 간부 승진이 서로 연계되는 능력주의가 작동했다. 이것은 지방 간부가 빠른 경제개혁과 높은 성장을 추구하면서도 부정부패를 적게 저지르게 만드는 강력한 격려 기제가 되었다.[28]

(2) 파벌 모델: '간부는 관시에 기대어 승진한다'

파벌 모델은 업적 모델의 주장을 정면으로 반박한다. 간부 승진에서 사회경제적 업적이 영향을 미칠 수는 있어도, 승진을 결정하는 핵심 요소는 인사권자와의 관시 혹은 후견 제도라는 것이다.[29] 이는 상식적인 관찰로도 확인할 수 있다. 중국 전역에 광범위하게 퍼져있는 승진을 둘러싼 뇌물 수수 등 인사 부패가 대표적인 사례다. 당서기 등 인사권자는 자신과 친분이 있는 간부를 승진시키고, 승진에 대한 대가로 충성과 뇌물을 챙기는 관행이 만연해 있다. 설사 처음에는 관시가 없다고 해도 충성을 다하는 행위와 뇌물 제공을 통해 관시를 형성하면 승진할 수 있다.[30]

이를 논리적으로 설명하면 이렇다. 정치 엘리트들은 자신과 여러 가지 면에서 동질성(homophily)이 높은 간부를 선호한다. 여기서 동질성은 같은 가치, 신념, 태도, 직무 등을 말한다. 그리고 동질성을 구성하는 요소는 같은 고향(同鄕), 학교(同學), 직무(同職)다. 승진 혹은 간부 선발에서 동질성을 강조하는 이유는 그것이 인사권자에게 여러모로 유리하기 때문이다. 우선 중국과 같은 다층 구조를 가진 정부 체계에서는 당정간부가 동질성을 공유할 경우, 정부 간 업무 조정과 협력이 쉬워진다. 또한 최고 엘리트 간의 권력투쟁과 권력 공고화 과정에서도 동질성을 가진 간부를 선택하는 것이 유리하다.[31] 동질성을 중심으로 자신의 파벌을 형성할 수 있기 때문이다.

다른 설명은 이렇다. 성과는 없으면서 관시만 있는 간부도 승진할 수 없지만, 성과는 있지만 관시가 없는 간부도 승진할 수 없다. 그 이유는 관시가 세 가지 중요한 역할을 담당하기 때문이다. 첫째는 충성(loyalty)이다. 관시는 하급 간부가 상급 간부에게 충성하고, 상급 간부는 충성의 대가로 하급 간부에게 호혜(favor)를 베푸는 중요한 기제다. 둘째는 소통(communication)이다. 상·하급 간부는 관시를 통해 상호 간에 쉽게 소통하고, 쉽게 소통하면 서로 신뢰하게 된다. 셋째는 학습(learning)이다. 상급 간부는 관시를 통해 하급 간부의 상황과 정보를 파악할 수 있다. 이처럼 간부 승진에서 업적과 관시가 동시에 작동하면서 중국은 경제성장과 정치안정을 동시에 달성할 수 있었다.[32]

간부의 승진뿐만 아니라 부패를 처벌하는 데도 관시가 결정적인 요소라는 주장이 있다. 이는 전국의 시급(市級) 간부를 대상으로 실행한 조사에서 얻은 결론이다. 이 조사는, 어떤 간부는 부패로 처벌되는 데 비해 어떤 간부는 그렇지 않은 현상이 왜 일어나는 지를 이해하기 위해 다양한 지표를 동원하여 분석했다. 분석 결과 부패 척결 운동이나 해당 지역의 경제성장률 같은 간부 업적은 간부 처벌과 아무런 관계가 없다. 대신 성급 지도자와의 관시가 결정적인 영향을 미쳤다. 다시 말해, 성급 지도자와 친밀한 관계를 유지한 간부는 부패로 처벌받지 않는 데 비해 그렇지 않은 간부는 더 쉽게 처벌받는다는 것이다. 결국 관시는 간부의 승진뿐만 아니라 처벌에도 영향을 미친다.[33]

그렇다면 중국의 공무원들은 자국의 인사 제도에 대해 어떻게 생각하고 있을까? 싱가포르에서 교육 중인 중국 공무원을 상대로 간부 승진 제도에 대해 어떻게 생각하는가를 조사한 연구가 있다. 이에 따르면, 중국의 공무원들은 자국의 간부 인사 제도가 능력주의에 입각한 제도라고 평가한다. 즉 중국은 능력과 실적을 중시하고, 그에 따라 간부의 승진 여부를 결정하는 제도를 운용한다는 것이다. 그런데 이와 동시에 이들은 간부 승진에서 결정적인 영향을 미치는 요소는 성과보다는 인사권자와의 관시라고 본다. 결국 중국의 인사 제도는 '성과에 근거한 후견 제도(merit-based patronage)'라고 규정할 수 있다.[34]

중앙의 최고 지도자, 즉 정치국 상무위원과 정치국원, 더 나아가서는 중앙위원을 선발할 때는 파벌 혹은 관시가 매우 중요한 역할을 담당한다는 점은 분명한 사실이다. 장쩌민 시기 이후 집단지도 체제가 등장하면서 권력기관의 구성은 기관 및 지역별 안배 외에도 파벌별 안배도 매우 중시한다. 즉 어떤 특정 파벌이 당정기관의 직위를 독점하는 일이 없도록 파벌 관계를 고려해서 인사를 배정한다. 그래서 복수의 파벌들이 권력을 공유하는 분점 체계가 형성될 수 있다.

장쩌민 시기의 '상하이방(上海幫)'과 '태자당(太子黨)' 연합 세력(즉 장쩌민 세력), 후진타오 시기의 '공청단파(共青團派)', 시진핑 시기의 '시진핑 세력'이 중앙위원과 정치국원 및 정치국 상무위원에 대거 선임될 수 있었던 것도 바로 정치 엘리트 선발에서 파벌 혹은 관시가 중요한 역할을 담당했기 때문이다. 이런 면에서 최소한 중앙 단위의 지도자 선발에서는 파벌(관시)이 중요한 역할을 담당한다는 점은 분명하다. 다만 이것을 확대해석해서 중국에서는 관시에 따라 간부의 승진 여부가 결정된다거나, 업적은 없는데 관시만 좋으면 승진할 수 있다고 주장하는 것은 과장이거나 잘못이다.

(3) 혼합 모델: '간부 승진에는 업적과 관시가 모두 중요하다'

혼합 모델은 많은 학자의 지지를 받는 주장이다. 혼합 모델의 주장도 간단하다. 승진에는 간부의 사회경제적 업적과 함께 파벌 혹은 관시 등 다른 요소가 중요한 역할을 담당한다. 달리 말하면, 성과와 파벌이 상호 배타적 요소가 아니며, 승진에서 이런 요소는 상호 보완적인 역할을 담당한다. 다만 어떤 요소가 더 중요한 역할을 할지는 상황과 조건에 따라 달라질 수 있다. 따라서 같은 혼합 모델을 주장하더라도 어떤 요소가 더 중요한 역할을 하는지에 대해 다른 견해를 보이기도 한다.

우선 행정등급 면에서 보면, 어떤 학자는 중앙과 성급 등 행정 등급이 높을수록 파벌 모델이 간부 승진을 설명하는 데 더 타당하다고 주장한다. 반면 지급·현급·향급 등 중하급 지방에서는 업적 모델이 더 타당하다고 주장한다.[35] 어떤 학자는 약간 다르게 설명한다. 즉 현급 간부의 승진은 순전히 업적에 기초하지만, 시급 및 성급 간부는 업적과 함께 관시가 동시에 영향을 미친다고 주장한다. 물론 이것도 한족(漢族) 지역에만 적용되고 소수민족 지역에는 적용되지 않는다. 소수민족 지역의 간부 인사는 민족 요소 등 다양한 요소를 종합적으로 고려하여 결정하지, 업적이나 관시 등 특정한 요소만으로 결정하지는 않는다.[36]

또한 직무 면에서 보면, 당서기와 시장이 승진하는 데 결정적인 영향을 미치는 요소가 다르다. 당서기 승진에는 성급 지도자와의 관시가 더 중요한 요소다. 이에 비해 시장 승진에는 사회경제적 업적, 해당 도시의 지위와 성격 등이 더 중요한 요소로 작용한다. 다시 말해, 당서기는 파벌 모델, 시장은 업적 모델이 승진을 설명하는 데 더 적절한 모델이다.[37]

상식적으로 볼 때도 당서기와 시장의 업무 분담과 역할이 다르고, 이 때문에 이들의 승진에 다른 요소가 영향을 미친다는 것은 당연하다. 당서기는 해당 지역의 전체 업무를 책임지고, 당무(黨務), 그 가운데서 특히 인사와 관련된 업무를 책임진다. 반면 시장은 경제 관리와 행정을 책임진다. 따라서 어떤 지역의 사회경제적 업적이 좋다면 그것은 일차적으로 시장이 노력한 결과다. 시장의 승진 여부는 사회경제적 업적에 따라 결정하는 것이 타당하다. 반면 당서기는 사회경제적 업적 외에도 해당 지역의 사회안정 유지나 당정기관 간의 업무 협조와 조정 등 여러 업무를 처리해야 한다. 따라서 당서기의 승진 여부를 사회경제적 업적만으로 평가하는 데는 한계가 있다.

| 4. 미래 지도자의 '쾌속 승진 경로' |

지금까지 우리는 공산당의 인사 제도가 하나만 있는 것으로 간주하고 이야기했다. 사실은 그렇지 않다. 즉 공산당은 두 개의 다른 제도를 운용하고 있다. 하나는 지금까지 살펴본 '정규 승진 경로(normal track)'이고, 다른 하나는 '쾌속 승진 경로(小步快跑, fast track)'다. 두 번째 경로는 주로 후계자를 양성하는 데 사용된다.

(1) 연령제 딜레마

〈중국 공무원법〉과 〈공산당 영도간부 선발 임용 공작조례〉는 영도간부의 승진 원칙으로 '점진적 승진'을 강조한다. 이는 낙하산 인사를 방지하는 조항으로, 특정 직위에 올라가려면 아래 단계부터 차례로 밟아야 한다는 것을 의미한다. 한발 더 나아가 〈영도간부 선발 임용 공작조례〉는 각 단계의 승진에 필요한 일곱 개의 자격 조건을 명시하고 있다. 예를 들어, "현처급 이상 영도직무는 5년 이상의 업무 기간(工齡)과 4년 이상의 기층공작 경력"이 있어야 할 뿐만 아니라, "아래 일급(下一級)의 두 개 이상 직무의 임직 경력"이 있어야만 승진할 수 있다.

〈표 1-26〉 공무원의 승진 연령 제한(연한) 상황

분류		연한	적용 대상 사례
국가급 (國家級)	정직	67세	총서기와 상무서기, 전국인대 위원장, 국무원 총리, 국가 주석
	부직		전국인대 부위원장, 국무원 부총리, 최고인민법원 원장, 최고인민검찰원 검찰장
성부급 (省部級)	정직	63세	중앙의 부장과 주임, 성급 지방의 당서기와 성장
	부직	58세	중앙의 부부장과 부주임, 성급 지방의 부서기와 부성장
지청급 (地廳級)	정직	55세	중앙의 청장과 국장, 지급 지방의 당서기와 시장
	부직	52세	중앙의 부청장과 부국장, 지급 지방의 부서기와 부시장
현처급 (縣處級)	정직	50세	중앙과 성급 지방의 처장, 현급 지방의 당서기와 현장
	부직	45세	중앙과 성급 지방의 부처장, 현급 지방의 부서기와 부현장
향과급 (鄕科級)	정직	40세	중앙과 성급·지급 지방의 과장, 향급 지방의 당서기와 향장
	부직		중앙과 성급·지급 지방의 부과장, 향급 지방의 부서기와 부향장

자료: Chien-Wen Kou and Wen-Hsuan Tsai, "Sprinting with Small Steps Towards Promotion: Solution for the Age Dilemma in the CCP Cadre Appointment System", *China Journal*, No. 71 (January 2014), pp. 156-159.

또한 공산당의 인사 제도에는 각 직급에 따라 승진이 가능한 나이를 엄격히 제한하는 연령 제한(age limit) 규정이 있다. 〈표 1-26〉은 이를 정리한 것이다. 이에 따라 정해진 나이에 도달하기 전에 그 직급으로 승진해야 하고, 그렇지 못하면 퇴직해야 한다. 이는 공무원 연령제를 시행하는 한국과 같은 국가의 상황과 크게 다르지 않다.

그런데 정규 승진 경로를 그대로 밟아서 승진할 경우는 문제가 발생한다. 즉 규정대로 직급별로 5년의 임기를 다 채우면서 점진적으로 승진하면, 55세가 되어서야 겨우 지청급 정직(正職)까지만 올라갈 수 있다.[38] 다시 말해, 그 위의 직급인 성부급과 국가급까지는 연령 제한에 걸려 승진할 수 없다. '연령제 딜레마(age dilemma)'가 발생한다는 것이다.[39] 그런데 현재 성부급 간부는 약 3,000명 정도이고, 이들은 중앙과 지방, 공산당, 국가기관, 국유기업, 대학 등에서 잘 활동하고 있다.

(2) 쾌속 승진 경로: 미래 지도자를 위한 특별 승진 코스

그렇다면 이들은 어떻게 성부급과 국가급 간부로 승진할 수 있었을까? 비밀은, 이들이 '정규 승진 경로' 외에 공산당이 별도로 운영하는 '쾌속 승진 경로'를 밟아 승진했다는 것이다. 이들은 연령 제한과 점진적 승진 원칙을 준수했다. 즉 낙하산이 아니다. 차이가 있다면, 이들은 직급마다 5년의 임기를 다 채우지 않는 방식으로,

다시 말해 '총총걸음(小步)으로 빨리 달리는(快跑)' 방식으로 쾌속 승진한다는 점이다. 앞에서 성부급 간부의 평균 임기가 3~4년, 아래 직급은 2~3년이라고 말했는데, 바로 이런 현상 때문에 실제 임기가 법이 정한 5년보다 단축된다.

│ 공청단 경로

'쾌속 승진 경로'에는 세 가지 방식이 있다. 첫째는 공청단(共青團) 경로(途徑)다. 공청단의 직급과 연령 제한은 다른 당정기관의 그것에 비해 낮게 책정되어 있다. 공청단 단원의 가입 나이가 14세부터 28세까지이기 때문에, 공청단 간부의 연령 제한도 당연히 더 젊게 규정되어 있는 것이다. 예를 들어, 성부급(省部級: 장·차관급) 직위인 공청단 중앙(中央) 서기처 서기의 연령 제한은 45세, 지청급(地廳級) 정직인 성급(省級) 지방 공청단 서기의 연령 제한은 40세다. 그런데 〈표 1-26〉에 따르면, 일반 당정기관의 성부급 연령 제한은 정직(장관)은 63세이고 부직(차관)은 58세로, 공청단 규정보다 13세에서 18세가 많다. 비슷하게 다른 당정기관의 지청급 정직 연령 제한은 55세로, 공청단보다 15세가 많다.

공청단 간부들이 임기를 마치고 다른 당정기관의 직위로 옮기면 원래 직급에 맞추어 옮긴다. 그래서 45세인 공청단 중앙서기처 서기가 다른 당정기관의 차관급이나 장관급 직위에 취임할 수 있고, 40세인 성급 공청단 서기가 다른 당정기관의 지청급 직위에 취임할 수 있다. 이는 다른 당정기관의 간부보다 최소한 10년 이상 빠른 승진이다. 후진타오 시기에 공청단 출신들이 대규모로 중앙위원에 진출할 수 있었던 이유는 바로 이것이다. 시진핑 시기에 들어, 공산당이 공청단 간부들이 누렸던 '특혜'를 폐지하여, 이들이 타 기관으로 옮길 때는 한 단계 아래 등급으로 옮기도록 조치한 것도 바로 이 때문이다.[40]

| 겸직 단련

둘째는 '겸직 단련(挂職鍛煉)'이다. 이는 원래 직위를 그대로 가지고 있으면서 1년 정도 다른 기관이나 지역에 파견하여 직무를 수행하게 하는 방법이다. 여기에는 세 가지 방식이 사용된다. 높은 직위에 파견되는 '상급 겸직(上挂)', 동급 직위에 파견되는 '동급 겸직(平挂)', 낮은 직위에 파견되는 '하급 겸직(下挂)'이 그것이다.

겸직은 실제 역할이 미미한 허직(虛職)일 수도 있지만, 업무가 중요하고 어려운 실직(實職)일 수도 있다. 후자는 '육성 겸직(培養挂)'이라고 해서 파견 후에 원직에 복직하면 바로 승진한다. 이 때문에 이를 '금칠(鍍金)'이라고도 부른다. 그래서 '금칠'할 수 있는 '육성 겸직' 자리가 나면 간부들은 서로 가려고 치열한 경쟁을 벌인다. 이처럼 공산당은 능력이 있으면서 충성스러운 간부를 선발하여 겸직 단련을 시켜 미래의 지도자로 육성한다.[41]

| 파격 발탁

셋째는 '파격 발탁(破格提拔)' 혹은 '월급 발탁(越級提拔)'이다. 이는 간부의 나이, 성별, 경험, 민족 등 일부 규정을 무시하고 등급을 올려 승진시키는 것이다. 1998년부터 2012년까지 14년 동안 지급(地級)/시급(市級) 지역의 당서기와 시장의 승진을 분석한 한 연구에 따르면, 점진적 승진 원칙은 비교적 충실히 지켜지고 있다. 즉 이들의 전체 승진 중에서 '월급 승진'은 3%에 불과하고, 97%는 점진적 승진이었다. 그런데 바로 이 3%가 '파격 발탁'이다.[42]

방식은 '공개 선발(公開選拔)'과 '경쟁 승진(競争上崗)'을 이용하는 것이다. 예를 들어, 젊으면서도 능력도 있고 관시가 좋은 간부들은 '공개 선발' 공고가 나면 적극적으로 지원해서 승진하는 사례가 자주 있다. '경쟁 승진'도 공개 선발과 비슷하게 일종의 개방형 인재 채용 제도이기 때문에 같은 효과가 발생한다. 그래서 어떤 지역에서는 20대 중반의 젊은 간부가 부현장(副縣長) 등 영도간부 직위에 선발되어 언론 보도와 함께 비난을 받기도 했다.

실제로 1960년대에 출생한 '제6세대' 지도자인 저우창(周強: 최고인민법원 원장), 쑨정차이(孫政才: 전 충칭시 당서기), 쑤수린(蘇樹林: 푸젠성 성장), 장칭웨이(張慶偉: 헤이룽장성 당서기), 루하오(陸昊: 국무원 자연자원부 부장), 후춘화(胡春華: 국무원 부총리), 누얼·바이커리(努爾·白克力: 전 국무원 국가에너지국 국장)가 이런 '쾌속 승진 경로'를 밟아 승진한 대표적인 사례다. 이들은 부과장(副科長)에서 과장으로 2.4년,

과장에서 부처장(副處長)으로 3.4년, 부처장에서 처장으로 2.7년, 처장에서 부국장(副局長)으로 3.2년 만에 승진했다.[43] 원칙대로 정규 승진 경로를 밟았다면 20년이 걸릴 것을 쾌속 승진 경로를 밟아 8.3년을 단축한 11.7년 만에 승진한 것이다. 말 그대로 '총총걸음으로 빨리 달리는' 승진이었다.

이상에서 살펴본 것처럼, 공산당은 일반적으로는 정규 승진 경로를 통해 간부를 승진시킨다. 이때는 앞에서 살펴본 인사 평가 제도가 사용된다. 그러나 동시에 이와는 다른 별도의 쾌속 승진 경로를 통해 미래 지도자를 육성한다. 이들은 업적이 뛰어나고 실무 능력이 있을 뿐만 아니라 공산당에 충성하는, 그래서 미래에 공산당 영도 체제를 굳게 다질 수 있는 유능한 인재들이다. 이를 통해 공산당은 자신의 지배를 강화할 수 있다. 이처럼 공산당은 용도에 맞추어 이중궤도(dual track)의 간부 인사 제도를 운용하고 있다.[44]

(3) 시진핑 시기 '쾌속 승진 경로'의 제한

그런데 주의할 점이 있다. 쾌속 승진 경로가 시진핑 시기에 들어 좁아졌다는 것이다. 명분은 인사 부패의 가능성을 줄이고, 업적과 능력이 검증되지 않은 간부를 발탁해서는 안 된다는 이유다. 실제로는 간부 인사 제도에 대한 통제권을 국가로부터 공산당으로 완전히 이전하고, 동시에 공산당 지도자(특히 당서기)의 인사권을 강화하려는 의도다. 시진핑 시기의 특징인 '공산당 전면 영도'의 강화가 여기에도 적용된 것이다.

| 쾌속 승진 경로의 제한 정책

이는 몇 가지 정책을 통해 실현된다. 먼저 '파격 발탁'을 제한한다. 방법은 과정과 절차를 전보다 더욱 "엄격히 장악(從嚴掌握)"하라는 지시를 통해서다. 이에 따르면, 첫째, 이전 직책에서 최소한 1년 이상의 직무 경험이 없으면 파격 발탁할 수 없다. 또한 파격 인사의 요건을 강화해서 대상자를 대폭 축소한다. 둘째, 한 번에 한 등급 이상으로 파격 발탁할 수 없다. 즉 파격 발탁도 점진적으로 해야 한다. 중앙의 지시 이후 지방에서는 파격 발탁이 크게 줄어들었다. 당서기들이 인사 부패의 오해를 살 가능성이 있는 파격 발탁은 최대한 피하려고 했기 때문이다.[45]

또한 위에서 살펴본 '공개 선발'과 '경쟁 승진'을 대폭 제한한다. 첫째, 기관 내부에서 적당한 후보자를 찾을 수 없는 경우에만 이 방법을 사용한다. 둘째, 이 방법을 사용해서 간부를 발탁할 때도 단순히 후보자의 점수만 보지 말고 전체 업적과 정치 소질 등을 종합적으로 고려한다. 셋째, 최종 인사 결정이 아니라 예비후보에서 정식 후보를 뽑을 때, 즉 후보를 압축하는 방법으로만 사용한다. 넷째, 이 두 가지 방법은 정직(正職)이 아니라 부직(副職), 예를 들어 교육국 국장이 아니라 부국장 직위에만 사용한다.[46]

| 두 가지 결과의 초래

'쾌속 승진 경로'를 제한하는 조치는 두 가지 결과를 가져왔다. 첫째, '공산당 전면 영도'의 강화가 인사 제도에서도 실현되었다. 후진타오 시기에 공개 선발과 경쟁 승진을 확대했을 때는 다양한 간부의 의견이 인사 결정에서 중요한 역할을 담당했다. 또한 이를 통해 인사 제도의 투명성과 공정성을 강화할 수 있었다. 그래서 이런 제도를 '당내 민주(黨內民主)의 확대'로 간주했다.[47] 그런데 이를 제한하면서 인사권은 공산당 지도부(특히 당서기)에게 집중되는 '공산당 전면 영도'가 강화되었다. 인사 제도의 투명성과 공정성이 떨어진 것은 말할 필요도 없다.[48]

둘째, 젊고 능력 있는 간부의 '파격 발탁'이 줄어들면서 당정간부의 노령화가 진행될 가능성이 커졌다. 시진핑 시기에 들어 인사기준 가운데 나이 기준이 전보다 덜 엄격하게, 반대로 말하면 나이 제한을 탄력적으로 적용한 것은 분명한 사실이다. 공산당 중앙이 이런 지시를 내린 적도 있고, 실제로 중앙의 당정기관과 지방에서 그렇게 연령제를 운용하고 있다.

예를 들어, 2018년 3월에 왕치산(王岐山)이 국가 부주석에 선출된 것은 이를 상징적으로 보여준다. 그는 1948년생으로 당시 70세였다. 그때까지 '68세 이상자'는 공산당과 국가의 중요 직위에 새로 취임할 수 없다는 '68세 규범'이 적용되었는데, 왕치산이 국가 부주석에 취임함으로써 이 규범이 국가 직위에는 적용되지 않게 되었다. 이 같은 추세는 지방에서도 확인된다.

이렇게 되면서 공산당이 1980년대부터 '혁명화(革命化)', '전문화(專業化)', '지식화(知識化)'와 함께 '연소화(年輕化)'를 간부 선발의 중요한 원칙으로 삼았던 간부 인사 제도가 변화하게 되었다. 다만 이것이 장기적으로 어떤 결과를 초래할지는 조금 더 시간을 두고 지켜보아야 한다. 시진핑이 집권한 지 아직 10년밖에 되지 않았기 때문에, 간부 인사 제도의 문제가 겉으로 드러나려면 시간이 더 필요하기 때문이다.

인사 감독과 부패 척결

◆◆◆◆

인사 통제의 마지막으로 인사 감독을 살펴보자. 공산당의 인사 감독은 두 가지 내용을 중심으로 전개된다. 첫째는 당정간부의 부패(腐敗, corruption) 방지와 처벌이다. 부패는 '간부가 공적 직위를 남용하여 사적 이익을 도모하는 행위'를 말한다. 인사 감독은 일차로 간부의 부패를 방지하고 처벌하는 일을 가리킨다. 공산당은 이것을 '반부패 청렴 정치 건설(反腐敗廉政建設)', 줄여서 '염정건설(廉政建設)'이라고 부른다.

둘째는 당정간부의 공산당 기율 준수와 통제다. 이는 '간부가 공산당이 제정한 정치 기율, 조직 기율, 생활 기율 등 각종 기율에 따라 행동하도록 요구하고, 이를 위반한 간부를 통제하고 처벌하는 일'이다. 공산당은 이를 '기율 위반 검사(違紀檢查)'라고 부른다. 이처럼 공산당의 인사 감독은 간부의 부패뿐만 아니라 기율 위반도 통제하고 처벌한다는 특징이 있다.

공산당의 관점에서 보면, 두 가지 감독 중에서 간부의 부패 방지와 처벌이 더욱 중요하다. 간부의 당 기율 준수와 통제는 주로 당 내부의 문제라고 할 수 있다. '집권당'이면서 '영도당'인 공산당이 각종 기율 제도를 마련하고 전 조직과 당원이 이를 준수하도록 촉구하고 통제하는 일이기 때문이다. 따라서 이것이 그 자체로 공산당의 통치 정통성에 치명적인 영향을 미친다고 할 수는 없다. 간부의 기율 위반은 아주 심각한 경우가 아니면 국민의 실생활에 직접적인 피해를 주지 않기 때문이다.

반면 당정간부의 부패 방지와 처벌 문제는 공산당의 통치 정통성에 치명타를 가할 수 있는 사안이다. 만연한 간부 부패는 국민의 실생활에 직접적인 피해를 주고, 그것을 막지 못하면 공산당은 국민의 비판과 저항에 직면하게 될 것이기 때문이다. 실제로 중국인이 공산당에 제기하는 최대의 정치적 불만은 간부의 부정부패 문제다. 인사 감독이 부패 방지와 처벌에 집중될 수밖에 없는 이유는 이 때문이다. 당연히 우리도 공산당의 인사 감독 제도를 살펴볼 때는 부패 방지와 처벌을 중심으로 살펴봐야 한다.

1. 부패 방지와 기율 준수

이처럼 공산당의 인사 감독은 두 가지, 즉 간부의 부패 방지와 처벌, 당 기율 준수와 통제를 중심으로 진행된다. 실제 상황을 보면, 두 가지 감독은 함께 진행된다. 대개 간부의 부패와 기율 위반이 동시에 일어나기 때문이다. 따라서 공산당은 부패 방지와 기율 준수라는 두 가지 목표를 동시에 달성하기 위해 각종 정책과 제도를 추진해왔다.

(1) 부패 방지와 처벌: '복잡하고 어려운 임무'

그런데 중국에서는 부패 방지와 처벌이 생각처럼 그렇게 간단한 일이 아니다. 여러 가지 문제가 얽혀있기 때문이다. 부패 개념이 혼란스러운 점이 첫 번째 문제다. 예를 들어, 중국에서는 부패라는 말과 함께 '탐오(貪汚)'—사전적(辭典的) 의미는 '횡령'—가 간부의 불법(不法)·위법(違法)·탈법(脫法) 행위와 그 밖의 각종 부정(不正)행위를 가리키는 말로 사용된다. 문제는 '탐오'가 도덕적인 성격을 띠고 있고, 범위가 매우 넓으며, 가족이나 친척도 처벌할 수 있고, 애정 행각도 처벌한다는 특징이 있다는 점이다.[1] 이처럼 부패는 법적인 문제와 도덕적인 문제가 섞여있어서 무엇을 부패로 보고 처벌할 것인가는 상황에 따라 달라질 수 있다.

부패의 법률 규정도 복잡하다는 점이 두 번째 문제다. 중국에서 법률적으로 부패는 '경제 부패'와 '비(非)경제 부패'로 나뉜다. '경제 부패'는 횡령(貪汚), 뇌물(賄賂), 공금유용(挪用公款), 공유재산 사유화(集體私分), 불법 소득(非法所得), 탈세(偸稅漏稅), 공금 낭비(揮霍浪費), 가짜상표(仮冒商標), 투기(投機倒把)를 가리킨다. 이에 비해 '비경제 부패'는 직무 태만(瀆職), 직권남용(濫用職權), 직무 소홀(玩忽職守), 정실주의(徇私舞弊), 사익 도모(以權謀私), 이중 결혼(重婚)을 가리킨다.

이 중에서 '비경제 부패'를 법률로 처벌하기에는 애매한 측면이 있다. 정실주의나 이중 결혼이 대표적이다. 실제로 인민검찰원이 간부의 부패 사건을 정식으로 기소한 비율을 보면, 경제 부패는 80%인 데 비해 비경제 부패는 20%에 불과하다.[2] 즉 비경제 부패의 경우, 80%는 부패 사범으로 정식 기소되지 않았다. 이는 80%의 비경제 부패가 도덕적으로는 문제가 있지만, 법률적으로는 범죄라고 볼 수 없다는 사실을 뜻한다.

게다가 부패는 어떤 기관이 판단하는가에 따라 성격이 달라진다. 이것이 세 번째 문제다. 예를 들어, 공산당 기율검사위원회(紀委/기위)와 국가감찰위원회(監察委/감찰위)는 경제 부패와 비경제 부패 외에도 매매춘이나 도박 같은 도덕적인 문제도 모두 부패로 보고 처벌한다. 반면 인민검찰원과 법원 등 사법기관은 횡령, 뇌물, 공금 전용, 불법 수입 등 주로 경제 부패만을 부패로 보고 처벌한다.[3] 이런 이유로 우리가 부패 문제를 살펴볼 때는 그것이 공산당 기율 기관이 적용하는 '넓은 의미의 부패'인지, 아니면 사법기관이 적용하는 '좁은 의미의 부패'인지를 구별해야 한다.

(2) 기율 준수와 통제: '중국 공직자만의 어려움'

여기에 더해 공산당은 다른 국가의 공직자라면 크게 문제 될 것이 없는 활동을 기율 위반 혐의로 처벌한다. 〈공산당 기율 처분 조례〉(2016년 수정)에 따르면, 공산당원은 ① 정치 기율(政治紀律), ② 조직 기율, ③ 경제 기율, ④ 군중 기율, ⑤ 공작 기율, ⑥ 생활 기율을 엄격히 준수해야 한다. 만약 당원이 이를 위반하면 다섯 가지 징계 중 하나를 받는다. '경고(警告), 엄중경고(嚴重警告), 당무 면직(撤銷黨內職務), 당내 관찰(留黨察看), 당적 제적(開除黨籍)'이 바로 그것이다. 당적 제적 정도의 기율 위반은 대개 형사 범죄를 저지른 것으로, 기율 처분으로 끝나지 않고 인민검찰원에 이첩되어 형사처벌된다.

예를 들어, 당정간부가 "인터넷·라디오·TV·잡지·신문·서적·강좌·보고회 등에서 자산계급의 자유화 입장을 견지하고, 사항(四項) 기본원칙(즉 공산당 영도, 마르크스−레닌주의와 마오쩌둥 사상, 인민독재, 사회주의 길−인용자)을 반대하거나, 당의 개혁·개방 정책을 반대하는 글·연설·선언·성명 등을 공개 발표하면 제적"된다. 이를 해석하면, 당정간부는 자유주의를 옹호하는 듯한 발언을 해서는 안 되고, 중국의 정치 체제를 비판하는 듯한 발언을 해서도 안 된다.

또한 〈공산당 기율 처분 조례〉에 따르면, 당정간부가 "종교 조직이나 사교(邪教) 조직을 결성하거나 참가할 경우, 기획자·조직자·주도자(骨幹分子)는 제적"된다. 이를 해석하면, 공산당원은 신앙생활을 하지 않는 것이 좋다. 그럴 경우는 언제든지 정치 기율 위반 혐의로 당적이 박탈되는 등 처벌을 받을 수 있기 때문이다. 실제로 〈당장〉과 기타 당규는 공산당원이 사회주의와 공산주의의 신념과 신앙 이외에 다른 종교적 신앙을 가질 수 없다는 점, 즉 무신론자여야 한다는 점을 강조한다.

영도간부에는 더욱 엄격한 기율이 적용된다. 예를 들어, 〈공산당 조직처리 규정(시행)〉(2021년 3월 시행)은 영도간부가 당내 처분을 받는 17개 항목을 자세하게 규정하고 있다. 그 가운데 제1항은 영도간부가 "중대 원칙 문제에서 당 중앙과 일치하지 않고, '네 개의 의식(四個意識)', '네 개의 자신(四個自信)', '두 개의 수호(兩個維護)'(즉 시진핑의 핵심 지위 수호와 공산당 중앙의 권위 수호―인용자)를 위반하는 잘못된 언행"을 할 경우다. 제2항은 영도간부의 "이상과 신념이 흔들리고, 마르크스 신앙을 잃어버리며, 봉건적인 미신 활동을 수행해서 불량한 영향을 끼치거나, 혹은 규정을 위반하고 종교 활동에 참여하거나 사교(邪教)를 신봉하는 일"을 할 경우다. 이외에도 처벌 항목은 15개가 더 있다.

위에서 살펴본 두 개의 항목 규정을 그대로 해석하면 이렇다. 영도간부가 공산당 중앙의 정책을 조금이라도 비판하면 처벌될 수 있다. 시진핑 개인숭배와 권력 강화에 대해 조금이라도 불만을 표출해도 처벌될 수 있다. 〈당장〉에 나와 있는 사회주의와 공산주의의 실현에 대한 신념이 조금만 흔들려도 처벌될 수 있다. 신앙생활 혹은 전통적인 종교 활동을 하다가 적발되면 처벌될 수 있다. 실제로 이런 일로 처벌된 영도간부가 여럿 있다. 정치 기율은 영도간부 중에서도 '넘버원 지도자(一把手)'인 당서기에게는 더욱 엄격히 적용된다.[4]

2. 부패의 심각성과 유형 변화

중국에서 부패는 얼마나 심각할까? 이 질문에 답하기는 쉽지 않다. 부패 정도를 측정할 수 있는 객관적인 지표가 없기 때문이다. 부패는 대개 은밀히 이루어지기 때문에 잘 적발되지 않는다. 또한 적발된 부패 건수가 많다는 것은, 부패 그 자체가 많다는 것일 수도 있지만, 부패를 강력하게 단속해서 그렇게 된 것일 수도 있다. 만약 후자라면 부패가 심한 것이 아니라 부패 단속이 강력한 것이다. 우리는 이와 같은 한계를 인정한 상태에서 부패 문제를 살펴볼 수밖에 없다.

(1) 부패의 심각성: '개선되지 않는 부패 문제'

〈표 1-27〉은 국제 투명성 기구(Transparency International)가 발표한 중국의 부패 인식 지수(CPI)를 정리한 것이다. 이를 보면, 국제 사회의 눈에 비친 중국의 부패 문제는 심각한 수준임을 알 수 있

〈표 1-27〉 세계 부패 인식 지수(CPI) 중 중국의 순위와 점수(1995~2020년)

연도	조사 국가	순위	점수
2020	180	78	41
2018	180	87	39
2016	176	79	40
2014	174	100	36
2012	174	80	39
2010	178	78	3.5
2008	180	72	3.6
2006	163	70	3.3
2004	145	71	3.4
2002	102	59	3.5
2000	90	63	3.1
1998	85	52	3.5
1996	54	50	2.43
1995	41	40	2.16

주: 부패 인식 지수(Corruption Perceptions Index: CPI)는 주로 전문가와 사업가를 대상으로 특정 국가에 대한 부패 정도를 평가하는 조사로, 1995년에 처음 공개되었다. 측정 방법은 2012년 이전에는 0~10점, 이후에는 0~100점을 사용한다. 점수가 높을수록 부패가 적다.

자료: Transparency International, www.transparency.org (검색일: 2021. 3. 23).

<표 1-28> 주요 국가의 부패 인식 지수(CPI)의 변화 비교(2012~2020년)

단위: 순위(점수)

연도	중국	러시아	인도	일본	한국	대만	홍콩	싱가포르
2020	78(42)	129(30)	80(40)	19(74)	33(61)	28(65)	11(77)	3(85)
2018	87(39)	138(28)	78(41)	18(73)	45(63)	31(63)	14(76)	3(85)
2016	79(40)	131(29)	79(40)	20(72)	52(53)	31(61)	15(77)	7(84)
2014	100(36)	136(27)	85(38)	15(76)	44(55)	36(61)	17(74)	7(84)
2012	80(39)	133(28)	94(36)	17(74)	45(56)	37(61)	14(77)	5(87)

자료: Transparency International, www.transparency.org (검색일: 2021. 3. 23).

다. 평가 방법이 단일하게 유지된 2012년부터 2020년까지의 수치를 보면, 가장 좋았을 때가 180개 조사 국가 중 77위(2017년)였고, 가장 나빴을 때가 174개 조사 국가 중 100위(2014년)였다.

〈표 1-28〉은 같은 자료를 국가 간 비교를 위해 다시 정리한 것이다. 이에 따르면, 중국의 부패 인식 지수는 러시아보다는 양호하고, 인도와는 비슷하다. 그러나 일본, 한국, 대만, 홍콩, 싱가포르 등 다른 동아시아 국가 및 지역과 비교하면 매우 좋지 않다. 예를 들어, 2020년을 보면 중국이 180개 조사 국가 중 78위인 데 비해 일본은 19위, 한국은 33위, 대만은 28위, 홍콩은 11위, 싱가포르는 3위였다. 일본·홍콩·싱가포르는 20위권 이내로 선진국 유형에 속하므로 논외로 친다고 해도, 한국 및 대만과 비교해도 중국의 부패 문제는 매우 좋지 않다.

여기서 눈여겨볼 점은, 2012년 말에 시진핑 정부가 출범한 이후 강력한 반부패 정책을 통해 많은 고위직 당정간부를 처벌했음에도 불구하고 부패 문제에 대한 국제사회의 인식이 나아지지 않았다는 사실이다. 즉 2013년부터 2020년까지 시진핑 집권 기간에 부패 인식 지수는 점수와 순위 면에서 거의 변동이 없다. 최소한 국제사회의 눈으로 볼 때, 시진핑 정부의 반부패 정책은 성공하지 못했다는 것을 의미한다. 물론 중국 내에서의 평가는 이와 다르다.

| 부패 사건과 처벌 규모의 증가

다른 방법으로 부패의 심각성을 검토할 수 있다. 부패 사건이 얼마나 많이 적발되었는지, 또한 부패 사건으로 처벌받은 간부가 얼마나 많은지를 살펴보는 것이다. 〈그래프 1-3〉과 〈그래프 1-4〉는 이것을 정리한 것이다.

〈그래프 1-3〉에 따르면, 적발된 부패 건수는 2009년 이후 계속

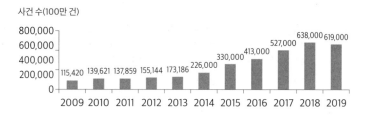

〈그래프 1-3〉 당정간부 부패 사건의 규모 변화(2009~2019년)

사건 수(100만 건)

2009: 115,420 / 2010: 139,621 / 2011: 137,859 / 2012: 155,144 / 2013: 173,186 / 2014: 226,000 / 2015: 330,000 / 2016: 413,000 / 2017: 527,000 / 2018: 638,000 / 2019: 619,000

자료: Statista; Central Commission for Discipline Inspection; People's Daily; ID 250147 (검색일: 2021. 5. 10.).

늘었다. 2007년에는 11만 5,420건인데, 2014년에는 22만 6,000건으로 두 배가 늘었다. 그리고 다시 2017년에는 52만 7,000건으로 다시 두 배 넘게 늘었다. 가장 최근 통계인 2019년에는 61만 9,000건을 기록했다. 이런 수치는 일차로 공산당의 부패 단속이 강화되었다는 사실을 보여준다. 그러나 동시에 부패 문제가 심각해서 단속을 강화한 것이기 때문에 부패 문제가 심각하다는 사실도 보여준다.

〈그래프 1-4〉는 부패 사건에 연루되어 처벌된 간부 규모를 정리한 것이다. 적발된 부패 건수가 증가했기 때문에 처벌받은 간부 수도 당연히 증가했다. 여기서 '행정 처벌'은 대개 공무원의 면직이나

〈그래프 1-4〉 당정간부 부패 사건의 처벌자 규모 변화(2009~2019년)

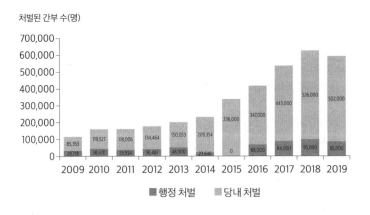

주: 2015년 통계에는 '행정 처벌'이 누락되어 '0'으로 표시했다.

자료: Statista; Central Commission for Discipline Inspection; People's Daily; ID 250149 (검색일: 2021. 5. 10).

파면 등을 말한다. 반면 '당내 처벌'은 앞에서 살펴본 당원에 대한 다섯 가지의 처벌(예를 들어, 경고나 엄중경고)을 말한다. 따라서 당적 제적을 제외하면 행정 처벌이 대개 '당내 처벌'보다 무거운 징계다. 이를 보면, 부패 간부는 행정 처벌보다 당내 처벌을 주로 받는다. 예를 들어, 2019년의 경우 전체 처벌 중 행정 처벌은 12.3%에 불과하고, 나머지는 모두 당내 처벌이다. 이에 대해서는 뒤에서 다시 살펴볼 것이다.

(2) 부패 유형의 변화: '작은 부패에서 큰 부패로 진화'

부패의 심각성은 부패 유형의 변화와도 관련이 있다. 핵심은 '비경제 부패'와 '거래형 부패'가 급격히 증가한 것이다. 그 결과 부패 사건의 '대안(大案: 큰 사건)'과 '요안(要案: 중요한 사건)'이 증가했다

| '경제 부패'의 감소와 '비경제 부패'의 증가

〈표 1-29〉에 따르면, '경제 부패'—예를 들어, 횡령, 뇌물, 공금 유용, 공유재산 사유화, 공금 낭비, 투기—는 급격히 줄어든 반면, '비경제 부패'—예를 들어, 직무 태만, 직권 남용, 직무 소홀, 정실주의, 사익 도모—는 급격히 늘었다. 구체적으로 경제 부패는 1998년 공무원 1천 명당 2.8건에서 2007년 2.07건으로 25.8% 포인트가 줄었다. 반면 같은 시기 비경제 부패는 공무원 1천 명당 0.4건에서 0.53건으로 32.3% 포인트가 늘었다.

〈표 1-29〉 유형별 부패 사건의 추세 변화(1998년과 2007년)

단위: 공무원 1천 명당 처리 건수/퍼센트(%)

연도	경제 부패		비경제 부패	
	조사	기소	조사	기소
1998년	2.80	1.88	0.40	0.19
2007년	2.07	1.59	0.53	0.32
변화(%)	-25.8	-15.4	32.3	67.3

자료: Kilkon Ko and Cuifen Weng, "Structural Changes in Chinese Corruption", *China Quarterly*, No. 211 (September 2012), p. 731.

이 기간에 경제 부패가 줄어든 것은, 중국이 추진한 각종 경제 개혁과 밀접한 관계가 있다. 첫째, 중국이 2001년에 세계무역기구 (WTO)에 가입하면서 정부의 경제 개입과 실제 역할이 많이 축소 되었다. 둘째, 각종 반부패 제도가 정비되었다. 1997년에는 〈형법〉 에 부패 규정이 추가되었고, 당정간부의 재산 보고 제도와 〈행정감 독법〉이 실행되었다. 2000년에는 금융실명제 규정이 만들어졌다. 셋째, 국가 예산 및 회계 제도도 1997년부터 개선되었다. 이때부터 국유기업 개혁이 본격적으로 추진되면서 기업 회계를 정부 부서에 서 분리했고, 2004년부터는 엄격한 새로운 회계 제도를 도입했다. 1998년부터는 중앙정부와 지방정부의 모든 예산외(豫算外) 자금을 단일한 특별 계좌로 관리하기 시작했다. 이런 노력의 결과 경제 부 패가 발생할 조건이 줄어들었다.[5]

| '비(非)거래형 부패'의 감소와 '거래형 부패'의 증가

또한 횡령이나 공금 유용과 같은 '비(非)거래형 부패'는 감소한 데 비해 뇌물수수 같은 '거래형 부패'는 증가했다. 비거래형 부패가 감소한 이유는 간단하다. 앞에서 말한 각종 개혁이 추진되면서 그런 부패를 저지를 조건과 환경이 개선되었기 때문이다. 특히 정부 재정과 회계의 엄격한 관리, 국유기업 개혁의 완료 등은 비거래형 부패가 줄어드는 데 결정적인 영향을 미쳤다. 이는 정부 행정의 투명성과 공정성이 높아졌다는 것을 의미한다.

문제는 뇌물 수수 같은 거래형 부패가 증가하면서 '대안(大案: 큰 사건)'과 '요안(要案: 중요한 사건)'이 증가했다는 점이다. 여기서 '대안'은 관련된 액수가 큰 부패 사건, 요안은 현처급(縣處級: 한국의 중앙 부서 과장급) 이상의 영도간부가 관련된 부패 사건을 말한다. 대안의 기준은 정해진 것이 없다. 예를 들어, 1998년에는 뇌물이 1만 위안(元: 한화 약 200만 원)에서 5만 위안(한화 약 1,000만 원), 횡령은 5만 위안에서 10만 위안(한화 약 2,000만 원)으로 대안의 기준이 높아졌다.[6]

〈표 1-30〉에 따르면, 전체 부패 사건 중에서 대안 비율은 1990년 22.7%에서 2002년 42.7%로 거의 두 배가 늘었다. 요안 사건 비율도 1990년 1.7%에서 2002년 6.1%로 3.6배가 증가했다. 결국 액수가 작고 하급 간부가 관련된 소규모 부패(주로 경제 부패와 비거래형 부패)는 감소하는 반면, 액수가 크고 고위급 간부가 관련된 대

⟨표 1-30⟩ '대안(大案)'과 '요안(要案)'의 규모 변화(1990~2002년)

단위: 퍼센트(%)/건

연도	대안 사건 비율(%)	요안 사건 비율(%)	기소된 고위직 규모(건)
1990	22.7	1.7	1,386
1992	40.6	1.0	652
1994	47.5	2.6	1,768
1996	57.1	3.6	2,461
1997	68.3	3.8	2,222
1998	31.7	4.9	1,674
1999	34.0	5.7	2,200
2002	42.8	6.1	2,925

자료: Minxin Pei, *China's Trapped Transition: The Limits of Developmental Autocracy* (Cambridge, MA: Harvard University Press, 2006), p. 134.

안과 요안(주로 비경제 부패와 거래형 부패)은 증가하는 부패의 심각화 (intensification) 현상이 심해지고 있다.

또한 영도간부가 연루된 대형 부패 사건이 증가하면서 '부패 잠복기', 즉 부패의 발생에서 적발까지 걸리는 시간이 길어지는 현상이 나타났다. 구체적으로 부패 잠복기가 1980~1988년은 1.9년, 1993~1997년은 3.17년, 1998~2002년은 6.44년, 2002~2004년은 8년이나 된다. 이는 부패 적발이 어렵고 더욱 복잡하다는 사실을 의미한다. 공산당에게는 커다란 정치적 부담이 아닐 수 없다.[7] 공산당이 강력한 반부패 운동을 주기적으로 추진하는 이유는 바로 이 때문이다.

168

3. 공산당 기율검사위원회와 국가감찰위원회

이제 부패를 감독하는 당정기구로 넘어가자. 형식적인 측면에서 보면, 중국에서 부패 방지와 기율 감찰을 전문적으로 담당하는 감독기관은 두 가지다. 하나는 공산당 기율검사위원회(紀委/기위)이고, 다른 하나는 국가감찰위원회(監察委/감찰위)다. 공산당 기위는 중앙에 있는 중앙기위(中央紀委)와 성급(省級)·지급(地級)·현급(縣級)에 있는 지방기위(地方紀委)로 나뉜다. 국가감찰위도 역시 똑같이 중앙에 있는 국가감찰위원회와 성급·지급·현급의 지방 감찰위로 나뉜다.

그런데 실제 조직 구성과 운영을 보면, 공산당 기위와 국가감찰위는 하나의 기구로 통합 운영된다. 그래서 이들 기관을 표기할 때도 '기율검사위원회(국가감찰위원회)'나 '기위(감찰위)'와 같은 방식으로 묶어서 표기한다. 이는 '공산당' 중앙군사위원회(중앙군위)와 '국가' 중앙군위가 하나의 조직이지만 이름을 달리 부르는 것과 같은 이치다. 이들 기관은 모두 '하나의 기구 두 개의 간판(一套機構 兩個牌子)' 혹은 '하나의 인원 두 개의 간판(一個人馬 兩個牌子)' 조직이다.

(1) 기율검사위원회의 위상과 임무: '당내 감독의 전담 기관'

〈공산당 당내 감독 조례〉(2016년 수정)는 중앙기위와 각급 지방기위의 위상을 "당내 감독의 전담 기관(專責機關)"으로 규정한다. 지방기위는 성급·지급·현급에 설치한다. 그 아래 단위, 즉 향(郷)·진(鎮)·가도(街道)의 당 기층위원회에는 기위라는 독립된 부서가 없고, 대신 기검위원(紀檢委員)이라는 담당자가 있다. 기검위원은 현급 기위의 영도를 받아 해당 지역과 기관의 기율 검사 업무를 담당한다.

당내 감독의 영도기관이라는 기위의 위상을 높이기 위해 중앙기위 위원은 중앙위원처럼 공산당 당대회, 지방기위 위원은 각급 지방 당대회에서 선출한다. 최소한 형식적으로 보면 공산당 기위는 당 위원회보다 '약간' 아래의 권력기구인 것처럼 보인다(물론 실제는 그렇지 않고, 당 조직부나 선전부와 크게 다르지 않다). 또한 공산당 기위의 감독 대상은 일반 당 조직이나 당원이 아니라, "당 영도기관과 영도간부, 특히 주요 영도간부"다. 이처럼 공산당 기위는 당내 최고의 반부패 기관이자 당내 감독의 영도기관으로서, 영도기관과 영도간부의 부패 및 기율 위반을 전문적으로 감독한다.

공산당 기위의 임무는 당 조직과 간부의 "직책 이행과 권력 행사 상황의 감독"이다. 이와 관련하여 〈공산당 당내 감독 조례〉는 당내감독의 8개 항목을 구체적으로 제시한다. ① 〈당장〉과 당규의 준수, ② 당 중앙의 집중통일 영도 수호, ③ 민주집중제의 견지, ④ 엄격한 공산당 관리 책임의 실행, ⑤ 공산당 중앙의 '8항 규정' 실행, ⑥ 인사에서 당 간부 표준과 절차의 견지, ⑦ 청렴하고 공정한 권력 행사, ⑧ 당 중앙과 상급 조직이 지시한 임무의 완성이 그 것이다.

| 파주기검조(派駐紀檢組)

그런데 공산당 기위는 지역에 설치된 중앙기위와 각급 지방기위만 있는 것이 아니다. 공산당 중앙기위와 각급 지방기위는 동급(同級)의 중요한 당정기관에 상주하면서 해당 영도조직과 영도간부를 감독하는 '파주기검조(派駐紀檢組: 파견되어 상주하는 기율검사조)'도 운영한다. 기검조의 명칭은, 공산당 기위와 국가감찰위를 통합 운영하면서 '기검감찰조(紀檢監察組)'라고 부르기도 한다. 이름이야 어떻든 하나의 조직이다.

〈공산당 당내 감독 조례〉에 따르면, 파주기검조는 자신을 파견한 중앙기위와 각급 지방기위에 책임을 지며, 감독 대상 기관과 소속 영도간부를 감독한다. 파주기검조는 해당 기관과 영도간부의 문제를 발견하면 파견기관과 감독 대상 기관의 당 영도기관에 즉시 보고하고 조사에 착수해야 한다. 만약 "발견할 수 있는 문제를 발견하지 못하면 실직(失職: 직무 소홀)이고, 발견한 문제를 보고하지 않거나 조치하지 않으면 독직(瀆職: 직무 태만)으로, 모두 엄중히 문책한다."

〈표 1-31〉은 중앙 단위에서 공산당 중앙기위가 파견한 기율검사조, 즉 중앙 파주기검조의 상황을 정리한 것이다. 이에 따르면,

〈표 1-31〉 공산당 중앙기율검사위원회(국가감찰위원회) 파주기검조의 상황

분류	기관과 부서	총수
정부(국무원)	국무원 판공청 등 각 부(部)와 위원회	31
국책연구소	중국과학원, 중국사회과학원	2
금융관리 기관	은행/보험 감독관리위원회, 증권 감독관리위원회	2
법원	최고인민법원	1
검찰원	최고인민검찰원	1
공산당 중앙	판공청, 조직부, 선전부, 통전부, 외사판공실, 인민일보	6
인민대표대회	전국인대	1
인민정치협상회의	전국정협	1
인민단체	중화전국총공회	1
총계		46

자료: 「中共中央紀律檢查委員會」, <維基百科>, zh.wikipedia.org (검색일: 2021. 2. 5).

중앙정부인 국무원에는 주요 부서마다 기검조가 파견되어 모두 31개가 있다. 이는 전체 46개의 중앙 파주기검조 중에서 74%가 국무원에 몰려있다는 것을 뜻한다. 국무원의 각 부서가 그만큼 권한이 많은 중요한 조직이기 때문에 공산당은 이들 부서의 부패와 기율 문제를 엄격히 감독하기 위해 많은 기검조를 파견한 것이다. 반면 공산당 중앙에는 판공청, 조직부, 선전부, 통일전선부 등 네 개의 사무기구, 중앙 외사위원회(영도소조)의 실무기구인 외사판공실과 공산당 중앙의 기관지인 『인민일보』 등 두 개의 부서(기관), 모두 합하여 6개의 부서(기관)에만 기검조가 파견되어 있다.

또한 국책연구소 두 곳(중국과학원과 중국사회과학원)과 금융 감독 기관 두 곳(은행/보험 감독관리위원회와 증권 감독관리위원회)에도 각각 기검조가 파견되어 있다. 이는 두 곳의 국책연구소가 대규모의 국가 재정을 집행하는 곳이고, 두 곳의 금융 감독기관은 은행과 증권 거래소 등 금융기관을 감독하는 중요한 업무를 수행하는 곳으로, 부패와 기율 위반이 일어날 가능성이 모두 매우 크기 때문이다.

반면 전국인대, 전국정협, 최고인민법원, 최고인민검찰원 등 네 개의 국가기관에는 각각 하나의 파주기검조만이 있다. 부녀연합회(婦聯), 공산주의청년단(共靑團), 공상업연합회(工商聯) 등 공산당 중앙이 관리하는 여러 개의 인민단체 중에서는 오직 총공회(總工會: 노조연합회)에만 파주기검조가 있다. 이는 공산당이 총공회를 매우 중요한 인민단체로 판단하고, 그래서 총공회의 부패와 기율 준수 문제를 다른 국가기관만큼 엄격히 관리한다는 사실을 보여준다.

(2) 기율검사위원회의 운영 원칙

공산당 기위는 두 가지 제도에 따라 운영된다. 이는 〈공산당 당내 감독 조례〉와 〈공산당 기율검사(紀律檢查) 기관 감독기율집행(監督執紀) 공작규칙〉(2017년 제정)에 규정되어 있다.

| 이중 영도(雙重領導)와 분급책임(分級責任)

첫째는 '이중 영도(雙重領導)' 제도다. '이중 영도'는, 공산당 기위가 상급(上級) 기위의 영도와 동급(同級) 당 위원회의 영도를 동시에 받는다는 의미다. 예를 들어, 베이징시 공산당 기위는 중앙기위의 영도와 베이징시 당 위원회의 영도를 동시에 받는다. 다만 두 가지 경우는 상급 기위의 영도가 우선한다. 첫째는 감독과 관련된 조사 업무다. 둘째는 기위 서기 및 부서기의 인사와 관련된 문제다. 이는 모두 지방기위가 동급의 당 위원회의 간섭을 받지 않고 감독을 진행할 수 있도록 개선한 조치라고 할 수 있다.

또한 공산당 기위가 영도간부의 부패와 기율 위반 문제를 조사할 때는 동급 당 위원회뿐만 아니라 상급 기위에도 반드시 보고해야 한다. 그 밖에도 기위가 동급 당 위원회 서기나 위원의 부패 문제를 발견하면 즉시 상급 기위에 보고해야 한다. 마지막으로 기위는 최소한 6개월마다 한 번씩 자신이 수행한 업무를 상급 기위에 보고(報告)하고, 1년에 한 번씩 직무 수행 상황도 보고(述職)해야 한다.

둘째는 '분급책임(分級責任)' 제도다. 이는 〈공산당 기율검찰기관 감독기율집행 공작규칙〉에 규정되어 있다. '분급책임'은, 중앙기위와 각급 지방기위가 감독 대상을 나누어 감독하고, 그 감독 결과에 대해서도 각자 책임지는 제도를 의미한다. 예를 들어, 공산당 중앙기위는 중앙위원, 중앙기위 위원, 중관간부(中管幹部: 성부급 간부), 공산당 중앙의 사무기구, 공산당 중앙이 설립한 당조(黨組), 성급(省級) 지방의 당 위원회와 당 기위를 주로 감독한다. 각급 공산당 지방기위도 비슷하다. 즉 동급 공산당 위원회 위원과 기위 위원, 동급 당 위원회가 관리하는 간부, 동급 당 위원회의 사무기구, 하급 당 위원회와 당 기위가 감독 대상이다.

| '이중 영도(雙重領導)'의 문제점

그런데 공산당 기위의 이중 영도 제도는 문제가 많고, 이것이 공산당의 인사 감독을 약하게 만드는 주요 원인으로 작용한다. 단적으로 공산당 지방기위는 동급 당 위원회의 당서기·부서기·위원, 그리고 이들이 속한 부서나 기구를 제대로 감독할 수 없다. 지방위원회의 눈치를 보면서 감독할 수밖에 없기 때문이다. 만약 지방기위가 동급 당 위원회의 지지를 받지 못하면, 이들에 대한 감독을 제대로 진행할 수 없다.

게다가 지방기위 서기는 동급 당 위원회 서기보다 정치적 지위가 낮다. 설사 지방기위 서기보다 정치적 지위가 낮은 다른 당 위원회 위원이나 부서를 감독할 때도 그것이 당서기에게 나쁜 영향을 미칠 가능성이 있을 경우는 함부로 감독할 수 없다. 이런 구조적 요인으로 인해 기위는 당내 최고 감독기관이지만, 실제로는 당 조직부나 선전부처럼 공산당의 여러 실무기구 가운데 하나에 불과하다는 지적이 나온다.[8]

이중 영도 문제는 파주기검조에도 그대로 적용된다. 지방기위와 달리 파주기검조는 2004년 이후 '이중 영도'에서 '수직 영도(垂直

領導)'로 바뀌었다. 즉 파주기검조는 자신을 파견한 공산당 기위의 영도만 받으면 되고, 감독 대상 기관에 설립된 당 위원회의 영도를 받을 필요가 없다. 그런데도 문제는 계속된다.

첫째, 신분 혼동(混同)이 발생한다. 파주기검조는 피감독자와 함께 섞여 일하기 때문에 신분 혼동이 발생하여 감독을 제약한다. 평소에 잘 알고 지내는 사람을 매몰차게 감독한다는 것은 인정상 쉬운 일이 아니다. 둘째, 직책 혼동이 발생한다. 파주기검조는 감독 대상 기관의 업무 및 활동에 동조되는 경향이 있고, 이 때문에 강력하게 감독하기가 쉽지 않다. 셋째, 이익 혼동이 발생한다. 현실에서 파주기검조 조장은 감독 업무 이외에도 주재 부서의 행정 업무를 담당하는 경우가 많다. 이렇게 되면 자신의 이익과 주재 부서의 이익이 일치하는 문제가 생긴다.[9]

사실 이런 문제는 공산당이 소련으로부터 감독 제도를 수입할 때부터 예견된 일이었다. 공산당 기위의 모델인 소련의 공산당 통제위원회(control commission)는 당 위원회와 정치적 지위가 같은 감독기관으로, 당 영도조직과 영도간부에 대해 막강한 권한을 행사했다. 레닌(V.I. Lenin)은 당 통제위원회가 혁명 성공 이후에 점차로 관료화하는 당과 국가기구를 철저히 감독하는 강력한 '조직 무기'가 될 것을 요구했다.

이런 레닌의 요구에 따라 1921년에 소련공산당 중앙통제위원회가 설립되어 신생 소비에트 국가의 관료 권력 통제, 급팽창하는 당

조직의 청렴과 효율 유지, 당과 국가의 간부 선발 지원 등의 임무를 수행했다. 그 과정에서 당 통제위원회는 중앙과 지방의 권력투쟁에 깊숙이 개입하기도 했다. 특히 스탈린(J. Stalin)은 개인숭배와 독재 체제를 강화하는 수단으로 이를 활용했다.[10]

공산당은 이런 소련의 문제점을 교훈 삼아 감독 제도를 도입할 때 약간의 변화를 주었다. 즉 1949년에 중앙기위를 설립할 때, 그것을 공산당 중앙위원회의 통제를 받는 하부 조직으로 설립한 것이다. 더욱이 마오쩌둥 시대에 중앙기위의 실제 역할은 크지 않았다. 소련과 달리 중국에서는 당내 정풍운동과 각종 대중운동에 의존하여 관료주의와 부패 문제를 해결했기 때문이다. 그 결과 중앙기위는 1955년에 중앙감찰위원회로 명칭이 바뀌었고, 1966년에는 문화대혁명이 시작되면서 활동이 사실상 정지되었다. 1978년에 중앙기위가 다시 설립되었을 때도 이전 방침을 유지했다. 이중 영도 제도가 바로 그것이다.

그러나 이중 영도 제도 아래에서 공산당 기위는 독자성과 자율성을 크게 제약받기 때문에 당정 영도조직과 영도간부를 제대로 감독할 수 없다.[11] 그렇다고 소련에서처럼 당 기위를 당 위원회와 동급의 영도기관으로 만들 수는 없다. 그럴 경우, 기위가 당 위원회의 통제를 벗어날 위험성이 있기 때문이다. 예를 들어, 당 기위가 영도간부 개인의 약점을 잡아 사실상 당 위원회를 통제하는 문제가 생길 수 있다.

또한 그럴 경우, 소련에서 스탈린이 그랬던 것처럼, 중앙의 총서기와 지방의 당서기가 개인 지배 체제를 강화하는 수단으로 당 기위를 활용할 위험성도 있다. 마치 후진타오 시기에 저우융캉(周永康)이 정법위원회 서기의 직위를 이용하여 자신의 권력을 강화하기 위해 정법위원회와 인민 무장경찰 부대를 동원한 것처럼 말이다. 이런 딜레마를 해결하지 못하는 한 공산당 기위의 당내 감독은 한계를 가질 수밖에 없다.

| 시진핑 시기(2012년~현재)의 개선 노력과 한계

시진핑 정부는 이런 문제를 해결하기 위해 여러 가지의 개선책을 추진했다. 첫째, 영도간부의 부패와 기율 위반 문제에 대한 조사는 동급 공산당 위원회의 승인 없이 상급 기위의 승인만으로도 조사에 착수할 수 있게 규정을 바꾸었다. 기위가 동급의 당 위원회로부터 간섭을 받지 않고 독자적으로 조사할 수 있도록 자율성을 높인 조치다.

둘째, 조사 과정에서도 기위가 동급 당 위원회가 아니라 상급 기위에만 보고하고 지도받을 수 있도록 바꾸었다. 이것도 역시 기위의 자율성을 높이려는 조치다.

셋째, 하급 기위의 서기와 부서기에 대한 상급 기위의 인사 권한도 한층 강화했다. 즉 기위 서기와 부서기는 동급 당 위원회가 아니라 상급 기위가 임명하도록 인사 제도를 변경했다. 지방기위 구성원의 직위도 반(半) 등급씩 상향 조정했다. 예를 들어, 성급 기위 판공청 주임이 이전에는 현처급(縣處級) 정직(正職)이었는데, 지금은 지청급(地廳級) 부직(副職)으로 반 등급이 올랐다.

넷째, 공산당 기위는 '청렴 정치건설' 등 다른 업무에서는 손을 떼고, 부패 사건 조사에만 역량을 집중하도록 조치했다. 마지막으로, 조사의 전문화, 관련 기관과의 협조 강화, 조사 및 판결의 효율성 제고 등 여러 가지의 기술적인 측면에서도 개선이 이루어졌다.[12]

이런 노력에도 불구하고, 앞에서 말한 이중 영도의 구조적 문제는 여전히 남아있다.

(3) 국가감찰위원회(감찰위): '국가 감찰의 전문 기관'

여기서 2018년 3월에 공식 출범한 국가감찰위원회(감찰위)에 대해 살펴보자.[13] 〈중국 감찰법〉(2018년 제정)에 의하면, 감찰위는 "국가의 감찰 직능을 수행하는 전문 기관"으로 "공권력을 행사하는 모든 공직자에 대한 감찰"을 담당한다. 또한 감찰위는 전국인대와 지방인대가 선출하고, 그것의 감독을 받는다.

그러나 실제로는 이렇지 않다. 우선 감찰위는 공안(경찰)이나 인민검찰원처럼 부패 사건을 직접 조사하고 처리하는 반부패 종합 기구다. 또한 감찰위에 대한 감독은 전국인대나 지방인대가 아니라 각급 공산당 위원회가 직접 담당한다. 그래서 감찰위가 전국인대나 지방인대에 업무를 보고하고 감독을 받은 적은 단 한 번도 없다. 이는 감찰위가 공산당 조직인 기위와 통합하여 운영되기 때문이다.

감찰위의 감찰 대상은 넓다. 〈중국 감찰법〉에 따르면, 감찰 대상은 6개 범주로 나눌 수 있다. 첫째는 당정기관의 공무원과 〈중국 공무원법〉에 준용하여 관리하는 '준공무원'이다. 둘째는 법률에 근거하여 국가 업무를 위탁 관리하는 공공사무 종사자다. 셋째는 국유기업 관리자, 넷째는 공공기관(사업단위) 관리자, 다섯째는 인민단체 관리자, 여섯째는 기타 법률에 근거하여 공직에 있는 사람이다. 이처럼 감찰위의 감찰 대상은 당 기위에 비해 매우 넓다는 특징이 있다. 기위가 당내 감독기관으로 당 영도조직과 영도간부를 감찰하는 데 비해 감찰위는 공무원뿐만 아니라 국가 재정이 투입된 기관과 조직의 관리자를 모두 감찰한다는 특징이 있다.

| 국가감찰위원회의 설립 이유

그렇다면 공산당 기위가 있는데 왜 국가감찰위를 새롭게 만들었을까? 우선 모든 반부패 기관을 통폐합하여 부패 방지 및 처벌 업무를 강화할 필요가 있었다. 중앙 단위를 사례로 보면, 이전에 반부패 업무를 담당하는 당정기관은 모두 다섯 종류였다. 첫째는 공산당 중앙기위(1978년 재설립), 둘째는 국무원 감찰부(監察部: 1986년 설치하고 1993년 중앙기위와 통합 운영), 셋째는 국가 부패예방국(腐敗豫防局)(2007년 설치), 넷째는 최고인민검찰원 반탐총국(反貪總

局), 다섯째는 국무원 공안부(公安部)다.

이렇게 다양한 당정기관이 독립적으로 반부패 업무를 수행했기 때문에 여러 가지 문제가 발생했다. 역량 분산, 전문성과 효율성 부족, 감독 대상의 중복과 권한 불분명, 업무 조정의 어려움 등이 대표적이다.[14] 감찰위는 이런 문제점을 해결하기 위해 홍콩의 염정공서(廉政公署)와 싱가포르의 반탐오조사국(反貪汚調查局)을 모델로 기존 조직을 통폐합하여 새롭게 만든 조직이다.

그런데 감찰위를 만든 데에는 또 다른 이유가 있었다. 그동안 공산당 기위의 반부패 활동이 '불법(不法)' 혹은 '탈법(脫法)'의 성격을 띠고 있었고, 그래서 이를 해결해야만 했던 것이다. 엄격히 말하면, 기위는 당내 감독기관으로 공산당 조직과 당원만 감독해야 한다. 현실은 그렇지 않다. 국가기관뿐만 아니라 국유기업, 공공기관, 인민단체 등 공산당원이 영도간부로 있는 모든 기관과 조직을 감독한다. 그 과정에서 '쌍규(雙規: 두 가지 규정)'라는 일종의 강압 수사 방법을 사용하면서 인권탄압 등 많은 문제를 일으켰다.

이런 문제를 해결하기 위해서는 공산당 기위가 당 이외의 기관과 조직, 그런 기관과 조직을 이끄는 비당원 영도간부도 감독할 수 있는 '법적 근거'가 필요했다. 감찰위가 바로 그것이다. 즉 감찰위와 통합 운영되는 공산당 기위는 감찰위의 법적 지위를 이용하여 공산당 내외의 모든 기관과 간부(비당원 포함)를 합법적으로 감독할 수 있게 된 것이다.

이는 공산당 당규를 통해 뒷받침된다. 〈공산당 기율감찰기관 감독기율집행 공작규칙〉에 따르면, 공산당의 기율감찰기관(즉 중앙기위와 지방기위)과 국가의 감찰기관(즉 국감위와 지방 감찰위)은 "공산당과 국가의 감독 전문 기관"이다. 이들은 "기율 집행과 법률 집행을 관철"하며, "당내 감독과 국가 감찰의 유기적 통일을 실현"한다. 이에 따르면, 첫째, 기위와 감찰위는 각각 공산당과 국가의 "감독 전문 기관"이다. 둘째, 기위와 감찰위는 "유기적 통일"을 실현한다. 즉 하나의 조직으로 통합 운영한다.

이런 목적은 감찰위의 설치를 결정한 공식 문건과 〈중국 감찰법〉의 입법 취지에 대한 공식 설명에도 잘 드러난다. 이들에 따르면, 중국에 있는 여러 가지 감독 중에서 제일 강력하고 중요한 감독은 공산당 감독이다. 따라서 공산당 기위가 감독을 주도하는 것은 당연하다. 단 그렇게 하려면 법률 근거가 있어야 한다. 지금까지는 그런 법률 근거가 없었다. 그런데 감찰위가 신설되어 법률 권한을 부여받게 되고, 동시에 감찰위가 공산당 기위와 통합 운영되면서, 기위는 자동으로 감찰위의 권한을 합법적으로 행사할 수 있게 된다.

또한 공산당 감독은 당원 간부에 대한 감독이고, 국가 감찰은 공적 업무를 수행하는 공직자에 대한 감독이다. 그런데 현재 중국에서 공무원의 80%, 영도간부의 95%가 공산당원이다. 즉 두 기관의 감독 대상이 사실상 일치한다. 따라서 두 기구의 통합 운영이 필요하다. 다시 말해, 당 기위의 감독권(監督權)과 국가감찰위의 감찰권(監察權)을 통합하여 하나의 기구가 기검(紀檢)과 감찰(監察)을 모두 담당해야 한다. 이렇게 하면 공산당과 국가의 순시(巡視: 중앙이 지방에 순시조를 파견하여 진행하는 감독), 파주(派駐: 당정기관에 상주하는 검사조를 통한 감독), 감찰(監察: 국가기관을 대상으로 진행하는 감독)을 통합하는 강력한 감독 체계를 형성할 수 있다.[15]

4. 부패 간부의 조사와 처벌 절차

그렇다면 당정간부의 부패 사건은 실제로 어떻게 조사하고 처벌할까? 사건의 조사와 처리는 크게 여덟 단계로 나눌 수 있다. 첫째는 사건 접수와 관리, 둘째는 예비 조사와 판단, 셋째는 입안(立案)―우리말로는 입건(立件)― 승인, 넷째는 조사와 증거 수집, 다섯째는 조사 검토, 여섯째는 제재 집행, 일곱째는 피의자의 상소, 여덟째는 사건 관리가 그것이다.[16] 이 중에서 중요한 몇 가지 단계만을 간략하게 살펴보자.

(1) 부패 사건의 접수와 예비 조사

부패 사건 접수는 다양한 통로를 통해 이루어진다. 공산당 중앙 기위와 각급 지방기위 내부의 신방국(信訪局: 청원부서)을 통해 접수된 제보와 신고, 인민검찰원과 인민법원 등 사법기관의 제보, 중앙 및 지방 지도자의 조사 요구, 인터넷 등을 통한 제보, 중앙 순시조 (巡視組)의 감독 과정에서 확보한 단서와 통보 등 다양하다. 지방 기위의 경우, 단서 수집의 80%는 외부의 제보와 시민의 신고라고 한다.[17]

사건이 접수된 이후 공산당 기위(감찰위)는 그것을 다섯 가지 범주로 분류(線索分流)한다. 첫째는 입안(立案), 즉 입건(立件)하여 공식 조사에 들어갈 정도로 중대한 혐의와 증거가 있는 사건이다.[18] 둘째는 예비 조사(初核)가 필요할 정도로 중대한 혐의는 있지만, 공식 조사에 착수하기에는 아직 증거가 부족한 사건이다. 셋째는 약간의 혐의와 증거가 있어 예비 조사 목록에 임시로 포함(暫存)하는 사건이다. 넷째는 혐의가 가볍거나 없고, 증거도 없는 사건이다. 다섯째는 쉽게 해결할 수 있는 사소한 사건이다. 사건 분류를 자의적으로 처리할 가능성이 있어서 최근에는 관련 절차를 개선했다. 예를 들어, 접수된 사건과 정보는 모두 상급 기위에 보고해야 한다. 또한 중앙기위는 전국적으로 통일된 제보 웹사이트를 개설하여 운영하고 있다.[19]

분류된 사건 중에서 혐의가 무겁고 증거도 있는 것은 정식으로 입안하여 조사한다. 혐의는 무거운 데 비해 상대적으로 증거가 부족한 사건에 대해서는 예비 조사가 시작된다. 예비 조사에서는 대개 두 명의 조사관이 한 조를 구성하여 관련자에 대한 초보적인 탐문 조사, 관련 자료의 수집과 분석 등을 진행한다. 예비 조사를 통해 증거가 어느 정도 확보되고 혐의점도 확인되면 정식 입안하여 조사에 들어간다.

그런데 사건을 정식 입안하여 조사하기 위해서는 일정한 조건과 절차가 필요하다. 먼저 범죄 사실이 비교적 심각하고 무거우며, 시간과 노력을 들여 조사할 만한 가치가 있어야 한다. 예를 들어, 〈형법〉에 의하면 수뢰액이 5,000위안(元: 한화 약 100만 원) 이상이 되어야 입안하는데, 지역에 따라서는 1만 위안(한화 약 200만 원) 등으로 상향 조정하기도 한다. 너무 작은 액수의 수뢰 사건은 범죄 사실이 무겁지 않기 때문에 조사할 가치가 크지 않다는 것이다.

또한 피의자의 직급에 따라 입안에는 상급 기관의 사전 승인이 필요하다. 예를 들어, 중앙기위가 중관간부(中管幹部: 중앙 관리 간부) 혹은 성부급(省部級: 장·차관급) 간부를 조사하기 위해서는 성부급 간부의 인사권자인 정치국 상무위원회의 승인이 필요하다. 정치국원이나 정치국 상무위원이 포함된 중요한 사건은 현직 최고 지도자뿐만 아니라 퇴임한 정치원로의 승인도 필요하다. 성급(省級) 기위가 아래 단계인 지청급(地廳級) 간부를 조사하려면 역시 인사권자인 성급 당 위원회 상무위원회의 승인이 필요하다. 그러나 두 단계 아래인 현처급(縣處級) 간부는 성급 기위가 자체 권한으로 조사 여부를 결정할 수 있다.[20]

(2) 사건 조사와 '유치(쌍규)': 인권침해의 주범

사건 조사와 증거 수집은 공산당 기위가 중심이 되어 여러 기관이 함께 참여하는 연합조사(聯合調查) 방식으로 진행된다. 기위는 인력과 능력 등 여러 가지 제약으로 인해 독자적으로 사건을 조사하고 증거를 수집하기가 쉽지 않기 때문이다. 대신 민간인과 관련된 부패 사건은 정부 공안국(公安局: 경찰), 공무원이 개입된 경제 부패 사건은 검찰원, 회계 문제는 정부 심계서(審計署: 회계감사 기관) 등이 참여하여 공동으로 조사하고, 이렇게 수집된 정보와 조사 결과는 공유한다.[21]

| '쌍규'의 의미

또한 이 단계에서는 '유치(留置)'가 많이 사용된다. 2018년에 〈중국 감찰법〉이 제정되기 전에는 '유치'를 '쌍규(雙規: 두 가지 규칙)'라고 불렀다. '쌍규'는 처음에는 '양규(兩規: 두 가지 규정)' 또는 '양지(兩指: 두 가지 지정)'라고 불렀다. 1990년에 국무원 감찰부가 〈행정감찰 조례〉를 제정하여 피의자를 소환하기 위해 '양지'를 허용했다. '양지(두 가지 지정)'는, 피의자가 "지정된 시간과 지정된 장소에 출석하여 조사 중인 사안을 설명한다"라는 뜻이다. 1993년에는 중앙기위가 국무원 감찰부를 흡수하면서 당 기위도 이 규정을 사용하기 시작했다.

1994년에는 〈공산당 기율검사기관 사건검사(案件檢査) 공작조례〉가 제정되면서 '쌍규'라는 말이 사용되었다. 이후 여러 규정이 제정되면서 '쌍규'는 피의자의 소환뿐만 아니라 구금이 허용되는 방식으로 확대되었다.[22] 그 과정에서 인권침해의 논란이 제기되었다. '쌍규'의 이런 불명예를 지워버리기 위해 새로운 법률을 만들면서 '유치'라는 용어를 사용하게 된 것이다.

| '유치' 조건과 기간

〈중국 감찰법〉은 '유치'의 실행 주체를 감찰위로 규정하고 있는데, 이는 기만일 뿐이다. 앞에서 말했듯이, 공산당 기위와 감찰위는 한 조직이기 때문이다. 따라서 법적으로는 감찰위라고 써놓고, 실제로는 기위가 '유치'를 수행한다. 또한 〈중국 감찰법〉은 '유치'가 필요한 조건을 규정하고 있다. 이에 따르면, "피의자(被調査者)가 횡령(貪汚), 뇌물(賄賂), 실직(失職), 독직(瀆職) 등 엄중한 직무 위반 혹은 직무 범죄의 혐의가 있고, 감찰기관이 이미 부분적인 위법 범죄 사실과 증거를 확보했으며, 중요한 문제에 대한 진일보한 조사가 필요할 때, 감찰기관이 법률에 따라 심사와 비준을 거쳐 특정 장소에 유치할 수 있다."

그런데 이런 규정은 조금 애매모호한 측면이 있다. 그래서 〈중국 감찰법〉은 이 규정에 이어서 유치를 실행할 수 있는 네 가지의 구체적인 조건을 명시하고 있다. 첫째는 사건이 중대하고 복잡한 경우다. 둘째는 피의자가 도망치거나 자살할 가능성이 있는 경우다. 셋째는 피의자들이 공모하여 허위 진술을 하거나, 증거를 위조·은닉·훼손할 가능성이 있는 경우다. 넷째는 기타 피의자가 조사를 방해할 가능성이 있는 경우다. 이 중에서 네 번째 조건은 여전히 두리뭉실한 성격을 갖고 있기는 마찬가지다.

또한 〈중국 감찰법〉은 '유치' 절차와 기간도 규정하고 있다. '유치'를 위해서는 상급 감찰위에 보고(備案)해야 한다. 즉 지급(地級)과 현급(縣級) 감찰위는 성급(省級) 감찰위(실제는 기위), 성급 감찰위는 국감위(실제는 중앙기위)에 보고해야 한다. 참고로 여기서 말하는 '보고(備案)'는 '보고(報告)'와는 다르다. 전자는 상급 기관의 동의(批准)가 필요 없는 단순한 사실 통보를 의미하는 데 반해 후자는 상급 기관의 동의나 지침을 얻기 위해 보고하는 것을 가리킨다. 물론 '보고(備案)'의 경우에도, 사실을 통보받은 이후에 상급 기위가 볼 때 필요하다고 판단되면 사건에 개입하여 구체적인 지시를 내릴 수 있다.

마지막으로 〈중국 감찰법〉에 따르면, '유치' 기간은 3개월을 넘지 말아야 한다. 부득이한 경우 1차에 한해 3개월까지 연장할 수 있다. 즉 '유치'가 가능한 기간은 총 6개월이다. 기간 연장은 성급 감찰위(기위)에 보고하여 승인을 받아야 한다. 그 밖에도 "유치 이후 24시간 이내에 피의자 단위와 가족에 (유치 사실을) 통보해야 한다. 단 증거를 훼손하거나 위조할 가능성이 있고, 증인과 증거 취득을 방해할 경우, 혹은 공모하여 증거를 위조할 가능성이 있는 등의 상황은 예외로 한다." 이 예외 조항으로 인해 피의자의 인권 침해 가능성은 여전히 남아있다.

| '유치'의 실제 모습

실제로 '유치'가 진행되는 상황을 보면, 피의자에게 공포심을 자아내기에 충분하다. 현급(縣級) 공산당 기위를 사례로 살펴보자. 현급 단위의 경우, 대개 '유치'는 10만 위안(元: 한화 약 2,000만 원) 이상의 금액 관련자, 공포심을 조성할 필요가 있는 피의자를 대상으로 실시된다. 또한 '유치'는 어느 정도의 증거가 있을 경우만 실시한다. 다시 말해, 어떤 당정간부가 피의자 신분으로 유치되었다는 것은, 증거가 이미 상당히 확보되어 혐의 사실이 입증되었다는 것을 의미한다.

유치 장소는 호텔, 기숙사, 회사 사무실 등 다양한 장소가 사용된다. 최근에는 별도로 유치실을 건축하여 사용하기도 한다. 유치실은 기본적으로 자살을 방지하기 위해 창문이 없고, 전기 소켓이 없다는 특징이 있다. 유치 기간에는 24시간 내내 2인의 조사관이 동행하여 피의자의 행동을 세밀히 감시한다. 실제로 유치 기간에 자살이 종종 발생한다. 예를 들어, 2003년 1월과 2월에만 구금되어 조사받던 120여 명의 피의자가 자살했다고 한다.

유치 기간의 일과를 보면, 피의자는 오전 6시 30분에 기상하여 밤 11시 전에 취침한다. 조사 기간에는 '동지(同志)'라는 호칭을 사용하며, 외부와의 연락은 특별한 경우를 제외하고는 단절된다. 피의자의 자백을 받아내기 위해 다양한 기술이 동원된다. 피의자에게 자백하는 것이 좋다는 점을 강조한다. "자백하면 관용을 베풀지만 저항하면 엄벌한다", "조사에 대항하는 일은 당에 대한 불충이고 진실하지 못한 자세로 엄벌한다" 등이 그것이다. 음식물 통제, 가족의 자백과 협조 사실 강조, 24시간 연속 조사하기, 며칠 동안 세워두기, 불편한 자세로 앉히기 등 강압 수사도 종종 사용된다.[23] 인권침해가 발생하는 이유가 여기에 있다.

| '유치'를 사용하는 이유

그렇다면 공산당은 왜 이런 문제가 있는 유치를 계속 사용하는 것일까? 부패 수사에 큰 효과가 있기 때문이다. 공산당은 통치 정통성을 확보하기 위해 주기적으로 반부패 운동을 전개한다. 문제는 전담 기관인 기위가 수많은 제보를 모두 조사하기에는 인력·자원·능력에 한계가 있다는 점이다. 따라서 기위는 유치 등 가용한 모든 수단을 총동원한다. 또한 유치는 당정간부에게는 절대로 피하고 싶은 일로, 유치의 존재 그 자체만으로도 이들에게 공포심을 자아낼 수 있다. 유치가 수치, 비밀 체포, 고문 등과 연관되기 때문이다. 이로 인해 유치는 부패를 억제하는 효과도 있다.

더 중요하게는, 당정간부가 관련된 부패 사건은 '수위 조절'과 통제가 필요하다. 공산당 기위는 당 위원회와 사법기관 사이에 있는 일종의 완충기관(buffer)이다. 기위가 사건 조사를 완료하여 처리 방침을 확정한 이후에 그 결과를 검찰원과 법원에 넘긴다. 이 과정에서 유치는 일종의 통제 효과를 발휘한다. 우선 유치 조사 이후 외부에 공개할 것과 그렇지 않을 것을 구별하여 검찰원에 이첩한다. 검찰원은 대개 기위의 조사 결과와 의견에 따라 처벌 수위를 결정한다. 만약 검찰원이 처음부터 부패 사건을 조사한다면 이런 수위 조절은 어렵다. 또한 기위는 유치 조사를 통해 필요한 내용만 대외에 공개함으로써 비난을 공산당이 아닌 부패 간부에게 전가할 수 있다.[24]

| 피의자의 대응 전략

유치 조사 과정에서 피의자는 중형을 피하려고 다양한 방법을 동원한다. 첫째는 관시(關係) 동원이다. 이는 고위 간부에 해당한다. 관시가 동원되면 기위에 압력으로 작용하여 조사와 처벌이 완화될 수 있다. 또한 성부급(省部級: 장·차관급)이나 국가급(國家級) 지도자의 경우는 '정치적 고려'가 작용한다. 예를 들어, 전직 최고 지도자와 관련이 있어 직간접으로 그 지도자에게 피해가 갈 경우는 피의자의 조사 수위를 조절할 수밖에 없다.

둘째는 조사 협조와 부정 재산 반납이다. 많은 경우 피의자의 가족이 피의자를 구제하기 위해 조사에 적극적으로 협조하고, 부정한 재산도 국가에 자진하여 헌납한다. 셋째는 일종의 유죄협상제(plea bargain) 활용이다. 피의자는 혐의를 인정하는 대신 형량을 줄이기 위해 부패의 규모, 즉 부패와 관련된 돈의 액수와 인원 규모, 부패로 인해 발생한 피해 규모 등을 협상하면서 조정한다.[25]

(3) 사건 처리: 선(先) 당내 처리, 후(後) 사법 처리

사건 조사가 완료되면 공산당 기위는 결과를 종합하여 처리 방침을 결정한다. 〈중국 감찰법〉에 따르면, 국가 감찰기관(실제로는 공산당 기위)은 다섯 가지 중 하나로 사건을 처리한다. 첫째, 위법 행위가 비교적 가벼운 경우에는 개별 담화를 통해 경각심 제고(談話提醒), 비판 교육, 자기 검토 명령(責令檢査), 개선 경고(誡勉)의 처분을 내린다. 둘째, 위법 공직자는 경고(警告), 과실 기록(記過), 큰 과실 기록(記大過), 강등(降級), 면직(撤職), 제적(開除) 등 정무 처분을 내린다. 셋째, 직무를 제대로 수행하지 않거나 정확하게 수행하지 않은 책임이 있는 영도간부는 관리 권한에 따라 직접 문책을 결정하거나, 해당 기관에 문책을 건의한다. 넷째, 범죄 사실이 분명하고, 증거가 확실하고, 충분한 직무 범죄 혐의가 있는 간부는 기소 의견서를 작성하여 사건 자료 및 증거와 함께 검찰원에 이첩하여 기소하도록 조치한다. 이런 경우는 대개 형사처벌된다. 다섯째, 청렴과 직무 이행에 문제가 있는 감찰 대상자는 소속 단위에 감찰을 건의한다.

또한 〈공산당 당내 감독 조례〉에는 공산당 기위의 당기(黨紀) 처분 이후에 사법기관에 이첩하여 처리하는 절차를 명시하고 있다. 단적으로 영도간부는 '선(先) 당내 처분, 후(後) 사법 처리' 원칙에 따라 처리된다. "기율 심사 중인 당 영도간부는 엄중한 위법 범죄 혐의를 발견하면, 먼저 당기(黨紀) 처분 결정을 내린 이후에 행정기관과 사법기관에 이송하여 처리한다." 또한 사건을 넘겨받은 "집법기관(執法機關)과 사법기관은 당 영도간부가 관련된 사건을 의법 조사하고, 그 결과를 동급(同級)의 공산당 위원회와 기위에 통보해야 한다."

공산당 기위는 일부 사안의 경우 공산당원에 대한 징계를 직접 결정할 수 있다. 앞에서 보았듯이, 공산당원의 징계는 ① 경고, ② 심각 경고, ③ 당무 면직, ④ 당내 관찰, ⑤ 당적 제적 등 5종으로 구성된다. 이 중에서 ①과 ②는 기위가 자체적으로 결정할 수 있다. 그러나 ③, ④, ⑤는 당 위원회만이 결정할 수 있다. 따라서 기위는 사건 조사 결과와 함께 처리 방침에 대한 의견을 당 위원회에 제출한다.[26]

(4) 부패 간부의 처벌 상황: 설계(design)에 의한 부패 조장

사건이 인민검찰원에 이첩되면, 검찰원은 〈형사소송법〉에 따라 사건을 처리한다. 만약 공산당 기위가 조사한 후에 사건을 검찰원에 이첩하지 않는다면, 검찰원은 그 사건을 독자적으로 조사할 수 없다. 대개 기위는 사건을 이첩할 때 검찰원이 사건을 어떻게 종결해야 할지에 대한 의견도 함께 제시한다. 그러면 검찰원은 그에 따라 형량을 결정하여 기소한다. 그러나 검찰원과 법원이 어떤 결정을 내리기 전에 반드시 당 위원회와 기위에 보고하여 동의(批准)를 얻어야 한다.[27]

│ 부패 사범의 처벌 유형: 관대한 처벌

그렇다면 부패 사건에 연루된 당정간부들은 실제로 어떻게 처벌될까? 〈표 1-32〉는 부패 사건에 연루된 간부의 처벌 상황을 2005년과 2006년을 사례로 정리한 것이다. 이에 따르면, 징계의 다수는 '경고'와 '엄중 경고' 등 낮은 수준에 속한다. 2005년에는 이

〈표 1-32〉 공산당원 부패 사범의 처벌 유형(2005년과 2006년)

단위: 건/퍼센트(%)

처벌 유형	2005년(건/%)	2006년(건/%)
경고	44,836(38.9)	37,343(38.4)
엄중 경고	32,289(28.0)	27,185(28.0)
당무 면직	3,173(2.8)	2,744(2.8)
당적 제적(집행유예)	10,657(9.3)	8,777(9.0)
당적 제적	24,188(21.0)	21,120(21.7)
형사 기소	15,177(13.1)	3,530(3.6)
총계	115,143(100)	97,260(100)

자료: Minxin Pei, "Fighting Corruption: A Difficult Challenge for Chinese Leaders", Cheng Li (ed.), *China's Changing Political Landscape: Prospects for Democracy* (Washington D.C.: Brookings Institution Press, 2008), p. 232.

두 가지 징계가 66.9%, 2006년에는 66.4%를 차지했다. 반면 형사기소는 2005년에는 13.1%, 2006년에는 3.6%에 불과했다.

이런 처벌 상황은 다른 연구 결과에서도 확인된다. 예를 들어, 1988년에서 1997년까지 10년 동안 공산당 기위가 조사한 8만 명의 간부 중에서 형사처벌을 받은 피의자는 6%에 불과했다.[28] 이런 통계는 부패 사범이 약한 당내 처벌을 주로 받고, 무거운 형사처벌을 받는 경우는 소수라는 사실을 보여준다. 즉 공산당은 당원 간부의 부패에 대해 상당히 관대하다.[29]

그렇다면 일반인의 범죄에 대해서도 이렇게 관대할까? 그렇지 않다. 즉 공직자의 부패 처벌이 일반인의 형사처벌보다 훨씬 가볍다. 예를 들어, 일반인이 500위안(元)(한화 약 10만 원)을 훔치면 5년형을 선고받을 수 있다. 반면 공무원이 500위안을 횡령하면 경고 등 가벼운 당내 처분이나 행정 처분으로 끝난다. 공직자의 기소 면제 비율도 일반인보다 훨씬 높다. 예를 들어, 1987~1996년 기간에 공안(公安: 경찰)의 일반인 수사와 검찰원의 공직자 수사를 비교하면, 공안의 일반인 기소 면제율은 5%인 데 비해 검찰원의 공직자 기소 면제율은 40%로, 일반인의 8배에 달한다.[30]

| 부패 사범의 처벌이 관대한 이유: '제 식구 감싸기'와 '지방 보호주의'

부패한 당정간부에 대한 처벌이 약한 이유 혹은 공직자 범죄에 대한 처벌이 약한 이유는 두 가지다. 첫째는 공산당 위원회가 개입하여 간부의 형사처벌을 방해한다. 이들은 간부의 부패 문제가 발생하면 '당내 문제'로 간주하고 처리하려는 경향이 강하다. 일종의 제 식구 감싸기다. 만약 공산당 기위가 아니라 인민검찰원이 처음부터 부패 조사와 기소를 전담한다면, 이런 경향은 조금 완화될 수 있을 것이다.

둘째는 '지방 보호주의'의 영향이다. 지방 간부들은 부패 사건에 대한 강력한 조사와 처벌이 경제발전에 방해가 된다고 생각하는 경향이 있다. 또한 부패 척결은 영도간부의 인사 평가에서 높은 점수를 받는 지표가 아니기 때문에, 오히려 반대로 부패 사범이 많을 경우는 인사고과에서 나쁜 평가를 받기 때문에 처벌에 소극적이다. 결국 공산당 위원회, 더 구체적으로는 당 기위가 부패 사건을 조사하고, 검찰원과 법원은 그에 들러리 서는 '이중 체제(dual system)'로 인해 부패가 구조적으로 해결되지 않는다. 이처럼 중국에서 부패는 '설계(design)'에 의해 조장된다.[31]

| 5. 반부패 운동과 순시조 활동 |

마오쩌둥 시대에는 군중운동(群衆運動, mass movement)이 정책을 집행하는 중요한 수단이었다. 대약진운동(1958~1960년)과 문화대혁명(1966~1976년)이 대표적인 사례다. 부패 척결도 군중운동 방식으로 진행되었다. 예를 들어, 한국전쟁 기간인 1951년 12월부터 1953년 10월까지 약 2년 동안 당정간부를 대상으로 진행된 '삼반(三反)' 운동, 즉 탐오(횡령) 반대, 낭비 반대, 관료주의 반대 운동이 하나의 사례다. 1952년 1월부터 그해 10월까지 도시 지역의 기업가(자본가)를 대상으로 진행된 '오반(五反)' 운동, 즉 뇌물 반대, 탈세 반대, 국가재산 절도 반대, 재료 절도 반대, 경제정보 절도 반대 운동은 또 다른 사례다.[32]

(1) 개혁·개방 시대의 반부패 운동

개혁·개방 시대에도 반부패 운동이 주기적으로 전개되었다. 1982년, 1986년, 1989년, 1993년, 1995년, 2013년의 반부패 운동이 대표적이다.[33] 그런데 개혁기에 전개된 반부패 운동은 마오 시대의 대중운동과는 다른 몇 가지 특징을 가지고 있다.

| 다섯 가지의 특징

첫째, 공산당 중앙의 주도하에 하향식으로 전개된다. 중앙에서는 이를 지도하는 임시조직인 영도소조가 만들어지거나, 아니면 공산당 중앙기위가 반부패 운동을 주도한다. 지방은 중앙의 지시에 따라 일사불란하게 움직인다. 반면 마오쩌둥 시대의 대중운동은 밑으로부터 자발적으로 움직인 경우가 많았다. 문화대혁명 시기의 홍위병(紅衛兵) 운동과 조반파(造反派) 노동자 운동이 대표적이다.

둘째, 정해진 기간 내에 뚜렷한 효과를 얻기 위해 공산당과 국가기관뿐만 아니라 인민해방군과 인민단체 등 공산당이 동원할 수 있는 모든 공권력과 자원을 총동원한다. 예를 들어, 각 기관과 조직은 내부적으로 반부패 학습을 진행하고, 부패 반대 결의를 다지는 등 자정 활동을 전개한다. 그러나 인민단체나 대학생 등이 스스로 조직하여 전개하는 대중운동, 예를 들어 홍위병 운동 같은 파괴와 구타를 동반하는 폭력적인 활동은 절대로 허용하지 않는다.

셋째, 일시적으로 부패 사범의 자수를 유도하기 위해 유인 구조를 변경한다. 예를 들어, 정해진 기간 내에 부패 행위를 자수하거나 부패 사건 해결에 협조하면 관대하게 처벌한다. 만약 자수 기간이 지난 후에 부패 행위가 적발되면 가중 처벌한다. 그래서 자수 기간에는 평상시보다 몇 배가 넘는 부패 사범이 당정기관이나 사법기관에 자수하는 일이 벌어진다. 어떤 때에는 자수자가 넘쳐 '예약 자수'하는 사례도 있다.

넷째, 공권력 이외의 감시 기제를 총동원한다. 전국적으로 제보와 신고를 접수하는 부서·전화·인터넷 사이트가 개설되고, 시민의 제보와 신고를 적극적으로 장려한다. 제보와 신고는 실명으로 해도 되고, 익명으로 해도 된다. 접수된 제보와 신고는 혐의가 중대하고 근거가 있는 것이면 정식 입안되어 조사에 들어간다. 실제로 각 지방에서 당정간부 부패 사건의 80% 정도는 시민의 제보와 신고로 조사가 시작된다.

다섯째, 일상 시기와는 달리 이때에는 부패 사건의 기소율이 증가하고, 범법자에 대한 처벌도 더욱 무거워진다. 반부패 운동 중에 검거된 부패 사범에 대해서는 정상적인 사법절차가 생략되어 신속하고 가혹하게 처벌하기 때문이다.[34] 피의자의 인권과 변론권 등이 제대로 보장되지 않는 것은 말할 필요가 없다. 이 때문에 '범죄 소탕(嚴打)' 운동과 함께 반부패 운동이 국민의 인권을 침해하는 대표적인 공산당 정책으로 많은 비판을 받아왔다.

| 공산당이 반부패 운동을 고집하는 이유

운동 방식의 부패 척결에 대해서는 대부분 전문가가 비판적이다. 정치적인 측면의 선전 효과는 어떨지 모르겠지만, 실제 부패 척결 효과는 아주 제한적이기 때문이다.[35] 공산당도 이를 잘 알고 있다. 그런데도 이렇게 주기적으로 반부패 운동을 전개하는 것은 다른 이유가 있기 때문이다.

공산당의 관점에서 보면, 반부패 운동은 부패가 발생하는 구조적인 원인을 제거하는 해결책이 아니다. 대신 이것은 부패의 확산을 막아 공산당 영도 체제에 대한 국민의 불만을 일시적으로 완화하는 임시방편일 뿐이다. 다시 말해, 부패 발생을 현 체제가 수용 가능한 수준으로 낮추고, 부패를 통제 범위 내로 관리하는 것이 반부패 운동의 목표다. 따라서 반부패 운동이 부패를 척결하는 근본적인 해결책이 될 수 없다는 점, 그래서 장기적으로 보면 부패 방지와 처벌의 실제 효과가 낮다는 점은 공산당도 처음부터 알고 있는 일이다.

그래도 공산당의 관점에서 보면, 반부패 운동은 몇 가지 정치적 효과가 있다. 첫째, 공권력을 총동원하고 시민의 제보와 신고를 광범위하게 접수하기 때문에 단기적으로는 부패 적발 및 처벌 가능성이 커진다. 또한 국민은 이런 식으로라도 부패 사범을 적발하여 처벌하려는 공산당의 노력을 환영하고 지지한다. 둘째, 이를 통해 부패 가능성이 있는 당정간부의 경각심을 높일 수 있다. 반부패 운동을 반복적으로 전개함으로써 잠재적 부패 사범에게 부패하면 언젠가는 발각될 수 있다는 경고를 보낼 수 있다. 셋째, 일시적으로 자수할 시간과 동기를 제공함으로써 쌓였던 부패 사건을 조금이나마 청산할 수 있다. 넷째, 반부패 운동과 긴축 정책을 동시에 추진하면서 거시 경제 통제 효과를 높일 수 있다. 다섯째, 정치적 경쟁 세력 혹은 정적(政敵)을 제거함으로써 집권 세력의 권력 기반을 다질 수도 있다. 이런 이유로 반부패 운동은 주기적으로 전개된다.[36]

(2) 시진핑 시기의 부패 척결 운동:

'호랑이와 파리를 모두 때려잡는다'

시진핑 정부의 부패 척결 운동은 역대 어느 정부보다 강력하게 전개되었다.[37] 이런 면에서 시진핑은 장쩌민이나 후진타오와 달리 부패 척결에 정권의 사활을 걸었다고 말할 수 있다. 또한 이로 인해 시진핑의 권력이 다른 어떤 총서기보다 강력하다는 평가를 얻게 되었다. 통계가 이를 뒷받침한다.

| 강력한 부패 척결 운동

무엇보다 다수의 국가급(國家級) 지도자, 즉 전·현직 정치국원과 정치국 상무위원이 부패 혐의로 처벌되었다. 2014년에는 쑤룽(蘇榮) 전국정협 부주석(정치국원)과 쉬차이허우(徐才厚) 전 중앙군위 부주석(정치국원), 저우융캉(周永康) 전 정법위원회 서기(정치국 상무위원), 링지화(令計劃) 공산당 중앙 판공청 주임(정치국원), 2015년에는 궈보슝(郭伯雄) 전 중앙군위 부주석(정치국원), 2017년에는 쑨정차이(孫政才) 충칭시 당서기(정치국원)가 구속되었다. 이 중에서 저우융캉, 쉬차이허우, 궈보슝의 구속은 '충격' 그 자체였다. 지금까지 정치국 상무위원과 중앙군위 부주석은 전·현직을 막론하고 부패 혐의로 형사처벌된 적이 없었기 때문이다. 시진핑 정부는 이들을 처벌함으로써 부패 사범은 누구든지 성역 없이 처벌된다는 선례를 남겼다.

또한 강력한 부패 척결 정책은 성부급(省部級: 장·차관급) 간부의 처벌 통계를 통해서도 확인된다. 2017년 10월 공산당 19차 당대회에서 발표된 중앙기위의 업무보고에 따르면, 시진핑 집권 1기 5년(2012~2016년) 동안에 모두 440명의 성부급 간부가 부패 혹은 당기율 위반 혐의로 정식으로 조사를 받거나 처벌되었다. 이는 약 3,000명의 성부급 간부 중 15%에 해당하는 큰 규모다. 이 중에는 중앙위원 43명, 중앙기위 위원 9명이 포함되었다. 이를 연(年) 단위로 계산하면, 매년 88명의 성부급 간부가 정식으로 조사를 받거나 처벌된 셈이다.[38]

같은 기간에 그 아래 등급인 청국급(廳局級) 간부는 약 8,900명(매년 1,780명), 현처급(縣處級) 간부는 약 6만 3,000명(매년 1만 2,600명), 기층 간부는 27만 8,000명(매년 5만 9,600명)이 정식으로 조사를 받거나 처벌을 받았다.[39] 일반 공산당원과 공무원도 2013년 1월부터 2016년 12월까지 4년 동안 모두 119만 명이 부패 혐의로 조사 및 처벌되었다. 해외로 도피한 부패 사범도 모두 3,000명이 본국에 송환되었다.[40]

이를 장쩌민과 후진타오 시기와 비교하면 큰 차이가 난다. 당시 성부급 중에서 부패 혐의로 처벌받은 사람은 각각 연평균 17.6명(장쩌민 시기)과 8명(후진타오 시기)이었다. 즉 시진핑 시기의 처벌이 장쩌민 시기보다 5배, 후진타오 시기보다 11배나 많았다. 시진핑 시기에 들어 국제적인 평가와는 상관없이 국내에서는 부패가 완화되었다는 평가가 나오는 것은 이 때문이다.

│ 순시조 제도의 활성화

시진핑 시기의 부패 척결 정책은, 후진타오 시기에 시작된 '제도를 통한 감독'이 더욱 강화되었다는 특징도 있다. 중앙 순시조(巡視組) 감독이 대표적인 사례다.[41] 실제로 성부급 간부가 관련된 부패 사건의 60%에서 70%는 중앙 순시조의 조사를 통해 적발되었다.[42] 다시 말해, 만약 중앙 순시조가 정기적으로 대규모로 파견되어 감독을 전개하지 않았다면, 성부급 간부의 처벌은 그렇게 증가하지 않았을 것이다.

중앙 순시조는 일반적으로 조장(장·차관급 1인), 부조장(2인), 그리고 수십 명의 조원으로 구성된다. 구성원의 정치적 지위를 놓고 볼 때, 한국의 감사원 감사와는 비교가 되지 않을 정도로 높다. 또한 조원은 회계 등 감독에 필요한 분야의 전문가다. 중앙 순시조는 감독 지역(즉 성급(省級) 단위인 성·자치구·직할시)이나 당정기관에 보통 2개월 동안 상주하면서 부패 및 기율 위반 문제에 대한 감독을 진행한다. 당연히 순시조가 상주할 때는 공개 및 비공개 통로를 통해 각종 비리를 제보받는다. 이와 같은 순시조 제도는 후진타오 시기에 정착되었지만, 부패 척결 정책에 일상적으로 활용된 것은 시진핑 정부에 들어서였다.

〈그래프 1-5〉는 중앙 순시조의 실제 감독 상황을 정리한 것이

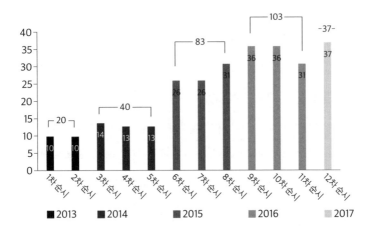

〈그래프 1-5〉 시진핑 집권 1기(2013~2017년) 중앙 순시조 활동

자료: 조영남, 「2016년 중국 정치의 현황과 전망」, 국립외교원 중국연구센터, 『2016중국정세보고』(서울: 역사공간, 2017), p. 29.

다. 이를 보면, 2013년에는 중앙 순시조가 2회에 걸쳐 모두 20개 지역(성·자치구·직할시)을 감독했다. 그런데 2014년에는 3회에 걸쳐 40개 지역과 기관, 2015년에는 3회에 걸쳐 83개 지역과 기관, 2016년에는 3회에 걸쳐 103개 지역과 기관, 2017년에는 37개 지역과 기관을 감독했다. 이는 매년 평균 56.6회의 감독을 실행한 것이다. 이는 동시에 매년 약 56.6개의 중앙이 관리하는 지역과 기관이 순시조 감독을 받았다는 사실을 의미한다.

이렇게 되면서 2013년부터 2017년까지 시진핑 집권 1기 5년 동안 277개 감독 대상에 대한 감독이 100% 완료되었다.[43] 이는 역사상 처음 있는 일이었다. 이 중에서 1/4은 두 번 이상 순시조 감독을 받았다. 두 번째 감독은 첫 번째 감독을 통해 적발된 문제가 제대로 해결되었는지를 확인하기 위한 '추적 감독(跟蹤監督)'이었다. 이처럼 공산당 중앙기위의 순시조 감독은 한 번으로 끝나는 것이 아니라 의심이 나면 두 번, 세 번 반복되기도 한다.

공산당 중앙기위가 중앙 순시조를 파견하는 것처럼 성급(省級) 공산당 기위도 시급(市級) 및 현급(縣級) 공산당 위원회와 당정기관에 감독조를 파견한다. 단 중앙 순시조와 구별하기 위해 이를 '시찰조(視察組)'라고 부른다. 한 통계에 따르면, 2013년부터 2017년까지 시진핑 집권 1기 5년 동안 31개의 성급 공산당 기위는 모두 2,905회의 시찰조를 파견했고, 이들의 활동 기간은 평균 39일이었다.[44] 이는 하나의 성급 기위가 매년 평균 18.7회의 시찰조를 파견했음을 의미한다. 이처럼 중앙 순시조와 성급 시찰조는 동시에 활동하면서 공산당 영도조직과 영도간부를 감독한다.

이상에서 살펴보았듯이, 시진핑은 집권 원년부터 반부패 운동을 힘있게 추진하면서 강력한 지도력을 보여주었다. 이를 바탕으로 다양한 개혁, 특히 획기적인 국방개혁까지도 과감하게 추진할 수 있었다. 반부패 운동이 단순히 정적(政敵)을 제거하는 수단을 넘어 개혁에 저항하는 반대 세력을 물리치는 수단이었음을 보여준다. 그 결과 개혁에 공개적으로 도전하는 지도자나 집단은 없었다. 장쩌민과 후진타오 시기와는 분명히 다른 모습이다. 장 시기에는 베이징시 당서기 천시퉁(陳希同), 후 시기에는 상하이시 당서기 천량위(陳良宇)와 충칭시 당서기 보시라이(薄熙來)가 도전했다. 물론 이들은 이후에 전개된 반부패 운동에서 부패 혐의로 구속되어 중형을 선고받았다.

(3) 강력한 반부패 운동의 부작용

그러나 시진핑 정부의 강력한 반부패 운동이 마냥 좋은 것만은 아니다. 시간이 가면서 여러 가지 부작용을 지적하는 목소리가 나오기 시작한 것이다. 일부는 일시적 현상이고, 일부는 구조적 현상이다.

| 중간급 공무원의 집단 이직

먼저 2014년부터 2016년까지 약 3년 동안 당정기관의 중급 이상 공무원이 대규모로 사영기업 등으로 이직하는 현상이 벌어졌다. 정확한 통계는 알 수 없지만, 2015년 한 해에만 약 1만 2,000명 정도의 유능한 중급 공무원이 이직했다고 한다. 강력한 반부패 운동에 따른 불안감, 강한 업적 압력과 스트레스, 승진 등 장래에 대한 불확실성 등이 이직의 주요 원인으로 지적되었다. 이직 사태는 2017년 공산당 19차 당대회 이후에는 중단되었다. 정부가 퇴직 후 곧바로 사영기업으로 취업할 수 없도록 하는 규정을 새롭게 제정했고, 경기 악화로 사영기업도 어려움이 증가했기 때문이다.[45]

시진핑 정부도 이런 상황을 잘 알고 있기에 공무원의 처우 개선에 적극적으로 나섰다. 단적으로 임금을 대폭 인상했다. 2014년에 1차로 31%의 기본급 인상이 있었다.[46] 이후에 2차로 다시 약 40%의 기본급 인상이 있었다. 이렇게 되면서 공무원의 기본급이 시진핑 시기에 들어서만 사실상 두 배 가까이 증가했다. 이는 내가 2018년 말에 광둥성에서 현직 공무원들로부터 직접 확인한 내용이다. 그전에도 공무원의 임금 인상은 여러 차례 있었다. 1997년, 1999년, 2001년, 2003년, 2006년 등 6회의 임금 인상 이후 2007년에도 23%의 임금 인상이 있었다. 그 결과 공무원의 2007년 임금은 1993년 임금보다 8.38배나 증가했다.[47]

물론 공무원 임금은 이후에 정부 정책에 의해 축소되기도 했다. 2019년 12월에 발생한 코로나19에 대응하는 과정에서 중국 정부는 막대한 재정 적자가 발생했다. 이를 보충하기 위해 2020년과 2021년에 전국에 걸쳐 공무원의 임금(주로 성과급과 각종 보조금)을 1/3 정도씩 삭감한 것이다. 이에 대해 공무원의 반감과 불만이 없지는 않았지만, 공산당 중앙이 내린 결정이었기 때문에 공무원은 순순히 따를 수밖에 없었다.

| 공무원 지원자의 변화

또한 강력한 반부패 운동 이후 공무원 지원 상황에도 변화가 발생했다. 중국의 공무원은 상대적으로 낮은 임금을 받으며 일하고 있고, 사적 영역으로 자유롭게 이직하는 데도 제약을 받는다. 그래도 공무원이 되려는 이유는, 직무 외적인 다양한 경제적 이익과 혜택이 있고, 높은 사회적 지위도 누릴 수 있기 때문이다. 그런데 강력한 반부패 운동으로 직무 외적인 경제적 이익과 혜택이 줄어들었을 뿐만 아니라, 공무원 신분 그 자체도 불안정하게 바뀌었다. 그 결과 유능한 지원자가 감소했다.

첫째, 전체적으로 지원 억제 효과(deterrence effect)가 나타났다. 공무원이 되면 경제적 보상과 혜택이 적고 신분도 전보다 불안정해졌기 때문에 공무원이 되려는 지원자가 줄어든 것이다. 물론 그래도 공무원 지원자는 절대 규모로 보면 여전히 많고, 계속 증가하는 추세다. 둘째, 공무원의 구성 효과(composition effect)가 나타났다. 즉 경제적 어려움이 크지 않은 부유한 가정이나 공직자 가정 출신자의 지원은 증가한 데 비해 빈곤한 가정 출신자의 지원은 감소했다. 후자는 경제적 보상과 혜택을 위해 사영기업 등 다른 영역에 취업했기 때문이다.[48]

| 공무원의 '복지부동' 증가?

더 심각한 문제는, 공무원의 관료적 태만(bureaucratic slack), 흔히 말하는 복지부동(伏地不動)이 증가한 점이다. 예를 들면, 이런 식이다. 각종 연회와 선물은 당정간부가 지역경제를 발전시키기 위해 관료 체제를 효과적으로 운영하는 중요한 수단이다. 지방 간부는 이를 통해 관시를 형성하여 경제발전에 필요한 상부의 자원을 동원할 수 있다. 또한 상급 간부는 연회나 사교 모임을 통해 하급 간부의 상황을 파악하고 이해를 도모하며, 각종 정책의 집행을 독려할 수 있다. 동시에 이런 관행을 통해 간부 상호 간의 관계가 '개인화'되고, 이는 이들의 정치적 생존을 위해 필요한 '보호 장치' 역할을 한다.

그런데 시진핑 정부는 부패에 대해 '무관용(零容忍) 정책'을 추진했다. 그 결과 공직사회의 불확실성이 증가했다. 무엇보다 언제 누가 어떤 일로 부패 혐의로 처벌될지 모른다. 또한 경제성장을 위해 정책을 추진할 동기도 감소했다. 직무 외의 수입이나 약간의 향락과 사치도 처벌받기 때문이다. 이는 관료적 태만으로 이어졌다. 간부들이 아무것도 하지 않음으로써 비난과 처벌을 회피하는 전략을 선택한 것이다. 정치적 생존을 위해, 또한 부패 혐의를 받지 않기 위해서는 최대한 활동하지 않는 것이 상책이다.[49]

| 완화된 부패 척결 운동

이 같은 부작용 때문인지, 아니면 집권 1기(2012~2017년)에 소기의 목적을 달성했다고 판단했기 때문인지, 시진핑 정부는 집권 2기(2017~2022년)에 들어서는 부패 척결 정책을 완화했다. 그 결과 2018년부터 부패로 처벌받은 영도간부의 규모가 줄어들었다.[50] 일반 간부 처벌도 마찬가지다. 물론 공산당 중앙은 말로는 계속 강도 높은 반부패 정책을 추진한다고 주장하지만, 실제 과정과 결과를

보면 그렇지 않다.

대신에 시진핑 정부는 공권력의 칼끝을 범죄집단으로 돌렸다. 시진핑 집권 2기가 시작하는 2018년 1월부터 2020년 12월까지 3년 동안 범죄 소탕 운동을 대대적으로 전개한 것이다. 정식 명칭은 '범죄 조직(黑社會) 소탕과 사회악 세력(社會惡勢力) 제거' 운동이다. 목적은 두 가지다. 첫째는 국민이 편히 생활하고 즐겁게 생업에 종사할 수 있도록 사회질서를 안정적으로 유지하는 일이다. 둘째는 공산당의 통치 기초를 튼튼히 다지는 일이다.[51] 이렇게 되면서 대다수 당정간부는 한숨을 돌릴 수 있게 되었다.

1-1 고사장 문이 열리기를 기다리는 공무원 시험 응시자들(2020년 2월)

중국에서 공무원은 법률에 근거하여 공직을 수행하고, 국가의 행정 편제에 편입되며, 국가 재정으로 임금과 복지를 부담하는 사람을 말한다. 한국에서처럼 중국에서도 공무원이 되려는 경쟁은 매우 치열하다. 최근 들어서는 국내외 경제 상황이 불안해지고, 사영기업의 노동환경이 나빠지면서 안정된 직업을 선호하는 경향이 더욱 증가했다. 그 결과 젊은이들 사이에서 공무원의 인기는 더욱 높아지고 있다. 매년 수백만 명이 중앙과 지방의 공무원 시험에 몰리는 것은 이 때문이다.

1-2 중앙당교

중앙당교는 1933년 3월에 장시성(江西省) 루이
진(瑞金)의 혁명 근거지에서 정식 설립되었다. 문
화대혁명 기간에 폐교되었다가 1977년에 복교
되어 현재의 모습을 갖추게 되었다. 중앙당교의
교육 목적은 '영도간부가 당 중앙과 일치하도록
도와주고, 당의 기본 이념·노선·전략에 대한 교
육을 통해 전 당의 사상과 행동을 통일하며, 당
과 국가의 여러 업무를 순조롭게 완성하도록 추
동'하는 것이다. 중앙당교의 구호는 이를 잘 보여
준다. "학술 연구에는 금지구역이 없지만, 당교
교육에는 기율이 있다!"

1-3 국가 행정학원(1994년 설립)

국가 행정학원은 고위직 공무원을 교육 훈
련할 목적으로 1994년에 베이징에 설립되
었다. 각급 지방에도 역시 행정학원이 설립
되었다. 국가 행정학원은 고위직 공무원의
행정 지식과 통치 능력의 향상을 목적으로
다양한 교육 훈련 프로그램을 운영한다. 국
가 행정학원은 2018년부터 중앙당교와 통
합하여 운영되고 있다. 지방에서도 당교와
행정학원이 통합되었다.

1-4(위) 징강산 간부학원(2005년 설립)

1-5(아래) 옌안 간부학원(2005년 설립)

현재 중국에는 약 5,000개의 당정간부 교육 기
관이 있다. 이 가운데 국가급은 '1교(校) 5원(院)'
이라고 부른다. '1교'는 중앙당교, '5원'은 국가
행정학원, 옌안(延安) 간부학원, 징강산(井岡山)
간부학원, 푸둥(浦東) 간부학원, 다롄(大連) 고급
경리학원(高級經理學院)을 가리킨다. 이 중에서
징강산 간부학원과 옌안 간부학원은 공산당의
중요한 혁명 근거지에 설립된 간부 교육기관이
다. 여기서는 혁명 역사, 국정 상황, 공산당 정신
등 혁명 교육과 이념 교육을 통해 당정간부의 당
성을 함양하는 데 중점을 둔다.

1-6 (아래) 상하이 푸둥 간부학원(2005년 설립)

1-7 (위) 다롄 고급경리학원(2006년 설립)

징강산 간부학원과 옌안 간부학원과는 달리, 상하이 푸둥 간부학원은 경제가 발전한 상하이시에 설립되어, 주로 경제가 낙후된 지역의 당정간부를 선발하여 교육한다. 교육과정은 혁신, 인력과 자원 관리, 도시계획, 위기관리, 국제금융 등 개혁·개방에 필요한 지식과 지도력을 함양하는 데 중점을 둔다. 반면 다롄 고급경리학원은 국유기업 경영자와 관리층의 경영 능력 향상이 중점 교육 내용이자 목표다. 따라서 이들 교육에서는 정치성보다는 전문성이 강조된다.

1-8(위 왼쪽)『이론동태』(중앙당교 간행물)　　**1-9**(위 오른쪽)『이론전연』(중앙당교 간행물)

1-10(아래 왼쪽)『학습시보』(중앙당교 간행물)　　**1-11**(아래 오른쪽)『중공중앙당교 학보』(중앙당교 간행물)

중앙당교는 단순한 교육기관이 아니라, 공산당과 정부에 이론과 정책을 제공하는 중요한 싱크 탱크이기도 하다. 이를 위해 다양한 공개 및 비공개 간행물을 발행한다.『학습시보』,『이론동태』,『이론전연』,『중공중앙 당교학보』,『중국 정당간부논단』,『사상이론 내참(内参)』이 대표적이다. 이외에도 중앙당교는 전체 당교의 최고 기관으로, 교육과정의 개발과 교재 편찬, 지방 당교 교수 양성 등의 업무에서도 선도적인 역할을 담당한다. 이를 통해 전체 당교는 중앙부터 지방까지 전국적으로 통일성을 유지할 수 있다.

1-12(위) 영도간부 인사평가대회(베이징시 질병예방관리센터/2022년 2월)

1-13(아래) 국유기업 영도간부 인사평가대회(산시성 시안시/2022년 3월)

영도간부에 대한 인사 평가는 다섯 단계로 진행된다. 첫째는 민주 평가다. 이는 같은 기관에 근무하는 일반 직원이 평가 대상자(영도간부)를 평가하는 단계다. 둘째 단계는 개별 면담이다. 공산당 조직부의 인사 평가팀은 평가 대상자를 직접 면담하여 평가한다. 셋째 단계는 여론조사다. 이는 기관 밖의 사람들이 평가 대상자를 평가하는 단계다. 넷째 단계는 상급 평가로, 상급 기관이 평가 대상자를 평가하는 단계다. 다섯째 단계는 실제 업적분석(實績分析)이다. 이는 연초에 상급 기관이 평가 대상자와 체결한 목표 책임제(目標責任制)에 근거하여 세부 평가 항목의 실제 달성 여부를 평가하는 것이다.

1-14 시진핑 총서기와 중앙기율검사위원회 서기 왕치산(2017년 5월)

시진핑 정부의 부패 척결 운동은 역대 어느 정부보다 강력하게 전개되었다. 이런 면에서 시진핑은 부패 척결에 정권의 사활을 걸었다고 말할 수 있다. 또한 이로 인해 시진핑의 권력이 다른 어떤 총서기보다 강력하다는 평가를 받게 되었다. 그런데 부패 척결 정책은 시진핑이 아니라 왕치산(王岐山) 서기가 담당했다. 만약 왕치산과 같이 강력한 추진력을 갖추고 있는 인물이 중앙기위 서기를 맡지 않았다면 그런 단호한 반부패 정책은 가능하지 않았을 것이다.

1-15 중국공산당 제19기 중앙기율검사위원회 제3차 전체회의(2019년 1월)

중국에서 부패 방지와 기율 감찰을 담당하는 감독기관은 두 가지다. 하나는 공산당 기율검사위원회(기위)이고, 다른 하나는 국가감찰위원회(감찰위)다. 그런데 실제로는 공산당 기위와 국가감찰위가 하나의 기구로 통합 운영된다. 이는 '공산당' 중앙군사위원회(중앙군위)와 '국가' 중앙군위가 하나의 조직으로 운영되는 것과 같은 이치다. 이들 기관은 모두 '하나의 기구 두 개의 간판(一套機構 兩個牌子)' 혹은 '하나의 인원 두 개의 간판(一個人馬 兩個牌子)' 조직이라고 부른다.

**1-16 중국공산당 제19기 제4차 중앙 순시 공작
동원대회(2019년 9월)**

시진핑 시기의 부패 척결 정책은, 후진타오 시기
에 시작된 '제도를 통한 감독'이 더욱 강화되었
다는 특징이 있다. 중앙 순시조(巡視組) 감독이
대표적이다. 실제로 성부급 간부가 관련된 부패
사건의 70%는 중앙 순시조의 조사를 통해 적발
되었다. 중앙 순시조는 일반적으로 조장(장·차관
급 1인), 부조장(2인), 수십 명의 조원으로 구성된
다. 이들은 감독 대상 지역이나 기관에 2개월 동
안 상주하면서 부패 및 기율 위반 문제를 철저히
조사한다. 모든 주요 당정기관은 5년에 1회 이상
중앙 순시조의 감독을 받아야 한다.

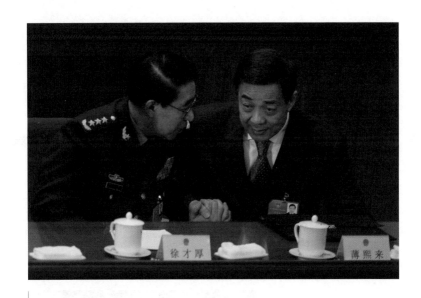

1-17 부패 척결 운동의 '희생자': 쉬차이허우 와 보시라이(2021년 3월)

시진핑 시기에는 전·현직 정치국원과 정 치국 상무위원이 부패 혐의로 처벌되었다. 2014년에는 쑤룽(蘇榮) 전국정협 부주석과 쉬차이허우(徐才厚) 전 중앙군위 부주석, 저 우융캉(周永康) 전 정법위원회 서기, 링지화 (令計劃) 공산당 중앙 판공청 주임, 2015년 에는 궈보슝(郭伯雄) 전 중앙군위 부주석, 2017년에는 쑨정차이(孫政才) 충칭시 당서 기가 구속되었다. 특히 저우융캉, 쉬차이허 우, 궈보슝의 구속은 '충격' 그 자체였다. 정 치국 상무위원과 중앙군위 부주석이 부패 혐의로 처벌된 적은 없었기 때문이다.

1-18(위) 반부패운동 중의 부패 척결 홍보용 만화

1-19(아래) 부패 척결 운동(부패 관료의 반성문을 읽고 있는 시민들/2018년 9월)

마오쩌둥 시대에는 군중운동이 정책을 집행하는 중요한 수단이었다. 대
약진운동(1958~1960년)과 문화대혁명(1966~1976년)이 대표적이다. 개
혁기에도 마오 시대만큼은 아니지만, 반부패 운동이 주기적으로 전개되
었다. 운동 기간에는 당정기관뿐만 아니라 군과 단체 등 공산당이 동원
할 수 있는 모든 공권력과 자원이 총동원된다. 또한 일시적으로 부패 사
범의 자수를 유도하기 위해 관대한 처벌을 약속하기도 한다. 그 결과 이
기간에는 평상시보다 몇 배가 넘는 자수자가 나오고, 어떤 때에는 자수
자가 넘쳐 '자수를 예약'하는 사태가 벌어지기도 한다.

제2부

조직 통제

◆◆◆◆

공산당 영도 체제가 유지되기 위해서는 인사 통제 이외에도 다른 강력한 수단이 필요하다. 조직 통제가 바로 그것이다. 그래서 "공산당의 힘(力量)은 조직에서 나온다"라고 말한다.[1] 공산당 조직은 중앙에서 지방까지, 지방에서는 도시와 농촌과 어촌의 구석구석까지 공산당원이 있는 모든 곳에 빠짐없이 구성된다. 또한 공산당이 중요하다고 생각하는 기관과 단체에도 설립된다. 공산당은 이런 조직을 통해 자신의 영도 체제를 굳건히 유지할 수 있다.

　공산당의 조직 통제는 네 개의 조직 체계를 통해 실현된다. 첫째는 공산당 위원회(共産黨委員會, party committee)(당 위원회)다. 당 위원회는 중앙과 지방 등 '지역', 국가기관·국유기업·공공기관·인민단체 등 '단위'에 설립된다. 구체적으로 중앙에는 공산당 중앙위원회, 각급 지방, 즉 성(省)·자치구(自治區)·직할시(直轄市), 지급시(地

級市)와 자치주(自治州), 현(縣)·현급시(縣級市)·구(區)에는 당 지방위원회가 설립된다. 또한 국가기관과 국유기업 등 단위에도 당 위원회가 설립된다. 이렇게 설립된 당 위원회는 해당 지역과 단위에서 당의 방침과 정책을 집행하는 '영도 핵심' 역할을 담당한다.

둘째는 공산당 밖에 있는 중요한 국가기관·국유기업·공공기관·인민단체에 설립된 당조(黨組, party group)다.[2] 여기서 말하는 당조는 공산당의 최소 조직 단위인 당세포(party cell)—중국에서는 당소조(黨小組)라고 부른다—와는 완전히 다른 조직이다. 당조는 당위원회가 동급의 국가기관과 공공기관 등에 설립한 '파견조직'의 성격을 갖고 있으며, 해당 기관의 '핵심 영도기관'으로서 주요 정책과 인사 문제를 결정한다.

셋째는 공산당 중앙과 각급(各級) 지방위원회 산하에 설치된 각종 영도소조(領導小組, leading small group)다. 한국의 정치제도 중에서 영도소조와 비슷한 기구를 찾으라면 대통령을 의장으로, 국무총리와 대통령 비서실장, 외교·안보·통일 관련 부서 장관이 참여하는 국가안전보장회의(NSC)를 들 수 있다. 현재 공산당 중앙에만 36개 이상의 각종 영도소조가 있고, 국무원 산하에는 그보다 많은 수의 영도소조가 있다.

위에서 말한 세 가지의 공산당 조직, 즉 당 위원회, 당조, 영도소조에 대해서는 제1권 제2부 '공산당 조직'에서 이미 자세히 살펴보았다. 이제 남은 것은 넷째인 공산당 기층조직(基層組織, basic organization)이다. 이는 도시와 농촌의 기층사회, 각종 기관과 조직의 기층 단위에 설립되어 당의 말단 조직 역할을 담당한다. 당 기층조직은 당원의 규모에 따라 세 가지 유형으로 나뉜다. 당원이 100명 이상일 경우는 당 기층위원회(基層委員會), 당원이 50명에서 100명 사이일 경우는 당 총지부(總支部), 당원이 세 명에서 50명 이하일 경우는 당 지부(支部)가 설립된다. 다시 그 밑에서는 세 명 이상의 당원으로 구성된 당 소조(黨小組, party-cell)가 있다. 단 당 소조는 당의 기층조직에는 포함되지 않는다.

공산당의 인사 통제와 조직 통제는 서로 보완하면서 공산당 영도 체제를 지탱하고 있다. 공산당은 인사권 행사를 통해서는 간부 '개인'을 통제하고, 다양한 당 조직 체계를 통해서는 간부가 속한 '조직'을 통제한다. 이처럼 공산당이 '개인'과 '조직'을 모두 철저히 통제하기 때문에, 국가기관·국유기업·공공기관·인민단체 등은 비록 법률적으로는 공산당의 하부 조직이 아니어도 공산당 영도 체제의 통제를 벗어날 수 없다.

제2부 '조직 통제'에서는 공산당의 기층조직을 자세히 살펴볼 것이다. 현재 중국의 주요 기관과 지역에는 당 기층조직이 구성되어 있다. 이 중에서 공산당 영도 체제를 유지하는 데 관건이 되는 곳은 네 곳이다. 첫째는 사영기업, 둘째는 사회조직, 셋째는 대학, 넷째는 도시 기층사회다. 이 네 곳을 어떻게 통치하고 관리하는가에 따라 공산당 영도 체제의 유지 여부가 결정될 수 있기 때문이다.

그래서 이 네 곳의 공산당 기층조직이 어떻게 조직되어 활동하고 있는지를 생생하게 살펴보려고 한다.

사영기업과 상업지역 통제

공산당은 기층조직(基層組織: 밑바닥 조직)을 이용해서 전국의 기층 사회와 기층 단위에서도 자신의 영도 체제를 유지할 수 있다. 현재 전국적으로 약 480만 개의 각종 공산당 기층조직, 즉 당 기층위원회(基層委員會), 당 총지부(總支部), 당 지부(支部)가 구성되어 있다. 이들은 공산당의 하부 조직으로, 공산당 중앙 및 상급 당 조직의 명령과 지시를 따라야 한다. 이는 사영기업이나 사립학교에 있는 당 기층조직도 마찬가지다. 사영기업과 사립학교는 공산당의 하부 조직이 아니라서 공산당의 지시를 따를 필요가 없지만, 그 안에 구성된 당 기층조직은 그렇지 않다. 이처럼 공산당은 기층조직을 통해 말단 단위에서도 영도 체제를 실현할 수 있다.

따라서 우리는 공산당의 조직 통제 기제가 크게 두 가지 층위에서 작동한다는 사실을 알 수 있다. 중앙과 지방 층위에서는 기본 영도기관인 '공산당 위원회(당 위원회)', 그것의 파견기관으로 핵심 영도기관 역할을 담당하는 '당조', '특별한' 영도조직으로 정책 결정 의사 조정 기구인 '영도소조'가 작동한다. 반면 기층사회와 기층 단위에서는 '공산당 기층조직'이 중요한 통제 기제로 작동한다. 만약 공산당 기층조직이 없다면, 공산당 영도는 중앙과 지방 층위에서만 실현되고, 기층사회와 기층 단위에서는 제대로 실현되지 않을 것이다.

이 장에서는 사영기업과 상업지역에 있는 공산당 기층조직을 집중적으로 살펴볼 것이다. 1992년 공산당 14차 당대회에서 '사회주의 시장경제' 노선이 채택된 이후 사영기업은 급속도로 발전했다. 이를 이어 2000년대에 들어서는 대도시를 중심으로 거대한 상업지역이 등장했다. 사영기업과 상업지역은 대부분 국가의 통제를 받지 않는 사영기업가가 운영한다. 만약 이들이 공산당 통제 밖에서 활동한다면 이는 공산당에게 큰 위협이 아닐 수 없다. 실제로 1989년 '톈안먼 민주화 운동' 과정에서 일부 사영기업가와 자영업자들이 학생 시위를 지원했다.

1. '홍색 자본가'의 등장과 '정실 자본주의'

사영기업 내에 설립된 공산당의 기층조직을 검토하기 전에, 사영기업의 발전 상황을 간략히 살펴보자. 공산당의 사영기업 정책은 개혁·개방 시대에도 계속 변화했다.[1] 공산당 8차 당대회(1956년)에서 '사회주의 개조'가 완성된 이후에 중국에서는 사영기업이 사실상 사라졌다. 그러다가 개혁·개방을 막 시작한 1980년대 초에 도시 지역의 심각한 실업 문제를 해결하기 위해 일정한 범위 안에서 자영업(個體戶)과 사영기업을 허용했다. 사영기업이 자영업과 다른 점은, 여덟 명 이상의 노동자를 고용한 사업체라는 점이다. 이와 같은 공산당의 허용 정책에 힘입어 농촌에 이어 도시에서도 시장경제가 서서히 등장했다. 다만 당시에는 사영기업보다는 자영업과 외자기업(外資企業)이 시장경제 발전을 주도했다.[2]

그러나 1989년 톈안먼 민주화 운동 이후 사영기업은 다시 한번 시련을 맞게 된다. 당시에 일부 사영기업가와 자영업자들이 학생들의 민주화 시위에 적극적으로 참여했을 뿐만 아니라 경제적으로도 지원했기 때문이다. 공산당 중앙은 이에 대한 보복으로 1989년 8월 '중앙 8호 문건'인 〈당 건설 강화 통지〉를 하달하면서 사영기업가의 공산당 입당을 공식적으로 금지했다. 사실상 이들의 '정치적 지위'를 박탈한 것이다.[3]

(1) 사영기업의 급속한 증가

그러나 지방의 상황은 달랐다. 공산당 중앙의 '사영기업가 입당 금지' 방침과는 상관없이, 지방에서는 공산당이 지역경제를 급속히 발전시키기 위해 사영기업을 적극적으로 육성하는 정책을 추진한 것이다. 사영기업이 발전한 저장성 원저우시(溫州市) 지역이 대표적이다.[4] 정도의 차이는 있지만, 다른 지역에서도 이런 현상이 나타났다.

그 이유는 간단하다. 경제성장은 당정간부의 인사고과에서 가장 중요한 평가 기준이다. 그래서 당정간부가 승진하기 위해서는 지역경제 발전이 필요하고, 지역경제 발전을 위해서는 사영기업 발전이 필요하다. 게다가 당정간부 개인의 임금 인상과 복지 향상을

〈표 2-1〉 사영기업의 증가(2004~2018년)

단위: 만 개/퍼센트(%)

연도	전체/비중(%)*	공업**/비중(%)	공업 사영기업 취업자/비중(%)
2004	198.2 / 61.0	94.7 / 65.2	3,370.9 / 35.0
2008	359.6 / 72.5	135.7 / 76.6	5,205.8 / 44.4
2013	560.4 / 68.3	176.0 / 73.0	6,272.2 /44.7
2018	1561.4 / 84.1	291.1 / 84.4	5,979.4 / 51.9

주: • '비중'은 국유기업, 외자기업, 사영기업 등 전체 기업에서 사영기업이 차지하는 비율을 말한다. 나머지도 같다; •• '공업'은 전체 산업 분야 중 공업 분야의 사영기업을 말한다.

자료: 「第一次全國經濟普查主要數據公報」, <國家統計局> 2005년 12월 6일; 「第二次全國經濟普查主要數據公報」, <國家統計局> 2009년 12월 25일; 「第三次全國經濟普查主要數據公報」, <國家統計局> 2014년 12월 16일; 「第四次全國經濟普查主要數據公報」, <國家統計局> 2019년 11월 20일, www.stats.gov.cn (검색일: 2021. 2. 27).

위해서도 지역경제 발전은 필수적이다. 따라서 당정간부와 사영기업가가 협력하여 지역경제 발전에 매진하는 모습은 1990년대 중반을 넘어서면서 여러 지역에서 흔하게 발견되는 현상이 되었다.

이런 이유로 1990년대 중반 무렵부터 사영기업은 급속히 발전할수 있었다. 〈표 2-1〉은 이를 정리한 것이다. 예를 들어, 2004년에 사영기업 수는 약 198만 개로, 전체 기업의 61%, 공업(제조업) 분야 기업의 65.2%를 차지했다. 사영기업이 공업 분야 고용에서 차지하는 비중도 35%나 되었다. 2018년에는 그 규모와 비중이 더욱 증가했다. 사영기업의 수는 약 1,561만 개로, 전체 기업과 공업 기업에서 각각 84%를 차지했고, 공업 분야 고용에서는 약 52%를 차지했다. 이는 중국 경제에서 사영기업이 대체할 수 없는 역할을 담당하고 있다는 사실을 보여준다.

(2) 사영기업가의 지위 향상 노력과 '정실 자본주의'

한편 1990년대 후반기에는 사영기업가들도 공산당 중앙의 방침과는 상관없이 자기들이 이룩한 경제적 성공에 기반하여 사회 정치적 지위를 높이기 위해 다양한 방법을 동원하기 시작했다. 중국학자들의 조사에 따르면, 사영기업가가 중요하게 생각하는 지위 제고 방법은 다음과 같다(괄호 안의 퍼센트는 조사 대상자가 복수로 선택한 비율이다). 이는 사영기업가가 지위 향상을 위해 실제로 어떤 활동을 벌였는가를 보여주는 지표이기도 하다.

첫째는 기업 규모 확대(81.6%)이고, 둘째는 공익사업 지원(61.1%)이다. 셋째는 좋은 기업 이미지 수립(52.0%)이고, 넷째는 인민대표대회(人大/인대) 대표와 인민정치협상회의(政協/정협) 위원 당선(30.9%)이다. 다섯째는 언론을 이용한 사업 선전(18.9%)이고, 여섯째는 당정 지도자와의 관시(關係) 형성(15.7%)이다. 일곱째는 사영기업가 단체를 통한 요구 제기(11.4%)이고, 여덟째는 공산당 입당(7.6%)이다. 아홉째는 정부 내 직위 맡기(4.6%)이고, 마지막 열째는 도시 거민위원회와 농촌 촌민위원회의 주임 당선(2.1%)이다.[5]

여기서 알 수 있듯이, 1990년대 후반기에는 공산당 입당만으로는 사영기업가가 사회 정치적 지위를 높일 수가 없었다. 이 무렵에는 소위 '홍색 자본가(紅色資本家, red capitalist)', 즉 공산당원인 사영기업가가 많아졌기 때문이다.[6] 사영기업가 가운데 공산당원 비율은 1993년에 13%, 1995년에 17%, 1999년에 20%였고, 2002년에는 다시 30%로 증가하여, 1993년에 비해 17% 포인트나 증가했다. 2004년에는 공산당원 비율이 더욱 증가하여 34%를 기록했다.[7] 즉 이 무렵이 되면 사영기업가 세 명 중에서 한 명은 공산당원이었다.

이처럼 지방 당정간부와 사영기업가의 협력이 보편화되면서 정치권력과 경제적 부(富)가 융합한 정실 자본주의(crony capitalism)가 등장했다.[8] 지방의 당정간부는 사영기업가를 협력 대상자로 간주하고, 이들에 대해 공산당 입당, 인대 대표 및 정협 위원 추천 등 정치적 특혜를 베풀었다. 공산당 입당과 인대 대표 당선은 사영기

업가에게는 정치적 측면뿐 아니라 경제적 측면에서도 다양한 이익을 가져다주었다.[9]

사영기업가도 이에 대한 보답으로 공산당 영도 체제를 굳건히 옹호하고, 지역경제 발전을 위해 당정간부의 정책에 적극적으로 협조했다. 이런 점에서 사영기업가는 공산당이 추진한 개혁·개방 정책의 최대 수혜자가 되었다. 동시에 이들은 공산당 영도 체제를 가장 옹호하는 사회계층이 되었다.[10]

(3) 사영기업가 통제 기제

다른 한편으로 공산당은 사영기업가에 대한 의심의 눈초리를 거두지 않았다. 그래서 각종 기업가 조직을 만들거나, 기존에 있었던 조직을 활용하여 이들을 통제했다. 공상업연합회(工商聯/공상련), 사영(민영)기업가협회(私營(民營)企業家協會), 외상투자기업협회(外商投資企業協會), 개체노동자협회(個體勞動者協會)를 통한 통제가 대표적이다. 학자들은 이런 관리 체제를 '국가 조합주의(state corporatism)'라고 부른다.[11] 한국의 박정희 정부 시기에 국가가 기업가 단체와 노동자 단체를 만들어 기업가와 노동자를 통제하는 방식과 유사한 모습이다.

이런 단체 중에서 공상련은 한국의 전국경제인연합회(전경련)처럼 상당한 규모가 있는 사영기업가만이 가입할 수 있는 권위 있는 조직이다. 광둥성이나 푸젠성 등 시장경제가 발전한 연해 지역에서는 공상련을 상회(商會)라고도 부른다. 상회가 홍콩과 동남아시아에서 활동하는 화교 기업가들에게는 더 친숙한 이름이기 때문이다. 반면 개체노동자협회는 자영업자(個體戶)가 의무적으로 가입해야 하는 기구로, 자영업자의 권익 수호 기구라기보다는 정부의 통제기구 성격이 강하다. 사영기업가협회는 그 중간 성격이다. 일부 지역에서는 개체노동자협회와 사영기업가협회를 통합하여 운영한다. 마지막으로 외상투자기업협회는 외자기업만이 회원으로 가입한다.

그러나 이와 같은 사영기업가 통제 정책은 한계가 있다. 기업 '외부에서' 사영기업가를 통제하는 정책이지, 기업 '내부에서' 공산당 영도를 실현하는 방법이 아니기 때문이다. 따라서 2000년대에 들어 공산당은 사영기업 내에 당 기층조직을 설립하고 운영하는 방안을 적극적으로 추진하기 시작한다.

2. 사영기업 내 공산당 조직의 설립

사영기업 내에 공산당 조직을 설립한다는 방침은 2000년과 2012년 두 번의 정책 문건을 통해 구체화되었다. 이 두 문건이 하달된 이후 전국적으로 사영기업 내에 당 기층조직을 설립하려는 활동이 활발히 전개되었다.

(1) 공산당의 기층조직 설립 방침

| 2000년 〈비공유경제 조직의 당 건설공작 강화 의견〉

2000년에 공산당 중앙은 〈개체(個體)와 사영(私營) 등 비공유경제(非公有經濟) 조직에 당 건설공작을 강화하는 의견(意見)〉을 하달했다. 공산당의 한 조사에 따르면, 1999년 말에 전국에 있는 사영기업 중에서 당 기층조직이 있는 기업은 1.5%에 불과했다. 더욱 심각한 문제는, 당 기층조직이 있는 1.5%의 사영기업에서도 당 조직은 원래 해야 하는 역할을 제대로 수행하지 못했다는 점이다.[12] 만약 이런 상황이 지속된다면 공산당은 사영기업을 통제할 수 없을지도 모른다.

이는 공산당의 통제를 벗어난 거대한 경제 세력이 당 밖에 존재한다는 사실을 의미한다. 공산당에게는 정치적 위협이 아닐 수 없다. 특히 1989년 톈안먼 민주화 운동의 경험은 공산당 중앙의 경각심을 더욱 높였다. 다시 말해, 미래에 민주화 운동이 또 발생해서 더욱 강력한 세력으로 성장한 사영기업가가 대학생 및 도시 주민과 연대해서 공산당에 대항한다면, 이는 공산당 집권에 위협이 될 가능성이 크다는 것이다.

2000년에 공산당 중앙의 지시가 하달된 이후, 전국적으로 사영기업에 대한 공산당 조직 설립 운동이 전개되었다. 그러나 실제 성과는 크지 않았다. 공산당이 역량을 집중하여 정책을 추진해야 했는데, 그렇게 할 수 없었기 때문이다. 2008년 베이징 올림픽의 성공적인 개최는 공산당에게는 지상 최대의 과제였다. 그런데 2008년에 세계 금융위기가 발생하여 국내외 경제 상황이 나빠졌다. 여기에 더해 같은 해에 쓰촨성에서 대지진이 발생했고, 2008년과 2009년에는 티베트와 신장 위구르 지역에서 대규모 소수민족 시위가 벌어졌다. 사영기업 내에 공산당 기층조직을 건설하는 일은 정책 우선순위에서 밀릴 수밖에 없었다.

| 2012년 〈비공유경제 기업의 당 건설공작 강화 및 개진 의견〉

2012년에 공산당 중앙이 하달한 정책 문건인 〈비공유경제 기업의 당 건설공작 강화 및 개진(改進) 의견〉은 사영기업 내 당 기층조직 설립의 분수령이 되었다.[13] 즉 이 문건이 하달된 이후 당 조직 설립은 전보다 훨씬 강력하게 추진되었다.

2012년 〈강화 및 개진 의견〉에 따르면, 사영기업 내 공산당 기층조직은 "기업 내 당의 전투 보루"이자 "기업 직원 군중의 정치 핵심"으로, 기업 발전에서 "정치 인도 역할"을 수행해야 한다. 또한 공산당 조직은 사영기업 내에서 당 조직의 직책(임무)을 수행해야 한다. 공산당 정책의 선전과 관철, 직원 군중의 단결과 결집, 기업과 노동자 쌍방의 합법적인 이익 옹호, 선진 기업문화의 건설, 기업의 건강한 발전 촉진 등이 그것이다.

또한 2012년 〈강화 및 개진 의견〉에 따르면, 사영기업 내에 당 건설을 추진하기 위해 현급 이상의 지방 공산당 위원회에는 '비공유경제 기업 당 건설공작위원회'를 설치해야 한다. 사영기업 내 당 건설은 직원이 50명 이상인 곳을 중심으로 전개해야 하는데, 크게 네 가지 방식으로 추진한다. 첫째, 사영기업이 집중된 공업단지(園區)에서는 개별 기업 단위로 당 기층조직을 설립하거나, 혹은 몇 개의 기업을 묶어 종합 당 위원회를 설립한다. 둘째, 사영기업이 분산된 곳에서는 향(鄉)·진(鎭)·가도(街道)의 당 위원회가 이들을 관리한다. 셋째, 전문 업종의 특성이 강한 사영기업은 기업 업종협회(行業協會)나 상회(商會)를 통해 관리한다. 넷째, 사회적 영향력이 크고, 당원 수가 많은 대형 사영기업은 현급 이상의 당 위원회가 직접 관리한다.

2012년 〈강화 및 개진 의견〉에는 사영기업가의 우려와 저항에 대한 대비책도 제시되었다. 먼저 조건에 부합하는 사영기업가는 입당시킨다. 만약 입당이 여의치 않을 때는 이들이 "중국 특색 사회주의 사업"에 합당한 건설자가 되도록 교육하고 인도한다. 또한 "기업 수요, 당원 환영, 직원 찬성"의 원칙에 따라 공산당의 조직 활동과 기업의 생산 경영 활동을 결합하는 제도를 운용한다. 소위 "쌍방향 상호연동 업무 기제(雙向互動工作機制)"의 수립이다. 이에 따라 기업 공산당 지도부와 기업 관리층의 공동 학습 제도를 실행한다. 기업 당서기가 기업의 중요한 회의에 참석하고, 당 조직과 기업 관리층이 상호 소통하는 통로도 만든다. 마지막으로 기업 공산당의 조직 활동도 당원만을 위한 활동이 아니라 일반 직원도 함께 참여할 수 있도록 개방식으로 전개한다. 소위 "당 군중활동 일체화(黨群活動一體化)" 방침이다. 당 조직이 직원을 위해 각종 취미 오락 활동을 조직하는 것이 대표적인 사례다.

2012년 〈강화 및 개진 의견〉은 사영기업 내 공산당 기층조직 지도부, 특히 당서기의 충원 방법도 규정했다. 첫째는 사내 임명이다. 기업 소유주가 직접 당서기를 맡으면 좋고, 아니면 다른 경영인 중에서 선임해도 좋다. 노동조합(工會) 주석이 당서기나 부서기를 겸직할 수도 있다. 둘째는 외부 파견이다. 당정기관 간부, 국유기업의 경영 관리자, 당무 담당 당정간부, 퇴역 장교 등에서 후보를 추천하여 사영기업에 파견할 수 있다. 셋째는 공개 모집이다. 당무 경험이 있는 인재를 공개 모집하여, 이들을 사영기업의 당서기나 부서기로 임명한다. 비용은 당연히 사영기업이 부담한다.

마지막으로, 2012년 〈강화 및 개진 의견〉은 사영기업 내 공산당 기층조직의 운영을 위한 경비 조달과 공간 마련 방법도 규정했다. 당 조직의 운영 경비는 기업 관리 비용에 포함하여 세금을 감면해 준다. 또한 당비 반환제도를 수립하여, 사영기업 내 당원이 납부한 당비는 전액 반환하여 활동 경비로 사용하도록 보장한다. 그래도 경비가 부족하면, 상급 당 조직이 일정 비율로 경비를 지원한다. 끝으로 공업단지나 상업지역에 "장소·시설·간판(標志)·당기(黨旗)·

도서(書報)·제도(制度)"를 모두 갖춘 "당 군중활동 서비스센터(黨群
活動服務中心)"를 전국에 걸쳐 통일적으로 건립한다.

(2) 사영기업 내 공산당 기층조직의 증가

그렇다면 2000년과 2012년 방침은 실제로 실행되었을까? 〈표
2-2〉는 국유기업, 사영기업, 사회조직 내에 설립된 공산당 조직의

〈표 2-2〉 기업과 사회조직 내 공산당 기층조직의 구성 상황(2006~2019년)

단위: 만 개/퍼센트(%)

연도	국유기업(%)	사영기업(%)	사회조직(%)	민영 비기업단위(%)*
2006	28.8(84.0)**	17.8(7.4)**	-	-
2008	21.6(86.8)	38(15.9)	-	1.2(14.81)
2010	20.26	54.7	1.42	1.89
2012	-	147.5	4.03	3.95
2013	19.5(90.8)	162.7(58.4)	11.5(41.9)***	
2014	19.4(91.0)	157.9(53.1)	18.4(41.9)	
2016	18.9(91.3)	185.5(67.9)	28.9(58.9)	
2017	18.5(91.2)	187.7(73.1)	30.3(61.7)	
2018	18.1(90.9)	158.5	26.5	
2019	147.7****		14.2	
2021	151.3		16.2	

주: • 민영 비기업단위(民辦非企業單位)는 사회서비스기구(社會服務機構)라고도 부른다; •• 괄호() 안의 퍼센
트는 전체 기업에서 공산당 기층조직이 있는 곳의 비율을 말한다; ••• 2013년부터 사회단체와 민영 비기업단위
를 묶어 사회조직(社會組織)으로 발표했다; •••• 2019년에는 국유기업과 사영기업을 묶어 기업으로 발표했다;
"2021년"은 2020년 1월부터 2021년 6월 5일까지의 통계다.

자료: 中國共産黨 中央組織部, 「中國共産黨黨內統計公報」(2006-21년), <人民網>, www.people.com.cn.

상황을 정리한 것이다.

이 표에 따르면, 사영기업 내 공산당 기층조직 설립이 본격적으로 추진된 2012년 이후 당 조직이 급격히 증가했다. 단적으로 2013년에 162만 7,000개였던 당 조직이 2017년에는 187만 7,000개로, 2012년 대비 25만 개가 증가했다(증가율 15.4%). 동시에 사영기업 중에서 당 기층조직이 설립된 기업의 비율도 2013년 58.4%에서 2017년 73.1%로, 4년 동안 15% 포인트나 증가했다. 만약 2006년과 비교하면, 규모와 비율 모두 약 10배가 증가한 것이다.

그런데 2018년에는 158만 5,000개로, 전년 대비 29만 개가 감소했다(감소율 15.4%). 이런 감소는 2021년까지 이어졌다. 공산당 중앙이 정풍운동을 통해 활동하지 않는 당 기층조직의 승인을 취소한 결과였다. 일종의 당 조직 내실화를 진행한 시기로 볼 수 있다. 이는 시진핑 정부가 추진한 '공산당 전면 영도' 강화 원칙에 따라 사영기업에 있는 당 기층조직이 명실상부한 '영도 핵심'이 될 수 있도록 개혁하라는 지시에 따른 결과다.

또한 표에 따르면, 2021년 6월에는 국유기업과 사영기업을 포함해 모든 기업 내에 약 151만 개의 공산당 기층조직이 설립되었다. 공산당의 발표에 따르면, 세 명 이상의 당원이 있는 모든 기업에는 당 조직을 설립했다고 한다. 그러나 이것이 모든 사영기업에 당 조직을 설립했다는 의미는 아니다. 당원이 한 명도 없는 사영기업이 있고, 그런 곳에는 당 조직을 설립할 수 없기 때문이다. 실제로 규모가 작은 사영기업에는 당원이 없을 수도 있다. 어쨌든 사영기업 내에 당 조직을 설립한다는 공산당의 원래 목표는 기본적으로 완수했다고 평가할 수 있다.

(3) 공산당 기층조직의 설립 사례

그렇다면 실제 공산당 기층조직의 설립 과정은 어떠했을까? 기업 일선에서 이를 추진한 당정간부들은 당 조직의 설립 문제를 매우 신중하게 접근했다. 사영기업 내에 당 조직을 설립하는 것은 사회주의 국가인 중국에서도 그렇게 쉬운 일이 아니기 때문이다. 상황과 조건을 무시하고 막무가내식으로 당 조직을 설립할 경우, 사영기업가의 반발을 사는 것은 물론, 당 조직 설립 이후에도 제대로 활동할 수가 없다. 이렇게 설립한 당 조직이 노동자들의 환영을 받을지도 장담할 수 없다.

〈당 건설 지침서〉에는 사영기업 내 공산당 기층조직 설립 과정에서 지켜야만 하는 세 가지 원칙을 강조한다. 첫째는 점진적 설립 원칙이다. 사영기업 내 당 조직은 기준(예를 들어, 3인 이상의 당원 존재)에 합당해야만 설립한다. 둘째는 기업주 자원(自願)과 공산당 인도(引導)의 상호 결합 원칙이다. 이를 위해 공산당은 당 조직 설립 전에 기업주의 이해와 협조를 구하기 위해 최대한 노력한다. 셋째는 당 조직이 없을지언정 당 설립을 남용해서는 안 된다는 원칙이다. 이를 위해서는 당 조직 설립과 기업 발전이 서로 호응하게 추진해야 한다. 마지막으로 당 설립의 중점은 일정한 규모의 기업(직원 50명 이상), 직원이 안정적인 기업(즉 직원의 유동이 많지 않은 기업), 당원이 어느 정도 있는 기업이다.[14]

| 상하이시(上海市) 지역 사례

공산당 기층조직의 설립 사례로 경제가 발전한 상하이시 지역을 먼저 살펴보자. 2000년에 중앙 문건이 하달된 이후, 상하이시 당 위원회는 2001년부터 본격적으로 사영기업 내 당 조직 설립을 추진했다. 선결 과제는 두 가지였다. 먼저 공산당 내의 회의적인 태도를 없애야 했다. 공산당 내에는 '세 가지 두려움'이 있었다. 첫째, 사영기업은 당을 수용하지 않을 것이다. 둘째, 사영기업 내 당 조직은 기업주와 껄끄러운 관계에 놓일 것이다. 셋째, 당 활동을 전개하는 데 큰 어려움이 있을 것이다. 이런 회의적인 태도는 시간이 가면서 곧 해소되었다.

또한 공산당은 사영기업가의 불안감도 해소해야만 했다. 당 지도자 못지않게 사영기업가도 당 기층조직의 설립을 걱정하고 있었기 때문이다. 첫째, 당 조직은 개인 소유제와 이윤 추구 활동에 적대적일 것이다. 둘째, 당 조직이 만들어지면 경영권을 잃거나(失權), 당 조직과 경영권을 나누어 행사하거나(分權), 아니면 당 조직과 경영권을 다툴 것이다(爭權). 셋째, 당 조직이 만들어지면 기업 운영 비용이 증가할 것이다.

사영기업가의 우려에 대해 상하이시 공산당 위원회가 제시한 해결책은 세 가지였다. 첫째, 당 건설은 네 가지 관심 사항, 즉 ① 기업 생산성과 경영 향상의 촉진, ② 과학적이고 기술적인 문제의 처리와 해결, ③ 직원의 교육과 훈련, ④ 직원의 자기 향상을 중심으로 전개한다. 둘째, 기업 내에서 세 가지 굳건한 지지를 유지한다. ① 경영혁신의 지지, ② 시장 개혁 심화의 지지, ③ 기업 내 조화로운 (노동자·기업가) 관계의 지지가 그것이다. 셋째, 당원 직원에 대해 인센티브제를 운용한다. 모범 당원은 포상하되, 생산성이 떨어지는 당원은 문제 해결과 개선을 요구한다.

예를 들어, 상하이시의 대표적인 외자기업이었던 월마트(Wal-Mart)의 당 기층조직은 당 건설 과정에서 이런 구호를 제창했다. "당원의 선진성 여부를 평가하는 하나의 기준은, 우리가 일하는 매점의 판매를 얼마나 늘리는가이다."[15] 만약 당 조직 설립이 이런 방향으로 진행된다면, 다시 말해 당 조직이 기업의 이윤 창출에 도움이 되는 상황이라면, 사영기업가가 이를 반대할 이유가 없었다. 이런 정책을 실행한 결과 사영기업가의 저항은 점차로 줄어들었고, 사영기업 내 당 조직 설립도 시간이 가면서 큰 성과를 거두었다.

│ 안후이성(安徽省) 지역 사례

상대적으로 시장경제가 덜 발전한 안후이성에서도 유사한 정책이 추진되었다. 특히 2012년의 문건이 하달된 이후, 안후이성 공산당 위원회는 사영기업 내 당 기층조직 설립에 매진했다. 그 결과 2011년에는 사영기업 중에 당 조직이 있는 비율이 42.2%였던 것이 2012년 말에는 91.6%로, 1년 만에 50% 포인트나 증가했다. 이를 위해 안후이성 당 위원회는 네 가지 전략을 사용했다.

첫째, 현급 이상의 공산당 지방위원회 내에 '비공유경제와 사회조직 공작위원회', 일명 '양신조직(兩新組織) 공작위원회'를 설치했다. 여기서 '양신조직'은 사영기업(비공유경제)을 의미하는 '신(新)' 경제조직, 민간이 설립한 비정부조직(NGO)인 '신(新)' 사회조직을 가리킨다. 예를 들어, 2012년 9월에 안후이성 당 위원회에 정청급(正廳級)으로 양신조직 공작위원회를 설치했다. 공작위원회는 주임, 부주임, 연락조, 판공실로 이루어졌다.

또한 사영기업이 밀집한 경제개발구 내에 종합 공산당 위원회(綜合黨委)를 설립했다. 종합 당 위원회는 상급 공산당 공작위원회의 파견기구로서, 사영기업의 당 기층조직 설립을 총괄 지휘했다. 이처럼 2012년 말에 전 성에 걸쳐 당 공작위원회 네트워크가 수립되었다. 마지막으로 목표 책임제를 추진했다. 2014년 말까지 사영기업의 95% 정도에 당 조직을 설립한다는 목표를 제시하고, 이를 달성하기 위해 전당이 노력했다. 특히 대형 사영기업은 안후이성 당 위원회 공작위원회가 직접 관리했다.[16]

둘째, 사영기업의 공산당 기층조직 설립을 지원하기 위해 '당건지도원(黨建指導員)'을 파견했다. 2013년에만 그 규모가 1만 명이었다. 당건지도원은 정부 부서, 국유기업, 대학에서 주로 파견되었다. 특히 사영기업 업무를 담당하는 국유기업과 정부 부서의 관계자를 당건지도원으로 파견함으로써 사영기업의 운영에도 도움이 되도록 했다. 이들은 사영기업의 자원 관리와 당 건설 및 운영을 지원했다. 방식은 한 명의 당건지도원이 세 개의 사영기업을 담당하는 식이다. 지도 대상에는 직원 50명 이상의 사영기업이 반드시 포함되었다.[17]

셋째, 사영기업가의 입당과 교차 겸직(交叉任職) 제도를 운용했다. 공산당 기층조직의 설립에 대해 사영기업가가 환영한 것만은 아니었다. 이들은 당 조직이 사영기업의 자유로운 경영 활동을 방해하고, 노동자를 조직하여 기업에 대항할지도 모른다고 의심했다. 이를 해소하기 위해 몇 가지 정책을 추진했다. 먼저 사영기업가를 입당시키고, 이들이 주도하여 당 조직을 설립하도록 유도했다. 그 결과 2015년 기준으로, 안후이성에 있는 대형 사영기업가의 50%, 전체 사영기업가의 20%가 당원이 되었다. 또한 당 조직이 설립된 사영기업의 소유주나 경영자를 인대 대표나 정협 위원에 추천함으로써 이들의 정치적 지위를 높여주었다.[18] 이는 큰 혜택이었다. 마지막으로 교차 겸직을 추진했다. 신설된 당 조직의 지도부를 사영기업가 혹은 그 친인척이 담당하도록 조치한 것이다. 실제로 당서기 중 70%가 기업주 혹은 그 관계자였다.[19]

넷째, 기업 친화적이고 대중 서비스 중심의 공산당 조직 활동을 전개했다. 무엇보다 기업 내 당 기층조직의 탈정치화와 친기업 활동을 강조했다. 당 조직은 기업의 세부 경영에 개입하지 않고, 대신 생산 증대와 노동자 복지 개선을 지원했다. 또한 당원의 모범적인 생산 활동을 통해 기업 생산을 증대하는 정책을 추진했다. 기업 내에 '당원 시범 직위(黨員示範崗)', '당원 돌격대(黨員突擊隊)', '당원 책임구(黨員責任區)' 등을 설치하여 당원이 가장 열심히 일하고 가장 많은 성과를 낸다는 점을 과시했다.

다섯째, 노동자의 합법적인 권익을 보호하기 위해서도 노력했다. 노동조건 개선 등 복지 개선 활동을 전개했고, 체육대회·노래자랑·미팅 주선 등 오락 활동도 당 조직 생활의 하나로 전개했다.[20] 이는 공산당 기층조직의 활동이라기보다는 노동조합의 활동에 가까운 것이었다.

| 기타 지역 사례

우리가 살펴본 사례는 두 지역에만 국한된 것이 아니다. 다시 말해, 정도의 차이는 있지만, 전국적으로 유사한 활동이 전개되었다. 예를 들어, 공산당 기층조직과 기업 조직이 융합되어 활동하는 사례는 다른 곳에서도 나타났다. 이는 공산당이 사영기업에서도 국유기업에서처럼 활동하는 것이다.

허베이성(河北省) 츠현(磁縣) 경제개발구(經濟開發區)에 자리한 한단신성그룹(邯鄲鑫盛集團)도 그 가운데 하나였다. 이 회사는 2011년에 공산당 총지부를 설립했고, 당원이 증가한 2016년에는 당 기층 위원회를 설립했다. 당서기는 기업 회장, 즉 동사장(董事長)이 직접 맡았다. 이 기업에서는 초기부터 '하나로의 융합(融入)' 방침을 추진했다. 즉 '공산당 건설을 기업 생산 경영의 전 과정에 융합'하고, '공산당 건설을 기업 발전과 함께 진흥(同振)'하는 방침을 추진한 것이다.

공산당 기층조직과 기업 경영조직 지도부의 교차 겸직과 협력은 이를 위해 필요한 제도였다. 구체적으로 기업 회장이 당서기를 겸직하고, 사장(總經理)과 부사장이 당 부서기와 위원을 겸직했다. 이런 상황에서 회사가 중대 정책과 인사 문제를 결정할 때는 당 조직이 먼저 연구하고 결정했다. 그러면 회사 조직(예를 들어, 이사회)은 이를 토대로 최종적으로 결정했다. 이처럼 당 조직이 시종일관 기업 관리층의 정책 결정을 주도했다.[21] 이는 국유기업과 비슷한 방식으로 당 조직과 기업 조직을 결합하여 운영한 것이다.

장쑤성(江蘇省) 우시시(無錫市)의 훙더우그룹(紅豆集團)도 비슷한 방식으로 공산당 기층조직과 기업 경영조직을 융합하여 운영했다. 이 기업은 1997년에 당 기층위원회를 설립했다. 이 기업에서는 당 위원회를 정치 핵심으로 삼아, 이사회(董事會), 감사회(監察會), 경영층이 하나로 융합되는 체제를 수립했다. 이를 위해 기업 당 지도부와 회사 지도부가 교차 겸직했다. 즉 당 위원회 위원은 전원 회사이사회·감사회·경영층의 구성원이 되었고, 회사 이사회 성원은 모

두 당 위원회 위원으로 참여했다. 이를 통해 공산당의 조직 발전과
회사의 생산 경영 관리가 융합되어 함께 발전하도록 노력했다. 이
때 당 조직은 기업 경영에는 간섭하지 않았다. 대신 기업의 발전 방
향이 올바르도록 협력하고, 당 방침이 기업 내에 집행되도록 감독
했다.[22]

한편 공산당 중앙의 지침에 따르면, 만약 사영기업 소유주
(owner)가 당서기를 맡으면, 당무를 전담할 별도의 부서기를 두어
야 한다. 또한 기업 소유주가 경영에만 집중하기 위해 당서기를 맡
지 않을 경우는 별도로 당서기를 선임할 수 있다. 2018년 말에 중
국의 대표적인 정보통신(IT) 기업인 바이두(百度)가 연봉 56만 위안
(한화 9,200만 원)을 조건으로 당서기를 공개 모집한 것은 이런 이유
때문이었다. 당시 모집 공고에 따르면, 지원 조건은 '공산당원으로
서 최소한 2년 이상 정부 업무를 담당한 경험이 있는 대졸 이상의
학력 소지자'로, '정부나 대기업에서 일한 경력이 있는 자는 우대'한
다. 같은 시기에 디디추싱(滴滴出行)이라는 중국판 우버 회사도 연
봉 24만 위안(한화 4,000만 원)을 조건으로 당서기를 공개 모집했다.[23]

사영기업 내 공산당 기층조직과 기업 경영조직이 융합되어 노사
문제를 선제적으로 해결하는 사례도 있었다. 예를 들어, 허난 위안
팡 그룹(河南圓方集團)은 1994년에 설립되었는데, 4만 명의 직원 중
당원은 457명이었다. 회장이 당 기층위원회의 당서기를 맡았다. 이
곳에서도 당 조직과 기업의 융합발전 정책을 추진했다. 직원의 신

임을 받는 당 위원회 부서기가 기업 대표로서 기업과 노동자 간의 관계를 전담했다. 또한 당 위원회 서기, 당 총지부 서기, 당 소조 조장 등 기업 내 당 간부들은 민감하고 중요한 각종 노동문제를 원만히 해결하여 노사관계를 안정적으로 유지하는 임무를 수행했다. 그 결과는 성공적이었다.[24] 이는 당 조직이 노사문제를 전담하여 처리한 대표적인 사례다.

지금까지는 주로 중국 기업의 사례를 살펴보았다. 그런데 외자기업의 공산당 기층조직도 이와 비슷한 활동을 전개한다. 예를 들어, 2004년에는 상하이시의 월마트(Wal-Mart)에서 당 조직이 주도하여 설립한 노동조합이 등장해서 화제가 되었다. 2008년에는 상하이 인텔(Intel Shanghai)의 당 조직이 3,000명의 미혼 남녀 직원을 대상으로 대형 맞선(meeting) 이벤트를 조직해서 언론에 보도된 적이 있다. 2010년에는 광저우시에 있는 듀퐁화학(DuPont Chemical)의 당 조직이 중산공원에서 일반 직원을 대상으로 다빈치 코드(Da Vinci Code)라는 퀴즈대회를 열어 역시 언론의 주목을 받았다.[25]

사영기업 내 '공산당 건설'의 평가

그렇다면 이와 같은 사영기업 내 공산당 기층조직의 설립을 어떻게 평가할 것인가? 앞에서 말했듯이, 양적 측면에서는 성공을 거두었다고 평가할 수 있다. 사영기업 내에 당 조직이 증가한 것은 분명한 사실이기 때문이다. 그래서 공산당은 2021년 6월에 사영기업 중에서 당 조직을 설립할 조건이 갖추어진 곳, 예를 들어 당원이 세 명 이상 있는 사영기업에는 당 조직을 다 설립했다고 자랑스럽게 선언할 수 있었다.

그러나 문제가 없는 것은 아니다. 첫째, '종이 위의 당 건설(紙上黨建, paper party)', 즉 서류상으로만 존재하는 공산당 조직 설립의 문제가 있다. 앞에서 말했듯이, 2018년부터 사영기업 내 당 기층조직이 다시 감소한 것은 이 때문이다. 둘째, 사영기업 소유주와 친인척이 당 조직의 설립을 주도하면서 당 조직의 '가족화(家族化)' 현상이 나타났다. 그 결과 당 조직은 기업주가 원하는 것만 하는 '기업주의 사조직'으로 전락할 가능성이 커졌다. 셋째, 많은 당 조직이 정치 활동 대신에 노동조합과 비슷한 활동, 예를 들어 임금과 복지 증진, 여가 및 오락 활동을 전개하는 것도 문제다. 이런 식으로 가면, 공산당은 '혁명당'의 성격은 물론 '집권당'의 성격도 잃어버릴 수 있다.[26]

3. 사영기업 외부에서의 다양한 '당 조직 활동'

지금까지는 사영기업 내부를 중심으로 공산당 기층조직이 어떻게 설립되어 활동하는가를 살펴보았다. 이제 사영기업 외부, 즉 공업단지(공단)나 경제개발구, 상업지구나 도심지역에서 전개되는 공산당의 조직 활동을 살펴보자.

(1) 공단지역과 도심지역의 '당 조직 활동'

중소형 사영기업이 밀집한 공단지역과 사영기업 사무실이 밀집한 도심 상업지역에서도 이전과는 완전히 다른 공산당의 다양한 조직 활동이 펼쳐지고 있다. 여러 지역의 사례가 이런 변화를 보여준다.

| 푸젠성 샤먼시 지역 사례

푸젠성(福建省) 샤먼시(廈門市)의 후리창신(湖里創新) 신공업단지(新園)에는 많은 사영기업이 입주해 있다. 이 공업단지의 공산당 기층조직 설립은 '당원 돌봄 서비스'와 결합하여 추진되었다. 소위 '삼필일다(三必一多: 세 가지 반드시/하나의 많이)' 활동이 그것이다. 이런 공단지역 중소기업의 노동자는 대부분 농민공(農民工), 즉 농촌 출신의 유동 인구로 타향살이의 외로움과 곤란을 겪고 있다. 공산당은 이런 문제를 해결해주는 방향으로 당의 조직 활동을 전개한 것이다.

여기서 '삼필(三必: 세 가지 반드시)'은 ① 당원이 문제가 생기면 반드시 마음을 터놓고 이야기하기, ② 당원이 어려움을 겪으면 반드시 도와주기, ③ 당원이 병나면 반드시 문병하기를 말한다. '일다

(一多: 하나의 많이)'는 당원의 심신 건강에 유익한 활동을 많이 하기를 말한다. 이 밖에도 매달 특정한 주제의 활동일을 정해서 농구나 사진 촬영 등 취미 활동을 전개했고, 다양한 당원 봉사 활동도 조직했다.

또한 이 지역에서는 공산당 기층조직이 당원 돌봄 서비스를 강화하기 위해 '세 개의 일선(三在一線)' 활동도 전개했다. 첫째, 공단지역의 당 군중활동 서비스센터(黨群活動服務中心) 안에 당대표 공작실(黨代表工作室)을 설치했다. 여기서는 공상(工商)·세무·재정·법률 등 여러 분야의 당원 전문가를 초청하여 일반 당원과 공단 노동자에게 다양한 자문 서비스를 제공하여 어려움을 해결해주었다. 도움의 손길이 간절히 필요한 농민공 출신의 노동자들에게는 이런 공산당의 자문 서비스가 조금이나마 도움을 줄 수 있다. 둘째, 당 군중활동 서비스센터 내에 당서기 회견실(書記會客廳)을 설치했다. 여기서는 공단 내에 있는 중소형 사영기업의 당서기가 돌아가면서 정기적으로 출근하여 일반 당원과 기업 노동자의 방문을 받아 의견을 듣고 소통했다. 이는 공산당이 일반 노동자와의 소통을 강화하기 위해 마련한 조치였다. 셋째, 당 군중활동 서비스센터센터에서 정기적으로 당원 간담회와 당 기업간담회 등을 개최했다.[27] 이도 역시 노동자에게 현실적인 도움을 주는 당의 조직 활동이라고 평가할 수 있다.

상하이시 지역 사례

상하이시의 공산당 기층조직도 유사한 '당의 조직 활동'을 전개했다. 첫째, 도심 번화가의 빌딩에 당원 서비스센터(黨員服務中心)를 설치하고 다양한 활동을 위한 공간을 제공한다. 여기서는 공산당원의 업무 소질과 전문성을 높일 수 있는 각종 세미나와 스포츠 및 오락 이벤트가 포함된다. 이런 프로그램이 다채롭고 유익해서 '가짜 당원'이 다수 참여하기도 하는데, 이를 막기 위해 행사를 개최할 때마다 당원증을 검사해야만 할 정도다. 유동 당원(流動黨員), 즉 다른 지역에서 상하이시로 이주해온 당원을 위해 활동 카드를 지급하고, 이들의 현지 적응을 돕기 위한 다양한 교육 훈련도 실행한다.

둘째, 공산당의 가시성(visibility)을 높이기 위한 활동도 전개한다. 도심에 있는 소규모 광장이나 공원 등 시민들이 많이 모이는 공개된 장소에서 당원들을 중심으로 혁명가요 부르기 이벤트를 개최한다. 또한 공산당 기념일이나 국가 기념일에 당원과 일반인을 모집하여 혁명유적지를 답사하는 등의 공개 행사를 열기도 한다. 이를 통해 자연스럽게 공산당 기층조직의 존재를 알리고, 비당원의 당 활동 참여를 유도할 수 있다.

셋째, 공산당원 관리와 당원 간 소통 방식도 변화되었다. 예를 들어, 소셜미디어(SNS)의 당원 관리 앱(app)을 통해 당원을 관리하고, 당원 간에도 이를 통해 소통할 수 있도록 도움을 준다. 또한 지역마다 상업화된 각종 당원 문화센터와 클럽(예를 들어, '화이트칼라 구락부')을 설립하여, 소속 공산당원이 자유롭게 드나들면서 서로 교류할 수 있는 환경을 제공한다.[28] 이런 공산당의 조직 활동은 이전이라면 생각하기 어려운 일이다.

(2) 도심 상업지역: 저장성(浙江省) 닝보시(寧波市) 사례

각종 사영기업의 사무실과 쇼핑센터가 밀집해 있는 도심 상업지역에서도 공산당 기층조직은 다양한 조직 활동을 펼치고 있다. 저장성(浙江省) 닝보시(寧波市) 하이수구(海曙區)에 있는 톈이 상업지구(天一商圈)의 공산당 조직 활동이 대표적인 사례다. 톈이 상업지구는 닝보시의 유명 상업지역으로, 많은 업무용 빌딩과 쇼핑센터가 밀집해 있다. 여기에는 톈이 상업지구 종합당위(綜合黨委), 연합(聯合) 당 지부, 양신조직(兩新組織)―즉 사영기업과 사회조직― 당 지부가 설립되어 있다.

이 지역에도 역시 당원 활동 서비스센터가 도시 한복판에 자리잡고 있다. 2009년에 설립된 '톈이광장(天一廣場) 당원 서비스센터(黨員服務中心)'가 그것이다. 이곳에서 벌어지는 공산당 활동은 크게 네 가지로 나눌 수 있다. 첫째는 당원 서비스 제공이다. 당 소조 회의나 정치 학습 같은 당의 조직 생활, 자원봉사를 위한 당원 동원, 각종 취미 오락 활동, 당원 대상의 각종 교육 훈련 프로그램이 이에 속한다. 둘째는 경제활동이다. 기업의 직원 채용 지원, 각종 기업 관련 회의 개최와 지원, 행정·법률·노사관계 등에 대한 정보와 자문 서비스 제공, 투자 유치 활동이 이에 속한다. 셋째는 사회관리로, 한국의 동사무소(현재는 동 주민센터로 명칭 변경)가 일반 주민을 대상으로 공공서비스를 제공하는 것과 비슷한 일을 당원을 대상으로 실행한다. 넷째는 사회교류 활동(紅色會所)이다. 서비스센터는 다양한 모임을 만들어 당원들 간에 자유롭게 교류할 수 있도록 지원한다. 당원이 이와 같은 당 활동에 참여하면 포인트가 적립되고, 그 포인트로 각종 혜택을 받을 수 있다. 이때 당원은 '당원통(黨員通)'이라는 앱으로 서로 교류하고 소통한다.[29] 이는 상하이시 지역의 공산당 기층조직 활동과 비슷하다.

이런 다채로운 공산당 조직 활동의 결과, 텐이 상업지구의 당원은 2008년 89명에서 2014년 284명으로, 6년 동안 219.1%나 증가했다.

| 도심지역 공산당원의 실태와 새로운 당 조직 활동의 추세

또한 2015년에 이 지역에서 실시한 공산당원 실태 조사 결과를 보면, 대도시 상업지역의 당원이 어떤 특성이 있는지를 잘 알 수 있다. 이에 따르면, 공산당원 중 35세 이하가 전체의 72.2%나 된다. 참고로 2015년 당시 전체 공산당원 중에서 35세 이하의 비율은 25.4%였다. 이와 비교하면 상업지역 당원의 나이가 훨씬 젊다는 사실을 알 수 있다(즉 35세 이하의 당원 규모가 세 배나 많다). 또한 전문대졸 이상자가 당원의 93.0%로, 전체 당원 중 전문대졸 이상자의 비율인 44.3%보다 두 배 이상 높다. 직업별로는 전문기술직 당원이 35.6%, 기업관리인 당원이 23.9%로, 역시 전체 당원 내의 비율인 14.6%와 10.3%보다 두 배 이상 높다.[30]

이런 당원에게는 '삼회일과(三會一課: 세 가지 회의와 하나의 정치 학습)'와 같은 전통적인 '당의 조직 생활'이 단조롭고 따분할 따름이다. 참고로 '삼회(三會)'는 당 지부 당원대회, 지부 위원회 회의, 당 소조 회의를 말하고, '일과(一課)'는 정치 학습인 당과(黨課)를 말한다. 그래서 이런 지역의 공산당 조직은 위에서 살펴본 다양한 조직 활동을 펼친 것이다. 실제로 2014년에 이 지역의 공산당 기층조직의 활동을 조사한 결과를 보면, 대도시 지역의 당 조직 활동 중에서 '삼회일과'는 일부에 불과하다는 사실을 알 수 있다.

구체적으로 2014년에 이 지역에서 전개한 공산당의 조직 활동은 모두 812회였다. 이 가운데 이론과 정책 학습은 73회로 전체 활동의 9.0%, 교외 단체 야유회는 85회로 10.5%, 자원봉사는 138회로 17.0%, 직업훈련과 전람회 관람은 157회로 19.3%, 정책과 법률 자문은 163회로 20.1%를 차지했다. 나머지는 기타로 196회 24.1%였다. 여기서 알 수 있듯이, 정치 학습(당과)에 해당하는 이론과 정책 학습은 전체 활동의 9%에 불과했다.[31]

(3) 농민공 출신의 사영기업가 지역:
베이징시 저장촌(浙江村) 사례

이번에는 농민공(유동 인구) 출신의 사영기업가들이 설립한 공산당 기층조직의 활동을 살펴보자. 1995년에 베이징시 외곽 지역인 펑타이구(豐臺區)에 설립된 저장촌(浙江村) 공산당 기층조직이 대표적인 사례다.

이 조직의 공식 명칭은 출범 당시에는 '저장성 웨칭시(樂淸市) 외출유동당원(外出流動黨員) 제1공작위원회(第一工作委員會)'(이하 저장촌 공작위원회)였다. 저장촌 공작위원회 산하에는 모두 26개의 당 지부와 약 1,500명의 당원이 속해 있다. 하나의 당 지부에 평균 58명의 당원이 있는 셈이다. 저장촌 공작위원회는 모두 8명으로 구성되었다. 여기에는 당서기와 부서기 외에 기검조(紀檢組) 조장, 조직부·선전부·통일전선부·연락부·자선부(慈善部) 부장이 위원을 맡았다. 재미있는 점은, 당 공작위원회의 부서 중에 다른 곳에는 없는 자선부가 있다는 사실이다.[32]

저장촌 공산당 기층조직이 처음에 '기층위원회'가 아니라 '공작위원회'로 설립된 것은 나름의 장점이 있기 때문이다. 공작위원회는 기층위원회와 달리 상급 당 조직의 '파견기구'다. 이로 인해 기층위원회가 누릴 수 없는 두 가지 이점을 누릴 수 있다. 첫째, 저장촌 공작위원회는 파견기관인 저장성 웨칭시(樂淸市) 당 위원회 소속으로 베이징시 펑타이구 당 위원회의 관리를 받지 않는다. 그 결과

'웨칭시 당 위원회의 영도'를 구실로 자율적으로 활동할 수 있는 공간이 커진다. 둘째, 저장촌 공작위원회는 파견기구이기 때문에 동급의 기층위원회보다 행정등급이 높다. 즉 웨칭시 당 위원회의 행정등급을 따라간다. 이것도 역시 저장촌 당 조직이 해당 지역의 당정기관을 상대하는 데 유리하게 작용한다. 행정등급이 높은 당 조직은 그렇지 않은 당 조직과 비교해서 더 권위가 있기 때문이다.

그런데 2018년 6월에 저장촌 공산당 기층조직의 성격이 하향 조정되면서 기존에 누렸던 '특권'이 사라졌다. 앞에서 말했듯이, 저장촌 공작위원회는 원래 저장성 웨칭시 공산당 위원회가 베이징시 펑타이구 저장촌에 설립한 당 공작위원회(즉 파견기구)였다. 그런데 이제는 저장성 웨칭시 정부 초상국(招商局: 투자 유치 부서) 산하의 상회(商會)에 소속된 당 기층위원회로 성격이 변경된 것이다.[33] 즉 웨칭시 당 위원회 소속에서 웨칭시 상회 소속으로 지위가 대폭 강등되었다. 이렇게 되면서 저장촌 당 조직이 그동안 베이징시 펑타이구 내에서 누렸던 정치적 지위도 동시에 하락했다.

한편 위에서 살펴본 성격으로 인해 저장촌 공작위원회의 활동은 일반적인 당 기층조직의 활동과는 조금 다르다. 이를 분석한 연구에 따르면, 첫째, 소속 사영기업가 당원의 합법적인 경제 이익을 수호하기 위한 활동을 집중적으로 전개한다. 저장촌의 사영기업가들은 농민공 출신으로, 해당 지역 기업가와 비교했을 때 상대적으로 약자라고 할 수 있다. 그래서 저장촌 공작위원회는 소속 당원의 각종 권리 침해에 대한 불만과 의견을 접수하여 법적 절차를 통해 해결할 수 있도록 지원한다. 또한 당원 기업가들이 저장상회(浙江商會) 등 각종 기업가 단체를 설립할 수 있도록 지원한다. 둘째, 고향의 정치 과정에 참여한다. 저장성 웨칭시의 공산당 대표대회(당대회), 인대 및 정협 회의에 참여하는 것이 대표적이다. 셋째, 공익사업과 자선사업을 통해 사영기업가의 사회 경제적 지위를 높인다. 자연재해 지역에 기부금 전달하기, 베이징시 빈곤층 지원하기, 고향 경제발전 지원하기 등이 대표적이다. 저장촌 공작위원회의 부서 중에 자선부가 있는 것은 이 때문이다. 이 또한 사영기업가가 일반적으로 사용하는 생존 전략이다.[34] 앞에서 살펴보았듯이, 1990년대 중반 이후 다른 지역의 사영기업가들도 이런 생존 전략을 보편적으로 사용해왔다.

이처럼 농민공 출신의 사영기업가로 구성된 저장촌 공작위원회(현재는 기층위원회)는 자신의 권익을 지키기 위해 본적지 당 위원회의 지원을 받아 당 기층조직을 설립하고 활동한 대표적인 사례라고 할 수 있다. 농민공 출신의 사영기업가에게 당 조직은 외지에서 활동하면서 겪을 수밖에 없는 각종 권리 침해를 막아줄 수 있는 유력한 '방패'이자 '부적(護身符)'과 같은 존재다. 그래서 이들은 당 조직을 '사영기업가의 집(家)'이라고 부른다.[35] 이는 당 조직부를 '당원의 집'이라고 부르는 것을 모방한 표현이다. 이처럼 저장촌 공작위원회는 사영기업가의 이익 단체 성격을 띠고 있다. 이런 점에서

공산당이 사영기업가를 통제하는 수단이라기보다, 사영기업가가
공산당을 이용하여 자신의 이익을 추구하는 수단의 성격이 훨씬
강하다.

♦♦♦♦
사회조직의 발전과 통제

이제 사회조직 내에서 공산당이 어떻게 기층조직을 설립하고 운영하는지를 살펴보자. 개혁·개방 시대에 사회조직의 발전은 중국 안팎에서 큰 주목을 받았다.[1] 만약 중국에서 공산당에 도전할 수 있는 정치 세력이 등장한다면 사영기업가 계층과 함께 사회조직이 유력한 후보로 생각되었기 때문이다. 전 세계 민주화 운동 과정에서 비정부조직(NGO) 혹은 시민사회(civil society)가 중요한 역할을 담당했다는 것은 잘 알려진 사실이다. 또한 2000년대 중반 중앙아시아 지역에서 재(再)민주화 운동, 소위 '색깔 혁명(color revolution)'이 일어났을 때도 시민사회가 주도적인 역할을 담당했다. 공산당도 이런 사실을 잘 알고 있기에 사회조직을 엄격히 통제하는 정책을 계속 추진해왔다.

그러나 공산당도 사회조직이 수행하는 긍정적인 역할을 무시할 수만은 없었다. 중국에서는 정부가 주도하는 공공사업을 '사회사업(社會事業)'이라고 부른다. 교육, 보건위생, 의료, 복지 등 다양하다. 이 가운데 사회적 약자와 취약계층 지원 사업, 육아 및 탁아사업, 장애인과 노인 돌봄 사업 등 사회 기층이 필요로 하는 사회복지 서비스를 제공하는 일을 '사회공작(社會工作)', 이런 일에 종사하는 사람을 '사회공작자(社會工作者)'라고 부른다. 우리말로는, 사회공작은 사회복지(社會福祉), 사회공작자는 사회복지사(社會福祉師)에 가깝다.[2]

이런 다양한 사회공작은 전에는 주로 정부와 국가기관이 담당했다. 그런데 1990년대 중반 이후 공산당이 '작은 정부(小政府) 큰 사회(大社會)' 방침에 따라 정부 개혁을 추진하면서 사회공작을 민간에 위탁하여 수행하는 것이 대세가 되었다. 많은 선진국이 실행하는 방식을 중국도 도입한 것이다. 바로 사회조직의 한 종류인 '사회서비스기구'가 사회공작 위탁 서비스를 주로 담당한다. 베이징시, 상하이시, 광둥성 등 경제가 발전한 연해 지역은 2000년대 중후반부터 이런 방식으로 사회복지 서비스를 제공하기 시작했다.[3]

이처럼 사회조직이 정부를 대신하여 사회공작을 담당하면서 전보다 훨씬 많은 유능하고 전문적인 사회서비스기구가 필요해졌다. 그래서 공산당과 정부는 사회서비스기구를 육성하기 위해 다양한 정책을 추진할 수밖에 없었다. 그 결과 사회조직(특히 사회서비스기구)은 계속 증가했고, 공산당은 점점 더 중요해지는 사회조직에 대한 관리를 강화해야만 했다. 당 기층조직은 사회조직을 관리하는 중요한 수단이 되었다.

1. 사회조직의 분류

본격적인 논의에 앞서, 용어를 정리할 필요가 있다. 중국에서는 비정부조직(NGO)을 '사회단체(社會團體)', '민간조직(民間組織)', '사회조직(社會組織)'으로 섞어서 부른다.[4] 공식적으로는 '사회단체'가 먼저 사용되다가 1998년 전후로 '민간조직'으로 명칭이 변경되었다. 1990년대 들어 '민영(民辦) 비기업단위(非企業單位)'(공익사업을 주로 수행하는 공공기관)가 급속히 증가하면서 사회단체라는 말로는 이 조직을 포괄할 수 없기 때문이다.[5] 사회단체는 이제 민간조직의 한 종류를 가리키는 용어로 사용된다.

그런데 2007년 공산당 17차 당대회 이후에는 '사회조직'이 민간조직을 대체하여 공식 용어로 사용되기 시작했다.[6] 민간조직이라는 말로는 역시 민영 비기업단위를 제대로 포괄할 수 없기 때문이다. 민영 비기업단위(공공기관)는 민간이 운영하는 조직이기는 하지만, 기관 설립과 운영에 필요한 재원 대부분은 국가가 제공하고, 조직과 인사 등 주요 사항도 역시 국가가 결정하기 때문에 순수한 '민간조직'으로 볼 수 없다. 이런 이유로 명칭이 다시 한번 변경되었다.

따라서 현재 중국에서는 비정부조직을 통칭할 때 '사회조직'이라는 용어를 사용한다. 이 책도 이 용법을 따른다.

(1) 네 가지의 사회조직

중국의 관련 법률에 따르면, 사회조직은 크게 네 가지로 분류된다(세 가지로 분류할 수도 있다). 첫째는 '사회단체(社會團體)'다. 우리가 일반적으로 알고 있는 비정부조직(NGO)이나 시민사회의 구성 조직이 대부분 이 범주에 속한다. 농민회, 소비자단체, 종교단체, 업종협회, 각종 동호회 등 사회단체가 포괄하는 조직 분야는 매우 넓다. 사회단체는 〈사회단체 등기관리 조례〉(1998년 제정/2016년 수정)의 적용을 받는다.

둘째는 '사회서비스기구(社會服務機構)'다. 전에는 이를 '민영 비기업단위'라고 불렀는데, 최근에는 주로 사회서비스기구로 부른다. 지금까지 우리가 국유기업 혹은 '기업단위'와 대칭하여 '사업단위'라고 불렀던 공공기관이 바로 이들 조직이다. 사회서비스기구는 사회 공익을 위해 국가가 재정의 대부분을 제공하지만, 운영은 민간이 담당하면서 각종 공공서비스를 제공하는 비영리조직을 가리킨다. 유치원과 학교 등 교육 분야, 병원과 양로원 등 위생 분야, 박물관과 도서관 등 문화 분야, 연구소와 기술 센터 등 과학기술 분야, 운동시설과 스포츠 클럽 등 체육 분야, 직업훈련소와 직업소개소 등 노동 분야, 탁아소와 실버타운 등 민정(民政) 분야, 사회 중개 분야, 법률 자문 분야 등이 대표적이다. 사회서비스기구는 〈민영 비기업단위 등기관리 조례〉(1998년 제정)의 적용을 받는다.

셋째는 '재단(基金會)'이다. 이는 한국에 있는 각종 재단(foundation)과 큰 차이가 없다. 재단은 〈재단(기금회) 관리 조례〉(2004년)의 적용을 받는다.

넷째는 '자선단체(慈善團體)'다. 자선단체는 앞에서 살펴본 세 가지 종류의 조직과 중복되므로 별도로 구분하지 않기도 한다. 〈중국 자선법(慈善法)〉(2016년 제정)에 따르면, 자선단체는 "자선활동을 기본 취지로 법에 근거하여 성립된 재단, 사회단체, 사회서비스기구 등 비영리 기구"를 말하기 때문이다. 그러나 〈중국 자선법〉이 2016년에 제정되면서 자선단체는 별도로 등록해야 하는 조직으로 규정되었다. 따라서 자선단체를 사회조직의 한 종류로 분류할 수도 있다.

(2) 인민단체: 공산당이 직접 관리하는 특별한 군중 조직

그런데 사회조직 가운데는 공산당이 특별히 중시하는 소수의 '인민단체(人民團體)'가 있다. 이들은 행정기관에 등록해야 하는 의무를 면제받을 뿐만 아니라, 국가기관의 한 종류로 인정되어 특별 대우를 받는다. 단적으로 인민단체의 종사자는 공무원으로 분류된다. 또한 전국인민대표대회(전국인대: 중앙 의회)와 각급 지방인민

대표대회(지방인대: 지방의회)의 입법 및 감독 활동에 적극적으로 참여하여 해당 분야의 이익 증대와 권익 보호 활동을 전개한다.[7] 반면 이들은 공산당의 강력한 통제하에서 활동해야 한다는 단점이 있다. 즉 인민단체는 공산당으로부터 자율성이 없다.

이들은 '좁은 의미(狹義)의 인민단체'와 '넓은 의미(廣義)의 인민단체'로 나뉜다. 좁은 의미의 인민단체는 중국 인민정치협상회의 전국위원회(전국정협)와 지방위원회(지방정협)에 참여하는 여덟 개의 사회조직을 말한다. ① 총공회(總工會: 노조연합회), ② 공산주의청년단(共青團: 청년단체), ③ 부녀연합회(婦聯: 여성단체), ④ 중국과학기술협회(中國科協), ⑤ 중국귀국화교연합회(僑聯: 화교단체), ⑥ 대만동포연의회(聯誼會)(臺聯: 대만 화교단체), ⑦ 중국청년연합회(中國青聯: 청년단체), ⑧ 공상업연합회(工商聯: 기업가단체)가 그것이다. 이들은 공산당 중앙과 각급 지방위원회가 관리한다.

반면 넓은 의미의 인민단체는 좁은 의미의 인민단체에다 국무원이 특별히 등록 의무를 면제해준 14개 단체를 더한 사회조직을 말한다.[8] (1) 중국작가협회(中國作協), (2) 중국문학예술계연합회(中國文聯: 중국희극가협회 등 11개 단체가 소속된 연합조직), (3) 중국신문공작자협회(中國記協), (4) 중국인민대외우호협회(中國對外友協), (5) 중국인민외교학회(外交學會), (6) 중국국제무역촉진회(貿促會), (7) 중국장애인연합회(中國殘聯), (8) 중국쑹칭링기금회(宋慶齡基金會), (9) 중국법학회(法學會), (10) 중국적십자총회(紅十字總會), (11) 중국사상정

치공작연구회(中國政研會), (12) 구미동학회(歐美同學會), (13) 황포군
교동학회(黃埔軍校同學會), (14) 중화직업교육사(中華職敎社)가 그것
이다.

2. 사회조직의 발전 상황

이제 개혁·개방 시대에 사회조직이 어떻게 발전했고, 실제 분포
상황은 어떤지를 자세히 살펴보자. 이는 사회조직 내에 공산당 기
층조직을 설립하려는 공산당의 정책을 이해하는 데 필요하다.

(1) 사회조직의 규모

중국에 얼마나 많은 사회조직이 있는가는 정설이 없다. 계산 방
법이 다양하기 때문이다. 예를 들어, 총공회(總工會)나 공청단(共靑
團)은 인민단체로 각각 하나의 조직으로 계산할 수 있다. 그런데 이
들은 중앙부터 기층까지 기업과 학교가 있는 곳에 지부가 설립되
어 있다. 따라서 이를 별도의 사회조직으로 계산할 수도 있다. 그
럴 경우는 하나가 아니라 수백만 개의 조직이 된다. 또한 중국에는
정부 민정국(民政局)에 등록한 사회조직도 있지만, 그렇지 않은 사
회조직도 있다. 이런 식으로 계산하면 전국에는 약 803만 개나 되
는 사회조직이 있다. 이를 정리한 것이 〈표 2-3〉이다.

〈표 2-3〉 중국의 사회조직 규모

범주	규모(개)(%)
등록된 사회단체	142,000(1.77)
등록된 민영 비(非)기업단위	124,000(1.54)
미등록 사회단체	40,000(0.50)
미등록 민영 비기업단위	250,000(3.11)
8개의 인민단체	5,378,424(66.96)
기타 유사 정부 단체	1,338,220(16.66)
기층조직	758,700(9.45)
총계	8,031,344(100)

자료: Wang Shaoguang and He Jianyu, "Training Ground for Democracy: Associational Life in China", Deng Zhenglai (ed.), *State and Civil Society: The Chinese Perspective* (Singapore: World Scientific, 2011), p. 305.

이 표에 따르면, 등록된 사회조직(즉 사회단체와 민영 비기업단위)은 26만 6,000개다. 반면 등록되지 않는 사회조직은 약 29만 개로, 등록된 사회조직보다 약 3만 개가 많다. 그런데 〈표 2-3〉에 따르면, 사회조직의 대부분, 즉 전체의 약 67%는 8개의 인민단체로, 이들의 총수는 약 537만 8,000개가 된다. 이는 중앙과 각급 지방에 있는 8개의 인민단체를 개별적인 조직으로 간주하여 계산한 결과다. 그 밖에 정부가 설립한 각종 사회조직(예를 들어, 업종협회 등)이 약 133만 8,000개다. 흥미로운 점은, 도시와 농촌에 있는 기층조직, 즉 농촌의 촌민위원회와 도시의 거민위원회도 사회조직의 한 종류로 보고 계산한 점이다. 어쨌든 이렇게 모든 사회조직을 계산할 경우, 그 수는 약 803만 개가 된다.[9]

또한 〈표 2-3〉을 통해 우리는 중요한 사실을 발견할 수 있다. 모두 약 803만 개의 사회조직 중에서 공산당과 정부가 주도하는 사회조직, 즉 '8개의 인민단체'와 '기타 유사 정부 단체'가 약 671만 6,000개로, 전체의 83.65%를 차지한다. 만약 여기에 '기층조직', 즉 농촌의 촌민위원회와 도시의 거민위원회 약 75만 9,000개를 더하면 그 규모와 비중은 더욱 증가한다. 이처럼 현재 중국의 사회조직은 공산당과 정부가 주도하는 사회조직이 절대다수를 차지하고 있다고 평가할 수 있다. 다만 이런 식의 분류가 과연 타당한 것인지에 대해서는 좀 더 많은 검토가 필요하다.

| 등록된 사회조직의 규모

한편 우리가 중국의 사회조직을 분석할 때는 정부에 등록된 사회조직을 중심으로 분석할 수밖에 없다. 정부에 등록하지 않는 사회조직은 구체적인 조직 상황을 파악할 수 없기 때문이다. 또한 중국의 사회조직에 대한 체계적인 통계자료는 정부 당국(즉 민정국)만이 독점하고 있다. 이 때문에 우리가 등록된 사회조직을 분석할 때조차도 정부 자료를 이용할 수밖에 없다. 이런 한계를 인정한 상태에서 아래에서는 등록된 사회조직을 중심으로 이들의 변화 상황을 분석할 것이다.

〈표 2-4〉는 2019년 말을 기준으로 등록된 전국의 사회조직을 정리한 것이다. 이에 따르면, 중국에는 모두 약 87만 개의 '등록된' 사회조직이 있다. 이 가운데 사회서비스기구가 56.2%로 가장 많

단위: 개/퍼센트(%)

등록 단위	사회단체	재단 (基金會)	사회서비스기구 (민영 비(非)기업단위)	합계
국무원 민정부	1,983	213	99	2,295
성급 민정국	31,789	5,242	15,287	52,318
시급 민정국	89,359	1,534	66,012	156,905
현급 민정국	248,507	596	405,714	654,817
총계(%)	371,638(42.9)	7,585(0.9)	487,112(56.2)	866,335(100)

자료: 「2019年民政事業發展統計公報」, <中華人民共和國民政部> 2020년 9월 8일, www.mca.cn (검색일: 2021. 2. 5).

고, 다음이 사회단체로 42.9%를 차지한다. 반면 재단은 0.9%로, 비중 면에서는 무시해도 좋은 규모다.

(2) 사회조직의 '불균등한' 발전

〈그래프 2-1〉에서 〈그래프 2-4〉까지는 사회조직별 발전 상황을 정리한 것이다. 이에 따르면, 공산당이 사회조직 가운데 일부는 '통제'하고 일부는 '육성'한다는 특징을 발견할 수 있다. 이는 각 사회조직의 증가와 감소를 통해 확인할 수 있다. 이런 현상을 두고 일부 학자는 '분류 통제(分類管制)', 일부 학자는 '포섭과 탄압(co-option and repression)의 양면 정책'이라고 부른다.[10] 즉 자선단체나 사회서비스기구는 공산당의 정권 안정에 도움이 되기 때문에 적극적으로 육성하는 데 비해 인권단체·소수민족 단체·종교단체 등 민감한 주제를 다루는 사회단체는 강력히 통제한다는 것이다. 그 결과 사회조직 간에 '불균등한' 발전 현상이 나타났다.

먼저 〈그래프 2-1〉을 보면, 전체 '사회조직'의 규모는 계속 증가 했지만, 증가율은 시기별로 큰 차이를 보인다. 예를 들어, 2009년 부터 2011년까지는 매년 4% 정도로 낮게 성장했는데, 2005년, 2006년, 2014년에는 10%대로 높게 성장했다. 이는 공산당이 어떤 사회조직 정책을 추진했는지와 관련이 있다. 전체적으로 보면, 시 진핑 정부 시기(2012년~현재)에 들어 사회조직 증가율이 하락했다. 2014년에 10.8%로 정점을 찍은 이후, 2019년에는 6.1% 성장하는 데 그쳤다.

〈그래프 2-1〉 사회조직(社會組織)의 변화(2005~2019년)

자료: 「《中國社會組織報告》2019蓝皮书最新发布」, 2019년 7월 18일, www.chinadevelopmentbrief.org.cn (검 색일: 2021. 2. 5); 「2019年民政事業發展統計公報」, <中華人民共和國民政部> 2020년 9월 8일, www.mca.cn (검색일: 2021. 2. 5).

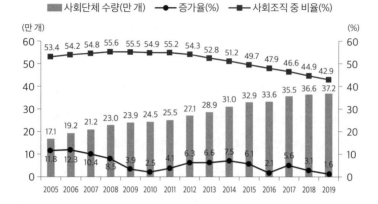

〈그래프 2-2〉 사회단체(社會團體)의 변화(2005~2019년)

자료:「《中國社會组织报告》2019蓝皮书最新发布」, 2019년 7월 18일, www.chinadevelopmentbrief.org.cn (검색일: 2021. 2. 5);「2019年民政事業發展統計公報」, <中華人民共和國民政部> 2020년 9월 8일, www.mca.cn (검색일: 2021. 2. 5).

〈그래프 2-2〉를 보면, '사회단체'는 점유율과 증가율 면에서 모두 감소하고 있다. 구체적으로 2005년에는 17만 1,000개로 전체 사회조직의 53.4%를 차지했는데, 2019년에는 37만 2,000개로 42.9%를 차지했다. 즉 14년 동안 점유율이 10% 포인트나 하락했다. 증가율도 같은 기간 11.8%에서 1.6%로, 10% 포인트나 떨어졌다.

왜 이와 같은 급격한 감소가 발생했을까? 현재는 연구가 부족하기에 이에 대한 명확한 답을 줄 수가 없다. 다만 정부의 통제 정책 때문에 이런 현상이 발생했다고 추측할 수 있을 뿐이다. 사회단체 중에서 반정부 성향의 인권단체나 정치단체는 소수지만, 중국은 이들을 탄압해왔다. 예를 들어, 2015년에 〈국가안전법〉('중국판' 국가

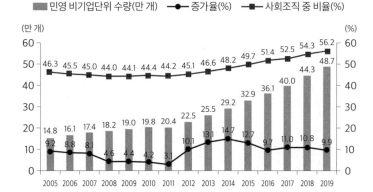

〈그래프 2-3〉 민영 비기업단위(사회서비스기구)의 변화(2005~2019년)

자료: 「《中國社會組織報告》2019蓝皮书最新发布」, 2019년 7월 18일, www.chinadevelopmentbrief.org.cn (검색일: 2021. 2. 5); 「2019年民政事業發展統計公報」, <中華人民共和國民政部> 2020년 9월 8일, www.mca.cn (검색일: 2021. 2. 5).

보안법)을 수정하면서 인권단체의 활동가를 일제히 검거했다.[11] 이들이 속한 사회단체도 당연히 탄압을 받을 수밖에 없었다. 이런 강압 정책으로 인해 등록된 사회단체의 증가율이 전반적으로 감소했다고 생각된다. 이에 대한 좀 더 상세한 연구가 필요하다.

반면 〈그래프 2-3〉에 따르면, '사회서비스기구(민영 비기업단위)'는 시기를 불문하고 모든 지표에서 성장세를 보인다. 점유율을 보면, 2005년에는 14만 8,000개로 전체 사회조직의 46.3%를 차지했는데, 2019년에는 48만 7,000개로 56.2%를 차지했다. 점유율이 14년 동안 10% 포인트나 증가한 것이다. 이는 '사회단체'와는 정반대 현상이다. 증가율도 시진핑 시기에 들어서 감소하지 않았다. 즉 2012년

〈그래프 2-4〉 재단(基金會)의 변화(2005~2019년)

■ 재단 수량(개) ●증가율(%) ■ 사회조직 중 비율(%)

자료: 「《中國社會組織報告》2019蓝皮书最新发布」, 2019년 7월 18일, www.chinadevelopmentbrief.org.cn (검색일: 2021. 2. 5); 「2019年民政事業發展統計公報」, <中華人民共和國民政部> 2020년 9월 8일, www.mca.cn (검색일: 2021. 2. 5).

에 10.1%에서 2019년에 9.9%로 10%대를 유지하고 있다. 이것도 전체 '사회조직' 및 '사회단체'의 성장률과는 다른 특징이다.

　이런 현상은 공산당이 사회서비스기구를 적극적으로 육성한다는 점, 최근 증가한 사회조직은 대부분 사회서비스기구라는 점을 말해준다. 왜 이런 현상이 나타났는지는 뒤에서 공산당의 '육성' 정책을 살펴보면 금방 이해할 수 있을 것이다.

　〈그래프 2-4〉는 '재단(기금회)'의 증가 상황을 보여준다. 전체 사회조직 중 재단의 점유율은 2005년 0.3%에서 2019년 0.9%로 세 배가 증가했지만, 점유율은 여전히 1% 미만이다. 다만 수적으로는 2005년 975개에서 2019년 7,585개로 약 8배가 늘었다. 이는 중국

정부가 자선단체의 증가를 위해 여러 가지 측면에서 노력한 결과라고 할 수 있다. 특히 세계적 기업으로 성장한 중국의 사영기업이 많은 재단을 설립했기 때문에, 재단은 비록 수적으로는 적지만 운영

〈표 2-5〉 자선단체의 규모 변화(2016~2018년)

단위: 개/퍼센트(%)

종류	2016년(비중/%)	2017년(비중/%)	2018년(비중/%)
재단(基金會)	528(85.3)	3,037(77.6)	3,982(75.7)
사회단체	69(11.1)	699(17.9)	1,000(19.0)
사회서비스기구*	22(3.6)	175(4.5)	278(5.3)
총계	619(100)	3,911(100)	5,260(100)

주: 2016년 <중국 자선법>이 통과되면서 자선단체가 공식 등록되기 시작했다. 자선단체는 신설된 것도 있지만, 기존 조직이 자선단체로 다시 등록한 것도 있다; •'사회서비스기구'는 '민영 비기업단위(非企業單位)'라고 부르기도 한다.

자료: 「<中國慈善法>2018年實施報告(2019)」, <中國公益研究院> 2020년 9월 18일, https://www.bnu1.org (검색일: 2021. 2. 5).

〈표 2-6〉 자선단체의 등록 행정단위 상황(2018년 기준)

단위: 개/퍼센트(%)

행정 단위	규모(개)	비중(%)
국무원 민정부	170	3.2
성급(省級) 정부 민정국	3,077	58.6
시급(市級) 정부 민정국	1,296	24.6
현급(縣級) 정부 민정국	705	13.4
향급(鄕級) 정부 민정과	10	0.2
총계	5,260	100

자료: 「<中國慈善法>2018年實施報告(2019)」, <中國公益研究院> 2020년 9월 18일, www.bnu1.org (검색일: 2021. 2. 5).

자금과 활동 면에서는 결코 작다고 할 수 없다.

이런 상황은 〈표 2-5〉와 〈표 2-6〉의 자선단체 상황이 잘 보여준다. 〈표 2-5〉에 따르면, 2018년 자선단체의 약 76%가 재단이다. 앞에서 말했듯이, 재단 대다수는 자선단체로서 기업과 일반인의 후원을 받아 사회 공익사업에 나서고 있다. 또한 〈표 2-6〉에 따르면, 자선단체의 60% 이상이 성급 및 중앙에 등록하고 있다. 이것도 역시 자선단체의 다수가 중앙과 성급 단위에서 활동하는 운영자금이 대단히 큰 재단임을 보여준다. 즉 알리바바나 텐센트 같은 대기업이 설립한 자선단체는 중앙 아니면 성급 단위에 등록하고 활동한다.

3. 공산당의 사회조직 통제 정책: 이중 관리 체제

2000년대 이후 사회조직에 대한 공산당 방침은 '통제와 육성의 결합'으로 요약할 수 있다. 이 중에서 '통제'가 우선한다. 공산당은 사회조직이 발전하면 정치적 위협이 될 수 있다고 생각한다. 이 때문에 통제 우선을 강조한다. 앞에서 말했듯이, 공산당이 직접 경험한 1989년 톈안먼 민주화 운동과 2000년대에 세계 일부 지역에서 일어난 재(再)민주화 운동(소위 색깔 혁명)은 공산당의 이런 판단을 증명하는 근거가 되었다.

먼저 공산당의 사회조직 통제를 살펴보자. 기존 연구를 통해 이미 잘 알려져 있듯이, 1998년에 확립되어 지금까지 이어지고 있는 공산당의 사회조직 통제 기제는 '이중 관리 체제(雙重管理體制, dual management system)'라고 말할 수 있다.[12] 이는 1998년에 〈사회단체 등기관리 조례〉가 제정되면서 확립된 체제다. 간단히 말하면, 이중 관리 체제는 공산당이 두 단계의 등록 및 감시 절차를 통해 사회조직을 통제하는 방법을 가리킨다. 이 통제 기제는 지금도 여전히 사용되고 있지만, 장점과 함께 분명한 한계가 있다. 그래서 공산당은 새로운 관리 방법을 모색해야만 했다.

(1) 국내 사회조직에 대한 '이중 관리 체제'

먼저 국내 사회조직에 대한 이중 관리 체제를 살펴보자. 중국에서 사회조직이 '합법적으로' 활동하려면 정부에 정식으로 등록하여 허가를 받아야만 한다. 그런데 사회조직이 정부에 등록을 신청하기 위해서는 먼저 자신을 후원해줄 공공기관이나 조직을 찾아야 한다. 법률 용어로는 이를 '업무주관 단위(業務主管單位)'라고 부르고, 일반적으로는 '후원 단위(挂靠單位)' 혹은 '시어머니(婆婆)'라고 부른다. 공산당, 국가기관, 인민단체, 대학, 언론사, 국책연구소 등 국가가 인정한 대부분 기관과 조직은 '업무주관 단위'가 될 수 있다. 만약 사회조직이 '후원 단위'를 찾지 못하면, 정부에 등록을 신청할 자격조차 없다.

그런데 이런 '업무주관 단위'가 될 수 있는 정부 기관과 단체는 사회조직의 후원 요청을 쉽게 받아주지 않는다. 예를 들어, 총공회(總工會)가 자신과 다른 노동조합을 설립하려는 사회조직을 후원할 리 없다. 부녀연합회(婦聯)나 공청단(共青團)이 자신과 다른 여성단체나 청년단체를 설립하려는 사회조직을 후원할 가능성도 거의 없다. 대학, 국책연구소, 언론사 등도 마찬가지다. 이들은 조금이라도 자신에게 불이익이나 피해가 생길 가능성이 있는 사회조직의 후원 요청은 단호히 거절한다.

이처럼 사회조직이 '시어머니'를 찾는 일은 쉽지 않다. 신생 사회조직이 당정기관이나 공공기관에서 은퇴한 고위급 인사(간부) 혹은 사회적으로 영향력이 있는 명망가를 조직의 대표로 모시려는 이유는 이 때문이다. 이들이 '후원 단위'를 찾는 데 도움을 줄 수 있기 때문이다. 그러나 이렇게 할 수 있는 사회조직은 소수에 불과하다. 결국 많은 사회조직은 후원 단위를 찾지 못해 등록을 포기하고 비공식조직으로 남는다. 이런 경우는 언제 정부 단속에 적발되어 문을 닫아야 할지 모르는 불안 속에서 활동해야만 한다. 아니면 기업 조직으로 '위장' 등록하여 활동해야 한다. 이런 방식으로 사회조직의 설립을 제한하고 감시한다. 이것이 첫 번째 통제다.

'업무주관 단위'의 승인을 받은 사회조직은 다음 단계로 정부 민정부서, 구체적으로 국무원 민정부(民政部)와 각급 지방정부의 민정국(民政局)에 등록을 신청해야 한다. 법률 용어로는 이를 '등기관리 기관(登記管理機關)'이라고 부른다. '등기관리 기관'은 사회조직이 신청서와 함께 제출한 각종 서류, 예를 들어 '업무주관 단위'의 승인서, 설립 취지를 담은 장정(章程), 활동 계획서, 조직 구성과 인원 보고, 장소(사무실)와 예산 계획 등을 검토한 이후 승인 여부를 결정한다. 만약 제출 서류가 조금이라도 미비하거나, 활동이 의심스러울 경우는 승인을 거부한다. 이것이 두 번째 통제다.

그런데 사회조직이 정부에 공식 등록했다고 해서 마음대로 활동할 수 있는 것은 결코 아니다. 매년 연말에 사회조직은 '업무주관 단위'와 '등기관리 기관'에 자신의 활동 내용과 재정 및 인원 상황을 보고하고 승인을 받아야 하기 때문이다. '업무주관 단위'와 '등기관리 기관' 중에서 사회조직의 활동을 감독할 일차적인 책임은 전자에 있다. 따라서 '업무주관 단위'는 자신이 후원하는 사회조직이 국가 법률과 공산당 방침에서 벗어나지 않도록 일상적으로 감시하고 감독한다. 반면 '등기관리 기관'은 행정적 차원에서 사회조직의 합법성 여부를 주로 감독한다.

(2) 국제 비정부조직(INGO)에 대한 '삼중 관리 체제'

그런데 공산당은 2017년에 〈국제 비정부조직 활동 관리법(境外非政府組織境内活動管理法)〉을 제정하면서 국제 비정부조직(INGO)에 대한 통제 기제를 훨씬 강화했다. 다시 말해, 국내 사회조직과 국제 비정부조직을 분리하여 통제하는 정책을 도입한 것이다. 국제 비정부조직의 경우, 첫째, '이중 관리 체제'에서 '등기관리 기관'이 민정부서가 아니라 공안(公安)기관, 즉 경찰이다. 따라서 모든 국제 비정부조직은 경찰에 등록을 신청해서 허가를 받아야만 활동할 수 있다. 이는 중국 내에서 활동하는 국제 비정부조직을 잠재적 범죄집단으로 간주하여 통제하겠다는 뜻이다.

둘째, '업무주관 단위'도 국무원 및 성급(省級) 정부의 부서와 단위로만 한정된다. 이에 따르면, 시급(市級)과 현급(縣級)의 지방정부 부서나 단위, 이런 지방에 설립된 대학교와 국책연구소, 인민단체 등은 국제 비정부조직의 '업무주관 단위'가 될 수 없다. 이는 국제 비정부조직의 후원 단위를 좁은 범위로 제한함으로써 공산당이 이들을 철저하게 통제하겠다는 의도를 반영한 조치다.

셋째, 국제 비정부조직에 대한 관리와 감독은 '삼중제도'를 실행한다. 즉 '공안기관, 정부 관련 부서, 업무주관 단위'가 이들의 활동을 관리하고 감독한다. 국내 사회조직에 대한 통제와 비교할 때, 국제 비정부조직에 대해서는 공안기관(경찰)의 관리가 하나 더 추가된 것이다. 이런 규정에 따라, 국제 비정부조직은 매년 12월 31일 이전에 1년 동안의 활동 내용·재정 상황·인원 변동 등을 '업무주관 단위'에 보고하여 승인을 받고, 이후 이를 다시 '등기관리 기관'(즉 경찰)과 정부 관련 부서에 보고해야만 한다.[13]

(3) 기존 사회조직 통제 기제의 한계와 새로운 관리 정책

이상에서 살펴보았듯이, 공산당의 사회조직 통제는 국내 사회조직의 경우는 '이중 관리 체제', 국제 비정부조직의 경우는 '삼중 관리 체제'를 통해 이루어진다. 그런데 이와 같은 기존의 통제 기제는 분명한 한계가 있다. 그것이 이중 관리건, 아니면 삼중 관리건 모두 공산당과 정부가 사회조직의 '외부'에서 통제하는 방법(기제)이기 때문이다. 이런 사회조직의 '외부'에서 통제하는 기제에서는 만약 사회조직이 조직·인원·활동 내용을 거짓으로 보고하거나 축소 및 은폐하여 보고한다면, 공산당과 정부가 그것을 정확히 파악하여 통제하기는 쉽지 않다. 예를 들어, 정부의 민정부서가 공식적으로는 86만 6,000개, 비공식적으로는 800만 개나 되는 사회조직을 일일이 점검할 수는 없다.

결국 공산당은 기존 사회조직 통제 기제의 문제를 해결해야만 한다. 해결 방법은 크게 두 가지다. 하나는 사회조직의 '내부'에 공산당 기층조직(주로 당 지부)을 설립하여 이들의 활동을 통제 및 관리하는 방법이다. 다른 하나는 공산당이 이들 사회조직을 자신의 활동 범위 내로 끌어들여 통제 및 관리하는 방법이다. 현재 공산당은 이 두 가지 방법을 모두 사용하고 있다. 이것이 2000년대 이후 사회조직을 통제하기 위해 공산당이 강력하게 추진하는 새로운 정책이다. 이는 시진핑 시기에 들어 더욱 강화되었다. 이에 대해서는 뒤에서 다시 살펴볼 것이다.

4. 공산당의 사회조직 '육성' 정책

다음으로 공산당의 사회조직 '육성' 정책을 살펴보자. 앞에서 말했듯이, 1990년대 하반기 이후 공산당은 사회조직을 마냥 통제할 수만은 없었다. '작은 정부 큰 사회' 방침을 실현하기 위해 정부 개혁을 추진했기 때문이다. 정부 기구와 인원 감축, 정부 기능과 역할의 축소, 의법행정(依法行政: 법률에 근거한 행정)이 대표적인 개혁 내용이다. 이에 따라 정부가 담당했던 많은 사회공작(사회복지 사업)이 사회조직에 넘어갔다. 다른 방식으로 표현하면, 정부는 사회조직으로부터 다양한 사회복지 서비스를 '구매'했다. 이를 뒷받침하기 위해서는 유능하고 전문적인 사회조직의 발전이 절실히 필요했다. 그래서 공산당은 사회조직을 육성하기 위해 다양한 정책을 추진할 수밖에 없었다. 그 결과 앞에서 우리가 중국 정부의 공식 통계자료를 통해 확인했듯이, 사회조직 중에서 사회서비스기구가 계속 증가한 것이다.

정리하면, 정부의 사회복지 서비스(사회공작) 구매 정책은 곧 사회조직(주로 사회서비스기구)을 대규모로 필요로 했고, 이에 따라 공산당은 사회조직에 대해 새로운 육성과 관리 정책을 추진하게 되었다.

(1) 사회복지 서비스 구매 방침

정부의 사회복지 서비스 구매는 2000년대에 들어 경제가 발전한 일부 연해 지역에서 시험적으로 실시되었다. 그런데 그것이 전국적으로 확대 실행된 것은 2010년대에 들어서였다. 이를 위해 중국 정부는 세부 방침을 제정하여 집행했다. 구체적으로 국무원 민정부와 재정부는 2012년에 지방정부가 사회복지 서비스를 민간으로부터 구매하는 방법과 내용을 담은 지침을 하달했다. 〈정부의 사회공작 서비스 구매 지도 의견〉이 바로 그것이다.[14] 이는 2008년 무렵부터 베이징시, 상하이시, 광둥성에서 시범적으로 실행하던 정책을 전국으로 확대 적용하기 위해 하달한 정책 문건이다.

2012년 〈구매 지도 의견〉에 따르면, 정부의 사회복지 서비스 구매란 "정부가 재정 자금을 이용하여 시장 및 계약 방식으로 전문적인 자질을 갖춘 사회조직, 기업단위, 사업단위로부터 사회복지 서비스를 구매하는 중요한 제도"를 뜻한다. 구매 대상자는 "독립 법인으로 사회복지에 대한 지식·방법·기능을 보유한 전문단체, 전문 인력을 갖춘 사회단체, 민영 비기업단위, 재단(기금회)"이다.

또한 이 지침은 정부의 사회복지 서비스 구매 범위를 명시하고 있다. 첫째는 농민공(유동 인구) 지원 서비스다. 생활 지원, 취업 알선, 권익 보호, 가족 계획 등이 이에 포함된다. 둘째는 농촌에 남아있는 농민공 자녀, 독거노인, 부녀자 지원 서비스다. 셋째는 사회 취약계층 지원 서비스다. 독거노인, 저소득층, 장애인, 고아 등에 대한 각종 지원이 이에 해당한다. 넷째는 '특수 집단' 지원 서비스다. 마약중독자, 불량 청소년, 정신질환자, 에이즈 환자, 전과자 등에 대한 지원이 포함된다. 다섯째는 재난 지역 주민 지원 서비스다.

이런 내용을 보면, 정부가 구매하는 사회복지 서비스는 매우 광범위하고, 이에는 많은 재정이 소요되는 것은 물론, 이를 담당할 수 있는 전문적인 사회서비스기구가 대규모로 필요하다는 점을 알 수 있다. 공산당이 사회서비스기구를 적극적으로 육성할 수밖에 없는 이유다.

(2) '구(舊)' 사회조직 육성 방침

물론 공산당이 사회서비스기구와 같은 '신(新)' 사회조직만 육성하는 것은 아니다. 인민단체와 업종협회(行業協會) 등 '구(舊)' 사회조직도 육성하여 이들이 사회복지 서비스를 담당하도록 유도한다. 예를 들어, 다양한 현직 혹은 퇴직 영도간부가 사회조직에 취임하여 그것을 정부의 하부 기관처럼 부리는 관행을 막기 위해, 다시 말해 사회조직을 정부로부터 분리하여 사회복지 서비스를 제공할 수 있도록 만들기 위해 공산당은 이들의 취업을 엄격히 제한하는 규정을 시행했다.[15] 동시에 정부 기관이 상회 및 업종협회와 기구·인원·재무·기능을 완전히 분리하는 방안도 추진했다.[16] 이는 모두 '구' 사회조직이 공공서비스 제공이라는 사회 기능을 발휘하기 위한 필수 조치다.

공산당 중앙은 또한 총공회(노조연합회), 부녀연합회, 공청단 등 인민단체에 대해서도 "군중 서비스와 군중의 합법적인 이익 수호를 강화"하기 위해 다양한 공공서비스를 제공하는 활동을 전개하라고 지시했다.[17] 사실 이런 지시가 있기 전에도 인민단체는 이런 활동을 전개해왔다. 2001년부터 2010년까지 내가 톈진시, 상하이시, 광둥성의 인민단체를 조사할 때 이런 사실을 직접 확인할 수 있었다. 예를 들어, 부녀연합회는 탁아소와 부녀법률상담소 등을 운영했고, 공상련은 사영기업 자문 센터나 법률 센터를 운영했다. 총공회도 이주노동자(농민공) 지원센터를 설립하여 직업 소개와 법률 자문 등 다양한 활동을 전개했다.

2012년 무렵부터 공산당의 방침에 따라 광둥성 총공회가 다른 사회서비스기구처럼 정부가 발주한 사회복지 서비스 위탁 사업에 직접 뛰어든 것은 공산당의 이런 지시를 이행한 대표적인 사례다.[18] 한 연구가 지적하는 것처럼, 노동조합(노조)이 예전처럼 기업 내에만 머물러서는 노동문제를 해결하는 데 한계가 있다. 특히 이주노동자가 많고 사영기업이나 외자기업이 밀집한 광둥성 지역에는 이런 한계가 더욱 뚜렷하다. 그래서 광저우시 하이주구(海珠區)의 총공회는 2014년 4월부터 사회공작사무소(社會工作事務所)를 설립하여 하이주구 정부가 발주한 사회복지 서비스 업무를 위탁 관리했다. 내용은 이주노동자의 기능훈련, 취업 알선, 법률, 문화 오락, 심리 건강, 도시 정착, 연애와 생활 등을 지원하는 일이다.[19]

(3) '신(新)' 사회조직 육성 방침

그러나 인민단체와 업종협회 등 '구' 사회조직을 통해 도시 기층사회에 사회복지 서비스를 제공하는 정책은 한계를 가질 수밖에 없다. 이들 '구' 사회조직은 모두 고유한 업무가 있고, 이를 수행하는 일이 사회복지 서비스를 제공하는 일보다 우선하기 때문이다. 결국 공산당은 사회복지 서비스 제공을 전문적으로 담당할 수 있는 '신' 사회조직, 즉 사회서비스기구를 대규모로 육성하는 데 힘을 쏟을 수밖에 없었다.

| 2016년 〈사회조직 발전 촉진 의견〉

공산당이 사회복지 서비스를 제공하는 사회조직, 특히 사회서비스기구를 육성하기 위해 추진한 정책은 2016년에 하달한 〈사회조직 발전 촉진 의견(意見)〉에 자세히 나와 있다.[20] 2016년 〈촉진 의견〉은 공산당 중앙이 제창하는 '큰 공산당(大政黨) 작은 정부(小政府) 큰 사회(大社會)'를 실현하기 위한 구체적인 청사진 중 하나다. 이 구호를 보면, '큰 사회'를 실현하기 위해 뒤로 물러났던 '작은 정부'를 대신하여 이제 '큰 공산당'이 전면에 나서서 기층사회를 영도하는 모양새다. 이는, 시진핑 정부가 강조하는 '공산당 전면 영도'를 기층사회에서 실현하기 위한 방침이라고 할 수 있다. 참고로 '공산당 전면 영도'에 대해서는 제1권의 제1부에서 자세히 살펴보았다.

2016년 〈촉진 의견〉에 따르면, 2020년까지 "중국 특색의 사회조

직 관리 체계"를 수립해야 한다. 이를 위해 일부 분야의 사회조직
에는 이중 관리 제도를 면제해준다. 즉 업무주관 단위의 사전 동의
(후원)를 받을 필요 없이 곧바로 등기관리 기관, 즉 정부 민정국에
등록할 수 있도록 허용해준다. 이렇게 하면 사회조직을 신속하게
설립할 수 있다. 여기에는 ① 업종협회(상회), ② 과학기술, ③ 공익
자선(公益慈善), ④ 사구 서비스(社區服務) 분야의 사회조직이 해당
한다. 이를 제외한 나머지 사회조직에는 앞에서 말한 이중 관리 제
도가 적용된다.

또한 공산당은 도시와 농촌 지역에서 사회복지 서비스가 절실
히 필요한 분야의 사회조직을 중점 지원한다. 구체적인 분야는 노
인, 부녀, 아동, 장애인, 실업자, 농민공, 복역자, 미성년 자녀, 저
소득층, 정신질환자, 불량 청소년, 사회교정자 등에 대한 사회복지
사업이다. 지원 방식은 정부의 사회복지 서비스 구매, 프로젝트 항
목 설비 지원, 활동 경비 보조 등이다. 이들 사회조직이 함께 모여
활동할 수 있도록 도시의 가도(街道)와 농촌의 향(鄉)·진(鎭)에는 종
합 서비스센터(綜合服務中心), 그 아래 단위인 사구에는 사구사무소
(社區工作站)를 건립한다. 이를 통해 사회조직이 자유롭게 활동할
수 있는 종합 서비스플랫폼(綜合服務平臺)을 제공한다.

| 2017년 〈사구 사회조직 육성 발전 의견〉

이를 이어 2017년에는 국무원 민정부가 사회조직의 활동을 더

욱 확대하는 〈사구 사회조직 육성 발전 의견〉을 하달했다.[21] 먼저 2017년 〈발전 의견〉에 따르면, 2020년까지 도시에서는 사구마다 평균 10개 이상의 사회조직, 농촌에서는 사구(행정촌)마다 평균 5개 이상의 사회조직을 설립한다. 이렇게 되면 도시와 농촌 모두에 사회조직이 촘촘하게 들어찬다. 앞에서 살펴본 대로, 사회조직 중에서 '사회단체'는 지난 10여 년 동안 10% 포인트가 감소한 데 비해 같은 기간에 '사회서비스기구'는 10% 포인트 이상 성장한 이유를 충분히 알 수 있게 하는 대목이다.

'공익성(公益性), 복무성(服務性), 호조성(互助性)의 기층사회조직'을 육성하여 사회복지 서비스를 제공할 수 있도록 하라는 지시는 2021년 4월의 〈기층 거버넌스 체계 강화와 거버넌스 능력 현대화 건설 의견〉에서도 이어지고 있다.[22]

또한 2017년 〈발전 의견〉에 따르면, 사회조직은 네 가지 임무를 수행한다. 첫째는 가정, 건강, 양로, 아동 등 사회복지 서비스의 제공이다. 둘째는 다양한 활동을 통한 지역 주민의 사회 활동 참여 확대다. 셋째는 지역 문화 육성이다. 이를 위해 사회조직은 문화, 체육, 과학 보급, 오락성 문화 활동을 전개하여 주민의 '사회주의 핵심 가치관' 배양과 실천, 풍습 변화를 유도해야 한다. 넷째는 민간 분규 중재와 해결 등 지역 주민의 조화(和諧) 촉진이다.

만약 2017년 〈발전 의견〉이 그대로 실현된다면, 사회조직이 도시의 가도판사처와 농촌의 향·진 정부, 사구 거민위원회가 해야 할 역할의 일부를 담당하는 모양새가 될 것이다. 이처럼 현재 공산당과 정부는 기층사회에서 사회조직의 역할과 활동을 확대하고 있다. 동시에 이렇게 더욱 중요해지는 사회조직을 공산당이 철저히 통제하는 일은 더 이상 미룰 수 없는 절실한 과제가 되었다.

| 5. 공산당의 사회조직 내 기층조직 설립 |

이제 공산당이 사회조직을 통제 및 관리하는 새로운 정책을 살펴보자. 먼저, 사회조직 내 공산당 기층조직을 설립하여 통제 및 관리하는 방법이다. 사회조직 내에 공산당 기층조직을 설립하라는 지시는 1998년 〈사회단체 공산당 조직 건립 통지(通知)〉 이후 본격화되었다.[23] 이를 이어 2000년에 다시 같은 지시를 담은 〈사회단체 공산당 건설공작 강화 의견〉이 하달되었고,[24] 이를 계기로 전국적으로 사회조직 내 '당 건설' 움직임이 일어났다. 그러나 이런 지시는 일부 지역에서는 제대로 집행되었지만, 일부 지역에서는 그렇지 않았다. 그래서 2015년에 공산당 중앙은 다시 한번 〈사회조직 공산당 건설공작 강화 의견〉을 하달했다.[25]

(1) 공산당의 방침과 집행

| 2000년 〈사회단체 공산당 건설공작 강화 의견〉

먼저 2000년 〈사회단체 공산당 건설공작 강화 의견〉은 당시의 문제점으로 네 가지를 지적했다. 첫째, 절대다수의 사회조직에 공산당 기층조직이 없다. 또한 조건을 갖춘 곳도 당 조직이 설립되지 않았고, 설립된 당 조직도 당원이 장기간 당의 조직 생활에 참여하지 않는다. 둘째, 일부 당 조직은 해당 사회조직 내에서 당원을 제대로 교육하거나 관리하지 못하고, 당원은 해당 조직에서 선봉 모범의 역할을 발휘하지 못한다. 셋째, 당 조직이 미약하여 사회조직의 활동을 효과적으로 감독하지 못한다. 넷째, 업무주관 단위에 설립된 공산당 조직은 소속 사회조직의 당 건설과 당원의 사상정치공작을 소홀히 한다.

또한 2000년 〈의견〉은 사회조직 내 공산당 기층조직이 수행해야 하는 임무에 대해서도 명시하고 있다. 일부는 다른 당 기층조직의 임무와 같다. 그중 특수한 것은 '감독, 보고, 신고'의 임무다. 첫째, 해당 당 조직은 사회조직 및 그 책임자가 사회조직의 장정(章程)에 맞추어 활동을 전개하도록 '감독'한다. 둘째, 해당 당 조직은 상급 당 조직의 영도를 받고 정기적으로 업무를 '보고'한다. 셋째, 사회조직 활동이 공산당의 방침과 정책, 국가 법률과 법규를 위반하면 즉시 상급 당 조직 혹은 유관 부서에 '신고'한다. 이를 보면 왜 공산당이 사회조직 내에 당 기층조직을 설립하려고 노력하는지를 명확히 알 수 있다.

이런 지시는 실제로 집행되었다. 예를 들어, 상하이시 지역에서는 1998년 〈통지〉와 2000년 〈의견〉이 하달된 이후 사회조직 내 공산당 기층조직 설립에 노력했다. 당시에 제기되었던 구호는 "빈 곳을 없애고(消滅空白點), 복개면을 확대하며(擴大覆蓋面), 유효성을 강화한다(增強有效性)"였다. 이런 노력의 결과, 2008년 무렵에는 당원이 있는 사회단체의 53.5%, 당원이 있는 사회서비스기구(민영 비기업 단위)의 55%, 당원이 있는 재단(기금회)의 55%에 공산당 조직을 설립할 수 있었다. 또한 당 조직은 2000년 〈의견〉이 요구한 그대로 해당 사회조직의 활동을 감시 감독하고, 불법적인 사회조직의 활동을 적발하면 즉시 신고했다.[26]

| 2015년 〈사회조직 공산당 건설공작 강화 의견〉

2015년 〈사회조직 공산당 건설공작 강화 의견〉은, 2012년에 공산당 중앙이 하달한 사영기업 내 공산당 기층조직 설립 지침을 모방하여, 사회조직 내 공산당 조직 설립에 대한 체계적이고 상세한 규정을 담고 있다. 기본적인 내용은 공산당의 사영기업 통제에서 살펴본 그대로다. 이에 대해서는 이미 앞 장에서 자세히 살펴보았다.

먼저, 현급 이상의 공산당 위원회 내에 '사회조직 당 건설공작'을 전담하는 공작위원회를 설치한다. 이 지시에 따라 각 지역 당 위원회는 '양신조직(兩新組織) 공작위원회'를 설립했다. 앞에서 말했듯이, '양신조직'은 '신 경제조직'(사영기업)과 '신 사회조직'을 가리킨다. 또한 중요한 사회조직에 대해서는 현급 이상의 당 위원회가 직접 관리한다. 마치 중요한 사영기업은 현급 이상의 당 위원회가 직접 관리하는 것처럼 말이다.

또한, 2015년 〈사회조직 의견〉에 따르면, 사회조직 내 공산당 기층조직의 설립을 추진하는 방식도 사영기업 내에서 당 조직을 설립하는 방식과 유사하다. 만약 사회조직 내에 당원이 세 명 이상이라면 독자적인 당 조직을 설립한다. '단위(單位)' 당 조직 설립 방안이다. 그렇지 못한 경우는, 만약 업종의 특수성이 강한 사회조직이라면 업종별로 유사한 사회조직의 당원을 묶어 당 조직을 설립한다. '업종(行業)' 당 조직 설립 방안이다. 만약 이것도 여의치 않다면, 지역 당 기층위원회가 중심이 되어 해당 지역 전체를 대상으로 당 조직을 설립한다. '구역(區域)' 당 조직 설립 방안이다.

이어서 2015년 〈사회조직 의견〉은 사회조직 내 공산당 기층조직의 지도부를 어떻게 구성할지도 규정하고 있다.[27] 무엇보다 사회조직 지도자들과 당 조직 지도자들 간의 교차 겸직을 추진한다. 또한 사회조직 내 당서기는 세 가지 방식 중 하나로 충원한다. 첫째, 해당 사회조직의 지도자가 당원이면, 그 사람을 당서기로 임명한다. 둘째, 사회조직의 관리층 내에서 당서기를 임명한다. 셋째, 상급 당 조직에서 당서기를 파견한다. 당서기를 맡은 사회조직 지도자는 경제적으로 보조하고, 인대 대표와 정협 위원 추천 등 정치적 배려를 통해 사회 정치적 지위도 높여준다.

마지막으로, 2015년 〈사회조직 의견〉에 따르면, 사회조직이 밀집한 도시 지역에서는 사영기업이 밀집한 경제개발구에서 그랬던 것처럼 여러 사회조직이 공동으로 활용할 수 있는 '당 군중활동 서비스센터(黨群活動服務中心)'를 운영한다. 공산당의 조직 활동도 당원들만이 참여하는 활동이 아니라, 일반 대중들도 흥미를 갖고 쉽게 참여할 수 있도록 개방식으로 운영한다. 군중에 다가갈 수 있는 다채로운 프로그램과 이벤트도 개최한다. 이것도 역시 사영기업 당 조직 설립 방안과 같다.

공산당의 경비 충당 방법도 사영기업 당 조직 설립 방안과 같다. 당 활동 비용을 사회조직의 관리비에 포함하여 세금을 감면해준다는 것이다. 사회조직 내 당원이 납부한 당비를 전액 자체 사용하고, 그래도 부족하면 상급 당 조직이나 다른 지역이 지원하는 것도 마찬가지다.

| 2018년 〈사회조직 장정(章程) 내용 통지〉

2018년에는 이런 규정보다 한 단계 더 강화된 공산당 조직 통제를 담은 〈사회조직 장정(章程) 내용 통지〉를 하달했다.[28] 모든 사회조직의 장정에 당 기층조직의 설립 및 활동을 보장하는 내용이 들어가도록 장정을 개정하라고 지시한 것이다. 이에 따르면, 신설 사회조직은 장정에 이런 내용이 없으면 아예 조직 설립을 승인하지 않는다. 기존 사회조직은 연도별 심사에서 장정이 이렇게 수정되었는지를 검토하여 재승인한다. 다시 말해, 〈통지〉가 하달한 내용을 장정이 담고 있지 않으면 재승인을 보류한다.

2018년 〈장정 통지〉는 사회조직 장정에 들어갈 문구도 명시하고 있다. 공산당 기층조직의 설립과 활동을 보장하는 문구는 이렇다. "본회는 중국공산당의 장정 규정에 근거하여 중국공산당의 조직을 설립하고, 당의 활동을 전개하며, 당 조직의 활동을 위해 필요한 조건을 제공한다." '사회주의 핵심 가치관'과 관련된 문구는 이렇다. "헌법 및 법률 법규와 국가 정책을 준수하고, 사회주의 핵심 가치관을 실천하며, 사회도덕 기풍(風尙)을 준수한다."

(2) 사회조직의 반응과 대응

그렇다면 이에 대해 사회조직 관계자들은 어떻게 반응했을까? 일차적으로는 강한 거부감과 반감을 보였다. 공산당의 요구가 그대로 실현된다면, 사회조직이 '정치화'되어 원래의 설립 취지를 상실하고, 공산당의 하부 조직으로 전락할 위험성이 있다. 또한 사회조직 내에 당 기층조직이 설립되어 활동을 감시하고 감독한다면, 활동은 공산당이 허용하는 범위 내로 한정되어 크게 위축될 수밖에 없다. 이렇게 되면 궁극적으로는 사회조직의 존재 이유와 가치가 침해될 수 있다.[29] 이는 모두 타당한 우려였고, 실제로 이런 현상이 일어났다.

그러나 반대 현상도 일어났다. 즉 사회조직이 능동적으로 공산당 기층조직을 설립하고, 그것을 이용하여 더 활발히 활동한다는 것이다. 예를 들어, 광둥성 광저우시에서는 2015년부터 정부 관계자들이 사회조직 평가 항목에 '당 건설'을 포함했다. 이에 따라 정부가 발주하는 사회복지 서비스 위탁 사업을 수주해야 하는 사회조직 혹은 등록 유지나 그 밖의 다른 이유로 정부의 높은 평가가 필요한 사회조직은 '당 건설'을 적극적으로 추진해야만 했다.

정부가 발주하는 사회복지 서비스 위탁 사업을 수주한 실제 상황을 보면, 사회조직 내에 공산당 기층조직이 있는 곳이 그렇지 않은 곳보다 유리했다. 구체적으로 2016년 정부의 사회복지 위탁 사업을 수행한 이 지역의 71개 사회조직 중에서 51개는 이미 당 조직이 설립되었다. 또한 당 조직이 있는 사회조직은 평균 2.4개의 정부 발주 사업을 수주한 데 비해 그렇지 않은 사회조직은 평균 1.3개의 사업을 수주하는 데 그쳤다. 당 조직을 설립한 사회조직이 정부 평가에서 더 높은 점수를 받은 결과였다.[30]

6. 공산당의 사회조직 포섭

다음으로, 공산당이 사회조직을 자신의 활동 범위 내로 포섭하여 통제 및 관리하는 방법을 살펴보자. 공산당이 모든 사회조직 내에 자신의 기층조직을 설립할 수는 없다. 만약 사회조직의 규모가 작거나, 규모가 크더라도 세 명 이상의 당원이 없다면, 당 조직을 설립할 수 없기 때문이다. 실제로 많은 사회조직, 특히 사회서비스 기구는 이런 상황에 놓여있다. 따라서 한편에서는 이런 문제를 해결하기 위해, 다른 한편에서는 사회조직 전체를 좀 더 체계적이고 효율적으로 사회복지 서비스 제공에 동원하기 위해 많은 지역에서는 이들을 공산당의 활동 범위 내로 포섭하는 전략을 실행하고 있다.

(1) 상하이시 지역 사례

상하이시 지역이 대표적인 사례다. 이를 분석한 연구에 따르면, 2002년에 푸퉈구(普陀區) 공산당 위원회와 정부는 푸퉈구 창서우로(長壽路) 가도(街道)에 민간 서비스센터(民間服務中心)를 수립했다. 이 센터에는 약 900명의 공산당원을 보유한 다양한 사회조직이 입주했다. 이들은 정부가 제공한 활동 공간에서 정부가 발주한 사회복지 서비스 사업을 위탁 수행했다. 2009년에는 56개의 사회서비스기구, 7개의 사회단체, 25개의 자선단체, 193개 군중 단체(群衆團

298

隊)가 이 서비스센터에 입주하여 정부 지원 사업을 수행했다. 비슷하게 2007년에는 징안구(靜安區) 공산당 위원회와 정부가 사회조직 연합회(社會組織聯合會)(社聯會), 푸둥구(浦東區) 정부가 상하이 푸둥 비영리조직 발전센터(浦東非營利組織發展中心)를 각각 설립하여 사회조직을 수용하고 활동을 지원했다.

이곳에서 활동하는 사회조직은 지역 주민에게 다양한 사회복지 서비스나 공공서비스를 제공했다. 예를 들어, 정부를 대신하여 파룬궁(法輪功)을 비판하는 반(反) 사교(邪教) 선전 활동을 전개했다. 350명이 거주하는 사구의 주택소유자 간의 갈등과 분쟁을 해결하는 일도 사회조직의 임무였다. 그 밖에도 '노인 살롱(老人沙竜)', '화이트칼라 살롱' 등 다양한 클럽을 만들어 주민의 교류와 활동을 지원했다. 이외에도 2010년에는 상하이 엑스포(EXPO)를 준비하면서 다양한 활동을 수행하는 많은 사회조직이 설립되어 각종 홍보, 질서 유지와 예절 선도, 도시 청소와 환경미화 사업 등을 수행했다.[31]

(2) 윈난성 쿤밍시 사례

윈난성(雲南省) 쿤밍시(昆明市)에서도 이와 비슷하게 공산당이 사회조직을 자신의 활동 내로 포섭하여 관리하는 전략을 추진했다. 이를 분석한 연구에 따르면, 쿤밍시의 각 구(區)는 2018년과 2019년에 각각 1,000만 위안(元)(한화 약 18억 원)을 투자하여 '유동 인구(농민공) 당 군중 서비스센터(服務中心)'를 건립했다. 이 자금은 공

산당 조직부가 제공했다. 동시에 공산당은 사회조직이 당 군중 서
비스센터에 입주하여 복지 서비스 제공 업무를 위탁 수행할 것을
요구했다. 이에 사회조직들도 정부가 할 수 없거나 부족한 부분을
자신들이 채울 수 있다는 판단으로 공산당의 요구를 수용했다. 이
렇게 하여 공산당은 공간과 자금을 제공하고, 사회조직은 사구 주
민에게 사회복지 서비스를 제공하는 협력 체제가 구축되었다.

또한 2017년에는 공산당이 쿤밍시의 구(區)마다 '당 건설 연맹(黨
建聯盟)'을 설립했다. 이는 구 아래에 있는 여러 사구를 연결하는 조
직으로, 사회복지 서비스 공급을 위해 필요한 자원을 여러 사구가
공유하는 조치다. 이것이 전환점이 되어 소위 '삼사연동(三社聯動)'
모델이 등장했다. 여기서 '삼사(三社)'는 사구(社區) 거민위원회, 사
회조직(社會組織), 사회공작자(社會工作者)를 가리킨다. 즉 공산당의
지도하에 세 개의 조직 및 인원이 결합한 공동체 거버넌스(治理)의
플랫폼이 형성된 것이다. 이 틀을 통해 공산당은 공공서비스 제공
에 필요한 자원을 지원하고, 사회조직은 그 지원에 기반하여 공공
서비스를 직접 제공하는 업무를 위탁 수행한다.[32]

이처럼 쿤밍시에서 공산당은 사회조직과의 협력을 통해 사회복
지 서비스를 제공함으로써 주민들에게 '자애로운 당'의 이미지를
형성하고, 이를 통해 대중에 대한 권위를 강화할 수 있었다. 또한
사회조직의 참여와 자원봉사 활동을 이용하여 공산당은 기층 대
중을 사회 활동에 동원하는 데도 성공했다. 그 과정에서 공산당과

사회조직 간에는 영도–복종의 관계가 형성되었다. 공산당은 재정 지원과 '정치영도'를 통해 사회조직을 자신의 활동 범위로 끌어들이고, 사회조직은 공산당 영도하에 재정을 지원받아 안정적으로 사회복지 활동을 전개한 것이다.[33]

사회조직 내에 공산당 조직을 설립하는 것처럼, 공산당 활동 내로 사회조직을 포섭하는 전략에 대해서도 사회조직 관계자가 흔쾌히 동의한 것은 아니다. 일부 사회조직의 지도자들은 공산당 통제에 깊은 우려를 표명했다. 그러나 사회조직이 공산당의 재정 지원과 '정치영도'를 거부할 수만은 없다. 그럴 경우, 생존이 거의 불가능하기 때문이다. 따라서 사회조직은 공산당의 지원을 받아 활동하면서, 동시에 자신의 독자성과 자율성을 유지해야 하는 어려운 '균형 잡기' 과제에 직면해 있다.[34]

대학 통제: 학생과 교수

앞 장에서 우리는 공산당이 기층조직의 설립을 통해 사영기업과 사회조직을 어떻게 통제하는지를 살펴보았다. 이 장에서는 공산당이 대학을 통제하는 방법과 내용에 대해 살펴보려고 한다. 공산당 영도 체제를 굳건히 유지하기 위해서는 사영기업과 사회조직뿐만 아니라 대학도 반드시 통제해야만 한다.

대학 통제는 공산당에게 매우 중요한 일이다. 세계의 거의 모든 지역에서 대학은 민주화 운동의 본거지다. 중국도 예외는 아니다. 1986년 말에서 1987년 초까지 베이징시 등 전국의 주요 대도시에서 민주화 시위가 벌어졌는데, 이는 대학생이 주도한 것이었다. 1989년 4월 5일부터 6월 4일까지 베이징시와 전국의 주요 대도시를 중심으로 전개된 '톈안먼(天安門) 민주화 운동'도 역시 대학생이 중심이 돼서 전개한 활동이었다. 따라서 공산당은 1989년 민주화 운

302

동 이후 대학 통제를 매우 강화했다. 공산당 기층조직은 그런 통제의 중요한 수단이다.

1. 대학생의 급격한 증가와 과제

공산당의 대학 통제를 살펴보기에 앞서, 1999년에 시작된 대학생의 급격한 증가 현상을 살펴보자. 이를 통해 공산당이 왜 대학통제를 전보다 더욱 중시할 수밖에 없었는가를 이해할 수 있을 것이다.

〈그래프 2-5〉중국 대학생(학부) 규모의 변화(2009~2019년)

자료: Statista; National Bureau of Statistics of China; Ministry of Education (China); 2009 to 2019 Statistics of China, www.statista.com (검색일: 2012. 5. 10).

1998년 전국의 대학 입학 정원은 116만 명이었다. 이는 1997년보다 7.5% 증가한 규모다. 그런데 1999년에는 입학 정원이 167만 8,000명으로, 전년 대비 47%가 증가했다. 2000년에는 다시 220만 6,000명으로, 전년 대비 25%가 증가했다. 이런 식으로 매년 약 50만 명씩 대학 입학 정원이 증가했다.[1] 그 결과 2019년에 대학 입학 정원은 915만 명이고, 재학생은 3,320만 명이나 되었다. 이 가운데 4년제 대학생은 1,751만 명, 2년제 전문대생과 3년제 사범대생은 1,281만 명이다. 〈그래프 2-5〉는 이를 정리한 것이다.

참고로 중국의 대학 수는 2020년 6월 30일을 기준으로, 모두 3,005개다. 이 가운데 4년제 일반대학은 1,258개, 2년제 전문대학과 3년제 사범대학은 1,482개이며, 성인 대학은 265개다.[2]

(1) 대학 정원 급증의 배경: 경제 문제의 해결책?

그런데 대학 입학 정원은 국무원 교육부나 대학 당국이 요구해서 급격히 증가한 것이 아니었다. 이들은 대학 재정 상황과 졸업생 취업 문제 등을 고려하여 점진적인 입학 정원 확대를 주장했다. 반면 공산당 중앙은 획기적인 정원 확대 방침을 결정했다. 가장 큰 이유는 경제 상황이 매우 어려웠기 때문이다. 1997년 공산당 15차 당대회에서 국유기업 개혁을 선언한 이후 누적 실업자가 2,100만 명에 달했다. 게다가 1997~1998년 아시아 금융위기로 인해 중국의 경제 상황은 더욱 나빠졌다.

│ 국무원 국가발전개혁위원회의 제안과 공산당의 결정

이때 한 경제학자 부부가 경제 부흥책의 하나로 대학 정원 확대와 등록금 인상을 건의했다. 근거는 이렇다. 자녀 교육열이 강한 중국의 학부모들은 등록금을 인상해도 기꺼이 투자하려고 할 것이다. 만약 대학 정원을 늘리고, 동시에 등록금을 인상하면 소비가 증가할 것이다. 이로 인해 국내총생산(GDP) 증가율이 0.5% 증가하고, 고용은 1999년부터 2002년까지 4년 동안 약 500만 명에서 600만 명을 창출할 수 있다. 또한 중국 대학도 처음에는 힘들겠지만 성장 잠재력을 충분히 갖고 있으므로 증가하는 학생을 수용할 수 있다. 게다가 세계적으로 대학 교육은 엘리트 교육에서 대중 교육으로 변해가는 추세다. 중국도 이에 적극적으로 편승해야 한다.

이와 같은 주장이 제기된 이후, 경제정책을 입안하는 주무 부서인 국무원 국가발전개혁위원회가 지지하고 나섰다. 또한 이런 주장을 정리하여 국무원 총리인 주룽지(朱鎔基)에게 보고했다. 반면 국무원 교육부는 이런 주장을 검증하기 위해 베이징대학 교수들에게 연구 용역을 의뢰했다. 연구 결과, 대학 정원 확대가 국내 소비 진작에 큰 영향을 미치지 않는다는 결론이 나왔다. 그런데도 주룽지 총리는 교육부의 의견을 무시했다. 대신 이 방안을 유력한 경제 부흥 정책의 하나로 공산당 중앙에 제안했다. 정치국 상무위원회가 논의한 끝에 최종적으로 이 방안을 수용했다. 1999년에 중국 정부가 실시한 경기 부양책이 별 효과가 없었고, 공산당은 그만큼

상황이 다급했다.[3]

| 대학의 '학교 대형화' 전략

그런데 정부 차원에서 대학 정원 확대가 결정된 이후, 처음에는 소극적인 입장이었던 전국의 각 대학이 이 결정을 이용하여 학교를 '대형화'하려고 노력하기 시작했다. 그것이 자신들의 이익 증대에 큰 도움이 되기 때문이다.

첫째, 대학들은 행정등급을 높이기 위해 학교 대형화에 나섰다. 〈표 2-7〉이 보여주듯이, 대학들은 각자 행정등급을 부여받는다. 행정등급이 높을수록 정부로부터 더 많은 지원금을 받을 수 있고, 학생들로부터도 더 많은 등록금을 거둘 수 있다. 행정등급이 높아지면 총장 등 보직 교수와 대학 공산당 서기 등 당 간부의 직급이 올라가는 것은 말할 필요도 없다. 이는 대학이 정부와 비슷하게 관료 통제와 행정 체계 속에서 운영되기 때문에 발생하는 현상이다.[4]

그런데 대학이 자신의 행정등급을 높이기 위해서는 입학 정원을 확대해야만 한다. 대학 규모가 커져야 행정등급이 높아지는데, 그 첫 번째가 바로 대학 입학 정원 확대이기 때문이다. 다음으로 대학을 종합대학으로 발전시켜야 한다. 이를 위해서는 단과대학과 학과 증설이 필요하다. 그렇게 해서 특정 분야가 아니라 전 분야의 교육과 연구를 담당하는 종합대학으로 키워야 한다. 방법은 명문 대학을 모방하여 학과를 증설하거나, 경쟁 대학을 좇아 경쟁에 뒤

〈표 2-7〉 중국 대학교의 행정등급 분류 사례

행정등급	등급	개수	특징과 관리 단위
부부급 (副部級)	1등급	9	베이징대학, 칭화대학(2)/중국과기대학, 난징대학, 푸단대학, 상하이교통대학, 시안교통대학, 저장대학, 하얼빈공과대학(7)
	2등급	23	'985공정'(1998년 5월 결정한 중점대학) 수행/1등급 대학과 함께 중앙 관리 대학(中管大學)으로 공산당 중앙이 인사권 행사
정청급 (正廳級)	3등급	7	'985공정'의 나머지 7개 대학/교육부가 인사권 행사
	4등급	32	'985공정' 우수학과에 선정된 대학/정부 특별 지원금 수령
	5등급	112	'211공정'(1993년 선정한 21세기 세계 일류 100대 진입 목표 대학)/성급 정부 관리의 중점대학
	6등급		교육부(성급정부) 지원받지만 '211공정'에 선정되지 않은 대학
	7등급		박사 과정 개설/성급 행정기관 관리의 중점대학
	8등급		석사 과정 개설/4년제 지방대학
	9등급		신설 4년제 지방대학/지급 행정기관 관리
부청급 (副廳級)	10등급		전문대학(2년제)이나 사범대학(3년제)으로 지급 행정기관 관리

자료: Qinghua Wang, "Crisis Management, Regime Survival and 'Guerrilla-Style' Policy-Making: The June 1999 Decision to Radically Expand Higher Education in China", *China Journal*, No. 71 (January 2014), p. 871.

지지 않기 위해 학과를 증설하는 것이다.

둘째, 대학은 정부의 지원금 할당 체제에 맞추기 위해 학교 대형화를 추진했다. 1986년부터 국무원 교육부는 대학 지원금을 두 가지 항목으로 나누어 지급했다. 하나는 '종합정액(綜合定額)'으로, 학생 수에 맞추어 할당한다. 다른 하나는 '특별 보조금(專項補助)'으로, 대학의 행정등급에 맞추어 할당한다. 결국 대학이 정부 지원금을 더 많이 받아내기 위해서는 대학 입학 정원의 확대가 최우선 과제였고, 이를 통해 학교를 대형화하여 행정등급을 올리는 것이 다음 과제였다.

지방대학의 재정 중에서 학생 등록금이 차지하는 비중도 갈수록 확대되었다. 1998년에는 학교 재정의 17.89%가 등록금이었는데, 2005년에는 40.61%가 등록금이었다. 그만큼 대학에 대한 정부의 재정 지원이 줄었다는 이야기다. 이 이유 하나만으로도 대학들은 부족한 재정 충당을 위해 대학 입학 정원을 확대할 수밖에 없었다.[5]

(2) 몇 가지 '예견된 문제'

대학생 수의 급증은 몇 가지 '예견된 문제'를 불러왔다. 먼저, 학생 수 증가에 비례해서 대학의 교육 시설과 교수 규모는 증가하지 않았다. 정부의 재정 지원이 학생 증가율에 미치지 못했기 때문이다. 그 결과 대학은 교육 시설과 교수 확대에 투자할 여력이 없었다. 이는 곧 대학의 교육 환경 악화와 교육 질 저하로 이어졌다. 학생 기숙사와 식당 등 부대 시설의 악화를 불러온 것은 말할 필요도 없다. 대학생의 불만이 증가한 것은 당연한 일이었다.

또한, 대학생의 사회적 지위가 떨어지고, 졸업 후 사회적 대우도 전보다 나빠졌다. 1980년대와는 달리 1990년대에는 대학생이 사회 엘리트가 아니라 오히려 '미숙한 집단', '경제발전에 뒤처지는 집단'

으로 인식되기 시작했다. 이는 경제발전의 결과 지식인의 사회적 지위가 하락하는 현상과 맥을 같이한다. 대학생들도 자신을 엘리트로 생각하지 않았다. 이들이 학교 배지(badge)를 착용하지 않은 것은 이 때문이었다. 그러면서 학생들은 전보다 덜 이상적으로 변했고, 이념적 목표 대신에 현실적이고 실용적인 목표를 추구하는 개인주의적 성향이 나타났다.[6] 이런 상황에서 계속되는 대학생 규모의 증가는 학생들의 불만을 키우기에 충분했다.

마지막으로, 사회적으로도 대졸 실업자 문제가 서서히 나타났다. 사회적 수요를 초과하는 대졸자의 공급은 학생들의 취업 경쟁을 격화시켰다. 또한 누적되는 대졸 실업자는 농민공 문제와 함께 사회문제로 대두되기 시작했다. 이와 같은 문제가 2000년대를 넘어서면서 전국의 대학가에서 발생했고, 그 심각성은 점점 뚜렷해지고 커져만 갔다. 공산당이 대학 통제에 신경을 쓰지 않을 수 없었던 이유는 주로 이 때문이었다.

2. 공산당의 대학 내 조직

1989년 6월 톈안먼 민주화 운동 이후, 공산당은 대학이 다시는 민주화 운동의 근거지가 될 수 없도록 만들기 위해 다양한 조치를 추진했다. 먼저 '공산당 위원회 영도하의 총장 책임제'를 도입했다.

대학 총장의 자율성을 대폭 축소하는 대신 당 위원회의 영도를 강화하는 조치였다. 또한 대학 신입생을 대상으로 군사훈련(軍訓)을 실시하고, 정통 마르크스-레닌주의를 중시하는 정치 이념 교육도 강화했다. 국가와 공산당에 대한 충성을 강조하는 애국주의 교육 운동도 대대적으로 전개했다. '레이펑(雷鋒) 학습 운동'도 역시 마찬 가지였다.[7]

공산당의 대학 통제는 편의상 세 가지로 나누어 살펴볼 수 있다. 첫째는 공산당과 공산주의청년단(共靑團)을 중심으로 진행하는 학생 감시와 활동 감독이다. 이 가운데 당 조직이 '영도 핵심'이다. 둘째는 정치 이념 교육과 학생보도원(學生輔導員) 혹은 정치보도원(政治輔導員) 제도다. 셋째는 대학생 공산당원의 선발과 활용이다.[8]

(1) 공산당 조직: 대학의 영도 핵심

대학 내 공산당 조직은 학교 조직 체계에 맞추어 크게 세 개의 층위로 구성되어 있다. 최상층에는 대학 전체를 영도하는 공산당 위원회가 구성되어 있다. 다음에는 단과대학과 학과 별로 당원이 100명이 넘으면 당 기층위원회, 당원이 50명에서 100명 사이면 당 총지부가 구성되어 있다. 이들은 해당 단과대학과 학과를 영도한다. 마지막으로 당 지부가 있다. 당 지부는 교수 및 직원 지부와 학생 지부로 분리하여 설립한다. 학생 지부는 학년별로 설립할 수도

있고, 학과별로 설립할 수도 있다. 이는 학생 당원의 규모(수)에 따라 결정된다.[9]

대학 공산당 위원회의 구성은 다른 당 위원회의 구성과 크게 다르지 않다. 대학의 전체 업무를 책임지는 당서기, 당무(黨務)를 전담하는 당 부서기, 보통 대학 총장으로 연구와 교육 행정을 담당하는 당 부서기 등을 둔다. 당 위원회는 15~31명 사이의 위원으로 구성되고, 만약 상무위원회를 설치한다면 상무 인원은 7~11명 사이를 둔다. 이 가운데 당서기가 가장 중요하다. 당서기는 대학 내에서 정책 결정자, 행정가, 조정자, 공산당 권력의 대표자 역할을 담당한다.[10] 그래서 당서기는 일반적으로 대학 외부의 인사가 맡는다. 반면 대학 총장은 대개 학내 교수 중에서 선임한다.

(2) 학생 공산당 지부와 정보과

한편 대학 내 공산당 기층조직의 직책과 임무는 일반적인 당 조직의 그것과 크게 다르지 않다. 당 노선과 정책의 집행, 주요 정책과 인사 문제의 결정, 당 조직의 설립과 당원 충원(입당), 당원의 사상정치교육, 총공회·부녀연합회·공청단 등 인민단체 영도 등이 그것이다.

이 가운데 학생들로만 구성된 학생 당 지부에는 이와 같은 일반적인 임무 이외에 학생 통제와 관련된 두 가지 중요한 임무가 더 추가된다. 다시 말해, 학생 당 지부는 학생을 감시하고 통제하는 핵심 역할을 담당한다.[11] 첫째는 일반 학생이 학생 관리에 참여하도록 유도하고, 학교의 안정을 유지하기 위해 노력하는 임무다. 여기에는 공청단 조직과 학생 단체(예를 들어, 학생회와 학생 동아리)를 지도 및 지원하는 임무도 포함된다. 둘째는 일반 학생의 사상 상황과 의견을 파악하여 이를 "유관 부문에 보고(反映)"하고, 일반 학생을 상대로 사상정치교육 업무를 수행하는 임무다. 이 가운데 특히 눈에 띄는 임무가 바로 "학생 사상 상황 보고"다. 2021년에 〈공산당 대학 기층조직 공작조례〉가 수정되면서 이 임무가 공식적으로는 삭제되었다. 그러나 이 〈조례〉가 수정되었다고 해서 학생 당원의 "학생 사상 상황 보고"의 임무가 없어지는 것은 결코 아니다.

한편 각 대학의 행정기관에는 보위처(保衛處)라는 특별 기관이 설치되어 있다. 이 기관은 공공 안전, 화재 예방, 방문자 기록 등 다양한 임무를 수행한다. 이 보위처 산하에는 여러 부서가 있는데, 그중 하나가 정보과(政保科: 정치 보위 부서)다. 정보과는 정보국안 판공실(政保國安辦公室) 등 대학마다 다른 이름으로 불리기도 한다. 이름은 달라도 임무는 크게 다르지 않다.

정보과는 학생에게 영향을 미치려는 '불순 세력'의 시도에 대해 공식 이데올로기를 선전하고 이들을 비판하는 임무를 맡고 있다. 또한 학생들의 이데올로기 동향을 감시하고 통제하는 역할도 수행한다. 특히 이 부서는 학생의 이념 문제에 대해서는 조사권을 보유하고 있다는 점에서 정보 경찰의 성격까지 띠고 있다. 이를 위해 정보정보원(政保信息員)을 활용한다. 이들은 학생 중에서 선발된 인원으로, 정보과의 '눈과 귀' 노릇을 한다.[12]

3. 공청단 조직:
공산당의 조수이자 후비군

각 대학에 설립된 공청단은 공산당과 함께 대학생을 통제하는 중요한 조직 수단이다. 〈중국 공산주의청년단 장정(章程)〉(2013년 제정)의 '총칙(總則)' 첫 문단은 공청단의 성격에 대해 다음과 같이 말한다.

"공산주의청년단은 중국공산당이 영도하는 선진 청년의 군중 조직이고, 광대한 청년이 실천을 통해 중국 특색의 사회주의와 공산주의를 학습하는 학교이며, 중국공산당의 조수(助手)이자 후비군(後備軍)이다."

"선진 청년의 군중 조직"이고, "청년의 사회주의와 공산주의 학교"이며, "중국공산당의 조수이자 후비군"인 공청단이 청년들이 모여있는 대학에 대규모로 조직되는 것은 당연한 일이다.

(1) 대학 공청단 단원의 변화

중국이 발표한 최신 통계에 따르면, 공청단 단원(團員)은 2017년에 모두 8,125만 명으로, 같은 해 공산당원 8,956만 명에 버금가는 위용을 자랑한다. 이는 공청단 가입 연령인 14세에서 28세의 인구 가운데 약 25%를 차지하는 방대한 규모다.[13] 공산당원이 전체 인구의 6.7%, 입당 가능한 나이(만 18세 이상)의 인구 중에서는 약 10% 정도를 차지하는 것과 비교하면, 공청단의 가입 연령 대비 단원 비율은 높은 편이다.

또한 2017년에 공청단 전체 단원 중에서 학생 단원은 5,795만 명으로, 전체 단원의 71.3%를 차지한다.[14] 이 가운데 대학생 단원이 얼마나 되는지는 통계를 공개하지 않아 알 수가 없다. 한 조사에 따르면, 도시 지역 고등학생의 경우 졸업반(한국의 고3)이 되면 대개 공청단원이 된다. 반면 농촌 지역의 고등학생은 그렇지 않다. 대학생의 경우는, 1학년에 입학하여 2주에서 4주 동안의 군사훈련을

〈그래프 2-6〉 중국 공산주의 청년단(青年團) 단원의 규모(2006~2017년)

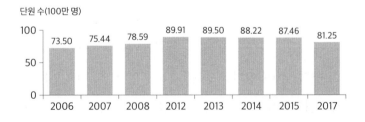

자료: Statista: Xinhua News Agency; China Youth League; ID 234991 (검색일: 2021. 5. 10.).

마치고 나면 많은 학생이 공청단에 가입한다.[15]

〈그래프 2-6〉은 2000년대 공청단원의 변화 상황을 정리한 것이다.

참고로 공청단원은 공산당원과 달리 2017년을 정점으로 이후에 규모가 계속 감소한다. 공산당에 가입하고자 하는 사람은 매년 2,000만 명 선을 유지했지만, 공청단에 가입하고자 하는 청년은 계속 줄어들었기 때문이다. 구체적으로 2021년 12월 기준으로 전국의 공청단원은 약 7,371만 명으로, 2017년의 8,125만 명보다 754만 명이 줄었다. 이 중에서 학생단원은 4,381만 명으로, 전체 공청단원의 59.4%를 차지하는데, 이는 2017년의 71.3%보다 11.9% 포인트가 감소한 것이다. 이를 통해 공청단원 규모의 감소는 학생들의 가입이 줄어들면서 일어난 현상이라는 사실을 알 수 있다.[16]

대학생 중에서 공산당원과 공청단원이 어느 정도의 비중을 차지하는가를 보기 위해 정리한 것이 〈표 2-8〉이다.

이 표에 따르면, 학생 당원의 비율은 마오쩌둥 시대(1949~1976년)

〈표 2-8〉 대학생 중 공산당원과 공청단원의 비중 변화

단위: %

시기(연)	1956	1978	1980	1988	1992	2003	2013
공산당원	8.6	10.8	4.4	2.9	1.5	6.7	8.8
공청단원	57.3	60.4	76.2	86.9	88.9	68	68.4

자료: Jerome Doyon, *Rejuvenating Communism: The Communist Youth League as a Political Promotion Channel in Post-Mao China* (PhD Dissertation, Columbia University, 2017), p. 206.

와 개혁·개방 시대(1978년~현재)가 크게 다르고, 개혁·개방 시대도 1990년대 이전과 2000년대 이후가 크게 다르다. 뒤에서 살펴보겠지만, 1989년 톈안먼 민주화 운동 이후 공산당은 대학생 당원을 충원하기 위해 다양한 정책을 추진했다. 그 결과 2000년대 들어서 학생 당원 비율이 증가했다. 이 표에 따르면, 2013년에 대학생 중 당원 비율은 8.8%였다. 참고로 대학원생 중 당원 비율은 약 30% 징도가 된다(뒤에서 검토할 것이다).

대학생 공청단원 비율도 개혁·개방 시대에 변화를 거듭했다. 비율이 가장 높았던 시기는 1992년으로, 대학생 중 단원 비율이 88.9%까지 올라갔다. 이 무렵에는 대학생의 대부분이 특별한 일이 없는 한 단원이 되는 시기였다. 그런데 2000년대 들어 단원 비율이 하락하여, 68% 선을 유지하고 있다. 이는 대학생들이 공청단원이 되는 것에 흥미가 떨어졌음을 보여준다. 반대로 이 무렵부터 대학생들은 공산당원이 되려는 관심이 증가했고, 앞에서 살펴본 그대로 학생 당원이 실제로 증가했다.

그런데 이런 비율은 학교마다 큰 편차가 있다는 사실에 주의할 필요가 있다. 학생 중 공산당원 비율도 마찬가지다. 한마디로 명문대학과 중점대학에서는 학생 중 단원 비율이 높고, 그렇지 않은 대학에서는 비율이 낮다는 것이다. 예를 들어, 2014년에 칭화대학(清華大學) 학생 중에서 공청단원 비율은 90%였다. 2013년에 학생 중 공청단원의 전국 평균 비율이 68.4%인 것과 비교하면, 이는 약

22%가 더 높은 수치다. 이처럼 공산당은 당원뿐만 아니라 단원 모집에서도 명문대학을 중시한다.[17]

(2) 대학 공청단의 구성과 주요 임무

| 공청단 기층조직과 입단(入團)

공청단 기층조직 상황을 살펴보자. 공청단 기층조직은 공산당 기층조직과 구성 방식이 같다. 즉 단원이 세 명에서 50명 사이는 공청단 지부(단 지부), 50명에서 100명 사이는 공청단 총지부(단 총지부), 100명 이상은 공청단 기층위원회(단 기층위원회)를 설립할 수 있다. 참고로 중앙과 각급 지방, 즉 성급(省級)·시급(市級)·현급(縣級)에는 공청단 지방위원회(단 위원회)가 설립되어 있다.

실제 통계를 보면, 2021년 12월 기준으로, 모두 367만 7,000개의 공청단 기층조직이 설립되어 있다. 이 가운데 공청단 지방위원회는 3,000개, 공청단 기층위원회와 공작위원회는 18만 4,000개, 공청단 총지부와 지부는 349만 개다. 영역별로 보면, 학생 공청단 조직이 183만 8,000개(전체의 50%), 기업 공청단 조직이 67만 2,000개(전체의 18.3%), 향진(촌) 공청단 조직이 60만 6,000개(전체의 16.5%), 기관 및 사업단위 공청단 조직이 31만 2,000개(전체의 8.5%), 도시 가도(사구) 공청단 조직이 13만 3,000개(전체의 3.6%), 사회조직과 기타 공청단 조직이 11만 6,000개(전체의 3.1%)다.[18]

공청단원의 입단을 살펴보자. 〈공청단 장정〉에 따르면, 공청단은 만 14세에서 28세 사이의 '중국 청년'으로 구성된다. 공청단원이 되려는 사람은 입단 신청서를 제출해야 한다. 입단 기준은 ① 학업 성적, ② 올바른 사고, ③ 교사와 학생에 대한 올바른 태도와 행동 등 세 가지다.[19] 여기서 알 수 있듯이, 공청단원이 되는 것은 그렇게 어렵지 않다. 앞에서 말했듯이, 많은 대학생이 대학에 입학하면 '의례적으로' 공청단원이 되는 경향이 있다. 물론 구체적인 상황은 시기와 지역에 따라 차이가 있지만 말이다.

| 공청단의 임무와 활동

공청단 기층조직의 기본 임무는 공산당 노선 및 정책의 선전과 집행 등 일반적인 공산당 기층조직의 임무와 크게 다르지 않다. 이 가운데 우리의 관심을 끄는 것은 대학 내 공청단 조직의 임무다. 〈공산주의청년단 대학 기층조직 공작조례〉(2017년 제정)에 따르면, 대학 내 공청단 조직은 모두 10개 항목의 직책(임무)을 수행해야 한다. 그 가운데 학생 통제와 관련된 임무는 세 가지다.

첫째는 학생회와 학생 동아리(團體)에 대한 지도 관리다. 둘째는 학생의 사상·학습·생활 상황을 파악하고, 학생의 요구를 반영하며, 학생의 권익을 옹호하고, 학생의 실제 곤란한 문제를 해결하는 임무다. 학교의 안정유지 업무를 지원하는 임무도 여기에 포함된다. 셋째는 인터넷에서 여론을 선도(引導)하는 임무다. 이를 보면,

공청단의 임무도 공산당 기층조직의 임무와 크게 다르지 않다는 것을 알 수 있다. 다만 인터넷 여론 선도 임무가 들어있는 것이 특색이다.

대학 내에서 공청단의 활동은 ① 정치 학습, ② 정치선전, ③ 학생 활동 감독 등 세 가지를 중심으로 이루어진다. 오락과 취업 알선 등 '학생 서비스(服務) 활동'도 있지만, 이는 앞의 세 가지 활동에 비하면 부수적이다. 또한 각 대학에는 공식 학생회와 학생 동아리가 있다. 이런 학생 모임을 공청단이 주도하고 통제한다. 첫째, 학생 동아리 심사와 등록을 공청단이 담당한다. 정치적으로 민감한 동아리는 등록이 거부된다. 둘째, 학생 동아리 활동을 위한 공간 제공, 활동 비용 분배, 게시판 이용 등 각종 자원을 공청단이 관리한다. 따라서 공청단의 통제와 지시를 따르지 않는 동아리는 생존할 수 없다.[20]

| 공청단 전임 간부

〈공청단 대학 기층조직 공작조례〉는 공청단의 전임(專任) 간부 규정도 별도로 두고 있다. 이에 따르면, 학생이 1만 명 이하인 대학에는 전임 간부를 5명 이상, 1만 명에서 2만 5,000명인 대학에는 9명 이상, 2만 5,000명 이상인 대학에는 12명 이상을 두어야 한다. 또한 대학 공청단 위원회 서기는 처급(處級: 한국의 중앙 부서 과장급) 정직(正職), 단과대학 공청단 위원회 서기는 과급(科級) 정직 간부의 대우를 해주어야 한다.

그런데 실제 공청단 전임 간부의 임용 상황을 보면, 이런 규정 대로 실행되지 않는다. 즉 대학마다 편차가 심하다. 칭화대학이나 베이징대학과 같은 명문대학에서는 이와 같은 규정을 잘 준수하고 있다. 반면 지방의 중소 대학에서는 한두 명의 전임자를 두고 있고, 일부 소규모 대학에서는 전임자를 아예 두지 않기도 한다.[21] 이는 일차적으로 대학 재정 문제와 관련이 있다. 재정이 부족하면 전임자를 둘 수 없기 때문이다. 또한 해당 대학 공산당 지도부가 공청단 전임자 문제를 얼마나 중시하는지와도 관련이 있다. 지도부가 중시하지 않으면 전임자를 둘 수 없다.

(3) 대학 공청단 간부의 '특혜'

그렇다면 대학생들은 왜 공청단 간부나 학생회 간부가 되려고 하는 것일까? 열심히 활동하는 공청단 간부, 이들의 지도를 충실히 집행하는 충성스러운 학생회 간부에게는 합당한 보상이 주어진다. 우선 공산당 입당 추천이 있다. 공청단에는 우수한 단원을 공산당에 추천하는 '우수 단원 입당 추천(推薦優秀團員入黨)' 제도가 있다. 일반인이 공산당원이 되는 일은 쉽지 않지만, 대학생이 당원이 되는 일은 더욱 쉽지 않다. 당원이 되면 졸업 후에 국유기업 취업이나 공무원 시험에서 매우 유리하다. 따라서 입당 추천은 학생들에게 공청단 활동에 적극적으로 나서게 만드는 큰 동기 부여가 아닐 수 없다.

실제로 한 조사에 따르면, 많은 우수한 공청단원이 '우수 단원 입당 추천'을 통해 공산당에 입당했다. 2002년에 전국적으로 약 210만 명의 신입 공산당원이 있었는데, 그 가운데 약 130만 명이 공청단 추천 당원이었다. 이는 전체 입당자의 61.9%로, 10명 중에서 6명은 공청단 추천으로 입당했다는 것을 의미한다. 또한 2003년부터 2008년까지 5년 동안 모두 480만 명이 공청단 추천으로 입당했다. 참고로 1957년에는 전체 신입 당원 가운데 20% 정도가 공청단 추천이었다.[22] 이는 당원 모집과 관련하여 공청단의 역할이 개혁·개방 시대에 매우 중요해졌다는 사실을 말해준다.

또한 열성적인 공산당원이나 공청단 간부, 학생회 간부에게는 대학원 입학시험을 면제받고 진학할 수 있는 특혜가 주어진다. 중국에서는 이를 '보연(保研)' 제도, 즉 '대학원 진학 보장' 제도라고 부른다. 매년 대학 본부는 단과대학별로 일정한 규모의 '보연 학생' 정원을 할당하는데, 이때 이들에게 우선하여 정원이 배분된다. 예를 들어, 베이징대학의 경우, 2009년에 '보연 학생' 규모는 100명이었고, 이후에는 50명으로 축소되었다. 선발 과정이 투명하지 않고 자의적이라는 비판이 증가해서 규모를 줄였다고 한다.[23]

그 밖에도 공청단과 학생회 간부들에게는 장학금뿐만 아니라 각종 취업 정보가 제공되는 등 여러 가지 혜택이 돌아간다. 예를 들어, 당정기관, 국유기업, 공공기관, 인민단체의 인턴십 알선과 추천, 졸업 후 교내 직원 채용 시 추천, '대학생 촌관(大學生村官)' 등 공산당과 정부의 기층 간부 훈련생 선발 시 추천 등 취업과 관련하여 여러 가지 기회가 주어진다. 이런 프로그램에 선발되면 후에 공무원 시험을 보거나 국유기업에 취업할 때 매우 유리하다. 이런 이유로 공청단과 학생회 간부들은 공산당의 지도하에 주어진 임무를 열심히 수행한다.[24]

4. 대학생의 정치 이념 교육: 사회주의 건설자와 계승자 양성

2019년 3월 18일에 열린 학교 사상 및 정치이론 교사 좌담회에서 시진핑은 대학의 정치 이념 교육에 대한 공산당의 방침을 다시 한번 분명히 밝혔다. 그에 따르면, "학교는 이데올로기의 전초기지(前沿陣地)"로, "상아탑(象牙之塔)이나 복숭아꽃밭(桃花源)"이 결코 아니다. 대학의 정치이론 과목은 분명한 목표가 있다. 즉 "국가의 이데올로기 안전(安全)을 수호"하고, 대학생을 "사회주의 건설자와 계승자(接班人)로 양성"하는 것이다. 대학생은 "사회주의 건설자와 계승자로서, 반드시 정확한 세계관·인생관·가치관을 수립하고, 개인의 가치와 공산당 및 국가의 전도 운명을 하나로 연계"해야 한다. 정치이론 과목은 "학생의 가치관을 주조(鑄造)"하는 데 목적이

있고, "주류 이데올로기의 전달과 인도가 주된 임무"다.[25]

사실 공산당은 시진핑이 이런 방침을 밝히기 오래전부터 이런 방향으로 대학생에게 정치 이념을 교육해왔다. 이를 편의상 세 가지로 나눌 수 있다. 첫째는 정규 정치이론 과목을 통한 교육이다. 이는 중요하기 때문에 뒤에서 다시 검토할 것이다. 둘째는 일상적인 정치교육이다. 여기에는 일반 학생들이 반별로 모여 학습하는 '반회(班會)', 공청단이 주도하는 학습인 '단회(團會)', 학생 공산당 지부가 주도하는 학습인 '당회(黨會)', 그 밖의 각종 독서회가 포함된다. 셋째는 긴급 정치 학습이다. 예를 들어, 매년 5월 4일 '5·4운동' 기념일과 6월 4일 '톈안먼 민주화 운동' 기념일이 오기 전에 학생을 단속하는 차원에서 정치 학습을 진행한다.[26]

(1) 정규 정치이론 과목: 두 개의 과목(兩課)

정규 과목을 통한 정치 이념 학습은 2005년 공산당 중앙 선전부와 국무원 교육부가 지침을 하달한 이후 현재의 모습을 갖추게 되었다. 이때 하달된 〈대학 사상정치이론 과목 강화 및 개진 의견〉은 대학생들에게 네 개의 과정을 필수로 가르치라고 지시했다. 첫째는 '중국화(中國化)한' 마르크스주의 이론 성과의 교육이다. 마오쩌둥 사상과 덩샤오핑 이론이 중심 내용이다. 둘째는 마르크스주의 인생관·가치관·도덕관·법제관(法制觀) 교육이다. 이를 통해 대학생이 고상한 이상과 도덕 성품을 갖추도록 인도하고, 중화민족의 우수한 애국주의 전통과 현대 혁신 정신의 가치 표준 및 행위 규범을 수립하도록 인도한다. 셋째는 중국 근현대사와 공산당사 교육이다. 이를 통해 학생들이 중국 역사와 중국의 실제 상황, 즉 국정(國情)을 정확히 이해하여 외부 사상의 영향에 저항할 수 있도록 돕는다. 또한 역사와 인민이 왜 국민당과 자본주의의 길이 아니라 공산당과 사회주의의 길을 선택했는지를 학생들이 진지하게 이해할 수 있도록 인도한다. 넷째는 공산당의 노선·방침·정책 교육이다. 이를 통해 학생들이 국내외 형세를 정확히 이해하고 판단할 수 있도록 인도한다.[27]

| 정치이론 필수 과목: 두 개의 과목(兩課)

이런 네 가지 교육과정은 세부 과목으로 구체화되었다. 소위 '두 개의 과목(兩課)'이 그것이다. '두 개의 과목'은 '마르크스주의 이론 과목(理論課)'과 '사상 품성 과목(思想品德課)'을 가리킨다. 마르크스주의 이론 과목은 다시 세 개의 세부 과목으로 구성된다. 마르크스주의 기본원리 개론, 마오쩌둥 사상과 중국 특색 사회주의 이론체계 개론, 중국 근현대사 요강(綱要)이 그것이다. 사상 품성 과목은 한 개 과목인데, 사상 도덕 수양과 법률기초가 그것이다. 2018년에는 형세와 정책, 현대 세계 경제와 정치 과목이 개설 과목으로 추가되었다. 2019년에는 현대 세계 경제와 정치를 제외한 다섯 개의 과목, 즉 ① 마르크스주의 기본원리 개론, ② 마오쩌둥 사상과 중국 특색 사회주의 이론체계 개론, ③ 중국 근현대사 요강, ④ 사상 도덕 수양과 법률기초, ⑤ 형세와 정책이 정치이론의 필수 과목으로 지정되었다.[28]

대학의 정치이론 교육은 이후에도 계속 강화되었다. 예를 들어, 2020년에 국무원 교육부는 전체 교육과정에서 사상정치이론 교육을 강화하라는 방침을 하달했다. 이에 따르면, 대학교육은 학생들의 "가치 주조, 지식 전수, 능력 배양"을 하나로 융합해야 한다. 왜냐하면 대학교육은 "사회주의 계승자 양성, 국가의 장기적인 안정, 민족 부흥과 국가 부상(崛起)에 영향"을 주기 때문이다.

또한 2020년 지시에 따르면, 정치이론 교육의 중점 교육 방향은 다섯 가지다. 첫째, '시진핑 사상'이 교재, 교과과정, 교실, 학생의 대뇌에 가득 차도록 만든다. 둘째, '사회주의 핵심 가치관'을 배양 및 실천한다. 셋째, 중화민족의 우수한 전통문화 교육을 강화하여, 애국주의를 핵심으로 하는 민족정신과 개혁 혁신을 핵심으로 하는 시대정신을 진흥한다. 넷째, 헌법 법치 교육을 깊이 있게 전개한다. 다섯째, 직업 이상과 직업 도덕교육을 강화한다.[29]

| 정치이론 전문 교수의 임용

또한 공산당은 정치이론을 가르치는 전문 교수를 육성하기 위해 많이 노력해왔다. 중앙당교와 전국의 명문대학에 마르크스주의와 공산당 역사를 전공하는 석·박사 학위 과정을 개설하여, 학위가 없는 교수들이 학위를 받도록 지원한 정책이 대표적이다. 현재는 베이징대학 등 여러 명문대학에 설립된 마르크스주의학원(馬克思主義學院)에서 박사 학위를 받은 전문가들이 정치 이념 교수로 임용되고 있다. 마르크스주의학원은 학부 과정은 없고 대학원 석·박사 과정만 있는 일종의 전문대학원(professional school)이다. 국제대학원, 행정대학원, 법학전문대학원과 비슷하다고 보면 된다.

또한 정치 이념 교수의 승진 평가에는 일반 교수에게 적용되는 학술지 논문 게재와는 다른 기준을 적용하여 이들이 승진 평가에서 불이익을 받는 일이 없도록 조치한다. 국무원 교육부는 이들만을 위해 별도의 학술 프로젝트를 발주하기도 한다. 특히 정치 이념 교육을 담당하는 교수들의 일자리를 확보하기 위해 학부 학점의 10%를 정치 이념 교육으로 채우도록 의무화했다. 게다가 학생 350명마다 한 명의 비율로 정치 이념 교수를 전임으로 임용하도록 당규로 규정했다.[30] 예를 들어, 학생이 2만 명인 대학은 정치 이념 전임 교수를 57명 이상 임용해야 한다.

(2) '학생보도원(정치보도원)' 제도

정치 이념 교육과 관련하여 학생보도원(이전의 정치보도원) 제도에도 주목해야 한다. 이는 단과대학별로 학생들의 정치 이념 교육과 사상 인도, 대학 생활과 과외 활동 관리를 전담하는 전문 인력을 배치하여 운영하는 제도를 가리킨다. 이 제도는 1952년에 칭화대학(淸華大學)에서 시작했고, 문화대혁명 기간에 중단되었다가 1977년에 부활했다. 명칭도 정치보도원이라고 불렀다가 2004년부터는 학생보도원으로 바꾸어 부르기 시작했다. 이들의 역할이 약간 변화되었기 때문이다.

| 칭화대학의 정치보도원 제도

정치보도원 제도는 1952년부터 1966년까지 칭화대학 총장이었던 장난샹(蔣南翔)이 시작했다. 이제 막 건국한 '사회주의' 중국이 필요로 하는 국가 인재는 '전문성(專)'과 '혁명성(紅)'을 모두 겸비한 사람, 즉 '두 어깨를 짊어질 수 있는(雙肩挑) 사람'이어야 한다는 교육 철학을 실현하기 위한 정책이었다. 선발 대상은 학부 4학년 학생과 대학원생이었다. 그가 총장이었던 1952년부터 1966년까지 14년 동안 모두 682명의 정치보도원이 배출되었다. 1964년부터 1965년까지 2년 동안 정치보도원을 역임한 후진타오(胡錦濤) 전 총서기도 그중에 한 명이었다. 이후에도 정치보도원은 계속 배출되었는데, 이들은 중국 정치에서 중요한 역할을 담당하는 칭화대학 출신의 정치 세력, 즉 '칭화방(淸華幇, Tsinghua clique)'을 형성하게 된다.[31]

2008년을 기준으로, 전국의 각 대학에 있는 학생보도원은 전임이 9만 1,808명, 비전임이 2만 9,329명으로, 이 둘을 합하면 12만 1,137명이다. 칭화대학의 경우, 대학원 석사 과정 이상의 학생 중에서 매년 100명씩 학생보도원을 선발하여 총 400명을 일상적으로 운영하고 있다. 이들은 대학원 학생으로 2~3년 활동하는데, 대학 공청단 간부가 될 경우는 그보다 더 길게 활동할 수도 있다. 기본 임무는 학과(department)와 반(class)에 구성된 공산당 기층조직 관리, 단과대학의 공청단 기층조직 관리, 인터넷을 중심으로 하는 정치선전과 학생 관리, 5월 4일 '5·4운동' 기념일 및 6월 4일 톈안먼 민주화 운동 기념일 등 '민감한 시기(敏感期)'의 학생 관리와 대학의 안정유지다.[32]

| 학생보도원의 임무와 실제 상황

그런데 2004년에 정치보도원을 학생보도원으로 명칭을 변경한 이후에는 일반적인 학생 관리 임무가 추가되었다. 여기에는 정신적으로 문제가 있는 학생의 상담과 관리, 사상적으로 고민하는 학생 상담과 지도, 학점 관리, 교과목 선택 조언, 연애 고민 상담, 과외 활동 지도, 진로 상담 등 대학생의 신변 문제에 대한 상담과 지도가 포함된다. 이런 업무를 위해 학생보도원은 주변에 있는 공청단 간부와 학생회 간부의 도움을 받는다. 또한 이런 임무를 제대로 수행하기 위해 일부 대학에서는 학생보도원이 기숙사에서 학생들과 함께 생활할 것을 요구하기도 한다.[33]

〈공산당 대학 기층조직 공작조례〉에 따르면, 학생보도원은 학생 200명마다 1명씩의 비율로 전임으로 임명되어야 한다. 예를 들어, 학생이 2만 명인 대학은 전임 학생보도원을 100명 이상 임용해야 한다. 이들은 석사 학위를 가진 사람이 대다수이고, 학부만 졸업한 사람도 있다. 예를 들어, 상하이시 지역의 학생보도원에 대한 조사에 따르면, 70% 이상이 석사 학위를 갖고 있다. 학생보도원이 되기 위해서는 대학에서 실시하는 필기시험과 면접시험을 통과해야 한다. 이 시험은 공무원 시험보다는 상대적으로 쉽다고 알려져 있다. 또한 이들은 공산당 당원이어야 하고, 학부 과정에서 공청단 간부나 학생회 간부로 활동한 경험이 있어야 한다.[34]

학생보도원 제도의 실제 운영 상황을 보면, 대학마다 편차가 매우 크다는 사실을 알 수 있다. 칭화대학이나 베이징대학과 같은 명문대학은 〈공산당 대학 기층조직 공작조례〉의 규정에 따라 학생 200명마다 한 명의 학생보도원을 전임으로 임용하고 있다. 그런데 지방의 중소 대학에서는 학생 300명에서 400명마다 한 명 정도로 임명하는 경우가 많고, 어떤 대학은 정치보도원 한 명이 1,000명의 학생을 담당하기도 한다.[35] 이는 주로 재정 상황이 좋지 않기 때문이기도 하고, 학교 공산당 지도부가 이 문제에 주의를 기울이지 않기 때문이기도 하다.

또한 명문대학에서는 학생보도원이 장래에 당정간부가 되는 지름길로 통한다. 그래서 공청단 간부와 학생회 간부 출신의 학생들 사이에서는 학생보도원 자리가 인기가 많고, 학생보도원이 되기 위한 경쟁도 매우 치열한 편이다. 앞에서 말한 칭화대학이 대표적인 사례다. 실제로 학생보도원 출신들이 당정간부로 출세한 경우가 아주 많다. 그러나 지방의 중소 대학은 그렇지 않다. 비록 규정상 이들은 학생과 함께 생활하면서 학생의 이념과 정치교육을 담당하지만, 업무에 대한 열정은 그렇게 높지 않다. 임금이 적고, 복지 혜택이 부족하며, 미래가 불확실하기 때문이다.[36]

(3) 정치 이념 교육의 효과: 공산당 지지도의 증가

그렇다면 대학생들에 대한 정치 이념 교육은 실제로 얼마나 효과가 있을까? 대학이 1989년 톈안먼 민주화 운동 이후에는 조용해졌다는 측면에서 공산당이 추진했던 학내 안정유지라는 목표는 달성했다고 평가할 수 있다. 실제로 1990년부터 현재까지 30년이 넘는 기간에 대학가에서는 공산당 일당 체제를 반대하는 민주화 시위가 일어나지 않았다.[37] 다양한 요인이 이런 결과를 가져왔겠지만, 대학생들에 대한 정치 이념 교육과 통제가 중요한 역할을 담당했다는 사실은 부인할 수 없다.

또한 일부 설문 조사 결과는 정치 이념 교육이 대학생의 생각과 태도를 바꾸는 데도 효과가 있었음을 보여준다. 무엇보다 정치 이념 교육 이후 공산당과 현 체제에 대한 대학생의 지지율이 높아졌다. 또한 공산당의 동원 활동(예를 들어, 애국주의 활동)에 적극적으로 호응하는 학생이 더욱 많아졌다. 그 밖에도 정치 이념 교육에 대한 학생의 만족도가 증가했고, 이를 통한 정치 정보 취득에도 흥미를 갖게 되었다. 이런 조사 결과를 종합할 때, 최소한 단기간 내에 대학생이 공산당에 도전하는 세력이 될 가능성은 매우 적다.[38]

이를 반박하는 주장도 있다. 공산당은 학내 안정유지에는 성공했을지 몰라도, 학생들의 생각을 바꾸는 데는 성공하지 못했다는 것이다. 대학생들이 공산당 및 현 체제에 대해 70%에서 80%에 달하는 높은 지지율을 보인다고 해서, 이것이 정치 이념 교육 때문인 것은 아니다. 오히려 인터넷 사용의 증가, 종교 영향, 소수민족 지역 대학생의 반감 등을 고려할 때, 정치 이념 교육은 학생들에게 효과가 그렇게 크지 않다. 특히 정치 이념 교육은 대학생의 투표 참여 증가와 같은 시민 행동의 촉진에 거의 영향을 미치지 못했다. 정치 이념 교육의 목표가 애국주의, 사회주의, 집단주의를 함양하는 것이지 시민 행동의 장려가 아니기 때문에, 또한 권위주의 체제에서 시민의 현실 정치참여가 제한되기 때문에 이런 결과가 초래되었다.[39]

그런데 대학 정치 이념 교육의 실제 역할과 의의를 생각한다면, 이것이 학생들의 신념 체계를 바꾸거나 투표 참여 증가 등 행동 변화를 유도하는 데는 한계가 있을 수밖에 없다는 점을 인정해야 한다. 정치 이념 교육의 실제 역할은 학생들의 '의례적 충성 유도'이기 때문이다. 다시 말해, 학생들이 정치 이념 교육의 내용을 얼마나 수용하는지와 관계없이, 혹은 학생들이 정치 이념 교육의 내용을 진심으로 믿고 따르는지와 관계없이, 최소한 이들이 공식적이고 의례적으로 공산당과 현 체제에 충성하도록 유도하는 것이 정치 이념 교육의 실제 역할이자 의의다.[40] 이런 관점에서 보면 지금까지는 성공적이라고 평가할 수 있다.

5. 대학생의 공산당 입당: 바늘구멍 통과하기?

공산당의 대학 통제에서 학생 당원은 큰 역할을 담당한다. 이들은 일반 학생을 상대로 공산당 노선과 방침을 선전하고, 학생의 공산당 지지를 동원하는 역할을 담당한다. 또한 이들은 일반 학생의 사상과 행동을 파악하여 상부에 보고하는 감시자 역할도 맡는다. 따라서 대학 내에 더 많은 학생 당원을 확보하는 것은 공산당이 대학을 성공적으로 통제하는 데 매우 중요한 일이다. 이런 이유로 공산당은 1989년 톈안먼 민주화 운동 이후 대학생 당원 충원을 위해 계속 노력해왔다.

(1) 대학생 입당 정책과 상황

대학생 중에 얼마나 많은 사람이 당원이 되는가는 시대에 따라 크게 달라진다. 예를 들어, 1956년에는 대학생 중에서 8.6%, 1960년대 중반에는 13%가 당원이었다. 1975년에는 문화대혁명의 영향으로 대학생의 26.5%가 당원이었다. 그런데 1980년대에는 대학생 중 당원 비율이 계속 떨어졌다. 1985년에 11.7%에서 1988년에는 2.9%로, 1989년에는 다시 1.0%로 떨어졌다가 톈안먼 민주화 운동 직후인 1990년에는 0.8%까지 떨어졌다. 대학생들은 공산당을 불신했고, 그 결과 지원자가 감소한 것이다. 공산당도 대학생의 정치 이념 교육에 소홀했고, 대학생 입당 정책도 갈팡질팡했다.[41]

이후 대학생 당원을 충원하기 위해 공산당은 적극적인 정책을 펼치기 시작했다. 지방의 각급 공산당 위원회는 당원 충원 목표를 설정하고 주도적으로 대학생을 입당시키는 정책을 추진한 것이다. 예를 들어, 2001년에 광둥성 공산당 위원회는 2005년까지 학부생은 10%, 대학원생은 30% 정도 입당시킨다는 목표를 설정했다. 이는 다른 지역도 마찬가지였다. 단 입당 목표는 지역별 및 대학별로 차이가 났다. 연해 지역의 대학과 명문대학 혹은 중점대학에는 더 많은 입당 목표가 할당되었고, 내륙 지역과 일반대학에는 적은 입당 목표가 할당되었다.

대학생도 입당에 적극적이었다. 앞에서 말했듯이, 1990년대 이후 학생들은 중국의 민주화 등 이상적인 목표보다 취업 등 실용적인 목표를 추구하기 시작했다. 또한 대학생의 급격한 증가와 함께 대학 졸업 후 일자리 찾기가 점점 더 어려워지면서 취업, 특히 당정 기관, 공공기관, 국유기업 입사에 유리한 당원 신분을 확보하기 위해 발 벗고 나섰다. 그래서 여러 사회계층과 집단 가운데 대학생이

공산당 입당을 가장 원하는 집단이라는 평가가 나오기도 한다.[42]

실제로 2000년 무렵에는 전국적으로 공산당 입당 의사가 있는 대학생 비율이 50%를 넘었고, 학생의 1/3 정도가 실제로 입당을 신청하기도 했다. 그 결과 2000년에는 전체 학부생의 3.8%, 전체 대학원생의 28.2%가 당원이 되었다.[43] 이런 당원 확대 정책은 계속되어, 학부생의 경우 2013년에는 당원 비율이 8.8%까지 증가했다. 이는 2005년 공산당 광둥성 위원회가 설정한 학부생 입당 목표인 10%에 근접한 수치다.

여기서 주의할 점은, 대학생 당원의 비율은 학교마다 편차가 심하다는 사실이다. 한마디로 말해, 명문대학과 중점대학에는 학생 당원이 많고, 그렇지 않은 대학에는 많지 않다. 이는 앞에서 말한 것처럼, 공산당이 명문대학과 중점대학을 중심으로 학생 당원을 충원한 결과다. 예를 들어, 2002년을 기준으로, 칭화대학의 학부생 가운데 당원 비율은 12%였다.[44] 2000년 무렵 전국 학부생 중 당원 비율이 3.8%인 것과 비교하면, 이는 약 3.2배나 높은 수치다. 이처럼 공산당은 학생 당원 모집에서도 학교별로 다른 정책을 실행한다.

(2) 입당 동기와 기준: 이념에서 실용으로 변화

그렇다면 대학생의 입당 동기는 무엇일까? 조사 결과에 따라 조금씩 차이는 있지만, 1980년대에는 이념적 동기—예를 들어, '인민을 위한 봉사'나 '조국과 당에 대한 봉사'—가 강했던 반면, 1990년 대 이후에는 실용적 동기—예를 들어, '취업에 유리한 조건 확보'—가 더욱 강했다. 예를 들어, 2002년 저장성 지역의 대학생에 대한 설문 조사 결과를 보면, 입당 신청 동기 중에서 가장 큰 것이 "취업에 유리하기 때문"(44.16%)이고, 다음이 "정치적 자산 획득"(20.12%)이었다. 반면 "정치적 신념 추구"는 13.19%에 지나지 않았다. 사영기업조차도 비당원보다는 당원을 선호하는 경향이 있다. 당원이 조직 및 소통 능력, 협업 정신, 업무 처리 능력에서 더 뛰어나기 때문이다.[45] 이런 상황에서 대학생이 당원이 되려는 것은 당연한 현상이다.

한편 공산당은 두 가지 기준에 따라 대학생 당원을 선발한다. 첫째는 정치적 기준으로, 사회주의 이념에 대한 이해와 지지, 공산당에 대한 충성과 헌신 등이 주요 내용이다. 둘째는 학업 성적이다. 특히 고학년 학생일수록 대학생 당원의 선정 기준에서 학업 성적을 중시한다. 부모 직업이나 당원 여부는 중요한 선발 기준이 아니다. 다시 말해, 입당을 결정할 때 출신 성분은 더 이상 의미가 없다.

이런 기준을 적용한 결과, 대학 내에서 학생 당원이 비당원보다 정치 성향과 태도에서 적극적일 뿐만 아니라, 학업 성적에서도 더 우수한 현상이 나타났다.[46] 이는 다른 기업이나 기관에서도 보편적으로 나타나는 특징이다. 즉 당원이 비당원보다 일반적으로 더 우수하다는 것이다.

6. 대학교수 통제

대학 통제가 제대로 이루어지기 위해서는 대학 운영을 공산당이 장악하고, 이를 바탕으로 교수 집단을 통제해야만 한다. 대학 운영을 교수 집단이 아니라 공산당이 장악해야만 공산당 방침에 따라 학생을 통제할 수 있기 때문이다. 또한 교수는 학생에게 학문을 가르치고 연구를 지도하는 주체로, 이들의 사상과 연구를 통제해야만 학생의 생각을 통제할 수 있기 때문이다. 따라서 공산당은 대학 운영을 공산당 조직이 완전히 장악하고, 교수의 선발과 승진을 철저히 관리하기 위해, 또한 교수의 교육과 연구 내용을 엄격히 통제하기 위해 다양한 정책을 실행해왔다.

(1) 대학 운영 장악과 교수 인사 통제: 엄격한 정치심사

먼저 대학 운영에 대한 공산당의 통제가 강화되었다.[47] 앞에서 1989년 톈안먼 민주화 운동 이후 대학 통제를 강화하기 위해 '공산당 위원회 영도하의 총장 책임제'를 실시했다고 말했다. 공산당은 이를 더욱 강력하게 추진하기 위해 2014년 10월에 〈공산당 위원회 영도하의 교장 책임제 견지 및 개선〉이라는 새로운 지시를 하달했다.

2014년 〈견지 및 개선〉에 따르면, 각 대학에서 공산당 위원회는 '영도 핵심(領導核心)'이며, 대학의 정책과 인사 등 핵심 사항은 당

위원회가 결정한다. 반면 대학 총장은 당 위원회의 영도하에서 자신에게 허용된 일부 권한만을 행사할 수 있을 뿐이다.[48] 그동안 많은 대학에서 당서기의 권위는 떨어지는 데 비해 총장의 권위는 더욱 높아지면서 총장이 주도적으로 학교 업무를 처리하는 현상이 나타났다. 2014년 〈견지 및 개선〉은 이런 '잘못된 상황'을 바로잡으라는 지시다.

교수 인사 통제 강화

교수 인사 통제도 강화되었다.[49] 예를 들어, 2015년 1월에 공산당 중앙 판공청과 국무원 판공청은 합동으로 〈새로운 형세 아래 대학 선전사상 업무의 강화 및 개진 의견〉을 하달했다. 핵심 내용은, 대학의 선전사상 업무를 강화하여, "적대 세력의 침투를 굳건히 막고, 대학 이데올로기 업무의 영도권(領導權)과 담론권(話語權)을 확실하게 장악하여, 마르크스주의의 영도 지위를 끊임없이 공고히 하라"는 것이다.

이를 위해 교수에 대해 "일표부결제(一票否決制, one-veto system)"를 실시한다. 즉 교수의 연구 성과나 교육 업적이 아무리 뛰어나도 정치적 관점과 태도에 문제가 있으면 바로 교단에서 퇴출하는 제도를 실행한다. 또한 교수 초빙에서 "정치 기준(政治關)을 중시하고, 이에 기초하여 정치심사를 엄격히 진행한다. 정기적인 교수 등록제도(注册制度)도 모색한다."[50] 정치적으로 문제가 있는 교수가

대학 교단에 설 수 없도록 처음부터 철저히 차단하고, 또한 임용
이후에는 정치적으로 잘못을 저지른 교수가 학생을 가르칠 수 없
도록 만들기 위한 제도들이다.

이와 같은 2015년의 〈강화 및 개진 의견〉을 강조하기 위해 국무
원 교육부 부장(장관)은 2015년 1월 31일에 공산당 이론지인 『구시
(求是)』에 기고문을 발표했다. 이에 따르면, 대학교의 선전사상 업
무를 강화하기 위해 몇 가지 중점 임무를 수행해야 한다. 여기에는
교수에 대한 정치심사 강화가 중요한 요소로 포함되어 있다.

첫째는 사회주의 핵심 가치관을 중심으로 이론 무장을 강화하
고, 긍정적 측면에서 학생을 인도하는 것이다. 둘째는 대학을 마르
크스주의 이데올로기의 전초기지로 공고히 다지는 것이다. 이를 위
해 "서양의 잘못된 관점을 전파하는 교재(教材)가 우리의 대학에 진
입하는 것을 굳건히 막아야 한다." 이런 지침에 따라 자유주의를
고취하거나 중국 정치 체제를 비판하는 외국 교재의 사용이 금지
되었다. 셋째는 인터넷 관리를 잘하고, 유능한 대학 인터넷 선전
대오를 구축하는 것이다. 넷째는 교수에 대한 정치사상 업무를 강
화하고, 교수 초빙에서 정치심사를 엄격히 실행하는 것이다.[51]

(2) 사상 통제: 외국 교재와 민주 이념의 전파 금지

다음으로 교수에 대한 사상 통제를 살펴보자.[52] 2013년 4월
22일에 공산당 중앙 판공청은 '중앙 9호 문건', 즉 〈현재 이데올로

기 영역의 상황 통보)를 '대외비'로 하달했다. 외부로 유출된 문건의 내용을 살펴보면, 핵심 내용은 언론과 대학 등 사회 모든 영역에서 일곱 개의 '잘못된 사조(思潮)'를 굳건히 반대해야 한다는 것이다.

첫째는 민주주의와 입헌주의(constitutionalism)—중국식으로는 헌정(憲政)—이다. 이는 공산당, 사회주의 제도, 현 정부를 전복하려는 의도가 있는 이념이다. 둘째는 인권과 자유 등 보편 가치다. 이것은 공산당 영도를 배제하고, 공산당의 정치적 양보를 강요하는 이념이다. 셋째는 시민사회론이다. 이는 공산당 밖에서 새로운 정치 세력을 세우려는 시도다. 넷째는 신자유주의다. 이는 국가의 거시 경제 관리를 반대하는 이념이다. 다섯째는 언론 자유를 제창하는 서방의 언론관이다. 이는 언론에 대한 공산당 영도를 거부하며, 언론 자유를 통해 공산당과 사회의 혼란을 조장하려는 의도다. 여섯째는 역사 허무주의다. 이는 공산당과 마오쩌둥을 비판하고 부정하여 공산당의 통치 정통성을 훼손하려는 시도다. 일곱째는 중국을 국가 자본주의로 매도하는 개혁·개방의 왜곡과 비방이다.[53]

이를 이어서 공산당 중앙은 2014년 10월 무렵에 '중앙 30호 문건'을 하달했다. 이 문건은 앞에서 말한 '중앙 9호 문건'과 짝을 이룬다. 다만 '중앙 30호 문건'은 외부 유출을 철저하게 통제했기 때문에 자세한 내용은 알 수 없다. 이 문건의 핵심 내용은, 전국의 대학과 문화 관련 기관에서 서구의 영향을 받은 각종 자유주의 사상을 완전히 제거하라는 것이다. 실제로 이 문건이 하달된 이후 각 대학에서는 자유주의를 견지한 교수, 공산당과 정부에 비판적이었던 교수가 파면되거나 좌천되는 일이 발생했다.[54]

| 2015년 '고등교육의 대학살'

이와 같은 공산당 중앙의 대학 사상 통제 강화를 배경으로, 전국의 대학가에서는 2015년에 교수의 정치사상을 검토하여 문제가 있는 교수를 솎아내는 '사상 정화 운동'이 전개되었다. 발단은 랴오닝성에 있는 한 대학에서 일부 학생들이 관영 언론사에 교수들의 수업 태도에 심각한 문제가 있다고 제보한 사건이었다. 즉 교수들이 수업 시간에 공산당과 중국은 지나치게 비판하는 데 비해 서구 사회와 서구 이념은 지나치게 긍정적으로 평가하거나 찬양하는 '편향'을 보인다는 것이다.

이런 학생들의 제보를 접수한 이후 랴오닝성 공산당 기관지인 『랴오닝일보(遼寧日報)』는 약 2주간에 걸쳐 수십 명의 기자를 여러 대학에 파견하여 수업을 청강하게 했다. 이후 조사 결과를 분석하여 탐사 보도 형식으로 대학의 사상 문제를 집중적으로 보도했다. 보도 내용은 학생들의 문제 제기를 확인시켜주는 것이었다. 이것이 계기가 되어 시진핑 총서기의 지시하에 전국에 걸쳐 교수 사회에 대한 사상 검토 및 정화 운동이 본격적으로 시작되었다.

구체적으로 공산당 중앙과 국무원 교육부의 지시에 따라, 인문 사회계열의 교수들은 자신들이 수업 시간에 사용하는 외국 교재 (원어 및 중국어 번역본 모두) 목록과 그것을 어떻게 활용했는지 등에 대한 상세한 보고서를 작성하여 대학 당국에 제출했다. 이런 보고 서를 토대로, 대학 당국(실제로는 공산당 위원회)은 심사를 거쳐 사용 가능한 교재와 강의를 선별했다. 단적으로 중국과 공산당에 대해 조금이라도 부정적인 내용을 담고 있는 교재는 모두 사용이 불허 되었다. 이 과정에서 일부 교수들은 파면되거나, 교육 업무에서 행 정 업무로 보직이 변경되었다.

교수들은 이런 시도를 1989년 톈안먼 민주화 운동의 영향을 차 단하기 위해 대학 정풍운동을 전개한 "1990년 이후 고등교육에 대 한 가장 무자비한 공격", "고등교육에 대한 대학살" 등으로 표현했 다. 마오쩌둥 시대인 1958년부터 1960년까지 대학가에서 진행된 '반우파투쟁'을 연상시키는 혹독한 정풍운동이라는 것이다.[55]

(3) 연구 통제: 공산당 노선과 방침의 추종

마지막으로 교수의 연구 통제를 살펴보자. 이는 주로 교수가 수 행하는 학술 연구 프로젝트에 대한 엄격한 관리를 통해 이루어진 다.[56] 다른 국가의 교수들보다 중국의 교수들은 정부가 발주하는 학술 연구 프로젝트를 수주해야만 하는 절박한 이유가 있다. 첫 째, 승진을 위해서는 국가 프로젝트를 수주해야 한다. 연구 업적과 함께 국가 프로젝트 수주 상황이 교수의 업적 평가에서 중요한 기준이 되기 때문이다. 물론 한국의 대학, 예를 들어 서울대학교는 이렇지 않다. 둘째, 전반적으로 교수의 임금이 적기 때문에 정부의 연구기금을 받아야만 학술 연구를 제대로 수행할 수 있다.

| 연구 과제 통제 기제

이를 잘 알고 있는 공산당은 학술 연구 프로젝트에 대한 엄격한 관리를 통해 교수의 연구 활동을 통제한다. 중국의 학술 연구 프로젝트는 국가가 주도하는 것이 대부분이다. 예를 들어, 국무원 교육부는 중대 과제 연구 프로젝트(重大課題攻關項目), 중점 연구기지(重點研究基地), 혁신 프로젝트(創新項目) 등을 지원한다. 또한 국가 사회과학기금(國家社科基金)은 중대 프로젝트(重大項目), 청년 프로젝트(青年項目), 후기 기금지원 프로젝트(後期資助項目), 중화 학술번역 프로젝트(中華學術外譯項目), 서부 프로젝트(西部項目) 등을 지원한다.[57]

그런데 이런 학술 연구기금은 궁극적으로 공산당이 통제한다. 최상층에는 공산당 중앙 선전 사상공작 영도소조와 선전부가 있다. 그 산하에 전국 철학·사회과학 계획 영도소조(全國哲學社會科學規劃領導小組)와 그 실무를 담당하는 전국 철학·사회과학 계획 판공실(辦公室)이 있다. 이 영도소조가 인문학과 사회과학 분야의 학술 연구에 대한 지침과 규정, 장기 계획과 연도별 계획을 작성한다. 그 산하에 다시 전국사회과학기금(全國社會科學基金)과 프로젝트 계획 심사소조(規劃審批小組)가 설치되어 있다. 이 심사소조는 각 분과 학문마다 10명 전후의 전문가로 구성된다(이들의 임기는 5년이다). 또한 이 심사소조는 기금 계획과 연구 의제 설정 제안, 주요 프로젝트 계획 심사와 결정, 연구 결과 평가 등의 역할을 담당한다.[58]

교수들이 학술 연구 프로젝트를 수주하기 위해서는 먼저 신청서와 연구 계획서를 작성해서 위의 기관에 제출해야 한다. 그런데 중요한 학술 연구 프로젝트의 경우에는 연구 분야와 방향뿐만 아니라 세부 제목까지 사전에 결정되어 내려온다. 예를 들어, '시진핑 경제사상 연구'나 '마르크스주의와 시진핑 신시대 중국 특색 사회주의 사상 연구'와 같은 방식이다. 또한 교수들이 신청한 연구 계획서가 공산당 방침과 정책에서 조금이라도 벗어나면 선정될 가능성은 아예 없다. 다시 말해, 교수들은 프로젝트에 선정되기 위해 공산당 방침과 정책에 맞추어 연구 계획서를 작성하고, 연구도 그렇게 진행해야 한다. 이처럼 연구와 관련해서도 교수들은 공산당 통제를 벗어날 수 없다.

| '신유학(新儒學)' 연구의 통제 사례

이런 상황을 잘 보여주는 것이, 공산당이 국가 학술 프로젝트를 통해 신유학(新儒學) 연구를 자기의 입맛에 맞도록 성공적으로 통제한 사례다.

　중국 내 신유학 연구에는 세 가지 접근법이 있다. 사회주의적 (socialist), 자유주의적(liberal), 유가적(Confucian) 접근법이 그것이다. 사회주의적 접근법은 마르크스-레닌주의와 마오쩌둥 사상의 관점에서 공산당의 일당 통치를 정당화하고 권위주의 체제를 합리화할 수 있는 내용에 초점을 맞추어 유학을 연구하는 경향을 말한다. "상부(권위)에 복종, 국가에 헌신, 가족 수호" 등이 대표적이다. 반면 자유주의적 접근법은 유학이 민주주의 발전에 도움을 줄 수 있다는 관점에서 유가 사상을 연구하고, 이를 통해 마르크스주의를 비판하는 경향이다. 유가적 접근법은 유교의 부활과 국교화(國敎化)를 주장하고, 마르크스-레닌주의를 대신하여 유교를 국가의 통치 이데올로기로 삼아야 한다고 역설한다.

　공산당이 볼 때는 신유학 연구의 세 가지 접근법 중에서 사회주의적 접근법이 일당 통치를 정당화하는 데 가장 유리하다. 그래서 이를 적극적으로 지원했다. 구체적으로 1986년에 국무원 교육위원회(현재는 교육부)는 대규모의 '신유학(新儒學) 프로젝트'를 발주했는데, 이를 사회주의적 접근법을 주장하는 교수들이 수행할 수 있도록 결정한 것이다. 이를 이어 정부는 1992년에 다시 대규모 신유학 프로젝트를 발주했고, 이것도 역시 같은 학자들이 수행하도록 결정했다.

　이처럼 이들 학자는 10여 년 동안 대형 국가 프로젝트를 독점적으로 수행하면서 수십 권의 책과 수백 편의 논문을 발표했다. 이런 연구 성과를 국내외로 선전하기 위해 많은 국내 및 국제 학술대회를 개최하기도 했다. 또한 이들은 이 기금을 이용하여 많은 젊은 학자를 양성했다. 이런 과정을 통해 사회주의적 접근법을 강조하는 학자들이 중국 신유학 연구의 주도권을 장악할 수 있었다. 동시에 이들의 '연구 편향', 즉 공산당 지배 정당화로 인해, 엄청난 기금과 인원이 들어간 연구가 실제로는 중국 신유학의 학문적 발전에 거의 공헌하지 못하는 문제를 낳기도 했다.[59]

도시 기층사회 통제

이제 도시 기층사회에 대한 공산당의 통제로 넘어가자. 도시 기층사회도 공산당에게는 중요한 통제 대상이다. 1990년대 중반 무렵에 '단위(單位, work-unit) 제도'가 해체되기 전까지 도시 주민들은 국유기업과 공공기관(사업단위) 등 단위에 소속되어 별일이 없는 한 죽을 때까지 '단위인(單位人)'으로 살아갔다. 이때 단위는 도시 주민에게 임금과 연금 등 복지를 제공해주는 경제조직이자, 국가가 시민을 통제하고 관리하는 행정조직 및 정치조직이기도 했다. 따라서 시민 통제의 핵심 수단은 각 단위, 즉 국유기업이나 공공기관 내에 설치된 공산당 기층조직이었다.

그러나 1990년대 후반에 국유기업과 공공기관이 전면적으로 개혁되면서 단위 제도가 해체되기 시작했다. 그 결과 '단위인'이 대규모로 '사회인(社會人)'으로 바뀌었다. 즉 단위가 관리했던 사람들이 이제 도시 기층사회가 관리해야 하는 사람들로 변화한 것이다. 동시에 농촌에서 도시로 일자리를 찾아 이주한 농민공(農民工)(유동인구)이 대규모로 증가하면서 이들에 대한 관리도 새로운 과제로 등장했다. 2000년대에 들어 도시 거주 지역을 중심으로 '사구(社區, community) 건설'이 본격적으로 추진된 것은 이 때문이다.

공산당은 이런 변화된 상황을 어떻게 통제할 것인가를 고민하지 않을 수 없었다. 도시 기층사회가 안정되지 않으면, 사회안정은 유지될 수 없고, 그럴 경우는 공산당 영도 체제도 흔들릴 수 있기 때문이다.

| 1. 도시 지역의 '사구 건설' |

농촌에서는 행정촌(行政村)이 최소 행정단위라면, 도시에서는 사구(社區)가 최소 행정단위다. 또한 행정촌에 촌민 자치조직으로 촌민위원회(村民委員會)가 있다면, 사구에는 주민 자치조직으로 사구 거민위원회(居民委員會)가 있다. 촌민위원회 위에 향(鄉: 한국의 면)과 진(鎭: 한국의 읍) 정부가 있듯이, 거민위원회 위에는 가도판사처(街道辦事處: 한국의 동사무소)가 있다.

여기서 행정촌은 자연촌(自然村)과 대비되는 개념이다. 자연촌은 산이나 하천 등으로 자연스럽게 분리되어 형성된 촌을 말한다.

반면 행정촌은 일정한 인구수를 기준으로 행정적으로 편성한 촌을 말한다. 인구 규모가 큰 자연촌은 하나의 행정촌이 될 수 있지만, 대개는 몇 개의 자연촌을 묶어 하나의 행정촌을 구성한다. 반면 사구는 영어 '공동체(community)'의 중국어 번역어다. 그래서 도시 지역뿐만 아니라 농촌 지역에서도 사구라는 말을 사용한다. 우리말로는 '지역공동체'라고 번역할 수 있다. 다만 사람들이 자연스럽게 형성한 '자연공동체'가 아니라, 정부가 인위적으로 구분하여 설립한 '행정공동체'라고 할 수 있다.

공산당의 도시 통제는 사구를 단위로 설립된 당 기층조직을 통해 이루어진다.[1] 이것이 가능하기 위해서는 먼저 사구를 설립해야 한다. 사구는 앞에서 말했듯이 전부터 있었던 지역공동체를 공산당과 정부가 통제 및 관리하기 쉽도록 행정공동체로 재편해야 하기 때문이다. 이처럼 지역공동체를 행정공동체로 재편하는 과정과 결과를 공산당은 '사구 건설(社區建設, community-building)'이라고 부른다.

'사구 건설'은 1986년에 국무원 민정부(民政部)가 처음으로 제기했고, 1996년에는 장쩌민 총서기가 필요성을 언급하면서 일부 지역에서 시범적으로 실행되었다. 특히 1999년 상반기에 발생한 '파룬궁(法輪功) 사건'은 공산당 지도부에게 큰 충격을 주었다. 파룬궁이 도시 기층사회에 깊숙이 파고들어 수련자를 모집하고 지부를 설립하는 방식으로 전국적으로 세력을 확대했기 때문이다. 이런 일이 다시는 일어나지 않도록 예방하기 위해 공산당은 1999년 하반기부터 '사구 건설'을 도시 기층사회의 중점 사업으로 추진하기 시작했다.[2] 1999년 말에 26개 시에서 '사구 건설'을 시범적으로 추진한 것이 대표적인 사례다. 그러나 이것이 전국적으로 확대된 것은 2000년대에 들어서였다.

한편 공산당은 도시 지역에서 '공산당 건설(黨建, Party-building)'과 '사구 건설'을 동시에 진행한다는 방침을 추진했다. 이런 방침에 따라 두 가지 건설은 복잡하게 섞여서 함께 진행되었다. 여기서는 분석의 편의를 위해 나누어서 살펴보도록 하겠다.

(1) '사구 건설'의 필요성: 단위인(單位人)에서 사회인(社會人)으로 변화

2000년 11월에 국무원 민정부는 '사구 건설의 강령성 문건'이라고 불리는 〈도시 사구 건설 의견〉을 하달했다.[3] 2000년 〈사구 건설 의견〉에 따르면, 사구란, "일정한 지역 범위 내에서 사람들이 조성한 사회생활 공동체"로서, "현재 도시 사구의 범위는 사회 체제 개조 후에 규모가 조정된 거민위원회의 관할 구역"을 가리킨다. 전에는 '거민위원회'라고 불렀던 주민 자치조직을 이때부터 '사구 거민위원회'로 부르기 시작했다. 여기서 알 수 있듯이, 사구는 거민위원회가 관리하는 행정공동체를 말한다.[4]

또한 '사구 건설'이란, "공산당과 정부의 영도하에 사구의 역량에 근거하고, 사구의 자원을 이용하며, 사구의 기능(功能)을 강화하여 사구의 문제를 해결하고, 사구의 정치·경제·사회·문화·환경을 조정하여 건강한 발전을 촉진하며, 사구 구성원의 생활수준과 삶의 질(質量)을 부단히 높이는 과정"을 말한다. 한마디로 말해, '사구 건설'은 사구에 거주하는 주민들이 자체 인력과 자원에 의지하여 사구의 제반 기능을 강화하고, 이를 통해 사구 내에서 발생하는 주요 문제를 해결할 수 있도록 각종 기구와 제도를 정비하는 과정과 결과를 말한다.[5]

2000년 〈사구 건설 의견〉에 따르면, 도시 지역은 사구를 건설해야만 하는 "절박한 요구"에 직면해 있다. 첫째, 국유기업 개혁의 결과 대규모의 '단위인'이 '사회인'으로 변화되었다. 이는 앞에서 말한 그대로다. 둘째, 대량의 농민공(유동 인구)이 도시로 들어왔다. 첫째와 둘째 요인으로 인해 도시 기층사회에서 사회복지 서비스를 제공해야 하는 필요성이 크게 높아졌다. 셋째, 도시에서 '정신문명 건설'을 절실히 추진해야 한다. 넷째, 이것을 잘 수행하기 위해서는 주민 자치조직인 거민위원회의 역할을 강화해야 한다. 현재 거민위원회가 역할을 제대로 수행하지 못하기 때문이다.

(2) 사구 거민위원회의 역할 강화

사구 거민위원회의 역할과 구성에 대해서는 이미 관련 법규가 제정되어 있었다. 문제는 이것이 현실에서 제대로 집행되지 않았다는 점이다. 따라서 도시 기층사회가 당면한 문제를 해결하기 이해서는 무엇보다 사구 거민위원회의 정상화가 필요했다.

| 〈도시 거민위원회 조직법〉(1990년)의 규정

사구 거민위원회가 수행해야 하는 임무는 1990년에 제정된 〈중국 도시 거민위원회 조직법〉에 잘 나와 있다.[6] 이에 따르면, 거민위원회는 "주민이 스스로 관리하고(自我管理), 스스로 교육하고(自我教育), 스스로 서비스를 제공하는(自我服務) 기층의 군중성 자치조직"이다. 이처럼 거민위원회의 성격은 촌민위원회의 성격과 같다. 즉 모두 정부의 행정조직이 아니라 '주민(촌민)의 자치조직'이다.

또한 이 법률에 따르면, 사구 거민위원회는 여섯 가지 임무를 수행한다. 첫째, 헌법·법률·법규와 국가 정책의 선전이다. 이를 통해 주민의 합법적인 이익을 수호하고, 주민이 법에 따라 의무를 이행하도록 교육하며, 공공재산을 아끼고, 각종 사회주의 정신문명 건설 활동을 전개한다. 둘째, 지역 주민의 공공사무와 공익사업을 처리한다. 셋째, 주민 분규를 조정한다. 넷째, 사회 치안 수호에 협조한다. 다섯째, 정부가 주민 이익과 관련된 공공위생, 가족 계획, 빈민구제, 청소년 교육 등 여러 업무를 추진할 때 협조한다. 여섯째, 정부에 주민의 의견과 요구를 반영하고 건의한다.

이런 임무를 수행하기 위해 사구 거민위원회는 합당한 조직 체계를 갖추어야 한다. 〈거민위원회 조직법〉에 따르면, 거민위원회는 주임·부주임·위원으로 구성되고, 이들은 주민 선거로 선출된다. 임기는 3년이고, 연임할 수 있다. 또한 거민위원회 산하에는 특정 업무를 전담하는 위원회를 둘 수 있다. 일반적으로는 인민화해(人民調解) 위원회, 치안보위(治安保衛) 위원회, 공공위생(公共衛生) 위원회, 가족계획(計劃生育) 위원회, 사회복지(社會福利) 위원회, 청소년 교육보호 위원회를 두고 있다.[7]

〈거민위원회 조직법〉에 따르면, 사구 거민위원회는 사구 주민의 집행위원회 성격을 띠고 있다. 그래서 이를 감독하기 위해 18세 이상의 주민으로 구성된 거민회의(居民會議)를 두어야 한다. 상황에 따라서는 거민회의를 대신하여 사구에 거주하는 가구 대표나 구역 대표들로 구성된 거민대표회의(居民代表會議)를 둘 수도 있다. 주민에게 매우 중요한 문제는 거민위원회가 아니라 거민회의나 거민대표회의가 결정해야 한다. 마지막으로 주민들은 거민소조(居民小組)에 소속되어야 하며, 거민소조의 조장은 해당 주민들이 선출한다.

| 사구 거민위원회의 역할 강화 정책

2010년에 공산당 중앙과 국무원은 이 〈조례〉보다 한층 체계적이고 상세한 〈도시 사구 거민위원회 건설 의견〉을 하달했다.[8] '사구 건설'이 뜻대로 진행되지 않았기 때문이다. 즉 "일부 거민위원회의 조직은 온전하지 않고, 업무 관계가 순조롭지 않으며, 업무 인원의 소질이 낮고, 서비스 시설이 빈약하며, 업무 경비가 제대로 집행되지 않아 사구 거민위원회의 기능과 역할에 영향을 미치고 있다." 이를 보완하기 위해 공산당 중앙은 좀 더 상세한 지시를 하달한 것이다.

2010년 〈거민위원회 건설 의견〉은 이전 정책과 비교했을 때 몇 가지 특징이 있다. 첫째, 사구 거민위원회의 구성과 관련하여, 구성은 주임·부주임·위원 등 5명에서 9명으로 하는 것은 이전과 같다. 차이점은 공산당 기층조직과 사구 거민위원회 간의 교차 겸직(交叉任職)을 강화하라는 지시다. 즉 당 기층조직의 서기가 거민위원회 주임을 겸직하고, 당 조직의 나머지 위원도 거민위원회 위원을 겸직하라는 지시다. 이것은 이전부터 실행해 온 방침인데, 2010년에 이를 다시 한번 강조했다.

내가 볼 때 교차 겸직은 두 가지 이유로 절실히 필요하다. 부족한 지도 인력을 효과적으로 활용할 수 있다는 점이 하나의 이유다. 만약 공산당 서기와 부서기 등이 거민위원회 지도부를 겸직하면 경비도 절감하고, 업무도 효율적으로 추진할 수 있다. 주민에게 인기가 없는 당서기를 교체하거나 견제할 수 있다는 점이 다른 하나의 이유다. 만약 당서기가 거민위원회 주임 선거에 출마했다가 낙선하면 당서기 직을 유지할 수 없다.

둘째, 2010년 〈거민위원회 건설 의견〉은 사회조직과 자원봉사자의 활용을 강조한다. 도시 지역에서 기층정부의 사회복지 서비스는 사회조직, 특히 사회서비스기구(社會服務機構)가 위탁 대행하는 방식으로 공급하고 있다. 이런 방식이 원활히 작동하기 위해서는 거민위원회가 사회서비스기구를 적극적으로 육성하고 지원해야 한다. 동시에 거민위원회의 부족한 인력과 자원을 보완하기 위해서는 주민의 자원봉사 활동을 적극적으로 조직해야 한다.

셋째, 2010년 〈거민위원회 건설 의견〉은 사구 내에 있는 주택소유자 위원회(業主委員會)와 주택관리회사(物業管理公司)가 거민위원회와 함께 사구 관리에 적극적으로 참여하여 다양한 협조체계를 구축하라고 지시한다. 또한 사구에 주재하는 당정기관, 국유기업, 공공기관 등도 '사구 건설'에 책임지고 참여하라고 촉구한다. 예를 들어, 이들이 소유하고 있는 문화·교육·체육 시설을 지역 주민들에게 개방하라는 것이다. 마치 한국의 초·중·고등학교가 방학이나 주말에 운동장과 체육관을 지역 주민에게 개방하는 것처럼 말이다. 또한 이런 기관과 조직의 구성원도 지역 발전을 위해 노력하라고 요구한다.

넷째, 2010년 〈거민위원회 건설 의견〉은 거민위원회에 전문 실무자를 고용하라고 지시한다. 이는 2000년 〈사구 건설 의견〉에도 있던 내용이다. 거민위원회의 전문성을 높이기 위해서는 기존 방식, 즉 은퇴한 당정간부나 국유기업 퇴직자가 실무를 담당해서는 안 된다. 주민의 기대 수준과 요구가 달라졌기 때문이다. 이를 위해서는 대학에서 사회복지학 등을 전공한 전문 인력을 고용해야 한다. 이들에 대한 보수는 시 정부나 구 정부 등 "현급(縣級) 이상의 지방정부가 통일적으로 해결"해야 한다. 보수 수준은 "원칙상 해당 지역사회의 평균 임금 수준보다 낮지 않아야 한다." 실제로 이런 지침에 따라 대도시에서는 많은 사회공작자(社會工作者: 사회복지사)가 거민위원회에서 활동하고 있다.[9]

참고로 중국의 공식 통계에 따르면, 2020년 말에 전국에서 활동하는 사회공작자(사회복지사)는 157만 3,000명이다. 반면 '사구공작자(社區工作者)', 즉 사구 내에 있는 각종 기관과 조직의 실무자는 이보다 약 세배 정도가 많은 433만 8,000명이다.[10] 다만 사구공작자에 사회공작자가 포함된 것인지, 아니면 두 범주의 인원을 별도로 구분하여 통계를 작성한 것인지는 분명하지 않다. 아마 전자가 맞을 것이다.

2. 도시 '사구'의 실제 상황

그렇다면 실제로 도시의 '사구 건설'은 어떻게 진행되었을까? 우리가 예상할 수 있듯이, 지역마다 다양한 방식으로 진행되었다. 중국처럼 지역 조건이 천차만별인 상황에서 '사구 건설'이 한두 가지 방식으로 진행되었다면 그것이 오히려 이상할 것이다. 흔히 말하는 '상하이 모델(上海模式)', '선양 모델(瀋陽模式)', '선전 모델(深圳模

式)' 등 다양한 모델은 이렇게 해서 등장했다. 일부 연구는 여기에 다른 모델을 더하기도 한다.[11]

예를 들어, 사구의 범위와 역할은 모델에 따라 다르다. 상하이 모델에서는 사구가 가도(街道) 단위에 구성되기 때문에 포괄 지역이 매우 넓고, 제공해야 하는 행정 및 복지 서비스도 다양하다. 이 때문에 사구가 제공하는 공공서비스를 정부가 주도할 수밖에 없다. 이렇게 넓은 지역을 대상으로 다양한 공공서비스를 거민위원회 같은 주민 자치조직이 제공할 수는 없기 때문이다. 그래서 상하이 모델을 '정부 주도형' 혹은 '행정 지향형' 모델이라고 한다. 반면 선양 모델은 비교적 규모가 작은 사구를 주민이 자율적으로 운영하는 방향을 지향한다. 이 때문에 선양 모델을 '자치형 모델'이라고 부른다.[12]

(1) 가도(街道)와 사구(社區)의 구성 기관과 역할

〈표 2-9〉는 도시 지역의 가도와 사구 내에 존재하는 주요 기관과 역할을 간략하게 정리한 것이다. 다시 한번 강조하는데, '사구 건설'은 지역마다 편차가 심하고, 그래서 이 표와 다른 곳도 있다. 즉 전국 도시의 가도와 사구가 모두 이와 같다고 생각하면 안 된다. 다만 대부분의 사구에 공통으로 존재하는, 혹은 가장 많은 곳에 존재하는 기관과 역할을 정리하면 이와 같다고 할 수 있다.

먼저 가도에 대해 살펴보자. 도시의 가도는 농촌의 향·진과 같

〈표 2-9〉 도시 가도(街道)와 사구(社區)의 기본 구성 기관과 역할

분류	기관	역할
가도* (街道)	공산당 공작위원회 (工作委員會)	시(市)·구(區) 공산당 위원회의 파견기관으로 지역 '영도 핵심' 역할 수행(해당 가도의 중요 정책과 인사 결정)
	가도판사처 (街道辦事處)	향·진 정부와 동급의 기층정부로 행정 서비스 제공
	서비스센터 (社區服務中心)	사회복지 서비스 제공(사회조직이 위탁 대행)
	기타	보건소, 병원, 파출소, 소방서, 종합치안위원회 등 파견기관
사구** (社區)	공산당 (총)지부	공산당 기층조직으로 사구의 '영도 핵심' 역할 수행
	거민위원회 (居民委員會)	• 거민(대표)회의에서 선거로 주임·부주임·위원 선출 • 주민 자치조직으로 자치 및 행정 서비스 제공
	서비스사무소 (社區服務站)	사회복지 서비스 제공(사회조직이 위탁 대행)
	기타	주택소유자(業主)위원회, 주택관리회사(物業管理公司) 등

주: • 가도는 2만에서 10만 명 규모의 주민을 포괄하는 도시 기층 행정단위다; •• 사구는 수백 가구에서 수천 가구를 포괄하는 도시 자치 단위로, 농촌의 행정촌과 동급이다.

자료: 필자가 정리

은 '기층' 행정등급이지만, 이들과 비교했을 때 두 가지 점에서 차이가 있다. 첫째, 가도에 설립된 공산당 조직은 '기층위원회'가 아니라 '공작위원회'다. 기층위원회와 공작위원회 간의 차이에 대해서는 앞에서 언급한 적이 있다. 가도에는 시(市)나 구(區) 등 상급정부에서 파견한 다양한 기관이 있다. 파출소, 세무서, 소방서, 보건소, 병원 등이 그것이다. 그런데 가도의 공산당 기층조직이 이들기관을 영도하려면 행정등급이 낮으면 안 된다. 그래서 가도의 당

기층조직을 시 혹은 구 당 위원회의 파견기구로 등급을 높인 것이
다. 이렇게 하면 가도 공작위원회가 가도판사처는 물론 다른 파견
기관을 영도하는 데 문제가 없다.

둘째, 가도에는 기층 인민대표대회(人大/인대)가 없고, 그래서 가
도판사처는 독자적인 기층정부가 아니라, 시 혹은 구 정부의 파견
기관일 뿐이다. 농촌의 향과 진에는 인대가 있고, 향과 진 정부의
지도부(예를 들어, 향장과 진장)는 인대(의회)에 의해 선출 혹은 임명된
다. 이처럼 향과 진은 독자적인 기층 단위로서 공산당, 인대, 정부
를 구성한다. 반면 가도는 그렇지 않다. 비유해서 설명하면, 서울
시 관악구 소속의 여러 동(洞)은 관악구와 매우 밀접히 연결되어 있
다. 그래서 각 동이 독자적으로 의회와 정부를 구성하는 것은 가
능하지도 않고, 그렇게 할 필요도 없다. 중국의 도시도 마찬가지다.
그래서 가도에는 독립적인 인대와 정부가 없는 것이다. 가도판사처
는 책임자를 주임(主任)이라고 부르며, 몇 개의 부서를 두고 있다. 주
임과 부서 책임자는 모두 상급 정부, 즉 시나 구 정부가 임명한다.

가도와 사구 모두에서 공산당 기층조직은 다른 구역과 단위에
서 하는 것처럼 해당 지역의 '영도 핵심' 역할을 담당한다. 따라서
이에 대해서는 특별히 설명할 것이 없다. 앞에서 이미 살펴보았기
때문이다. 또한 가도판사처와 사구 거민위원회에 대해서도 앞에서
간략히 살펴보았다.

〈표 2-10〉은 2019년 말을 기준으로, 촌민위원회와 사구 거민

〈표 2-10〉 농촌과 도시 기층 자치조직의 구성 상황(2019년)

단위: 개/명

구분/총수(개)		구성원(명)과 촌민(거민) 소조(개)*		평균 인원(명)**
농촌 촌민위원회 (村民委員會)	533,824	촌민위원회 구성원	419.3만 명	4.1명
		촌민소조(村民小組)	218.1만 개	7.9명
사구 거민위원회 (居民委員會)	105,257	거민위원회 구성원	145.6만 명	5.4명
		거민소조(居民小組)	59.6만 개	13.2명

주: •'촌민(거민)위원회 구성원'은 주임·부주임·위원을 가리킨다; ••'평균 인원'은 촌민(거민)위원회의 평균 구성 인원과 촌민(거민) 소조의 평균 구성 인원을 가리킨다.

자료: 「2019年民政事業發展統計公報」, <中華人民共和國民政部> 2020년 9월 8일, www.mca.cn (검색일: 2021. 2. 5).

위원회의 구성원 규모(수)를 정리한 것이다. 이에 따르면, 촌민위원회 구성원(주임·부주임·위원)은 평균 4.1명이고, 거민위원회 구성원은 평균 5.4명으로, 거민위원회 구성원이 한 명 더 많다. 촌민소조의 구성원(촌민)은 평균 7.9명이고, 거민소조의 구성원(주민)은 평균 13.2명으로, 역시 거민소조의 구성원이 5명 더 많다. 이는 도시의 사구가 농촌의 행정촌보다 인구가 더 많고, 자치조직의 업무도 더 복잡해서 나타난 당연한 결과다.

(2) 가도와 사구의 사회복지 기구

이와 같은 공산당 조직과 정부 조직 이외에도 도시의 가도와 사구에는 사회복지 서비스를 제공하는 다양한 기구가 설치된다. 대개 가도에는 서비스센터(社區服務中心), 사구에는 서비스사무소(社

종류	설치 등급	총수(개)	복개율(%)	지역(개)	
				도시	농촌
서비스 지도센터 (服務指導中心)*	시(市)·구(區)· 현(縣)	548	19.2%	534	14
서비스센터 (服務中心)**	가도(街道)· 향(鄉)·진(鎮)	2.7만	69.7%	1.6만	1.1만
서비스사무소 (服務站)***	사구(社區)· 촌(村)	22.5만	35.2%	8.5만	14만

주: • 주로 대도시 내의 구(區) 단위와 농촌 지역의 현(縣) 단위에 설치된다; •• 주로 도시의 가도(街道) 단위와 농촌 지역의 향(鄉)·진(鎮) 단위에 설치된다; ••• 주로 도시의 사구(社區) 단위와 농촌의 행정촌 단위에 설치된다. 그러나 서비스센터의 설치 단위와 규모는 지역마다 다르므로 일괄해서 말할 수는 없다. 백승욱·장영석·조문영·김판수, 「시진핑 시대 중국 사회건설과 사회관리」, 『현대중국연구』 17집 1호(2015년), pp. 31; '복개율(coverage)'은 전체 지역 중에서 서비스 기구가 설치된 곳의 비율을 말한다. 예를 들어, 서비스 지도센터는 2,846개의 현급 단위 중 548개가 설치되어 복개율은 19.2%다.

자료: 「2019年民政事業發展統計公報」, <中華人民共和國民政部> 2020년 9월 8일, www.mca.cn (검색일: 2021. 2. 5).

區服務站)가 설치된다. 서비스센터와 서비스사무소에는 사회조직(주로 사회서비스기구)이 입주하여 정부를 대신하여 사회복지 서비스를 위탁 공급한다. 다시 말하면, 정부는 이들 사회조직으로부터 사회복지 서비스를 '구매'한다.

〈표 2-11〉은 2019년 말을 기준으로, 사회복지 기구의 설치 상황을 정리한 것이다. 이에 따르면, 사회복지 기구가 전국의 도시와 농촌을 모두 포괄하는 것은 아니다. 2019년의 현급(縣級) 행정단위는 모두 2,846개인데, 서비스 지도센터가 설치된 현은 548개에 불과하여, 전체의 19.2%만을 포괄할 뿐이다. 비슷하게 향급(鄉級) 행정단위는 모두 38,755개인데, 서비스센터는 2만 7,000개로, 전체의

69.7%를 포괄한다. 사구와 촌은 모두 63만 9,000개인데, 서비스사무소는 22만 5,000개로, 전체의 35.2%를 포괄한다. 이를 보면, 기층사회의 복지 기구는 주로 향급 행정단위에 설치되고, 다음이 사구와 촌 단위, 마지막이 현급 단위라는 점을 알 수 있다.

3. 공산당의 '사구 당 건설' 정책

도시의 가도와 사구에 공산당 기층조직을 설립을 강화해야 한다는 지시는 1990년대 하반기부터 최근까지 계속 이어지고 있다. 앞에서 말했듯이, 도시의 '사구 건설'은 공산당만이 지도할 수 있고, 또한 그렇게 해야만 하기 때문이다. 예를 들어, 공산당 조직부는 1997년에 〈가도 공산당 건설공작 강화 의견〉을 하달했다.[13] 여기에는 도시의 기층사회에서 공산당 조직이 직면한 문제점, 해결해야 하는 과제, 당 조직의 구체적인 직책 등을 규정하고 있다.

(1) 2004년 〈가도 사구 공산당 건설공작 강화 의견〉

2004년에는 더 체계적이고 상세한 〈가도 사구 공산당 건설공작의 진일보 강화 및 개진 의견〉을 하달했다. 이 무렵이면 전국의 주요 도시에서 '사구 건설'이 본격적으로 추진되었고, 따라서 공산당도 이에 맞추어 기층조직의 역할을 강화해야만 했다.

도시 기층사회에서 '당 건설'이 왜 절박한지에 대해 2004년 〈당 건설공작 강화 의견〉은 세 가지 과제를 지적한다. 첫째, '신 경제조직'(주로 사영기업)과 '신 사회조직'(공산당의 통제를 받지 않는 사회조직)이 대량으로 등장했는데, 사구 당 조직이 이들 조직 내에 당 기층조직을 설립하고 관리해야 한다. 둘째, 점점 더 많은 '단위인'이 '사회인'으로 변화되고, 여기에 대량의 퇴직자(退休人員), 면직자(下崗人員), 농민공(유동 인구)이 도시로 들어오고 있다. 이들을 잘 관리해야만 사회안정을 유지할 수 있다. 셋째, 사구 주민의 "물질 문화 수요는 날로 증가하고 또한 다양화 및 다층화하는 추세"이며, 이에 따라 가도와 사구의 당 조직이 "영도 조정 기능 및 가도와 사구의 서비스(服務) 기능을 강화"해야 한다. 이런 상황에서 가도와 사구의 공산당 조직은 자신에게 주어진 임무를 제대로 감당하지 못하고 있는 것이 현실이다.

이어서 2004년 〈당 건설공작 강화 의견〉은 공산당이 반드시 수행해야 하는 몇 가지 중점 과제를 제시한다. 첫째, 사구 '군중 서비스(服務)'를 당 기층조직의 중요한 임무로 삼아야만 한다. 이를 위해 상급의 공산당 위원회는 사구 내에 사회복지 서비스 체계를 수립하고, 사구 서비스 활동을 활발히 전개해야 한다. 지금까지는 사회복지 서비스 공급을 주로 사회조직(특히 사회서비스기구)에 위탁했는데, 이제는 당 기층조직이 직접 나서서 이를 수행하라는 지시다. 동시에 당 기층조직은 정치 활동뿐만 아니라 사회 활동도 담당하는 조직으로 탈바꿈해야 한다는 요구이기도 하다. 둘째, 도시 지역 내에 공산당 조직의 포괄 범위(복개율)를 부단히 확대해야 한다. 구체적으로 '사구 당 건설'은 신 상업지구(城市新區), 경제개발구(開發區), 신 주택단지(新建居民區)를 중심으로 이루어져야 한다. 특히 '신 경제조직'과 '신 사회조직' 내에서 '당 건설'을 강화해야 한다. 셋째, 사구 내에 각 기관과 조직이 참여하는 협력 체제를 구축해야 한다. 당 기층조직이 핵심이 되어, 사구 거민위원회, 인민단체와 군중조직, 기타 조직을 참여시켜야 한다. 넷째, 사구 당 기층조직과 거민위원회 지도부 간에 교차 겸직(交叉任職)을 확대해야 한다. 특히 사구 당서기와 거민위원회 주임은 선거를 통해 한 사람이 담당할 수 있도록 배치해야 한다.[14]

(2) 2019년 〈도시 기층 공산당 건설공작 강화 의견〉

이를 이어, 2019년 5월에 공산당 중앙은 〈도시 기층 공산당 건설공작 강화 의견〉을 하달했다. 2019년 〈당 건설공작 강화 의견〉은 전과 다른 몇 가지 특징을 가지고 있다. 이런 점에서 이 지시는 특별히 주의해서 살펴볼 필요가 있다.

첫째, 도시 가도에 설립된 공산당 공작위원회(街道黨工委/가도 당공위)의 '종합 조정 능력'을 강화한다. 이를 위해 가도 당공위는 그동안 수행했던 투자 유치와 세금 징수 등 재정 및 경제 관련 업무를 전면 취소하고, 대신 '당 건설' 임무에만 집중한다. 아직 조건이

성숙하지 않은 지역은 중심 지역에서 이런 조치를 실행한 이후에 다른 지역으로 확대 실행한다. 이는 매우 획기적인 조치로, 가도 당공위의 역할을 대폭 조정한 것이다.

이와 동시에 세 가지 측면에서 가도 당공위의 권한을 강화한다. 먼저 상급 정부가 파견한 기관의 책임자를 평가할 때는 가도 당공위의 의견을 듣는다. 이는 가도 당공위에 파견기관의 인사 평가 권한을 일부 부여한 것이다. 또한 도시계획을 제정 및 집행하는 과정에서 가도와 관련된 내용이 있을 때는 가도 당공위의 의견을 청취한다. 이도 역시 가도 당공위에 정책 결정에 참여할 권한을 일부 부여한 것이다. 그 밖에 가도의 공공사무와 관련된 내용은 일반적으로 가도 당공위가 종합 관리한다. 이로써 가도 내의 주요 업무는 가도 당공위가 최고 영도기관임을 다시 한번 확인했다.

둘째, 2019년 〈당 건설공작 강화 의견〉은 사구의 공산당 기층조직이 자원과 능력을 확보하여 사구 주민에게 사회복지 서비스를 제공할 수 있도록 보장하라고 지시한다. 이것도 역시 사구의 당 조직 활동을 강화하는 매우 중요한 조치다. 이에 따르면, 상급 정부가 자금과 자원을 지원하여 기층사회에 공공서비스를 제공할 때는 사구의 당 기층조직을 '주요 통로'로 삼아야 한다. 이를 통해 당 기층조직이 사구 내 관련 사항의 결정과 자금 사용 등을 주도적으로 처리할 수 있도록 보장한다. 이는 당 기층조직이 사구 대중 서비스 활동의 중심이라는 점을 강조한 지시다.

이를 위해 공산당 기층조직은 "군중 조직과 사회조직이 (기층사회) 거버넌스(治理)에 참여"할 수 있도록 영도해야 한다. 또한 "격자화(網格化) 방식으로 당 건설을 추진"하고, "정밀하고 세밀한 (기층사회) 거버넌스를 촉진"해야 한다. 특히 당 기층조직이 공공서비스 공급을 강화하기 위해 "당 군중 서비스센터(黨群服務中心)"를 설립하여 운영한다. 이 방법은 사영기업과 사회조직 내에 당 기층조직을 설립할 때 사용했던 방식을 도시 기층사회에 그대로 적용한 것이다.

셋째, 2019년 〈당 건설공작 강화 의견〉은 사구 공산당 기층조직의 "정치 능력과 전투력을 증강"할 것을 요구한다. 당 기층조직은 사구 내 각종 조직에 대한 '정치영도'와 주민 군중에 대한 '교육영도'를 강화해야 한다. 이를 통해 당 기층조직은 "국내외 적대 세력, 사교(邪敎) 조직, 불법 종교 활동의 영향력이 침투하는 것을 굳건히 방어"하고, "공산당의 영도를 약화 혹은 반대하고, 도시의 사회안정을 방해하거나 파괴하려는 행위와 투쟁"해야 한다. 이것도 역시 전에 없던 단호한 요구다.[15]

(3) 도시 사구의 '격자화(網格化)' 관리

2019년 〈당 건설공작 강화 의견〉에서 보았듯이, 공산당은 도시 지역에서 '격자화(網格化)' 관리(grid management)를 실행하고 있다. 이 방식은 2004년 베이징시 둥청구(東城區)에서 시작되어 전국적으로 확대된 일종의 '그물망 방식'의 사구 관리 체계를 말한다.

베이징시 둥청구의 사례를 살펴보면, 둥청구는 구(區)를 10개의 가도(街道)와 137개의 사구(社區)로 나누고, 사구를 다시 589개의 격자(網格, grid)로 나눈다. 사구마다 평균 두 개에서 다섯 개의 격자를 둔다. 또한 각 격자에는 일곱 명으로 구성된 격자 관리원(網格管理員)을 임명한다. 여기에는 격자원(網格員), 당서기, 경찰, 소방대원 등이 포함된다. 이들에게는 '도시 관리통(城管通)'이라는 정보 수집 및 모바일 소통 도구를 지급한다. 이를 이용하여 전화, 사진 촬영, 집단 문자 발송, 위치 파악, 녹화 및 녹음 등 수많은 업무를 처리할 수 있다. 당시 베이징시 시장이었던 왕치산(王岐山)은 격자화 관리 방식으로 사회관리가 크게 개선되었다고 높이 평가했다. 그 결과 이 방식은 베이징시뿐만 아니라 다른 지역으로도 급속히 확대되었다.[16]

조금 더 일반화해서 설명하면, 사구의 격자화 관리 방식이란, 사구를 격자 단위로 잘게 나누고, 격자마다 주민을 관리하는 수명의 격자 관리원—한 명의 전임 직원과 서너 명의 비전임 직원 혹은 자원봉사자로 구성—을 두어 주민의 활동과 지역 상황을 세밀히 관리하는 방식을 가리킨다. 격자화 관리 방식의 목표는, "작은 일은 촌 밖으로 내보내지 않고(小事不出村), 큰일은 진 밖으로 내보내지 않으며(大事不出鎭), 모순은 상급 정부로 보내지 않는다(矛盾不上交)"라는 것이다.[17] 즉 도시관리와 관련하여, 기층사회에서 발생하는 문제는 사구 내에서 자체적으로 파악하여 해결하는 것이 일차적인 목표다. 이를 위해 격자 관리원은 격자 내에 거주하는 주민을 감시하고 통제하는 업무, 동시에 가능한 능력과 권한 내에서 지역주민이 필요로 하는 공공서비스를 제공하는 업무를 담당한다.

지역에 따라 차이는 있지만, 하나의 사구는 여러 개의 격자로 나뉘고, 각 격자에는 300가구(戶)에서 500가구, 주민 수로 계산하면 1,000명에서 1,500명 정도가 속해 있다. 격자화 관리 체계에서 전임 격자 관리원은 사구 거민위원회에 근무하는 실무자나 사회공작자(사회복지사)가 맡는다. 이들은 정식 공무원이 아니라 계약직 직원인 경우가 대부분이다. 격자 관리원은 "크게는 치안과 주택임대 관리까지, 작게는 주민의 두통과 발열, 하수도 뚫는 일까지 모두 관리한다." 한마디로 말해, 이들은 주민에 대한 봉사자이면서 동시에 감시자다. 이들은 관할 구역에서 발생하는 모든 상황을 전산망을 통해 '사구(社區) → 가도(街道) → 구(區) 정부'로 연결되는 '격자망 관리센터'에 보고한다. 이렇게 해서 그물망 방식의 관리 체계가 완성된다.[18]

격자화 관리가 도시 기층 통제에 얼마나 효과적인가를 평가하기 위해서는 많은 실증적인 연구가 필요하다. 잠정적으로 평가한다면, 공산당이 이를 통해 도시 기층사회에 대한 감시와 통제를 강화한 것은 맞지만, 원래 의도한 효과를 얻기 위해서는 몇 가지 과제를 해결해야만 한다. 첫째, 자금 문제가 있다. 격자화 관리에는 유능한 격자 관리인과 고가의 기술 장비가 필요하고, 이를 위해서는 막대한 자금이 소요된다. 현재는 지방이 자체적으로 자금을 충당하고 있는데, 대부분의 지방은 재정 부족을 호소하고 있다. 격자화 관리가 제대로 이루어지기 위해서는 재정 확충이 필요하다.

둘째, 격자 관리인의 법적 지위가 명확하지 않아 업무 수행 과정에서 주민들의 비협조와 저항에 직면하는 경우가 있다. 다시 말해, 격자 관리인이 주민의 '사생활'을 침해하면서까지 조사하려고 할 때, 그에 협조하지 않거나 거부하는 일이 종종 발생한다는 것이다. 앞에서 말했듯이, 격자 관리인은 대부분 계약직 직원으로 정식 공무원이 아니다. 경찰(公安)이 아닌 것은 말할 필요도 없다. 따라서 법률제도의 정비를 통해 격자 관리인의 법적 지위와 권한을 명확히 할 필요가 있다.

셋째, 한 명의 전임 격자 관리인을 제외하고, 나머지는 다른 업무를 수행하면서 부수적으로 격자화 관리를 지원한다. 많은 지역에서는 지역 주민들로 구성된 자원봉사자를 격자 관리인으로 임명하기도 한다. 전임 격자 관리인조차도 자신의 원래 임무, 즉 기층사회에 행정 및 복지 서비스를 제공하는 임무를 수행하면서 격자화 관리 업무를 부가적으로 담당하고 있다. 상황이 이렇다 보니 격자화 관리의 일관성과 통일성이 떨어지는 경우가 많다. 이런 복합적인 이유로 격자화 관리가 제자리를 잡기 위해서는 더 많은 투자와 시간이 필요하다.[19]

한편 격자화 사구 관리 방식은 공산당이 도시 기층사회를 통제하는 수단이지만, 긴급 상황이 발생할 때는 이에 대응하는 위기관리 체제로도 활용된다. 예를 들어, 2003년 사스(SARS) 방역 과정에서 베이징시, 상하이시, 광둥성 지역에서 사구를 이용한 질병 통제가 성과를 거두었다.[20] 이런 경험을 기초로, 2020년 코로나19 방역에도 격자화 관리 방식이 동원되었다.[21] 당시 일부 방역 전문가는 이 관리 방식을 좀 더 세밀하게 운영하여 질병 통제의 기본 수단으로 삼아야 한다고 주장했다.[22] 실제로 후베이성 코로나19 통제 지휘부는 2020년 1월에 도시 사구를 코로나19 방역의 '제1 방어선'으로 삼고, '격자화 및 양탄자식(地毯式) 관리'를 실행해서 큰 성과를 거두었다.[23]

4. 공산당의 사구 거민위원회 영도

그렇다면 실제로 공산당 기층조직은 도시 사구 내에서 어떻게 활동하고 있을까? 결론적으로 말하면, 당 기층조직은 사구 거민위원회의 구성과 운영, 더 나아가서는 거민위원회 활동 그 자체를 주도하고 있다. 이는 당연한 일이다. 농촌의 촌민위원회와 달리 도시의 거민위원회는 실제 권한이 별로 없다. 실상이 이렇다 보니 일반 주민은 대개 거민위원회에 관심이 없고, 거민위원회 주임이나

위원을 맡을 생각은 더더욱 없다. 당연히 이들의 선거에도 별 관심이 없다.[24]

반면 촌민위원회는 소속 농민의 경작지 분배, 주택 용지 분배, 각종 비용의 분담, 기업의 운영과 이익 분배 등을 주도한다. 그래서 대부분의 농촌 지역에서는 농민이 촌민위원회에 큰 관심을 보이고, 촌민위원회 선거에도 적극적으로 참여한다. 동시에 성공한 기업가나 당정간부도 촌민위원회 주임에 출마하여 당선되기 위해 열심히 노력한다. 촌민위원회 선거 때마다 일부 지역에서 '과열'을 넘어 '혼탁' 및 '부정 선거'가 출현하는 이유는 이 때문이다.

(1) 사구 거민위원회 선거: '간접선거' 중심

도시 주민이 거민위원회에 대해 무관심한 상황은, 거민위원회 선거가 실제로 어떻게 실시되는가를 살펴봄으로써 쉽게 이해할 수 있다. 거민위원회 선거는 관련 규정에 따르면, ① 개별 주민의 투표, ② 가구(戶) 대표의 투표(가구마다 한 명이 대표로 투표), ③ 주민 대표의 투표(거민소조마다 한 명이 대표로 투표) 등 세 가지 방식으로 실시된다. 뒤의 두 가지 방식은 사실상 간접선거다. 공산당과 정부는 거민위원회가 민주적으로 구성되고, 더 많은 주민이 거민위원회 활동에 관심을 가지고 참여할 수 있도록 독려하기 위해, 개별 주민이 직접 투표를 통해 거민위원회 구성원을 선출할 것을 촉구한다. 그런데 실제는 주로 가구 대표나 주민 대표의 간접 투표 방식으로

<表 2-12> 사구 거민위원회의 선거 방식 상황

방식 　　　　시기	주민 직접 투표(%)	가구 대표 투표(%)	주민 대표 투표(%)
2001~2003년	15	13	73
2004~2005년	23	19	58

자료: Ngeow Chow Bing, "The Residents' Committee in China's Political System: Democracy, Stability, Mobilization, *Issues & Studies*, Vol. 48. No. 2 (June 2012), p. 84.

구성원이 선출된다.

〈표 2-12〉는 이런 상황을 잘 보여준다. 이에 따르면, 2001~2003년에 전국적으로 실시된 사구 거민위원회 선거는 가구 대표 투표가 13%, 주민 대표 투표가 73%로, 이 둘을 합하면 86%다. 2004~2005년 선거에서는 그 비율이 줄어들어 77%였다. 이는 사실상 간접선거 방식으로 거민위원회가 구성된다는 사실을 보여준다. 반면 주민의 직접 투표는 같은 기간에 15%에서 23%로 8% 포인트가 증가했다. 앞에서 말한 것처럼, 주민 직접 투표를 확대하라는 공산당 지시에 따른 결과였다. 그러나 여전히 주민의 직접 투표 방식보다는 가구 대표나 주민 대표의 간접 투표 방식이 세 배 정도 많다.

이런 상황에서 사구 거민위원회의 구성과 운영은 공산당 기층조직이 떠맡을 수밖에 없다. 그래서 공산당 중앙도 정책 문건을 통해 당 기층조직과 사구 거민위원회의 지도부 간에 교차 겸직 제도를 시행하라고 지시한 것이다. 이런 측면에서 보면, 공산당은 당 조직과 당원을 통해 도시 기층사회를 '통제'하는 성격도 있지만, 기층사회를 위해 '봉사'하는 성격도 있다. 사구가 제대로 운영되기 위해서는 행정 및 복지 서비스를 누군가는 공급해야 하고, 일반 주민은 이런 일을 맡지 않으려 하는 상황에서는 결국 당 조직이 이를 맡을 수밖에 없기 때문이다.

(2) 사구 거민위원회의 구성: 공산당 주도

공산당 기층조직이 사구 거민위원회를 주도하는 실제 모습을 보기 위해 거민위원회의 구성 사례를 살펴보려고 한다. 이와 관련된 체계적인 통계자료를 구할 수가 없어서 단편적인 자료를 사용했다.

〈표 2-13〉 거민위원회 구성원(주임·부주임·위원)의 규모 변화
(1985~2007년, 2019년)

연도	평균 인수(명)
1985	4.3
1990	4.4
1995	4.3
2000	4.5
2002	4.6
2004	5.5
2006	5.5
2019	5.4

자료: 史衛民 外著, 『中國社區居民委員會選擧研究』(北京: 中國社會科學出版社, 2009), pp. 285-286; 「2019年 民政事業發展統計公報」, <中華人民共和國民政部> 2020년 9월 8일, www.mca.cn (검색일: 2021. 2. 5).

〈표 2-13〉은 1985년부터 2019년까지 전국에 있는 사구 거민위원회의 구성원, 즉 주임·부주임·위원의 규모를 보여준다. 이에 따르면, 구성원의 규모는 비록 차이가 크지 않지만 조금씩 증가했다. 즉 1985년에는 평균 4.3명이었는데, 2019년에는 평균 5.4명으로 한 명이 증가했다. 가장 많았을 때는 2004년과 2006년으로 평균 5.5명이었다.

〈표 2-14〉는 2004년부터 2006년까지 주요 지역 거민위원회 주임의 나이와 학력을 정리한 것이다. 이에 따르면, 주임의 평균 나이는 4대 직할시가 45세이고, 13개 지역이 40.5세로, 4대 직할시가 5세 정도 많다. 학력은 전문대졸(大專) 통계만이 완전한데, 이를 보면 4대 직할시와 13개 지역이 큰 차이가 없다. 베이징시가 34.2%,

〈표 2-14〉 거민위원회 주임의 나이와 학력: 4대 직할시와 13개 지역 (2004~2006년)

단위: 명/세/퍼센트(%)

지역	총수(명)	연령(세)	학력 비율(%)			
			대졸	전문대졸	고졸	중졸
베이징시	15,232	45.0	9.67	34.20	46.81	9.32
톈진시	6,617	44.6	-	31.45	63.46	5.09
상하이시	18,712	-	3.81	18.16	57.06	20.98
충칭시	8,866	-	-	29.15	-	-
13개 지역	-	40.5	-	33.56	56.87	15.51

자료: 史衛民 外著, 『中國社區居民委員會選擧硏究』(北京: 中國社會科學出版社, 2009), pp. 311, 319-320.

<표 2-15> 거민위원회 구성원 중 공산당원 점유율:
4대 직할시와 전국 평균(2006년)

단위: 명/퍼센트(%)

지역	인수(명)	구성원 중 비율(%)
베이징시	10,552	60.99
톈진시	4,018	47.17
상하이시	9,611	49.05
충칭시	5,461	55.76
4대 직할시 평균	29,642	53.24
전국 평균	214,500	48.41

자료: 史衛民 外著, 『中國社區居民委員會選擧硏究』(北京: 中國社會科學出版社, 2009), pp. 297-298.

톈진시가 31.45%인 데 비해 13개 도시 평균이 33.56%이기 때문이
다. 다만 베이징시의 경우 4년제 대졸자(本科)가 약 10%로, 다른 지
역보다 많은 것으로 추정된다.

　<표 2-15>는 2006년을 기준으로, 사구 거민위원회 구성원 중
공산당원의 점유율(이하 당원 점유율)을 정리한 것이다. 이에 따르면,
당원 점유율은 전국 평균이 48.41%다. 즉 거민위원회 구성원 중 반
정도가 당원이다. 이를 4대 직할시와 비교하면, 4대 직할시의 당원
점유율이 53.24%로 전국 평균보다 약 5% 포인트가 높다. 이는 대
도시일수록 당원 점유율이 높다는 것을 보여준다. 여기서도 베이
징시는 특별하여 당원 점유율이 60.99%나 된다. 이처럼 거민위원
회 지도부는 공산당원이 주도하고, 대도시일수록 그런 경향이 더

〈표 2-16〉 거민위원회 구성원 중 공산당원 점유율: 최대/최소 지역(2006년)

단위: 명/퍼센트(%)

지역		인수(명)	구성원 중 비율(%)	
최대 지역 (4개)	윈난성	2,639	98.18	평균 85.21
	후베이성	13,908	86.64	
	티베트	650	81.86	
	하이난성	1,471	74.18	
최소 지역 (4개)	푸젠성	6,289	14.61	평균 22.75
	장시성	3,909	20.92	
	칭하이성	496	22.88	
	네이멍구	5,687	32.59	

자료: 史衛民 外著,『中國社區居民委員會選擧硏究』(北京: 中國社會科學出版社, 2009), pp. 297-298.

욱더 강하다.[25]

그런데 이런 단순한 산술 평균은 의미가 없을 수 있다. 당원 점유율의 지역 편차가 매우 심하기 때문이다. 〈표 2-16〉은 이를 정리한 것이다. 이에 따르면, 당원 점유율이 가장 높은 지역은 윈난성으로 98.18%인 데 비해 가장 낮은 지역은 푸젠성으로 14.61%으로, 양 지역 간의 당원 점유율은 약 7배 차이가 난다. 또한 최대 4개 지역의 평균 당원 점유율은 85.21%인 데 비해 최소 4대 지역은 22.75%로, 약 4배 차이가 난다. 왜 이런 차이가 나는지 모르겠지만, 지역 편차가 심한 것은 분명한 사실이다.

〈표 2-17〉은 2006년을 기준으로 거민위원회 주임과 공산당 서

〈표 2-17〉 거민위원회 주임과 공산당 서기의 겸직 상황: 4대 직할시와 전국
(2006년)

단위: 명/퍼센트(%)

지역	인수(명)	겸직 비율(%)
베이징시	1,190	47.13
톈진시	1,194	78.45
상하이시	767	22.47
충칭시	501	25.51
4대 직할시 평균	3,652	43.39
전국 평균	35,679	44.20

자료: 史衛民 外著, 『中國社區居民委員會選擧研究』(北京: 中國社會科學出版社, 2009), pp. 302-303.

기 간의 교차 겸직 비율(이하 겸직 비율)을 정리한 것이다. 이에 따르면, 겸직 비율은 전국 평균이 44.20%고, 4대 직할시 평균이 43.39%로 큰 차이가 없다. 4대 직할시 중에서 겸직 비율이 가장 높은 지역은 톈진시로 78.45%다. 이를 보면, 전국적으로 공산당 당서기 중 반 정도가 거민위원회 주임을 겸직한다는 사실을 알 수 있다. 이것도 공산당 기층조직이 거민위원회를 사실상 주도하고 있다는 점을 보여준다.[26]

한편 지역 간 겸직 비율의 편차를 알아보기 위해 〈표 2-18〉을 작성했다. 이에 따르면, 겸직 비율이 가장 높은 지역은 하이난성으로 83.71%인 데 비해 가장 낮은 지역은 티베트 4.4%로, 양 지역 간에는 19배 차이가 난다. 또한 최대 4개 지역의 겸직 비율은 75.85%

〈표 2-18〉 거민위원회 주임과 공산당 서기의 겸직 상황: 최대/최소 지역
(2006년)

단위: 명/퍼센트(%)

지역		인수(명)	구성원 중 비율(%)	
최대 지역 (4개)	하이난성	370	83.71	평균 75.85
	톈진시	1,194	78.45	
	산둥성	3,948	71.85	
	랴오닝성	2,779	69.39	
최소 지역 (4개)	티베트	7	4.43	평균 12.17
	구이저우	139	8.64	
	장시성	510	16.38	
	푸젠성	393	19.22	

자료: 史衛民 外著, 『中國社區居民委員會選擧硏究』(北京: 中國社會科學出版社, 2009), pp. 302-303.

인 데 비해 최소 4개 지역은 12.17%로, 약 6배 차이가 난다. 이처럼 겸직 비율도 당원 점유율처럼 지역 간 편차가 매우 심하다.

그런데 이와 같은 겸직 비율은 2006년의 통계로, 이후에 그 비율이 더욱 증가했을 것으로 추정할 수 있다. 앞에서 보았듯이, 공산당 중앙이 두 조직 간의 교차 겸직을 계속 강조했기 때문이다. 이를 잘 보여주는 것이 상하이시 사례다. 2010년 상하이시에는 모두 3,747개의 거민위원회가 있고, 여기에 1만 4,800명의 당서기 및 당 지부 위원이 겸직했다. 이는 거민위원회마다 3.94명의 당서기 및 당 지부 위원이 겸직한 것을 뜻한다. 그 가운데 거민위원회 주임을

겸직한 당서기는 935명으로, 전체 당서기 3,700명의 25.3%였다. 이는 4년 전보다 약 3% 포인트가 증가한 수치다.[27]

앞의 〈표 2-13〉에 따르면, 2019년 전국에 있는 사구 거민위원회의 구성원은 평균 5.4였다. 그런데 상하이시 지역에서 2010년에 당서기와 위원을 모두 포함하면 거민위원회 겸직자는 평균 4명이었다. 이는 사실상 공산당 지부의 지도부가 거민위원회의 지도부를 겸직한다는 사실을 보여준다. 이런 통계를 놓고 보면, 〈공산당 지부 공작조례〉의 교차 겸직 지시는 최근에 올수록 더 충실히 이행되고 있다고 평가할 수 있다.

5. 공산당 기층조직의 사회복지 서비스 제공

그런데 공산당 문건에서 보았듯이, 당 기층조직은 사구 거민위원회의 구성과 활동을 주도할 뿐만 아니라, 사구 주민들에게 직접 사회복지 서비스를 제공하는 활동도 펼쳐야 한다. 실제로 그렇게 할까? 그렇게 한다.

(1) 두 가지 방식

공산당 기층조직이 사회복지 서비스를 직접 제공하는 방식은 두 가지다. 하나는 당 기층조직이 관할 구역 내에서 활동하고 있는 여러 사회조직을 자신의 활동 내로 포섭하여 사회복지 서비스를 제공하도록 만드는 방식이다. 이에 대해서는 공산당의 사회조직 통제를 통해 이미 살펴보았다. 다른 하나는 당 기층조직이 '당 군중 활동 서비스센터'을 설립하여 직접 공공서비스를 제공하는 방식이다. 이것도 역시 공산당의 사영기업 통제를 분석할 때 살펴보았다.

도시 기층사회의 통제와 관련하여 공산당이 어떻게 활동하고 있는지를 다시 한번 간략히 정리하자. 도시 기층사회에 설립된 '당 군중활동 서비스센터(黨群活動服務中心)'는 활동 내용과 방식 면에서 볼 때, 공업단지와 상업지역에 설립된 당 군중활동 서비스센터와 큰 차이가 없다. 여기서는 당 행정 업무, 예를 들어 당원 등록과 전출입 관리, 당안(檔案)과 각종 관련 서류의 관리와 보관을 담당한다. 또한 '당의 조직 활동', 예를 들어 당 소조 모임 개최, 당원 학습, 당원 상호 비판과 자기비판 모임도 이곳에서 개최된다. 지역 주민이 참여할 수 있는 다양한 취미 및 오락 활동도 역시 이곳에서 이루어진다.

전국적으로 도시 지역에 얼마나 많은 당 군중활동 서비스센터가 설립되었는지는 정확히 알 수 없다. 통계자료를 구할 수가 없기 때문이다. 일부 지역의 상황을 보면, 2018년에 베이징시에는 약 200개 이상이 설립되었고, 광둥성 선전시에는 1,000개 이상이 설립되었다. 광둥성 광저우시는 같은 시기에 1km²에서 2km²마다 하

나씩, 사구에서는 500m²마다 하나씩 서비스센터를 설립한다는 목표를 세웠다.[28]

(2) 랴오닝성 선양시와 지린성 창춘시 사례

공산당 기층조직의 사회복지 서비스 제공은 다른 지역에서도 보편적으로 나타나는 일반적인 현상이다. 다만 그것을 실행하는 구체적인 방식이 조금씩 다를 뿐이다. 랴오닝성(遼寧省) 선양시(瀋陽市)가 대표적인 사례다.

이 지역을 분석한 연구에 따르면, 5,774가구의 1만 5,623명이 거주하는 어떤 하나의 사구에서, 공산당 총지부는 2008년부터 540명의 소속 당원을 재조직하는 '사구 당 건설'에 착수했다. 그 결과 2016년에는 모두 22개의 '특설 당 지부'를 설립하여 사구 활동을 주도할 수 있었다. 특설 당 지부는 단순히 공산당 기층조직일 뿐만 아니라, 동시에 선양시 민정국에 정식으로 등록된 사회조직이기도 하다. 특설 당 지부가 당원이 중심이 되어 주민을 조직하고, 사회자원을 동원하여 사구 주민이 필요로 하는 공공서비스를 공급하는 역할을 담당하기 위해서 사회조직으로 등록한 것이다. 이에 필요한 재원은 구 또는 시 정부가 제공한다.[29]

예를 들어, 한 특설 당 지부는 지역 주민을 위해 채소 가게를 운영한다. 도매시장에서 채소를 싸게 사서 이윤을 남기지 않고 주민에게 파는 일종의 사회적 기업이다. 또한 선양시 적십자병원의 의

사가 주도하는 한 특설 당 지부는 의료 봉사 활동을 활발히 전개한다. 여기에는 선양시 적십자병원, 재난구호반, 둥베이대학(東北大學) 봉사자 등 300여 명이 참여한다. 그 밖에도 공산당은 당원에게 구역을 분담시켜 사회복지 활동을 수행하도록 조치했다. 당원이 관리해야 하는 13개의 '책임 구역(責任區)'과 28개의 '책임 직무(責任崗)'를 설치하고, 이를 위해 28개의 봉사자 협회를 설립한 것이다.[30]

지린성(吉林省) 창춘시(長春市)의 사구를 조사한 연구에 따르면, 이 지역에서도 공산당 기층조직이 사구 주민에게 직접 공공서비스를 제공하는 데 당원과 당 조직을 동원한다. 이를 위해 당원들은 사회봉사 조직을 구성하여 활동한다. 구체적으로 어떤 하나의 사구 내에 있는 311명의 당원과 17개의 당 지부를 중심으로 모두 10개의 사회봉사 조직이 구성되었다. 여기에 참여하는 자원봉사자는 537명이다. 이들은 사구의 격자(網格)에 배치되어 격자 관리원의 지휘를 받으면서 주민에서 다양한 공공서비스를 제공한다.[31]

2-1 중국 개혁·개방 40주년 기념대회에 출석한 사영 기업가 대표 텐센트 마화텅(馬化騰) 회장과 알리바바 마윈(馬雲) 회장(2018년 12월)

1990년대 후반기부터 사영기업은 급속히 발전했다. 이에 따라 공산당 당원인 사영 기업가, 소위 '홍색 자본가(red capitalist)'도 급증했다. 사영기업가 가운데 당원 비율은 1993년에 13%, 1995년에 17%, 1999년에 20%, 2002년에 30%, 2004년에 34%를 기록했다. 10년 전보다 21% 포인트가 증가한 것이다. 이 무렵이 되면 사영 기업가 세 명 중에서 한 명은 당원이었다. 사영기업가는 공산당이 추진한 개혁·개방 정책의 최대 수혜자였고, 그래서 공산당 영도 체제를 가장 옹호하는 사회 계층이 되었다.

2-2 장쑤성(江蘇省) 우시시(無錫市) 홍더우그룹(紅豆集團)의 공산당 활동(2020년 2월)

사영기업인 홍더우그룹은 1997년에 공산당 기층위원회를 설립했다. 이 기업은 공산당 조직과 기업 경영조직을 융합하여 운영했다. 즉 당 위원회를 정치 핵심으로 삼아, 이사회·감사회·경영층이 하나로 융합되는 체제를 수립한 것이다. 이를 위해 당 위원회 위원은 전원 회사 이사회·감사회·경영층의 구성원이 되었고, 회사 이사회 성원은 모두 당 위원회 위원으로 참여했다. 그러나 당 조직은 기업 경영에는 간섭하지 않았고, 대신 당 방침이 기업 내에 집행되도록 감독했다.

2-3 푸젠성(福建省) 샤먼시(廈門市) 후리창신(湖里 創新) 공업단지

후리창신 공업단지에는 많은 사영기업이 입주
해 있다. 이곳의 노동자는 대부분 농민공으로 타
향살이의 외로움과 곤란을 겪고 있다. 그래서 공
산당은 이들을 돕는 방향으로 활동을 전개한다.
'삼필(三必: 세 가지 반드시)·일다(一多: 하나의 많이)'
활동이 대표적이다. '삼필'은 당원이 문제가 생기
면 반드시 마음을 터놓고 이야기하기, 당원이 어
려움을 겪으면 반드시 도와주기, 당원이 병나면
반드시 문병하기를 말한다. '일다'는 당원의 심
신 건강에 유익한 활동(예를 들어, 체육 활동)을 많
이 하기를 말한다.

2-4(위) 당 군중 활동 서비스센터(광둥성 선전시): '인민을 중심으로 한다'

2-5(아래) 당 군중 활동 서비스센터(광둥성 선전시)

도시 기층사회에 설립된 '당 군중 활동 서비스센터'에서는 당원 등록과 전출입 관리, 당안(檔案)과 각종 당원 서류의 관리와 보관을 담당한다. 또한 당소조 모임 개최, 당원 학습, 당원 상호 비판과 자기비판 모임도 개최된다. 지역 주민이 참여할 수 있는 다양한 취미 및 오락 활동도 이곳에서 이루어진다. 전국적으로 도시 지역에 얼마나 많은 당 서비스센터가 설립되었는지는 정확히 알 수 없다. 2018년에 베이징시에는 약 200개 이상이 설립되었고, 광둥성 선전시에는 1,000개 이상이 설립되었다.

2-6 당원 활동 서비스센터: 저장성(浙江省) 닝포시 (寧波市) 하이수구(海曙區) 톈이 상업지구(天一商圈)

톈이 상업지구는 닝포시의 유명한 상업지역으로, 많은 업무용 빌딩과 쇼핑센터가 밀집해 있다. 당원 활동 서비스센터는 2009년에 도시 한복판에 설립되었다. 여기서는 두 가지 활동이 중심이 된다. 하나는 당원 서비스 활동이다. 당소조 회의, 정치 학습, 자원봉사 활동, 당원 대상의 각종 교육 훈련 프로그램 운영 등이 이에 속한다. 다른 하나는 경제활동이다. 기업의 직원 채용 지원, 각종 기업 관련 회의 개최, 행정·법률·노사관계 등에 대한 정보와 자문 서비스 제공, 투자 유치 활동이 대표적이다.

2-7 혁명 열사 묘역을 방문하는 공산주의청년단 단원들(2021년 5월)

"공산주의청년단은 중국공산당이 영도하는 선진 청년의 군중 조직이고, 광대한 청년이 실천을 통해 중국 특색의 사회주의와 공산주의를 학습하는 학교이며, 중국공산당의 조수(助手)이자 후비군(後備軍)이다." (《중국 공산주의청년단 장정(章程)》 중에서) 공청단 단원(團員)은 2017년에 모두 8,125만 명으로, 같은 해 공산당 당원 8,956만 명에 버금가는 위용을 자랑한다.

2-8(위) 칭화대학

2-9(아래) 베이징대학

공산당은 명문대학을 중심으로 대학생 당원을
모집한다. 그 결과 칭화대학과 베이징대학에는
학생 당원이 많은 데 비해 지방의 중소 대학에
는 학생 당원이 적다. 예를 들어, 2002년을 기준
으로, 칭화대학의 학부생 가운데 당원 비율은
12%였다. 2000년 무렵 전국 학부생 중 당원 비
율이 3.8%인 것과 비교하면, 이는 약 3.2배나 높
은 수치다. 공청단 단원 모집도 마찬가지다. 이처
럼 공산당은 학생 당원 모집에서도 학교별로 차
별화된 정책을 실행한다.

2-10 대학생 민주화 시위(톈안먼광장/1989년)

대학 통제는 공산당에게 매우 중요한 일이
다. 세계의 거의 모든 지역에서 대학은 민
주화 운동의 본거지고, 중국도 예외는 아니
었다. 예를 들어, 중국에서도 1986년 말에
서 1987년 초까지 주요 대도시에서 대학생
이 주도한 민주화 시위가 벌어졌다. 1989년
4월 5일부터 6월 4일까지 전국적으로 전개
된 '톈안먼(天安門) 민주화 운동'도 역시 대
학생이 주도한 활동이었다. 따라서 공산당
은 1989년 민주화 운동 이후 대학을 매우
강력하게 통제했다.

2-11 군사훈련 중인 대학생들(2018년 8월)

1989년 6월 톈안먼 민주화 운동 이후, 공산당은
대학이 다시는 민주화 운동의 근거지가 될 수 없
도록 만들기 위해 다양한 조치를 추진했다. 먼저
'공산당 위원회 영도하의 총장 책임제'를 도입했
다. 대학 총장의 자율성을 대폭 축소하는 대신
당 위원회의 영도를 강화하는 조치였다. 또한 대
학 신입생을 대상으로 군사 훈련(軍訓)을 실시하
고, 정통 마르크스-레닌주의를 중시하는 정치
이념 교육도 강화했다. 그 결과 지난 30년 동안
중국의 대학에서는 전과 같은 민주화 시위가 일
어나지 않았다.

2-12 대학생들의 '레이펑 학습' 활동(2016년 3월)

"대학교는 이데올로기의 전초기지이지, 상아탑이나 복숭아꽃밭이 결코 아니다. 대학의 정치이론 학습은 대학생을 사회주의 건설자와 계승자로 양성하는 것이다. 대학생은 사회주의 건설자와 계승자로서, 반드시 정확한 세계관·인생관·가치관을 수립하고, 개인의 가치와 공산당및 국가의 전도 운명을 하나로 연계해야 한다." (2019년 3월 시진핑 연설 중에서) 국가와 공산당에대한 충성을 강조하는 애국주의 교육 운동과 레이펑(雷鋒) 학습 운동도 같은 목적으로 일상적으로 전개된다.

2-13 중국공산당 창당 100주년 기념행사의 대학생 당원들(칭화대학/2021년 6월)

대학생의 사상과 생활을 관리하는 정치보도원(政治輔導員) 제도는 칭화대학 총장(1952~1966년)이었던 장난샹(蔣南翔)이 시작했다. 그는 사회주의 중국에는 '전문성(專)'과 '혁명성(紅)'을 겸비한 인재가 필요하다는 판단하에 학부 4학년 학생과 대학원생 중에서 정치보도원을 선발했다. 그가 총장이었던 14년 동안 모두 682명의 정치보도원이 배출되었다. 후진타오(胡錦濤) 전 총서기도 그중 한 명이었다. 이들은 개혁기에 '칭화방(清華幫)'이라는 정치 세력으로 성장한다.

2-14 도시 기층정부인 가도판사처(광둥성 신
전시 뤄후구 쑨강)

농촌에서는 행정촌(行政村: 마을)이 최소 행
정단위라면, 도시에서는 사구(社區: 공동체)
가 최소 행정단위다. 또한 행정촌에 촌민 자
치조직으로 촌민위원회(村民委員會)가 있다
면, 사구에는 주민 자치조직으로 사구 거민
위원회(居民委員會)가 있다. 촌민위원회 위에
는 향(鄕: 한국의 면)과 진(鎭: 한국의 읍) 정부가
있듯이, 거민위원회 위에는 가도판사처(街道
辦事處: 한국의 동사무소)가 있다.

2-15(위) 도시 거민위원회 거민대표회의(광둥성 선전시 뤄후구 따탕룽사구/2020년 1월)

2-16(아래) 도시 거민위원회 선거대회(상하이시 징안구 공허신루가도 신디거민구/2021년 5월)

사구 거민위원회가 수행하는 임무는 1990년에 제정된 《중국 도시 거민위원회 조직법》에 잘 나와 있다. 이에 따르면, 거민위원회는 '주민이 스스로 관리하고, 스스로 교육하고, 스스로 서비스를 제공하는 기층의 군중성 자치조직'이다. 이처럼 거민위원회의 성격은 촌민위원회의 성격과 같다. 즉 모두 정부의 행정조직이 아니라 '주민(촌민)의 자치조직'이다. 그러나 실제 상황을 보면, 공산당 지부가 사구 거민위원회를 주도적으로 운영한다.

2-17 가도 사구 위생서비스센터(저장성 원저
우시 루청구 푸씨에시/2020년 10월)

도시의 가도(街道)와 사구(社區)에는 공산
당 조직과 정부 기관 이외에도 사회복지 서
비스를 제공하는 다양한 공공기구가 설립된
다. 대개 가도에는 서비스센터(服務中心), 사
구에는 서비스사무소(服務站)가 있다. 서비
스센터와 서비스사무소에는 각종 사회단체
가 입주하여 정부를 대신하여 사회복지 서
비스를 위탁 공급한다. 다시 말하면, 정부는
이들 사회단체로부터 사회복지 서비스(예를
들어, 양로·탁아·위생)를 '구매'한다.

2-18(위) 양로 봉사단체의 이발 봉사 활동(허베이성 바오딩시 화난사구/ 2019년 11월)

2-19(아래) 노인 눈 건강 증진 공익 활동(안후이성 허페이시 신후빈위안사구/ 2017년 12월)

2000년대에 들어 도시 지역은 사구를 정비해야만 하는 '절박한 요구'에 직면한다. 먼저 국유기업 개혁의 결과 '단위인(單位人)'이 '사회인(社會人)'으로 변화되었다. 또한 대량의 농민공이 도시로 들어왔다. 이런 요인으로 인해 도시 기층사회에서 사회복지 서비스를 제공해야 하는 필요성이 크게 높아진 것이다. 특히 1999년에 발생한 '파룬공(法輪功) 사건'은 공산당 지도부에게 큰 충격을 주었다. 파룬공이 도시 기층사회에 깊숙이 파고들어 세력을 확대했기 때문이다. 도시 기층사회에서 당 정기관과 사회단체는 이런 '절박한 요구'에 대응하여 각종 공익 활동을 전개하고 있다.

사상 통제

◆◆◆◆

공산당 영도 체제를 유지하는 데는 지금까지 살펴본 인사 통제와 조직 통제만으로도 충분해 보인다. 그러나 공산당은 여기에 만족하지 않는다. 인사 통제와 조직 통제만으로는 공산당 영도 체제를 유지하는 데 한계가 있다고 생각하기 때문이다. 인사 통제와 조직 통제는, 비유하자면 사람을 '외면'에서 통제하려는 시도다. 그런데 만약 어떤 사람이 '내면', 즉 자기의 생각과 감정을 숨기고 겉으로만 복종하는 척한다면 어떻게 할 것인가? '외면'의 통제만으로는 이런 상황을 막을 수 없다. 공산당이 사람의 '내면'까지 통제하려고 시도하는 것은 이 때문이다.

공산당은 이를 '사상정치공작', 줄여서 '사상공작(思想工作)' 또는 '정치공작(政治工作)'이라고 부른다. 1944년에 마오쩌둥은 인민해방군의 정치공작이 얼마나 중요한지를 설명하면서 이렇게 주장했다.

"공산당이 영도하는 혁명에서 정치공작은 혁명 군대의 생명선(生命線)이다." 1955년에도 그는 "정치공작은 모든 경제 공작의 생명선"이라고 강조했다. 공산당은 1981년에 〈건국 이래 역사 문제 결의〉를 채택하면서 마오의 노선과 활동을 일부 비판했는데, 이때도 이 주장은 높이 평가했다. "사상정치공작은 경제 공작과 일체 공작의 생명선으로, 이는 원대한 의의가 있는 중요한 사상이다."[1]

현재도 공산당은 이런 정신을 그대로 이어받고 있다. 예를 들어, 2021년 7월에 공산당 중앙과 국무원은 공동으로 〈신시대 사상정치공작의 강화 및 개진 의견〉을 하달하면서 이렇게 주장했다.

"사상정치공작은 당의 우수한 전통이고, 선명한 특징과 뛰어난 정치 우세로서, 모든 공작의 생명선이다. 사상정치공작을 강화하고 개진(改進)하는 것은 당의 전도 운명(前途命運), 국가의 장기적이고 안정적인 통치(長治久安), 민족의 응집력과 구심력(向心力)에 관계되는 중요한 일이다."[2]

공산당의 사상 통제는 인사 통제와 조직 통제보다 더 체계적이고 정밀하다. 그도 그럴 것이 공산당은 사상 통제를 통해 당원과 지지자를 결집하고 국민의 성원을 끌어내어 국민당과의 싸움에서 승리할 수 있었다. 또한 공산당이 지난 40여 년 동안 개혁·개방 정책을 추진하면서도 정치권력을 굳건하게 장악할 수 있었던 중요한 요인 중의 하나는 바로 당원과 국민에 대한 사상 통제에 성공했기 때문이다.

사상 통제의 대상은 공산당원과 일반 국민으로 나눌 수 있다. 공산당원도 다시 간부 당원(당정기관에서 근무하는 당원)과 일반 당원으로 나눌 수 있다. 사상 통제의 내용과 목표는 통제 대상에 따라 달라진다. 공산당원에게는 체계적이고 종합적인 사회주의 이론과 공산당 노선·방침·정책을 교육한다. 이를 통해 이들이 자신의 일터와 거주지에서 교육받은 바를 믿고 실천하는 '공산당인(共産黨人)'으로 활동하도록 육성하는 것이 목표다. 반면 일반 국민은 사회주의 중국을 사랑하고, 공산당이 혁명과 국가 건설에서 거둔 성과를 인정하며, 공산당 영도 체제를 수용하는 '애국자(愛國者)'로 만드는 것이 목표다.

공산당의 사상 통제 기제는 몇 가지로 나눌 수 있다. 첫째는 공산당이 당정간부를 대상으로 실행하는 사상 통제다. 앞에서 말했듯이, 이는 공산당 중앙당교와 각급 지방당교, 행정학원, 간부학원 등이 주로 담당한다. 그런데 간부 교육은 사상 통제의 성격과 함께 업무 능력 배양의 성격도 동시에 띠고 있다. 그래서 간부 교육과 사상 통제에 대해서는 제1부 '인사 통제'에서 이미 자세히 살펴보았다.

둘째는 공산당 중앙에서 기층조직까지 간부 당원과 일반 당원을 대상으로 일상적으로 실행하는 다양한 정치 학습 제도다. 공산당 정치국의 집단학습(集體學習, group study session) 제도, 당 위원회(당조) 이론학습 중심조(中心組)의 학습 제도, 일반 당원의 정치 학습 제도, 즉 '당과(黨課)' 제도가 그것이다. 이 중에서 일반 당원의 '당과'에 대해서는 제1권의 제2부 '공산당 조직'에서 자세히 살펴보았다.

셋째는 정풍운동(整風運動, rectification campaign) 기간에 이루어지는 공산당원의 집중 학습과 사상 통제다. 정풍운동은 마오쩌둥 시대뿐만 아니라 개혁·개방 시대에도 사용된다. 당원의 정치 학습을 통해 전당의 사상 통합과 조직 단결을 높이고, 당원의 비판과 자기비판 활동을 통해 당의 문제를 해결하는 것이 첫 번째 목적이다. 최고 지도자가 정치적 권위를 높이고 권력을 공고히 다지는 것이 두 번째 목적이다.[3] 이런 목적은 공산당원의 사상을 통제할 수 있어야만 달성될 수 있다. 그래서 정풍운동 기간에는 당원에 대한 강력한 사상 통제가 이루어진다.

넷째는 일반 국민을 대상으로 전개하는 선전과 국민 교육 운동이다. 사상 통제의 일차 대상은 당정간부와 공산당원이지만, 이들이 전부는 아니다. 일반 국민이 공산당 통치를 수용하고 지지하도록 교육하고 선전하는 일은 공산당 영도 체제를 굳건히 유지하기 위해서는 반드시 수행해야 하는 활동이다. 이를 위해 공산당은 일상적으로 정치선전을 진행할 뿐만 아니라 정기적으로 국민 교육 운동을 전개하기도 한다.

공산당이 전개하는 국민 교육 운동 중에서는 세 가지가 특히 중요하다. 첫째는 1986년에 시작하여 지금까지 이어지고 있는 '법률 지식 보급 운동', 즉 '보법활동(普法活動)'이다. 둘째는 1986년에 시작되고 1990년대에 들어 확대되어 지금까지 이어지고 있는 '정신문명(精神文明) 건설'과 '사회주의 핵심 가치관(核心價値觀)' 실천 운동이다. 셋째는 1994년에 시작되어 지금까지 맹위를 떨치고 있는 '사회주의 애국주의(愛國主義) 교육 운동'이다.

정치 학습: '학습형 정당'의 건설

먼저 공산당이 당정간부와 일반 당원을 대상으로 일상적으로 진행하는 사상 통제에 대해 살펴보도록 하자. 이는 주로 세 가지의 정치 학습 제도를 통해 이루어진다. 첫째는 공산당 정치국의 집단학습 제도다. 둘째는 각급 당 위원회(당조) 이론학습 중심조의 학습 제도다. 셋째는 일반 당원의 정치 학습 제도, 즉 '당과(黨課)' 제도다.

1. 정치국의 집단학습 제도: 학습형 정당의 모범

공산당은 2004년 9월에 개최된 16기 중앙위원회 4차 전체회의(16기 4중전회)에서 '집권 능력(執政能力) 건설 강화'에 대한 결의를 채택했다. 이에 따르면, 공산당이 "집권당(執政黨)이 된 것은 역사의 선택이고, 인민의 선택이다." 그러나 동시에 "공산당의 집권 능력 건설 강화는 시대의 요구이고, 인민의 요구다." 만약 이런 시대와 인민의 요구에 부응하지 못하면, 공산당은 집권당의 지위를 상실할 수 있다. 즉 권력을 잃을 수도 있다는 것이다. 이를 방지하고 계속 집권당의 지위를 누리기 위해서는 몇 가지 조치를 실행해야 한다. 그 첫 번째가 바로 "학습형(學習型) 정당 건설"이다.[1]

(1) 정치국 법제 강좌와 기타 강좌

그런데 이런 결의는 이미 실행하고 있는 내용을 다시 한번 강조한 것에 불과하다. 즉 공산당은 이 결의가 채택되기 이전부터 중앙부터 지방까지 전 당원을 대상으로 끊임없이 '학습형 정당'을 운영해왔다. 특히 '학습형 정당'은 최고 지도자들이 먼저 시범을 보이지 않으면 제대로 운영될 수 없다. 그래서 공산당 중앙은 선구적으로 '학습형 정당'으로서의 모습을 보이기 시작했다.

이를 잘 보여주는 것이 바로 〈표 3-1〉의 내용이다. 이는 장쩌민 시기인 1994년부터 공산당 정치국이 진행한 법제 및 법치 강좌를 정리한 것이다. 이를 보면, 장쩌민 시기부터 후진타오 집권 1기 (2002~2007년)까지 해마다 한두 번씩 특정 법률 또는 법률 제도를 주제로 법제 강좌를 개설했다. 이것은 공산당 중앙이 강력하게 추진한 '법률 지식 보급 운동(普法活動)'의 하나로 시작된 것이다. 이를

<표 3-1> 공산당 중앙정치국의 법제 및 법치 강좌 시기와 주제

시기	주제	시기	주제
1994. 12	국제 통상법률 제도와 GATT	2000. 9	서부대개발과 중서부 발전 가속화를 위한 법률 보장
1995. 1	사회주의 시장경제 법률제도 건설 문제	2001. 7	법률 수단을 사용한 정보 네트워크의 건강한 발전 보장 및 촉진
1996. 2	의법치국과 사회주의 법제 국가 건설에 관한 이론과 실천 문제	2002. 1	<헌법>의 진지한 관철 및 실시와 소강사회의 전면적 건설
1996. 12	국제관계 중 국제법의 역할	2003. 9	의법치국 견지와 사회주의 정치 문명 건설
1997. 5	일국양제와 <홍콩기본법>	2004. 4	법제 건설과 사회주의 시장 경제 체제 완전화
1997. 12	과학기술 진보와 법제 건설	2005. 12	행정 관리체제 개혁과 경제 법률 제도 완전화
1998. 5	금융 안전과 법제 건설	2006. 5	국제 지적 재산권 보호와 중국 지적 재산권 보호 법률 및 제도 건설
1998. 12	사회보장과 법제 건설	2006. 6	과학집권, 민주집권, 의법집권의 견지
1999. 6	농촌 개혁·발전·안정의 의법 보장과 촉진	2006. 11	우리나라 사회주의 기층 민주정치 건설 연구
1999. 11	국유기업 개혁과 발전의 의법 보장과 촉진	2007. 3	<물권법(物權法)> 제정 및 실시에 관한 약간 문제

자료: 조영남, 『중국의 법률 보급 운동』(서울: 서울대학교출판문화원, 2012), p. 80.

계기로 성급 지도자뿐만 아니라 기층 지도자들도 법률학습에 적극적으로 나서게 되었다.

집단학습은 법제 강좌에만 한정되지 않는다. 1990년대 중반부터 다양한 종류의 집단학습이 있었다. 비슷한 법제 강좌는 전국인민대표대회(전국인대) 상무위원회도 1992년부터 모두 30회를 개최한 적이 있고,[2] 국무원도 2003년과 2004년에 모두 4회를 개최한 적이 있다. 이 밖에도 역사문화 강좌가 개최되었다. 장쩌민이 주도한 역사문화 강좌가 1996년부터 8인의 역사학자를 초청하여 진행되었다. 국무원 부총리인 리란칭(李嵐清)은 2002년 1월부터 3월까지 네 명의 역사학자를 초청하여 역사 강좌를 개최했다.[3]

(2) 정치국의 집단학습(集體學習) 제도

이런 최고 지도자들의 집단학습 중에서 가장 중요하고 정례화된 것이 바로 정치국의 집단학습 제도다. 이는 장쩌민 시기(1992~2002년)에 시작되었지만, 제도로 정착된 것은 후진타오 시기(2002~2012년)에 들어와서였다. 〈표 3-2〉는 후진타오 시기와 시진핑 시기(2012년~현재)에 개최된 정치국 집단학습의 개최 상황을 정리한 것이다. 이를 보면, 정치국 집단학습은 매년 8~9회씩 정례적으로 개최되었다. 정치국 회의가 거의 매달 개최되는데, 회의 개최 전후에 집단학습이 이루어지는 방식이다.

정치국 집단학습의 개최 목적은 두 가지다. 첫째는 최고 지도자들의 사상과 인식을 통일하고, 이를 통해 지도자 간의 단결과 통합을 유지하는 것이다. 중요한 문제를 학습 주제로 선택하여 집단으로 학습하고 토론함으로써 최고 지도자들은 그 문제에 대한 지식

〈표 3-2〉 공산당 중앙정치국의 집단학습 통계(2002~2021년)

기간	총 횟수	매년 평균 횟수
16기(2002~2007년)	44회	8.8회
17기(2007~2012년)	33회	6.6회
18기(2012~2017년)	43회	8.6회
19기(2012. 10~2021. 1)*	27회	7.9회

주: • 공산당 19기 중앙위원회 시기는 5년이 아니라 3년 4개월 동안의 통계를 말한다.

자료: 「中共中央政治局集體學習」, <百度百科>, www.baike.baidu.com (검색일: 2020. 8. 15).

을 체계적으로 습득할 수 있다. 또한 이를 통해 문제의 중요성이나 해결 방안에 대해서도 어느 정도 합의에 도달할 수 있다. 이는 이들의 단결과 통일을 유지하는 데 매우 중요한 일이다. 엘리트 정치에서 권력투쟁은 대개 노선투쟁을 동반하는데, 이는 최고 지도자들 간에 사상과 인식이 분열되었을 때 발생한다.

둘째는 최고 지도자들이 변화하는 국내외 상황을 정확히 파악하고 그에 대응할 수 있는 통치 능력을 배양하는 것이다. 〈표 3-1〉이 보여주듯이, 정치국이 집단으로 학습한 법제 주제는 매우 다양하다. 이런 주제는 해당 분야의 업무를 책임지고 있는 담당자나 전문가가 아니면 평상시에 관심을 가지고 학습할 수 있는 주제가 아니다. 따라서 이를 선정하여 집단으로 학습함으로써 최고 지도자들은 설사 자기의 담당 업무 영역이 아닐지라도 필요한 방침과 정책을 이해하고 결정할 수 있다.[4]

〈표 3-3〉 후진타오 집권 2기 공산당 중앙정치국의 집단학습 주제
(2007~2012년)

	시기	학습 주제
1	2007. 11. 27	중국 특색의 사회주의 법률 체제 완성과 의법치국 전략의 전면 실행
2	2007. 12. 18	현대 세계 종교와 우리나라 종교 정책 강화
3	2008. 1. 29	소강사회 전면 건설 목표 실현과 경제 사회의 좋고 빠른 발전 추동
4	2008. 2. 23	국외 정부 서비스 체계 건설과 우리나라 서비스형 정부 건설
5	2008. 4. 28	우리나라 경제발전 방식의 신속한 전환 연구
6	2008. 6. 28	지구 기후변화와 우리나라 기후변화 대응 능력 강화 건설
7	2008. 7. 26	현대 올림픽과 베이징 올림픽의 성공적 개최
8	2008. 9. 28	중국 특색의 사회주의 이론 체계 연구
9	2008. 11. 29	우리나라 과학 발전 추동 문제 연구
10	2008. 12. 26	개혁 개방 심화 문제 연구
11	2009. 1. 23	중국 특색의 농업 현대화 길 연구
12	2009. 2. 24	세계 경제 형세와 우리나라 경제의 좋고 빠른 발전 추동
13	2009. 5. 23	세계 주요 국가 사회보장 체계와 우리나라 사회보장 체계 건설
14	2009. 6. 30	당내 민주 건설의 적극적인 추진
15	2009. 7. 24	중국 특색의 군민(軍民) 융합(融合) 발전 길 연구
16	2009. 9. 9	신중국 성립 이래 사회주의 현대화에 대한 인식과 실천
17	2009. 11. 27	당 17기 4중전회 정신을 철저히 관철하고, 당 건설의 과학화 수준을 높이기 위해 노력하자
18	2010. 1. 8	세계 주요 국가 재정 체제와 우리나라 재정 체제 개혁의 심화
19	2010. 2. 22	2020년 우리나라 온실가스 배출 통제의 행동 목표 문제
20	2010. 5. 28	세계 의약·위생 발전 추세와 우리나라 의약·위생 체제 개혁 문제

21	2010. 6. 21	당 기층조직 건설을 강화하는 문제
22	2010. 7. 23	우리나라 문화 체계 개혁 심화의 연구 문제
23	2010. 9. 29	신시기 인민 내부 모순의 정확한 처리 문제 연구
24	2010. 12. 3	상하이 엑스포 경험과 정신을 총결 및 홍양(弘揚)하고, 과학 발전과 사회 조화를 위해 새로운 우세를 증가하자
25	2010. 12. 28	새로운 역사 기점에서 우리나라 경제 사회의 좋고 빠른 발전을 추동하는 문제
26	2011. 2. 21	교육 우선 발전과 인력자원 강국 건설
27	2011. 3. 28	의법행정을 추진하여 사회주의 법치 정신을 홍양(弘揚)하고, 법률의 경제 사회 발전 촉진 역할을 충분히 발휘하자
28	2011. 4. 26	인구 업무의 신국면을 개창(開創)하는 임무를 더욱 강화하고, 경제 사회 발전을 위해 더욱 유리한 인구 환경을 창조하자
29	2011. 5. 30	전략적인 신흥산업의 육성 발전 연구
30	2011. 6. 28	당 건설의 역사 경험을 충분히 인식 운영하고, 신 형세 아래 당 선진성 건설을 끊임없이 추진하자
31	2011. 8. 23	우리나라 토지 관리 제도의 개선 문제
32	2012. 2. 20	더욱 적극적인 취업 정책의 실시
33	2012. 5. 28	우리나라 공업 발전의 질적 효율을 높이기 위해 노력하고, 공업 대국(大國)에서 공업 강국(强國)으로 전환하기 위해 노력하자

자료: 「中共中央政治局集體學習」, <百度百科>, www.baike.baidu.com (검색일: 2020. 8. 15).

〈표 3-3〉은 후진타오 집권 2기(2007~2012년)에 정치국 집단학습에서 다루었던 주제를 정리한 것이다. 이를 보면, 5년 동안 정치국이 다양한 주제를 선정하여 학습했음을 알 수 있다. 정치국이 선정한 집단학습의 주제는 공산당이나 중국이 직면한 문제 또는 최고 지도자들이 매우 중요하다고 생각하는 문제인 경우가 많다. 따

라서 이를 살펴보면 특정한 시기에 어떤 주제가 공산당 지도자의 관심사였는지, 또한 공산당이 가장 중시하는 정책이 무엇인지를 가늠할 수가 있다. 이처럼 정치국 집단학습의 주제는 공산당의 정책 의도를 보여주는 '풍향계' 같은 역할을 한다.

(3) 후진타오 시기와 시진핑 시기의 학습 주제 비교

그래서 정치국 집단학습의 주제는 시기별로 차이를 보인다. 공산당이 당면한 과제는 시기별로 다르고, 정치국 집단학습의 주제도 그에 따라 당연히 달라지기 때문이다. 〈그래프 3-1〉은 후진타

〈그래프 3-1〉후진타오 시기와 시진핑 시기의 정치국 집단학습 주제의 변화

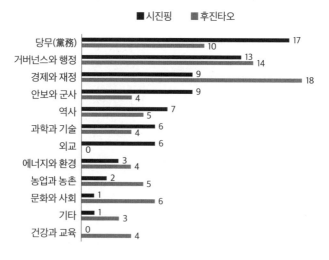

자료: Brian Hart, "The CCP's Shifting Priorities: An Analysis of Politburo Croup Study Sessions", *China Brief*, Vol. 21, No. 13 (July 2021), pp. 15-20.

오 시기와 시진핑 시기에 정치국이 집단학습에서 다루었던 각각 77개와 74개의 주제에 어떤 차이가 있는가를 보여주기 위해 작성한 것이다. 이를 보면, 예상대로 양 시기에 다루었던 주제가 분명히 달랐다는 사실을 확인할 수 있다.

먼저 후진타오 시기에는 경제 및 재정과 관련된 주제가 18회(24.3%)로 가장 많았고, 다음이 거버넌스(治理)와 행정으로 14회(18.2%)였다. 당무(黨務: 공산당 업무)는 10회(13%)로 세 번째로 많이 선정된 주제였다. 이 셋을 합하면 42회로, 전체의 55.5%가 된다. 그 외에도 문화와 사회(6회), 역사(5회), 농업과 농촌(5회), 과학과 기술(4회), 에너지와 환경(4회), 건강과 교육(4회)이 학습 주제로 선정되었다. 반면 외교와 관련된 주제는 단 한 번도 선정된 적이 없고, 안보와 군사도 4회만 선정되었을 뿐이다. 이처럼 후진타오 시기에는 정치국이 주로 경제와 재정, 거버넌스와 행정, 당무 같은 '국내 문제'를 중심으로 집단학습을 진행했다.

반면 시진핑 시기의 집단학습은 이와 상당히 다르다. 먼저 당무에 대한 주제가 가장 많아서 모두 17회(23.0%)나 되었다. 이는 '공산당 전면 영도'의 강화를 주요 방침으로 추진한 시진핑 정부의 상황을 잘 보여주는 결과라고 할 수 있다. 두 번째는 13회(17.6%)인 거버넌스와 행정이고, 세 번째는 각각 9회(12.2%)인 경제와 재정, 안보와 군사다. 이 네 가지 주제를 합하면 모두 48회로, 전체의 64.9%가 된다.

시진핑 시기가 후진타오 시기와 다른 점은 크게 두 가지다. 첫째, 시 시기에는 외교와 관련된 주제를 6회나 학습한 점이다. 만약 외교와 안보(군사)를 하나의 주제로 분류하여 계산하면 모두 15회(안보 9회+외교 6회)나 된다. 반면 후 시기에는 외교가 학습 주제로 선정된 적이 단 한 번도 없었고, 안보(군사)는 4회가 있었다. 이는 시진핑 정부가 외교 안보 문제를 매우 중시했음을 보여준다. 사실 시진핑 정부는 집권 초기부터 '대외교(大外交)' 방침을 제기하고, 대외정책을 국내 정책만큼 중시해왔다. 이런 특징이 집단학습 주제 선정에도 그대로 반영된 것이다.

둘째, 후진타오 시기에 4회나 다루었던 건강과 교육 문제를 시진핑 시기에는 단 한 번도 다루지 않았다. 문화와 사회, 농업과 농촌에 대한 주제도 시 시기에는 각각 1회와 2회로, 후 시기에 각각 6회와 5회인 것과 비교하면 역시 적은 편이다. 이처럼 시 시기의 정치국 집단학습은 공산당과 관련된 주제(17회)와 외교 안보 주제(15회)가 두드러지게 많다는 특징이 있다. 이 중에서 외교와 안보 주제는 '국제 문제'와 관련된 것이다. 후진타오 시기가 주로 '국내 문제'에 집중한 데 비해 시진핑 시기는 국제 문제에 집중하고 있다는 점을 보여준다.

(4) 정치국 집단학습의 준비와 진행

마지막으로, 정치국 집단학습의 준비와 진행 절차를 간략히 살펴보자. 학습 주제와 강사는 공산당 중앙 판공청과 정책연구실이 선정한다. 학습 주제는 정치국원이 제기할 수도 있고, 총서기가 제기할 수도 있다. 아니면 정책연구실이 제기할 수도 있다. 그러나 주제의 최종 결정자는 총서기다. 특히 시진핑 시기에 들어서는 시진핑이 주제 선정을 주도한다고 한다.

정치국 집단학습의 강사는 두 가지 기준에 따라 공산당 중앙 판공청과 정책연구실이 선정한다. 첫째는 강사의 정치적 태도다. 예를 들어, 자유주의 성향이거나 공산당 정책에 비판적인 교수나 연구자는 절대로 강사로 선정될 수 없다. 둘째는 강사의 전문성이다. 즉 해당 주제와 관련하여 전문 지식이 있는 유명한 교수나 연구자가 선정된다. 강사가 대학교 교수인지 아니면 국책연구소 연구원인지는 크게 상관이 없다. 해당 주제의 최고 전문가이면 소속은 상관이 없다는 것이다.

학습 주제와 강사가 선정되면 다음은 강연 원고의 작성이다. 원고는 강사와 해당 주제의 원고 작성을 위해 임시로 구성된 과제조(課題組)가 공동으로 작성한다. 다시 말해, 강사가 독자적으로 원고를 작성하는 것이 아니다. 초고가 작성된 이후에는 과제조가 약 3개월에 걸쳐 세밀히 검토한다. 최종 원고가 작성되면 중앙 판공청과 정책연구실이 다시 검토하여 수정 보완한다. 이 과정을 거치면 원래 작성했던 초고 혹은 강사가 준비했던 초고와는 완전히 다른 새로운 강의 원고가 만들어진다.

정치국 집단학습의 마지막 준비는 예행 연습이다. 여기에는 강사와 함께 과제조 성원, 관련 부서 책임자, 중앙 판공청 간부, 중앙 정책연구실 책임자 등이 참여한다. 이들은 정치국이 집단학습을 진행하는 방식 그대로 예행 연습한다. 강사를 제외한 나머지 사람들이 총서기와 다른 정치국원이 되어서 강사에게 질문한다. 이와 같은 예행 연습은 최소 2회, 보통은 3회 정도 진행한다. 총서기를 포함한 공산당의 최고 지도자 전원이 참석하는 중요한 모임이라서 이렇게 신경을 쓴다.

　　정치국 집단학습은 두 시간(120분) 동안 진행된다. 보통 두 명의 강사가 각자 40분씩 발표한다. 발표는 파워포인트 등 보조기기를 사용하는 생동감 있는 발표가 아니라, 강사가 준비된 원고를 거의 그대로 읽는 수준이다. 강사의 발표에는 정책 제안이나 기타 개인 의견이 들어있지 않다. 발표가 끝나면 정치국원의 토론이 30분 동안 진행된다. 질문도 있지만, 정치국원 개인의 의견 발표가 중심이다. 정치국원이 25명이기 때문에, 만약 모두가 한 번씩 발언한다면 1인당 1분밖에 시간이 없다. 마지막으로 총서기가 총괄 발언을 하면 집단학습이 끝난다.[5]

2. 공산당 위원회(당조) 이론학습 중심조의 학습

'공산당 위원회(당조) 이론학습 중심조 학습'은 줄여서 '당위(당조) 중심조 학습'이라고 부른다. 이는 정치국원이 정례적으로 집단학습을 하듯이, 성급(省級) 당 위원회(당조)를 구성하는 영도간부와 각급의 당정기관이 정례적으로 집단학습을 진행하는 것을 말한다. 이것이 공산당 문건에 처음으로 언급된 것은 1993년 무렵이다.[6] 정치국 법제 강좌가 1994년에 시작되었으니, 정치국 집단학습이 시작될 무렵에 당 위원회(당조) 중심조 학습도 시작되었다고 볼 수 있다. 당시에 총서기였던 장쩌민이 성급 지방과 당정기관에 '중심조'라는 이름으로 영도간부를 조직하도록 지시했다고 한다.

(1) 두 가지 종류의 학습 제도

공산당 위원회(당조) 중심조 학습은 크게 두 가지의 종류로 구분할 수 있다. 첫째는 성급(省級) 당 위원회(당조)의 중심조 학습이다. 이는 성급 단위의 공산당 상무위원회 위원들이 중심조가 되어 집단으로 학습하는 것을 말한다. 명칭은 지역마다 다르다. 저장성위(浙江省委) 전문주제 독서회(專題讀書會), 산둥성위(山東省委) 중심조 독서회(中心組讀書會), 후베이 영도간부 독서회(湖北領導幹部讀書會), 후난 간부학습 촉진회(湖南幹部學習促進會)가 대표적인 사례다. 명칭은 달라도 하는 일은 같다.

둘째는 공산당, 정부, 인대, 정협, 인민단체, 군대 등 당정기관의 각 부서가 진행하는 당 위원회(당조) 중심조 학습이다. 당정기관의 각 부서에는 당 위원회 혹은 당조가 설립되어 '영도 핵심' 역할을 맡고 있다. 바로 당 위원회 혹은 당조를 구성하는 영도간부가 '중심조'를 구성하여 당서기의 지도하에 매년 12일 정도 정례적으로 집단학습을 진행한다. 이처럼 당 위원회(당조) 중심조 학습은 성급 지방과 각급 당정기관에서 당 위원회 혹은 당조가 주체가 되어 진행하는 학습을 가리킨다.[7]

(2) 2017년 〈공산당 당위(당조) 이론학습조 학습 규칙〉

당 위원회(당조) 중심조 학습은 2017년 1월에 제정된 〈공산당 당위(당조) 이론학습조 학습 규칙〉을 통해 법제화되었다. 이에 따르면, 학습 내용은 모두 아홉 가지다. ① 마르크스-레닌주의, 마오쩌둥 사상, 덩샤오핑 이론, 삼개대표 중요 사상, 과학적 발전관, '시진핑 사상', ② 당장(黨章)·당규(黨規)·당기(黨紀)와 당의 기본지식, ③ 당의 노선·방침·정책과 결의, ④ 국가 법률과 법규, ⑤ 사회주의 핵심 가치관, ⑥ 당의 역사, 중국 역사, 세계 역사, 과학적 사회주의 발전사, ⑦ 중국 특색 사회주의 사업의 추진에 필요한 경제·정치·문화·사회·생태·과학기술·군사·외교·민족·종교 등의 지식, ⑧ 개혁과 발전 실천 중의 중점 및 어려운 문제, ⑨ 당 중앙과

상급 당 조직이 요구하는 기타 중요한 학습 내용이 그것이다.[8]

또한 〈당위(당조) 중심조 학습 규칙〉에 따르면, 당 위원회(당조) 중심조의 학습 방식은 크게 세 가지로 구성된다. 첫째는 집단학습이다. 당 위원회(당조) 중심조는 1년에 모두 4회 이상, 분기마다 1회 이상 집단으로 학습해야 한다. 둘째는 개별학습이다. 당 위원회(당조) 중심조 성원은 업무 필요와 개인의 실제 상황을 종합하여 주제를 정해 개별적으로 학습해야 한다. 셋째는 전문주제(專題) 조사 연구(調研)다. 당 위원회(당조) 중심조 성원은 주어진 주제에 맞추어 이론학습을 진행할 뿐만 아니라, 현지 조사나 시찰 등을 통해 관련 주제를 깊이 있게 연구해야 한다. 이를 토대로 중심조 성원은 매년 한두 번의 조사 연구보고서를 제출해야만 한다.[9]

공산당은 당 위원회(당조) 중심조 학습이 형식적으로 운영되지 않도록 만들기 위해 감독 제도를 실행하고 있다. 〈당위(당조) 중심조 학습 규칙〉에 따르면, 당 위원회(당조) 중심조는 연초에 연간 학습계획을 작성하여 상급 당 위원회의 선전부와 조직부에 보고해야 한다. 그러면 상급 당 위원회의 선전부와 조직부는 평가조를 구성하여 하급 당 위원회(당조) 중심조의 실제 학습 내용과 과정을 감독하고 평가한다. 이런 평가 결과는 해당 기관 전체와 개별 영도간부의 인사고과에 반영된다. 또한 당 위원회(당조) 중심조는 연말에 학습 상황에 대한 종합 보고서를 작성하여 상급 당 위원회에 보고해야 한다. 그러면 상급 당 위원회의 선전부와 조직부는 이를 평가하여 지시를 하달한다. 이와 같은 감독 제도를 통해 당 위원회(당조) 중심조 학습 제도는 엄격히 실행되고 있다.

3. 당원 학습의 진화: 〈학습강국〉 앱(app)의 활용

공산당원이 일상적으로 전개하는 정치 학습과 다양한 당의 조직 활동은 제1권의 제2부 '공산당 조직'에서 자세히 살펴보았다. 정치 학습 제도(당과 제도), 조직생활회, 당원 민주평의가 대표적이다. 따라서 여기서 이를 다시 반복할 필요는 없다.

(1) 당원 교육 훈련 계획

사실 공산당은 일반 당원의 학습을 매우 중시한다. 이를 보여주는 사례는 여러 가지가 있다. 그 가운데 하나를 들면, 공산당 중앙은 2009년부터 2019년까지 〈전국 당원 교육 훈련 공작계획〉을 5년 단위로 작성해서 실행하고 있다. '2009–2013년 공작계획', '2014–2018년 공작계획', '2019–2023년 공작계획'이 바로 그것이다.[10] 이처럼 공산당은 당정 영도간부나 일반 간부를 위한 교육 훈련 계획뿐만 아니라, 일반 당원을 위한 학습 계획도 수립하여 실행하고 있다.

이런 5개년 계획에는 당원 교육 내용과 함께 교육 시간도 명확히 규정하고 있다. 예를 들어, 2019년 〈공작계획〉의 규정에 따르면, 일반 당원은 매년 32시간(즉 4일) 이상, 당 기층조직의 당서기와 간부는 56시간(즉 7일) 이상 집중 교육을 받아야 한다. 이때는 당교 교육이나 다른 교육 방식이 사용된다. 당원 교육의 중점은 당연히 당 이론 교육과 당성 교육이다. 또한 공산당은 당원 교육을 당규로 명문화하기 위해 2019년에 〈공산당 당원 교육 관리 공작조례〉를 제정했다. 중앙에서는 '전국 당원 교육관리공작 조정소조(協調小組)'라는 영도소조가 이를 총괄 지도한다.[11]

(2) 〈학습강국(學習强國)〉 앱을 이용한 학습

이외에도 최근 들어 공산당은 정보통신기술을 활용하여 일반 당원을 일상적으로 교육하고 사상을 통제한다.[12] 2019년 1월부터 전 공산당원과 일반 대중에게 '시진핑 사상'을 선전하기 위해 보급한 〈학습강국(學習强國)〉 앱(app)(www.xuexi.cn)이 대표적인 사례다. 공산당 중앙 선전부는 중국의 대표적인 정보통신 기업인 알리바바(阿里巴巴, Alibaba)에 의뢰하여 휴대전화용과 컴퓨터용으로 이 앱을 만들어 보급했다.

〈학습강국〉의 홈페이지를 개설하면서 발표한 공산당의 설명은 〈학습강국〉 앱을 개발하고 관련 사이트를 개설한 이유를 알 수 있다. 이에 따르면, "전 당의 학습을 강화해야 한다는 시진핑의 지시를 관철하기 위해, 새로운 형세에서 이론 무장과 사상교육을 강화하는 혁신을 탐색하기 위해, 시진핑 신시대 중국 특색의 사회주의 사상과 중국 특색의 사회주의 사상에 대한 학습과 선전을 관철하기 위해" 이를 개설했다.[13] 개설 당시 홈페이지는 17개 대(大)항목과 180여 개의 소(小)항목으로 구성되었다. 여기에는 시진핑을 포함한 주요 지도자의 동정, 공산당이 추진하고 있는 각종 정책과 활동 자료, 공산당 역사 자료 등 매우 많은 문헌 자료와 동영상 자료가 들어있다.

공산당은 당원들이 이 앱을 이용하여 당 정책과 '시진핑 사상'을 매일 학습할 것을 권장했고, 실제로 많은 당원이 이를 따르고 있다. 예를 들어, 앱을 개설한 지 3개월이 되는 2019년 3월 무렵에는 이미 1억 명이 이 앱을 내려받았다(참고로 당시 공산당원은 모두 9,000만 명 정도였다). 마오쩌둥 시대에는 '소홍서(小紅書: 작은 붉은 책)'로 불리던 『마오 어록(毛語錄)』이 마오 사상을 선전하는 주요 수단이었다면, 정보화 시대에는 〈학습강국〉 앱이 '시진핑 사상'을 선전하는 주요 수단이 된 것이다.[14]

┃ 4. 정풍운동(整風運動)과 당원 학습 ┃

공산당 간부와 당원에 대한 사상 통제는 '당교 계통'과 일상적인 정치 학습 제도를 통해 이루어진다. 그러나 이것이 전부가 아니다. 공산당의 사상 통제는 정풍운동을 통해서도 이루어진다. 정풍운동은 당정간부의 업무 태도와 사업 풍토를 개선하기 위해 공산당이 전 조직과 당원을 대상으로 학습과 자기비판을 집중적으로 전개하는 일종의 자체 정화 활동이다. 또한 정풍운동은 공산당 주석이나 총서기 등 최고 지도자가 자신의 권력을 공고하게 만들기 위해 전개하는 정치운동이기도 하다.

(1) 정풍운동의 전개 방식: 옌안 정풍의 계승 발전

최초의 정풍운동은 산시성(陝西省) 옌안(延安)에서 1941년부터 1945년까지 약 4년 동안 사상교육 운동의 형태로 전개되었다. 왕밍(王名) 등 '소련 유학파' 지도자에 대한 비판과 마오쩌둥의 권위 확립이 옌안 정풍운동의 주요 목적이었다. 이는 1945년 4월에 개최된 공산당 7차 당대회에서 마오의 권위가 확립되면서 막을 내렸다. 이때 〈당장〉 수정을 통해 마오쩌둥 사상이 공산당의 지도 이념으로 확정되었다.[15] 이로써 마오는 그 누구도 도전할 수 없는 최고 지도자가 되었다.

옌안 정풍운동은 소련과 동유럽 사회주의 국가에는 없는 중국 공산당만의 "위대한 창조"로 평가된다.[16] 그 결과 정풍운동은 공산당 쇄신과 최고 지도자의 권위 확립을 위한 정치운동으로 그 이후에도 계속 활용되었다.[17] 실제로 마오 시대뿐만 아니라 개혁·개방 시대에도 정풍운동은 이름을 바꾸어가면서 반복적으로 전개되었다. 정풍운동이 공산당 영도 체제를 유지하는 데 중요한 역할을 담당한다고 평가할 수 있다.

│ 정풍운동의 절차와 방식

옌안 정풍운동에서 사용된 절차와 방식은 이후 다른 정풍운동에도 그대로 적용된다.[18] 정풍운동은 보통 네 단계로 진행된다. 첫 단계는 정풍운동 문건의 집중 학습이다. 공산당 간부와 일반 당원들은 공산당 중앙의 계획에 따라 마르크스-레닌주의 원전, 마오쩌둥, 덩샤오핑, 장쩌민, 후진타오, 시진핑의 주요 연설문과 저작, 공산당의 정책 문건 등을 집중적으로 학습한다. 대개 정풍운동을 위해 조직된 영도소조는 해당 정풍운동만을 위한 특별 학습 자료집을 발간하여 전국에 배포한다.

둘째 단계는 개별 당원들의 당성(黨性) 검토와 그 결과를 정리한 '자기 검토서(檢討書)'—일종의 자기비판 문서—의 작성이다. 공산당 중앙은 자기 검토서를 작성하는 방식과 거기에 반드시 들어가야 하는 필수 요소를 정리한 '지침서'를 하달한다. 그러면 모든 당원은 이에 맞추어 자기 검토서를 작성해서 소속 당 지부에 서면으로 제출해야 한다. 이때 당원은 개인의 사상과 활동을 해당 지역 및 단위의 업무와 관련하여 체계적으로 조사하고 비판적으로 검토해야 한다. 그리고 이를 '자기 검토서'에 자세히 정리해야 한다.

셋째 단계는 공산당원 상호 간의 비판과 자기비판이다. 공산당이 주기적으로 전개하는 정풍운동 기간에는 영도간부가 참여하는 '민주생활회(民主生活會)'와 평당원이 참여하는 '조직생활회(組織生活會)'가 개최된다. 이런 생활회가 개최되면 당 간부와 평당원은 자기 검토서의 내용을 중심으로 먼저 자기비판을 진행한다. 이후 당원 간에 상호 비판이 뒤따른다. 비판과 자기비판을 할 때는 잘못된 사상과 행위의 구체적인 내용을 지적하고, 그것이 발생한 원인과 해결책도 함께 제시해야 한다. 또한 이때에는 동급 당 조직의 간부나 상급 당 조직의 간부가 회의에 참석하여 비판과 자기비판 활동을 감독한다.

넷째 단계는 전 당원의 인식 제고와 경험 총괄이다. 이는 정풍운동의 정리 단계다. 이 단계에서 개별 당원은 공산당 중앙의 지침에 따라 사상과 인식을 통일하고, 이를 토대로 당성, 즉 공산당 중앙에 대한 충성과 당 이념에 대한 헌신을 강화하여 업무에 더욱 매진할 수 있도록 결의를 다진다. 또한 비판과 자기비판 과정에서 제기된 문제를 어떻게 해결할지에 대한 계획서를 작성하고, 그것을 토대로 문제 해결을 위한 구체적인 실천에 들어간다.

참고로 정풍운동 기간에 당원들이 제출한 자기 검토서는 각자의 인사 기록부인 당안(檔案)에 기록된다. 영도간부의 자기 검토서, 민주생활회에서의 비판과 자기비판 내용은 종합하여 상급 당 조직에 보고되고, 역시 이들의 당안에 기록된다. 이런 식으로 층층이 관련 자료가 상부로 보고된다. 이를 통해 공산당 중앙은 전국에서 진행된 정풍운동의 내용과 결과를 자세히 파악할 수 있다. 또한 이런 자료를 통해 공산당 중앙은 성부급(省部級: 장·차관급) 간부의 상황과 문제점을 파악할 수 있고, 이는 이후 인사 통제 자료로 활용된다.[19]

(2) 개혁·개방 시대의 정풍운동

〈표 3-4〉는 개혁·개방 시대에 공산당이 전개한 주요 정풍운동을 정리한 것이다. 이에 따르면, 정풍운동은 쉬지 않고 계속 이어져 왔다. 구체적인 횟수를 보면, 장쩌민 시기(1992~2002년)에는 두 번, 후진타오 시기(2002~2012년)에는 네 번, 시진핑 시기(2012년~현재)에는 다섯 번의 정풍운동이 있었다. 또한 정풍운동은 대개 부패 척결 운동(反腐敗運動)과 함께 진행되면서 일반 간부뿐만 아니라 고위 간부도 부정부패로 처벌되었다. 이는 시진핑 시기에 들어 더욱 두드러지게 나타났다. 즉 시진핑 시기에는 정풍운동과 부패 척결 운동이 동시에 추진되면서 많은 당정간부가 처벌되었다.[20]

또한 장쩌민, 후진타오, 시진핑 총서기는 모두 자신의 이론적 권위를 강화하기 위해서도 정풍운동을 전개했다. 즉 이들은 자신의 통치 이념을 공산당 지도 이념으로 확정한 뒤에, 다시 말해 〈당장〉 수정을 통해 자신의 통치 이념을 기재한 뒤에, 혹은 그렇게 하기 위한 준비를 진행하는 과정에서, 이를 전 당원이 수용하도록

<표 3-4> 개혁기 주요 정풍운동(整風運動)의 전개

시기	주제(제목)	연도	특징
덩샤오핑 (1978~1992년)	정신오염 제거 운동 정당운동(整黨運動) 자산계급 자유화 반대 운동	1983 1983~1986 1986	'좌파'의 개혁파 공격 문화대혁명 세력 척결 '좌파'의 개혁파 공격
장쩌민 (1992~2002년)	'삼강(三講)' 교육 운동 삼개대표 학습 교육 활동	1999~2000 2001~2002	장쩌민 권위 수립 장쩌민 이론 권위 수립
후진타오 (2002~2012년)	삼개대표 학습 활동 공산당원 선진성 유지 교육 활동 과학적 발전관 학습 실천 활동 학습형 정당 건설 조직 활동	2003~2004 2005~2006 2008~2009 2010~2012	장쩌민 이론 권위 수립 후진타오 권위 수립 목적 후진타오 이론 권위 수립 일상 활동
시진핑 (2012년~현재)	군중 노선 교육 실천 활동 '삼엄삼실(三嚴三實)' 운동 '양학일주(兩學一做)' 운동 초심 사명 주제 교육 활동 군중을 위한 일(實事) 실천 활동/ 당사(黨史) 학습 교육 운동	2013~2014 2015 2016~2017 2019 2021	시진핑 권위 수립 일상 활동 일상 활동 시진핑 이론 권위 수립 공산당 100년 기념 활동

주: '삼강' 교육 운동의 정식 명칭은 '삼강(三講)'을 주요 내용으로 하는 당성과 당풍 교육'이다. '삼강'은 '학습(學習)·정치(政治)·바른 태도(正氣)의 강조'를 뜻한다; '삼엄삼실(三嚴三實)' 운동의 '삼엄(세 가지 엄격함)'은 '수신·권력 사용·자기 규제의 엄격함', '삼실(세 가지 견실함)'은 '일 도모·사업·사람됨의 견실함'을 말한다; '양학일주(兩學一做)' 운동에서 '양학(두 가지 학습)'은 '당헌(黨章)·당규와 시진핑 연설 학습', '일주(하나 되기)'는 '자격이 충분한 당원 되기'를 말한다; '초심 사명' 주제 교육 활동의 정식 명칭은 '초심을 잊지 말고 사명을 기억하자 주제 교육'이다. '초심'은 '중국 인민의 행복 도모', '사명'은 '중화민족의 중흥 도모'를 뜻한다; '군중을 위한 일' 실천 운동의 정식 명칭은 '군중을 위해 실제적인 일(實事) 실천 활동'이다. 공산당 당원이 일반 국민을 위해 좋은 일을 하는 실천 운동이다. 이때는 '당사(黨史) 학습 교육 운동'도 함께 전개되었다.

자료: 조영남, 『파벌과 투쟁: 덩샤오핑 시대의 중국2(1983-1987년)』(서울: 민음사, 2016), pp. 78-85, 102-110, 144-154; 조영남, 『중국의 엘리트 정치: 마오쩌둥에서 시진핑까지』(서울: 민음사, 2019), pp. 549-613; 조영남, 「2019년 중국 정치의 현황과 전망」, 국립외교원 중국연구센터 편, 『2019중국정세보고』(서울: 역사공간, 2020), pp. 27-33.

정풍운동을 전개한 것이다. 장쩌민 시기의 삼개대표 교육 학습 활동(2001~2002년), 후진타오 시기의 과학적 발전관 학습 실천 활동(2008~2009년), 시진핑 시기의 초심 사명 주제 교육 활동(2019년)이 대표적이다. 이는 정풍운동이 갖는 사상 통제의 특징을 분명히 보여준다고 할 수 있다.

5. 후진타오 시기의 '선진성 교육 활동' 사례

2005년부터 2006년까지 1년 6개월 동안 진행된 '삼개대표 중요 사상을 주요 내용으로 하는 공산당원 선진성(先進性) 유지 교육 활동', 약칭으로 '선진성 교육 활동'은 후진타오가 자신의 권위를 강화하기 위해 실시한 대표적인 정풍운동이다. 이 정풍운동 전에도 2003년 6월부터 1년 반 동안 '삼개대표 중요 사상 학습 활동'이 전국적으로 전개되었다.[21] 이후에도 2008년부터 2009년까지는 '과학적 발전관 학습 실천 활동', 2010년부터 2012년까지는 '학습형 정당 건설 조직 활동'이 전개되었다.

이 중에서 '선진성 교육 활동'을 사례로 정풍운동 기간에 어떤 방식으로 당원에 대한 사상 통제가 이루어지는지를 살펴보도록 하자.

(1) 배경과 방식: '충격적인 당성(黨性) 약화' 현상

'선진성 교육 활동'은 2002년 공산당 16차 당대회에서 결정되었다. 주된 이유는 공산당 간부의 사상과 태도에 심각한 문제가 있다는 사실이 드러났기 때문이다. 2000년 상반기에 공산당 중앙 조직부는 전국적으로 30만 명의 당원을 대상으로 설문 조사를 실시했다. 조사 결과는 '충격적'이었다. 평당원뿐만 아니라 영도간부도 당 기율을 위반하고 사익을 추구하는 행위가 보편적으로 나타났고, 사회주의 이념에 대한 확신이나 당원으로서의 사명감이 매우 낮았다.[22] 이 문제를 해결하지 못하면 공산당의 집권에 큰 문제가 발생할 수 있다는 위기의식이 공산당 지도부 내에 팽배했다.

이 문제를 해결하기 위해 2003년에 일부 지역과 당정기관을 대상으로 정풍운동이 시험적으로 실시되었다. 이런 경험을 토대로 세부 계획을 작성하여 2004년 10월에 공산당 중앙은 〈선진성 교육 활동의 실행 통지〉를 하달했다. 또한 정풍운동을 지도하기 위해 공산당 중앙에는 '공산당원 선진성 유지 교육 활동 영도소조', 각 당정기관과 당 지방위원회에는 이와 유사한 영도소조가 설립되었다.

(2) '선진성 교육 활동'의 전개

〈선진성 교육 활동의 실행 통지〉에 따라 정풍운동은 2005년 1월부터 2006년 6월까지 1년 6개월 동안 3단계로 나뉘어 전개되었다. 1단계는 2005년 1월부터 6월까지로, 중앙과 지방의 현급(縣級: 한국의 시·군·구 단위) 이상의 당정기관과 공공기관을 대상으로 전개되었다. 2단계는 2005년 7월부터 12월까지로, 도시의 가도(街道)를 대상으로 전개되었다. 3단계는 2006년 1월부터 6월까지로, 농촌의 향(鄕)과 진(鎭)을 대상으로 전개되었다.

'선진성 교육 활동'의 전개 방식은 앞에서 말한 옌안 정풍운동 방식과 같았다. 먼저, 공산당원의 집중 학습이 진행되었다. 정치 학습은 당교를 활용하는 방식이나 각급 당 조직이 자체적으로 학습 모임을 개최하는 방식으로 진행되었다. 학습 기간은 3개월이었다. 다음으로, 공산당원은 학습한 내용에 기초하여 자신의 사상과 활동에 대한 '자기 검토서'를 작성했다. 이를 토대로 영도간부는 민주생활회, 일반 당원은 조직생활회를 개최하여 비판과 자기비판을 전개했다. 마지막으로, 문제 개선 활동이 전개되었다. 당원 개인과 조직은 제기된 문제의 해결 방안을 제출하고, 그것을 집행한 후에 개선 결과를 상급 당 조직에 보고했다.[23]

'선진성 교육 활동'의 전체 상황을 보면, 전국적으로 모두 7,080만 명의 공산당원과 350만 개의 당 기층조직이 참여했다. 정풍운동 과정에서 13만 개의 새로운 당 기층조직이 설립되었고, 그동안 활동이 중지되었거나 미진했던 15만 6,000개의 당 기층조직이 재건되었다. 또한 이 기간에 약 300만 명의 각종 당 조직의 책임자에 대한 집중 교육이 진행되었다. 마지막으로 이번 정풍운동에서는 모두 4만 4,738명의 당원이 제명되었다.[24] 종합하면, '선진성 교육 활동'을 통해 당 중앙의 권위가 높아지고, 기강 해이 등 당 간부와 조직의 문제점이 일부 해결되었다. 또한 그 과정에서 후진타오의 정치적 권위가 높아졌다.

(3) '자기 검토서' 작성과 자기비판

그렇다면 선진성 교육 활동 기간에 일반 당원은 구체적으로 어떤 활동을 어떻게 전개했을까? 다시 말해, 정풍운동 기간에 공산

당원의 사상 통제는 어떻게 이루어질까? 이를 자세히 분석한 연구를 살펴보면 이렇다.[25]

| 학습과 '자기 검토서' 작성

먼저 공산당원들은 마오쩌둥, 덩샤오핑, 장쩌민, 후진타오의 저작을 40시간 이상 집중적으로 학습했다. 다음으로 당원들은 학습한 내용을 기반으로 '자기 검토서'를 작성했다. 이때 공산당 중앙은 당원의 자기 검토서 작성에 지침이 되는 두 개의 '공식 표현법(提法)'을 하달했다. 첫째는 '2개의 필수(兩個務必: 두 개의 반드시)'다. 즉 ① 간부는 반드시 겸손하고 신중하며 오만함과 무례함이 없어야 한다(첫 번째 반드시). 또한 ② 간부는 반드시 열심히 분투하는 자세를 견지해야 한다(두 번째 반드시).

둘째는 '8개의 견지(八個堅持)/8개의 반대(八個反對)'다. 구체적인 내용은 이렇다. ① 사상해방(解放思想)과 실사구시(實事求是)를 견지하고, 옛 방식과 퇴행 고수 및 진취적이지 못한 사고를 반대한다. ② 이론과 실제의 연계를 견지하고, 모방 답습(照搬照抄)과 교조주의(本本主義)를 반대한다. ③ 군중과의 밀접한 연계를 견지하고, 형식주의(形式主義)와 관료주의(官僚主義)를 반대한다. ④ 민주집중제(民主集中制)를 견지하고, 독단 전횡(獨斷專行)과 유약 해이(軟弱渙散)를 반대한다. ⑤ 당 기율을 견지하고, 자유주의(自由主義)를 반대한다. ⑥ 간고분투(艱苦奮鬥)를 견지하고, 향락주의(享樂主義)를 반대한다. ⑦ 청정과 청렴(清正廉潔)을 견지하고, 권력의 사익 추구(以權謀私)를 반대한다. ⑧ 능력주의 인선(任人唯賢)을 견지하고, 올바르지 못한 인사 풍토(用人上的不正之風)를 반대한다.[26]

당원들은 이와 같은 '2개의 필수'와 '8개의 견지/8개의 반대'라는 원칙('공식 표현법')에 근거하여 2,000자(字) 이상의 분량으로 자기 검토서를 작성했다. 방식은 '2개의 필수'와 '8개의 견지/8개의 반대'라는 원칙에 비추어서, 다시 말해 이 원칙을 잣대로 자신의 행동과 사상이 얼마나 올바르고 타당했는지를 자세히 분석 평가하는 것이다. 이때에는 동료 등 주변의 의견을 청취하고, 그 내용을 자기 검토서에 반영해야 한다. 이처럼 자기 검토서는 생각나는 대로 그냥 아무것이나 쓰는 것이 아니라, 주변의 인식과 평가 등을 반영한 객관적 자료에 근거하여 쓰는 것이다.

동시에 자기 검토서에는 몇 가지 필수 요소가 포함되어야 한다. 이는 공산당 중앙이 전 당원에게 하달한 자기 검토서 작성 지침에 나와 있다. 첫째, 공산당 16차 당대회(2002년) 이후 자신의 사상, 업무, 생활 태도에 대한 검토다. 둘째, 자기 검토를 통해 파악한 주요 문제와 단점에 대한 자세한 정리다. 셋째, 이런 주요 문제와 단점을 초래한 사상적 이념적 원인에 대한 구체적인 분석이다. 넷째, 이런 자신의 문제점과 단점을 개선하여 향후 더욱 발전된 선진 당원이 될 수 있도록 만들 구체적인 실천 사항이다. 다섯째, 당원으로서 앞으로 견지할 자세(태도)에 대한 결의 표명이다.

| 모범 예시문의 제시

공산당 중앙은 이런 '자기 검토서' 작성 지침과 함께 친절하게도 공식적인 '모범 예시문'도 함께 제시했다. 당연히 비공식 모범 예시문도 인터넷 등에서 다량으로 유통된다. 일부 당원은 대필한 자기 검토서를 돈을 주고 사서 제출하기도 한다.[27] 물론 발각될 경우는 무거운 징계를 받는다. 당시 제시된 몇 가지 모범 예시문의 도입부는 대략 이렇다.

"나는 마르크스-레닌주의, 마오쩌둥 사상, 덩샤오핑 이론, 삼개대표 중요 사상에 근거하여 자기 검토서를 작성했다. [중략]"

"나는 지정된 다양한 자료와 〈당장〉 및 당규를 충실히 학습했다. [중략]"

"이번에 요구하는 2개의 필수와 8개의 견지/8개의 반대 원칙에 따라 나의 사상·업무·생활을 세밀하고 체계적으로 검토했다. [중략]"[28]

이어서 모범 예시문의 본문 사례는 이렇다.

"나는 정치 학습에 대해 잘못된 태도와 자세를 갖고 있었다. 그래서 정치 학습을 충실히 수행하지 못한 문제가 있었다. [중략]"

"나는 과학적 발전관을 수립하여 생활과 가치에 적용하는 데 충분히 주의를 기울이지 못했다. 과학적 발전관이 갖는 중요성과 긴박성을 제대로 이해하지 못한 결과였다. [중략]"

"나는 내 정치 이념을 강화하고 입당 시에 다짐했던 맹세를 항상 잊지 않도록 노력해야 한다. 이를 위해서는 다음과 같은 몇 가지 구체적인 조치를 실행할 것이다. [중략]"

"나는 당원으로서 당이 인민을 위해 복무하는 데 조금이라고 도움을 줄 수 있도록 최선을 다하겠다. [중략]"[29]

그런데 공산당 중앙이 당원들에게 자기 검토서를 작성할 때 '2개의 필수'와 '8개의 견지/8개의 반대' 같은 공식 표현법을 사용하도록 요구한 데는 그만한 이유가 있다. 이렇게 하면 당원이 공식 표현법을 완벽하게 학습하고, 이를 생각과 활동에서 구현할 수 있기 때문이다. 첫째, 이를 통해 공산당 중앙과 당원의 일치를 유도할 수 있다. 둘째, 이는 중국 전통의 학습법이다. 당원이 정확한 용어와 메시지를 반복적으로 암기함으로써 정확한 사상을 형성할 수 있다. 셋째, 마르크스-레닌주의는 '과학'인데, 이런 과학적 방법론을 학습하여 활용해야 한다.[30]

이와 같은 언어 공학(linguistic engineering)은 실제로 정확한 메시지를 전달하는 데 아주 효과적이고, 그래서 정풍운동에서는 필수적으로 사용된다. 무엇보다 기억이 쉽다. 당원들은 시간이 지나도 이를 잊지 않음으로써 정풍운동의 내용을 정확히 기억할 수 있다. 또한 중앙에서 기층까지 전 당원이 같은 용어를 사용하여 표현함으로써 같은 사고를 형성하고, 이를 통해 같은 정체성을 형성할 수 있다. 반대로 말하면, 이와 같은 방식을 사용하여 당원의 독자적인 사고 형성을 방지한다.[31] 이로써 공산당은 정풍운동을 통해 당 간부와 당원의 사상을 통제하겠다는 목표를 달성할 수 있다.

◆◆◆◆
선전과 국민 교육 운동

앞 장에서 우리는 당정간부와 공산당원을 대상으로 전개하는 공산당 내부의 사상 통제에 대해 자세히 살펴보았다. 그런데 당내 사상 통제는 매우 중요하기는 해도 그것이 사상 통제의 전부는 아니다. 이것만으로는 공산당 영도 체제를 안정적으로 유지할 수 없기 때문이다. 결국 일반 국민을 대상으로 전개하는 사상 통제가 필요하다는 뜻이다. 그것이 바로 공산당의 '선전 사상공작'이다.

선전(宣傳, propaganda)은 "사람의 사고와 감정, 궁극적으로는 행위에 영향에 미칠 목적으로 사회 정치적 가치를 전달하는 활동"을 말한다.[1] 혹은 선전은 "중요한 상징의 조작을 통해 사회 전체의 태도를 관리하고, 여론을 통제하는 활동"을 가리킨다. 그래서 선전은 대중적이고 기술적인 방법과 밀접히 연결되어 있다. 이런 특징의 선전은 교육과는 분명히 다르다. 마지막으로 선전은 현대사회를 통제하는 가장 효과적인 방법 가운데 하나다.[2] 특히 중국과 같은 권위주의 국가에서는 선전이 공산당 영도 체제를 유지하는 데 매우 중요한 역할을 담당한다.

그래서 선전은 일반적으로 부정적인 의미로 사용된다. '정치선전'이나 '흑색선전'과 같은 말이 대표적이다. 그런데 중국에서는 그렇지 않다. 즉 선전이 설득(persuasion)과 비슷한 긍정적인 의미로 사용된다. 특히 신문과 잡지의 선전은 독자를 특정한 방향으로 선도할 목적으로 수행하는, 종종 중요한 사실을 생략한 주관적 견해에 입각한 설득 작업을 가리킨다.[3] 이는 공산당이 사회주의 혁명과 국가 건설 과정에서 선전을 중요한 통치 수단으로 사용했고, 중국인들이 이를 거부감 없이 수용하면서 자연스럽게 형성된 태도로 보인다.

이 장에서는 두 가지를 살펴볼 것이다. 첫째는 공산당의 선전 원칙과 '선전 계통(宣傳系統, propaganda system)'이다. 선전 계통은 우리가 앞에서 살펴본 '조직 계통'보다 범위가 더 넓고 구성 요소도 더욱 복잡하다. 국민의 생각을 주조하고 감정과 정서를 통제하는 일은 그만큼 어렵고 힘들기 때문이다. 여기서는 이런 선전 계통을 구성하는 주요 기관과 조직을 살펴볼 것이다.

둘째는 공산당이 일반 국민을 대상으로 전개하는 국민 교육 운동이다. 국민을 대상으로 전개하는 공산당의 선전은 언론을 통한 홍보나 정보 통제가 전부가 아니다. 대신 공산당은 신문과 방송, 인터넷과 소셜미디어 같은 대중매체를 활용해서 일반 국민에게 직접 공산당의 지배 이데올로기를 주입하는 선전 활동도 활발히 전개한다. 다양한 내용과 형식으로 전개된 국민 교육 운동이 이를 잘 보여준다.

1. 선전 원칙:
'당관매체(黨管媒體)' 원칙

공산당만이 간부를 관리한다는 '당관간부(黨管幹部)' 원칙은 공산당이 권력을 독점하기 위해서는 없어서는 안 되는 필수 원칙이다. 이것과 한 쌍을 이루는 원칙이 바로 '공산당의 이데올로기 관리(黨管意識形態)' 원칙이다. 이는 공산당만이 국민의 이데올로기를 관리하고, 이에 도전하는 어떤 정치 세력이나 사회조직도 용납하지 않는다는 원칙이다.[4] 이것은 다시 공산당만이 언론매체를 관리한다는 '당관매체(黨管媒體: 공산당의 매체 관리)' 원칙으로 이어진다.[5] 이 원칙은 선전이 공산당의 정권 유지를 위한 '생명선(生命線)'으로 매우 중요한 역할을 담당한다는 사실을 보여준다.[6]

(1) 선전 원칙과 방침

먼저 공산당의 선전 원칙과 방침에 대해 살펴보자. 이는 신문이

나 방송 같은 전통 매체뿐만 아니라, 인터넷과 소셜미디어(SNS) 같
은 '신(新)매체'에도 그대로 적용된다.

| 선전의 중요성 증가

공산당은 선전을 매우 중시한다. 개혁·개방 시대에 들어서는 더
욱 그렇다. 이를 보여주는 대표적인 사례가 바로 공산당 선전부의
정치적 지위 상승이다. 한마디로 말해, 1992년 공산당 14차 당대회
이후, 공산당 내에서 선전부의 지위는 그동안 당의 '핵심 부서(要害
部門)'로서 막강한 권한을 행사하던 조직부와 최소한 같아지거나,
그보다 높아지기 시작했다.[7]

공산당 조직부는 우리가 앞 장에서 살펴보았듯이, 당정기관, 국
유기업, 공공기관(사업단위), 인민단체 등의 조직과 인사 업무를 전
담하는 '핵심 부서'로서, 원래부터 당내 지위가 매우 높았다. 그런
데 1989년 톈안먼 민주화 운동과 1991년 소련의 붕괴 이후, 공산당
은 '이데올로기의 위기'에 직면했다. 이를 극복하기 위해서는 공산
당원과 일반 국민에 대한 선전과 이념 교육을 강화해야만 했다. 당
선전부의 지위와 역할이 중시된 것은 이 때문이다.

이를 잘 보여주는 사례가 바로 '조직 계통'과 '선전 계통'의 영도
소조를 이끄는 조장의 지위가 달라졌다는 점이다. 2021년을 기준
으로 공산당 중앙에는 36개 이상의 각종 영도소조가 있다. 조직
계통의 영도소조 중에서는 '중앙 당 건설공작 영도소조'가 대표적

이고, 선전 계통의 영도소조 중에서는 '중앙 선전 사상공작 영도소조'가 대표적이다. 그런데 현재(2022년 2월 기준) 전자의 조장은 공산당 정치국원이면서 중앙 조직부 부장인 천시(陳希)가 맡는 데 비해 후자의 조장은 정치국 상무위원이면서 서기처 상무서기인 왕후닝(王滬寧)이 맡고 있다. 이처럼 두 영도소조는 모두 정치국원 이상의 지도자가 조장을 맡는 '반자급(班子級)' 영도소조라는 점에서는 같지만, 실제 정치적 지위 면에서는 후자가 전자보다 한 등급 높다는 차이가 있다.

선전의 중요성에 대해서는 시진핑 총서기도 여러 차례 강조했다. 2013년 8월에 있었던 전국 선전 사상공작회의에서의 주장은 그 가운데 하나다.

"경제건설은 당의 중심 공작이다. 이데올로기 공작은 당의 극단적으로 중요한(極端重要) 공작이다. [이데올로기 공작의 중요성 명제]
선전 사상공작은 이데올로기 영역에서 마르크스주의를 지도적 지위에 공고히 놓고, 전 당과 전국 인민이 단결 분투하는 공동의 사상기초를 공고히 다지는 일이다." [선전 사상공작의 '두 개의 공고화' 임무 명제][8]

| 선전의 기본원칙: '당성(黨性) 원칙'의 견지

시진핑은 이런 두 가지 명제와 함께 선전에 대한 공산당의 기본

원칙, 즉 '당성(黨性) 원칙'의 견지를 강조했다.

"당성 견지의 핵심은 정확한 정치 방향을 견지하고, 정확한 정치 입
장에 확고히 서는 것이다. [또한] 당의 이론과 노선·방침·정책을 굳건
히 선전하고, 중앙의 중요한 공작 배치를 굳건히 선전하며, 중앙의 형
세에 대한 중요한 분석과 판단을 굳건히 선전하는 것이다. [마지막으
로] 당 중앙과 고도의 일치를 굳건히 유지하고, 중앙의 권위를 굳건
히 수호하는 것이다."9

이처럼 '당성 원칙'의 견지는 모든 언론매체가 공산당의 입장에
서서 공산당의 이론과 정책을 선전하고, 공산당의 중요한 사업과
판단을 선전하는 일을 말한다. 이를 위해서는 언론매체가 사상과
행동 면에서 공산당 중앙과 고도의 일치를 유지해야 한다. 다시 말
해, 공산당 중앙의 권위를 무조건 인정하고, 공산당 중앙의 지시에
무조건 복종해야 한다. 이것은 앞 장들에서 살펴본 공산당의 인사
통제와 조직 통제의 원칙과 같다.

| 세 가지 기본 방침
이어서 시진핑은 선전의 기본 방침으로 세 가지를 제시한다. 첫
째는 '정확한 여론 선도(正確輿論導向)'다. 둘째는 '단결 안정 고무(團
結穩定鼓勁)'다. 셋째는 '정면 선전 위주(正面宣傳為主)'다. 이를 통해

언론매체는 "주류 사상과 여론을 튼튼히 육성하고, 주선율(主旋律)을 드날리며(弘揚), 긍정적 에너지(正能量)를 전파하여, 전 사회가 단결 분투하는 강대한 힘을 불러일으켜야 한다."[10] 그러나 이는 새로운 내용이 아니며, 공산당이 과거부터 현재까지 강조한 방침을 반복한 것일 뿐이다.

첫째, '정확한 여론 선도'는 언론매체의 역할, 특히 뉴스(新聞) 보도에 대한 공산당의 관점을 강조한 것이다. 이에 따르면, 뉴스 보도는 공산당과 정부의 정책, 정책을 실행하는 각 기관과 지방의 창조적 경험과 실천, 그 과정에서 등장한 다양한 모범 인물과 기관의 업적을 널리 알리는 일이다. 또한 뉴스 보도는 속보(breaking news)를 국민에게 전달하는 일이 아니라, 시대의 추세·경향·성과를 선전하는 일이다. 마지막으로 뉴스 보도는 공산당 이데올로기와 가치 지향을 국민에게 홍보하는 일이다.[11] 이런 보도 방침의 목적은 단한 가지다. 국민이 공산당 영도 체제를 수용하도록 생각을 주조하고 감정을 통제하는 것이다. 이것이 '공산당의 입'으로서 언론이 담당해야 하는 역할이다.

둘째, '단결 안정 고무'는 언론매체가 '사회적 공기(公器)'로서 수행해야 하는 비판과 감독 역할을 완전히 부정하는 방침이다. 이에 따르면, 언론매체는 오로지 인민이 단결하고, 사회가 안정되며, 전 인민과 민족이 떨쳐 일어날 수 있도록 고무하는 내용을 중심으로 선전해야 한다. 그것에 도움이 되지 않는 내용은 절대로 보도할 수 없고, 그것에 도움이 되지 않는 보도 방식은 절대로 사용할 수 없다. 이 방침도 역시 언론매체가 공산당의 통치를 공고히 하는 역할만을 담당해야 한다는 주장이다.

셋째, '정면 선전 위주'는, 언론매체가 어떤 사건을 보도할 때 긍정적이고 적극적인 내용을 중심으로 보도하고, 부정적이고 소극적인 내용은 보도하지 말라는 방침이다. '기쁜 소식은 보도하고, 나쁜 소식은 보도하지 않는다(報喜不報憂)'라는 언론 방침과 같은 의미다. "만약 열 개의 일이 있는데 아홉 개의 일이 나쁜 것이면, 그리고 그것을 모두 보도하면, (공산당과 국가는) 반드시 망한다." 이는 마오쩌둥이 한 말이다.[12] 따라서 언론매체는 아홉 개의 나쁜 일이 아니라 한 개의 좋은 일을 중점적으로 보도해야 한다. 이런 방침에 따라 대약진운동(1958~1960년)의 비참한 실상을 언론이 보도하거나 학자들이 연구하는 일은 금지되었다. 이는 지금도 마찬가지다.

이처럼 시진핑이 강조한 '당성 원칙'의 견지라는 선전 원칙, ① '정확한 여론 선도', ② '단결 안정 고무', ③ '정면 선전 위주'라는 세 가지 선전 방침은 공산당이 선전공작에서 반드시 준수해야 하는 기본 지침 역할을 하고 있다.

(2) 새로운 선전 기법 도입

선전 원칙과 방침은 마오쩌둥 시대나 개혁·개방 시대나 크게 바뀐 것이 없다. 그렇다고 선전 기법 혹은 방식이 바뀌지 않은 것은 아니다. 마오 시대에는 이데올로기 선전이 격렬한 사상투쟁 및 간부 숙청과 함께 진행되었다. 예를 들어, 공산당은 지식인의 자유주의적인 성향을 노동자계급의 건강한 사회주의적 정신으로 개조한다는 명목하에 혹독한 육체노동을 강요했다. 당정간부에게도 마찬가지였다. '5·7 간부학교(幹部學校)'가 대표적인 사례다. 이는 모두 노동을 통해 사람의 생각을 개조할 수 있다는 전제에서 출발한 무모한 시도였다.

또한 공산당은 간부나 당원뿐만 아니라 일반 국민도 철저한 '공산주의형 인간'으로 개조하기 위해 강도 높은 정치 학습과 폭력을 동반한 대중 집회에 동원했다. 문화대혁명 시기(1966~1976년)에 진행된 학생과 노동자의 폭력적인 당정간부 비판 운동과 전통 문화유산 파괴 활동이 대표적인 사례다.[13] 그러나 개혁·개방 시대에는 선전이 이런 방식으로 전개되지는 않는다.

물론 개혁·개방 시대에도 마오쩌둥 시대의 선전 방식이 활용되기는 한다. 예를 들어, 영화와 드라마 등 대중문화와 오락을 정치 선전의 주요 수단으로 활용하는 것이 대표적인 사례다.[14] 소위 '이데오테인먼트(ideotainment)' 기법이다. 이 말은 이데올로기(ideology)와 엔터테인먼트(entertainment)의 합성어로, 국가의 공식 이데올로기를 영화나 드라마 같은 오락물을 통해 전달하는 선전 방식을 가리킨다.[15] 또한 마오 시대의 대표적인 혁명 모범인 레이펑(雷鋒)을 소환하여 '레이펑 따라 배우기 운동'을 반복적으로 전개하는 것은 또 다른 사례다.

| 서구식 미디어 기법과 설문 조사

새로운 선전 기법으로는 서구식 미디어 기술과 방법의 도입을
들 수 있다. 예를 들어, 공산당 총서기 등 정치 지도자의 이미지를
좋게 만들기 위해 다양한 기법이 도입되었다. 패션과 분장에 주의
를 기울일 뿐만 아니라, 친근한 이미지를 만들기 위해 만화와 동
요, 소셜미디어용 동영상도 자주 활용된다. 2006년에 후진타오가
'8개의 영광/8개의 치욕(八榮八恥)'이라는 사회주의 핵심 가치관을
주장했을 때, 이를 동요로 만들어 전파한 것이 대표적인 사례다.

또한 전에는 사용되지 않았던 설문 조사 방법이 도입되었다. 공
산당과 정부의 주요 부서가 1993년에 이를 본격적으로 사용하기
시작한 것이다. 특히 2004년에는 공산당 중앙 선전부 내에 여론국
(與論局)을 설치했다. 공산당과 국가의 정책에 대해 국민이 어떻게
생각하는지 등 여론의 동향을 체계적이고 객관적으로 파악하기
위한 시도라고 할 수 있다. 중앙과 지방의 당정기관에는 언론 대변
인 제도가 도입되면서 정보와 뉴스를 능동적으로 제공하려는 움
직임도 나타났다.[16]

| 텔레비전(TV) 공익광고

이 중에서 특히 눈에 띄는 새로운 기법은 텔레비전(TV) 공익광

고의 활용이다. 중국에서 TV 공익광고는 1986년에 구이저우성(貴州省) 구이양시(貴陽市)에서 수돗물 절약 광고가 처음이었다. 이것이 효과가 있다고 판단되자 처음에는 구이저우성 전체로, 이후에는 전국으로 확대되었다. 최근에는 공익광고가 상업광고만큼이나 흔해서, 중국에서 TV를 켜면 흔히 볼 수 있는 보편적인 현상이 되었다.

또한 정부는 공익광고를 장려하기 위해 매년 최우수 공익광고상을 수여한다. 1999년부터 2008년까지 10년 동안 수상한 70편의 공익광고를 분석한 연구에 따르면, '정신문명(精神文明) 건설'을 위한 운동(campaign) 홍보가 20여 편, 환경보호가 10여 편, 애국주의가 5편으로 나타났다. 이에 대해 베이징 시민 등 중국인은 상당히 우호적이라고 한다. 즉 중국인들은 공산당과 정부가 발주한 공익광고를 상당히 신뢰하고 지지한다.[17]

2. 선전 계통: 정보 전달과 관련된 모든 영역

중국에서 선전의 범위와 이를 담당하는 당정기관을 의미하는 '선전 계통'은 매우 넓다. 한마디로 말해, 정보 전달과 관련된 모든 영역이 선전에 속하고, 정보 전달과 관련된 모든 기관이 선전 계통으로 분류된다.

(1) '선전 계통'의 영역과 업무

선전 계통은 크게 세 가지 영역으로 나눌 수 있다. 첫째는 신문, 잡지, TV와 라디오, 출판, 기타 뉴스와 관련된 영역이다. 둘째는 초·중·고등학교, 대학교, 직업 학교, 간부 교육훈련센터, 기타 교육과 관련된 영역이다. 셋째는 음악, 미술, 영화, 드라마, 문학, 여행, 박물관, 도서관, 공연장 등 문화와 관련된 영역이다. 스포츠도 세 번째 영역에 포함된다.[18] 만약 여기에 하나를 더 추가한다면, 인민해방군의 선전이다. 일반적으로 군 선전은 민간 선전과 구별하여 취급하기 때문에 이를 하나의 독립된 범주로 볼 수 있다.[19]

또한 선전 계통의 업무는 다시 몇 가지 분야로 나눌 수 있다. 첫째는 이론 업무다. 덩샤오핑 이론, 장쩌민의 삼개대표 중요 사상, 후진타오의 과학적 발전관, 시진핑 신시대 중국 특색 사회주의 사상('시진핑 사상')을 개발하고 선전하는 업무다. 둘째는 뉴스 보도를 담당하는 대중매체의 통제 업무다. 신문, 방송, 인터넷, 소셜미디어의 뉴스 보도와 정보 통제가 핵심이다. 셋째는 '사상정치공작'이다. 이것은 앞 장에서 살펴본 당정간부와 일반 당원에 대한 사상교육부터 시작하여 각종 기관에서 진행되는 다양한 종류의 정치 학습이 포함된다. 넷째는 문화와 예술의 관리 업무다. 다섯째는 국민 도덕 교육과 정신문명 건설이다.[20]

구분	부서	주요 임무
영도소조	중앙 선전사상공작 영도소조	이데올로기 정책의 결정·조정·감독
	중앙 정신문명건설 지도위원회*	정신문명 건설 운동 지도
공산당	중앙 선전부**	선전 실무의 감독, 정책 결정, 인사
	국무원 신문판공실***	신화통신사와 전국의 언론 보도 감독
	국가신문출판서(新聞出版署)****	언론, 잡지, 출판 관련 인허가와 감독
국무원	문화관광부(文化旅遊部)	문화, 예술, 관광 분야 감독
	교육부	교육 기관의 교과서와 교과과정 감독
	공안부/국가안전부	언론과 출판의 정치(범죄) 내용 검열
	국가방송텔레비전(廣播電視)총국	텔레비전과 라디오 방송 감독
	신화통신사	국내외 뉴스 보도와 정보 전달
인민해방군	중앙군위 정치공작부	군내 선전 사상공작 감독

주: • 정신문명건설 지도위원회는 정신문명 운동이 다시 시작된 1996년에 설립되었다. 중앙 선전사상공작 영도소조 조장이 이 지도위원회의 주임을 겸직한다. 따라서 이 두 개의 영도소조는 사실상 하나로 운영된다; •• 중앙 선전부는 공산당 중앙의 일간지인 『인민일보』와 『광명일보』, 이론지인 『구시(求是)』도 관리한다; •••, •••• 국무원 신문판공실과 국가신문출판서는 2018년 당정 기구개혁 이후 공산당 중앙 선전부가 관리한다. 따라서 명칭에는 '국무원'과 '국가'가 들어있지만 실제로는 공산당 부서로 보아야 한다.

자료: 「中華人民共和國國務院組織機構」, 〈中國政府網〉, www.gov.cn (검색일: 2021. 7. 5); David Shambaugh, "China's Propaganda System: Institutions, Processes and Efficacy", China Journal, No. 57 (January 2007), pp. 31-50; Anne-Marie Brady, Marketing Dictatorship: Propaganda and Thought Work in Contemporary China (Lanham: Rowman & Littlefield, 2008), pp. 9-30.

위에서 말한 선전 업무를 담당하는 당정기구를 일반적으로 '선전 계통'이라고 부른다. 〈표 3-5〉는 공산당의 선전 계통을 구성하는 당정기관을 정리한 것이다.

(2) 선전 계통의 주요 구성 기관(부서)

선전 계통에는 여러 가지의 당정기관과 부서가 포함된다. 이 중에서 가장 중요한 것이 선전 계통의 당정기관 전체를 총괄하여 영도하는 '중앙 선전 사상공작 영도소조'와, 그것의 실무를 전담하는 '공산당 중앙 선전부'다.

│ 중앙 선전 사상공작 영도소조

선전 계통의 최고 영도기관은 '중앙 선전 사상공작 영도소조'다. 1967년부터 1988년까지는 '중앙선교(中央宣敎) 영도소조'로 불렸는데, 1988년부터 현재의 이름으로 불린다. 이는 이데올로기 선전을 담당하는 영도소조로서, 선전과 관련된 ① 정책 결정, ② 정책 조정, ③ 정책 집행 감독의 세 가지 임무를 담당한다. 조장은 공산당 서기처 상무서기를 겸직하는 정치국 상무위원이 맡는다. 현재(2022년 2월)는 왕후닝(王滬寧)이고, 전에는 류윈산(劉雲山)과 리창춘(李長春)이었다. 성원은 공산당, 국무원, 인민해방군에서 선전 업무를 맡는 부서 책임자(장관급)다. 영도소조 판공실은 공산당 중앙 선전부 내에 설치한다.

한편 '중앙 정신문명건설 지도위원회'는 1996년에 공산당 중앙이 정신문명 건설 운동을 본격적으로 시작하면서 설립한 영도소조다. 이 지도위원회의 주임은 중앙 선전 사상공작 영도소조 조장이 겸직하며, 판공실도 공산당 중앙 선전부 내에 둔다. 따라서 두 개의 영도소조는 이름은 다르지만 사실상 하나의 기구라고 보아도 큰 문제가 없다. 다만 영도소조를 구성하는 당·정·군의 부서에는 차이가 있다. 그 구체적인 구성 부서에 대해서는 공식적으로 발표된 것이 없다.

│ 중앙 선전부: 선전 계통의 신경센터

선전 계통에서 핵심 부서는 공산당 중앙 선전부다. 선전부는 전체 선전 계통의 '신경센터'로서, 이데올로기와 관련된 포괄적인 기능을 담당한다. 동시에 선전부는 선전 계통을 구성하는 당정기관, 즉 국무원의 문화관광부·교육부·국가신문출판서·신문판공실·국가방송텔레비전총국·신화통신사, 공산당의 『인민일보』·『광명일보』·『구시(求是)』 등을 총괄 관리한다. 우리가 제1권의 제2부 '공산당 조직'에서 살펴본 '귀구영도(歸口領導)' 원칙에 따라 '선전 구(계통)'에 속하는 기관과 조직을 관리하는 것이다.[21]

공산당 중앙 선전부의 임무는 세 가지로 요약할 수 있다. 첫째는 감독이다. 선전부는 자신이 영도하는 당정기관과 조직의 이데올로기 교육과 공산당 정책의 선전 등 주요 업무를 감독한다. 둘째는 세부 정책의 결정이다. 공산당의 이데올로기와 선전에 대한 최종 결정권은 공산당 중앙(주로 정치국과 정치국 상무위원회)이 행사한다. 중앙 선전 사상공작 영도소조는 이를 위한 정책 조정과 초안 작성을 담당하는데, 이를 선전부가 주도한다. 동시에 공산당 중앙이 결정한 정책을 집행할 때도 선전부가 세부 실행 방안을 결정하고 집행을 지도한다. 셋째는 인사다. 중앙 선전부는 선전 계통에 속한 기관의 인사를 결정할 때 발언권을 행사한다. 즉 공산당 중앙 조직부와 함께 선전 계통의 인사를 추천하거나 결정한다.[22]

공산당 중앙 선전부가 막강한 권한을 행사하기 때문에, 중국에서 언론과 사상의 자유를 회복하기 위해서는 이를 폐지해야 한다는 주장이 제기되기도 했다. 공산당의 관점에서 보면, 선전부가 정권 유지에 필수 불가결한 요소이지만, 그것을 비판하는 관점에서 보면, 선전부는 중국에서 언론 및 사상의 자유를 저해하는 최대의 방해 요소일 뿐이다.

예를 들어, 2004년에 베이징대학 언론학과의 자오궈뱌오(焦國標) 교수는 홍콩의 한 잡지에 「중앙 선전부를 성토한다(討伐中宣部)」라는 글을 실었다. 이 글에서 자오 교수는 선전부의 문제점을 '14개의 병폐'라는 이름으로 조목조목 비판했다. ① 무당처럼 제멋대로 일을 처리하는 방식과 태도, ② 중세 유럽의 교회처럼 어떤 규칙도 없이 법률의 사각지대에서 활동하는 문제, ③ 역사 왜곡 지시, ④ 헌법이 규정한 언론과 출판의 자유를 무시하는 헌법의 살인자(殺手), ⑤ 공산당 이상(理想)의 배반자, ⑥ 냉전적 사유의 전파자, ⑦ 아부 등을 통해 공산당 중앙의 정신을 방해하는 세력, ⑧ 노동자와 농민의 고통을 보도하지 못하도록 통제하는 냉혈(冷血)의 지력 약화 병증 환자, ⑨ 부패 세력의 옹호자, ⑩ 금전의 노예, ⑪ 언론 정의감과 문명 의식의 봉살(封殺) 등이 이런 병폐의 대표적인 사례다. 이런 병폐를 해결하기 위해서는 선전부를 해체해야만 한다.[23] 자오 교수는 이 글을 발표한 직후에 학교에서 쫓겨났다.

3. 공산당의 국민 교육 운동

이제 공산당의 국민 교육 운동을 살펴보자. 이런 운동에는 여러 가지가 있는데, 가장 대표적인 것으로 세 가지를 들 수 있다. 첫째는 '법률 지식 보급 운동', 즉 '보법 활동(普法活動)'이다. 둘째는 '사회주의 정신문명 건설 운동', 줄여서 정신문명 운동이다. 셋째는 '사회주의 애국주의(愛國主義) 교육 운동', 줄여서 애국주의 운동이다.

(1) 법률 지식 보급 운동

'법률 지식 보급 운동'은 1986년에 제1차 5개년(1986~1990년) 운동을 시작한 이후 지금까지 계속되고 있다. 중국의 법률 지식 보급 운동은 권위주의 국가는 말할 것도 없고, 민주주의 국가에서도 유례를 찾아볼 수 없는 장기적이고 대규모로 실행된 국민 교육 운동이다. 다시 말해, 다른 국가에서 법률 지식 보급 운동을 이런 식으로 대규모로 장기적으로 전개한 적은 없다.

법률 지식 보급 운동의 구호는 "법률 무기로 권리를 수호하라(以法律武器維權)"이다. 즉 국민이 법률 지식을 학습하고, 이를 통해 얻은 법률 지식을 자신의 권리수호를 위한 무기로 사용하라는 뜻이다. 이는 국민의 준법정신을 강조하는 말이기도 하다. 또한 당정기관과 간부가 법률을 무기로 공산당과 국가의 이익을 수호하는 데 적극적으로 나서라는 뜻이기도 하다. 전자는 국민의 관점, 후자는 공산당의 관점에서 법률 지식 보급 운동을 바라본 것이다.

법률 지식 보급 운동을 통해 실제로 국민의 법률 지식과 권리의식이 점진적으로 증가했다. 특히 1990년대에 들어 개혁·개방이 더욱 심화 확대되면서 노동자와 농민공(유동 인구) 같은 사회적 약자 집단이 등장했다. 이들은 법률 지식을 이용하여 자신의 권리를 수호하기 위해 노력하기 시작했다. 그 결과 1990년대 중반 이후 법원 소송이 급격히 증가했고, 민중의 각종 권리수호 운동도 활발히 전개되었다.[24] 이는 노동자, 농민, 도시 빈민, 여성 등 모든 분야와 계층의 사회적 약자 집단에도 해당한다.

공산당의 관점에서 말하면, 법률 지식 보급 운동을 통해 국민의 불만과 요구를 '체제 내'로 흡수하는 데 어느 정도 성공했다고 평가할 수 있다. 만약 법률 지식 보급 운동이 없었다면, 국민은 참을 수 없을 정도로 불만이 쌓이는 경우 시위와 폭동 등을 통해 자신의 불만과 요구를 표출했을 가능성이 있다. 그런데 법률 지식 보급 운동을 통해 이를 '체제 내'로 흡수함으로써 공산당은 어느 정도 사회를 안정적으로 관리할 수 있고, 이를 통해 공산당 영도 체제를 유지할 수 있게 되었다. 공산당의 관점에서 보면, 이것이 법률 지식 보급 운동을 전개한 가장 중요한 이유다.

(2) 사회주의 정신문명 건설 운동

정신문명 운동은 공산당이 일반 국민의 사상 통제를 위해 전개하는 매우 중요한 교육 운동이다. 여기서 정신문명(精神文明)은 물질문명(物質文明)과 대비되는 개념이다. 덩샤오핑은 1980년대에 개혁·개방을 시작하면서 경제발전과 국민 생활수준의 향상이라는 물질문명을 건설할 뿐만 아니라, 사회주의 가치를 유지하고 발전시키는 정신문명도 함께 건설해야 한다고 주장했다. 이는 개혁·개방을 비판하는 보수파를 무마하기 위한 주장이기도 했다. 이에 따라 1986년에 '부르주아 자유화 반대 운동'과 함께 정신문명 건설 운동이 시작되었다.[25]

예를 들어, 1986년 9월에 제정된 〈정신문명 건설 지침〉에 따라, 도시 지역에서는 공공질서를 지키고, 문명 예절을 준수하자는 운동이 전개되었다. 공공장소에서 줄 잘 서기, 교통 신호 준수하기, 담배꽁초 버리지 않기, 침과 가래 뱉지 않기, 여름철에 옷 단정하게 입기(즉 남자들이 상의를 벗고 다니지 않기) 등이 대표적인 사례다. 또한 공공시설을 내 것처럼 아끼고, 환경과 자연을 내 집처럼 보호하며, 국가와 사회의 의무를 충실히 수행하자는 시민운동(公民運動)

도 함께 전개되었다. 학생들도 마찬가지였다.[26]

반면 농촌에서는 미풍양속을 새롭게 수립하자는 문명 개조 운동이 펼쳐졌다. '문명·건강·과학의 생활 방식'을 제창하고, 사회 풍습과 습관 중에서 우매하고 뒤떨어진 봉건 잔재를 극복하자는 운동이다. 이를 위해 관혼상제의 고루한 풍습, 예를 들어 돈을 지불하고 신부(新婦)를 데려오는 일종의 매매혼 풍습이나, 거창하게 무덤을 만들고 화려하게 치장하는 장례 문화를 개혁하자는 운동이 대대적으로 전개되었다. 봉건적인 미신과 도덕을 타파하자는 운동도 마찬가지였다.[27]

그러나 정신문명 운동이 본격적인 국민 교육 운동으로 펼쳐진 것은 1990년대였다. 1989년 톈안먼 민주화 운동과 1991년 소련의 붕괴 이후, 사회주의 이념은 통치 이데올로기로서의 가치와 신뢰를 점차로 잃어갔다. 공산당은 이와 같은 이데올로기의 위기를 극복하기 위해 사회주의의 혁명 가치와 함께 중화민족의 전통 가치를 동시에 강조하는 정신문명 운동을 대대적으로 전개한 것이다.[28] 후진타오 시기에 제정한 '시민(公民) 도덕교육 요강(綱要)'(2001년)이나, 시진핑 시기에 제정한 '신시대 시민 도덕교육 요강'(2019년)은 그 일환이었다.[29] 또한 '사회주의 핵심 가치관(核心價値觀)' 실천 운동도 마찬가지다.

| '사회주의 핵심 가치관(核心價値觀)' 실천 운동

'사회주의 핵심 가치관'이라는 말은 2006년 10월에 개최된 공산당 16기 중앙위원회 6차 전체회의(16기 6중전회)에서 〈사회주의 조화 사회 건설 결정〉이 통과되면서 공식적으로 등장했다. 이때 제기된 사회주의 핵심 가치관의 내용은 네 가지였다. 첫째는 마르크스주의 지도 사상, 둘째는 중국 특색 사회주의의 공동 이상, 셋째는 애국주의를 핵심으로 하는 민족정신과 개혁 혁신을 핵심으로 하는 시대정신, 넷째는 '사회주의 영욕관(榮辱觀)'이었다.[30]

이 가운데 사회주의 영욕관이 후진타오의 새로운 도덕관 및 가치관으로 강조되었다. 그래서 사회주의 핵심 가치관 실천은 사회주의 영욕관, 즉 '8개의 영광/8개의 치욕(八榮八恥)'의 준수를 의미했다. 이것은 시(詩)처럼 사람들이 기억하기 쉽게 대구(對句)로 구성되었다. 그래서 동요로도 만들어 보급할 수 있었다.

첫째, 조국 사랑은 영광이고, 조국 위해(危害)는 수치다

둘째, 인민 복무(服務)는 영광이고, 인민 배반(背離)은 수치다

셋째, 과학 숭상은 영광이고, 우매 무지는 수치다

넷째, 근면 노동은 영광이고, 안일(安逸) 노동 혐오는 수치다

다섯째, 단결 상부상조는 영광이고, 이기적 행위와 타인 이익 침해는 수치다

여섯째, 성실과 약속 준수는 영광이고, 의리(義理)를 망각한 이익 추

구는 수치다

일곱째, 법률과 기율 준수는 영광이고, 법률과 기율 위반은 수치다

여덟째, 간고분투(艱苦奮鬪)는 영광이고, 교만 사치 음란은 수치다

사회주의 핵심 가치관이 좀 더 질서정연하게 자리 잡은 것은 시진핑 시기에 들어와서였다. 2012년 11월에 개최된 공산당 18차 당대회에서 후진타오는 마지막 정치 보고를 통해 '24개 글자(字)'로 이루어진 사회주의 핵심 가치관을 발표했다. 이를 이어 공산당 중앙판공청은 2013년 12월에 〈사회주의 핵심 가치관의 육성 실천 의견〉을 하달했다. 사회주의 핵심 가치관을 국민 교육 운동을 통해 전국적으로 확산하기 위한 공산당의 계획이자 방침을 제시한 것이다.

후진타오가 제기한 '24개 글자'의 사회주의 핵심 가치관은 국가·사회·시민이라는 세 개의 층위로 구분된다. 첫째, 국가의 가치 목표는 부강(富強), 민주(民主), 문명(文明), 조화(和諧)의 여덟 글자다. 둘째, 사회의 가치 지향은 자유(自由), 평등(平等), 공정(公正), 법치(法治)의 여덟 글자다. 셋째, 시민의 가치 준칙은 애국(愛國), 경업(敬業: 직업정신), 성신(誠信), 선량(友善)의 여덟 글자다. 이처럼 국가·사회·시민은 모두 이 24개 글자의 덕목을 사회주의 핵심 가치관으로 육성하고 실천해야 한다.[31]

(3) 사회주의 애국주의 교육 운동

애국주의 운동도 앞에서 살펴본 두 가지 운동 못지않게 공산당이 정성을 쏟아 전개한 국민 교육 운동이다.[32] 애국주의 운동은 정신문명 운동과 비슷한 시점인 1990년대 중반에 시작되어 지금까지 이어지고 있다.

1970년대 중반부터 1990년대 초반까지 전 세계 개발도상국과 사회주의 국가에서는 '제3의 민주화 물결(third wave of democratization)'이라는 민주주의 열풍이 불어닥쳤다. 1987년 한국의 민주화 운동이나 대만의 민주화 운동도 그런 민주화 열풍 속에서 일어난 것이었다. 1989년 중국의 톈안먼 민주화 운동과 동유럽 사회주의 국가 및 소련의 민주화 운동도 마찬가지였다. 그러나 중국은 다른 사회주의 국가와는 달리 민주화 물결에 의해 체제가 붕괴하지 않았다. 대신 중국에서는 애국주의 열풍이 거세게 불어닥쳤다.

│ 애국주의 열풍

중국의 애국주의 열풍은 1989년 톈안먼 민주화 운동의 실패와 1991년 소련의 붕괴 이후 본격화되었다. 이는 일부 지식인과 민중이 자발적으로 시작한 '대중 민족주의(popular nationalism)'의 성격을 띠고 있다. 잘못된 '서구식 민주주의'에 대한 맹목적인 추종을 반성하고, 이를 대신하여 중국의 전통 가치와 질서를 회복해야 한다는 일부 지식인의 목소리가 힘을 얻어갔다. 또한 중국이 소련처럼 붕괴하지 않으려면 국가와 민족을 다시 일으켜 세워야 하고, 이를 위해서는 공산당 영도하에 전 국민이 똘똘 뭉쳐 국력을 증강해야 한다는 국가주의(statism) 논리가 등장했다.[33]

그러나 애국주의 열풍이 몰아친 데에는 이런 '대중 민족주의'보다는 공산당이 쇠퇴한 사회주의 이념을 보완하려고 국민을 동원한 '관방 민족주의(official nationalism)'의 성격이 훨씬 더 강하다. 1994년부터 5년 동안 전국적으로 실시된 애국주의 운동은 이를 보여주는 대표적인 사례다. 이는 두 가지 목적을 띠고 있었다. 하나는 국민, 특히 젊은 세대의 시선과 불만을 국내 문제에서 국제 문제로 돌리는 것이다.[34] 다른 하나는 미국과 서방 강대국에 대한 적대감(적개심)을 고취하고, 이를 통해 국민의 단결과 통합을 유지하며, 동시에 공산당의 일당 통치를 정당화하려는 것이다.[35]

| '피해의식'과 '포위심리'의 조장

이를 위해 공산당은 마오쩌둥 시대에 강조했던 '승리의식'을 슬그머니 내리고, 대신 '피해의식'을 대대적으로 선전하기 시작했다. '승리의식'에서는 공산당과 인민이 온갖 어려움을 극복하고 사회주의 혁명에 성공하여 중화인민공화국을 당당히 건국했다는 자부심을 강조한다. 반면 '피해의식'에서는 1840년 아편전쟁부터 1949년 중국의 건국까지 100년 동안 중국 민족과 인민이 서구 열강과 일본에 의해 침략당하고 고통받았다는 '100년의 굴욕(百年恥辱)'을 강

조한다.[36]

또한 공산당은 1990년대에 들어 '포위심리(siege mentality)'를 강조하기 시작했다. 이 논리에 따르면, 1991년 소련 등 사회주의권이 붕괴한 이후, 중국은 이제 사회주의를 대표하는 '종주국'이자, 미국 등 서방 세력에 맞서는 제3세계 국가의 '우두머리'가 되었다. 이런 상황에서 미국을 중심으로 하는 자본주의 세력은 중국이 강대국으로 부상하는 것을 막기 위해, 궁극적으로는 중국을 소련처럼 붕괴시키기 위해 포위 및 봉쇄하고 있다는 것이다.[37]

이와 같은 '피해의식'과 '포위심리'는 왜 중국의 전체 인민과 민족이 공산당을 중심으로 일치단결해야만 하는지, 또한 왜 공산당 영도 체제가 필요한지를 정당화하는 핵심 논리가 되었다. 공산당 영도하에 전 인민과 민족이 온 힘을 다해 국력을 키우지 않으면 다시 '100년의 굴욕'을 당할 수 있다는 것이다. 또한 그렇게 하지 않으면, 미국 등 자본주의 세력의 포위 및 봉쇄에 갇혀 다시 옛날처럼 굴종의 삶을 살 수밖에 없다는 것이다. 이는 불안 심리를 조장하여 공산당에 의존하게 만들려는 정치 전략이다. 결국 공산당은 이를 이용하여 통치 정통성을 높일 수 있다.

| '세 개의 백선(三個百選)' 운동

구체적으로 전체 국민, 특히 초·중·고등학교 학생들에게 애국주의 정신을 보급하기 위해 다양한 정책이 실행되었다. '세 개의 백선(三個百選)' 운동이 대표적인 사례다.

첫째, 초·중·고 학생의 애국주의 필독 도서 100종이 선정되었다. 초등학생용은 27종, 중학생용은 42종, 고등학생용은 31종이다. 내용은 모두 국가와 민족에 대한 사랑, 중국의 전통문화와 가치에 대한 자부심, 사회주의 이념과 혁명에 대한 헌신, 공산당에 대한 신뢰와 충성을 고취하는 것뿐이다.[38] 각 학교에서는 이를 방학 과제물로 내어 학생들이 읽고 독후감을 작성하도록 지도했다. 언론과 여러 기관에서는 학생 독후감 경진대회 같은 행사를 개최해서 책 읽기와 토론을 장려했다.

둘째, 전 국민이 반드시 보아야 하는 애국주의 좋은 영화 100편이 선정되었다. 공산당이 국민당 '반동 세력'과 싸우면서 사회주의 혁명을 성공으로 이끈 이야기, 전체 인민과 민족이 공산당 영도하에 '일본 제국주의 세력'을 물리치고 민족 독립을 쟁취한 이야기, '사회주의 건설'을 위해 공산당이 애쓰고 인민이 열성적으로 참여한 이야기, '중국 의용군'의 영웅적인 '항미원조전쟁(抗美援朝戰爭),' 즉 한국전쟁 참전 이야기 등이 주요 내용이다. 이후 각 학교와 기관, 도시와 농촌의 기층사회에서는 이를 감상하는 좋은 영화 보기 운동이 전개되었다. TV는 시간이 날 때마다, 특히 공산당과 국가의 기념일에는 이런 영화를 대대적으로 방송했다.[39]

셋째, 애국주의 '교육 기지(敎育基地)' 100곳이 선정되었다. 청나라가 영국과 일본 등 제국주의 열강에 의해 참패를 당한 굴욕의 장소, 공산당 1차 당대회(1921년)가 열린 상하이시 구 조계(租界) 지역을 포함하여 공산당의 설립과 발전 과정에서 역사적 의의가 있는 장소와 건물, 인민해방군이 국민당군을 물리친 주요 혁명 격전지, 일본 제국주의의 잔혹한 침략 실상을 보여주는 장소—예를 들어, '난징(南京) 대학살' 장소—와 인민이 공산당 영도하에 일본군을 격퇴한 격전지, 그 밖에도 애국주의 정신을 함양할 수 있는 다양한 명승고적이 여기에 포함되었다. 이후에도 공산당 중앙 선전부는 다섯 차례에 걸쳐 모두 592곳을 추가로 애국주의 교육기지로 지정했다.[40]

| 마오쩌둥 시대의 소환: 홍색 관광(紅色旅遊)

여기에 더해 2004년 무렵부터는 전 국민이 애국주의 교육기지를 방문하도록 촉구하는 '홍색 관광(紅色旅遊, red tourism)' 운동이 전개되었다. 이는 혁명유적지 견학을 관광상품으로 개발하여 애국주의 운동에 활용한 사례라고 할 수 있다. 그 결과 2019년에는 연인원 14억 명이 홍색 관광에 참여했고, 관광 수입으로 4,000억 위안(元)(한화 약 72조 원)을 거두었다.[41] 코로나19의 영향으로 2020년에는 6월까지 연인원 1억 명이 홍색 관광에 참여했다.

참고로 참여자의 홍색 관광 선호도를 분석한 보도를 보면, 22세에서 31세의 젊은 층이 가장 선호(선호도 11.69%)하고, 다음이 42세에서 51세 사이의 중년층(선호도 10.86%), 21세 이하의 청소년층

(선호도 10%) 순이었다.[42] 이처럼 공산당의 '홍색 관광'은 한편으로는 관광산업을 육성하기 위한 산업 정책이지만, 다른 한편으로는 애국주의 교육기지를 방문하여 애국심을 학습하고 실천하자는 국민 교육 운동이기도 하다.

언론 통제: '공산당의 입'

이제 공산당의 언론 통제를 살펴보자. 언론은 선전의 가장 중요한 수단이다. 따라서 공산당의 선전을 이해하기 위해서는 반드시 언론 통제를 살펴보아야 한다. 중국에서 신문과 방송 같은 언론매체는 '공산당의 입(黨的喉舌)'이라고 말한다. 언론은 공산당의 노선과 방침을 국민에게 선전하고, 잘못된 소문이나 정보와 맞서 공산당 영도 체제를 굳건히 수호하는 일을 핵심 임무로 삼는 공산당의 대변인이라는 것이다. 이를 위해 공산당은 다양한 언론 통제 제도를 운용한다.

다른 한편 공산당은 언론의 감독 역할을 제한된 범위 내에서 일부 허용한다. 국민의 불만을 해소하고 당정간부의 일탈 행위(특히 부정부패)를 감독하기 위해서는 언론의 감독 활동이 필요하기 때문이다. 이처럼 중국의 언론은 '공산당의 입'이면서 동시에 '사회적 공기(社會的公器)'로서 선전과 감독이라는 두 가지 임무를 동시에 수행해야만 하는 어려운 처지에 있다.

1. 언론매체의 발전과 구조개혁

공산당은 언론매체에 대해 한편으로는 선전 수단으로 '이용'하고, 다른 한편으로는 정보 유통 수단으로 '통제'하는 이중성을 보인다. 이 중에서 중점은 당연히 '통제'다. 또한 언론매체는 선전 수단이지만 동시에 문화산업이라는 이중성을 갖고 있다. 이에 대해 공산당은 선전 수단은 '감독'하지만, 문화산업은 '육성'한다는 이중적인 태도를 보인다. 전자는 "정치가가 신문을 운영해야 한다(政治家辦報)"라는 구호로, 후자는 "기업처럼 관리해야 한다(企業化管理)"라는 구호로 표현된다.[1]

(1) 신문과 방송의 발전 상황

공산당의 언론 통제를 검토하기에 앞서, 개혁·개방 시대에 중국의 신문과 방송이 어떻게 발전했는가를 간략히 살펴보자.

신문과 잡지

〈그래프 3-2〉는 2009년부터 2019년까지 10년 동안 중국의 신

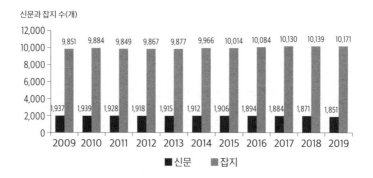

〈그래프 3-2〉 중국 신문과 잡지의 변동 상황(2009~2019년)

신문과 잡지 수(개)

자료: Statista ID 279178, ID 279182: Original sources (GAPP China; National Bureau of Statistics of China)
(검색일: 2021. 7. 12)

문과 잡지의 변동 상황을 정리한 것이다. 이에 따르면, 신문은
2009년 1,937종에서 2019년 1,851종으로 86종이 줄었다. 전체적으
로 보면 2010년에 1,939종으로 정점을 찍은 후로 해마다 조금씩 감
소하는 추세다. 이는 공산당이 신문사를 매우 강하게 통제하고 있
다는 사실을 보여준다.

중국의 경제 규모(GDP)와 1인당 국민소득이 증가하면서 새로운
정보와 뉴스에 대한 대중의 수요가 꾸준히 증가했다. 또한 아무리
인터넷과 소셜미디어가 발전해도 그것에 뉴스 콘텐츠를 공급하는
일은 신문 등 전통 매체의 몫이다. 특히 중국에서는 인터넷과 소셜
미디어가 독자적으로 뉴스를 생산할 수 없다. 그런데도 신문 개수
가 감소한 것은 공산당의 통제 외에는 달리 설명할 길이 없다. 뒤
에서 보겠지만, 공산당은 신문 창간을 엄격히 통제한다. 사실 공산

당의 통제 강화로 인해 신문이 1985년, 1989년, 2004년에도 감소한 적이 있다.[2]

같은 기간 신문과 달리 잡지는 꾸준히 증가하고 있다. 이것은 앞에서 말한 중국의 사회경제적 변화를 반영한 당연한 결과라고 할 수 있다. 2009년에 전국적으로 발행되는 잡지는 모두 9,851종이었는데, 2019년에는 1만 171종으로 320종이 증가했다. 또한 잡지 증가는 어느 특정 시기만의 현상이 아니라 지난 10년 동안 지속되어온 일관된 현상이다. 이를 통해 우리는 공산당이 신문보다는 잡지에 대해 더 느슨하게 통제한다는 점을 알 수 있다.

│ 삼보일간(三報一刊)

참고로 중국에서 전국적으로 발행되고, 전국의 당정기관이 의무적으로 구독해야 하는 신문(일간지)과 잡지는 '삼보일간(三報一刊)' 밖에 없다. 여기서 '삼보(三報)'는 공산당 중앙의 종합 기관지(일간지)인 『인민일보(人民日報)』와 『광명일보(光明日報)』, 국무원이 발간하는 경제지(일간지)인 『경제일보(經濟日報)』를 가리킨다. 반면 '일간(一刊)'은 공산당 중앙의 이론 잡지인 『구시(求是)』를 가리킨다.

중국에서는 어떤 지역과 기관도 『인민일보』와 『광명일보』를 제외하고는 전국을 대상으로 종합 일간지를 발간할 수 없다. 각 지방에서는 해당 지역의 공산당 위원회가 관할지역을 대상으로 종합 일간지를 발행할 수 있지만, 그것이 전국을 포괄하여 배포할 수는 없다는 것이다. 그러나 경제, 외교, 법률, 농업 등 특정 분야의 전문지는 전국을 대상으로 발행할 수 있다. 결국 중국에서는 『뉴욕 타임스(*New York Times*)』와 『워싱턴 포스트(*Washington Post*)』처럼 지방지에서 시작하여 전국지로 발전한 종합 일간지가 나올 수 없다.

| 텔레비전(TV)과 라디오

〈그래프 3-3〉은 같은 시기 전국에서 방송된 텔레비전(TV)과 라디오의 프로그램 상황을 정리한 것이다. 중국 정부는, 신문 및 잡지와는 달리 TV와 라디오는 방송국 수가 아니라 프로그램 수에 대한 통계를 작성한다.

참고로 2021년 1월에 국무원 국가방송텔레비전총국이 발표한 자료에 따르면, 2020년 12월 기준으로 지급(地級: 시·자치주) 이상 지방의 라디오와 TV 방송국(廣播電視播出機構)은 399개이고, 교육 TV 방송국은 36개다. 또한 같은 시기 현급(縣級:현·시·구) 지방의 라디오와 TV 방송국은 모두 2,106개다. 만약 지급 이상의 방송국과 현급의 방송국을 모두 합하면, 중국의 방송국은 2,541개가 된다. 이는 2019년 말의 2,591개보다 50개가 줄어든 것이다.[3]

〈그래프 3-3〉을 보면, TV와 라디오 모두 프로그램 수가 완만하게 증가한 상황을 확인할 수 있다. TV 프로그램의 경우, 2009년 모두 3,337종에서 2019년 3,609종으로 272종이 증가했다. 같은 기간 라디오 프로그램도 비슷하게 2,521종에서 2,914종으로 393종이

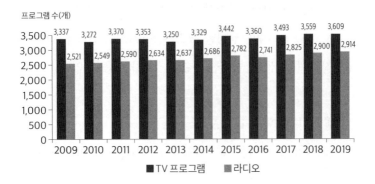

〈그래프 3-3〉 중국 TV와 라디오 프로그램의 변동 상황(2009~2019년)

프로그램 수(개)

■ TV 프로그램 　■ 라디오

자료: Statista ID 279105, ID 279090: Original sources (NRTA China; National Bureau of Statistics of China) (검색일: 2021. 7. 12)

증가했다. 이는 TV와 라디오가 시청자의 다양한 요구를 반영한 자연스러운 현상으로 볼 수 있다.

(2) 공산당과 시장의 '이중주'

1990년대에 경제 분야에서 시장 개혁이 본격적으로 추진되면서 언론매체도 영향을 받을 수밖에 없었다. 이제 이윤을 추구하는 기업의 성격도 함께 갖게 된 언론사는 치열한 시장 경쟁 속에서 살아남기 위해 공산당의 지시에 따라 구조개혁을 단행해야만 했다.

│ 언론매체의 구조조정과 상업화

언론 개혁은 세 가지 방향으로 추진되었다. 첫째는 탈규제화

(deregulation)로, 언론사의 시장 진입 규제가 완화되었다. 둘째는 상업화 또는 시장화로, 언론사에 외부 자금의 유입이 일부 허용되고, 언론사의 이윤 추구도 인정되었다. 셋째는 부분적 사유화로, 이론상으로는 민간자본이 언론사의 지분을 49%까지 소유할 수 있게 되었다. 물론 국가(공산당)가 지분의 51% 이상을 소유하기 때문에, 인사권 행사를 비롯한 국가의 언론매체 통제에는 문제가 없다. 반면 외국 자본의 유입은 엄격히 제한된다.[4] 이런 경향에 대해 일부 학자들은 언론사가 이윤을 추구하고, 언론인과 독자가 변화하면서, 중국의 언론매체도 변화할 가능성이 있다고 낙관적으로 전망하기도 했다.[5] 물론 결과는 이렇게 되지 않았다.

이 중에서 특히 언론의 상업화는 새로운 현상을 초래했다. 한마디로 말해, 언론이 충성해야 하는 대상이 공산당 하나에서 이제 공산당과 광고주 둘로 분산되었다는 것이다. 언론사의 재정 수입 구조를 보면, 2004년 무렵에 정부 보조금은 10.7%에 불과하고, 나머지 약 90%는 광고 수입과 구독료 등 경영 이익금이었다.[6] 따라서 언론사들이 광고 수입을 늘리기 위해 공산당 중앙의 방침을 선별적으로만 집행하는 현상, 다시 말해 광고 수입에 도움이 되는 방침만 집행하려고 하는 현상이 나타났다.

│ 언론사의 인센티브제와 그룹화(集團化)

동시에 언론의 상업화와 함께 경영자와 언론인에 대한 인센티브

(incentive) 제도가 등장했다. 즉 언론인의 임금에서 기본급은 축소되고, 대신 성과급이 급증하면서 이윤을 위해 언론사가 독자의 반응과 광고주의 호응을 매우 중시하게 되었다. 예를 들어, 광둥성에서 발간하는『남방주말(南方週末)』의 임금 구조를 보면, 기본급보다 성과급이 많다. 상하이시의 한 언론사의 경우는, 동급 직원의 임금이 최대 10배 차이가 난다. 이처럼 언론의 상업화에 따라 언론사 간에, 또한 같은 언론사 내에서도 언론인(기자) 간에 무한 경쟁이 벌어지는 시대가 도래했다.[7]

이는 언론매체의 대형기업화 혹은 그룹화(集團化)를 초래했다. 한편에서는 자원 낭비를 막고 효율적인 운영체제를 구축해서 치열한 시장 경쟁에서 살아남기 위해, 다른 한편에서는 언론매체에 대한 공산당의 통제를 효율적으로 강화하기 위해 구조조정이 추진되었다. 1996년 광둥성의『광저우일보(廣州日報)』의 그룹화를 시작으로, 1998년에는 상하이시 신문사, 2000년에는 후난성(湖南省) TV, 2001년에는 저장성(浙江省) TV와 상하이시 TV의 그룹화가 추진되었다. 그 결과 2002년에는 전국적으로 모두 47개의 대형 언론 집단(media group)이 등장했다.[8] 이제 공산당은 47개의 언론 대기업만 통제하면 되는 상황이 만들어진 것이다.

이는 공산당이 주도한 구조조정이었고, 그 과정에서 공산당은 주류 언론매체를 양성하기 위해 적극적으로 나섰다. 먼저 주류 매체에 대한 재정 지원과 세금 우대를 확대했다. 또한 올림픽 주관사 선정과 설날(春節) 대축제 주관사 선정 등을 통해 일부 언론사에 특별 경영을 허용하고, 대규모로 이윤이 날 수 있는 특혜를 베풀었다. 행정 통로를 이용하여 협력을 강제하기도 했다. 예를 들어, 공산당 중앙과 각급 당 위원회는 당정기관과 국유기업 등에 공산당 신문과 잡지의 구독을 요구했다. 이와 같은 방식으로 공산당은 시장화 과정에서 주류 매체를 선택적으로 지원하면서 통제를 강화했다.[9]

│ 언론의 새로운 도전 과제

그 결과 언론은 '두 주인을 섬기는 종'처럼 매우 힘든 상황에 직면하게 되었다. 첫째, 언론은 여전히 '공산당의 입'으로서, 당의 선전 기율과 보도 지침을 준수해야 한다. 머리 위에는 항상 공산당의 통제와 검열이라는 '날카로운 칼'이 겨누고 있다. 둘째, 언론이 시장 경쟁에서 살아남기 위해서는, 다시 말해 상업적으로 이윤을 남기는 기업이 되기 위해서는, 시민에게 중요한 정보와 뉴스를 제공하는 통로 역할, 독자와 시청자에게 오락과 일상의 즐거움을 선사하는 도구 역할을 담당해야만 한다.[10]

문제는 현실적으로 이 두 가지 요구를 동시에 만족시키는 일이 매우 어렵다는 점이다. 이윤 창출을 위해 독자와 시청자의 요구를 충족시키려면 공산당의 선전 기율과 보도 지침을 어느 정도 무시해야만 한다. 당정간부의 일탈 행위에 대한 비판 보도와 사회문제의 심층 보도, 선전성이 짙은 오락 프로그램의 방송이 대표적인 사례다. 그렇다고 선전 기율과 보도 지침을 정면으로 위반할 경우는 검열과 제재로 경영자와 언론인 모두 생존하기 어렵다. 따라서 언론은 이 두 가지 요구를 모두 만족시키면서도 동시에 생존할 수 있는 '균형점'을 찾는 대단히 어려운 과제에 직면하게 되었다.[11]

언론의 대응: 프로그램의 이원화와 '자매지' 발간

언론매체가 이 딜레마를 해결하는 방법은 두 가지였다. 하나는 주로 TV와 라디오의 대응 전략으로, 선전 기율과 시장 이익을 결합하는 방법이다. 구체적으로 각 언론사는 방송 프로그램을 분리하여 하나는 공산당이라는 주인에 충성하고, 다른 하나는 광고주(부분적으로는 시청자와 청취자)라는 또 다른 주인에 충성하도록 배치한다.

예를 들어, CCTV(중앙텔레비전방송국)는 뉴스 편성을 이원화했다. 전국에 동시 방송되는 7시 〈연합뉴스(新聞聯播)〉는 '공산당의 입' 역할, 반면 10시에 일부 지역에만 방송되는 〈한밤뉴스(晚間新聞)〉는 '공산당의 입'뿐만 아니라 '사회적 공기'의 역할도 일부 수행하도록 보도 내용을 편성했다.[12] 그래서 7시 〈연합뉴스〉는 공산당 지도자와 정책을 집중적으로 보도하는 반면, 10시 〈한밤뉴스〉는 사회문제 등 다양한 내용을 보도한다. 지방 방송국도 마찬가지다. 이는 드라마, 교양, 오락 프로그램에도 적용된다. 즉 주류 채널은

'공산당의 입'에 맞추어 편성하고, 상업 채널은 이윤 추구를 목적으로 광고주와 시청자(청취자)의 요구에 맞추어 편성한다.[13]

다른 하나는 신문의 대응 전략으로, 기존 신문을 인기 있는 대중지로 변화시키든지, 만약 그것이 안 되면 기존 신문은 그대로 두고 인기 있는 대중 신문, 흔히 '자매지(姉妹紙)'로 불리는 상업용 신문을 별도로 발행하는 방법이다. 예를 들어, 광둥성의 『광저우일보』와 베이징시의 『베이징청년보(北京靑年報)』는 각각 광저우시 공산당 위원회의 기관지와 베이징시 공청단 위원회의 기관지지만 대중 신문으로 변신하는 데 성공했다. 특히 『베이징청년보』는 다양한 읽을거리로 도시의 사무 전문직 노동자와 젊은 독자층의 눈길을 사로잡을 수 있었다.

그러나 대부분의 공산당 신문은 그렇게 할 수 없다. 그래서 자매지를 발행하는 방식으로 재정난을 돌파했다. 『인민일보』가 발행하는 『환구시보(環球時報)』—영어판은 『글로벌 타임스(*Global Times*)』—, 광둥성 공산당 위원회의 기관지인 『남방일보(南方日報)』가 발행하는 『남방도시보(南方都市報)』와 『남방주말』, 베이징시 공산당 위원회의 기관지인 『베이징일보(北京日報)』가 발행하는 『경화시보(京華時報)』와 『신경보(新京報)』가 대표적인 성공 사례다. 그 과정에서 『인민일보』의 발행 부수가 500만 부에서 180만 부로 줄어드는 '희생'은 달게 받아야만 했다.[14]

| '언론 부패'의 심화

그러나 모든 언론매체가 이런 방식으로 살아남을 수 있었던 것은 아니었다. 시장에 적응하지 못한 언론사는 2003년 공산당의 언론 개혁을 통해 퇴출당하거나, 아니면 다른 언론사에 통폐합되었다. 살아남은 언론사에서도 '자기검열(self-censorship)'과 '언론 부패'가 일상화되는 부작용이 나타났다.

이는 먼저 언론인(기자)에게서 나타났다. 이윤 추구에 내몰린 언론사는 인센티브제를 강화하는 방향으로 임금 구조를 개편했다. 이런 구조에서는 기자가 취재한 내용이 보도되고, 이를 본 중앙과 지방의 지도자가 높이 평가하면, 그 기자는 보너스를 받고 승진도 빠르게 할 수 있다. 따라서 기자는 취재한 내용이 일차로는 언론사 내부의 검열에 걸리지 않고 잘 보도될 수 있도록, 이차로는 당정간부의 마음에 쏙 들어 높이 평가받을 수 있도록 스스로 보도 내용을 검열할 수밖에 없다.[15]

또한 언론인(기자) 중에는 '생계형 언론인(workaday journalist)'이 증가하는 현상이 나타났다. 이들은 회사와 자신의 돈벌이를 위해서는 무엇이든 다하는 기자들이다. 이들에게는 언론 규범과 가치에 대한 헌신이나, 언론 보도에 대한 전문성도 없다. 이 중에는 공갈이나 협박 등으로 금품을 갈취하는 사이비 기자도 포함된다. 이런 언론인이 '공산당 언론인(party journalist)', 즉 현재의 공산당 일당 체제를 흔들고 싶지 않아 '공산당의 입'으로 사는 데 만족하는 언론인과 함께 언론인의 대다수를 차지하면서 고질적인 언론 부패가 계속되고, 언론 전문화가 점점 멀어지는 문제가 발생한다.[16]

일부 신문의 폐간

그러나 언론 부패는 언론인 개인의 일탈 문제가 아니다. 이는 구조적인 문제이고, 정도의 차이는 있지만, 중국 내 거의 모든 언론사에서 나타나는 보편적인 문제다. 그 가운데 일부 언론사는 일탈 정도가 매우 심해 경영자가 처벌되고 매체가 폐쇄되는 일이 벌어졌다. 광둥성의 『21세기경제보도(21世紀經濟報導/21st Century Business Herald)』가 대표적인 사례다. 이 매체가 출범할 때는 국내외로 큰 기대를 모았다. 편집장과 주요 간부들이 '자유주의 성향'의 언론으로 명성을 얻은 『남방주말』 출신이었기 때문이다.

그러나 신생 매체인 『21세기경제보도』가 『남방주말』 같은 기존 매체들과의 치열한 경쟁에서 살아남기는 쉽지 않았다. 결국 이 신문사는 재정난에 직면했고, 이를 해소하기 위해 '특별한 조치'를 실행했다. 먼저 기자의 인센티브제를 강화했다. 공산당과 정부에 잘 보여 높이 평가받는 기자, 혹은 공산당의 보도 지침을 위반하지 않으면서도 독자와 광고주의 눈길을 사로잡은 기자는 임금과 승진에서 파격적인 대우를 받았지만, 그렇지 못한 기자는 냉대를 당했다. 이것도 아니면, 언론사의 재정에 크게 도움을 줄 수 있는 '특수한 능력'이 있는 기자가 좋은 대우를 받았다.

또한 이 언론사는 기자들의 '특수한 능력'을 장려하기 위해 공식 정책과 실제 관행 간의 불일치, 예를 들어 탈법과 불법 행위를 허용하는 탈동조화(decoupling) 정책을 추진했다. 그 결과 기자의 각종 일탈 행위가 확대되었다. 기업의 유료 기사를 허용하고, 재정 지원을 대가로 기업의 문제점을 보도하지 않는 관행이 흔해졌다. 또한 기업의 문제점을 보도하겠다는 협박을 통해 해당 기업의 광고를 수주하는 등 뉴스 갈취 행위가 계속되었다. 결국 이 언론사는 문을 닫았다.[17]

2. 언론 통제 제도: '당관매체' 원칙의 엄격한 적용

앞 장에서 살펴보았듯이, 공산당은 '당관매체(黨管媒體)' 원칙, 즉 공산당만이 언론매체를 관리한다는 원칙에 따라 모든 매체를 통제한다. 또한 공산당의 선전에는 '당성 원칙 견지'라는 선전 원칙과 세 개의 선전 방침, 즉 ① 정확한 여론 선도, ② 단결 안정 고무, ③ 정면 선전 위주가 적용된다. 이런 선전 원칙과 방침은 공산당의 구호를 통해 표현된다. "언론에는 자유가 있지만(言論有自由), 선전에는 기율이 있다(宣傳有紀律)!" 결국 〈헌법〉이 보장하는 언론의 자유는 공산당의 '선전 기율' 앞에서는 아무런 의미도 가질 수 없다는

뜻이다.[18]

| 언론매체의 두 가지 통제 기제

공산당의 선전 원칙과 방침은 현실에서는 두 가지 통제 기제를 통해 실현된다. 첫째는 '공산당과 정부의 이중 관리(黨政雙軌)' 제도다. 중앙과 지방의 언론매체는 각급 공산당 위원회가 통일적으로 영도하고, 당 선전부가 해당 지역의 선전 계통을 관리한다. 구체적으로 중앙 선전 사상공작 영도소조가 최고 영도기관이고, 공산당 중앙 선전부가 전국 언론매체의 영도를 담당하는 주무 부서다. 지방도 마찬가지다. 이는 앞 장에서 말한 그대로다.

그런데 언론매체는 공산당만이 관리하는 것이 아니다. 공산당 이외에도 정부도 유사한 방식으로 언론매체를 관리한다. 그래서 '공산당과 정부의 이중 관리' 제도라고 부른다. 정부의 언론매체 관리 부서는 국무원 국가텔레비전방송총국, 국가신문출판서, 신문판공실이다. 그런데 이 중에서 뒤의 두 개 부서는 2018년에 실시된 당정 기구개혁 이후에 사실상 공산당 중앙 선전부가 관리한다.

둘째는 '탸오-콰이 결합(條塊結合)'의 이중 관리(雙重管理)' 제도다. '탸오-콰이 관계'에 대해서는 제1권의 제2부 '공산당 조직'에서 자세히 살펴보았다. 전국의 모든 언론매체는 먼저 동급(同級)의 행정단위에 있는 공산당 위원회와 당 선전부의 수평적(횡적) 통제를 받는다. 이를 '콰이-콰이(塊塊) 관계'라고 부른다. 또한 동시에 상급 언론매체의 수직적(종적) 통제를 받는다. 이를 '탸오-탸오(條條) 관계'라고 부른다.

이런 두 가지 영도-복종 관계 중에서 수평적(횡적) 통제가 수직적(종적) 통제에 우선한다. 이를 중국에서는 '속지관리(属地管理: 소속 지역 관리)' 원칙이라고 부른다. 쉽게 말해, 베이징시에 있는 모든 언론매체는 베이징시 공산당 위원회와 당 선전부, 광둥성에 있는 모든 언론매체는 광둥성 공산당 위원회와 당 선전부의 관리를 받고, 그에 책임을 져야 한다.[19]

공산당의 언론 통제 제도에는 여러 가지가 있다. 이는 신문과 방송 같은 전통 매체뿐만 아니라 인터넷과 소셜미디어 같은 신매체에도 적용된다. 이런 통제 제도를 하나하나 살펴보자.

(1) 언론매체의 행정편입: '공산당만이 언론사를 소유한다'

중국은 2001년 11월에 세계무역기구(WTO)에 공식 가입했다. 이후 2002년 2월에 이와 관련된 언론매체 방침을 발표했다. "우리나라의 신문 매체는 국가가 경영하며, 외국인과 사인(私人)의 자본을 흡수하지 않는다."[20] 물론 이 방침은 이후에 일부 변경되었다. 앞에서 보았듯이, 언론사의 구조조정으로 언론의 상업화와 부분적인 사유화가 허용되었다. 그러나 이것이 언론매체의 국유제(실제로는 공산당 소유) 방침을 포기한 것은 절대 아니다. 지금까지 중국에서 언론매체는 국가, 정확히는 공산당만이 소유할 수 있다. 사적 자본

(외국 자본 포함)은 언론사에 투자할 수는 있지만, 그것을 경영하거나 통제할 수는 없다.

또한 중국에서 언론매체는 공공기관(사업단위)으로 분류되어 행정 체제에 편입되어 관리된다. 먼저 모든 언론사는 행정등급(行政級別), 즉 성부급(省部級)·지청급(地廳級)·현처급(縣處級) 등의 등급이 부여된다. 이는 언론사가 당정기관이나 인민단체와 다르지 않다는 점을 보여준다. 이에 따라 언론매체의 경영진은 공산당과 정부의 인사 통제를 받고, 언론인(기자)도 '준(準)공무원'으로 관리된다. 또한 이런 언론사의 행정등급에 따라 경영진과 언론인의 지위와 대우가 결정된다. 예를 들어, 임금·의료·주택·출장 경비 등 경제적 대우, 비밀자료나 내부문건을 볼 수 있는 정치적 자격은 이 등급에 따라 결정된다.

언론사 경영진의 인사 통제는 앞 장에서 살펴본 그대로다. 예를 들어, 공산당의 『인민일보』와 『구시』, 국무원의 신화통신사와 국가방송텔레비전총국의 책임자는 성부급(省部級) 정직(正職) 또는 부직(副職) 간부로, 공산당 정치국이나 정치국 상무위원회가 결정한다. 물론 그 전에 공산당 중앙 조직부와 중앙 선전부가 함께 추천 명단을 작성하여 보고한다. 지청급이나 현처급 간부는 공산당 조직부가 고찰(考察)하여 문제가 없는 경우 정부 관련 부서, 예를 들어 국무원 국가방송텔레비전총국과 국가신문출판서가 임명한다. 그 아래 간부는 해당 언론사가 고찰한 이후에 자체적으로 임명하고, 정

부 인사 부서에 보고(備案)한다.[21]

(2) 행정 등록제와 자격 허가제

중국의 언론사에는 설립 당시에는 행정 등록제(批准登記制)가, 설립 이후에는 자격 허가제(資格許可制)가 엄격히 적용된다. 만약 행정 심사를 거쳐 설립을 허가받지 못하면 신문사는 신문을 발행할 수 없고, 방송사는 방송을 송출할 수 없다. 또한 언론사는 설립 이후에도 정기적으로 실시되는 자격 심사를 통과하지 못하면 계속 운영할 수 없다. 특히 새로운 언론사는 공산당이 정한 매우 엄격한 자격 심사와 절차를 통과해야만 설립될 수 있다. 이때는 기존 언론사가 시장에서 퇴출당하거나, 혹은 행정적으로 폐쇄되어야만 새로운 언론사가 설립될 수 있다는 원칙, 즉 "죽는 자가 있어야 태어날 수 있다(有死才有生)"라는 원칙이 적용된다.[22]

| '주판주관제(主辦主管制)'

언론사 설립은 1997년에 제정되고 2005년에 수정된 〈신문출판 관리 규정〉이 명시한 '주판주관제(主辦主管制)'에 따라 처리된다.[23] 첫째, 신문사를 설립하려면 "확실하고 성실히 영도 책임을 질 수 있는 주판단위(主辦單位)와 주관단위(主管單位)"가 있어야 한다. 여기서 '주판단위'는 신문사를 설립하려는 조직을 가리킨다. '주관단위'는 '주판단위'를 관리하는 당정계통에 속하는 공산당, 정부, 총공회(總工會: 노조연합회) 같은 조직을 가리킨다. 따라서 '주판주관제'에서는 개인이나 민간조직이 신문사를 설립하는 것이 사실상 불가능하다. 둘째, 신문사는 '주판단위'와 '주관단위'의 동의를 얻은 이후에 국무원 국가신문출판서에 심사와 비준을 신청할 수 있다. 셋째, 심사가 통과된 이후에 행정기관에 등기 수속을 거쳐 신문등기증(新聞登記証)을 받은 이후에 신문을 발행할 수 있다.

신문사와 '주판단위' 및 '주관단위' 사이에는 영도-복종의 관계가 형성된다. 우선 '주판단위'는 신문사를 영도할 책임이 있다. 신문사가 공산당의 기본 노선·방침·정책을 제대로 실행하는지, 국가가 정한 법률과 법규를 잘 준수하는지, 신문사의 원래 방침과 설립 취지(宗旨), 신고한 사업 범위 내에서 신문을 발행하는지 등을 지도하고 감독한다. 당연히 신문사에 대한 인사권도 '주판단위'와 '주관단위'가 행사한다.

신문사, '주판단위', '주관단위' 사이의 관계를 사례를 들어 설명하면 이렇다. 『인민일보』는 자매지로 『환구시보』를 발행하기로 방침을 정했다. 그러면 환구시보사라는 신문사를 설립해야 한다. 이때 환구시보사를 설립하려고 하는 인민일보사를 '주판단위'라고 부른다. 그런데 『인민일보』는 공산당 중앙 기관지로서 공산당 중앙, 일상적으로는 중앙 선전부의 통제를 받는다. 따라서 환구시보사를 설립하기 위해서는 먼저 공산당 중앙 선전부의 승인(批准)을 받아야 한다. 이때 중앙 선전부를 환구시보사의 '주관단위'라고 부른다. 이처럼 『환구시보』를 발행하려면 먼저 "확실하고 성실히 영도 책임을 질 수 있는" '주판단위'인 인민일보사와 '주관단위'인 중앙 선전부가 있어야 하고, 이들이 사전에 승인해야 한다.

(3) 언론 심사제도: 보도 심사제와 편집 책임제

공산당은 언론매체의 뉴스 보도를 통제하기 위해 엄격한 심사 제와 편집 책임제를 실행한다. 뉴스 심사(審査)는 신문과 잡지에 대한 '심독(審讀: 읽기 심사)', 라디오 방송에 대한 '심청(審聽: 듣기 심사)', TV 방송에 대한 '심간(審看: 보기 심사)' 제도를 말한다. 이를 통해 공산당은 언론매체에 대해 전방위적으로 추적 관리할 수 있다.

1980년 이후 공산당은 중앙에서 지방까지 '심독소조(審讀小組), 심청소조(審聽小組), 심간소조(審看小組)'를 설립하여 운영하고 있다. 이와 같은 '삼심소조(三審小組)'는 공산당 선전부가 지정하는 책임자(선전 계통의 현직 간부), 각 언론사가 자체로 고용하는 선전 전문가로 구성된다. 선전 전문가는 선전 계통에 종사하다가 퇴직한 간부가 다수를 차지한다. 이들을 고용할 때는 세 가지 사항을 고려한다. 첫째는 정치적으로 신뢰할 수 있는지, 둘째는 선전 업무 경험이 있는지, 셋째는 은퇴한 이후에 시간이 있어 '삼심소조' 업무에 충실할 수 있는지가 그것이다.

이와 같은 '삼심소조'는 공산당 선전부와 정부 신문출판 부서가 각각 운영하는 '이중 교차관리(雙重交叉管理)' 방식을 채택한다. 다시 말해, 공산당과 정부의 해당 부서가 각각 '삼심소조'를 독립적으로 운영하면서 서로 감시하고 감독한다는 것이다. 방침은 이렇다. "천 개를 잘못 죽일지언정 하나를 놓쳐서는 안 된다(寧可錯殺一千不可放過一個)." 즉 천 개의 올바른 뉴스를 잘못 심사하여 처벌하는 일은 용납할 수 있으나, 한 개의 잘못된 뉴스를 놓쳐서 그냥 넘어가는 실수는 절대로 용납할 수 없다.[24]

또한 모든 신문과 방송은 편집 책임제를 실행한다. 〈신문출판관리 규정〉에 따르면, 신문이 뉴스를 보도하기 전에 반드시 편집책임자와 편집위원회가 심사하여 타당성과 합법성 여부를 판단한 이후에 보도해야 한다. 방송이 프로그램을 방송할 때도 마찬가지다. 다시 말해, 편집책임자와 편집위원회의 사전 심사를 받지 않는 뉴스나 프로그램은 절대로 보도 혹은 방송할 수 없다. 동시에 편집책임자와 편집위원회는 자신들이 심사한 내용에 대해서는 보도 및 방영 이후에도 끝까지 책임져야 한다.[25]

(4) 언론인 교육과 통제: '공산당의 입' 양성

마지막은 언론인에 대한 엄격한 교육과 자격제도의 운영이다. 중국 기자협회가 제정한 〈중국 기자 직업 도덕 준칙(準則)〉(2019년 11월 수정)에 따르면, 언론인은 다음과 같은 사명으로 보도에 임해야 한다.

"〈제1조〉 온 마음을 다해 인민을 위해 복무한다. 당에 충성하고, 조국에 충성하고, 인민에 충성한다. 당의 주장 체현과 인민의 심성 반영을 통일하고, 정확한 여론 선도(導向)의 견지와 사회 민의의 전달을 통일하며, 정면 선전 위주의 견지와 정확한 여론의 감독을 통일한다. [이를 통해 언론인은] 당과 정부가 인민 군중을 연결하는 다리 연결(紐帶) 역할(作用)을 담당한다."

"〈제2조〉 정확한 여론 선도를 견지한다. 단결 안정 고무와 정면 선전 위주를 견지한다. 주선율을 홍양(弘揚)하고, 긍정적 에너지(正能量)를 전파하며, 상승하는 주류 사상 여론의 부단한 공고화와 장대화(壮大)를 위해 적극적으로 나선다."[26]

| 언론인 육성 및 통제 제도

이를 위해서 공산당은 기자 양성을 위한 교육 단계부터 철저하게 통제한다. 실제로 공산당은 다양한 통제 제도를 통해 언론대학이나 대학교의 언론학과를 일상적으로 관리한다. 예를 들어, 선전 계통의 고위 당정간부를 언론대학 학장이나 언론학과 학과장 등의 보직에 임명하고, 공산당 선전부와 언론대학 간의 업무 협약을 통해 연계를 강화한다. 또한 당정 선전 계통의 간부가 수시로 대학과 학과를 방문하여 감독하고, 교육과 연구 내용을 검열한다. 만약 공산당의 교육 지침을 위반한 교수가 발견되면 즉시 조치한다.

이런 통제 제도로 인해 교수 사이에는 '내 생존(保存自己)이 최우선'이라는 자기검열 태도가 보편화된다. 학생들도 공식 이데올로기에 냉소적이거나, 현실과 이상의 갈등 속에서 방황한다.[27]

중국의 기자들은 다양한 언론인 상(像)을 갖고 있다. 이상적으로는 '미국형 전문 언론인 상'을 꿈꾸지만 '공산당의 입'으로 살아가야 하는 현실은 이를 허용하지 않는다. 또한 '대의형(大義型) 전문가'로서 인민과 민족의 이익을 위해 헌신하는 기자들도 있지만 소수다. 오히려 '대의형 전문가'를 꿈꾸는 기자 중에는 맹목적으로 애국주의를 추종하는 기자가 훨씬 더 많다. 결국 현실에서는 '공산당의 입'과 '생계형 언론인'으로 살아가는 기자가 대다수를 차지한다.

공산당은 언론인에 대한 사상 교육과 통제를 강화하기 위해 다양한 제도를 두고 있다. 먼저 언론매체의 책임자는 관련 직위에 취임하기 전에 반드시 공산당과 정부가 운영하는 교육기관에서 연수를 받아야 한다. 일반 기자도 매년 심사를 받아야 하고, 기자증은 5년에 한 번씩 갱신된다. 또한 2년에 1회 등 정기적으로 연수를 받거나, 아니면 언론인 자격시험을 통과해야 한다. 참고로 기자 중에서 공산당원 비율은 50% 정도로, 80% 정도인 공무원만큼은 아니지만 사회 전체의 평균인 6~7%에 비하면 매우 높은 편이다. 특히 중앙과 지방의 공산당 기관지에서 일하는 기자의 공산당원 비율은 일반 언론사 기자의 비율에 비해 훨씬 더 높다.[28]

이런 통제로 인해 언론인 사이에는 자조 섞인 자기비하의 풍자가 있다.

"우리는 한 마리 당의 개다(我是黨的一条狗). 당의 대문 앞에 앉아 있
다가(蹲在黨的大門口), 당이 누구를 물라면 누구를 물고(黨讓咬誰就
咬誰), 몇 번 물라면 몇 번을 문다(叫咬幾口就幾口)."[29]

| 언론인의 대응과 저항:『남방주말』사례

물론 이와 같은 공산당의 언론 통제를 극복하고 '사회적 공기'로
서 언론인의 사명을 다하려고 노력하는 기자들도 있다. 예를 들어,
CCTV의 사회 고발 프로그램인 〈초점 취재(焦點訪談, Focus)〉는 비판
적인 탐사 보도로 주룽지 전 총리의 호평을 받는 등 정부의 간접적
인 지원 아래 큰 인기를 누렸다. 비록 엄격한 보도 제한으로 제작
된 프로그램의 30%를 방송할 수 없었고, 중앙과 지방의 고위 간부
에 대한 보도는 극히 제한되었지만,[30] 그래도 기자들의 사명감과
헌신적인 노력 속에서 중국 언론의 새로운 영역을 개척한 프로그
램으로 높이 평가받았다. CCTV의 〈초점 취재〉 이후 전국적으로
비슷한 사회 고발 프로그램이 많이 만들어졌다.

광둥성의 『남방주말(南方週末)』은 또 다른 대표적인 사례다. 이
신문은 1990년대에는 '다른 지역 감독(異地監督)' 전략, 즉 광둥성
을 제외한 다른 지역의 부패 문제나 정부 정책의 잘못을 비판하면
서 '자유주의 성향의 신문'으로 국내외로 큰 명성을 얻었다. 그러나

2000년에 편집장과 편집인이 해고되고, 2003년에는 공산당 중앙이 광둥성 지도부에 대한 인사 통제를 강화한 이후, 이 신문의 비판 강도는 전보다 많이 줄어들었다. 특히 2012년에 공산당 중앙이 광둥성 공산당 위원회의 선전부 부장을 직접 임명함으로써 통제가 더욱 강화되었다.[31]

그런데 2013년 1월에 『남방주말』의 기자들은 공산당의 검열에 맞서 공개적으로 항의하는 용기를 다시 한번 보여주었다.[32] 신년 특집호를 준비하는 과정에서 중국의 정치 현실을 비판하는 「중국의 꿈 헌정의 꿈」(中國夢 憲政夢)이 당국의 검열을 거쳐 시진핑의 '중국의 꿈' 연설을 찬양하는 「우리는 어느 때보다 꿈에 더욱 가까이 있다」(我們比任何時候都更接近夢想)로 바뀌었다. 이에 편집부 기자들이 반발하고, 그런 사실을 인터넷과 소셜미디어를 통해 외부로 알리면서 항의 사건이 시작되었다.

이후에 인터넷과 소셜미디어에는 공산당을 비판하고 『남방주말』 기자들을 지지하는 글이 증가했다. 광저우시(廣州市)의 『남방주말』 본사 앞에서는 소규모의 항의 집회가 열리기도 했다. 깜짝 놀란 공산당과 정부 당국은 베이징의 『환구시보(環球時報)』를 통해 이런 상황을 비판하는 논평을 실었고, 전국의 다른 신문들도 이 비판 논평을 게재할 것을 요구했다.[33] 그런데 베이징시의 『신경보(新京報)』가 이를 거부하는 사건이 다시 발생했다.[34] 그래서 사건의 확산 방지를 최우선으로 고려했던 광둥성 당국은 결국 『남방주말』에 일

정한 편집 자율권을 보장하고 항의에 참여한 기자를 처벌하지 않
는다는 양보를 할 수밖에 없었다. 이런 조건에서 편집부 기자들이
업무에 복귀함으로써 사건은 일단락되었다.[35]

그런데 공산당 중앙은 이 사건이 발생한 지 4개월째 되는
2013년 4월에 '중앙 9호 문건', 즉 〈현재 이데올로기 영역의 상황 통
보〉를 비공개로 하달하면서 언론과 대학에 대한 사상 통제를 강
화하기 시작했다.[36] 『남방주말』의 항의 사건과 관련된 기자들도 보
복을 당해 일부는 해고되고 일부는 자진해서 회사를 떠났다. 그렇
게 시작된 시진핑 정부의 언론 통제는 지금까지 계속되고 있다. 그
러나 『남방주말』 기자들의 항의 사건은 중국의 기자들이 '공산당의
개'로서 순종하면서 살지만은 않는다는 사실을 보여주었다는 점에
서 큰 의의가 있다.

3. '언론 보도 지침' 제도

앞에서 우리는 네 가지 제도를 통해 공산당이 실행하는 언론 통
제를 살펴보았다. 그런데 이 모든 제도를 합한 것보다 더 중요한 공
산당의 언론 통제 제도가 하나 더 있다. 바로 '언론 보도 지침(news
guideline)' 제도다. 이는 한국에서 박정희 정권과 전두환 정권 시기
에 일반적으로 사용되었던 언론 보도 지침 제도와 크게 다르지 않

다. 공산당은 이를 통해 언론매체를 일상적으로 통제할 수 있다.

공산당의 언론 보도 지침은 공식 문건 형식으로 전달되기도 하지만, 주로 전화나 회의 등 구두(口頭) 형식으로 전달된다. 예를 들어, 공산당 중앙 선전부와 각급 지방 당 위원회 선전부는 언론매체 책임자들이 참석하는 업무 회의, 일명 '통기회(通氣會)' 혹은 '취풍회(吹風會)'를 매주 1회씩 정기적으로 개최한다. 이때 공산당의 보도 지침을 하달하고, 실제 집행 상황을 점검한다. 또한 중요한 행사나 사건이 발생할 경우는 언제든지 긴급회의를 소집하여 보도 지침을 전달한다.

또한 공산당 중앙 선전부는 매달 『상황통보(情況通報)』라는 선전 계통의 내부 간행물, 일명 '동태간보(動態簡報)'를 발행하여 각 언론매체에 전달한다. 여기에는 매달 규칙을 위반한 매체의 위반 내용, 그에 대한 징계와 처벌 사항 등이 실려있다. 중국에서는 이를 '매월평가(月評)'라고 부른다. 이를 통해 공산당 중앙 선전부는 언론매체가 '선전 기율'을 위반하지 않도록 강력히 경고하고, 이들이 선전 지침을 철저히 준수하도록 압력을 가할 수 있다.

(1) 언론사 내부의 검열 제도와 '통일원고(通稿)' 제도

언론 보도 지침 제도는 언론사 내부에서도 운영된다. 예를 들어, 각 신문사는 매주 '총편집 판공 확대회의(總編辦公擴大會議)'를 개최한다. 여기에는 신문사 최고 경영진과 편집위원회 관계자뿐만 아니라 각 부서 책임자가 반드시 참석한다. 이 회의에서는 공산당 중앙 선전부가 하달한 최신의 선전 정신, 각종 금지 규정, 잘못을 범한 언론사와 언론인의 처벌 상황 등을 통보한다. 그러면 각 부서 책임자들은 이를 해당 부서에 다시 전달하고 철저히 집행되도록 감독한다.[37]

중국에서 중요한 뉴스를 일관적으로 관리하는 국무원의 신화통신사(신화사)도 마찬가지다. 신화사(新華社)에는 공산당 중앙 선전부가 파견한 감독관이 상주하여 신문을 검열하지만, 신문사 자체로도 검열 제도를 두고 있다. 신화사 편집위원회는 매일 아침과 저녁에 회의를 개최하여 중앙 선전부로부터 보도 지침을 통보받고, 이를 각 부서에 전달하여 실행하도록 요구한다. 일명 '붉은 노트(紅本子)'라고 불리는 중앙 선전부의 보도 지침은 매일 두 번씩 갱신된다. 이와 같은 방식을 통해 중앙 선전부는 신화사의 뉴스 보도를 통제할 수 있다.[38]

1984년부터 운영되는 신화사의 '통일원고(通稿)' 제도는 매우 중요한 언론 통제 수단이다.[39] 공산당 총서기 등 중앙 지도자의 활동 보도, 공산당 당대회, 중앙위원회 회의, 정치국 회의 같은 정치행사 보도, 쓰촨성 대지진이나 티베트 소수민족 시위 같은 국내외 중요 사건을 보도할 때, 중앙과 지방의 언론매체는 신화사—최근에는 인민일보사도 추가되었다—가 작성한 통일원고만을 사용할 수 있다. 이는 공산당이 신화사에 보도 독점권과 반포권을 부여한 것이다. 만약 언론매체가 이를 위반할 경우는 심각한 제재를 받는다. 물론 아주 민감한 사건은 보도를 금지하는데, 인터넷과 소셜미디어가 보편화된 현재와 같은 상황에서는 완전한 보도 금지보다는 신화사의 통일원고를 사용하는 것이 여론 통제에 유리하다.

(2) 경제 보도 지침과 일상 보도 지침

공산당 중앙 선전부가 하달하는 보도 지침은 매우 다양하고 많아서 일일이 열거하기도 힘들 정도다.[40] 이 중에서 경제 관련 보도는 상대적으로 덜 민감하다고 알려져 있다. 그러나 여기에도 보도 지침 제도는 어김없이 작동한다.

| 경제 보도 지침

경제선전에서 가장 중요한 임무는 사회안정 유지다. 그래서 어떤 경제 사건의 보도 여부를 판단하는 기준은 경제 효용성, 즉 경제발전과 국민 생활 개선에 기여하는지보다 사회 효용성, 즉 그 보도가 사회안정의 유지에 도움이 되는지가 우선한다. 이에 따라 경제 문제에 대한 비판 보도는 사회안정을 고려해서 신중해야 하고, 보도 전에 반드시 해당 부서의 허가를 받아야 한다. 반면 공산당과 국가의 업적은 국민의 생활수준 향상과 연계해서 집중적으로 보도해야 한다.

경제선전에도 민감한 주제와 영역이 있다. 신문보다는 TV가 훨씬 엄격하게 통제된다. 민감성은 보통 세 단계로 나뉜다. 첫 단계는 보도 금지 주제, 둘째 단계는 신중한 보도 주제, 셋째 단계는 신화사 통일원고 사용 주제다. 민감한 주제에는 인플레이션, 금융, 증권과 외환, 경제 통계 등이 포함된다. 예를 들어, 금융에서는 예금 인출 사태, 자금세탁, 금융 부패 보도는 엄격히 통제된다. 금융사기 사건은 상세한 보도가 금지되는데, 이는 모방 범죄를 막기 위해서다. 증권과 외환도 매우 민감한 주제로, 자주 보도가 통제된다. 그 밖에도 경제 관련 통계자료를 보도할 때는 반드시 정부 관련 부서의 공식 통계만 사용해야 한다.

경제 관련 용어도 조심해서 사용해야 한다. 예를 들어, '사영경제(私營經濟)'와 '사영기업'은 사회주의 중국에서는 적절하지 않은 용어다. 이 때문에 '비공유제 경제(非公有制經濟)', 줄여서 '비공경제(非公經濟)'와 '비공유제 경제 기업'이라는 말이 한동안 사용되었다. 그러다가 2017년 공산당 19차 당대회에서 '민영기업(民營企業)'이라는 용어가 등장했다. '비공유제 경제'(즉 사영경제)는 '공유제 경제'(즉 국유경제)와 대립하는 인상을 주는, 그래서 결과적으로 사영기업을 비하하는 뉘앙스를 가지고 있다. 또한 '민영기업'은 객관적인 용어로, 이미 크게 발전한 사영기업의 지위를 개선하고 양호한 성장환경을 조성하는 데 적절한 용어다. 그 결과 '민영기업'이라는 용어가 '비공유제 경제 기업'을 대신해서 사용되기 시작했다.[41]

또한 2006년에 공산당 중앙 선전부가 하달한 빈곤 문제에 대한 언론 보도 지침에 따르면, 극도로 빈곤한 지역의 상황이나, 빈곤층의 어려운 삶은 보도 금지다. 중앙 및 지방정부의 사전 허가 없이 언론사가 자체적으로 빈곤 지역을 취재해 보도하는 일도 안 된다. 정부의 빈곤 극복 정책에 대한 자의적인 분석 기사나 비판 기사는 당연히 허용되지 않는다. 만약 취재 중에 중대한 문제를 발견하면 즉시 공산당 중앙 혹은 국무원 관련 부서에 먼저 보고해야 한다. 중앙 보고 후에도 공식 허가 없이는 그 문제를 함부로 보도할 수 없다.[42]

| 일상 보도 지침

공산당 중앙 선전부의 보도 지침은 중대한 문제만을 대상으로 하는 것은 아니다. 보도 지침은 일상적이고 사소한 내용도 포함한다. 예를 들어, 부패 사건 보도는 특정 시기에 집중해서 보도해서는 안 된다. 그렇게 하면 국민이 '공산당의 부패 문제가 매우 심각하다'라고 인식할 수 있기 때문이다. 부패 사건을 보도할 때는 공산당과 정부의 단호한 부패 척결 의지와 실천을 부각해야지, 부패의 심각성을 부각해서는 안 된다. 사건 사고를 보도할 때도 살인 보도는 적게 하고, 사건의 상세한 내용은 보도하지 말아야 한다. 특히 사건을 통해 독자들이 공산당과 정부를 비판하거나 공격하는 일이 없도록 주의해야 한다.

부주의로 발생한 대형 화재나 철도 탈선 등 인재(人災) 사건을 보도할 때는 반드시 엄격히 감독해서 대중의 분노를 자극하는 일이 없도록 주의해야 한다. 부득이 이를 보도할 때는 반드시 '표현법(提法)'과 '규격(口徑: 범주)'을 통일하고, 정부의 구호 활동과 재난 극복 중에 사람들이 보여준 모범적이고 아름다운 행위를 집중적으로 보도해야 한다. 재난의 심각성을 함부로 과장해서 보도해서는 안 된다. 특히 구체적인 숫자를 쓰지 말아야 하며, 숫자를 쓸 경우는 반드시 선전 부서의 심사를 거친 이후에 사용해야 한다.

복권이 당첨되어 부자가 되었다는 소식을 과도하게 보도해서도 안 된다. 고소득자의 사치와 낭비를 과도하게 보도해서도 안 된다. 빈부격차 같은 민감하고 해결이 어려운 구조적이고 만성적인 문제는 최대한 보도하지 말아야 한다. 만약 보도할 경우는 빈부격차가 해소되고 있으며, 그것을 위해 정부가 노력하고 있다는 사실을 강조해야 한다. 실업자 문제는 공산당과 정부가 그들에게 관심을 가지고 혜택을 베풀고 있다는 점을 강조해야지, 단순히 실업자가 겪고 있는 어려움에 초점을 맞추어 실제 상황(실태)을 보도해서는 안 된다.

그 밖에 매년 6·4 톈안먼 민주화 운동 기념일 등 민감한 시기, 설날(春節)과 청명절(淸明節) 같은 전통 명절, 국경일 같은 국가 기념일, 공산당 당대회와 전국인대 연례회의 같은 정치행사 시기에는 정치·경제·사회 각 방면의 심각한 문제나 부정적인 뉴스를 보도해서는 안 된다. 1999년에 파룬궁(法輪功) 사건이 발생한 이후에는 파룬궁 교주 리훙즈(李洪志)의 생일인 5월 21일에 광고 중에 '생일 축하와 같은 자구(字句)가 들어가지 않도록 엄격히 심사해야 한다.[43]

(3) 2008년 쓰촨성 대지진의 보도 지침

2008년 쓰촨성 대지진을 보도할 때도 엄격한 보도 지침이 적용되었다. '주선율'은 '인민 우선'과 '생명 우선'이고, 이를 토대로 구호 활동과 연계해서 대대적인 선전이 이루어졌다. 무엇보다 후진타오 총서기와 원자바오 총리의 헌신적인 활동 모습이 집중적으로 보도되었다. 커다란 위험도 불사하면서 인명을 구조하는 인민해방군의 헌신적인 활동도 크게 보도되었다. 또한 국민의 단결된 모습과 자비로운 공산당과 국가의 영도가 강조되었다.

쓰촨성 대지진에서 보여준 공산당과 인민의 '영웅적인 모습'에 대한 선전은 2008년 베이징 올림픽 개막식과 2010년 상하이 엑스포 행사로 이어졌다. 특히 이때에는 1976년의 탕산(唐山) 대지진을 소재로 한 〈역정(歷程)〉이라는 영화를 제작하여 널리 방영함으로써 공산당의 선전 기조를 이어갔다.[44] 이는 2020년 코로나19 방역에 대한 선전에서도 그대로 반복되었다. 예를 들어, 코로나19를 극복한 중국의 모습을 그린 TV 드라마를 제작해서, 공산당의 '정확한 영도', 의료인과 자원봉사자의 '영웅적인 헌신', 일반 국민의 '인내'와 '적극적인 참여' 등을 대대적으로 선전했다.

2008년 쓰촨성 대지진 때도 당연히 언론 보도 지침이 하달되었다. 첫째, 관공서는 튼튼하게 지어져서 상대적으로 피해가 적었던 반면, 학교는 부실하게 지어졌고, 그 결과 지진으로 수많은 학생이 집단으로 사망한 사실에 대해서는 보도가 금지되었다. 또한 그런 결과를 초래한 원인, 예를 들어 학교의 부실 공사와 당정간부의 건축비 횡령 등에 대한 보도도 엄격히 금지되었다. 둘째, 정부의 재난 지원금과 국민이 낸 기부금의 모집과 분배에 대해서도 보도가 금지되었다. 중국 적십자사의 기부금 횡령과 낭비 등 부패 문제가 언론에 보도되면서 국민의 성원과 지원이 줄어든 사례가 있었기 때문이다. 셋째, 재난 지역에서 일하는 당정간부의 부패와 무능함에 대한 비판 보도도 금지되었다. 넷째, 다만 언론의 부분적인 감시 역할은 허용되었다. 단 이 경우도 중앙의 방침에 따라 '지방의 문제만'을 선택적으로 보도할 수 있다. 이런 보도 지침이 효과를 발휘하면서, 수십만 명의 사상자와 엄청난 재산 피해가 발생한 자연 재해는 공산당 정권의 통치 정통성을 높이는 중요한 소재로 활용될 수 있었다.[45]

이런 공산당의 언론 보도 지침은 2020년 코로나19 사태에 대한 언론 통제에도 그대로 적용되었다. 그 결과 감염병 발생과 이에 대한 정부의 미진한 초기 대응, 엄청난 인원 및 경제적 피해에도 불구하고 공산당의 통치 정통성은 오히려 더 높아졌다. 예를 들어, 미국의 한 대학 연구소(UCSD China Data Lab)가 수행한 설문 조사 결과에 따르면, 중앙정부에 대한 중국인의 신뢰도(1~10단계)

는, 2019년 6월에는 8.23였는데 2020년 5월에는 8.87로, 0.64 포인트가 높아졌다. 비슷하게 다른 정치 체제보다 중국의 정치 체제에서 살겠다고 응답한 중국인의 비율도 2019년 6월에는 70%였는데, 2020년 5월에는 83%로, 13% 포인트가 높아졌다.[46] 이런 결과는 주도면밀한 언론 통제가 아니었으면 불가능한 일이다.

(4) 2008년 '싼루 분유 사건'의 보도 지침

2008년에 '싼루 분유(三鹿奶粉) 사건'이 발생했을 때도 공산당 중앙의 언론 보도 지침은 효과를 발휘했다.[47] 싼루그룹(三鹿集團)은 후베이성 스자좡시(石家庄市)에 본사를 둔 유명한 유제품 회사인데, 이 회사가 생산한 유아용 분유에 멜라민 성분이 다량으로 들어있었다. 이로 인해 수십만 명의 영유아가 신장결석 등 건강에 이상이 생기는 문제가 발생했다. 이 사건은 2008년 베이징 올림픽을 앞두고 발생한 것으로, 중국 당국에는 매우 민감하고 중요한 문제였다. 중국의 국가 이미지가 크게 손상될 수 있을 뿐만 아니라, 식품 안전에 대해 커다란 불만을 품고 있던 국민의 원성이 더욱 높아질 수 있는 사안이기 때문이다.

공산당 중앙 선전부는 올림픽이 끝난 9월에야 이 사건의 공개를 허용했다. 동시에 이와 함께 보도 지침을 하달했다. 첫째, 중앙과 지방의 신문은 모두 신화사와 『인민일보』의 통일원고만 사용하여 보도한다. 둘째, 이 사건의 부정적 영향을 축소하기 위해 신문 1면에는 관련 기사를 실을 수 없다. 셋째, 공산당과 국가에 대한 비판은 엄격히 금지한다. 대신 멜라민 분유 사건을 싼루그룹의 단독 범행으로 한정해서 보도한다. 넷째, 피해자들의 집단소송과 인권 변호사들의 지원 활동은 보도 금지다. 다섯째, 공산당과 정부의 문제 해결 노력과 재발 방지 대책을 집중 조명한다.

중앙과 지방의 공식 언론매체는 공산당 중앙 선전부의 보도 지침을 충실히 준수했다. 먼저 싼루 분유 사건을 독립된 사건으로 보도했다. 즉 이 문제를 중국의 다른 식품 위생 문제와 연계해서 보도하지 않았다. 또한 이 사건에서 잘못을 저지른 싼루그룹과 축산농가의 우유를 모아 납품한 우유 중개상의 불법 행위에 초점을 맞추어 문제점을 비판했다. 당정간부와 기업의 결탁 등 구조적인 문제는 언급하지 않았다. 정부를 비판할 때도 지방정부의 잘못된 대응을 지적하지, 중앙정부의 대응은 절대로 비판하지 않았다. 마지막으로 이 사건을 베이징 올림픽 이후에 발표한 정부의 태도, 이를 늦게 보도한 언론에 대한 비판은 없었다.

공식 언론매체는 사후 대책을 보도할 때도 공산당 중앙 선전부의 보도 지침을 준수했다. 먼저 정부가 보장한 피해자에 대한 '무상 치료'를 강조했다. 피해자에 대한 미흡한 보상 문제나 피해자들의 집단소송 제기는 보도하지 않았다. 또한 언론매체는 법률에 따라 관련자를 엄중히 처리한 정부의 대응을 높이 평가했다. 관련된 당정간부는 모두 면직되거나 형사처벌되었고, 싼루그룹 회장은 종신형, 우유에 멜라민을 첨가한 우유 중개상 세 명은 사형, 한 명은 사형 집행유예를 받았다는 사실을 강조했다. 정부는 이를 계기로 식품 위생 제도에 대한 대대적인 개선과 개혁에 착수한다는 사실도 크게 보도했다. 마지막으로 문제 예방과 해결을 위해서는 엄격한 법률 집행이 필요하다는 사실을 반복해서 강조했다.

물론 모든 언론매체가 중앙의 보도 지침을 그대로 따르지는 않았다. 『남방주말』과 『중국경제시보(中國經濟時報)』 등은 독자적인 분석 기사를 내보내기도 했다. 이들 신문은 언론의 늑장 축소 보도와 싼루그룹의 인터넷 포털 매수 문제─예를 들어, 인터넷에서의 검색 제한을 대가로 싼루그룹이 '중국판 구글'인 바이두(百度, Baidu)에 3억 위안(元)(한화 약 540억 원)을 제공한 문제─를 제기했다. 또한 피해자 보상 문제와 인권 변호사의 활동, 예를 들어 21개 성에서 124명의 변호사가 모여 집단소송 문제를 협의했는데, 정부의 압력으로 소송을 중단했다는 사실도 보도했다. 이와 관련하여 정부와 법원이 피해자의 권익 보호에 소극적으로 나서는 태도도 지적했다. 천애 포럼(天涯論壇) 같은 인터넷 토론방에서는 이런 매체의 비판 보도를 지지하는 여론이 강하게 일어났다.

4. 언론매체의 정보 수집과 감시 기능

그런데 공산당은 언론매체를 단순히 국민에 대한 선전과 정보 통제의 수단으로만 사용하지 않는다. 언론매체는 공산당에게 매우 중요한 내부 정보 소통 수단이자 당정기관과 간부에 대한 감시 수단이기도 하다. 제1권의 제2부 '공산당 조직'에서 이미 살펴보았 듯이, 공산당 중앙 판공청은 중앙과 지방의 '판공청 계통'을 이용 하여 중요한 정보를 비밀리에 수집하고 유통하는 활동을 활발히 전개한다. 언론매체도 이런 비밀스러운 정보 수집과 유통을 담당 한다는 것이다.

(1) 공산당의 비밀 문건 제도

공산당 내에는 비밀 문건 혹은 비공개문건 제도가 있다. 비밀 문건은 4등급, 즉 ① '절밀(絶密, top secret)', ② '기밀(機密)', ③ '비밀 (秘密)', ④ '내부자료(內部材料)'로 분류된다. 문건의 등급에 따라 성 부급과 군급(省部軍級), 지청급과 사급(地廳師級), 현처급과 단급(縣 處團級) 간부가 볼 수 있는 것과 없는 것으로 구별된다. 여기서 '군 급', '사급', '단급'은 군대 단위를 말한다. 예를 들어, '절밀' 등급의 비밀 문건은 최소한 성부급(省部級: 장·차관급) 이상의 지도자만이 볼 수 있다(이들은 약 3,000명 정도 된다). '절밀' 중에서도 아주 중요한 문건은 정치국원(현재 25명)이나 중앙위원(현재 204명)으로 안정된다.

또한 이런 등급에 맞추어 비밀 문건이 외부로 유출되지 않도록 철저히 관리한다.

이와 비슷하게 주요 언론사마다 당정간부만을 위한 내부 간행물로 다양한 종류의 '참고자료(參考資料)', 줄여서 '내참(內參)'을 발행한다. 이런 내부 간행물에도 비밀 문건처럼 등급이 붙어 제한된 범위 내에서만 유통된다. 당정간부의 정치 대우에는 당정기관의 비공개문건을 열람할 수 있는 권한뿐만 아니라, 언론매체의 내부 간행물을 열람할 수 있는 권한도 포함된다. 언론매체의 정보 수집과 유통 기능은 공산당과 정부가 전국의 실제 상황을 파악하는 데 아주 중요한 통로 역할을 담당한다.[48]

(2) 언론사의 내부 간행물: 다양한 '참고자료' 발행

당정간부용 '참고자료'는 신화사 국내신문부의 제2편집실과 『인민일보』 총편집실(總編室)에서 만든다. 모두 네 가지 종류가 있는데, 앞의 세 종류는 신화사, 마지막 한 종류는 『인민일보』가 만든다.

첫째는 신화사가 발행하는 『국내 동태 청양(國內動態淸樣)』으로, 흔히 '대내참(大內參)'으로 불린다. 여기서 '청양'은 인쇄하기 직전의 신문 판본을 뜻한다. '대내참'에는 국내에서 발생한 돌발성 중대 사건, 당내 고위층과 관련된 중요한 사건 등이 포함된다. 매일 1~2기(期)가 발행되고, 매주 하나의 전문주제를 다루는 특집호도 발행된다. 분량은 매기당 2~3쪽 혹은 5~6쪽이다. 처음에는 '절밀' 문건으로 국가급 지도자와 중앙의 정부급(正部級: 장관급) 간부에게만 배포되다가 1980년대에 성부급(省部級: 장·차관급) 간부로 확대되었다. 문서는 배포 후에 회수하고, 분실할 때는 정치적 책임을 묻는다. 이 간행물 자체가 외부로 유출될 가능성은 크지 않다. 대개는 그 문건을 본 사람이 구두로 내용을 전달해서 해외까지 알려진다.

둘째는 신화사가 발행하는 『내부참고(內部參考)』로, 일반적으로 '내참(內參)'으로 불린다. '내참'에는 국내에서 발생한 크고 중요한 사건과 주요 언론의 보도 내용이 들어있다. 매주 2기가 발행되고, 분량은 매기당 20~40쪽 정도다. 비밀 등급은 '기밀'에서 '내부자료' 등 다양하다. 보통 중고급 간부가 국내의 비밀정보를 습득하는 주요 통로로 활용된다. '내참'도 외부 유출이 금지된다.

셋째는 신화사가 발행하는 『내참선편(內參選編)』이다. 1980년대 중반에 기층 간부의 정보 수요를 충족시키기 위해 『내부참고』 중에서 덜 민감한 일부 내용을 선별하여 매주 1기씩 30~40쪽 분량으로 발행한다. 비밀 등급은 역시 '기밀'에서 '내부자료' 등 다양하다. 이 간행물은 농촌의 향장(鄕長)과 진장(鎭長), 당정기관의 과장급 (科長級) 간부들이 주로 읽는다. 간행물은 발행 이후에 회수하지 않는다. 따라서 이 내부 간행물은 시간이 지나면 외부로 유출되는 경우가 있다.

넷째는 『인민일보』가 발행하는 『내부참열(內部參閱)』이다. 이 간행물도 비밀 등급에 속하며, 뉴스 성격이 아닌 원고가 주류를 이룬다. 여기에는 국책연구소의 연구원이나 대학교수가 작성한 정책 건의를 위한 이론적인 글, 당정기관과 연구소, 대학 등이 작성한 각종 조사 보고서가 포함된다. 이런 글들은 매우 민감한 주제를 담고 있기도 하다. 부패 문제에 대한 대중의 분노, 농촌 사회의 실태 조사 보고 등이 대표적인 사례다. 이 자료는 현처급과 단급 이상의 당정기관에 배포된다.

이상에서 네 가지 종류의 '참고자료'를 살펴보았는데, 첫째, 둘째, 셋째 간행물 간에는 시간의 빠르고 느림, 내용의 민감함과 상세함 정도에서 차이가 있다. 첫째인『국내 동태 청양』에는 당일에 발생한 사건에 대한 매우 민감하고 상세한 내용이 포함된다. 둘째인『내부참고』는 1주일 이내에 발생한 사건에 대한 비교적 민감하고 상세한 내용이 포함된다. 셋째인『내참선편』은 2주일 이내에 발생한 사건을 간략하게 언급한 덜 민감한 내용이 포함된다.

당정기관의 내부문건과 언론사의 내부 간행물에 등급을 부여하는 이유는, 문건 내용을 외부에 유출할 경우에 '국가기밀 누설죄'로 처벌할 수 있는 법적 근거를 만들기 위해서다. 실제로 중국의 연구자, 언론인, 당정간부가 이런 문건에 실린 내용을 외국 학자나 언론인에게 말했다가 '국가기밀 누설죄'로 구속된 사례가 여럿 있다. 또한 외국 학자나 언론인이 이런 문건을 가지고 있다가 적발되어 '국가기밀 절도죄'로 처벌되기도 했다. 이처럼 공산당은 등급 제도를 통해 정보 수집과 유통을 통제한다.

####

인터넷과 소셜미디어 통제

2018년에 프리덤 하우스(Freedom House)는 중국의 인터넷 통제를 사례로, 세상에 '디지털 권위주의(digital authoritarianism)'가 등장했다고 선언했다. 이는 "정부가 인간해방의 엔진인 인터넷의 개념을 뒤집어서, 발달한 기술을 사용하여 시민을 통제하는 권위주의 체제"를 말한다. 또한 이에 따르면, 디지털 권위주의는 두 가지 요소를 기둥으로 작동한다. 하나는 광범위한 검열(censorship) 체계이고, 다른 하나는 자동화된 감시(automatic surveillance) 체계다.

중국은 디지털 권위주의를 자국에서만 실행하는 것이 아니라 다양한 방법을 통해 전 세계 개발도상국(주로 권위주의 국가)에 널리 보급하고 있다. 예를 들어, 중국은 일대일로(一帶一路, Belt and Road Initiative/BRI)와 연계하여 '디지털 실크로드(digital Silk Road)'를 건설하고, 이를 통해 사이버 초강대국(superpower)이 되기를 꿈꾼다. 또한 이를 통해 개발도상국에 디지털 권위주의를 수출한다. 최근까지 중국은 35개 국가의 전문가를 초청하여 다양한 교육과 훈련을 진행했다. 38개 국가에는 통신 장비, 18개 국가에는 인공지능(AI), 안면 인식 기술을 수출했다. 그 결과 중국은 2018년에 프리덤 하우스에 의해 '인터넷 자유의 최악 사용국'으로 지정되었다.[1]

이보다 몇 년 전에 한 중국 전문가는 중국에 디지털 소통에 의한 '네트워크 권위주의(networked authoritarianism)'가 등장했다고 주장했다. 공산당이라는 유일한 집권당이 국가와 사회를 통제하고 있는 상황에서 네티즌(netizen)이 인터넷과 소셜네트워크에서 여러 문제에 대해 광범위하게 토론하는 새로운 권위주의 체제가 등장했다는 것이다. 네트워크 권위주의에서는 두 가지 일이 동시에 일어난다. 하나는 네티즌이 전과 비교해서 좀 더 많은 자유를 누리고 있다고 생각하는 경향이다. 물론 이는 착각이다. 다른 하나는 국가권력에 의한 통제가 계속되면서 개인의 권리와 자유가 여전히 보장되지 않는 상황이다. 검열, 감시, 정보 조작 등을 통해 국가가 사이버 세계를 통제할 수 있기 때문이다. 그래서 권위주의가 지속된다는 것이다.[2]

어쨌든 이런 주장들은 모두 중국에서 인터넷과 소셜미디어(social media) 혹은 사회관계망서비스(Social Networking Service/SNS)—이하에서는 이 두 가지를 '인터넷'으로 통칭하겠다—가 급속히 발전하고, 공산당이 이에 매우 적극적으로 대응하면서 나타난 새로운 현상이다. 이런 측면에서 공산당의 사상 통제는 신문이나 방송 같은 전통 매체를 이용한 선전에서, 인터넷 등 신매체를 이용한 선전으로 중심이 옮겨가고 있다고 말할 수 있다. 공산당의 사상 통제를 알기 위해 인터넷 통제를 자세히 살펴보아야 하는 이유는 이 때문이다.

앞 장들의 선전과 언론 통제에 이어 이 장에서는 공산당의 인터넷 통제를 살펴볼 것이다. 2000년대 이후 중국에서 인터넷이 빠르게 보급되면서 사상 통제는 앞에서 말했듯이 인터넷 등 신매체를 중심으로 이루어지고 있다. 인터넷은 신문과 방송 같은 전통 매체와 비교해서 정보 전파 속도가 월등히 빠르고, 사회와 국가에 미치는 영향력도 더욱 크기 때문이다. 공산당이 이를 매우 중시하고 적극적으로 대응하는 첫 번째 이유다.

동시에 인터넷은 사회 활동가와 시민사회(civil society)에 새로운 활동 공간과 투쟁 수단을 제공한다. 이를 이용하여 개인과 단체가 정부의 잘못된 정책과 당정간부의 일탈 행위를 감시하고 폭로하는 일이 전보다 훨씬 쉬워졌기 때문이다. 동시에 인터넷은 대중 시위를 조직하고 전개하는 데도 유용한 도구로 사용되고 있다. 특별한 지도자나 저항조직 없이도 네티즌들이 인터넷을 이용해 대중 시위를 조직할 수 있기 때문이다. 2019년부터 2020년 상반기까지 홍콩에서 전개된 민주화 시위는 이를 잘 보여준다. 공산당이 인터넷에 주의를 기울이지 않을 수 없는 두 번째 이유다.

1. 인터넷의 발전과 '인터넷 계통'

먼저 중국에서 인터넷의 발전 상황과 이를 통제하는 공산당의 '인터넷 계통'에 대해 살펴보자. 앞 장에서는 신문과 방송 등 전통 매체를 통제하는 '선전 계통'에 대해 살펴보았다. 인터넷 계통은 선전 계통과 연계해서 이해할 수도 있지만, 별도로 이해할 수도 있다. 나는 뒤의 방식이 더 타당하다고 생각한다.

(1) 인터넷의 급속한 발전과 환산

〈그래프 3-4〉와 〈그래프 3-5〉는 각각 전 세계 및 아시아 주요 국가의 인터넷 보급 상황을 정리한 것이다. 이에 따르면, 중국의 인터넷 이용자는 절대 규모 면에서 전 세계 및 아시아 지역에서 압도적인 우위를 차지하고 있다. 중국의 인터넷 사용자는 2021년 1월에 약 9억 3,100만 명으로, 전체 인구 14억 1,000만 명의 66%를 차지한다. 국민 세 명 중에서 두 명이 인터넷을 사용하고 있다는 뜻이다.

이 그래프에는 나와 있지 않지만, 중국 상황을 미국과 비교하면 재미있는 특징을 발견할 수 있다. 미국의 인터넷 사용자는 2019년을 기준으로 2억 9,800만 명으로, 전체 인구 3억 3,100만 명의 90%를 차지한다. 이에 비해 중국은 같은 시기에 약 9억 400만 명이 인터넷을 사용했는데, 이는 전체 인구 14억 명의 63%에 해당했다. 인구 대비 인터넷 사용자 비율 면에서 미국이 중국보다 27%가 많다.

〈그래프 3-4〉 세계 주요 국가의 인터넷 및 소셜미디어(SNS) 사용자(2020년)

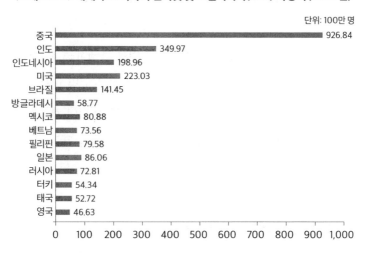

자료: Statista; ID 278341 (검색일: 2021. 5. 10).

〈그래프 3-5〉 아시아 주요 국가의 인터넷 및 소셜미디어(SNS) 사용자(2021년 1월)

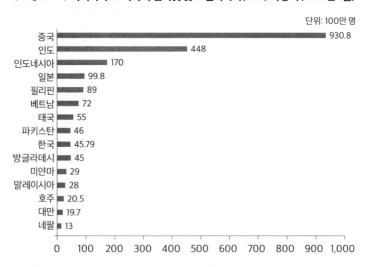

자료: Statista; We Are Social; DataReportal; Hootsuite; Various sources; ID 295606 (검색일: 2021. 5. 10).

모바일 인터넷 사용자, 즉 스마트폰을 이용한 인터넷 사용자도 비슷하다. 미국인의 83%가 이를 사용하는 데 비해 중국인의 62%가 이를 사용하여, 양국 간에는 21%의 격차가 있다.

그런데 인터넷과 스마트폰 이용자의 절대적인 증가 상황은 중국이 미국을 훨씬 앞서고 있다. 2019년부터 2020년 6월까지 1년 반 동안 인터넷 사용자는 중국이 7,500만 명, 미국이 500만 명이 증가했고, 모바일 인터넷 사용자도 중국이 8,000만 명, 미국이 800만 명이 증가하여, 모두 10배 이상 차이가 난다. 또한 모바일 결제 사용자를 보면, 중국이 7억 6,500만 명으로 전체 인구의 53%인 데 비해 미국은 6,300명으로 전체 인구의 21%에 불과하다. 모바일 결제 사용자의 증가 상황을 보면, 같은 기간 중국이 1억 85만 명, 미국이 700만 명이 증가했다.[3]

〈그래프 3-6〉 중국의 인터넷 사용자 규모(2017~2019년)와 예측 (2020~2025년)

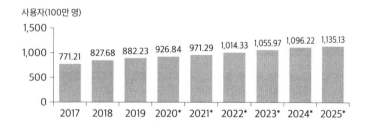

사용자(100만 명)

2017	2018	2019	2020*	2021*	2022*	2023*	2024*	2025*
771.21	827.68	882.23	926.84	971.29	1,014.33	1,055.97	1,096.22	1,135.13

주: *는 예측치다.

자료: Statista; Statista Digital Market Outlook; ID 277586 (검색일: 2021. 5. 10).

〈그래프 3-6〉은 중국의 인터넷 증가 상황을 보여준다. 이에 따르면, 인터넷 사용자는 2017년 약 7억 7,100만 명에서 2021년 1월 9억 3,100만 명으로, 4년 만에 약 2억 2,000만 명이 증가했다. 또한 현재 추세대로라면, 2025년에는 11억 3,500만 명으로 다시 약 2억 명이 증가할 것으로 예측된다. 절대적인 규모로 보면, 이는 매우 급속한 증가라고 평가할 수 있다.

마지막으로 〈그래프 3-7〉은 중국 인구 중에서 소셜미디어(SNS) 사용자의 비율을 정리한 것이다. 이에 따르면, 2013년에는 전체 인구 중에서 43%만이 소셜미디어를 사용했는데, 2020년에는 그 비율이 66%로, 23%나 증가했다. 중국 인구는 도시와 농촌, 한족과 소수민족 등 사회 편차가 매우 심하다는 사실을 고려할 때, 위에서 살펴본 인터넷 사용자와 소셜미디어 사용자의 증가는 매우 빠른 편이라고 할 수 있다. 이는 공산당의 적극적인 장려 정책이 없었으

〈그래프 3-7〉 중국의 소셜미디어(SNS) 보급률 변화 (2013~2020년)

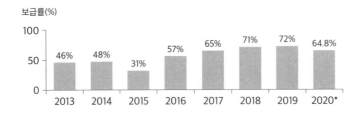

주: •는 예측치다. 실제 사용자 비율은 66%다.

자료: Statista; We Are Social; Hootsuite; Various sources; ID 234991 (검색일: 2021. 5. 10.).

면 불가능한 일이다.

(2) '인터넷 계통'의 등장

중국에서 선전 계통이라는 말은 있어도 '인터넷 계통'이란 말은 없다. 과거에도 그랬고 현재도 마찬가지다. 인터넷은 기본적으로 선전 계통에 속하는 영역으로 여겨지기 때문이다.[4] 그런데 나는 시진핑 정부에 들어서는 지금까지의 관행이 더 이상 타당하지 않다고 생각한다. 인터넷은 기존 선전 계통으로는 포괄할 수 없는 내용과 중요성을 갖고 있고, 그래서 선전 계통과는 다른 별도의 '인터넷 계통'이 수립되어 운영되고 있다고 보기 때문이다. 물론 일부 내용은 선전 계통과 중복되지만 말이다.

| 중앙 사이버안전과 정보화위원회의 신설

이를 가장 잘 보여주는 것이, 선전 계통을 총괄 지도하는 영도소조와는 별도로 인터넷 계통을 총괄 지도하는 영도소조가 수립되어 운영되고 있다는 사실이다. 인터넷 계통의 영도소조는 선전 계통의 영도소조와는 다른 특징을 갖고 있다. 〈표 3-6〉은 2014년에 설립된 중앙 사이버안전과 정보화 영도소조(현재는 위원회)의 구성 상황을 정리한 것이다.

중앙 사이버안전과 정보화위원회(中央網絡安全和信息化委員會)는 인터넷 계통의 최고 영도소조다. 〈표 3-6〉을 보면, 인터넷 계통의

〈표 3-6〉 중앙 사이버안전과 정보화위원회의 구성원(2014년 기준)

직위(명)	이름	소속
조장(1)	시진핑(習近平)	총서기, 국가 주석, 중앙군위 주석
부조장(2)	리커창(李克强)	정치국 상무위원, 국무원 총리
	류윈산(劉雲山)	정치국 상무위원, 서기처 상무 서기
성원(19)	마카이(馬凱)	정치국원, 국무원 부총리
	왕후닝(王滬寧)	정치국원, 중앙정책연구실 주임
	류치바오(劉奇葆)	정치국원, 선전부장
	판창룽(范長龍)	정치국원, 중앙군위 부주석
	멍젠주(孟建柱)	정치국원, 정법위원회 서기
	리잔수(栗戰書)	정치국원, 중앙판공청 주임
	궈성쿤(郭聲琨)	국무위원 겸 공안부 부장
	저우샤오촨(周小川)	인민은행 행장
	양징(楊晶)	서기처 서기. 국무위원 겸 국무원 비서장
	루웨이(魯煒)	사이버안전과 정보화 영도소조 판공실 주임
	팡펑휘(房峰輝)	중앙군위 위원 겸 총참모장
	왕이(王毅)	외교부 부장
	쉬샤오스(徐紹史)	국가 발전개혁위원회 주임
	위안구이런(袁貴仁)	교육부 부장
	왕즈강(王志剛)	과학기술부 당조서기(黨組書記)
	러우지웨이(樓繼偉)	재정부 부장
	마오위(苗圩)	공업정보화부(信息化部) 부장
	차이우(蔡武)	문화부 부장
	차이푸차오(蔡赴朝)	국가신문출판광전총국(新聞出版廣電總局) 국장

자료: 「中央網絡安全和信息化委員會」, <維基百科>, zh.wikipedia.org (검색일: 2021. 6. 5); Rogier Creemers, "Cyber China: Upgrading Propaganda, Public Opinion Work and Social Management for the Twenty-First Century", *Journal of Contemporary China*, Vol. 26 No. 103 (January 2017), p. 94.

영도소조는 우리가 앞 장에서 살펴본 선전 계통의 영도소조인 '중앙 선전 사상공작 영도소조'와 비교할 때, 정치적 지위가 매우 높고, 포괄하는 공산당·정부·군의 부서와 인원도 더욱 많다는 사실을 알 수 있다. 즉 인터넷 계통은 선전 계통과는 다른 별도의 계통이다.

중앙 사이버안전과 정보화위원회는 2014년 2월 27일에 개최된 이 영도소조 1차 회의가 언론에 보도되면서 공개되었다.[5] 이 영도소조는 2001년에 설립되어 국무원 총리가 조장을 맡았던 '국가정보화 영도소조(國家信息化領導小組)'가 제 역할을 다하지 못하면서 신설된 조직이다. 새로운 영도소조를 설립해야 할 만큼 사이버 안보 및 정보화 업무와 관련하여 심각한 문제가 있었다.

구체적으로 사이버 안보 및 정보화와 관련된 정책을 집행하는 과정에서 혼란이 발생하는 문제가 있었다. 단적으로 최소한 여섯 개의 기관이 이에 관여했다. 국무원의 공안부, 국가안전부, 국가비밀보호국(國家保密局), 국가암호관리국(國家密碼管理局), 공업정보화부(工業和信息化部) 등 다섯 개 부서와 인민해방군이 바로 그것이다. 그런데 이들 간에는 정책 조정이나 조율 없이 서로 주도권 경쟁을 벌이는 부서 이기주의 현상이 나타났다.[6] 이런 상황에서 국가정보화 영도소조는 정책 조정 및 감독 기능을 제대로 수행하지 못하면서 혼란이 가중되었다.

2014년에 설립된 사이버안전과 정보화 영도소조의 구성을 보면, 조장은 시진핑, 부조장은 리커창과 류윈산이 맡았다. 또한 1차 회의에 참석한 명단을 보면 나머지 성원의 윤곽도 파악할 수 있다. 국무원 부총리, 공산당 중앙정책연구실 주임, 중앙군사위원회(중앙군위) 부주석, 공산당 중앙 선전부 부장, 중앙 판공청 주임, 중앙정법위원회 서기, 인민해방군 총참모장, 국가 인터넷정보 판공실(國家互聯網信息辦公室) 주임 등이 회의에 참석했다.[7] 이를 통해 이 영도소조가 당·정·군의 주요 부서를 망라하는 포괄적인 기구임을 알 수 있다. 이 영도소조는 공산당 중앙뿐 아니라 지방 공산당 위원회 내에도 설치되었다.[8]

│ 중앙 사이버안전과 정보화위원회의 특징

중앙 사이버안전과 정보화위원회는 중앙 선전 사상공작 영도소조와는 다른 몇 가지 특징을 보여준다. 첫째, 영도소조 책임자의 정치적 지위가 매우 높다. 선전 계통의 영도소조는 정치국 상무위원(현재는 왕후닝)이 조장을 맡지만, 인터넷 계통의 영도소조는 총서기가 주임을 맡고, 다른 두 명의 정치국 상무위원, 즉 국무원 총리와 공산당 서기처 상무서기가 부주임을 맡는다. 이는 비록 두 기구가 '반자급(班子級)' 영도소조로 행정등급은 같지만, 실제로는 같은 등급이 아니라는 사실을 보여준다. 특히 주임 외에 다른 두 명의 부주임을 정치국 상무위원이 맡는다는 점은, 사이버안전과 정보화위원회의 정치적 지위가 매우 높다는 사실을 보여준다.

둘째, 영도소조의 구성 부서와 성원이 더욱 광범위하고 등급도 더 높다. 중앙 선전 사상공작 영도소조의 경우, 전체 구성원이 제대로 밝혀지지 않아 단정해서 말할 수는 없지만, 성원은 대개 정부급(正部級: 장관급) 간부가 맡는다. 이에 비해 중앙 사이버안전과 정보화위원회의 성원은 정치국원, 즉 부국가급(副國家級) 간부가 여섯 명이나 포함되어 있다. 동시에 성원에는 공산당 중앙(예를 들어, 서기처 상무서기), 국무원(예를 들어, 부총리), 중앙군위(예를 들어, 부주석)의 주요 지도자가 참여한다. 이는 선전 계통의 영도소조에서는 볼 수 없는 현상이다. 구성 부서와 성원이 선전 계통의 영도소조보다 훨씬 많다는 점은 말할 필요도 없다.

셋째, 영도소조 판공실의 설치 기관이 다르다. 사이버안전과 정보화위원회 판공실은 공산당과 국무원의 특정 부서에 두지 않고, 대신 공산당 중앙 직속으로 설치한다. 또한 영도소조 판공실 주임은 국가 인터넷정보 판공실 주임, 공산당 중앙 선전부 부주임, 국무원 신문판공실 부주임을 겸직한다. 영도소조 판공실을 공산당 중앙에 직속으로 두고, 판공실 주임이 다른 직책을 겸직하는 것은, 사이버안전과 정보화위원회의 지위가 높고 역할이 무겁다는 사실을 보여준다.

이처럼 인터넷 계통이 선전 계통과 분리되어 운영되는 것은, 인터넷 계통이 갖는 포괄성과 중요성 때문이다. 인터넷 계통은 선전뿐만 아니라, 정보·통신·군사·산업 등 포괄 분야가 매우 넓다.

이 중에서 어느 한 분야가 다른 한 분야보다 더 중요하다고, 그래서 그 중요한 분야를 담당하는 부서가 전체를 주도해야 한다고 말하기는 어렵다. 이는 선전 계통과는 다른 것이다. 선전 계통도 여러 분야로 구성되지만, 공산당 중앙 선전부가 주무 부서라는 점에 대해서는 이견이 없다. 그러나 인터넷 계통은 그렇지 않다. 그래서 당·정·군의 최고 지도자가 참여하고, 거기에 더해 당·정·군의 주무 부서 책임자가 다시 참여하는 방식으로 영도소조를 꾸리는 것이다.

또한 선전 업무만 놓고 보아도 인터넷 계통의 통제 어려움은 전통적인 선전 계통의 통제 어려움을 훨씬 뛰어넘는다. 신문이나 방송, 학교나 문화예술 단체 등 전통적인 선전 계통은 당정기관이 충분히 통제할 수 있다. 대부분 국내에 있고, 이들이 하는 선전도 국내 업무에 속하기 때문이다. 또한 전통적인 선전 기관을 통한 정보 유통과 확산은 상대적으로 느리고, 그래서 역시 통제할 수 있다. 그러나 인터넷은 그렇지 않다. 이것은 국내와 국외의 구별이 없고, 정보의 유통과 확산 속도, 영향력과 파급력은 전통 매체와는 비교할 수 없을 정도로 빠르고 크다. 따라서 이에 대한 통제와 관리는 선전 계통이 감당할 수 없다. 별도의 인터넷 계통이 등장한 이유다.

2. 인터넷 방침의 '이중성': '통제'와 '이용'

신문이나 방송 같은 전통 매체와 마찬가지로, 인터넷 같은 신(新)매체도 이중성, 즉 동시에 두 가지 성격을 갖고 있다. 하나는 선전 수단으로서의 성격이고, 다른 하나는 산업 분야로서의 성격이다. 따라서 이에 대한 공산당의 방침과 정책도 양면적일 수밖에 없다. 선전 수단으로서의 인터넷은 최대한 '이용'하고 동시에 철저히 '통제'한다. 반면 산업 분야로서의 인터넷은 최대한 '육성'하고 동시에 외부 경쟁과 공격으로부터 최대한 '보호'한다.

(1) 인터넷 육성과 사이버 안보의 강화

이런 이중성은 2010년 국무원 신문판공실이 발표한 인터넷 백서인 〈중국 인터넷(互聯網) 상황(白皮書)〉에 잘 나와 있다. 먼저 인터넷 '육성'에 대해 중국 정부는 강한 의욕을 보인다.

"중국 정부는 인터넷이 국민경제 발전을 가속화하고, 과학기술의 진보를 촉진하며, 사회 서비스 정보화 진전을 가속화하는 데 대체할 수 없는 역할을 한다는 점을 충분히 인식하여, 인터넷의 발전과 운용을 고도로 중시하고 적극적으로 촉진한다."

"인터넷을 잘 건설하고 잘 이용하며 잘 관리하는 것은, 국가 경제의 번영과 발전, 국가안보와 사회 조화, 국가 주권의 존엄 및 인민의 근본이익과 관계된다. 적극적으로 이용하고, 과학적으로 발전시키며, 법에 따라 관리하여 안전을 확보하는 것이 중국 정부의 인터넷 기본 정책이다."[9]

동시에 중국 정부는 '인터넷 주권'을 강조하고, 인터넷에 대한 '통제'도 중시한다. 인터넷 산업의 건강한 발전과 효과적인 운용은 인터넷 안전을 굳건히 수호한다는 전제하에서만 가능하다고 보기 때문이다. 이를 위해서는 통제와 감독이 매우 중요하다.

"중국 정부는 인식한다. 인터넷은 국가의 중요한 기초시설이며, 중국 국경 내의 인터넷은 국가 주권의 범위 내에 속하며, 중국의 인터넷 주권은 응당 존중 및 보호받아야 한다."

"[〈중국 전신조례(電信條例)〉의 규정에 따르면], 전자통신 인터넷 및 정보의 안전은 법률로 보호받는다. 어떤 조직이나 개인도 전자통신 인터넷을 이용하여 국가안보, 사회 공익 혹은 타인의 합법적인 권익을 해치는 활동에 종사해서는 안 된다."[10]

그러면서 이 백서는 인터넷과 관련된 금지행위로 모두 아홉 가지를 열거한다. 첫째는 헌법이 정한 기본원칙의 반대, 둘째는 국가 안전의 저해(危害), 국가기밀의 누설, 국가 정권의 전복, 국가 통일의 파괴, 셋째는 국가 명예와 이익의 훼손, 넷째는 민족 갈등과 적대시 선동, 민족 단결의 파괴, 다섯째는 국가 종교 정책의 파괴, 사교(邪教)와 봉건 미신의 선양, 여섯째는 소문의 배포, 사회질서의 교란, 사회안정의 파괴, 일곱째는 음란·색정·도박·폭력·테러 혹은 교사(教唆) 범죄의 확산(散布), 여덟째는 타인 모욕 혹은 비방과 타인의 합법 권익 침해, 아홉째는 법률 법규가 금지하는 기타 사항이 그것이다.[11] 이는 이후에 제정되는 각종 법률의 처벌 대상으로 반복적으로 등장한다. 2015년 5월에 제정된 〈인터넷 사용자 명칭 관리 규정〉이 대표적이다.[12]

이를 달성하기 위해 공산당은 당·정·군의 관련 부서를 모두 망라하는 인터넷 계통을 수립했다. 2014년에 중앙 사이버안전과 정보화 영도소조를 설립하고, 그것을 2018년에 위원회로 승격한 것은 이 때문이었다. 동시에 이때부터 공산당, 정부, 인터넷 관련 기업, 인민단체, 인터넷 사용자가 모두 참여하는 입체적이고 종합적인 인터넷 통제 체제를 갖추기 시작했다.[13]

(2) 인터넷 정책의 목표와 네 개의 통제 기제

공산당의 인터넷 정책 목표는 두 가지로 요약할 수 있다. 하나는 '검열과 통제'다. 공산당이 관리할 수 없는 국외 인터넷 사이트는 접속을 차단하고, 공산당에 비판적인 내용을 유포하는 국내 사이트는 폐쇄한다. 설사 운영이 허용된 국내 사이트라고 해도 내용을 철저히 검열하여 비판적인 글이나 내용이 있으면 과감히 삭제한다. 이를 통해 공산당 영도 체제를 비판하고, 공산당의 안정적인 집권에 방해가 되는 정보의 국내 유입과 유통을 원천 차단하는 것이 공산당의 첫 번째 목표다.

다른 하나는 '선전과 선도'다. 인터넷에 대한 검열과 통제만으로는 부족하다. 그래서 공산당은 인터넷을 적극적으로 활용하여 공산당의 노선·방침·정책을 선전하고, 공산당이 원하는 방향으로 네티즌과 여론을 선도하는 일을 동시에 추진한다. 선전과 선도가 바로 그것이다. 이것이 두 번째 목표다. 현실에서 이 두 가지 목표는 서로 얽혀있고, 실제로도 동시에 추구한다.

│ 네 개의 인터넷 통제 기제

이와 같은 정책 목표를 달성하기 위해, 공산당은 네 개의 인터넷 통제 기제를 활용한다.[14] 첫째는 예방(preventive) 기제다. 인터넷 방화벽(防火墻, filtering firewall)의 설치, 인터넷 서비스 공급자(Internet Service Provider/ISP)와 인터넷 콘텐츠 공급자(Internet Contents Provider/ICP)에 대한 인허가제도 실행과 엄격한 관리, 인터넷 사용자(netizen)와 소셜미디어 사용자의 실명제 시행(2013년)과 일상 활동의 감시 등 여러 가지 조치가 포함된다. 이를 위한 인터넷 통제 체제를 흔히 '황금 방패 공정(金盾工程, Golden Shield Project)' 혹은 '인터넷 만리장성(防火長城, Internet Great Firewall)'이라고 부른다. 황금 방패 공정은 인터넷 예방 기제일 뿐만 아니라, 뒤에서 말하는 인터넷 감시 기제와 위기관리 기제도 포함하는 종합적인 대응 체제다.

둘째는 감시(surveillance) 기제다. 인터넷 예방 기제를 아무리 완벽하게 갖추었다고 해도 이를 우회하거나 돌파하려는 네티즌의 활동을 막을 수는 없다. 특히 현재처럼 인터넷 통신기술이 계속 발전하고, 다양한 소셜미디어 기술이 활용되는 상황에서는 예방 기제만으로는 안심할 수 없다. 감시 기제는 예방 기제를 벗어난 정보의 국내 유입과 유통을 막기 위한 장치다. 여기에는 사이버 혹은 인터넷 경찰이 활용되고, 전체 선전 계통이 인터넷을 일상적으로 감시한다. 국무원 공안부나 국가안전부는 인터넷 범죄나 사이버 안보와 관련된 활동을 감시하고 단속한다. 인민해방군의 관련 부서도 마찬가지다. 그 밖에도 인터넷 서비스 공급자(즉 인터넷 회사)도 자체적인 감시 체제를 갖추고 공산당의 방침에 따라 네티즌의 활동을 감시한다.

셋째는 위기관리(crisis management) 기제다. 인터넷은 평상시에도 위력을 발휘하지만 예상하지 못한 긴급 상황이 발생할 때는 위력이 배가된다. 사스(SARS)나 코로나19(Covid-19) 같은 감염병의 발생과 전파, 고위 당정간부의 부패 폭로와 확산, 미·중 혹은 중·일 간의 외교 갈등과 민족 감정의 악화, 이에 따른 반미 혹은 반일 시위의 확산, 정부 정책에 대한 반대 시위의 확산, 각종 자연재해와 인재의 발생 등 긴급 사태는 헤아릴 수 없을 정도로 많다. 만약 공산당이 이를 둘러싼 인터넷 활동을 제대로 통제하지 못하면 심각한 사회 정치적 불안정과 함께 공산당의 굳건한 권력 장악에도 위기가 올 수 있다. 그래서 공산당은 인터넷 예방 및 감시 기제와는 별도로 위기관리 기제를 운영한다.

넷째는 대중 여론 선도 혹은 대중 정보 조작(manipulation) 기제다. 공산당은 신문과 방송 같은 전통 매체에 보도 지침을 하달하듯이, 인터넷 매체에도 비슷한 보도 지침을 하달한다. 또한 공산당은 중앙과 지방의 당정기관이 인터넷에 홈페이지를 개설하여 대민 선전과 홍보에 적극적으로 나설 것을 지시한다. 중국에서는 이를 '사이버 정무(網絡政務)'라고 부른다. 실제로 중앙과 지방의 당정기관은 공산당의 지침에 따라 홈페이지를 개설하고 전자정부(e-government)의 활동 범위를 넓히고 있다. 그러나 이와 관련된 핵심 수단은 '사이버 평론원(網絡評論員)'을 적극적으로 활용하는 일이다. '여론 인도원(輿論引導員)' 등 이들을 부르는 이름은 다양한데, 우리식으로 말하면 모두 인터넷 댓글 부대다.

(3) 인터넷 관련 법률과 규정 제정

한편 공산당은 위에서 말한 네 개의 인터넷 통제 기제를 합법적으로 운영하기 위해 법률과 규정을 제정했다. 한 조사에 따르면,

중국 정부는 1994년부터 2016년까지 22년 동안 모두 16건의 관련 법률과 규정을 제정했다.[15] 이후에도 관련 법률과 규정은 계속 제정되었다.[16]

| '공급 측면'의 통제 법규

인터넷 법률과 규정은 두 가지 범주로 나눌 수 있다. 하나는 인터넷 서비스 공급자(ISP), 인터넷 콘텐츠 공급자(ICP), 인터넷 카페(網吧) 등 인터넷 콘텐츠와 시설의 '공급 측면'을 통제하고 관리하는 규정이다. 인터넷 서비스 공급자와 콘텐츠 공급자에 대해 엄격한 행정 등록제(批准登記制)를 실행하는 법규가 대표적인 사례다. 이는 행정 절차를 거쳐 정부의 허가를 받아서 정식으로 등록한 인터넷 회사만이 관련 서비스와 콘텐츠를 공급할 수 있도록 제한하는 규정이다.

이것 외에도 인터넷의 공급 측면을 통제하는 규정은 다양하다. 예를 들어, 2015년에 제정된 〈테러리즘 반대법(反恐怖主義法)〉에 따르면, 인터넷 서비스 공급자는 모든 네티즌에게 실명제를 의무적으로 실행해야 한다. 게다가 인터넷 회사들은 정부가 요구하면 네티즌의 상세한 신상 정보를 제공해야 할 의무가 있다. 소위 '뒷문 조항(backdoor provision)'을 법제화한 것이다.

또한 2016년에 제정된 〈사이버 보안법(網絡安全法)〉은 정부가 사이버 안보를 위한 모니터링 및 경보 체제를 구축하고, 비상 대응

조치를 실행할 것을 요구한다. 이를 위해 국가기관에 막대한 권한을 부여한다. 국가기관의 일상적인 인터넷 감시와 검열, 사회안정 유지 활동을 합법화하고 정당화한 것이다. 반대로 이 법률은 인터넷과 소셜네트워크 운영자에게는 네티즌에 대한 엄격한 감독과 감시 책임을 규정하고 있다.[17]

| '수요 측면'의 통제 법규

다른 하나는 네티즌과 스마트폰 사용자 등 인터넷의 '수요 측면'을 통제하고 관리하는 규정이다. 인터넷 실명제(實名制)를 명시한 법규가 대표적인 사례. 이는 신분이 확인된 사람만이 인터넷을 사용할 수 있도록 통제하는 규정이다. 동시에 인터넷 사용 과정에서 문제가 발생할 경우, 그런 문제를 일으킨 네티즌을 색출하기 위한 제도이기도 하다.

이에 대한 통제 규정도 역시 다양하다. 예를 들어, 2013년 9월에 최고인민법원과 최고인민검찰원은 〈정보 네트워크를 이용한 비방 등 형사사건의 적용 법률 해석〉을 발표하면서 인터넷 사용자의 활동을 엄격히 규제했다. 이에 따르면, 일곱 가지 행위를 하는 네티즌은 처벌된다. ① '군체성사건(群體性事件)'(대중 소요 사건), ② 사회질서 혼란, ③ 민족적 및 종교적 갈등, ④ 다수에 악영향, ⑤ 국가 이미지의 훼손과 국가이익의 엄중한 위해(危害), ⑥ 국제적 악영향, ⑦ 기타 사회질서와 국가이익 위해가 그것이다.

문제는 처벌 기준이다. 2013년 〈법률 해석〉에 따르면, "같은 비방 뉴스가 5,000회 이상 클릭 또는 조회되거나, 전송 횟수가 500회 이상이면 엄중한 사건"으로 분류되고, 이를 게재한 네티즌은 3년의 징역형을 선고받을 수 있다.[18] 이는 네티즌이 인터넷에 글을 함부로 올리지 못하도록, 또한 인터넷에 올라온 글을 마음에 든다고 해서 다른 사이트로 자유롭게 퍼 나르지 못하도록 엄격히 통제하는 규정이다.

이제 네 개의 인터넷 통제 기제, 즉 예방 기제, 감시 기제, 위기 관리 기제, 대중 여론 선도 기제를 자세히 살펴보도록 하자.

3. 인터넷 예방 기제: 황금 방패 공정

중국에서는 국가가 소유한 정보통신 회사만이 인터넷 서비스 공급자(ISP)가 될 수 있다. 사적 자본이나 외국 자본이 인터넷 사업에 투자하는 일은 엄격히 제한된다. 공산당이 인터넷을 통제하는 가장 기본적이면서도 중요한 조치는 바로 이것이다. 이런 면에서 인터넷에 대한 공산당의 통제는 신문이나 방송 같은 전통 매체에 대한 통제보다 훨씬 엄격하다고 말할 수 있다.

중국에서 해외 인터넷에 접속하려면 차이나 텔레콤(China

Telecom, 中國電信)을 이용해야만 한다. 따라서 공산당이 이것만 통제하면 중국 내 인터넷 사용자의 해외 인터넷 접속을 통제할 수 있다. 또한 현재 상위 세 개의 인터넷 서비스 공급자(ISP)를 보면, 1위가 차이나 텔레콤, 2위가 차이나 유니콤(China Unicom, 中國聯通), 3위가 차이나 모바일(China Mobile, 中國移動)인데, 이들은 모두 국유 기업이다.[19]

따라서 인터넷 서비스 공급자(ISP)와 인터넷 콘텐츠 공급자(ISP)의 인허가제도 등 다른 예방조치는 별도로 살펴보지 않아도 공산당이 이들을 통제할 수 있다는 사실을 알 수 있다. 대신 우리는 '황금 방패 공정'을 중심으로 인터넷 예방 기제를 살펴볼 필요가 있다. 인터넷 예방 기제와 관련하여 가장 중요한 것이 황금 방패 공정이기 때문이다.

'황금 방패 공정'의 정식 명칭은 '전국 공안 정보화 건설 프로젝트(全國公安信息化建設項目) 황금 방패 공정(金盾工程)'이다. 중국의 공식 설명에 따르면, 이는 국무원 공안부가 공식 주체가 되어 추진한 경찰 정보전산망 구축 및 운영 사업이다. 자세한 내용에 대해서는 더 이상의 발표가 없어서 단정적으로 말할 수 없지만, 이것이 단순한 경찰 정보전산망 구축 사업이 아니라는 점은 분명하다. 즉 실제 내용은 그것을 포함하여, 인터넷에 대한 종합적인 예방 및 감시 체제를 구축하여 운영하는 방대한 사업이다.[20]

(1) 시작과 참여 세력

황금 방패 공정은 1998년에 부분적으로 시작된 이후, 2003년에는 국가사업으로 확정되어 본격 추진되었다. 2003년 9월에 베이징시에서 전국 공안공작 정보화공정 회의가 개최되면서 인터넷 통제 체제의 본격적인 구축을 선언한 것이다. 구체적으로 황금 방패 공정은 2단계로 나뉘어 진행되었다. 1단계는 2003년에 시작되어 2006년 5월에 완성되었다. 2단계는 2006년에 시작되어 2008년에 완성되었다. 그 결과 2008년부터 이 공정은 전국을 포괄하는 인터넷 통제 체제로서 가동하기 시작했다.[21]

황금 방패 공정에는 중국의 칭화대학 연구소 등 국내 연구기관과 기업체뿐만 아니라, 미국과 독일 등 해외의 유명한 통신 장비업체와 보안 서비스 업체도 참여했다. 2001년 5월에 국무원 국가안전부('중국판' 국가정보원)는 외국 업체에 인터넷 감시 장비를 납품하고, 사이버 보안 서비스를 구축하는 사업에 참여할 것을 요청했다. 이에 호응하여 미국의 루시엔트(Lucient), 모토로라(Motorola), 시스코(CSICO), 독일의 지멘스(Siemens), 캐나다의 비엔알(BNR), 선마이크로시스템스(Sun Microsystems), 노르텔(Nortel)이 참여했다. 또한 2002년 6월 광둥성 광저우시에서 열린 국제박람회에서 국무원 공안부는 공공정보 안전 감시 체제의 구축을 선언하고, 2003년 9월부터 공정이 일부 작동하기 시작했다고 발표했다.[22]

황금 방패 공정에 들어간 전체 비용은 알려지지 않았는데, 1단

계 공정에만 최소 8억 달러 이상이 투입되었다고 한다.[23] 중국의
인구와 영토 규모, 인터넷의 급속한 보급 상황 등을 고려할 때, 전
체 비용은 이보다 훨씬 많을 것이다. 다른 연구들은 황금 방패 공
정의 비용이 아니라, 정부의 사무 자동화와 전자정부 구축 사업을
위해 투자한 총액을 제시한다. 정부의 공식 통계자료에 따르면, 중
국은 1990년대 초부터 2003년까지 10년 동안 1조 위안(元)(미화 약
1,210억 달러, 한화 약 180조 원)을 투자한 것이다.[24] 여기에는 황금 방
패 공정의 1단계 비용도 포함되어 있다.

(2) 목적: 선별적 차단과 국내 인터넷 산업 육성

황금 방패 공정을 추진한 목적은 단순히 중국의 인터넷을 외국
의 인터넷과 분리하여 운영하려는 것이 아니다. 만약 이것이 목적
이었다면, 이런 어려운 프로젝트를 장기간에 걸쳐 추진할 이유가
없다. 인터넷의 해외 접속을 관리하는 차이나 텔레콤 등 국유회사
를 통해 연결을 차단하면 간단히 해결할 수 있기 때문이다. 그러나
이는 중국 인터넷 산업의 발전, 더 넓게는 경제발전을 방해하는 일
이다. 따라서 그렇게 할 수는 없다.[25]

대신 이 공정의 목적은 개별적인 해외의 인터넷 사이트와 웹
페이지, 모바일 웹의 접속을 선별적으로 차단하거나 통제하는 일
이다. 여기에는 수많은 대상이 포함된다. 국제 앰네스티(Amnesty
International)나 중국 인권(Human Rights in China/中國人權) 같은 인

권단체와 민주화 운동 단체, 영국의 BBC와 『파이낸셜 타임스(Financial Times)』, 미국의 CNN, ABC, NBC, 『뉴욕 타임스(New York Times)』, 『워싱턴 포스트(Washington Post)』, 『월스트리트 저널(Wall Street Journal)』 등 해외의 주요 언론사, 대만·티베트·신장 위구르 지역과 관련된 인터넷 사이트와 단체들, 가톨릭 인권연맹(Catholic Civil Rights League) 등 종교 사이트와 단체 등이 대표적이다.[26]

이와 같은 해외 인터넷에 대한 공산당의 선별적 차단과 통제는 국내 인터넷과 모바일 산업을 발전시키기 위한 산업 전략의 성격도 함께 갖고 있다.[27] 실제로 황금 방패 공정의 운영과 함께 국내 인터넷 산업은 급속히 발전했다. 예를 들어, 전 세계 주요 국가의 검색 엔진으로 최고의 지위를 누리고 있는 구글(Google)은 중국에서 사용이 금지되었다. 이 때문에 국내 검색 엔진이 거인의 방해 없이 자유롭게 발전할 수 있었다. 중국의 대표적인 검색 엔진인 바이두(百度, Baidu)와 소후(搜狐, Sohu) 등이 대표적이다.

비슷하게 2009년에 중국 정부는 미국의 페이스북(Facebook)과 트위터(Twitter)의 국내 사용을 금지했다. 이에 따라 시나 닷컴(sina.com, 新浪)이 마이크로 블로그(Micro Blog)의 중국어 번역어인 '웨이싱 보커(微型博客)', 줄여서 '웨이보(微博, Weibo)' 서비스를 시작할 수 있었다. 웨이보는 140자 이내의 문자메시지 전달을 포함하여 여러 가지의 기능을 결합한 것으로, 곧바로 '중국판 트위터'로 명성을 날리게 되었다. 시나(新浪, Sina), 텅쉰(騰訊, Tencent), 바이두 티에바(百

度貼吧, Baidu Tieba)가 이를 선도하는 모바일 기업이다. 이와 마찬가지로 2011년에 텅쉰(텐센트)은 한국의 카카오톡과 비슷한 모바일 메신저 웹인 웨이신(微信, WeChat) 서비스를 시작하면서 웨이보와 함께 중국의 소셜미디어를 주도하게 되었다.[28]

(3) 4단계 작동 과정과 운영

황금 방패 공정을 완성함으로써 공산당은 특정한 주소의 인터넷 사이트, 특정한 키워드와 내용을 담은 웹페이지, 이메일, 문자 메시지, 동영상, 게임 등을 모두 감시하고 검열할 수 있는 종합적이고 체계적인 통제 체제를 갖추게 되었다. 그런데 이는 한꺼번에 그렇게 할 수 있게 된 것이 아니라, 1998년부터 2018년까지 20년 동안 과감한 투자와 기술 발전에 따라 점진적으로 이루어진 것이다.

이는 크게 4단계로 나눌 수 있다. 1단계에서는 특정한 도메인(domain) 이름과 인터넷 프로토콜 주소(IP Address)를 차단할 수 있게 되었다. 이는 가장 기본적인 방화벽 기능이다. 2단계에서는 본격적으로 키워드 검열을 실행할 수 있게 되었다. 이에 따라 인터넷 사이트, 웹페이지, 이메일, 모바일 대화방 등 사적인 통신과 대화방도 감시할 수 있게 되었다. 3단계에서는 가상사설망(Visual Private Network/VPN) 혹은 다른 우회 수단을 이용하여 해외 인터넷 사이트에 접속하려는 시도를 봉쇄할 수 있게 되었다. 이는 2015년에 시작되었다. 참고로 2014년에 가상사설망을 사용하여 방화벽을 우회한 중국의 네티즌은 약 9,000만 명이었다.[29] 4단계에서는 사이버 안보 법률과 규정을 제정하여 전체 및 모든 가상사설망(VPN)을 검열하고 봉쇄할 수 있게 되었다.[30]

그러나 공산당이 황금 방패 공정을 이용하여 항상 모든 인터넷을 봉쇄하거나 차단한 것은 아니었다. 특정한 분야와 영역, 예를 들어 과학기술 분야와 첨단 산업 분야에는 인터넷 만리장성을 개방한다. 또한 특별한 일이 있는 경우에도 마찬가지다. 예를 들어, 상하이 세계엑스포 기간(2010년 5월 1일~10월 31일), 항저우 G20 회의 기간(2016년 9월 4일~9월 5일), 광저우 아시안게임 기간(2010년 11월 12일~11월 27일), 난징 유스(Youth) 올림픽 기간(2014년 8월 16일~8월 28일)에는 방화벽을 풀었다.[31]

이런 행사 기간에는 전 세계에서 수많은 관계자와 기자가 중국을 방문하여 행사에 참여하거나 취재한다. 또한 평상시보다 훨씬 많은 해외 여행객이 중국을 방문한다. 이런 상황에서 인터넷을 전처럼 차단하거나 통제할 경우는 국가의 이미지가 나빠지는 것은 물론, 행사 자체를 제대로 진행할 수가 없다. 그래서 잠시 방화벽을 해제한다.

4. 인터넷 감시 기제

다음으로 인터넷 감시 기제를 살펴보자. 지금까지 살펴본 인터넷 만리장성은 기본적으로 자동화된 감시 및 검열 체제다. 앞에서 말했듯이, 공산당이 차단하고 싶은 해외 인터넷 사이트나 웹페이지가 있는 경우 이를 이용하여 언제든지 차단할 수 있다. 모바일 대화방이나 문자메시지도 특정 검색어나 키워드를 통해 상시로 검열하여 삭제할 수 있다. 마찬가지로 전국에서 운영되고 있는 인터넷 카페의 컴퓨터에는 정부가 지정한 감시 프로그램(software)이 설치되어 있어, 이를 통해 불법 인터넷 사이트나 웹페이지를 검색할 경우는 자동으로 접속이 차단된다.

(1) 인터넷 감시 부대

그런데 이와 같은 자동화된 감시 및 검열 체제만으로는 완전할 수 없다. 그래서 공산당은 세계에서 최초로, 또한 세계에서 가장 광범위한 인터넷 감시 부대를 운영하여 황금 방패 공정을 보완하고 있다. 이는 크게 네 가지 종류로 나눌 수 있다.

첫째는 사이버 경찰(網絡警察, cyber police) 혹은 인터넷 경찰(互聯網警察, internet police)이다. 이들은 대개 공식 경찰이나 공무원인 인터넷 전문가로 구성되어 있다. 사이버 경찰은 인터넷을 24시간 감시하고, 각종 인터넷 범죄와 규정 위반 행위를 적발하여 조사하는 임무를 맡는다. 인원은 전국적으로 모두 2만 명에서 5만 명 정도로 추산된다. 국무원 공안부와 국가안전부가 주무 부서로서 이 업무를 전담한다. 그러나 다른 국가기관, 인민단체, 대학 등도 자체적으로 전문가를 고용하여 비슷한 업무를 수행한다.

둘째는 사이버 평론원(網絡評論員, cyber commentator), 흔히 '오마오당(五毛黨, five-cent party)'으로 불리는 인터넷 모니터링 및 여론 선도 요원이다. 이들은 공무원이나 당정기관 관계자가 대다수를 차지하며, 일부는 정부에 의해 임시로 고용된 전문적인 댓글 부대원이기도 하다. 또한 일시적으로 특수한 목적을 위해 인민단체를 동원하기도 한다. 예를 들어, 시진핑이 제기한 '중국의 꿈(中國夢)'을 선전할 목적으로 공산주의청년단(共青團) 중앙은 2014년에 전국적으로 자체 단원(團員)을 동원한 적이 있다. 이런 상황을 제외하면, 상시 활동하는 인원의 규모는 25만 명에서 30만 명 정도로 추산된다. 한 연구자는 이들이 200만 명이 넘을 것이라고 추산하기도 한다.[32] 이들의 활동은 매우 중요하기 때문에 뒤에서 자세히 살펴볼 것이다.

셋째는 사이버 여론 관리사(網絡輿論管理師)로, 당정기관의 언론매체, 공안기관, 청원(信訪) 담당 부서 출신자가 대부분을 차지한다. 이들은 인터넷 여론을 수집하고 분석하는 전문가로서, 인터넷 여론 선도와 관리 업무를 담당한다. 또한 분석한 내용을 근거로 당정간부에게 올바른 대응책을 건의하기도 한다. 많은 경우 사이버 평론원과 사이버 여론 관리사가 같은 사람들로, 여러 인터넷 업무를 함께 처리한다. 이들은 부서별로 배치될 수도 있고, 공산당이나 정부 기관에 사이버 관리 판공실(網絡管理辦公室)이라는 부서를 설치하고 거기서 집단으로 근무할 수도 있다.

넷째는 인터넷 검사원(檢查員)이다. 이들은 민간 인터넷 기업이 정부 규정에 따라 자신들이 운영하는 인터넷 네트워크를 관리하고 감시하기 위해 자체로 고용한 사람들이다. 대학에서 전산학을 전공했거나 컴퓨터 분야의 경험이 많은 전문가로 구성된다. 바이두나 텐센트 같은 인터넷 대기업에는 각각 1,000명이 넘는 검사원이 있다고 한다. 이들은 24시간 자사의 인터넷 네트워크를 감시하면서, 불법적인 내용이 들어있는 글이나 동영상이 올라오면 즉시 삭제한다. 잘못된 댓글이 있을 경우도 역시 삭제하거나 댓글 작성을 차단한다. 문제가 있는 댓글은 대개 24시간 이내에 삭제된다고 한다.[33]

(3) 시기와 상황에 따라 달라지는 감시 강도

그렇다면 공산당의 인터넷 감시 기제는 실제로 어떻게 운영되는가? 구체적으로 주요 감시 대상자는 누구이고, 검열 방식은 어떤가? 또한 공산당의 인터넷 감시는 1년 365일 동안 같은 수준으로 유지되고, 감시 기제는 전국적으로 같은 강도와 방식으로 운영되는가? 이런 질문에 답해야 우리는 공산당의 인터넷 감시 기제를 제대로 이해할 수 있다.

공산당의 인터넷 감시는 시기와 상황에 따라 강도가 달라진다. 다시 말해, 1년 365일 동안 같은 강도와 수준으로 감시 기제가 운영되는 것은 아니다. 정치적 및 사회적 긴장이 높아지는 시기에는 감시 강도가 강화되고, 감시 범위도 확대된다. 반대로 그렇지 않을 경우는 감시 기제가 비교적 느슨하게 운영된다.[34] 평균적으로 보면, 전체 인터넷 댓글 중에서 검열되는 비율은 13% 정도라고 한다. 즉 전체 댓글이 100개라면 그중에서 13개 정도가 검열되는 것으로 추정된다.[35] 나머지 대다수 댓글은 문제가 없다고 판단되어 통제받지 않는다.

예를 들어, 보시라이(薄熙來: 정치국원 겸 충칭시 당서기) 사건의 핵심 당사자인 왕리쥔(王立軍: 충칭시 부시장 겸 공안국장)과 보시라이의 부인인 구카이라이(谷開來)에 대한 재판이 2012년에 열렸다. 이때에는 인터넷 감시 기제가 강도 높게 작동되어 집중적인 검열이 이루어졌다. 감시 목적은 사건을 축소하고, 이에 대한 네티즌의 자의적인 분석과 해석을 금지하는 것이었다. 이처럼 민감한 주제가 있을 경우는 사건의 악화를 막기 위해 인터넷 감시가 강화된다.[36]

공산당 당대회 기간도 마찬가지로 정치적으로 매우 민감한 시기에 해당한다. 예를 들어, 공산당 16차(2002년)와 18차(2012년) 당대회가 개최될 때, 온라인과 오프라인 언론매체의 기사를 분석한 연구에 따르면, 기사 일치율이 70%에 달했다. 즉 당대회에 대한 모든 언론 및 인터넷 매체의 기사가 10개라면 그중에서 7개는 같은 기사라는 뜻이다. 이는 신문과 방송 등 전통 매체뿐만 아니라 인터넷과 소셜미디어 같은 신매체에도 그대로 해당한다. 이들이 신화사와 『인민일보』의 '통일원고'를 사용했기 때문에 나타난 현상이다.

이런 민감한 시기에 공산당이 인터넷을 감시하는 목적은 두 가지다. 첫째는 중요한 공산당 행사에 대해 공산당 중앙의 해석과는 다른 해석이 제기되는 것을 사전에 차단하고, 중요한 문제에 대한 공산당의 관점을 적극적으로 확산시키는 것이다. 둘째는 행사 기간과 그 전후 시기 동안에 정치·경제·사회·문화 등 모든 분야에서 부정적인 사건 보도, 혹은 좋지 않은 사건 보도를 금지하는 것이다.[37] 예를 들어, 2003년에 사스(SARS)가 확산했을 때와 2020년에 코로나19(COVID-19)가 확산했을 때는 중국의 전통 명절인 설날과 겹치는 시기였다. 그래서 '즐거운 명절 분위기'의 조성에 방해가 되는 감염병 보도는 한동안 엄격히 통제되었다.

(4) 대상에 따른 차별화된 전략: '공포', '마찰', '홍수'

또한 인터넷 감시는 감시 대상자와 목적에 따라 사용 방식이 달라진다. 중국의 인터넷 검열을 집중적으로 분석한 연구에 따르면, 감시 대상자는 두 개의 집단으로 나뉘고, 이들에게는 각기 다른 검열 방식이 사용된다. 하나는 공산당이 집중적으로 감시하는 '목표 집단(target group)'으로, 지식인, 언론인, 인권 운동가, 사회 활동가 등이 포함된다. 이들에게는 특정 정보에 접근하지 못하도록, 또한 불법적인 내용이 포함된 이메일을 주고받지 못하도록 '공포(fear)'를 조성하는 검열 방식이 사용된다. 다른 하나는 일반 인터넷 사용자로, '마찰(friction)'과 '홍수(flooding)'라는 방식이 사용된다. 목적은, 이들이 특정 정보에 접근하는 것을 상대적으로 복잡하고 어렵게 만들어서 스스로 그 정보에 접근하지 않도록 유도하는 것이다.

조금 더 구체적으로 살펴보자. 인터넷 감시는 불법 콘텐츠를 찾아내서 삭제하거나, 그에 대한 네티즌의 접근을 차단하는 목적, 즉 검열(censorship)을 위해 시행된다. 여기서 검열은 정부 당국자가 '사이버 네트워크에서 네티즌의 ① 표현(expression)과 ② 정보 접근(information access)을 제한하려고 통제하는 행위'를 말한다.[38] 두 가지 검열 중에서 표현 제한은 주로 지식인과 언론인 같은 '목표 집단'에 적용된다. 이들이 글쓰기를 통해 공산당과 정부를 비판하거나, 공산당과 반대되는 여론을 형성할 수 있기 때문이다. 반면 대다수 일반 네티즌은 특정 정보에 접근을 제한하는 것이 검열의 주된 목적이다.

검열을 위해 공산당은 세 가지 방식을 사용한다. 첫째는 '공포'다. 이는 네티즌이 특정한 정보의 배포·분석·수집·소비를 하지 못하도록 제한함으로써 정보의 흐름에 영향을 미치는 방식이다. 예를 들어, 중국에서 '톈안먼 민주화 운동'이나 '신장 인권탄압'과 같은 특정 검색어를 치면, 경고 문구가 튀어나오면서 접속이 안 된다. 물론 아무런 표시 없이 검색되지 않는 경우가 더 많지만 말이다. 또한 이메일 제목이나 본문에 '홍콩 민주화 시위' 같은 표현을 쓰면 이메일이 되돌아온다. 이런 일을 반복해서 겪으면 네티즌은 누군가가 나를 감시하고 있다는 두려움을 느끼고, 특정한 표현을 사용하지 않고, 특정한 정보에 접근하려고 하지 않는다.

둘째는 '마찰'이다. 이는 정보에 세금을 매기는 것(taxation on information)처럼 정보 접근과 배포에 비용을 증가시켜 네티즌이 검열 대상 정보로부터 스스로 관심을 돌리게 만드는 방식이다. 인터넷 방화벽을 설치하여 네티즌의 정보 접속을 원천적으로 차단하거나, 인터넷 검색 속도를 아주 느리게 만들어 정보 접근을 포기하게 만드는 방식, 검색 필터링과 키워드 봉쇄(blocking)를 통해 특정 정보의 순위를 조작해서 그 정보가 인터넷에 잘 드러나지 않도록 만드는 방식, 가상사설망(VPN)을 자주 차단하여 이를 설치하는 데 비용과 시간이 더 많이 들어 결국은 사용을 포기하게 만드는 방식 등이 대표적인 사례다. 이런 일을 반복해서 경험하면 네티즌은 자연스럽게 검열 대상 정보에 접근하지 않는다.

셋째는 '홍수'다. 이는 검열 대상 정보의 접근 및 배포 비용(cost)을 상대적으로 높이기 위해 경쟁 정보(대개는 정부가 제공하는 정보)의 접근 및 배포 비용을 대폭 낮추어 공급하는 방식이다. 쉽게 말해, 정부가 관련 정보를 대량으로 공급하여 네티즌이 쉽게 소비할 수 있도록 조건을 조성함으로써 검열 대상 정보는 쳐다보지도 않게 만드는 방식이다. 이렇게 정부가 제공하는 정보가 인터넷에 넘치면 검열 대상 정보는 묻히고, 그 정보에 대한 네티즌의 관심도 그만큼 줄어들게 된다. 이 세 가지 검열 방식은 상호 배타적이지 않으며, 현실에서는 동시에 혹은 혼합하여 사용된다.[39]

이어서 이 연구는 중국 도시의 네티즌이 정부 검열을 얼마나 알고 있고, 이것을 우회하기 위해 가상사설망(VPN)을 얼마나 많이 사용하는지를 조사했다. 이에 따르면, 중국 네티즌 중에서 52%는 검열을 알고 있다. 그러나 전체 네티즌 중에서 단지 5%만이 가상사설망을 사용하고 있다. 가상사설망을 사용하면 세 가지 '비용'이 발생한다. 첫째는 적지만 사용료가 있고, 둘째는 인터넷 속도가 느려지며, 셋째는 자주 차단되기 때문에 프로그램을 반복해서 깔아야 한다. 가상사설망을 사용하지 않는 네티즌에게 그 이유를 물었는데, 45%는 우회할 필요성을 느끼지 못해서, 15%는 방법을 몰라서, 14%는 귀찮아서, 9%는 불법이라서, 2%는 두려워서 사용하지 않는다고 답했다.[40] 이를 보면, '공포', '마찰', '홍수' 전략이 잘 통하고 있음을 알 수 있다.

(5) 탄력적인 감시 기제: '집단행동'의 방지

그 밖에도 인터넷 감시 기제는 완전한 검열 대신에 부분적인 검열, 다시 말해 일부는 허용하고 일부는 차단하는 방식으로 운영된다.[41] 그렇다면 어떤 정보는 허용되고, 어떤 정보는 차단될까?

2011년 상반기 동안 1,382개의 인터넷 웹사이트에서 약 1,240만 개의 댓글을 수집하여 분석한 연구에 따르면, 재미있는 사실을 알 수 있다. 일반적으로 생각되는 것과는 달리, 인터넷을 검열하는 목적은 공산당과 국가에 대한 네티즌의 비판을 억압하는 것이 아니다. 네티즌이 정부와 지도자를 비판할 경우는 댓글이 검열될 가능성이 증가하지 않는다. 즉 제한된 범위지만 인터넷에서 정부 정책과 지도자를 비판하는 행위는 어느 정도 허용된다.

대신 검열의 목적은 현실에서 집단행동(collective action)이 나타날 가능성이 있거나, 그렇게 판단할 근거가 있을 때, 그런 집단행동을 사전에 방지하려고 정보를 차단하는 것이다.[42] 예를 들어, 정부 정책에 반대하는 시위를 전개하자고 호소하는 글이나, 특정 간부의 잘못된 일탈 행위를 비판하면서 그를 쫓아내기 위해 집회나 청원 활동을 전개하자고 선동하는 글은 여지없이 삭제되거나 차단된다. 대학에서 교수나 학교 간부의 학생 성폭력을 비판하면서 항의 활동을 전개하자고 호소하는 글도 역시 삭제되거나 차단된다. 이런 결과는 다른 방식의 조사를 통해서도 확인된 사실이다.[43]

마지막으로 인터넷 감시 기제는 전국적으로 같은 방식과 같은 정도로 운영되지 않는다. 중국에서 검열 내용과 방식은 중앙이 결정하지만, 집행은 지방이 담당한다. 그리고 바로 중앙의 결정을 지방에서 집행하는 과정에서 지방마다 검열 방식과 정도에서 차이가 난다. '중앙의 집중되고 조정된 정책 결정과 지방의 분권화된 정책 집행' 현상이 인터넷 감시 기제에서도 나타나는 것이다.[44] 이는 중국이 중앙과 지방 간에, 또한 지방과 지방 간에 매우 큰 사회경제적 편차가 존재한다는 상황을 고려하면 어쩌면 당연한 결과일 수 있다.

정리하면, 이를 통해 우리는 중국의 인터넷 통제 기제가 매우 정교하게 구축되어 있고, 비교적 탄력적으로 운영된다는 사실, 실제 집행에서는 시기·조건·주제·지역 상황 등에 따라 편차가 심하다는 사실을 확인할 수 있다.

5. 인터넷 위기관리 기제

우리는 앞 장에서 공산당의 '언론 보도 지침' 제도를 자세히 살펴보았다. 공산당 중앙 선전부는 특별한 사건이나 사고가 발생한 경우, 중요하다고 판단하는 행사와 활동이 있는 경우 등 자체적으로 위기 상황이라고 판단하면 예외 없이 보도 지침을 하달한다. 여기에는 주요 보도 주제마다 '보도 금지, 보도 신중, 신화사 통일원고 사용' 등 구체적인 지시가 담겨 있다. 또한 특정 주제를 보도할 때 사용하는 공통된 '표현법(提法)'과 '규격(口徑: 범주)'이 정해지고, 모든 매체는 반드시 이를 준수해야 한다.

이는 인터넷 위기관리에도 그대로 적용된다. 인터넷 계통도 선전과 관련해서는 선전 계통의 한 분야로 관리되기 때문이다.

(1) '사이버 평론원'을 이용한 인터넷 위기관리

그런데 인터넷 위기관리 기제가 일반적인 언론 보도 지침 제도와 다른 점도 있다. 바로 위기관리를 위해 사이버 평론원을 적극적으로 활용한다는 점이다. 2008년 6월 구이저우성(貴州省) 윙안현(甕安縣)에서는 열다섯 살짜리 여중생이 강가에서 시체로 발견된 일이 있었다. 유족들은 그 여중생이 강간을 당한 후에 살해되었고, 범인들은 고위 당정간부의 자제들이라고 주장하면서 경찰에 엄중한 조사와 처벌을 요구했다. 그러나 경찰은 이를 단순 자살 사건으로 처리했다. 이에 분노한 수천 명의 지역 주민이 시위를 벌이고 경찰청사와 경찰차를 불태우는 사건이 발생했다.

당시는 베이징 올림픽을 앞둔 시점으로, 공산당은 사회안정 유지를 최우선 정책으로 추진하고 있었다. 이 사건이 발생하자 공산당은 긴급지휘부를 구성하고, 그 산하에 '정책 여론 법규 선전조(宣傳組)'를 설치했다. 이 선전조가 인터넷 여론을 관리하고 선도할 10여 명의 사이버 평론원을 고용한 것이다. 이들은 현직 교사와 공무원으로, 정부 정책을 지지하고 반대 정보를 비판하는 등의 활동을 전개했다. 이는 위기관리를 위해 지방 당정기관이 사이버 평론원을 활용한 사실이 공식적으로 확인된 첫 사례였다.[45]

이와 같은 위기관리 방식은 이후에 보편화되었다. 예를 들어,

2012년에 보시라이 사건이 발생했을 때도 공산당 중앙은 사이버 평론원을 동원하여 인터넷 여론을 특정한 방향으로 끌어가려고 시도했다. 사이버 평론원은 주요 온라인 플랫폼에서 보시라이 재판의 정당성을 선전하고, 법치(法治)를 수호하려는 국가의 단호한 의지와 능력을 옹호하는 글을 올렸다. 이런 사이버 평론원의 활동은 중앙뿐만 아니라 지방 곳곳에서도 확인되었다. 이를 놓고 볼 때, 이들은 공산당 중앙 선전부의 지시에 따라 중앙과 지방 모두에서 일사불란하게 움직였던 것으로 보인다.[46]

(2) 일상 상황에서의 인터넷 위기관리

그런데 이와 같은 위기관리는 한계가 있다. 위기 상황이 이미 발생한 이후에 사후적으로 대응하는 것이기 때문이다. 그렇다면 사회적으로 위기 상황이 발생하기 전에 인터넷 여론을 감지하고 통제함으로써 위기 상황을 예방할 수 있는 기제를 구축할 수는 없을까? 또한 위기 상황이 발생했을 때도, 이것이 더욱 확대되지 않도록 인터넷 여론을 관리할 수 있는 표준화된 대응책(manual)은 없을까? 이 문제를 집중적으로 분석한 연구에 따르면, 공산당은 실제로 이를 구축하여 운영하고 있다.[47]

〈그림 3-1〉은 공산당이 일상적으로 운영하는 인터넷 위기관리 기제, 특히 인터넷 여론 분석과 통제 기제를 정리한 것이다. 늘 그렇듯이, 최상층의 권력기관은 정치국과 정치국 상무위원회다. 전

<〈그림 3-1〉 공산당의 인터넷 위기관리 체제>

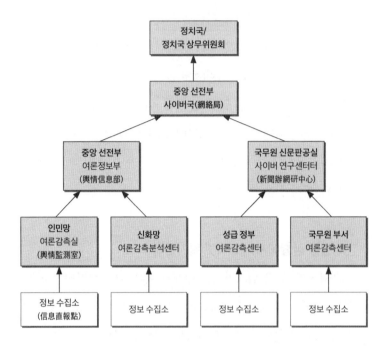

자료: Wen-Hsuan Tsai, "How 'Networked Authoritarianism' Was Operationalized in China: Methods and Procedures of Public Opinion Control", *Journal of Contemporary China*, Vol. 25, No. 101 (September 2016), p. 735.

국적으로 중요한 문제는 이 두 권력기관만이 결정할 수 있기 때문이다. 두 번째 층위에는 인터넷 여론관리의 주무 부서인 공산당 중앙 선전부가 있다. 중앙 선전부는 인터넷을 포함한 선전 업무를 총괄 집행한다.

그런데 중앙 선전부는 2006년에 인터넷 여론관리 부서로 사이버국(網絡局)을 신설했고, 그 안에 인터넷 여론 분석과 관리를 전담하는 여론정보부(輿情信息部)를 두었다. 그 무렵에 국내외 뉴스를 감독하는 국무원 신문판공실(新聞辦公室)도 같은 기능을 담당하는 사이버 연구센터(網絡研究中心/網研中心)를 설치했다. 이들이 세 번째 층위를 구성한다. 이렇게 하여 중앙 단위에서 인터넷 여론을 전담하는 체제가 구축되었다.

네 번째 층위에는 중앙 언론매체, 국무원 부서, 성급(省級) 지방 정부의 위기관리 체제가 있다. 공산당 중앙 기관지인 『인민일보』의 인터넷 사이트인 〈인민망(人民網)〉은 여론감측실(輿情監測室)을 설치하고, 인터넷 여론을 분석 통제한다. 간행물로 『사이버 여론(網絡輿情)』을 발행한다. 비슷하게 국무원 직속 기관인 신화통신사의 인터넷 사이트인 〈신화망(新華網)〉도 여론감측분석센터(輿情監測分析中心)를 설치하고, 인터넷 여론을 분석 통제한다. 역시 간행물로 『사이버 여론 참고(網絡輿情參考)』를 발행한다. 또한 두 매체는 각각 별도의 정보 수집소(信息直報點)를 운영한다.

국무원 각 부서와 성급 지방정부도 마찬가지 방식으로 인터넷 여론 부서를 설치하고 운영한다. 예를 들어, 국무원 교육부(教育部)에는 정치사상공작사(政治思想工作司)라는 부서가 있는데, 이 부서가 교육과 관련된 인터넷 여론을 감독하고 분석하는 역할을 담당한다. 성급 지방정부도 여론감측센터(輿情監測中心) 같은 인터넷 여론 부서를 두고 있다. 이런 부서는 겉으로는 정부 소속인 것처럼 보이지만, 실제로는 공산당 판공청의 지시를 받는다. 또한 국무원 각 부서와 성급 지방정부의 인터넷 여론 부서도 별도의 정보 수집소를 운영한다. 이렇게 중앙에서 지방까지 전국을 연결하는 인터넷 여론 통제 체제가 구축되어 있다.

한편 중앙과 지방의 각 기관은 인터넷 여론 관리 체제를 운영하기 위해 사이버 여론 분석사(網絡興情分析師)를 고용한다. 예를 들어, 『인민일보』의 〈인민망〉과 최고인민검찰원의 〈정의망(正義網)〉은 2009년과 2010년에 사이버 여론 분석사를 고용했다. 이들의 역할은, 인터넷 여론을 24시간 감시하고 분석하여 그 결과를 영도간부에게 보고하는 일이다. 이를 통해 영도간부가 인터넷 상황을 파악하도록 도움을 준다. 또한 이들은 기상예보관이 기상 상황을 예보하듯이, 인터넷 여론 상황을 예보한다. 그러면 당정기관은 이에 따라 상황에 맞는 대응 지침을 결정하고 집행한다. 이렇게 일상적인 인터넷 위기관리 기제가 완성된다.

(3) 인터넷 위기관리의 단계별 대응

이 연구에 따르면, 공산당은 인터넷 여론의 형성과 발전을 4단계로 분류한다. 태동기(醞釀期), 발전기(發展期), 고조기(高漲期), 쇠퇴기(回落期)가 그것이다. 그리고 각 단계에 맞추어 대응 정책을 마련하여 집행한다. 〈표 3-7〉은 이를 정리한 것이다.

단계	방침과 세부 정책
태동기 (醞釀期)	주요 사건의 발생 방지
	1. 댓글 삭제 등을 통해 사건의 발생을 최대한 방지
발전기 (發展期)	인터넷 여론의 보고
	1. 여론 분석사가 사건에 대한 여론을 분석하도록 임무 할당 2. 여론 경보 수준 판단과 책임자에게 보고 3. 사건 대응 정책의 제안
고조기 (高漲期)	인터넷에서 반정부 세력 약화 및 분열
	1. 여론 주도자 파악과 포섭 2. 포섭 불가능한 여론 주도자 구별과 신뢰 훼손 추진 3. 긍정적인 여론 형성을 위해 당정간부가 자발적인 선전 활동 전개
쇠퇴기 (回落期)	피해 관리(damage control)
	1. 정부의 손상된 권위 회복

자료: Wen-Hsuan Tsai, "How 'Networked Authoritarianism' Was Operationalized in China: Method and Procedures of Public Opinion Control", *Journal of Contemporary China*, Vol. 25, No. 101 (September 2016), p. 742.

| 태동기와 발전기의 대응 절차

이 단계에서는 특정 지역이나 부서와 관련된 키워드를 선정하여 인터넷을 세밀히 검색한다. 이를 통해 위기 상황의 발생 가능성을 점검한다. 이때는 수리적 분석 기법이 사용된다. 예를 들어, 〈인민망〉, 〈신화망〉, 〈천애망(天涯網)〉과 같은 유명한 인터넷 사이트에 올라온 글이나 댓글에는 가중치가 부과된다. 가중치는 일반 네티즌, 여론 지도자, 전통 매체(신문 등), 해외 언론의 주목 정도에 따라 차등적으로 부과된다.

다음으로 인터넷에서 논의되는 주요 사건이나 문제(issues)는 중요도에 따라 종합적인 점수가 매겨진다. 그리고 그 점수에 따라 위기관리를 위한 경보 수준이 결정된다. 예를 들어, 최고 단계인 홍색경보(紅色警報)는 90점에서 100점 사이로, 이런 사건이나 문제에 대해서는 정부가 큰 관심을 가지고 즉시 적극적으로 대응해야 한다. 둘째 단계인 귤색경보(橙色警報)는 80점에서 90점 사이로, 정부의 관심과 대응이 필요하다. 셋째 단계인 황색경보(黃色警報)는 70점과 80점 사이, 넷째 단계인 청색경보(藍色警報)는 60점과 70점 사이다. 이 단계는 정부가 관심을 가지고 지켜보는 수준이다.

위기관리 단계가 결정되면, 다음 절차로 각 단계에 대한 대응책이 결정된다. 예를 들어, 지방에서 중대한 사건이 발생하여 인터넷에 비판 여론이 들끓게 되면, 관계자들은 먼저 이번 사건에 중앙정부와 성급(省級) 정부가 직접적인 책임이 없다는 사실을 발표한다. 즉 사건을 일으킨 하급 지방정부에 모든 책임을 전가하여 여론의 비판이 중앙정부와 성급 정부까지 확대되지 않도록 차단하는 일이 최우선적인 조치다.

다음 조치로 해당 사건에 대한 철저한 조사와 관련자의 엄중한 처벌을 제안한다. 세부 대응책으로, 첫째, 책임자를 면직하고, 과실이 엄중하면 형사처벌한다. 둘째, 정부의 목소리를 통일한다. 일관된 정부의 방침 아래에서 일관된 관점과 정책을 제시한다. 셋째, 선전의 표현법(提法)과 규격(口徑: 범주)을 통일한다. 당정간부, 언론매체, 인터넷 포털 사이트는 사건 보도에서 반드시 이를 준수해야 한다. 이때 자극적인 용어를 사용하면 안 된다. 예를 들어, 문제를 제기하는 네티즌이나 참여자를 '교활한 놈들(刁民)', '악의 세력(惡勢力)', '진상을 모르는 군중(不明眞相的群衆)' 같은 표현을 사용해서 비난해서는 안 된다. 넷째는 진실 보도로, 조사 후 최대한 사실을 보도하여 주민의 의구심을 해소하고, 신뢰를 회복해야 한다.

│ 고조기의 대응 절차

이 단계의 방침은, 인터넷 여론의 주도권을 잡고—중국식으로 말하면 "깃발을 선점(搶旗幟)"하고—, 인터넷에서 반정부 세력을 분열 및 무력화하는 것이다. 먼저 인터넷 여론 주도자를 파악한다. 예를 들어, 〈인민망〉의 여론감측실은 평상시에도 300명의 여론 주도자(influencer)—중국식으로는 '빅 브이(big Vs/大Vs)'—의 목록을 작성하여 관리하고 있다. 다른 언론매체나 인터넷 포털 사이트도 비슷한 방식으로 인터넷 여론 주도자를 파악하여 일상적으로 관리한다. 중앙과 지방정부의 관련 부서도 마찬가지일 것이다.

이를 토대로 해당 기관은 여론 주도자의 개별 상황에 맞추어 적절히 대응한다. 첫째는 포섭이다. 여론 주도자를 초청하는 행사를 성대하게 개최하여 이들을 '대접'하는 등의 방식으로 회유하고 포섭한다. 둘째는 차단이다. 반정부 여론 주도자의 사이트를 폐쇄하거나 접속을 차단한다.[48] 셋째는 신뢰 훼손이다. 포섭되지 않은 주요 여론 지도자를 매매춘, 뇌물수수 등의 파렴치범으로 몰아 체포하고, TV 앞에서 공개적으로 고백하는 방식으로 망신을 준다. 이런 방식으로 이들의 이미지를 훼손하여 이들의 여론 주도 능력을 떨어뜨린다.[49] 넷째는 고위 당정간부가 여론 주도자로 직접 활동하는 것이다. 다섯째는 사이버 작가(網絡作家)의 활용이다. 공산당은 2013년에 사이버 작가협회(網絡作家協會)를 결성하고, 이들을 통일적으로 관리하고 있다.

마지막으로 해당 기관은 각 위기 상황에 맞게 인터넷 여론에 대해서 선별적으로 대응한다. 예를 들어, 사회불안을 초래할 수 있는 인터넷 여론에는 관련 사이트 폐쇄와 접속 차단, 여론 주도자와 전파자의 구속 등 강력히 대응한다. 그렇지 않고 단순히 불만을 표출하거나 집단행동을 유발할 가능성이 없는 여론은 심하게 검열하지 않고 놓아둔다.

예를 들어, 저우융캉(周永康: 전 정치국 상무위원 겸 정법위원회 서기), 보시라이(전 정치국원 겸 충칭시 당서기), 쉬차이허우(徐才厚: 전 정치국원 겸 중앙군위 부주석)와 궈보슝(郭伯雄: 전 정치국원 겸 중앙군위 부주석) 등은 비록 국가급 간부였지만 공산당이 부패 사범으로 낙인찍어 처벌한 지도자다. 따라서 인터넷상에서 이들에 대한 비난은 허용된다. 다만 이런 비난이 당정 지도자 전체로 확대되는 일 혹은 이런 비난을 통해 공산당의 이미지를 훼손하거나 공산당 일당제를 비판하려는 움직임에 대해서는 단호히 대응한다.

6. 인터넷의 댓글 부대:
오마오당(五毛黨)

이제 네 번째로 인터넷 여론 선도 기제를 살펴보자. 여기서는 인
터넷 댓글 부대와 사이버 정무(網絡政務)가 핵심 내용이다.

시진핑은 인터넷과 소셜네트워크에서 선전 사상공작이 매우 시
급한 임무이고, 공산당은 이 임무를 철저히 수행해야 한다고 강조
했다. 2013년 8월 전국 선전 사상공작회의에서 시진핑은 선언했다.

"공산당 영도를 악의적으로 공격하고, 사회주의 제도를 공격하며,
당사(黨史)와 국사(國史)를 왜곡하고 사실을 날조하는 웨이보(微博),
휴대전화 메시지, 인터넷 토론방 등에 대해 신매체(인터넷과 소셜미디
어-인용자)는 절대로 편리(便利)를 제공해서는 안 된다."

"인터넷 및 정보 안전(安全)은 국가안전 및 사회안정에 연관되며, 이
것은 공산당이 당면한 종합적인 도전이다. 특히 전파력이 빠르고, 영
향력이 크며, 범위가 넓고, 사회동원 능력이 뛰어난 웨이보(微博)와
웨이신(微信) 등 소셜미디어와 실시간(即時) 통신 도구의 사용자가
급증하고 있다. 어떻게 인터넷 법제 건설 및 여론 선도를 강화하여,
인터넷 정보 전파 질서와 국가안전 및 사회안정을 확보할 것인가는
중국의 눈앞에 닥친 문제다."[50]

(1) 시진핑의 '삼개지대(三個地帶)' 이론

그러면서 시진핑은 인터넷 등 사이버 네트워크에서 공산당이 여론 전쟁에 승리하기 위한 전략, 이른바 '삼개지대(三個地帶)' 이론을 제기했다. 이는 마오쩌둥이 1970년대에 국제 정세를 분석하기 위해 제기한 '삼개세계(三個世界)' 이론을 흉내 낸 것이다. 당시에 마오는 세계가 미국과 소련이라는 초강대국으로 구성된 '제1세계(第一世界)', 영국·프랑스·일본·캐나다 등 선진 자본주의 국가로 구성된 '제2세계(第二世界)', 나머지 중국과 개발도상국 및 미개발국으로 구성된 '제3세계(第三世界)'로 나뉘어 투쟁하고 있다고 주장했다. 시진핑은 자신의 '삼개지대' 이론을 이렇게 설명한다.

> "사상 여론 영역에는 대체로 삼개지대, 즉 홍색(紅色), 흑색(黑色), 회색(灰色) 지대가 있다. 홍색 지대는 우리의 주진지(主陣地)로, 반드시 고수해야 한다. 흑색 지대는 주로 부정적인 것(負面的東西)으로, 용감히 싸워서 기반을 크게 쪼그라트려야 한다. 회색 지대는 깃발을 높이 치켜들고 북을 치며 쟁취해서 홍색 지대로 바꾸어야 한다."[51]

시진핑은 이와 함께 여론 선도 업무(工作)를 정확히 인도할 수 있는 지침으로, '네 개의 유리함(四個有利)'이라는 기준을 제시한다. 이렇게 하는 것이 "가장 중요하고 가장 근본적인 선도(導向)"라는 것이다. 첫째는 공산당 영도와 사회주의 제도의 견지에 유리해야 한다. 둘째는 개혁과 발전의 추동에 유리해야 한다. 셋째는 전국 각 민족 인민의 단결에 유리해야 한다. 넷째는 사회 조화와 안정 수호에 유리해야 한다.[52]

그렇다면 이를 위해 어떻게 해야 할 것인가? 공산당을 옹호하고 투쟁하는 인터넷의 '붉은 전사(紅色戰士)'를 육성하고 활용해야 한다. 바로 인터넷 댓글 부대다. 또한 당정기관과 당정간부들이 직접 인터넷 전사가 되어 활동해야 한다. 바로 '사이버 정무(網絡政務)' 활동이다. 이처럼 공산당은 인터넷 댓글 부대와 사이버 정무를 통해 사이버 공간에서도 대중 여론을 선도할 수 있다.

(2) '오마오당'의 등장과 실체

인터넷 선전 요원은 '사이버 평론원(網絡評論員)', '여론 인도원(輿論引導員)', '뉴스 대변인(新聞發言人)', '여론 분석원(輿論分析員)' 등의 공식 직함을 달고 활동한다. 우리식으로는 모두 전문적인 '댓글 부대원'이다.

| 등장

인터넷 선전 요원이 세상에 등장한 것은 2004년 무렵이었다. 2004년에 후난성(湖南省) 창사시(長沙市) 정부가 한 달에 600위안(元)(한화 약 10만 원)의 기본급 외에 댓글을 달 때마다 댓글당 '오마오(五毛)'(한화 약 100원)를 지급하는 '인터넷 평론원'을 고용했는데, 이들을 비하하는 뜻에서 '오마오당(五毛黨)'이라고 부르기 시작했다.[53] 이들의 정확한 규모, 신분, 활동, 보수 등에 대해서는 현재까지도 논란이 많다. 대부분 신분을 숨기고 은밀히 활동하기 때문이다.

현재 중앙과 지방의 당정기관은 대부분 사이버 평론원을 보유하고 있다. 이들이 처음에 등장하게 된 것은 공산당 중앙 선전부의 지시가 아니라 각자의 자체 필요성 때문이었다. 그래서 당정기관 중에서는 일부 부서가, 지역적으로는 일부 지방에서 먼저 이들을 고용하여 활용했고, 이것이 효과가 있다는 사실이 확인되면서 전국적으로 확대되었다. 그 결과 2010년대에 들어서는 사이버 평론원이 없는 기관이나 지역은 거의 없게 되었다.

예를 들어, 2011년에 후난성(湖南省) 형양시(衡陽市)는 인터넷 평론 지침을 하달했다. 명칭은 「여론 형성을 위한 댓글(文字) 작성 지침」이다. 주요 내용을 보면, 첫째, 소문에 대해서는 신속하게 댓글을 작성한다. 둘째, 국제 사건 혹은 대외 사건에 대해서는 적절하지 않은 논평을 달지 않는다. 셋째, 특정 개인의 정보에 대해서는 언급하지 않는다.[54] 지방정부가 인터넷 평론 지침을 작성하여 활용한 것을 보면, 이 무렵에는 사이버 평론원 제도가 전국에서 보편적으로 사용되고 있다는 사실을 알 수 있다.

실체: 현직 공무원

그런데 몇 년 전에 장시성(江西省) 간저우시(贛州市) 장공구(章貢

區) 정부 산하에 있는 사이버 선전 판공실(網宣辦)의 이메일 자료가 대량으로 해킹되는 일이 벌어졌다. 여기에는 사이버 평론원의 활동과 관련된 많은 자료가 포함되었다. 2013년 2월 11일부터 2014년 11월 28일까지 약 2년 동안 사이버 평론원들이 정부 부서와 교신한 2,341개의 이메일과 그에 첨부된 4만 3,757개의 사이버 평론원의 활동 보고서 파일이 바로 그것이다. 비록 해킹되어 유출된 자료이기는 하지만, 이는 실제로 활동하고 있는 사이버 평론원과 그들의 상부 기관 간의 교신 자료이기 때문에 믿을 수가 있다.

이 자료를 분석한 연구에 따르면, 사이버 평론원은 대부분 당정 기관의 공무원으로, 오마오(五毛)를 받고 고용된 일반인이 아니다. 또한 이 자료를 보면, 평론원이 원래 받는 규정된 임금 외에 별도로 보수를 받는다고 볼 수 있는 근거는 없다. 즉 공무원들이 원래 자신의 업무로 인터넷 댓글을 달거나 하는 여론 선도 활동을 전개한 것이다. 이들이 활동한 시점을 보면, 특정한 시기에 집중되어 있었다. 4월 5일의 청명절(清明節: 조상에 제사 지내는 날), 10월 1일의 국경일, 대형 사건과 사고가 발생한 시점, 매년 3월 전국인대와 전국정협의 연례회의 기간, 공산당 중앙위원회 회의 기간 등이 그것이다. 이는 공산당 중앙 선전부 혹은 상급 기관의 지시에 따라 이런 시기에 집중적으로 댓글 활동을 전개한 결과로 보인다.[55]

댓글 내용은, 공산당 정책에 대한 적극적인 선전이나 주장보다는 단순한 응원과 지지가 주류를 이룬다. 막연하게 중국을 응원(cheerleading)하는 댓글이 전체의 80%였고, 정부와 공산당의 특정 행위와 정책, 업적과 성과를 단순히 칭찬하거나 제안하는 댓글이 14%로, 이 둘을 합하면 전체 댓글의 94%를 차지했다. 그 밖에도 이들이 활동하는 주요 장소는 정부 웹사이트이고, 민간 웹사이트는 부수적이다. 이를 종합하면, 이들이 댓글 활동을 전개한 목적은 단순히 공산당과 정부에 대한 비판을 차단하는 것이 아니다. 그보다는 집단행동의 가능성을 예방하기 위해 네티즌의 관심을 분산시키는 것이다.[56]

마지막으로 이 자료를 근거로 계산하면, 전국에서 전체 사이버 평론원이 매년 작성하는 댓글의 총수는 약 4억 4,800만 개 정도로 추정된다. 이는 178개의 소셜미디어 포스트(post)마다 한 개의 댓글을 단다는 것을 의미한다.[57] 다시 말해, 인터넷에서 전체 댓글의 약 0.6%는 이들이 단 댓글이라고 추정할 수 있다.

(3) '오마오당'의 활동 목적: '긍정적 에너지'의 확대

이 자료를 분석한 다른 학자도 비슷하게 주장한다. 일반적으로 사이버 평론원이 '친서방(親西方) 반중국(反中國)' 견해를 반박하려고, 또한 반공산당적이고 반중국적인 여론을 비판하기 위해 댓글 활동을 전개한다고 생각한다. 그런데 이들이 작성한 실제 댓글의 내용을 분석해보면, 그렇지 않다는 것을 알 수 있다. 즉 댓글 부대의 활동은 네티즌의 관심을 분산시키는 것이 주목적이지, 반대 견해를 반박하거나 비판 여론을 설득하는 것이 주목적이 아니다.

이 분석에 따르면, 댓글 내용은 다섯 가지 범주로 나눌 수 있다. 첫째는 상대방을 비판하거나, 논거에 근거해서 자기 입장을 주장하거나 옹호하는 것이다. 둘째는 외국에 대한 비판이다. 그런데 해킹된 자료를 보면, 첫째와 둘째 범주에 해당하는 댓글은 거의 없다. 셋째는 비(非) 논쟁적인 중국 칭찬이나 정책 제안으로, 전체 댓글의 11%를 차지한다. 넷째는 단순한 중국 응원하기로, 전체 댓글의 85%를 차지한다. 다섯째는 정부 정책과 사실에 대한 단순한 보도(리트윗)로, 전체의 4%를 차지한다.[58] 이를 보면, 댓글의 거의 100%가 셋째, 넷째, 다섯째 범주에 속한다.

결론적으로, 이 연구에 따르면, '오마오당'의 활동 목적은 사이버 세계에서 반정부 내용을 반박하는 것이 아니라, 네티즌들이 현재 자신의 삶에 대해 만족한다고 느끼도록 유도하는 것이다. 이는 공산당의 선전 방침에 부합한다. 최근에 공산당 중앙 선전부는 예술, TV 드라마, TV 쇼, 음악, 소셜미디어에 '긍정적 에너지(正能量)'를 형성하는 일에 집중함으로써 부정적인 뉴스로부터 대중의 관심을 떼도록 유도하라고 지시했다. 사이버 평론원은 바로 이와 같은 일을 하는 사람이다. 특히 청명절이나 국경일, 중대 사건과 사고가 발생했을 때는 이와 같은 '긍정적 에너지'가 더욱 필요하고, 사이버 평론원은 이를 위해 활발한 댓글 활동을 전개한다.[59]

중국에서 유명한 19개의 뉴스 웹사이트에서 600만 개의 뉴스

기사를 뽑고, 그것에 붙어있는 7,000만 개의 댓글을 분석한 연구도 유사한 결론에 도달했다. 이 연구에 따르면, 뉴스 기사에 대한 전체 댓글 중에서 약 15% 정도가 사이버 평론원의 댓글로 추정된다. 또한 이 자료에 근거하여 사이버 평론원을 살펴보면, 이들은 공무원 신분으로 댓글 부대원으로 특별히 고용된 일반인이 아니다. 이들은 전업으로 활동하기도 하고, 다른 일을 하면서 부업으로 활동하기도 한다. 마지막으로 이들의 활동에는 규칙성이 보인다. 즉 특정한 시기와 주제에 댓글이 집중되는 현상이 나타난다. 이는 공산당 중앙이나 상급 정부의 지침에 따라 이들이 활동한다는 사실을 보여준다.[60]

(4) 공청단 단원의 댓글 부대 활동

그런데 당정기관의 공무원 말고도 공청단 단원(團員)이 댓글 부대로 활동하기도 한다. 제2부 '조직 통제'에서 살펴보았듯이, 2017년 기준으로 공청단 단원은 모두 8,125만 명으로, 같은 해 공산당 당원 8,956만 명에 버금가는 위용을 자랑한다(참고로 2021년 6월 기준으로, 공산당 당원은 9,515만 명, 공청단 단원은 7,371만 명이다). 이들이 바로 특정한 목적을 위해 대규모로 댓글 부대로 동원되기도 하고, 일부는 일상적으로 댓글 부대원으로 활동하기도 한다.

예를 들어, 2015년에 공청단 중앙과 국무원 교육부는 전국의 공청단 조직에 '청년 사이버 자원봉사자(青年網絡志願者)'를 모집하여 활동할 것을 지시했다. 이는 2011년부터 공산당 중앙이 당정기관, 국유기업, 공공기관에 '사이버 문명전파 자원봉사자(網絡文明傳播志願者)' 활동을 전개하라고 지시한 내용을 공청단 중앙이 자체적으로 집행하기 위해 내린 조치였다. 이런 지시에 따라 지방 공청단 조직은 해당 지역에서 대학생과 젊은 직장인을 대상으로 자원봉사자 모집에 들어갔다.

이 지시에 따르면, 청년 사이버 자원봉사자의 임무는 세 가지다. 첫째는 웨이보와 웨이신에서 '긍정적 에너지'를 확대하고, '사회주의 핵심 가치관'을 적극적으로 전파하며, 당정기관의 웨이보 및 웨이신 계정과 활발히 협력하는 일이다. 둘째는 '부정적 에너지(負能量)'에 대항하고, 덩샤오핑이 제창한 '사항(四項) 기본원칙'에 어긋나는 정보를 비판하며, 민족 통합을 전파하는 일이다. 셋째는 인터넷의 여론 정보를 수집하여 상급 조직과 관련 기관에 전달하는 일이다.[61] 또한 청년 자원봉사자가 될 수 있는 조건은 세 가지다. 첫째는 공산당원, 둘째는 일정한 글쓰기 능력 보유자, 셋째는 공산당 이론과 선전을 아는 사람이다.

이들의 목표는 1,000만 명이고, 이 중에서 대학생 목표는 380만 명이다. 모집 및 운영 계획에 따르면, 이들은 군대식으로 조직된다. 산둥성(山東省)을 사례로 살펴보면, 이들은 "청년 사이버 군대(靑年網軍)로서, 거짓 주장과 소문에 단호히 맞서면서 온라인 여론전에서 투쟁"한다. 조직은, 20명으로 최소 단위인 소조(小組)를 구성하고, 20개의 소조로 중대(中隊)를 구성하고, 20개의 중대로 대대(大隊)를 구성하며, 다시 20개의 대대로 1개 지대(支隊)를 구성한다. 마지막으로 20개의 지대로 1개의 총대(總隊)를 구성한다. 총대는 산둥성 전체를 포괄하며, 인원은 총 320만 명이다.[62]

(5) '오마오당'의 한계

그렇다면 '오마오당'의 활동은 인터넷 여론전에서 실제로 얼마나 효과가 있을까? 이를 정확히 평가하기는 어렵지만, 부정적인 평가가 주류를 이룬다. 즉 이들이 인터넷 여론을 선도하는 데에는 실패했다는 것이다. 크게 세 가지 이유 때문이다.

첫째, 사이버 평론원의 능력을 높일 수 있는 교육 훈련 및 평가제도가 부족하다. 이들은 댓글 작성 방법, 여론 조작의 흔적 없이 유령계정을 만드는 방법 등 기본적인 교육 훈련만 받고 업무에 투입된다. 또한 이들은 대개 공무원으로서 원래 임금 외에 별도의 보상이 없거나 있어도 아주 적기 때문에, 적극적으로 댓글 활동에 나설 동기가 부족하다. 승진이나 상부의 인정 등 다른 보상이 있을 수 있지만, 댓글을 잘 쓴다고 승진시킨다면 우스운 일이 될 것이다. 실제로 이것이 주된 승진 요인이 아니므로 역시 강한 활동 동기가 되지는 못한다.

둘째, 사이버 평론원의 실제 활동을 보면, 상부의 지시에 따라 관성적으로 댓글을 다는 활동이 대부분이다. 이들이 인터넷에서 다양한 글쓰기와 교류를 통해 네티즌을 실제로 얼마나 많이 설득했는지는 그렇게 중요하지 않다. 이런 활동을 평가할 수 있는 구체적이고 객관적인 방법이나 평가 지표도 없다. 따라서 그보다는 상부가 할당한 댓글 과제를 양적으로만 달성하여 인정받는 것이 이들에게는 더 중요한 관심사다.

셋째, 사이버 평론원의 활동이 밖으로 노출되어 대중의 신뢰를 얻기가 어렵다. 일부 언론은 사이버 평론원의 존재와 실제 활동을 보도하기도 했다. 그 결과 인터넷에서 이들의 활동에 대해 부정적으로 보는 기류가 형성되었다. 예를 들어, 앞에서 말한 공청단이 1,000만 명의 청년 사이버 자원봉사자를 모집하는 활동도 인터넷에서 여론의 맹비난을 받았다. 또한 이들이 단 댓글도 논리적인 설득이나 새로운 정보를 제공하는 것이 아니라, 대부분 단순한 응원이거나 정부 정책 전달하기라서 보면 금방 '오마오당'이라는 사실을 알 수 있다.[63]

7. 인터넷의 붉은 전사: 자발적 오마오당(自乾五)

그런데 사이버 세계에는 정부 고용인인 '오마오당'만이 있는 것이 아니다. 당정기관과 직접적인 관련이 없으면서 자발적으로 반정부 주장과 여론에 적극적으로 맞서서 투쟁하는 또 다른 인터넷의 붉은 전사가 있다. 소위 '애국적 블로거(愛國的博客)'가 그들이다. 시진핑 총서기는 2014년 10월에 있었던 문학예술 좌담회에서 저우샤오핑(周小平)과 화첸팡(花千芳)이라는 두 사람의 애국적 블로거를 크게 칭찬했다. 동시에 시진핑은 더 많은 애국적 블로거가 인터넷에서 더욱 적극적으로 활동해야 한다고 격려했다. 이는 애국적 블로거가 대규모로 등장하는 하나의 계기가 되었다.

애국적 블로거는 언제인가부터 "자기 식량을 가져다 먹는 오마오(自帶乾糧的五毛)", 줄여서 '자건오(自乾五)'라고 불리기 시작했다. 원래는 애국적 블로거를 비판하는 진영에서 이들을 비하하는 의미에서 '오마오당'의 한 종류에 불과하다고 딱지를 붙여준 것이었다. 그러나 현재는 그와는 달리 긍정적인 의미로 사용된다. 즉 공산당이나 정부의 지원을 받는 '오마오당'과 달리, 당정의 어떤 지원도 받지 않고, 즉 "자기의 식량을 가져다 먹으며" 애국심과 정의감에서 자발적으로 공산당과 국가를 옹호하는 활동을 전개하는 부대라는 뜻이다. 실제로 이들은 자기들을 '자발적 오마오당'이라고 부르기도 한다.

(1) '자발적 오마오당'의 특징과 전술

'자발적 오마오당'의 활동을 전문적으로 분석한 연구에 따르면, 이들은 공무원이 주류를 이루는 '오마오당'과는 성격과 활동 내용이 분명히 다르다.

| 특징: '애국주의'와 '합리주의'

우선 이들은 정부 비판 세력과 비교했을 때, 다른 사상적 성격을 보유하고 있다. 온라인 활동 과정에서 자기들만의 집단 정체성(group identity)을 형성했다는 것이다. 첫째는 애국주의(patriotism)다. 이들은 서유럽과 미국을 비판적으로 보고, 공산당 정권을 국가 통일과 경제발전을 위해 필요한 존재로 생각한다. 이런 판단에 따라 현재의 공산당 일당제를 적극적으로 옹호한다.

둘째는 합리주의(rationalism)다. 이들은 단순히 상대방을 비난하기보다는 나름의 근거를 가지고 비판하려는 경향이 강하다. 예를 들어, 산아제한 정책을 '한족(漢族) 말살 정책'으로 비판하면서, 소수민족과 비교해서 한족의 인구수가 계속 감소하고 있는 객관적인 통계자료를 근거로 제시한다.[64] 다른 주제와 관련해서도 마찬가지다. 따라서 이들의 논리를 비판하거나 반박하는 일은 쉽지 않다.

| 다양한 전술의 여론전 전개

또한 '자발적 오마오당'은 '오마오당'이 단순히 댓글 활동만 전개하는 것과는 달리, 다양한 전술을 동원하여 반대 세력과 격렬한 여론전을 전개한다. 이들의 전술을 보면, 첫째는 딱지 붙이기(labelling)다. 비판 대상자를 '달러당(美分黨)'(미국에 고용된 집단), '똥

개당(狗糧黨)'(개처럼 식량을 서구 열강에 구걸하는 집단), '앞잡이당(帶路黨)'(외세의 침략을 위한 길잡이 집단) 등으로 부르면서 사이버 세계에서 고립시키려고 시도한다. 이런 딱지 붙이기 전술은 실제로 효과를 발휘하여 상대방을 곤혹스럽게 만들기도 한다.

둘째는 따귀 때리기다. 이는 공산당과 국가를 비판하는 네티즌의 논리적 오류, 사실관계의 실수, 주장의 비일관성 등을 철저히 분석하여 반박하는 방식이다. 예를 들어, 상대방이 잘못된 통계를 인용하여 주장한 사례를 찾아내서는 반대 근거를 제시하면서 상대 주장을 조목조목 비판한다. 또한 미국의 CNN처럼 외국 언론이 잘못된 사진이나 사례를 이용하여 중국을 비판하는 보도를 내보내면, 근거를 제시하면서 이들의 보도가 허위이거나 과장임을 폭로한다.

셋째는 만담(相聲)으로, 자기들끼리 말을 주거니 받거니 하면서 정권 비판자의 주장과 활동을 조롱하는 방식이다. 넷째는 낚기 혹은 낚시(釣魚, 댜오위)로, 일종의 역정보 전술이다. 이들은 의도적으로 인터넷에 공산당과 정부의 문제점을 보여주는 거짓 정보나 잘못된 통계를 흘리고, 그것을 정권 비판자가 받아서 공산당과 정부를 비판하는 근거로 사용하면, 그것이 자신들이 흘린 거짓 정보와 통계임을 밝히면서 조롱하는 방식이다. 다섯째는 적극적 동원으로, 자신들의 고유한 가치·신념·감정을 직접적이고 적극적으로 홍보하는 방식이다.[65]

(2) '자발적 오마오당'의 영향력

그렇다면 '자발적 오마오당'은 인터넷 세상에서 어느 정도의 영향력이 있을까? 이 연구에 따르면, 이들은 이미 인터넷 공론장 (public sphere)에서 굳건한 기반을 구축했다고 평가한다. 이들은 '애국자'로서 국가 통일, 경제발전(산업화), 강대국화를 위해서는 공산당 정권이 필요하다고 역설한다. 또한 이들은 현재의 국가 방침이 올바르다고 확신하고, 이런 방침을 추진하기 위해서는 정치안정이 필요하다고 주장한다. 이런 생각으로 〈천애 포럼(天涯論壇)〉과 같은 유명 인터넷 사이트에서 기반을 다진 후에 다양한 동류 세력과 연합하여 다른 영역으로 영향력을 확대하고 있다.

단 주의할 점이 있다. '자발적 오마오당'의 영향력은 주제에 따라, 또한 공산당과 정부의 실제 활동에 따라 다르다는 사실이다. 다시 말해, 이들이 모든 주제나 상황에서 항상 영향력이 있다는 것은 결코 아니다. 예를 들어, 공산당과 정부가 잘못하고 있는 정책이나 활동에 대해 이들이 옹호할 때는 네티즌의 동의와 지지를 얻지 못한다.

이런 결과를 기반으로, 이 연구는 중국에서 '강력한 인터넷'과 공산당 일당제가 공존하는 원인을 사이버 공간의 분열에서 찾는다. 이에 따르면, 중국의 권위주의 체제는, 공산당이 인터넷을 통제할 수 있고, 또한 변화된 인터넷 환경에 잘 적응했기 때문에 굳건히 유지되는 것이 아니다. 그보다는 정권 비판자와 정권 지지자

(즉 '자발적 오마오당')가 온라인상에서 치열한 경쟁을 벌이면서 여론이 다원화되고, 그 결과 사이버 공간이 분열되었기 때문이다. 다시 말해, 온라인 공간에서 정권 비판자가 주도권을 장악하지 못하고, 그래서 '강력한 인터넷'이 공산당 일당제를 약하게 만들지 못한다.[66] 이 연구는 이처럼 '자발적 오마오당'의 존재와 역할을 높이 평가한다.

| 8. 공산당의 '사이버 정무(網絡政務)' |

공산당은 1990년대 초부터 인터넷을 이용한 '전자정부(e-government) 건설'에 많은 관심을 가지고 집중적으로 투자하기 시작했다. 앞에서 말했듯이, 2003년 무렵까지 약 10년 동안 정부는 이 분야에 1조 위안(1,210억 달러)을 투자했다.[67] 국무원도 2006년에 '중국정부망(中國政府網, www.gov.cn)'을 개설했고, 지방정부도 속속 공식 사이트를 개설했다. 그 결과 2008년은 '정부 사이트의 해'라고 할 정도로 전자정부 활동이 활발히 전개되었다.[68] 물론 지방마다 재정 상황과 정보통신 기반시설 등 여러 가지 면에서 차이가 나기 때문에 전자정부 건설은 지역적으로 불균등하게 전개되었다.[69]

(1) 전자정부의 네 가지 활동

전자정부는 대개 네 가지 활동을 전개한다. 첫째는 정보 제공 (e-information)이다. 이는 법률, 정책, 규정, 예산 등 정부의 다양한 정보를 인터넷을 활용하여 널리 제공하는 활동을 말한다. 둘째는 협의(e-consultation)로, 법규나 정책을 제정할 때 대중의 의견을 청취하는 활동이다. 인터넷을 이용한 질의응답, 청원, 투표, 의견 제시 등이 그것이다. 셋째는 토론(e-discussion)으로, 정부가 정책과 사회문제를 토론할 때, 인터넷을 이용하여 대중의 참여를 장려하는 활동이다. 이를 위해 각급 정부는 온라인상에 정부와의 대화를 위한 플랫폼이나 다양한 정책 포럼을 운영한다. 넷째는 정책 작성(e-decision-making)으로, 정부가 정책을 결정할 때 인터넷을 통해 대중의 참여를 허용하는 활동이다. 이를 위해서는 제도화된 절차와 피드백 제도가 필요하다.[70]

이 중에서 셋째와 넷째 활동은 전자 거버넌스(e-governance)라고 부르기도 한다. 정부가 정책을 일방적으로 결정하고 집행하는 통치(government)가 아니라, 정부가 사회와 함께 정책을 결정하고 집행하는 거버넌스(governance)의 특징을 강하게 띠고 있기 때문이다.[71]

그렇다면 중국의 사이버 정무는 네 가지 활동 중에서 어느 것을 중심으로 전개될까? 예상했던 대로 첫째와 둘째를 중심으로 활동한다. 중국은 사무 자동화, 정부 부서와 기관을 연결하는 통합 인터넷 체제 수립, 정부와 산업계 간의 디지털 정보 교환 향상 등의 사업을 중점적으로 추진해왔다. 이는 전형적인 '전자정부 건설'에 해당한다. 또한 실제 활동을 보면, 인터넷을 이용하여 정부 정책과 규정을 대중에게 홍보하고 선전하는 '정보 제공', 인터넷을 통해 질의응답·청원·투표·의견 제시 등을 허용하는 '협의 활동'을 주로 전개하고 있다. 반면 인터넷을 이용한 '정책 토론'이나 '정책 작성'은 제대로 이루어지지 않고 있다.[72]

참고로 중국은 다른 국가와 비교할 때, 인터넷 여론에 매우 신속하게 대응하는 편이다. 예를 들어, 아프리카의 케냐나 이집트와 비교했을 때도 그렇지만, 아시아의 싱가포르와 비교했을 때도 역시 그렇다. 중국은 비록 권위주의 정권이지만, 대중의 분노를 잠재우기 위해 인터넷에 공개된 사건에 대해서는 매우 민첩하게 대응한다. 이를 통해 공산당은 통치 정통성을 높일 수 있고, 사회안정을 유지할 수도 있다.[73] 이는 전자정부 건설의 성과 중 하나라고 평가할 수 있다.

(2) '정무 웨이보(政務微博)'의 증가

그런데 시간이 가면서 중국의 사이버 정무에도 변화가 일어났다. 단적으로 2011년 이후 당정기관과 간부의 '정무 웨이보(政務微博, government Weibo)'가 급격히 증가한 것이다. 2011년에 개최된 공산당 17기 중앙위원회 6차 전체회의(17기 6중전회)에서 소셜네트워크에 당정기관과 간부가 적극적으로 참여하여 공산당과 정부를 선전할 것을 결정했기 때문이다. 그 결과 2014년 말에는 정부의 웨이보 계정이 27만 7,000개, 웨이신(微信, WeChat) 계정이 1만 7,000개로 증가했다. 당정간부 중에서 웨이보 스타가 등장하기도 했다. 저장성 공산당 위원회의 조직부 부장은 800만 명의 팔로워(follower)를 거느리는 '빅 브이(big V)'였다.[74]

공산당이 '정무 웨이보'를 권장한 데는 그만한 이유가 있다. 지방정부가 주민의 신뢰를 잃어가고, 군체성사건(대중 소요 사건)이 계속 발생하는 상황에서, 지역 주민과 더 능동적이고 적극적으로 소통할 필요가 있기 때문이다. 공산당이 보기에 정무 웨이보는 몇 가지 이점을 가지고 있다. 첫째는 정부 투명성을 높일 수 있고, 둘째는 대중에게 서비스를 제공할 수 있으며, 셋째는 여론 동향을 파악하고 이해할 수 있다. 또한 정무 웨이보는 다양한 기능을 수행할 수 있다. 정부 정책과 법률의 선전, 여론 선도를 통한 사회안정 유지, 국가와 사회 간의 대화 촉진, 분노한 시민의 여론 무마가 그것이다.[75]

정무 웨이보의 실제 상황을 분석한 연구에 따르면, 우리는 몇 가지 사실을 발견할 수 있다. 먼저 정무 웨이보는 '부드러운 판매(soft sell)' 전략을 추진한다. 예를 들어, 당정기관과 간부의 웨이보는 비정치적인 주제를 다루고, 최대한 네티즌과 논쟁하지 않으며, 구어체 표현을 주로 사용한다. 이를 통해 긍정적이고 비정치적인 메시지 전달에 주력한다. 또한 이를 통해 당정기관이 사용하는 '공식 언어'와 일반 국민이 사용하는 '일상 언어' 간의 간격을 줄이려고 시도한다.

그러나 정무 웨이보의 활동이 역풍을 맞을 때도 있다. 네티즌이 이들의 활동을 불신하고 비판하는 경우가 종종 있기 때문이다. 특히 소통 실패는 여전한 문제다. 정무 웨이보에서는 일방적인 정보 전달이 중심을 이루고, 네티즌의 질문에 적극적으로 답변하고 소통하려는 노력은 부족하다.[76] 이런 측면에서 정무 웨이보는 국민에 대한 국가의 감독과 통제를 강화하려는 수단이지, 국민의 권한을 보호하고 적극적인 참여를 촉진하려는 수단은 결코 아니다.[77]

(3) '권위주의적 참여 설득'의 등장

정무 웨이보 이외에, 공산당의 사이버 정무에 또 다른 변화가 일어났다. '권위주의적 참여 설득(authoritarian participatory persuasion)' 방식이 등장한 것이다. 이에 따르면, 2012년에 시진핑 정부가 등장한 이후, 정보 통제 과정은 이전의 일방적인 '선전형'에서 '참여형', 즉 '권위주의 참여 설득 2.0 버전'으로 진화하기 시작했다. 전통 매체의 '선전형'은, 공산당이 사회를 향해 전달하고 싶은 내용을 일방적으로 쏟아내는 하향식 선전이 주류를 이루었다. 반면 '참여형' 선전은 디지털 소통의 상호작용 성격을 이용하여, 공산당 정권과 시민이 함께 공유할 수 있는 프로젝트를 만들고 확산하는 방식으로

선전을 전개한다.[78]

| '명시적' 설득 전략

이런 권위주의적 참여 설득은 '명시적' 설득과 '묵시적' 설득의 두 가지 방식으로 구성된다. 먼저 '명시적' 설득을 보자. 첫째는 콘텐츠의 공유 및 리트윗(轉發) 요청이다. 당정기관과 간부들은 네티즌에게 특정 사이트나 내용을 함께 공유하거나 리트윗할 것을 요청한다.

둘째는 적극적인 참여 요청이다. 긴급 상황이 발생할 때는 소셜미디어를 통해 위기 극복과 재난 구호에 시민이 적극적으로 참여할 것을 호소한다. 또한 정부가 추진 중인 정책에 관심을 가져달라고 요청한다. "민중을 위해 실제적인 일을 하자(為民衆辦實事)!"라는 구호를 제창하면서 말이다. 여기에는 정부 정책에 대한 의견 요청, 법률 초안에 대한 논평 요청 등도 포함된다.[79]

셋째는 네티즌에게 자기만의 콘텐츠를 만들어서 소셜네트워크에 게재하는 방식으로 공유할 것을 요청하는 일이다. 예를 들어, 국경일과 노동절 등 특정한 기념일에 네티즌이 개별적으로 전개한 독특한 기념 활동(예를 들어, 혁명유적지 방문 등)을 공유하자고 요청한다. 또한 국기 게양과 국가 제창 등 자기만의 애국적 콘텐츠를 작성하여 공유하자고 요청하기도 한다.

넷째는 애국적 블로그 활동을 요청한다. 소위 '자발적 오마오당'

활동 말이다. 이에 대해서는 이미 앞에서 자세히 살펴보았다.

| '묵시적' 설득 전략

다음으로 '묵시적' 설득을 살펴보자. 첫째는 사이버 세계에서 공산당 지도자와 '가족 관계' 맺기다. 이에 따르면, 네티즌들에게 시진핑 총서기 등 주요 지도자의 생생한 경험을 공유하자고 설득하면서 다양한 프로그램에 참여할 것을 유도한다. 예를 들어, 〈인민망〉은 시진핑의 외국 순방을 보도하면서 네티즌이 직접 참여하여 시진핑의 경험을 함께 할 것을 권유한다. "올해에는 시진핑과 함께 전진하고 공동으로 담당하자!"라는 구호를 제창하면서 말이다. 이를 위해 감성적이고 신체적인 친밀감을 조성한다. 네티즌이 시진핑의 국내외 순방을 직접 동행하는 듯한 착각이 들도록 동영상을 제작하여 네티즌과 시진핑 간의 감정적인 친밀감을 조성하는 것이다. 또한 시진핑과 영부인을 가족에 비유하고 가족 호칭을 사용한다. '시 큰아버지(習大大)', '시 삼촌(習叔叔)', '펑 어머니(彭媽媽)', '따뜻한 남자(暖男)' 등이 대표적이다.

둘째는 네티즌의 일상생활에 도움을 줄 수 있는, 작지만 실용적이고 실제적인 정보와 서비스를 제공하는 활동을 전개한다. 반면 거창한 정치적 구호를 내걸고 네티즌의 특정한 활동을 촉구하는 내용은 최대한 자제한다. 예를 들면, 네티즌을 대상으로 전개하는 디지털 상담이 있다. 정부 인터넷 사이트에서 진학, 취업, 여행 등 사소한 내용에 대한 상담을 진행한다. 또한 이런 주제에 대해 네티즌이 제기한 질문, 건의, 요청에 일일이 응답하기도 한다.[80]

이런 노력이 모두 성공하거나 성과가 있는 것은 아니다. 네티즌은 정부와 당정간부의 공식 사이트에 대해 비판적인 태도를 보이거나 냉소를 보내기도 한다. 그러나 빠르게 변화하는 인터넷 환경에 직면하여 공산당이 적극적으로 대응하면서 새로운 시도를 지속하고 있는 것은 분명한 사실이다. 그리고 이런 시도가 성과를 거두면서 공산당에 대한 국민의 높은 지지도와 신뢰도가 유지되고 있는 것도 사실이다.

9. 인터넷 통제 평가: 공산당 정권의 '무덤'?

2000년대에 들어 중국에서 인터넷이 빠르게 확산하기 시작하자 서구 학자들과 언론은 '신매체'가 중국의 권위주의 체제에 커다란 영향을 미칠 것으로 예상했다. 네티즌은 당정기관의 잘못된 행위와 간부의 일탈 행위를 비판하는 목소리를 높일 것이다. 또한 인권 운동가나 사회 활동가들은 인터넷을 이용하여 전보다 쉽게 조직을 결성하여 다양한 반정부 활동을 전개할 것이다. 이런 일이 쌓이면 공산당 일당 체제에도 변화가 생길 것이다. 그러나 이런 기대 섞인

예상은 실현되지 않았다.[81]

(1) 인터넷의 정치적 역할에 대한 세 가지 주장

그러면서 인터넷의 정치적 역할에 대해 다양한 주장이 제기되었다. 이는 크게 세 가지 종류로 나눌 수 있다.[82] 첫째는 인터넷이 가지고 있는 정치변화의 잠재력을 여전히 강조하는 주장이다. 이에 따르면, 인터넷은 권위주의 정치 체제를 허물고 정치 자유화(liberalization)와 민주화(democratization)를 촉진하는 데 도움을 줄 수 있다. 인터넷은 개인과 시민사회의 역량을 강화하고, 이들의 자유를 확대하며, 새로운 활동 공간과 투쟁 수단을 제공할 수 있기 때문이다. 이는 2000년대 초중반에 중앙아시아에서 시작되어 전 세계로 퍼져나간 재(再)민주화 운동, 일명 '색깔 혁명(color revolution)'을 통해 확인된 사실이다. 중국에서도 인터넷과 소셜미디어가 확산하면 이런 일이 일어날 가능성이 충분히 있다.

둘째는 반대로 권위주의 체제의 통제 강화를 강조하는 주장이다. 이에 따르면, 공산당 정권은 일반 개인이나 사회조직보다 인터넷과 같은 신매체에 훨씬 능동적이고 적극적으로 대응한다. 또한 권위주의 정권은 자신이 가지고 있는 막대한 물적 및 인적 자원을 총동원하여 인터넷 통제 체제를 구축하고, 이를 활용하여 사회 통제를 강화한다. 따라서 인터넷 혁명은 권위주의의 약화가 아니라 반대로 권위주의의 강화 혹은 '권위주의의 끈질김(authoritarian resilience)'을 강화한다. 중국이 가장 대표적인 사례다.

셋째는 중립적 입장이다. 이에 따르면, 인터넷의 발전을 놓고 단순히 권위주의 체제가 유리하다거나 시민사회가 유리하다고 말할 수는 없다. 비록 인터넷이 시민사회에 더 많은 활동 공간과 투쟁 수단을 제공한 것은 분명하지만, 국가도 인터넷을 자신에게 유리하게 사용할 수 있는 능력이 있고, 실제로 그렇게 사용한다. 따라서 미래는 결정된 것이 없다. 시민사회는 인터넷 공간에서 공산당 정권과 지속적인 저항과 협상을 진행하고, 시민사회와 국가는 상호작용하면서 변화하게 될 것이다. 또한 실제 상황을 보면, 사건과 영역에 따라 인터넷의 역할은 큰 차이가 난다.

이와 같은 세 가지 주장 중에서 세 번째는 판단을 유보한 것으로 볼 수 있다. 상황과 조건에 따라 인터넷의 역할이 달라진다고 생각하는 경향이 있기 때문이다.[83] 따라서 만약 인터넷의 역할에 대한 분명한 판단을 내린다면, 첫 번째와 두 번째 주장 중에서 하나를 선택해야 할 것이다. 이런 측면에서 우리는 인터넷의 정치적 역할에 대한 평가는 두 가지 주장, 즉 낙관파(optimist)와 비관파(pessimist), 혹은 사이버 이상주의자(cyber-utopian)와 사이버 현실주의자(cyber-realist)로 나눌 수 있다.[84]

그런데 이런 연구를 분석해보면, 어느 시점에서 무엇을 중심으로 인터넷의 역할을 분석했는가에 따라 차이가 있다는 사실을 알 수 있다. 시기적으로 보면 후진타오 시기(2002~2012년), 주제와 영역으로 보면 시민사회의 저항 활동을 중심으로 분석한 연구들은 대체로 낙관파 혹은 사이버 이상주의를 주장하는 경향이 강하다.[85] 반대로 시기적으로 보면 시진핑 시기(2012년~현재), 주제와 영역으로 보면 공산당과 국가의 인터넷 통제 활동을 중심으로 분석한 연구들은 대체로 비관파 혹은 사이버 현실주의를 주장하는 경향이 강하다.[86] 물론 시진핑 시기의 인터넷을 분석하면서도 여전히 국가 통제의 한계를 지적하는 연구도 있다. 그러나 이 연구들도 시민사회의 저항 활동을 중심으로 분석했다는 점은 같다.[87]

(2) 인터넷 통제의 '이중성'과 권위주의의 끈질김

지금까지 우리가 분석했듯이, 공산당의 인터넷 통제는 단순하지도 않고 일방적이지도 않다. 공산당은 매우 정교하고 체계적인 인터넷 통제 기제를 갖추고 사이버 네트워크를 통제한다. 또한 공산당은 상황과 조건을 무시하면서 무조건 인터넷을 봉쇄하거나 차단하지도 않는다. 이런 면에서 공산당의 인터넷 통제는 '이중성(二重性, duality)'을 가지고 있다고 말할 수 있다. '이용'과 '통제', '장려'와 '감독', '허용'과 '금지' 등이 바로 그것이다.

예를 들어, 사이버 네트워크에서 비록 정치적인 영역이지만 네티즌의 토론을 허용하는 주제가 있다. 지방에서 일어난 당정간부의 부패와 권력 남용 사건 등 지방성 사건, 기후변화와 환경오염 방지 같은 비정치적 쟁점, 집단행동을 유발하지 않으면서도 대중의 욕구와 불만을 어느 정도 해소해서 안전판(safety valve) 역할을 담당할 수 있는 토론 등이 이에 속하다. 그래서 네티즌, 사회 활동가, 시민사회의 다양한 조직은 이런 주제와 영역을 중심으로 활동을 확대하고, 힘을 키울 수 있다. 중국에서 환경운동 단체가 인터넷을 이용하여 활발히 활동하는 것이 대표적이다. 또한 인터넷을 이용하여 지방 당정간부의 잘못을 고발하고 시정한 사례도 있다.

반면 문제 제기와 토론이 엄격히 금지된 주제와 영역도 많이 있다. 공산당 일당제에 대한 비판과 민주적인 정치개혁 정책, 티베트와 신장 위구르 지역 등 소수민족 자치 지역의 분리주의와 종교 문제, 파룬궁이나 지하 교회 같은 종교 조직의 활동, 중앙과 지방의 주요 정치 지도자에 대한 비판, 2011년의 자스민 혁명(Jasmine Revolution)과 같은 해외 민주화 운동의 소개와 토론, 1989년 톈안먼 민주화 운동에 대한 논의와 재평가, 대만 독립 문제, 홍콩의 민주화 시위 지지와 토론 등이 대표적이다. 이런 주제가 인터넷에 등장하면 공산당은 즉각 사이트를 폐쇄하거나 접속을 차단한다.[88]

따라서 인터넷이 아무리 발전해도 시민사회가 두 번째 범주의 금지 주제와 관련된 영역에서 활동하기는 사실상 불가능하다. 실제로 이와 관련된 활동은 이전에도 그랬고, 현재도 여전히 강력히 통제된다. 1998년에 지식인과 사회 활동가를 중심으로 인터넷을 이용하여 공개적으로 중국민주당(中國民主黨)을 창당하려고 시도했다가 심한 탄압을 받아 실패한 사건은 이를 잘 보여준다.[89] 시진핑 시기에 들어서는 말할 필요도 없다. 2015년에 베이징 이런핑센터(北京益仁平中心)를 폐쇄한 일은 대표적인 사례다. 이 센터는 B형 간염 보균자와 에이즈(AIDS) 환자를 지원하는 등 정치적 색채를 띠지 않는 인도주의 활동을 통해 국제적인 명성을 얻었다. 그런데 이런 비정치적인 단체마저도 시진핑 정부는 폐쇄했다.

따라서 최소한 현재까지는 인터넷 발전이 중국의 권위주의 체제를 약하게 만들었다는 근거는 찾기 어렵다. 물론 후진타오 시기 (2002~2012년)에는 인터넷을 이용하여 전개한 대중 시위와 저항이 성공한 사례가 있기는 했다. 예를 들어, 2003년의 쑨즈창(孫志剛) 사건과 사영기업가 쑨다우(孫大午) 석방 사건, 2007년의 푸젠성 샤먼시(廈門市) PX(파라자일렌) 공장 설립 반대 시위 등이 대표적이다. 쑨즈창 사건의 경우, 쑨의 사망에 대한 네티즌의 문제 제기를 계기로 잘못된 행정 규정이 폐지되는 성과를 거두었다. 쑨다우 사건의 경우는 네티즌의 항의로 구속된 쑨이 석방되는 성과를 거두었다. 샤먼시의 PX 공장도 네티즌이 조직한 반대 운동에 힘입어 결국 공장 설립이 취소되었다.[90]

그러나 이는 공산당의 인터넷 통제 기제(예를 들어, 황금 방패 공정)가 아직 완성되지 않은 상황에서 발생한 사건이었다. 또한 후진타오 정부라는 비교적 느슨한 통치 체제를 유지했던 상황에서 일어났기 때문에 성공할 수 있었던 일이다. 그러나 후진타오 시기에도 공산당이 자신의 방침을 분명히 천명하고 강력히 개입한 경우는 통제할 수 있었다. 2011년 저장성 원저우시(溫州市)에서 일어난 고속철도 충돌 사건에 대한 통제, 2012년의 센카쿠(尖閣)/댜오위다오(釣魚島) 문제를 둘러싼 반일 시위에 대한 통제가 대표적인 사례다.[91]

(3) 인터넷의 정치적 역할 전망

미래에도 인터넷, 특히 웨이보와 웨이신 같은 소셜미디어를 이용한 시민의 참여와 저항은 계속될 것이다. 그리고 이 가운데 몇 가지 사례에서는 네티즌이 단결하여 공산당과 정부의 양보를 얻어내는 성과를 거둘 수 있을 것이다. 이런 작은 변화가 쌓이면 언젠가는 공산당 일당제라는 만리장성에 균열이 생길 수도 있을 것이다. 이런 노력이 공산당과 정부에 '미시적 변화(micro change)'를 일으키고 '미시적 책임성(accountability)'을 강화할 수도 있을 것이다.

그러나 잊지 말아야 할 것이 있다. 공산당과 정부의 미시적 변화와 미시적 책임성 강화가 동시에 장기적으로 보면 공산당 정권을 더욱 강건하게 만드는 역할을 할 수도 있다는 사실이다. 미시적 변화와 미시적 책임성 강화가 공산당 정권에 대한 국민의 불만을 줄이고, 그 결과 민주화에 대한 국민의 열망과 압력을 약화하거나 완화하는 역할을 할 수도 있기 때문이다.[92] 이런 면에서 인터넷이 몰고 올 다양한 정치적 변화가 공산당의 권위주의 체제에 반드시 나쁘다고만은 할 수 없다.

이와 관련하여 중국보다 먼저 인터넷과 소셜미디어가 널리 보급된 미국과 유럽 사회를 참고할 필요가 있다. 이들 사회에서 인터넷과 소셜미디어는 처음 기대와는 달리 긍정적인 성과 못지않게 부정적인 문제를 낳고 있다. 성과와 문제를 종합적으로 평가하면 성과가 문제보다 더 많다고 단정적으로 말할 수도 없다. 예를 들어, 인터넷은 토론 공동체를 활성화하고 대중의 정치참여를 확대하는 역할도 수행하지만, 그와 함께 혹은 그것보다 더욱 심각하게 개인주의와 고립주의를 확대하고, 공동체를 분열시키고 대립을 격화시키는 역할도 수행한다.

이런 경향은 중국에서도 나타나고 있다. 중국의 네티즌도 미국과 유럽의 네티즌처럼 주로 오락과 사회적 교류를 위해 인터넷을 사용한다. 반면 이들 중 극소수만이 정치적인 내용을 이용하고, 정치적인 목적을 위해 인터넷을 활용한다. 그 결과 중국의 네티즌은 서구의 네티즌처럼 점점 더 정치에 무관심해지고, 정부의 인터넷 통제를 지지하기까지 한다. 예를 들어, 한 조사에 의하면, 중국 네티즌의 80% 이상이 정부의 인터넷 내용 통제, 65%가 인터넷 실명제를 지지했다. 또한 인터넷이 마치 마약처럼 현실도피의 수단, 즉 '전자아편(電子鴉片)'으로 전락했다는 비판이 제기되었다. 따라서 인터넷이 중국의 민주화에 기여하고, 시민사회의 형성을 촉진할 것이라는 낙관적인 견해는 신중해야 한다.[93]

디지털 정보통신기술(ICT)은 분명 중국의 정치 자유화와 민주화에 도움을 줄 수 있을 것이다. 인터넷이 사이버 공론장을 넓혀서 더욱 다양하고 자율적인 뉴스, 논평, 정보가 등장할 수 있기 때문이다. 또한 인터넷은 정부의 잘못을 비판하고 시민의 권리를 수호하는 수단으로 사용될 수 있고, 이를 통해 정부의 투명성과 책임성을 높일 수도 있을 것이다. 그러나 동시에 권위주의 정권도 인터넷을 통해 통치 체제를 강화할 수 있고, 실제로 그렇게 하고 있다. 중국은 이를 절실히 보여준다.

결국 중국의 정치 자유화와 민주화는 인터넷 같은 신기술의 발전이 불러올 '자연사(自然事)'가 아니라, 사람의 의지와 행동에 따라 실현 여부가 결정되는 '인간사(人間事)'일 뿐이다.[94]

毛主席语录

★

政治工作是一切经济工作的
生命线。

——《〈中国农村的社会主义高潮〉按语》(第五册, 一九
五五年一月——一九五五年十二月)

3-1 '정치공작은 모든 경제 공작의 생명선이다!'(마오쩌둥 어록/1955년)

"경제건설은 당의 중심 공작이다. 이데올로기 공작은 당의 극단적으로 중요한 공작이다. [중략] 선전 사상공작은 이데올로기 영역에서 마르크스주의를 지도적 지위에 공고히 놓고, 전 당과 전국 인민이 단결분투할 수 있도록 공동의 사상기초를 공고히 다지는 일이다." (2013년 8월 시진핑 연설 중에서)

3-2(위) 정치국의 집단학습(인민일보사 현장 방문/2019년 1월)

3-3(아래) 정치국의 집단학습(베이징대학 전시관 참관/2021년 6월)

공산당 중앙 정치국은 정치국원 전원이 참석하는 집단학습을 매년 10회 정도 개최한다. 집단학습의 목적은 두 가지다. 첫째는 최고 지도자들의 사상과 인식을 통일하고, 이를 통해 지도자 간의 단결과 통합을 유지하는 목적이다. 권력투쟁과 정치 분열은 최고 지도자 간에 사상과 인식이 분열되었을 때 주로 발생한다. 둘째는 최고 지도자들이 변화하는 국내외 상황을 정확히 파악하고 그에 대응할 수 있는 통치 능력을 배양하는 목적이다. 최고 지도자가 통치 능력을 갖추지 못하면 국가를 제대로 통치할 수 없다.

3-4 공산당 당조(黨組) 중심조 학습(닝샤성 옌츠현 인민법원/2020년 5월)

공산당 중앙에 정치국 집단학습이 있듯이, 각급 지방에는 공산당 당조 중심조 학습이 있다. 지방의 공산당 당조 중심조 학습에는 크게 두 종류가 있다. 첫째는 성급 당 위원회 당조 중심조 학습이다. 이는 성급 단위의 공산당 상무위원회 위원들이 중심조가 되어 집단으로 학습을 진행하는 것을 말한다. 둘째는 공산당, 정부, 인대, 정협, 인민단체, 군대 등 당정기관의 각 부서가 진행하는 당조 중심조 학습이다. 이들은 당서기의 지도하에 매년 12일 정도 정례적으로 집단학습을 진행한다.

3-5(위)〈학습강국(學習强國)〉앱을 내려받는 시민(2021년 10월)

3-6(아래)〈학습강국〉앱으로 학습하는 시민(2019년 11월)

공산당은 2019년 1월에 공산당 당원과 일반 국민에게 '시진 핑 사상'을 선전하기 위해 〈학습강국〉앱(app)—알리바바(阿里 巴巴) 제작—을 보급했다. 앱을 개설한 지 3개월 만에 이미 1억 명 당원은 9,600만 명 의 사람들이 앱을 내려받았다. 마오쩌 둥 시대에는 '소홍서(小紅書: 작은 붉은 책)'로 불리던 『마오 어록 (毛語錄)』이 마오쩌둥 사상을 선전하는 주요 수단이었다면, 정 보화 시대에는 〈학습강국〉앱이 '시진핑 사상'을 선전하는 주요 수단이 되었다.

3-7 '선진성 교육 운동' 활동(런민대학 마르크스주의 학원/2014년 11월)

'선진성 교육 활동'은 2005년부터 2006년까지 1년 6개월 동안 진행된 공산당의 정풍운동이다. 목적은 당원의 기율 엄수와 사상 의식 제고, 이를 통한 후진타오의 권위 강화였다. 이 기간에 전국적으로 모두 7,080만 명의 당원과 350만 개의 당 기층조직이 각종 정치 학습과 활동에 참여했다. 특히 약 300만 명의 조직 책임자에 대한 집중 교육이 진행되었다. 그 과정에서 13만 개의 새로운 당 조직이 설립되었고, 활동이 미진했던 15만 6,000개의 당 조직이 재건되었으며, 4만 4,738명의 당원이 제명되었다.

3-8 '삼엄삼실(三嚴三實)' 정치 학습(중국화공 그룹/2015년 5월)

시진핑 시기(2012 2022년) 10년 동안에는 전체 공산당 조직과 당원을 대상으로 모두 다섯 차례의 정풍운동이 전개되었다. '삼엄삼실' 운동은 그중의 하나로, 2015년에 시작되어 전국적으로 진행되었다. 여기서 '삼엄(세 가지 엄격함)'은 '수신, 권력 사용, 자기 규제의 엄격함'을 말한다. 반면 '삼실(세 가지 견실함)'은 '일 도모, 사업, 사람됨의 견실함'을 말한다. 모든 당원이 '삼엄'과 '삼실'의 덕목을 갖춘 명실상부한 '공산당인(communist)'이 될 수 있도록 정치 학습과 비판·자기비판을 전개하는 것이 이번 정풍운동의 목적이자 내용이었다.

**3-9 「중앙 선전부를 성토한다(討伐中宣部)」(2004년)로
파면된 자오궈뱌오(焦國標) 베이징대학 언론학과 교수**

자오궈뱌오 교수는 공산당 선전부의 문제점을 '14개
의 병폐'라는 이름으로 신랄히 비판했다. 중세 유럽의
교회처럼 어떤 규칙도 없이 법률의 사각지대에서 활
동하는 문제, 헌법이 규정한 언론과 출판의 자유를 무
시하는 헌법의 살인자, 공산당 이상의 배반자, 냉전적
사유의 전파자, 아부 등을 통해 공산당 중앙의 정신을
방해하는 세력, 부패 세력의 옹호자, 금전의 노예, 언론
정의감과 문명 의식의 압살 등이 자오 교수가 말한 선
전부의 대표적인 병폐다. 이런 내용의 글을 홍콩의 한
잡지에 발표한 직후 그는 학교에서 쫓겨났다.

3-10(위) '예의와 규칙을 지키세요'(공익광고/2021년 9월)

3-11(아래) '문명을 지키고 타인을 배려하세요'(공익광고/2021년 9월)

중국에서 TV 공익광고는 1986년에 구이저우성(貴州省) 구이양시
(貴陽市)에서 수돗물 절약 광고가 처음이었다. 최근에는 공익광고가
상업광고만큼이나 흔해서, 중국에서 TV를 켜면 흔히 볼 수 있는 보
편적인 현상이 되었다. 중국 정부는 공익광고를 장려하기 위해 매년
최우수 공익광고상을 수여한다. 1999년부터 2008년까지 10년 동
안 수상한 70편의 공익광고를 보면, '정신문명(精神文明) 건설' 홍보
가 20여 편, 환경보호가 10여 편, 애국주의가 5편이다. 문명과 예의
를 강조하는 '정신문명 건설'은 지금도 TV 공익광고의 주요 주제다.

3-12 법률 지식 보급 활동(광둥성 화저우시/2020년 8월)

'법률 지식 보급 운동'은 1986년에 제1차 5개년
(1986 1990년) 운동을 시작한 이후 지금까지 계
속되고 있다. 이 운동의 구호는 "법률 무기로 권
리를 수호하라"이다. 이는 두 가지 의미를 내포한
다. 첫째, 국민이 법률 지식을 학습하고, 학습한
법률 지식을 당정간부의 부당한 권리 침해에 맞
서 자신의 권리를 수호하는 무기로 사용하라는
뜻이다. 둘째, 당정간부가 법률을 무기로 공산당
과 국가의 이익을 수호하는 데에 적극적으로 나
서라는 뜻이기도 하다. 첫째는 국민의 관점, 둘째
는 공산당의 관점에서 운동을 바라보는 것이다.

3-13 '사회주의 핵심 가치관' 선전 포스터
(2018년 8월)

후진타오가 제기한 '24개 글자'의 사회주의
핵심 가치관은 국가·사회·시민이라는 세
개의 층위로 구분된다. 첫째, 국가의 가치 목
표는 부강(富强), 민주(民主), 문명(文明), 조
화(和諧)의 여덟 글자다. 둘째, 사회의 가치
지향은 자유(自由), 평등(平等), 공정(公正), 법
치(法治)의 여덟 글자다. 셋째, 시민의 가치
준칙은 애국(愛國), 경업(敬業: 직업정신), 성신
(誠信), 선량(友善)의 여덟 글자다. 이처럼 국
가·사회·시민은 모두 이 24개 글자의 덕목
을 사회주의 핵심 가치관으로 육성하고 실
천해야 한다.

3-14 애국주의 선전 포스터 (2021년 4월)

공산당은 1990년대 중반부터 지금까지 전국적
으로 '애국주의 교육 운동'을 대대적으로 전개하
고 있다. 이 운동은 두 가지 목적을 띠고 있다. 하
나는 국민, 특히 젊은 세대의 시선과 불만을 국
내 문제에서 국제 문제로 돌리려는 목적이다. 다
른 하나는 미국과 서방 강대국에 대한 적대감을
고취하고, 이를 통해 국민의 단결과 통합을 유지
하며, 동시에 공산당의 일당 통치를 정당화하는
목적이다. 공산당이 애국주의 운동을 대대적으
로 전개한 결과, 중국에서는 '민주주의 물결'이
아니라 '애국주의 열풍'이 전국을 뒤덮었다.

3-15(위) '백 년의 굴욕' 선전 홍보물: 아편전쟁으로 훼손된 원명원

3-16(아래) '백 년의 굴욕' 선전 홍보물: 동아병부(東亞病夫)라고 불리는 중국인들

애국주의 교육 운동 과정에서 공산당은 '승리 의식' 대신에 '피해의식'을 강조하기 시작했다. '승리 의식'에서는 공산당과 인민이 온갖 어려움을 극복하고 사회주의 혁명에 성공하여 중국을 건국했다는 자부심을 강조한다. 반면 '피해의식'에서는 1840년 아편전쟁부터 1949년 중국의 건국까지 100년 동안 중국 민족과 인민이 서구 열강과 일본에 의해 침략당하고 고통받았다는 '백 년의 굴욕(百年恥辱)'을 강조한다. 여기에는 공산당 영도하에 전 인민과 민족이 온 힘을 다해 국력을 키우지 않으면 다시 '백 년의 굴욕'을 당할 수 있다는 메시지가 담겨있다. 공산당의 통치 정통성을 높이기 위한 논리다.

3-17 난징대학살 국가 기념일의 추념식(2016년 12월)

공산당은 또한 애국주의 교육 운동을 전개하면서 '포위심리(siege mentality)'를 강조하기 시작했다. 이에 따르면, 1991년에 소련이 붕괴한 이후, 중국은 사회주의 '종주국'이자, 미국에 맞서는 제3세계 국가의 '우두머리'가 되었다. 이런 상황에서 미국을 중심으로 하는 자본주의 세력은 중국이 강대국으로 부상하는 일을 막기 위해 포위(봉쇄) 정책을 추진하고 있다. 따라서 중국 인민은 공산당 영도하에 일치단결하여 이에 맞서 싸워야 한다. 이는 불안 심리를 조장하여 공산당 일당제를 수용하게 만들려는 정치 전략이자, 공산당의 통치 정통성을 높이기 위한 논리다.

3-18(위) 산둥성 웨하이시 청일전쟁(1895년) 기념관

3-19(아래) 징강산 애국주의 교육기지

공산당은 애국주의 교육 운동을 전개하면서 700개가
넘는 애국주의 '교육 기지(教育基地)'를 선정했다. 청나
라가 영국과 일본 등 제국주의 열강에 의해 참패를 당한
굴욕의 장소, 공산당 1차 당대회(1921년) 개최 장소를 포
함하여 공산당의 발전 과정에서 역사적 의의가 있는 장
소, 인민해방군이 국민당군을 물리친 주요 혁명 격전지,
일본 제국주의의 잔혹한 침략 실상을 보여주는 '난징(南
京)대학살' 장소와 인민이 공산당 영도하에 일본군을 격
퇴한 격전지, 그 밖에도 애국주의 정신을 함양할 수 있
는 다양한 명승고적이 여기에 포함되었다.

3-20 홍색 관광: 옌안혁명기념관을 관람하는
관광객(2021년 10월)

공산당은 2004년 무렵부터는 전 국민이 애국
주의 교육기지를 방문하도록 촉구하는 '홍색 관
광(紅色旅遊)' 운동을 전개했다. 이는 혁명유적지
견학을 관광상품으로 개발하여 애국주의 교육
운동에 활용한 사례라고 할 수 있다. 공산당의
이런 운동에 따라 20~30대의 젊은 층이 특히
대규모로 참여했다. 그 결과 2019년에는 연인원
14억 명이 홍색 관광에 참여했고, 관광 수입으
로 4,000억 위안(元)(한화 약72조 원)을 거두었다.
코로나19의 영향으로 2020년에는 6월까지 연
인원 1억 명이 홍색 관광에 참여했다.

3-21 후난성(湖南省) TV

언론매체 개혁은 대형기업화 혹은 그룹화
(集團化)를 초래했다. 이는 한편에서는 자원
낭비를 막고 효율적인 운영 체제를 구축해
서 치열한 시장 경쟁에서 살아남기 위해, 다
른 한편에서는 언론매체에 대한 공산당의
통제를 효율적으로 강화하기 위한 구조조
정이었다. 1996년 광둥성의 『광저우일보(廣
州日報)』를 시작으로, 1998년에는 상하이
시 신문사, 2000년에는 후난성(湖南省) TV,
2001년에는 저장성(浙江省) TV와 상하이시
TV의 그룹화가 추진되었다. 구조조정 이후
2002년에는 전국적으로 모두 47개의 대형
언론 집단(media group)이 등장했다. 이제
공산당은 47개의 언론 대기업만 통제하면
되는 상황이 만들어진 것이다.

3-22(위) CCTV 본사 (베이징)

3-23(아래) CCTV의 〈초점 취재(焦點訪談)〉

공산당의 언론 통제를 극복하고 언론의 사
명을 다하려는 기자들도 있었다. 예를 들어,
CCTV—한국의 KBS에 해당—의 사회 고발 프
로그램인 〈초점 취재〉는 비판적인 탐사 보도로
주룽지(朱鎔基) 총리의 호평을 받는 등 정부의
간접적인 지원 아래 큰 인기를 누렸다. 비록 엄
격한 보도 제한으로 제작된 프로그램의 30%를
방송할 수 없었고, 중앙과 지방의 고위 간부에
대한 보도는 극히 제한되었지만, 기자의 사명감
과 헌신적인 노력 속에서 중국 언론의 새로운 영
역을 개척한 프로그램으로 높이 평가받았다. 이
후 전국적으로 비슷한 사회 고발 프로그램이 많
이 만들어졌다.

3-24(왼쪽)『인민일보』(중국공산당 기관지)

3-25(오른쪽)『환구시보』(『인민일보』자매지)

대부분의 공산당 신문은 자매지를 발행하는 방식으로 재정난을 돌파했다. 그중에서『인민일보』가 발행하는『환구시보(環球時報)』—영어판은『글로벌 타임스(Global Times)』—, 광둥성 공산당 위원회의 기관지인『남방일보(南方日報)』가 발행하는『남방도시보(南方都市報)』와『남방주말(南方週末)』, 베이징시 공산당 위원회의 기관지인『베이징일보(北京日報)』가 발행하는『경화시보(京華時報)』와『신경보(新京報)』가 대표적인 성공 사례다. 그 과정에서『인민일보』의 발행 부수가 500만 부에서 180만 부로 줄어드는 '희생'은 달게 받아야만 했다.

3-26(위) 『난방주말』 기자들의 시위(광둥성 광저우시/2013년 1월)

3-27(아래) 『난방주말』 본사 밖의 지지 플래카드와 꽃(광둥성 광저우시/
2013년 1월)

2013년 1월에 광둥성의 『남방주말(南方週末)』 기자들은 공산당의
검열에 맞서는 용기를 보여주었다. 중국의 정치 현실을 비판하는 신
년 사설이 당국의 검열을 거쳐 시진핑의 '중국의 꿈' 연설을 찬양하
는 글로 바뀐 것에 대해 편집부 기자들이 반발했고, 그런 사실을 외부
에 알리면서 항의 사건이 시작되었다. 인터넷과 소셜미디어에는 공산
당을 비판하고 『남방주말』 기자를 지지하는 글이 증가했다. 광저우시
(廣州市)의 『남방주말』 본사 앞에서는 소규모의 항의 집회가 열리기
도 했다.

3-28 원자바오 총리(쓰촨성 대지진 현장/2008년 5월)

2008년 쓰촨성 대지진을 보도할 때도 엄격한 보
도 지침이 하달되었다. '주선율(선전 기조)'은 '인민
우선'과 '생명 우선'이고, 이를 토대로 재난 구호 활
동과 연계해서 대대적인 선전이 이루어졌다. 무엇
보다 후진타오 총서기와 원자바오 총리의 헌신적
인 활동 모습이 집중적으로 보도되었다. 생명의 위
험도 불사하면서 인명을 구조하는 인민해방군의
헌신적인 활동도 크게 보도되었다. 또한 국민의 단
결된 모습과 자비로운 공산당과 국가의 영도가 강
조되었다. 쓰촨성 대지진에서 보여준 공산당과 인
민의 '영웅적인 모습'에 대한 선전은 2008년 베이
징 올림픽 개막식과 2010년 상하이 엑스포 행사
까지 이어졌다.

3-29 '싼루 분유(三鹿奶粉) 사건'의 피해 유아
(2008년)

2008년에 '싼루 분유 사건'이 발생했을 때도 공산당 중앙 선전부가 하달한 언론 보도 지침은 효과를 발휘했다. 첫째, 중앙과 지방의 신문은 모두 신화사와 『인민일보』가 작성한 통일원고만 사용하여 보도한다. 둘째, 부정적인 영향을 축소하기 위해 신문 1면에는 이와 관련된 기사를 실을 수 없다. 셋째, 공산당과 국가에 대한 비판은 엄격히 금지한다. 넷째, 피해자들의 집단소송과 인권 변호사들의 지원 활동은 보도 금지다. 다섯째, 공산당과 정부의 문제 해결 노력과 재발 방지 대책을 집중 조명한다. 대부분 신문과 방송은 보도 지침을 충실히 지켰다.

3-30(위) 지하철에서 인터넷을 사용하는 시민들(2021년 2월)

3-31(아래) 상하이시의 한 인터넷카페(網吧)(2016년 4월)

중국의 인터넷 이용자는 절대 규모 면에서 전 세계에서 압도적인 우위를 차지하고 있다. 중국의 네티즌은 2021년 1월에 9억 3,100만 명으로, 전체 인구 14억 1,000만 명의 66%를 차지한다. 국민 세 명 중에서 두 명이 인터넷을 사용하고 있다는 뜻이다. 그래서 공산당의 사상 통제는 신문이나 방송 같은 전통 매체를 이용한 선전에서, 인터넷과 소셜미디어(눈) 등 신 매체를 이용한 선전으로 중심이 옮겨가고 있다. 인터넷은 전통 매체와 비교해서 정보 전파 속도가 월등히 빠르고, 사회와 국가에 미치는 영향력도 더욱 크기 때문이다.

3-32 전국 공안 공작 정보화 건설 프로젝트
(2019년 9월)

"인터넷을 잘 건설하고 이용하며 관리하는 것
은, 국가 경제의 번영과 발전, 국가안보와 사회
조화, 국가 주권의 존엄 및 인민의 근본이익과 관
계된다. 적극적으로 이용하고, 과학적으로 발전
시키며, 법에 따라 관리하여 안전을 확보하는 것
이 중국 정부의 인터넷 기본 정책이다. [중략] 인
터넷은 국가의 중요한 기초시설이며, 중국 국경
내의 인터넷은 국가 주권의 범위 내에 속하며, 중
국의 인터넷 주권은 응당 존중 및 보호받아야 한
다. 어떤 조직이나 개인도 인터넷을 이용하여 국
가안보, 사회 공익 혹은 타인의 합법 권익을 해
치는 활동에 종사해서는 안 된다." 《인터넷 백서》
(2010년) 중에서)

3-33 전국 공안 공작 정보화 건설 프로젝트 와 온라인 경찰 업무(2021년 1월)

'황금 방패 공정(金盾工程)'은 1998년에 부분적으로 시작된 이후, 2003년에는 국가 사업으로 확정되어 본격 추진되었다. 이 공정은 2단계로 나뉘어 진행되었다. 1단계는 2003년에 시작되어 2006년 5월에 완성되었다. 2단계는 2006년에 시작되어 2008년에 완성되었다. 그 결과 2008년부터 전국을 포괄하는 인터넷 통제 체제가 가동하기 시작했다. 중국은 1990년대 초부터 2003년까지 10년 동안 전자정부 구축 사업에 1조 위안(元)(미화 약 1,210억 달러, 한화 약 180조 원)을 투자했다. 여기에는 황금 방패 공정의 1단계 비용도 포함되어 있다.

3-3(위)4 웨이보(微博, Weibo)

3-35(아래) 웨이신(微信, WeChat)

황금 방패 공정은 국내 인터넷과 모바일 산업을 발전시키기 위한 전략이기도 했다. 이 공정에 따라 구글(Google)의 국내 사용이 금지되었고, 바이두(百度, Baidu) 같은 국내 검색 엔진이 발전할 수 있었다. 2009년에는 페이스북(Facebook)과 트위터(Twitter)가 사용이 금지되었고, 시나(Sina, 新浪)가 '웨이보(微博, Weibo)' 서비스를 시작했다. 2011년에는 텅쉰(騰訊, Tencent)이 한국의 카카오톡과 비슷한 모바일 메신저 웹인 웨이신(微信, WeChat) 서비스를 시작했다. 현재 중국에서는 웨이보와 웨이신이 소셜미디어를 주도한다.

제4부

물리적 통제

무력 통제: 군대와 정법기관

경제 통제: 국유자산과 국유기업

◆◆◆◆

앞에서 우리는 공산당의 인사 통제, 조직 통제, 사상 통제를 자세히 살펴보았다. 이를 통해 공산당 영도 체제가 어떻게 유지되는지, 다시 말해 공산당이 어떻게 국가와 사회를 통치하고 영도하는지를 이해할 수 있었다. 이를 이어서 여기서는 나머지 두 가지의 '경성(hard)' 통제 기제, 즉 무력 통제와 경제 통제를 살펴보려고 한다.

그런데 이 책에서는 '경성' 통제 기제를 인사·조직·사상 통제 같은 '연성(soft)' 통제 기제만큼 상세하게 분석하지 않을 것이다. 이것들이 공산당에게는 매우 중요하지만, 실제로 적용되는 상황과 대상은 상대적으로 제한적이기 때문이다. 예를 들어, 공산당의 무력 통제는 '비상 상황'에서만 정치의 전면에 등장한다. 개혁·개방 시대(1978년~현재)에는 1989년 톈안먼 민주화 운동을 진압하기 위해 인민해방군이 출동한 것이 처음이자 마지막이었다.

공산당의 경제 통제도 비슷하다. 경제 통제는 국가(사실상 공산당)가 소유한 국유자산과 국유기업을 통해 이루어진다. 물론 산업 정책 등 다양한 수단을 동원하여 사영기업이나 외자기업을 통제하기도 하지만, 이는 다른 국가에서도 하는 일로, 중국만의 특별한 일이 아니다. 동시에 경제 통제는 '경제'라는 제한된 영역에만 적용된다. 반면 인사·조직·사상 통제는 국가와 사회와 개인의 거의 전체 영역에 적용된다. 이처럼 적용 범위가 제한되고, 실제 통제 수단도 한정되기에 경제 통제를 다른 '연성' 통제 기제와 같은 비중으로 살펴볼 필요는 없다.

다른 이유로, 무력 통제와 경제 통제는 자세히 설명하지 않아도 쉽게 이해할 수 있기 때문이다. 예를 들어, 무력 통제는 공산당이 군사력과 공권력을 독점하고, 필요할 경우 이를 동원하여 도전 세력을 탄압하는 활동을 말한다. 일상적으로는 만일의 사태, 즉 다른 정치 세력과 인민이 공산당 영도 체제에 도전하는 일을 사전에 차단하기 위해 국가와 사회와 인민을 감시하고 통제하는 활동을 말한다. 경제 통제는 공산당이 국유자산과 국유기업을 소유하고 전체 경제를 통제하는 활동을 말한다.

무력 통제: 군대와 정법기관

공산당은 예로부터 세 개의 '자루'에 의지하여 정권을 장악한다고
말한다. 첫째는 '총자루(槍桿子)', 둘째는 '칼자루(刀把子)', 셋째는 '붓
자루(붓대)(筆桿子)'다. 여기서 '총자루'는 군대, '칼자루'는 정법(政法)
기관—한국식으로는 공안(公安)기관—, '붓자루'는 언론매체를 뜻
한다. 한마디로 공산당은 무력과 선전을 동원하여, 혹은 '정치 폭
력'과 '이데올로기 선전'을 통해 정치권력을 장악한다는 것이다.[1] 공
산당 영도 체제를 유지하기 위해서는 사상 통제와 함께 무력 통제
가 매우 중요한 수단임을 강조한 말이다.

이런 공산당의 관점은, 〈당장〉과 〈공산당 정법 공작조례〉에 명
시되어 있다. 즉 여러 가지의 국가기관 중에서 오직 인민해방군·인
민 무장경찰 부대·민병(民兵) 등 '무장 역량'과, 경찰·검찰·법원·정
보기관 등 '정법기관'에 대해서만은 공산당이 '절대영도'를 실행한

다고 규정하고 있다. 문제는 현실에서 '절대영도' 규정이 실제로 실행되고 있는가 하는 점이다. 이것이 실행되려면 '무장 역량'과 '정법기관'에 대한 공산당의 통제 기제가 수립되어야 한다. 과연 그럴까?

1. 공산당의 무력 통제 기제: '권력은 총구에서 나온다'

(1) 세 가지 '무장 역량'

〈중국 국방법(國防法)〉(2020년 12월 수정)에 따르면, '중국의 무장 역량'은 세 가지 종류로 구성된다. 즉 공산당은 세 가지 군사력을 이용하여 무력 통제를 실행한다.

인민해방군

첫째는 인민해방군(人民解放軍, People's Liberation Army/PLA)이다. 현재 병력은 200만 명이다. 인민해방군은 상비군이자 정규군으로, 외적으로부터 주권·영토·국민을 방어하는 임무를 맡고 있다. 이런 점에서 보면, 중국의 인민해방군도 다른 국가의 정규군과 크게 다르지 않다.

그런데 〈중국 국방법〉에 따르면, 인민해방군의 일차 임무는 "공산당 영도와 사회주의 제도의 공고화"다. 즉 군은 무엇보다 '공산당의 수호자(guardian)'다.[2] 이것이 공산당과 인민해방군 간에 존재하는 특수한 관계다. 중국에서 군을 '국가의 군대'가 아니라 '당의 군대'라고 부르는 이유이기도 하다. 1989년 톈안먼 민주화 운동 과정에서 경찰이 시위 진압에 한계를 보이자 군이 동원되어 시위를 무력 진압한 사실은 이를 잘 보여준다. 미래에도 이런 상황이 재현된다면 인민해방군은 언제든지 다시 동원될 것이다.

| 인민 무장경찰 부대

둘째는 인민 무장경찰 부대(武警, People's Armed Police/PAP)다. 인민 무장경찰 부대는 장갑차와 자동소총으로 무장한 일종의 전투경찰로, 경찰보다는 군대의 성격이 강하다. 부대원은 이전에 존재했던 한국의 전투경찰(전경)처럼 현역 입대자(의무병)로 구성된다. 병력 규모를 보면, 정부 발표로는 66만 명에서 68만 명 사이인데, 외국 학자와 연구기관은 110만 명 혹은 150만 명에서 230만 명까지 본다.[3]

인민 무장경찰 부대의 임무를 보면, 전시에는 인민해방군을 도와 후방 수비와 전투 지원 임무를 맡고, 평시에는 국내 치안유지를 맡는 것이 원래 임무였다.[4] 그런데 2020년 6월에 수정된 〈인민무장경찰법〉은 이들의 임무를 세 가지로 다시 규정한다. 첫째는 일상 임무(執勤任務)로, 공항과 항만 등 국경 시설 경비, 기차역 등 주요 시설과 관공서 경비, 주요 행사와 활동 경호 등이다. 중국을 여행하면서 공항과 기차역에서 자주 보는 '무장한 군인'이 수행하는 임무가 이것이다. 둘째는 긴급처리 임무(處突任務)로, 특정 장소와 도로의 봉쇄, 범죄 활동의 제지, 이재민과 각종 재난 피해자 구조, 시위 진압과 사회질서 회복 등이다. 셋째는 테러 대응 임무(反恐任務)로, 테러 활동 저지와 테러리스트 체포 등이 포함된다.

인민 무장경찰 부대는 군대와 경찰이라는 두 가지 성격을 동시에 띠고 있다. 그래서 예전에는 중앙군사위원회(중앙군위)와 국무원 공안부(실제로는 공산당 정법위원회)의 '이중 영도(雙重領導)'를 받으면서 임무를 수행했다. 이런 이중 영도 체제에서는 지방에서 군체성 사건(대중 소요 사건)이 발생하면 공산당 지방위원회의 지시에 따라 인민 무장경찰 부대가 출동하여 시위를 진압하기도 했다. 이 과정에서 과도한 무력 행사와 공권력 남용 등의 문제가 발생했다.

또한 중앙과 지방의 공안부(실제로는 공산당 정법위원회)가 인민 무장경찰 부대를 지휘하면서 중앙군위와는 다른 별도의 무력 통제 기구가 등장했다는 우려가 제기되었다. 저우융캉(周永康) 전 정치국 상무위원 겸 중앙 정법위원회 서기의 권력 남용은 이런 우려를 확인시켜준 실례가 되었다. 그는 인민 무장경찰 부대를 사실상 통제하면서 '밤의 황제'로 군림했다. 이런 이유에서 시진핑 정부는 2017년 12월에 관련 법규를 수정하여 인민 무장경찰 부대가 중앙군위의 '수직 영도(垂直領導)'만을 받도록 지휘 체제를 변경했다. 공

산당만이 무력을 통제한다는 방침을 더욱 철저하게 실행하는 조치다.[5]

| 민병

셋째는 민병(民兵, militia)이다. 민병은 군 복무를 하지 않은 18세에서 35세 사이의 남자로 구성된다.[6] 병력 규모는 2004년 〈국방백서〉에서는 1,000만 명, 다른 자료에서는 1,200만 명이라고 한다. 민병은 전국적으로 각 지역과 단위에 존재하는 느슨한 조직으로, 정부 당국도 정확한 통계를 잡기가 쉽지 않은 모양이다.[7] 민병도 인민 무장경찰 부대처럼 예전에는 공산당과 정부의 이중 지도를 받았는데, 2017년 법률 개정 이후에는 중앙군위의 '수직 영도'만을 받는다.

중국은 의무병제를 시행하고 있지만, 징집 대상자는 대부분 현역으로 복무할 수 없다. 징집 규모는 작은 데 비해 징집 대상자는 압도적으로 많기 때문이다. 그래서 현역에 복무하지 않은 징집 대상자를 민병에 편입하는 것이다. 이들은 생업에 종사하다가 전시에는 인민해방군 지원, 평시에는 치안유지, 시설 경비, 재난 지원 등의 임무를 수행한다. 예를 들어, 2019년 12월에 후베이성 우한시에서 코로나19가 발생했을 때, 전국적으로 매일 20만 명의 민병이 동원되어 방역과 차량 통제 등의 임무를 수행했다.

(2) 개혁·개방 시대 '당-군(Party-military) 관계'의 변화

사회주의 혁명 과정에서 마오쩌둥과 덩샤오핑은 공산당의 지도
자이면서 동시에 홍군(인민해방군)의 지도자였다. 예를 들어, 마오
는 공산당 주석이자 중앙군위 주석이었고, 덩은 제2야전군의 정
치위원(政治委員)이었다. 그래서 마오는 1976년에 죽을 때까지, 덩
은 1989년 11월에 모든 당정 직위에서 공식적으로 물러날 때까지
중앙군위 주석 자리를 내놓지 않았다. 특히 덩은 1987년 공산당
13차 당대회 이후 당내에서는 아무런 직위도 맡지 않는 '평당원'의
신분으로 중앙군위 주석을 맡았다.

이런 사실은 마오쩌둥과 덩샤오핑이 혁명원로이자 건국의 아버
지로서 개인적 권위와 카리스마적 지도력에 기반하여 인민해방군
을 통제했다는 사실을 보여준다. 다시 말해, 이들과 인민해방군 간
의 관계는 공산당 대(對) 군 간의 '제도적 관계'가 아니라, 혁명원로
대 군내 추종자 간의 '개인적 관계'였던 것이다.[8]

그러나 이런 특수한 개인적 관계는 덩샤오핑 이후의 지도자, 즉
장쩌민(江澤民), 후진타오(胡錦濤), 시진핑(習近平)에게는 적용되지
않는다.[9] 이들은 〈당장〉과 〈헌법〉의 규정에 따라 공산당 총서기, 국
가 주석, 중앙군위 주석에 선임됨으로써 최고 지도자가 될 수 있었
다. 즉 이들의 권력원(權力源)은 마오나 덩과 달리 개인적 권위가 아
니라 제도적 권위였다.[10] 따라서 이들이, 더 넓게는 '민간인' 공산당
지도자가 '무장 역량'을 통제하려면 그에 합당한 제도와 조직을 갖

추어야만 한다. 즉 당-군 관계의 제도화(institutionalization)가 필요하다는 말이다.[11]

│ 세 가지 새로운 추세

그런데 개혁·개방 시대에 나타난 당-군 관계의 새로운 추세를 놓고 볼 때, 덩샤오핑 이후(post-Deng) 시기에 공산당이 인민해방군을 통제하는 일은 말처럼 그렇게 쉽지만은 않다. 첫째, 공산당과 인민해방군 내에서 사회주의 등 혁명 이념에 대한 신뢰가 많이 떨어졌다. 따라서 공산당이 혁명 이념에 근거하여 군에 대해 절대적으로 충성하라고 요구할 수는 없게 되었다.

둘째, 인민해방군의 전문화(professionalization)가 강조되고, 계속된 군 개혁을 통해 실제로 전문화가 상당히 진행되었다. 이에 따라 인민해방군은 공산당과 구별되는 독자적인 정체성(identity)을 가진 전문집단으로 변화되었다. 즉 정치 사상공작보다는 군사작전과 훈련, 무기 체계와 장비 개발 등 군사 기술적인 임무를 강조하는 관료집단으로서의 정체성이 전보다 더욱 강화되었다는 것이다.

셋째, 민-군(civil-military) 엘리트 간의 분화(bifurcation)가 더욱 심해졌다. 마오쩌둥과 덩샤오핑은 모두 혁명가이면서 동시에 군 지도자였다. 이처럼 원로 세대의 공산당 지도자와 군 지도자는 혁명기에는 군대(홍군)에서, 건국 이후에는 당정기관에서 같이 활동한 경험이 있다. 그러나 이후 세대는 다르다. 시진핑은 예외이지만, 즉 그는 국방부 부장(장관)의 비서로 3년 동안 군에 복무한 경험이 있지만, 장쩌민과 후진타오, 그리고 다른 대부분의 '민간인' 정치 지도자들은 군 복무 경험이 없다. 그 결과 공산당 지도자와 군 지도자는 별도의 엘리트 집단으로 더욱 분명하게 나누어졌다. 넷째, 정치국 상무위원회 등 당내에서 군의 대표성이 전보다 줄어들었다.[12]

공산당 중앙과 중앙군위의 독자적 운영 전통

이외에도 공산당의 인민해방군 통제를 방해하는 장애물이 또 있다. 마오쩌둥 시대부터 지금까지 공산당 중앙(즉 정치국과 정치국 상무위원회)과 중앙군위는 독자적으로 운영된다는 원칙이 그것이다. 이에 따르면, "정치국은 정치 문제를 논의하고(政治局議政), 중앙군위는 군 문제를 논의한다(軍委議軍)." 이는 마오가 한 말로, 공산당과 군은 업무 영역이 분명히 구분되기 때문에 별도로 운영된다는 사실을 강조한 것이다.

실제로 공산당 정치국/정치국 상무위원회와 중앙군위는 모두 중앙위원회가 선출하는 병렬적인 기관이다. 즉 조직 계통에서만 보면, 중앙군위는 정치국/정치국 상무위원회의 하부 기관이 아니다. 중앙군위가 중앙정부인 국무원의 하부 기관이 아닌 점은 말할 필요도 없다. 따라서 중앙군위는 정치국/정치국 상무위원회에 업무를 보고하지 않고, 정치국/정치국 상무위원회는 군과 관련된 주요한 정책을 결정하지도 않는다. 이것이 원칙이다.[13] 물론 실제로는 정치국/정치국 상무위원회가 중요한 군 문제를 논의하고, 군사 안보와 관련된 주요 정책도 결정한다.

또한 전국인대가 '국가' 중앙군위 주석을 선출하고, 중앙군위 주석의 제청에 따라 중앙군위 구성원(부주석과 위원)의 인선을 결정한다. 따라서 〈헌법〉에 따르면 '국가' 중앙군위는 전국인대에 책임을 지고, 전국인대의 감독을 받아야 한다. 그러나 실제로 '국가' 중앙군위가 전국인대에 업무를 보고하고, 감독을 받은 적은 단 한 번도 없다. 심지어 중앙군위는 공산당 당대회나 중앙위원회에도 업무를 보고하지 않는다. 이처럼 중앙군위는 공산당과 전국인대 등 '민간 기관'의 통제를 받지 않는 사각지대에 놓여있다.

(3) 세 가지의 군 통제 기제

그렇다고 인민해방군이 공산당 영도를 무시한다는 말은 결코 아니다. 지금까지 군이 공산당 영도 체제에 공개적으로 도전한 적은 단 한 번도 없었다. 1949년 중국 건국 이후 군이 정치 과정에 개입하여 무력을 행사한 적은 딱 두 번 있었다. 첫째는 문화대혁명 시기(1966~1976년)에 군이 동원된 사례다. 1967년 무렵에는 급진적인 문화대혁명 세력을 지원하기 위해, 1968년 이후에는 지방에서 발생한 노동자 조직 간의 무력 충돌을 진압하고 혁명위원회를 수립하는 데 참여하기 위해 군이 동원되었다. 둘째는 1989년 6월 톈안먼 민주화 운동을 진압하기 위해 인민해방군이 동원된 사례다.

그런데 이와 같은 인민해방군의 공개적인 정치 관여는 모두 마오쩌둥과 덩샤오핑의 지시에 따라 이루어진 것이지, 군이 스스로 결정하여 출동한 것은 아니었다.[14] 이는 지금도 마찬가지다. 인민해방군은 공산당 정치국과 정치국 상무위원회의 결정에 복종한다는 것이다. 이처럼 공산당의 군 통제는 비교적 성공적으로 유지되고 있다고 평가할 수 있다.[15]

사실 공산당의 인민해방군 통제는 중국뿐만 아니라 사회주의 국가 대부분에서 공통으로 발견되는 특징이다. 사회주의 국가는 레닌주의(Leninism)에 기반하여 혁명에 성공함으로써 건국될 수 있었다. 레닌주의에 따르면, 공산당은 모든 조직을 통솔하는 전위당(前衛黨, vanguard party)으로, 사회주의 혁명과 국가통치 과정에서 의회·정부·인민단체 등 전체 조직을 영도한다. 군도 예외는 아니다. 비록 공산당이 군에 의존하여 혁명에 성공했다고 해도, 군이 공산당을 영도할 수는 없다.

이처럼 레닌주의 원칙이 실행되면서 사회주의 국가에서는 군부가 쿠데타를 일으켜 공산당 정권을 뒤엎고 권력을 찬탈한 적은 없었다.[16] 1991년에 소련에서 있었던 군사 쿠데타 시도는 민주화 이후, 즉 레닌주의 원칙이 폐기된 이후에 발생한 일이었다. 이는 다른 개발도상국에서 군사 쿠데타가 빈번히 발생한 상황과 비교할 때 매우 다른 특징이다. 이는 중국뿐만 아니라 북한에도 적용된다고 할 수 있다.

그렇다면 인민해방군에 대한 공산당의 '절대영도'는 어떻게 실현될 수 있을까? 바꾸어 말해, 공산당이 군을 통제하는 핵심 기제는 무엇일까? 크게 세 가지를 들 수 있다. 첫째는 '민간인(civilian)' 지도자가 중앙군위 주석을 맡고, 중앙군위는 당 위원회와는 달리 주석 책임제(主席責任制, chairman responsibility system)를 실행하는 제도다. 둘째는 군대 내에 군 지휘관인 사령원(司令員: 사령관) 외에, 공산당 지도자인 정치위원(政治委員, political commissar)—약칭으로 정위(政委)—을 동시에 두는 제도다. 셋째는 군부대 내에 조직된 공산당 위원회가 주요 문제를 집단으로 결정하고 통제하는 제도다.[17] 일부 학자들은 여기에 더해 공산당이 군내 선전 계통을 이용하여 군을 통제한다는 사실을 강조하기도 한다.[18]

2. 주석 책임제: '민간인 주석이 군을 지휘한다'

먼저 '민간인' 지도자의 중앙군위 주석 선임과 주석 책임제를 살펴보자. 마오쩌둥 시대부터 지금까지 중앙군위는 현역 장군이 아니라 민간인이 주석을 맡는다. 마오쩌둥, 덩샤오핑, 장쩌민, 후진타오, 시진핑이 모두 그렇다. 또한 1997년 공산당 15차 당대회 이후에는 공산당 정치국 상무위원회에 현역 군인이 선임되지 않는다.

따라서 중국의 실질적인 최고 권력기관(즉 정치국 상무위원회)에서 군을 대표하는 사람은 중앙군위 주석을 겸직하는 공산당 총서기다. 이처럼 인민해방군의 최고 통수권을 민간인 지도자가 맡고, 동시에 당의 최고 권력기관에서 민간인 지도자가 군을 대표함으로써 공산당은 군을 통제할 수 있는 수단을 갖게 되었다.

(1) 중앙군위의 주석 책임제

공산당은 1982년에 〈헌법〉을 제정할 때 중앙군위의 주석 책임제를 명시했다. 또한 2017년 공산당 19차 당대회에서는 〈당장〉 수정을 통해 중앙군위의 주석 책임제를 최초로 〈당장〉에도 명시했다.[19]

일반적으로 중앙군위는 민간인 주석 한 명, 주로 현역 장성 중에서 선임되는 부주석 두세 명과 위원 서너 명으로 구성된다(〈표 4-1〉). 이런 구성 상황에서 중앙군위가 공산당 정치국이나 정치국 상무위원회처럼 집단지도 체제로 운영된다면, 민간인 지도자가 군을 통제하는 일은 사실상 불가능하다. 집단지도 체제에서는 구성원 모두가 한 표를 행사하기 때문이다. 이와 달리 중앙군위는 주석 책임제로 운영되기 때문에 민간인인 주석은 절대적인 수적 열세, 즉 군 장성이 민간인보다 수적으로 압도적으로 많은 상황에도 불구하고 중앙군위를 지도할 수 있다.

같은 이유로 시진핑은 2015년 하반기부터 획기적인 국방개혁을

〈표 4-1〉 공산당 중앙군사위원회의 구성: 공산당 19차 당대회(2017년) 사례

구분	이름	나이	전직	현직	비고
주석 (1)	시진핑(習近平)	64	총서기/중앙군위 주석/국가 주석	좌동	민간인
부주석 (2)	쉬치량(許其亮)	67	중앙군위 부주석/정치국원	좌동	군인
	장유샤(張又俠)	67	총장비부 부장	정치국원	군인
위원 (4)	웨이펑허(魏鳳和)	63	로켓군 사령원	국방부 부장	군인
	리쭤청(李作成)	64	연합참모부 참모장	좌동	군인
	먀오화(苗華)	61	해군 정치위원	정치공작부 주임	군인
	장성민(張昇民)	59	중앙군위 기율검사위원회 서기	좌동	군인

자료: 조영남, 「엘리트 정치」, 조영남 책임편집·성균중국연구소 엮음, 「시진핑 사상과 중국의 미래: 중국공산당 제19차 전국대표대회 분석」(서울: 지식공작소, 2018), p. 42.

주도하면서 〈헌법〉에 명시된 중앙군위 주석 책임제를 재차 강조했다. 국방개혁을 포함하여 군에 대한 최종 지휘권은 공산당 총서기이면서 중앙군위 주석인 자신에게 있음을 당과 군 모두에 상기시킨 것이다. 이를 통해 군내에서 시진핑의 지위를 높이고 권위를 강화할 뿐만 아니라, 군에 대해 공산당이 '절대영도'를 실행하겠다는 의지를 확고히 천명했다.[20] 물론 〈헌법〉에 규정된 법조문을 말로만 강조한다고 해서 현실에서 '절대영도'가 실현되는 것은 '절대로' 아니다.

(2) 국방개혁과 주석 책임제 강화

여기에 더해 2016년에 공산당이 단행한 국방개혁은 민간인 중앙군위 주석의 권한을 더욱 강화했다. 〈그림 4-1〉의 (1)과 (2)는 이를 정리한 것이다. 〈그림 4-2〉는 전문가 참고용으로 개혁 이후 변화된 중국의 군 지휘계통을 상세하게 정리한 것이다.

2016년 개혁 이전의 군 지휘체계를 보면, 중앙군위 산하에는 '사총부(四總部)', 즉 총참모부(總參謀部), 총정치부(總政治部), 총후근부(總後勤部), 총장비부(總裝備部)가 있었다. 사총부는 형식적으로는 중앙군위 산하의 부서였지만, 실제로는 '독립왕국'처럼 움직이는 군의 영도기관이었다. 특히 총참모부는 해방군의 '영혼'이자 '핵심'으로, 7대 군구(軍區)와 육군·해군·공군·제2포병부대(전략 미사일 부대) 등 4대 군종(軍種)을 지휘했다.

이런 군 지휘체제의 문제점은, 현역 장성들로 구성된 사총부가 중앙군위와 7대 군구 및 4대 군종 사이에 위치하여 중앙군위의 지휘권 행사를 방해한다는 점이다. 즉 중앙군위 주석은 잘해야 사총부만 지휘하고, 전체 군은 사실상 사총부가 지휘하는 구조였다. 그래서 민간인 주석이 군 전체는 말할 것도 없고, 사총부 자체만이라도 제대로 통제할 수 있는가에 대한 의문, 다시 말해 민간인 주석은 현역 장성들의 '얼굴마담' 역할만 하는 것이 아닌가 하는 의문이 제기되었다. 실제로 군의 중요 정보가 중앙군위 주석인 후진타오에게 제대로 전달되지 않는 일이 종종 발생했다.[21] 이는 곧 군에 대한

〈그림 4-1〉 중국의 군 지휘계통 조직도: 2016년 개혁 전과 개혁 후

(1) 2016년 개혁 전 조직도

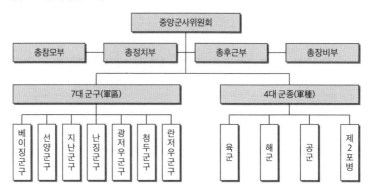

(2) 2016년 개혁 후 조직도

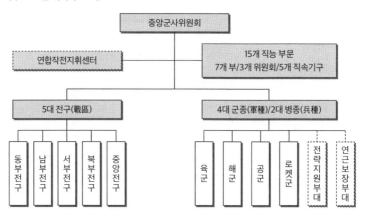

주: 〈신시대의 중국 국방(백서)〉(2019년)에 따르면, 중국군은 '4대 군종(軍種, military service)'과 '2대 병종(兵種, military branch)'으로 나눌 수 있다. '4대 군종'은 실선으로 표시된 육군·해군·공군·로켓군(제2포병의 후신), '2대 병종'은 점선으로 표시된 전략지원부대(戰略支援部隊)와 연근보장부대(聯勤保障部隊)를 가리킨다. 전략지원부대는 우주전, 전자전, 사이버전, 심리전과 관련하여 전략 정보 지원과 정보작전 등의 임무를 담당한다. 연근보장부대는 군수물자 저장과 수송, 송유관 관리, 건설공정 수행, 전략물자 관리 등의 임무를 담당한다.

자료: 國務院新聞辦公室, 「新時代的中國國防(白皮書)」(2019年 7月), 〈國新網〉 2019年 7월 24일, www.scio.gov. cn (검색일: 2021. 8. 2); 김현승, 「중국군 정치동원의 구조적 요인 연구」, 「중국사회과학논총」 3권 2호(2021년), p. 155; 김태호 교수와의 인터뷰(2022년 1월 25일).

공산당의 '절대영도'가 흔들린다는 사실을 뜻한다.

그런데 2016년 군 개혁 이후에는 그럴 가능성이 전보다 줄어들었다. 〈그림 4-1〉의 (2)가 보여주듯이, 사총부(특히 총참모부)는 이전

〈그림 4-2〉 중국의 군 지휘계통 상세 조직도: 2016년 개혁 후

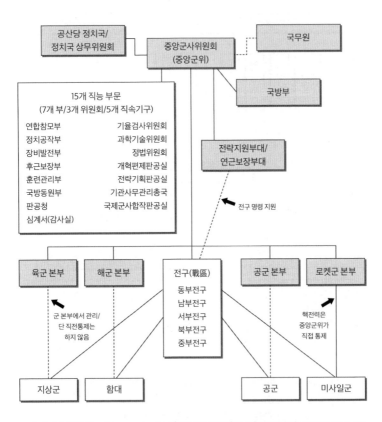

주: 실선(一)은 군령(軍令, military command: 군사전략 수립과 작전지휘 등 전투와 관련된 군사명령), 점선(--)은 군정(軍政, military administration: 국방 건설과 운영 등 군 관리와 관련된 행정명령)을 가리킨다.

자료: Anthony H. Cordesman, *Chinese Strategy and Military Modernization in 2017: A Comparative Analysis* (Washington: Center for Strategic & International Studies, 2017), p.186.

의 특권을 잃고 중앙군위 산하의 15개 '직능 부문(職能部門: 실무 부서)' 중의 네 개 부서로 바뀌었다. 그 결과 이제는 중앙군위가 5개 전구(戰區)와 4대 군종(軍種)/2대 병종(兵種)을 직접 지휘할 수 있게 되었다. 특히 중앙군위 주석을 맡는 민간인 지도자가 동시에 연합 작전 지휘센터의 '총지휘(總指揮, command-in-chief)'를 맡음으로써 군에 대한 작전 지휘권이 더욱 강화되었다.[22]

실제로 이런 국방개혁의 효과가 계획대로 나타날지는 두고 봐야 할 것이다.[23] 어쨌든 이와 같은 군 개혁은 민간인 지도자의 군 통제, 즉 공산당의 군에 대한 '절대영도'를 더욱더 효과적이고 효율적으로 달성하려는 노력이라고 평가할 수 있다.[24]

3. 정치위원 제도와 공산당 위원회의 집단지도

다음으로 인민해방군 정치위원 제도와 군부대 내에 설립된 공산당 위원회의 집단지도를 살펴보자. 민간인 지도자가 중앙군위 주석을 겸직하는 제도가 최상층에서 군에 대한 공산당의 '절대영도'를 실현하는 통제 기제라면, 군 정치위원 제도와 당 위원회의 집단지도는 군부대 단위에서 공산당의 '절대영도'를 실현하는 통제 기제다. 이런 제도가 실제로 공산당의 '절대영도'를 실현하는 데 얼마나 효과가 있는지는 아직도 논란이 계속되고 있지만, 공산당이 이런 제도를 통해 군에 대해 '절대영도'를 실현하려고 노력한다는 점은 분명한 사실이다.

(1) 군 정치위원 제도: 군정쌍관(軍政雙官)의 책임구조

군 정치위원 제도는 중국 건국 전의 사회주의 혁명 시기에 소련에서 도입한 것이다. 동시에 이것은 중국 역사에서 문관(文官)이 황제의 명을 받아 각 지역에 주둔하고 있는 무관(武官)—예를 들어, 도독(都督)이나 절도사(節度使)—을 감독하는 전통을 되살린 것이기도 하다.

이에 따르면, 각 군부대는 단위에 따라 다양한 명칭의 정치위원을 둔다. 연대(團) 이상에는 '정치위원', 대대(營)에는 '정치교도원(政治教導員)', 중대(連)에는 '정치지도원(政治指導員)'이 그들이다. 이전에는 민간인 지도자 중에서 정치위원을 임명한 적도 있었지만, 지금은 현역 군인(즉 직업군인) 중에서 정치위원을 임명한다. 이런 정치위원은 계급으로 보면 각 부대에서 군사 업무를 주관하는 수장(首長), 즉 군 사령원(司令員)과 동급이다.[25]

그래서 해당 군부대가 지시와 명령을 하달할 때는 군 사령원과 정치위원이 공동으로 서명해야 한다. 만약 두 수장의 의견이 서로 달라 통일된 지시와 명령을 내릴 수 없을 경우는 공산당 위원회를 소집하여 표결하거나, 상급 조직에 보고하여 지시를 듣고 따르거나, 아니면 두 수장이 협상을 통해 이견을 해소해야 한다. 비상 상황에서 두 수장 간에 의견 불일치가 발생할 경우는 해당 분야의 성격에 따라, 예를 들어 군사 업무라면 사령원이 주도하고, 정치 업무라면 정치위원이 주도하여 문제를 처리한다. 누구의 의견이 타당한가에 대해서는, 문제 처리 이후 당 위원회를 소집하여 판단하거나, 상부에 보고하여 결정을 기다린다.

군사작전의 계획과 집행 등 군사 업무를 맡는 사령원과 달리, 정치 업무를 맡는 정치위원의 직무는 몇 가지로 나눌 수 있다. 첫째, 해당 부대가 공산당의 노선·방침·정책을 제대로 집행하도록 영도한다. 또한 정치위원은 해당 부대 내에서 정치 사상공작과 '공산당 건설(黨建)' 및 '공청단 건설(團建)' 업무를 담당한다. 부대 내의 정치 기율 유지도 정치위원의 임무다. 둘째, 같은 계급의 사령원과 협조하여 작전 지휘, 훈련 및 기타 임무를 조직한다. 셋째, 작전과 훈련 등 군대의 임무 수행 중에 정치 사상공작을 지도한다. 넷째, 부대의 간부 인사 업무를 책임지며, 간부 임명과 면직, 인원 조정 명령에 서명한다. 정치위원의 인사권은 매우 중요한 권한이다.[26]

이처럼 인민해방군의 중대 이상에 군 사령원과 정치위원이라는 두 명의 수장을 두는 제도, 즉 '군정쌍관(軍政雙官)의 이원(二元) 책임구조'를 운영하는 목적은 단 한 가지다. 군사 업무를 주관하는 군 사령원의 자의적인 행동을 막고, 사령원을 공산당 영도에 복종하도록 만들기 위해서다. 군부대의 지시와 명령을 두 수장이 공동

으로 서명하게 하는 제도가 이런 목적을 잘 보여준다.[27]

　이런 목적을 달성하기 위해서는 두 수장이 너무 친밀한 관계를 유지해서는 안 된다. 군 사령원과 정치위원을 임명할 때 학연이나 지연 등 '관시(關係)'가 있는지를 사전에 철저히 검토하고, 만약 그런 '관시'가 있다면 두 사람을 같은 부대에 임명하지 않는 것은 이 때문이다. 또한 이들을 임명한 이후에도 순환보직제를 이용하여 최소한 3년에 한 번씩 이들을 다른 곳으로 인사 발령하는 것도 이 때문이다.[28]

(2) 공산당 위원회의 집단지도

　한편 당정기관과 마찬가지로 군부대 내에도 공산당원 수에 따라 각종 공산당 조직을 설립한다. 연대급(團級) 이상에는 공산당 위원회(당 위원회), 대대급(營級) 이상에는 공산당 기층위원회, 중대급(連級) 이상에는 공산당 총지부와 지부, 소대급(排級) 이상에는 공산당의 최소 구성단위인 당 소조(黨小組, party cell)가 조직된다.

　일반적으로 군부대 내 공산당 위원회에서는 정치위원이 당서기, 군 사령원이 당 부서기를 맡는다. 이는 두 사람의 계급은 같지만, 정치적 지위는 정치위원이 사령원보다 더 높기 때문이다.[29] 물론 상황에 따라서는 사령원이 당서기를 맡을 수도 있다. 만약 사령원이 정치위원보다 군 경력이 더 오래되고, 당령(黨齡: 공산당 입당 시기와 활동 기간)도 많으며, 기타 직무 경험이 더욱 많다면 말이다.

또한 정치위원이 당서기를 맡았다고 해서 군 사령원보다 실제 권한이 더 많고, 권위도 더 높은 것은 결코 아니다. 현실을 보면, 당서기를 누가 맡는지와 상관없이 군부대 내에서는 사령원이 정치위원보다 권한이 더 많고, 권위도 더 높다. 군은 공산당과 달리 일차적으로 전투조직이지 정치조직이 아니기 때문이다. 따라서 전투를 지도하는 사령원이 정치를 지도하는 정치위원에 우선하는 것은 당연한 일이다. 이런 이유로, 정치위원이 사령원을 철저히 감독하고, 이를 통해 공산당이 군에 대해 '절대영도'를 실현한다는 이야기는 '신화(myth)'일 뿐이다.[30]

어쨌든 이렇게 구성된 공산당 조직에서는 '공산당 위원회의 통일 집단지도(統一集體領導)하의 수장 역할 분담 책임 제도(首長分工負責制)'가 실행된다. 이는 공산당의 집단지도 원칙, 즉 '집단결정과 개인 분담 책임의 결합 원칙'을 군대에 적용한 것이다. 첫째, 군부대가 중요한 문제를 결정할 때는 반드시 당 위원회를 소집하여 집단으로 논의한 후에 결정해야 한다. 즉 중요한 문제는 군 사령원이나 정치위원이 단독으로 결정할 수 없다. 이것이 '공산당 위원회의 통일 집단지도'다.

둘째, 공산당 위원회가 결정한 정책을 집행할 때는 업무 영역에 따라 군 사령원과 정치위원이 각자 맡은 임무를 집행하고, 그 결과에 대해 책임져야 한다. 이것이 '수장 역할 분담 책임 제도'다. 예를 들어, 군사 업무와 관련된 정책이라면 사령원, 정치 업무와 관련된 정책이라면 정치위원이 집행하고, 그 결과에 대해서도 책임져야 한다. 동시에 두 사람은 서로 밀접히 협력하여 당 위원회의 결정을 집행하고, 각자 업무를 잘 수행할 수 있도록 서로 지지하고 지원해야 한다.[31]

공산당 위원회 이외에, 각급 군부대에는 공산당의 정치 업무를 전담하는 별도의 부서가 설치되어 있다. 예를 들어, 중앙군위에는 정치공작부(政治工作部)—국방개혁 이전에는 총정치부—가 있고, 여단(旅) 이상에는 정치부(政治部), 연대(團) 이상에는 정치처(政治處)가 설치되어 있다. 이들 정치 업무 전담 부서는 정치위원의 지도하에 활동한다.[32] 이처럼 군대 내에 군사 업무와 직접적인 관련이 없는 정치 부서를 별도로 두는 것은, 공산당이 군에 대해 '절대영도'를 실현하기 위해 정치 사상공작을 매우 중시하고 있다는 사실을 보여준다.

4. 정법위원회의 위상 변화

이제 정법기관으로 넘어가자. 정법기관에 대한 공산당의 '절대영도'는 정법위원회(政法委員會/정법위)를 통해 실현된다. 정법위는 공산당 중앙위원회, 그리고 성급(省級)·지급(地級)·현급(縣級)의 지방위원회에 설치된다. 최근에는 정법위의 역할이 강화되면서 향

(鄕)과 진(鎭)에 있는 당 기층위원회에도 정법위가 설치되고 있다. 여기서는 공산당 중앙 정법위를 사례로 공산당이 어떻게 정법기관을 통제하는지를 살펴보도록 하겠다.[33] 지방 정법위의 상황도 이와 크게 다르지 않기 때문이다.

중앙 정법위는 1982년에 공산당의 '공작 부문(工作部門: 업무부서)'으로 설립되었다. 이후 1988년에는 중앙 정법 영도소조로 명칭과 성격이 바뀌었다. 1987년 공산당 13차 당대회에서 결정된 '당정분리' 방침에 따른 조치였다. 그러나 1990년에는 다시 중앙 정법위로 명칭을 회복했다. 다만 성격은 여전히 영도소조로 남아있었다. 이후 1993년에 공산당의 '직능 부문(職能部門: 업무부서)'으로 성격을 회복했고, 1996년에는 지방 정법위에도 이런 변경이 적용되어 모두 직능 부문으로 전환되었다. 이런 상황은 지금까지 이어지고 있다. 한 조직이 이처럼 다양한 명칭과 성격으로 자주 바뀌는 경우는 드물다.

| 장쩌민과 후진타오 시기의 정법위원회 위상 강화

중앙 정법위의 변신은 여기서 멈추지 않았다. 장쩌민 시기(1992~2002년)에 공산당은 사회안정을 강조하면서 정법위의 권한과 역할을 대폭 강화하기 시작했다. 1990년대에 들어, 개혁·개방의 부작용, 예를 들어 빈부격차의 확대와 군체성사건(대중 소요 사건)의 증가 등 사회문제가 전보다 심각해졌기 때문이다. 급기야 후진타오 시기(2002~2012년)에는 중앙 정법위의 지위가 더욱 높아져서, 그동안 정치국원이 정법위 서기를 맡았던 관례를 깨고 정치국 상무위원이 서기를 맡았다. 이때 중앙 정법위 서기가 바로 뤄간(羅幹)(2002~2006년)과 저우융캉(周永康)(2007~2012년)이다. 이 중에서 저우융캉은 이후 권력 남용과 부정부패 혐의로 역사상 최초로 처벌을 받은 정치국 상무위원 출신의 지도자가 되었다.

또한 지방에서도 공산당 중앙이 2003년에 하달한 〈공안 공작 강화 및 개진(改進) 결정〉에 따라 정법위 서기가 정부 공안국장(경찰국장)을 겸직하기 시작했다. 겸직 목적은 정법위 서기(즉 공안국장)의 지도하에 공안(경찰)·검찰·법원 간의 의견을 원활히 조정하여 사건을 일사불란하게 처리하도록 하기 위해서였다. 실제 결과는 정법위 서기의 권한 강화와 공안의 사법권 침해, 즉 검찰원과 법원의 권한 침해였다. 겸직 결정 이전에도 정부 공안국장은 법원 원장이나 검찰원 검찰장보다 실제 지위가 높고 권한도 더욱 막강했다. 공안국장이 대개 부성장이나 부시장 등 정부 부(副)수장직을 맡고 있기 때문이다. 이런 문제 때문에 공산당 중앙 조직부는 2010년 4월에 각 지방에서 정법위 서기가 가능하면 공안국장을 겸직하지 않도록 조치하라는 지시를 하달했다.[34]

이처럼 후진타오 시기에 정법위는 무소불위의 막강한 권력을 휘두르는 권력기관으로 성장했다. 앞에서 말했듯이, 후진타오 집권 2기에 중앙 정법위 서기를 맡았던 저우융캉이 이런 현상을 주도한 핵심 인물 중 하나였다. 그는 2003년에 국무원 공안부 부장과 중앙 정법위 부서기의 신분으로 인민 무장경찰 부대의 제1정치위원(정위)을 겸직했다. 그 결과 저우융캉은 무력(군사력)에도 영향력을 행사할 수 있게 되었다. 2007년 공산당 17차 당대회 이후 저우융캉이 중앙 정법위 서기에 선임되었을 때는 최초로 인민 무장경찰 부대 사령원을 정법위 성원에 포함했다. 지방에서도 정법위 서기가 공안(경찰), 무장경찰 부대, 법원, 검찰원 등 정법 계통을 총괄 지휘하는 지위로 상승했다. 중앙과 지방 모두에서 '정법 권력의 전성시대'가 도래한 것이다.[35]

| 시진핑 시기의 정법위원회 위상 약화

그러나 시진핑 시기(2012년~현재)에 들어 중앙 정법위의 지위는 다시 변동을 겪는다. 저우융캉의 권력 남용과 부정부패가 밝혀지면서 중앙 정법위 서기는 다시 정치국원이 맡게 되었다. 또한 공산당 총서기가 정법 계통의 총괄 책임자로 결정되었다. 중앙 정법위에 대한 공산당 중앙의 통제를 강화하려는 조치였다. 특히 시진핑집권 시기 내내 정법 계통, 특히 공안(경찰) 지도부에 대한 대대적인 '숙청'을 진행했다. 명분은 저우융캉의 '잘못된 유산과 흔적'을 청소한다는 것이었다.

동시에 앞에서 말했듯이, 2017년 12월에 관련 법규를 수정하여, 국무원 공안부와 지방정부 공안국(실제로는 공산당 정법위)의 인민 무장경찰 부대 지휘권을 박탈하고, 오직 중앙군위만이 무장경찰 부대를 지휘할 수 있도록 개혁했다. 이로써 중앙군위가 모든 군사력(武裝力量)을 총괄 지휘하는 체제가 완성되었다. 지방에서도 정법위 서기가 공안국장을 겸직하는 관행을 더욱 엄격히 제한했다.

5. 정법위원회의 기구와 임무

중앙과 지방의 정법위는 비슷한 조직 구조와 임무를 맡고 있다. 이 중에서 중앙 정법위의 기구를 사례로 살펴보자.

(1) 중앙 정법위원회의 사무기구

중앙 정법위는 모두 14개의 사무기구를 두고 있다. 첫째는 전체 업무와 정보를 총괄 처리하는 판공실(辦公室)이다. 둘째는 전체 정법기관—예를 들어, 공안(경찰), 법원, 검찰원, 정보기관, 교도소 등—의 인사 업무를 전담하는 정치부(政治部)다. 셋째는 연구실(硏究室)인데, 집법감독 조정실(執法監督協調室)을 겸하고 있다. 후자는 각 정법기관의 업무를 감독하고 조정하는 역할을 담당한다. 넷째는 사회치안 종합치리 감독국(社會治安綜合治理督導局)인데, 특별활동판공실(專項行動辦公室)을 겸하고 있다. 전자는 법질서와 사회 치안유지의 감독, 후자는 범죄 일제 소탕 작전 등 특별 활동을 지휘하는 역할을 담당한다.

다섯째는 정치안전국(政治安全局)이다. 한국식으로 말하면 '공안(公安)부서'로, 공산당 일당 통치에 위협이 될 수 있는 반체제인사와 이들이 관련된 사건을 담당한다. 참고로 중국에서는 공산당 영도 체제의 굳건한 유지를 '정치안전'이라고 부른다. 여섯째는 사회안정 유지지도국(維護社會穩定指導局)으로, '군체성사건(群體性事件)'—시위와 폭동 같은 대중 소요 사건— 등 사회안정 유지와 관련된 업무를 담당한다. 일곱째는 반분열 지도조정실(反分裂指導協調室)로, 소수민족의 분열 활동 예방과 처리를 담당한다.

여덟째는 반사교 조정실(反邪敎協調室)로, 각종 불법 종교 및 사교(邪敎) 활동의 단속을 담당한다. 파룬궁(法輪功) 탄압이 대표적이다. 아홉째는 기층사회 치리국(基層社會治理室)으로, 기층사회의 종합 관리를 담당한다. 열 번째는 정법대오 건설지도국(政法隊伍建設指導局)으로, 정법기관 구성원의 정치교육과 기율 강화 및 유지 등을 담당한다. 그 밖에도 선전교육국(宣傳敎育局), 법치국(法治局), 기관당위(機關黨委), 은퇴휴직간부국(離退休幹部局)이 있다.[36]

(2) 정법위원회의 임무

한편 2019년 1월부터 실시되는 〈공산당 정법 공작조례〉에 따르면, 정법위는 모두 열 가지 임무를 수행한다. 첫째는 공산당 이념과 정책의 관철이다. 여기에는 '시진핑 사상'의 관철, 정법 업무에 대한 당의 절대영도 견지, 당 노선·방침·정책과 중대 결정 사항의 집행, 정치 훈련과 정치감독 제도의 완성이 포함된다. 둘째는 정법 기관 간의 업무 조정과 통일이다. 정법위는 정법기관(공안·법원·검찰원 등) 사이의 중대 사항을 조정하며, 정법기관의 사상과 행동을 통일한다.

셋째는 조사 연구와 제안이다. 정법위는 중앙과 지방의 공산당 위원회가 정법 정책을 결정할 때 의견을 제시하고, 당 위원회의 결정을 도와 정법 개혁을 추진한다. 넷째는 사회 상황 파악과 대응이다. 여기에는 사회안정 형세와 정법 업무 상황의 판단, 사회 갈등 및 위험의 해소와 조정, 중대한 '돌발성 사건'에 대한 대응과 처리, 사교 및 테러 활동에 대한 대응과 지도 등이 포함된다.

다섯째는 정법 업무의 감독과 사회 치안 및 안정의 유지다. 여섯째는 각 정법기관의 직권 행사에 대한 지지와 감독, 정법기관 간의 협력을 위한 지도와 조정이다. 일곱째는 '정법대오(隊伍) 건설'의 지도와 추동이다. 여기에는 정법 간부의 육성, 당 위원회와 감찰기관의 감독 지원, 각 정법기관 내 공산당의 민주생활회 감독 등이 포함된다. 여덟째는 국가안전위원회와 의법치국위원회 등 상급 영도 소조의 결정 사항 집행, '정치안전(政治安全: 공산당 영도 체제 수호)' 업무에 대한 지도와 조정이다. 아홉째는 정법 여론 동태 분석과 선전 및 여론 선도다. 열 번째는 당 위원회와 상급 정법위의 기타 임무 완수다.

이상과 같은 열 가지 임무는 크게 다섯 가지 범주로 다시 정리할 수 있다. 첫째는 국내 안전 업무의 조정과 지도다. 여기에는 사교(邪教) 및 테러 활동에 대한 대응, '군체성사건' 처리, 민감한 시기(예를 들어, 당대회 개최 기간)의 치안 및 사회안정 유지, 주요 문제성 인물의 파악과 감시 등이 포함된다. 둘째는 정법기관의 영도간부에 대한 인사권 행사다. 셋째는 치안 및 사회안정 유지에 필요한 각종 기반시설(예를 들어, '황금 방패 공정' 같은 인터넷 감시 체제)의 설립과 운영에 대한 감독이다. 넷째는 대형 사건에 대한 대응과 처리다. 다섯째는 법질서와 사회안정 유지의 조정, 각종 운동(campaign) 방식의 범죄 소탕 작전에 대한 지휘다.[37]

6. 정법위원회의 구성과 특징

그렇다면 정법위는 이와 같은 복잡한 임무를 수행할 수 있도록 알맞게 구성되어 있는가? 〈표 4-2〉는 중앙 정법위의 구성 상황을 정리한 것이다. 이를 통해 우리는 중앙 정법위가 위에서 살펴본 정법위의 임무를 수행할 수 있도록 구성되었다는 사실을 확인할 수 있다. 또한 공산당이 정법위를 통해 전체 정법기관을 '절대영도'하는 몇 가지 특징을 발견할 수 있다.

첫째, 공산당 중앙 정법위에는 아직도 영도소조의 흔적이 강하

〈표 4-2〉 공산당 중앙 정법위원회의 구성: 공산당 19차 당대회(2017년) 사례

지위	이름	당내 지위 및 소속
서기(1인)	궈성쿤(郭聲琨)	정치국원
부서기(1인)	자오커즈(趙克志)	국무원 공안부장
위원(7인)	저우창(周强)	최고인민법원 원장
	장쥔(張軍)	최고인민검찰원 검찰장
	천이신(陳一新)	정법위원회 비서장(秘書長)
	천원칭(陳文清)	국무원 국가안전부 부장
	탕이쥔(唐一軍)	국무원 사법부 부장
	왕런화(王仁華)	중앙군위 정법위원회 서기
	왕닝(王寧)	인민 무장경찰 부대 사령관(司令員)

자료: 「中共中央政法委員會」, <維基百科>, zh.wikipedia.org (검색일: 2021. 2. 5); 「中央直屬機構人物庫」, <中國經濟網>, www.ce.cn (검색일: 2021. 2. 5); 「中共中央政法委員會」, <百度百科>, baike.baidu.com (검색일: 2020. 8. 15).

게 남아있다. 즉 서기를 제외한 부서기와 위원이 다른 정법기관의 주요 책임자로 구성되는 '정책 결정 의사 조정 기구'의 흔적이 남아 있다는 것이다. 이에 비해 공산당의 다른 사무기구, 예를 들어 선전부와 조직부는 대개 자체 간부들로만 지도부를 구성한다(물론 일부 겸직 간부가 있기는 하다). 대신 선전 계통의 주요 당정기관 책임자는 선전 사상공작 영도소조, 조직 계통의 주요 당정기관 책임자는 당 건설(黨建) 영도소조에 참여한다.

정법위의 이런 구성상의 특징은, 정법위가 정법 관련 업무를 총괄하고, 각 정법기관 간의 관계를 조정하고 지도하는 데 매우 유리

하다. 국내 치안유지와 사회안정 유지 등 정법 업무는 경찰이나 검찰 등 한두 개의 정법기관이 담당할 수 있는 일이 아니다. 공산당 영도 체제의 수호를 의미하는 '정치안전' 유지도 마찬가지다. 결국 이런 업무를 제대로 완수하기 위해서는 정법위가 전체 정법기관의 책임자로 구성되는 것이 바람직하다. 그래야만 업무 조정과 행동 통일을 보장할 수 있기 때문이다.

둘째, 중앙 정법위를 구성하는 각 정법기관 간의 정치적 지위를 보면, 한국과는 달리 공안(경찰)이 인민법원이나 인민검찰원 같은 사법기관보다 상위에 있다는 사실을 알 수 있다. 구체적으로 국무원 공안부 부장이 중앙 정법위 부서기를 맡는 데 비해 최고인민법원 원장과 최고인민검찰원 검찰장은 부서기도 아닌 일반 위원으로 참여한다. 지방의 상황도 마찬가지다. 이는 중국에서 사법기관의 지위가 매우 낮다는 사실을 보여준다.

실제로 최고인민법원 원장과 최고인민검찰원 검찰장은 공산당 중앙정치국 위원에 선임되지 않는다. 반면 국무원(중앙정부)의 경우는, 국무원 총리와 상임 부총리가 정치국 상무위원에 선임되는 것은 물론, 나머지 세 명의 부총리도 전원 정치국원에 선임된다. 다만 행정등급 면에서는 최고인민법원 원장과 최고인민검찰원 검찰장을 국무원 부총리급으로 대우한다. 지방의 인민법원 원장과 인민검찰원 검찰장도 정부 공안국장과 동급으로 대우한다. 대개 공안국장이 부(副)시장이나 부성장을 겸직하기 때문이다. 앞에서 말했듯이, 이전에는 공안국장이 정법위 서기까지 겸직했기 때문에 정치적 지위가 지금보다 훨씬 높았다(현재는 이런 겸직을 제한한다).

이처럼 중국에서는 공안기관(경찰)이 사법기관과 행정등급 면에서는 동급이지만, 정치적 지위와 실제 능력 면에서는 훨씬 높다. 이런 상황에서는 검찰원이 공안기관을 지휘하는 일이 거의 불가능하다. 중국에서 "큰 공안(大公安), 작은 법원(小法院), 있어도 좋고 없어도 좋은 검찰원(可有可無檢察院)"이라는 말이 유행하는 것은 이 때문이다.[38] 즉 현실에서는 공안이 법원보다도 '상위'에 있고, 검찰원의 존재감은 '사실상 없다'라는 것이다. 이는 공안이 정치적 지위만 높은 것이 아니라, 인원·조직·재정 등 능력 면에서도 검찰원과 법원보다 훨씬 우위에 있다는 사실을 보여준다.

사실 실제 권한 면에서도 공안과 인민검찰원은 거의 동등하다. 예를 들어, 정법기관의 역할 분담 원칙에 따르면, 형사사건은 공안, 공무원의 직무 범죄와 뇌물 사건은 검찰원, 간첩 사건은 안전부('중국판' 국가정보원)가 조사를 담당한다. 그런데 1996년에 〈형사소송법〉이 개정되면서 공안도 공무원과 관련된 경제 범죄(즉 부패 사건)를 조사할 수 있는 권한을 갖게 되면서 조사 권한 면에서도 검찰원과 동등하게 되었다. 비록 체포 비준과 기소는 검찰원의 고유 권한이지만, 또한 검찰원은 공안의 활동을 감독할 수 있는 권한이 있지만, 공안은 검찰원의 결정에 동의하지 않으면 언제든지 재심(復議)을 요구할 수 있다. 실제로 검찰원이 공안의 요구에 반하는

결정을 내리기는 쉽지 않다.[39]

셋째, 중앙 정법위에는 당(黨)·정(政)·군(軍) 정법 계통의 책임자가 모두 참여한다. '당'에서는 정치국원인 정법위 서기와 정법위 비서장(秘書長: 사무국장), '정'에서는 국무원의 공안부·국가안전부('중국판' 국가정보원)·사법부 부장, 최고인민법원 원장과 최고인민검찰원 검찰장, '군'에서는 중앙군위 정법위 서기가 참여한다. 지방 상황도 이와 같다. 이처럼 정법위에는 당·정·군 정법 계통의 책임자가 모두 참여하기 때문에, 공산당은 정법위를 통해 공권력에 대한 '절대영도'를 실행할 수 있다.

7. '당관정법(黨管政法: 공산당의 정법 관리)' 원칙

한편 공산당은 정법기관에 대해 공산당만이 정법 업무를 관리(영도)한다는 '당관정법(黨管政法)' 원칙을 실행한다.

'대권독람(大權獨攬)'과 '소권분산(小權分散)'

'당관정법' 원칙은 다시 두 가지 세부 방침으로 구성된다. 하나는 '대권독람(大權独攬)', 즉 큰 권한은 공산당(구체적으로는 정법위원회)이 독점적으로 행사한다는 방침이다. 다른 하나는 '소권분산(小

權分散)', 즉 작은 권한은 각 정법기관(공안·법원·검찰원 등)에 분산하여 각자가 행사하도록 허용한다는 방침이다.

첫째, '대권독람' 방침에 따라 공산당 정법위가 정법 업무와 정법기관을 '전면 영도'한다. 여기에는 정법 업무의 방침과 정책, 영도간부 인선, 중요 사건에 대한 조사와 판결, 각 정법기관에 대한 감독 등이 포함된다. 한마디로 말해, 정법 업무와 관련된 중요한 정책과 인사 문제는 모두 정법위가 독점적으로 결정한다. 둘째, '소권분산' 방침에 따라 공안기관(경찰), 사법기관(법원과 검찰원), 정보기관(국가안전부)은 각자 법률이 정한 절차에 따라 규정된 권한을 행사한다. 이때 각 정법기관은 공산당 정법위의 영도하에 상호협력과 함께 상호제약 및 상호감독의 관계를 유지해야 한다.[40]

| 정법위원회 주도의 연석회의 제도

'대권독람과 소권분산' 방침은 공산당 정법위가 주도하는 연석회의 제도를 통해서도 확인할 수 있다. 이 제도는 '4대 기관장 회의(四長會議)', 즉 정법위 서기, 공안국 국장, 법원 원장, 검찰원 검찰장이 참여하는 회의를 말한다. 여기에 공산당 기율검사위원회(기위) 서기가 참여하면 '5대 기관장 회의(五長會議)'가 된다. 참고로 국가안전부(정보기관)는 방첩(防諜) 업무를 담당하기 때문에 국내 안전과 관련된 기관장 회의에는 참여하지 않는다. 연석회의 제도는 '사건 감독 처리 제도(案件督辦制度)'라고도 불린다. 이는 중대한 사건이 발생하면 정법위가 정법기관 연석회의를 소집하여 공동으로 협의하여 사건을 처리하는 제도를 말한다.

보통 네 가지 경우에 공산당 정법위가 연석회의를 소집한다. 첫째는 사회적 영향력이나 파장이 큰 중대 사건이라서 정법기관 간에 협조와 조정이 필요한 경우다. 둘째는 정법기관 간에 사건 처리를 두고 의견 불일치가 발생하여 자체적으로 조정이 어려운 경우다. 예를 들어, 검찰원의 기소 형량과 법원의 선고 형량이 다르고, 두 기관이 이에 대해 합의하지 못한 경우에 연석회의가 소집될 수 있다. 셋째는 사건이 정책적 성격을 띠고 있고, 내용이 매우 민감한 사안이라서 정법기관 이외에 언론기관 등의 협조가 필요한 경우다. 넷째는 당정 지도자(예를 들어, 당서기)가 특별히 정법위에 사건 처리를 요청한 경우다.[41]

이처럼 중요한 사건은 공산당 정법위가 연석회의 제도를 이용하여 처리하기 때문에 검찰원의 자율적인 사건 조사와 기소, 법원의 독립적인 심의와 판결은 처음부터 기대할 수 없다. 특히 당정간부가 관련된 부패 사건이나 직권 남용 사건, 대중 시위 등 사회적으로 파장이 큰 사건, 환경오염과 인재(人災)에 의한 대형 사고 등은 사전에 정법위의 지도하에 검찰원이 수위를 조절하여 수사 및 기소하고, 법원은 정법위가 사전에 결정한 형량에 따라 판결한다. 이처럼 공산당은 정법위를 통해 정법기관에 대해 '절대영도'를 실행한다. 결국 공산당 영도 체제에서 사법 독립은 기대할 수 없다.

경제 통제: 국유자산과 국유기업

이제 공산당의 경제 통제로 넘어가도록 하자. 마오쩌둥 시대에는 경제 통제가 공산당 영도 체제를 지탱하는 중요한 기둥이 아니었다. 1956년 공산당 8차 당대회에서 '사회주의 개조(改造)'가 완성되었다고 선언한 이후, '국유경제(國有經濟)'를 제외한 나머지 경제주체, 예를 들어 사영기업이나 외자기업은 사실상 존재하지 않았다. 또한 당시는 계획경제 시대로, 국가를 제외한 다른 주체가 경제 문제에 개입할 여지는 거의 없었다. 특히 미국과 소련의 냉전체제가 유지된 상황에서 중국 경제는 세계 자본주의 체제와는 단절되었고, 자력갱생(自力更生)을 구호로 독립적으로 운영할 수밖에 없었다. 이런 상황에서 공산당은 경제를 안정적으로 통제할 수 있었다.

그러나 개혁·개방 시대에는 상황이 달라졌다. 1970년대 말 농촌 개혁과 경제특구 설치에 이어 1984년에는 도시 개혁이 시작되었다. 1992년 공산당 14차 당대회에서는 '사회주의 시장경제 노선'이 확정되었다. 이에 따라 개혁·개방 정책이 더욱 확대되었다. 또한 1997년 공산당 15차 당대회 이후, 규모가 크고 전략적으로 중요한 국유기업은 국가가 소유하지만, 작고 중요하지 않은 국유기업은 처분한다는 '조대방소(抓大放小: 큰 것은 잡고 작은 것은 놓는다)' 방침에 따라 국유기업의 구조조정이 대대적으로 진행되었다.

그 결과 사영기업과 외자기업이 주도하는 '비공유제 경제(非公有制經濟)'가 확대되었고, 국유경제가 국내총생산(GDP)에서 차지하는 비중도 점차로 축소되었다. 동시에 경제적 대외 개방, 특히 2001년에 중국이 세계무역기구(WTO)에 가입한 이후, 중국 경제는 세계 경제 체제와 밀접히 결합해서 움직였다. 이런 상황에서 경제 통제는 공산당 영도 체제를 유지하는 데 매우 중요한 요소로 등장했다.

1. 경제 통제가 중요한 이유: '국유경제는 공산당 집권의 기둥이다'

내가 볼 때, 공산당에게 경제 통제는 세 가지 이유로 매우 중요하다. 따라서 공산당은 현재도 그렇고 미래에도 어떤 일이 있어도 경제 통제를 포기하지 않을 것이다.

(1) 통치 정통성의 확보

첫째, 공산당이 통치 정통성을 확보하기 위해 경제 통제가 필요하다. 마오쩌둥 시대에는 혁명 이데올로기가 통치 정통성을 지탱해주었다. 특정 이념을 실현하기 위해 추진된 대약진운동(1958~1960년)과 문화대혁명(1966~1976년)이 대표적인 사례다. 반면 개혁기에는 경제발전이 그 역할을 대신한다. 즉 공산당은 경제를 빠르게 발전시키고, 이를 통해 인민의 생활수준을 향상할 수 있어야만 통치 정통성을 주장할 수 있게 되었다. 이를 위해서는 자본주의 선진국, 해외시장, 외자기업, 국제경제기구 등 '외적 요소'가 아니라 공산당 자신이 직접 경제를 통제해야만 한다.

소련 및 동유럽 사회주의 국가들과 달리 중국이 선택한 개혁·개방 전략은 공산당의 경제 통제를 더욱 필요로 했다. 소련과 동유럽 사회주의 국가는 당시 유행하던 신자유주의(neo-liberalism) 원리에 따라 국유자산의 사유화(privatization)와 자원 분배의 시장화(marketization)를 동시에 전면적으로 실행하는 개혁 전략을 실행했다. 일명 '충격요법(shock therapy)'이었다. 결과는 기대와는 달리 대실패였다.

반면 중국은 일본·한국·대만·싱가포르·홍콩 등 동아시아 발전국가(East Asian developmental state), 일명 개발독재의 성공적인 경험을 참고로, 국가 주도의 점진적인 개혁 전략, 수출 주도의 대외개방형 발전 전략을 추진했다. 이는 국가의 굳건한 경제 통제를 전제로 해서만 가능한 전략이었다.[1] 계획경제에서 시장경제로 이행하는 과정에서 시장이 아니라 국가가 경제 주도권(특히 금융과 기간산업)을 쥐고 있어야만 하기 때문이다. 결과는 우려와는 달리 대성공이었다.[2]

(2) 사회주의 이념의 정당화

둘째, 공산당의 경제 통제는 사회주의 이념의 정당화를 위해서도 필요하다. 개혁·개방 시대에 공산당은 '중국 특색의 사회주의 민주'라는 정치 체제와 '중국 특색의 사회주의 시장경제'라는 경제 체제를 운용한다고 주장한다. 모두 공산당이 왜 일당 지배 체제를 굳건히 유지해야 하는가를 정당화하기 위한 이론이다. 여기서 전자는 공산당 영도 체제를 말한다. 반면 후자는 국가 주도의 시장경제 혹은 '국가 자본주의(state capitalism)'—참고로 공산당은 이 말의 사용을 금지하고 있다—를 말한다.

그런데 '중국 특색'이니 '시장경제'니 하는 수식어를 붙여도 경제 체제가 기본적으로 사회주의적인 성격을 가져야만 '사회주의'라는 말이 의미를 가질 수 있다. 단도직입적으로, 개혁·개방 시대에 개인 소유제와 시장경제를 도입한 이후에도 '중국이 왜 사회주의인가?'라는 질문을 던질 때, 공산당은 설득력 있게 대답할 수 있어야 한다. 이를 위해 국유경제, 특히 토지·자원·기간산업·금융에 대한 국가 소유는 꼭 필요하다. 즉 "중국에는 국가(실제로는 공산당)가 통제하는 거대한 국유경제가 존재하고, 이 때문에 중국은 사회주의다"라고 말할 수 있다는 것이다.

(3) 공산당의 '통치자금' 확보

셋째, 공산당의 경제 통제는 '통치자금'을 마련하기 위해서도 필요하다. 대만에서 국민당(國民黨)은 1949년부터 1986년에 민진당(民進黨)이 창당되기 전까지 37년 동안 대륙의 공산당처럼 '유일한 집권당'이었다. 이 시기에 국민당은 국유기업과는 별도로 국민당 기업, 일명 '당 기업(黨企業)'을 소유했다. 법률적으로만 보면, 당 기업은 국유기업과는 달리 사영기업이지만, 실제 운영은 국유기업과 비슷했다. 즉 국유기업처럼 국가가 베푸는 온갖 특혜를 받으면서 막대한 부를 축적할 수 있었다. 당 기업의 비중을 보면, 1980년대 말에 대만 국내총생산(GDP)의 6.2%를 차지했다. 이는 결코 작은 규모가 아니다.

또한 1987년 대만 민주화 시기부터 2000년에 있었던 총통(대통령) 선거에서 국민당이 패배해 민진당에 정권을 넘겨줄 때까지 당 기업은 국민당에 정치자금을 제공하는 중요한 자금원(資金源) 역할을 담당했다. 예를 들어, 1992년에 국민당 예산은 49억 위안(元: 대만달러)(한화 약 2,100억 원)이었는데, 당비 수입은 7,000만 위안으로, 전체 수입의 1.4%에 불과했다. 결국 국민당 예산 대부분은 당 기업에서 충당할 수밖에 없었다. 이처럼 당 기업은 국민당에 통치자금

을 제공하는 매우 중요한 역할을 담당했다.[3]

그런데 중국에는 국가 소유의 기업인 '국유기업'은 있어도, 공산당 소유의 기업인 '당 기업'은 없다. 최소한 법률적으로는 그렇다. 반면 인민해방군과 인민 무장경찰 부대가 소유한 '군 기업'은 있었다. 군 기업은 규모가 매우 방대했을 뿐만 아니라, 분야도 중화학 공업과 첨단 무기 산업부터 고급 호텔과 리조트 운영 등 매우 다양했다. 일부 군 기업은 대규모 밀수사업에도 관여했다. 그 결과 군 기업은 인민해방군의 전투력과 기율 유지에 심각한 악영향을 끼쳤다. 이 때문에 공산당 중앙은 1998년에 군의 기업 경영을 금지했다.[4]

그렇다면 공산당은 그 많은 '통치자금'을 어디에서 조달할까? 내가 과거에 10여 년 동안 전국인민대표대회(전국인대)와 각급 지방인민대표대회(지방인대)를 연구하면서 마음속에 품었던 의문이었다.[5] 전국인대와 지방인대는 매년 2~3월에 열리는 연례회의(例會)에서 정부 예산안을 심의한다. 이때 정부 예산안이 대외로 공개된다. 또한 중국은 정부 업무의 투명성과 책임성을 높이기 위해 해마다 예산안의 공개 범위를 확대해왔다. 그런데 그 어디에서도 공산당의 예산 자료는 찾을 수가 없었다. 이는 지금도 마찬가지다. '극비자료'이기 때문이다. 중국이 매우 민감하게 생각하는 국방예산도 비록 대략적이기는 하지만 매년 공개하는데 말이다.

공산당 당원은 비록 소액이기는 하지만 반드시 규정된 당비를 정기적으로 납부해야 한다. 그런데 전국에 있는 공산당의 수많은 크고 화려한 건물들, 중앙과 지방에서 활동하는 수백만 명에 달하는 전임 공산당 간부, 공산당이 일상적으로 전개하는 수많은 조직 활동 등을 고려할 때, 과연 공산당원의 당비로 이를 모두 충당할 수 있을까 하는 의문이 든다. 현재 이에 대한 자료는 아무것도 없어서 단정적으로 말할 수는 없지만, 공산당원이 내는 당비만으로는 비용을 충당할 수 없다는 점은 분명해 보인다.

결국 공산당의 '통치자금'은 국가 예산에서 충당하거나, 아니면 국유자산의 수입금에서 충당해야만 한다.[6] 마치 권위주의 시대에 대만에서 국민당이 그랬던 것처럼 말이다. 이처럼 '통치자금'을 마련하기 위해서도 공산당의 경제 통제는 필요하다.

2. 국유기업을 보는 관점: 공산당의 생사가 걸린 정치 원칙 문제

2016년 10월에 있었던 전국 국유기업 당 건설(黨建) 공작회의에서 시진핑은 국유기업의 중요성에 대해 역설했다. "국유기업은 중국 특색 사회주의의 중요한 물질적 기초이자 정치적 기초"이며, "우리 당이 집권하여 국가를 부흥시키는(執政興國) 중요한 기둥(支柱)이자 의지하는 역량(力量)"이다. 따라서 국유기업에 대한 공산당 영

도는 "중대한 정치 원칙"이다.[7]

한마디로 말해, 국유기업은 공산당 영도 체제를 지탱하는 중요한 기둥이고, 따라서 공산당은 국유기업에 대한 영도를 절대로 포기할 수 없다는 말이다. 그래서 공산당의 관점에서 볼 때, 국유기업 통제는 경제 문제가 아니라 정치 원칙의 문제라고 주장한 것이다. 이는 중국 전문가나 해외 언론이 중국의 국유기업을 바라보는 관점, 즉 경제 효율성 같은 경제적 측면에서 바라보는 관점과는 상당히 다른 것이다.

공산당이 국유기업의 전면적 민영화나 국가 규제의 완전한 철폐 같은 경제개혁을 추진하지 않는 것은 이 때문이다. 사실 사영기업(민영기업)과 비교할 때, 국유기업은 예나 지금이나 몇 가지 심각한 문제를 안고 있다. 첫째, 기업이윤 창출과 자금 유동성 확보 등 여러 가지 경제지표 면에서 볼 때, 국유기업은 사영기업보다 성과가 많이 뒤처진다. 둘째, 국유기업은 사회안정 유지에 관건이 되는 일자리 창출에도 별 역할을 담당하지 못한다. 주로 중화학공업에 집중되어 있기 때문이다. 셋째, 국유기업은 국가 부채의 증가, 각종 공업제품(특히 철강·시멘트·유리 등 중화학공업 제품)의 과잉 생산, 자금 유용과 부정부패 등 부정적인 경제 문제를 유발하는 주범이다.[8]

| '국진민퇴(國進民退)' 현상과 경제성장률 하락

상황이 이런데도 시진핑 시기에 들어서 국유경제가 전체 경제에서 차지하는 비중이 오히려 크게 확대되었다. 중국에서는 이를 '국진민퇴(國進民退)' 현상, 즉 국유경제의 전진과 민영경제(民營經濟)의 후퇴 현상이라고 부른다. 그 결과 국유기업의 문제는 중국 경제 전반의 문제로 확대되었고, 이로 인해 경제가 점차로 활력을 잃고, 잠재 성장률도 서서히 떨어지는 현상이 나타났다.

구체적으로 2005년부터 2008년까지 연평균 12%였던 성장률이 2015년과 2016년에는 연평균 7%로, 10년 만에 5% 포인트나 떨어졌다. 여러 가지 요인이 경제성장률 하락을 초래했는데, 그중에서도 국유경제의 확대가 가장 중요한 요인 중 하나였다. 따라서 일부 학자들은, 공산당이 시장경제 원칙에 따라 국유기업을 철저히 개혁하고, 금융 체계도 획기적으로 개혁한다면, 중국의 경제성장률은 어느 정도 이전 수준을 회복할 수 있다고 주장한다.[9]

물론 공산당은 결코 그렇게 하지 않았고, 앞으로도 그럴 것이다. 공산당에게는 철저한 경제개혁을 통해 높은 경제성장률을 회복하는 일, 그래서 인민의 생활수준을 더욱 개선하는 일이 최우선적인 과제가 아니기 때문이다. 대신 문제가 많이 있지만 그래도 공산당이 경제를 통제하는 데 유리한 국유경제를 그대로 두면서 공산당 영도 체제를 굳건히 유지하는 일이 공산당에게는 훨씬 더 중요한 일이다. 이런 이유에서 공산당이 국유기업을 전면적으로 개혁하지 않는 것이다. 다시 한번 강조하지만, 공산당에게 국유기업 통제는 단순한 경제 문제가 아니라 중요한 정치 문제, 즉 공산당 영도 체제의 생사(生死)가 걸린 문제다.

| 3. '국유경제(國有經濟)'의 규모와 통제 기제 |

공산당은 실제로 우리가 생각하는 것보다 많은 국유자산을 보유하고 있다. 그리고 이것은 시진핑 시기(2012년~현재)에 들어 더욱 급격히 증가하고 있다. 또한 전체 국가 재정 수입 중에서 국유자산과 국유기업의 수입이 차지하는 비중이 점점 더 증가하고 있다.

(1) '국유경제'의 규모

〈표 4-3〉은 중국의 국유자산 상황을 정리한 것이다. 이에 따르면, 국유자산은 2014년에 227조 3,000억 위안(元)(약 36조 4,000억 달러)에 달했다. 이는 그해 국내총생산(GDP) 63조 6,000억 위안의 360%(3.6배)에 달하는 막대한 규모다. 이 중에서 금융 자산(27조 7,000억 위안)을 제외한 국유자산, 즉 '비금융(非金融)' 국유자산은 195조 위안으로, 그해 GDP의 310%(3.1배)에 달했다.

중국의 국유자산을 다른 국가의 그것과 비교해보면, 규모가 매우 크다는 사실을 알 수 있다. 국제통화기금(IMF)의 조사에 따르면, 2014년 무렵 세계 30개 국가의 비금융 국유자산의 평균 규모는 각국 GDP의 67%였다. 그 가운데 규모가 가장 큰 국가는 라트비아

〈표 4-3〉 중국의 국유자산 상황(2014년)

단위: 조 위안(元)

자산 분류	액수(%)
비금융 기업	116.2(51.12)
토지 자원	65.4(28.77)
금융 자산	27.7(12.19)
행정 및 공공기관	13.4(5.89)
정부 예금	3.1(1.36)
사회보장기금	1.5(0.66)
총계	227.3(100)

자료: Nicholas R. Lardy, *The State Strikes Back: The End of Economic Reform in China?* (Washington D.C.: Peterson Institute for International Economics, 2019), p. 135.

(Latvia)였는데, GDP의 180%였다. 이에 비해 같은 해 중국의 비금융 국유자산은 GDP의 310%로, 세계 평균보다는 4.6배, 라트비아보다는 약 2배나 많았다.[10]

| 시진핑 시기 '당-국가 자본주의'의 출현?

중국의 국유자산은 이후 더욱 급속히 증가했다. 예를 들어, 2018년에 국유자산 총액은 474조 7,000억 위안에 달했다. 당시 환율에 따라 달러로 환산하면 약 67조 달러인데, 이는 2018년 세계 GDP 85조 달러의 약 80%에 달하는 막대한 규모다.[11] 같은 해 중국의 GDP는 91조 9,000억 위안으로,[12] 국유자산은 그해 GDP의 520%(5.2배)에 달한다. 이를 앞에서 살펴본 전 세계 30개 국가의 국유자산 평균 규모(GDP의 67%)와 비교해보면, 중국의 상황이 어떤지, 특히 시진핑 시기에 들어 국유자산이 얼마나 빨리 증가했는지를 쉽게 알 수 있다.

국유자산의 증가 상황을 자세히 살펴보면, 규모 면에서는 2014년 227조 3,000억 위안에서 2018년 474조 7,000억 위안으로, 4년 동안 247조 4,000억 위안이 증가했다. 즉 불과 4년 만에 2014년 국유자산 규모만큼이 증가한 것이다. 또한 GDP 대비 국유자산의 비율 면에서도 2014년의 360%(3.6배)에서 2018년의 520%(5.2배)로, 역시 4년 동안 160%(1.6배)가 증가했다. 이는 시진핑 시기에 들어 국유자산이 급속히 증가했음을 보여준다. '국진민퇴' 현상의 생생한 증거다.

이처럼 시진핑 시기에 들어 국유자산의 규모가 급격히 증가하는 현상 혹은 국유경제가 전체 경제에서 자치하는 비중이 급격히 확대되는 현상을 놓고, 일부 학자들은 중국 경제 체제의 성격을 다시 규정해야 한다고 주장한다. 즉 이전에는 중국 경제체계를 '국가' 자본주의(state capitalism), 즉 '시장'이 아니라 '국가'가 주도하는 자본주의라고 불렀는데, 이제는 '당-국가' 자본주의(party-state capitalism), 즉 '당-국가'가 주도하는 자본주의라고 불러야 한다는 것이다.[13] '국가'보다는 '공산당'이 경제에 깊숙이 개입하여 경제를 좌지우지하는 체계로 바뀌었기 때문이다. 같은 맥락에서 다른 학자는 중국의 국가 자본주의가 '중국 주식회사(China Inc.)'에서 '공산

당 주식회사(CCP Inc.)'로 이행하고 있다고 주장한다.[14]

(2) 국가 재정 수입의 비중 변화

또한 국유자산은 국가 재정 수입에서도 중요한 비중을 차지한다. 〈표 4-4〉는 2015년부터 2020년까지 국가 재정 수입의 변동 상황을 정리한 것이다.

이 표에 따르면, 이 기간에 국가 재정 수입 중에서 약 71%는 '일반 공공수입'에서 나왔다. 이는 국가가 징수하는 각종 세금 수입을 말한다. 반면 약 28%는 '정부성 기금 수입'인데, 대다수(약 70~80%)가 부동산 개발 및 임대 수입이다. 마지막은 1.3%를 차지하는 '국

〈표 4-4〉 중국 국가 재정 수입의 변동 상황(2015~2020년)

단위: 억 위원(元)

연도	일반 공공 수입(%)	정부성 기금 수입(%)	국유자산 경영 수입(%)	예산 수입 총액(%)
2015	152,217(77.22)	42,330(21.48)	2,560(1.30)	197,107(100)
2016	159,552(76.42)	46,619(22.33)	2,602(1.25)	208,773(100)
2017	172,567(72.93)	61,462(25.98)	2,579(1.09)	236,608(100)
2018	183,352(70.07)	75,405(28.82)	2,900(1.11)	261,657(100)
2019	190,382(68.27)	84,516(30.31)	3,960(1.42)	278,858(100)
2020	182,895(65.05)	93,489(33.25)	4,778(1.70)	281,162(100)

주: 일반 공공수입은 주로 각종 세금 수입을 말한다; 정부성 기금 수입은 토지 임대 수입, 복권 수입 등을 말하는데, 토지 임대 수입이 전체의 70-80%를 차지한다; 국유자산 경영 수입은 국유기업이 이윤 중 일부를 국가에 이전한 것을 말한다.

자료: 國務院財政部, 「2015-2020年財政收支情況公布」, 〈中國政府網〉, www.gov.cn.

유자산 경영 수입'이다. 이는 국유기업이 이윤 중에서 일부를 국가에 이전(납부)한 것을 말한다.

참고로 이전에는 국유기업이 기업세 등 정해진 세금 이외에 별도로 국가에 이윤을 이전할 필요가 없었다. 자본주의 국가의 공기업이 이윤의 30%에서 50%를 국가에 이전하는 것과 비교하면, 이는 대단한 특혜였다. 이런 특혜 정책으로 국유기업은 급속히 성장할 수 있었다. 그런데 2007년에 국무원 산하의 국유자산 감독관리위원회(국자위)는 국유기업이 이윤 중에서 5~10%를 국가에 이전하도록 규정을 제정했다. 이에 대한 보상으로 2008년에 국유기업의 기업세율을 35%에서 25%로 인하했다. 이제 국유기업에도 외자기업과 같은 세율이 적용된 것이다. 또한 2011년에는 기업이윤의 이전 비율을 다시 5~15%로 상향 조정했고, 2013년에는 2020년까지 이전 비율을 30%까지 높인다는 목표를 제시했다.[15]

위에서 살펴본 세 가지 재정 수입 중에서 '정부성 기금 수입'과 '국유자산 경영 수입'이 바로 국유자산에서 나오는 수입이다. 이를 보면, 전체 국가 재정 수입 중에서 약 35% 정도가 국유자산에서 나온다. 더욱 중요한 사실은, 국유자산 수입의 비중이 시간이 갈수록 확대되고 있다는 점이다. 구체적으로 '일반 공공수입'은 2015년에 국가 재정 수입 중에서 77.22%를 차지했는데, 2020년에는 65.05%로, 5년 동안 12.17% 포인트가 감소했다. 반면 같은 기간 '정부성 기금 수입'은 21.48%에서 33.25%로 11.77% 포인트, '국유자산 경영 수입'은 1.3%에서 1.7%로 0.4% 포인트가 증가했다. 이것도 시진핑 시기에 들어 국유경제가 전체 경제에서 점점 더 중요한 비중을 차지한다는 '국진민퇴' 현상을 보여주는 또 다른 증거다.

(3) 국유기업의 정의와 통제 기제

│ 국유기업의 정의

중국에서 국유기업(國有企業, state-owned enterprises/SOEs)은 '국가가 자본을 투자하여 소유권을 행사하는 기업'을 말한다. 이런 정의에 따르면, 국유기업이 재투자하여 다수 지분을 소유하는 기업, 국가가 일부 지분을 가지고 있는 기업, 중앙정부나 지방정부가 사영기업과 함께 투자한 합자기업(合資企業, Joint-venture) 등은 모두 국유기업에서 제외된다. 이런 기업은 법률적으로 사영기업으로 분류된다. 게다가 향(鄉)과 진(鎮) 등 기층정부가 소유한 향진기업(鄉鎮企業/TVEs)도 국유기업에서 제외된다. 이들은 집체기업(集體企業)으로 분류된다.

따라서 국유기업을 다시 정의하고, 그에 따라 통계를 재작성해야 한다는 주장이 제기되고 있다. 즉 국가가 완전히 소유권을 가지고 있는 기업뿐만 아니라 다수 지분을 가지고 있는 기업, 국유기업이 재투자한 기업, 향진기업 등도 국유기업에 포함해야 한다는 것이다.[16] 이렇게 하면, 중국의 국유기업은 현재의 공식 통계보다 훨씬 증가하게 된다. 이렇게 해서 재작성한 국유기업 통계가 현실, 즉 국가(공산당)가 실제로 소유하고 통제하는 기업 상황을 더 정확하게 반영할 수 있다.

| 국유기업 관리 원칙과 통제 기제

또한 중국의 국유기업은 '분급소유(分級所有)와 분급관리(分級管理)' 원칙에 따라 소유 및 관리된다. 즉 국유기업은 법률적으로는 모두 국가 소유지만, 실제로는 행정등급에 따라 각급(各級) 정부가 나누어 소유하고(分級所有), 나누어 관리한다(分級管理). 구체적으로 국유기업은 중앙(中央), 성급(省級: 성·자치구·직할시), 시급(市級: 지급시·자치주), 현급(縣級:현·시·구) 등 네 개의 등급으로 나뉜다. 그리고 각 행정등급에 속한 국유기업에 대해서는 각급 정부 산하에 있는 국유자산 감독관리위원회(국자위)가 소유 및 관리한다.[17] 이 중에서 중앙 관리 국유기업이 가장 중요하다.

그렇다면 공산당은 국유기업을 어떻게 통제할까? 다시 말해, 공산당의 국유기업 통제 기제는 무엇일까? 크게 세 가지 통제 기제를 사용한다. 이는 앞에서 우리가 살펴본 공산당의 인사 통제와 조직 통제를 국유기업에 적용한 것이다. 첫째는 인사권 행사다. 둘째는 공산당의 기업 경영조직 영도다. 여기에는 공산당 지도자와 기업 경영인 간의 인적 통합도 포함된다. 셋째는 정책 통제다. 이 세 가지 통제는 현실에서 동시에 작동하여 국유기업에 대한 공산당의 경제 통제를 실현한다.

4. 국유기업 인사권 통제

먼저 공산당의 국유기업 인사권 통제를 살펴보자. 중국에서 공산당 중앙과 국무원이 관리하는 국유기업을 '중관기업(中管企業: 중앙 관리 국유기업)', 약칭으로 '앙기(央企: 중앙기업)'라고 부른다. 또한 중관기업은 광의와 협의 두 종류로 나눈다.

광의의 중관기업은 세 종류를 가리킨다. 첫째는 국무원 국유자산 감독관리위원회(국자위)가 출자한 제조업, 즉 '실업류(實業類) 국유기업'이다. 둘째는 국무원 재정부(財政部)가 출자한 금융업, 즉 '금융류(金融類) 국유기업'이다. 셋째는 국무원 각 부서가 각자의 필요에 따라 출자한 '기타' 국유기업이다. 2021년 5월 기준으로, 중관기업은 국무원 국자위 출자의 제조업 96개, 국무원 재정부 출자의 금융업 27개, 기타 5개 등 모두 128개다. 반면 협의의 중관기업은 국무원 국자위가 출자한 '실업류 국유기업' 96개만을 가리킨다.[18]

광의의 중관기업이 세 종류로 나뉘기 때문에, 중관기업의 지도부, 즉 ① 공산당 서기(당서기), ② 이사회 회장, 즉 동사장(董事長), ③ 최고경영자(CEO), 즉 총경리(總経理) 혹은 총재(總裁/president)에 대한 인사권은 공산당 중앙과 국무원 국자위 및 재정부가 분담하여 행사한다. 최소한 형식적으로는 그렇다. 실제로는 공산당 중앙이 '직접' 인사권을 행사하는지, 아니면 '간접' 행사하는지의 차이만 있을 뿐, 공산당 중앙이 중관기업 모두에 대해 인사권을 행사한다는 점에서는 차이가 없다.[19]

(1) '중관기업'의 인사 범위와 변화

2021년 상반기를 기준으로, 128개의 중관기업 중에서 공산당 중앙이 '직접' 인사권을 행사하는 기업은 모두 64개다. 이 중에서 '실업류' 국유기업(제조업)은 49개, '금융류' 국유기업(금융업)은 15개다.[20] 이는 이들 64개 중관기업의 지도부, 즉 당서기·이사회 회장·최고경영자가 성부급(省部級: 장·차관급) 영도간부이고, 이들은 '중앙 관리 간부 직무명칭표'에 포함된다는 사실을 의미한다. 따라서 이들에 대한 인사권은 공산당 중앙이 직접 행사한다.

참고로 공산당 중앙의 인사권 행사를 보면, '성부급 정직(正職: 장관급)' 간부는 정치국 상무위원회가 인선안을 제안하고, 정치국이 최종 결정한다. 반면 '성부급 부직(副職: 차관급)' 간부는 공산당 중앙 조직부가 인선안을 제안하고, 정치국 상무위원회가 최종 결정한다.[21] 중관기업의 인사를 보면, 공산당 중앙이 직접 인사권을 행사하는 64개 중관기업 지도부는 대부분 '성부급 부직(차관급)'이다. 따라서 64개 중관기업 지도부는 공산당 중앙 조직부의 제안에 따라 정치국 상무위원회가 결정한다. 이처럼 이들에 대한 인사권은 공산당 중앙이 '직접' 행사한다.

반면 나머지 64개 중관기업의 지도부, 즉 당서기·이사회 회장·최고경영자는 청국급(廳局級: 국장급) 영도간부로, 이들은 '중앙 보고 간부직무명단'에 포함된다. 인사권은 기본적으로 국무원 국자위(제조업)와 재정부(금융업)가 각각 행사한다. 즉 국무원 국자위와 재무부가 해당 기업 지도부의 인선안을 작성하고, 그 결과를 공산당 중앙에 보고하여 최종 승인(비준)을 받는 방식으로 인사권을 행사한다. 실제로는 공산당 중앙 조직부와 국무원 국자위 및 재정부가 함께 인선 작업을 진행한다. 이처럼 청국급 중관기업에 대해서는 공산당 중앙이 승인(비준)하는 방식을 통해 '간접' 인사권을 행사한다.

중관기업의 지도부를 제외한 나머지 일반 국유기업 간부는 해당 기업이 자체적으로 임명하고, 그 결과를 국무원 국자위와 재정부에 보고(備案)하여 승인(비준)을 받는다. 물론 그 과정에서 해당 기업 내에 설립된 공산당 당조나 당 위원회가 이들에 대한 인사권을 행사한다는 점은 변함이 없다. 이런 면에서 중관기업의 지도부와 간부에 대한 인사권은 모두 공산당이 행사한다고 말할 수 있다. 다만 기업 '지도부'에 대한 인사권은 공산당 중앙, '일반 간부'에 대한 인사권은 해당 기업의 공산당 조직이 행사한다는 차이만 있을 뿐이다.

중관기업 인사권의 변화

그런데 중관기업의 인사권 범위는 시기에 따라 변화를 거듭했다. 〈표 4-5〉와 〈표 4-6〉은 이를 보여준다. 앞에서 보았듯이, 공산당 중앙이 관리하는 인사 범위는 두 가지로 나뉜다. 하나는 정치국과 정치국 상무위원회가 '직접' 인사권을 행사하는 성부급(장·차관급) 간부다. 이들 목록은 '중앙 관리 간부직무명칭표'(이하 명칭표)에 명시되어 있다. 다른 하나는 국무원 국자위와 재무부가 인사권을 행사하고 그 결과를 보고하면, 공산당 중앙이 승인(비준)하는, 다시 말해 공산당 중앙이 '간접' 인사권을 행사하는 청국급(국장급) 간부다. 이들 목록은 '중앙 보고 간부직무명단'(이하 명단)에 명시되어 있다.

〈표 4-5〉를 보면, '1984년 명칭표'에는 "7번: 기업단위와 사업단위"가 포함되어 있다. 즉 이때는 모든 중관기업에 대해 공산당 중앙이 '직접' 인사권을 행사했다. 그런데 '1990년 명칭표'와 '1998년 명칭표'에는 "기업단위"가 없다. 대신 〈표 4-6〉을 보면, '1990년 명단'에 "4번: 주요 특정 기업", '1998년 명단'에 "1번: 기업단위"가 포함되어 있다. 이는 1990년대에 들어 공산당이 국유기업 개혁을 추진하면서 중관기업의 인사권을 국무원에 이관하고, 공산당 중앙은 그것을 승인(비준)하는 방식으로 '간접' 인사권을 행사했음을 보여준다.

그런데 1999년에 중관기업에 대한 인사권이 다시 한번 조정되었

〈표 4-5〉 중앙 관리 간부직무명칭표(中管幹部職務名稱表): 1984년, 1990년, 1998년

		1984년		1990년		1998년
규모(개)		4,200		4,100		2,562*
종류	1	중공중앙 직속기구	1	중공중앙	1	중공중앙
	2	전국인대, 전국정협, 최고인민법원, 최고인민검찰원	2	중공중앙 직속기구	2	중공중앙 직속기구
	3	국무원	3	국가 주석/부주석	3	국가 주석/부주석, 중앙군위 주석/부주석/위원
	4	인민단체	4	전국인대, 전국정협, 최고인민법원, 최고인민검찰원	4	전국인대
	5	지방(성급) 조직	5	국무원	5	전국정협
	6	대학교	6	인민단체	6	국무원
	7	기업단위와 사업단위	7	지방(성/지급) 조직	7	최고인민법원, 최고인민검찰원
					8	인민단체
					9	지방(성급/부성급) 조직
					10	대학

주: • 1997년 통계

자료: 안치영, 「중국의 엘리트 정치 충원 메카니즘과 그 특성」, 『아시아문화연구』 21집(2011년 3월), pp. 13-14; John P. Burns, "Strengthening Central CCP Control of Leadership Selection: The 1990 Nomenklatura", China Quarterly, No. 138 (June 1994), p. 460; Hon S. Chan, "Cadre Personnel Management in China: The Nomenklatura System, 1990-1998", China Quarterly, No. 179 (September 2004), p. 706; Pierre Landry, Decentralized Authoritarianism in China: The Communist Party's Control of Local Elites in the Post-Mao Era (New York: Cambridge University Press, 2008), p. 45.

〈표 4-6〉중앙 보고 간부직무명단(向中央備案幹部職務名單): 1990년과 1998년

1990년		1998년	
1	당정기관 국처급(局處級) 간부와 주요 사회단체 영도 간부	1	공산당과 정부, 사업단위, 기업단위 등 국사급(局司級) 간부
2	지방 청국급(廳局級) 간부 및 지사급(地司級) 간부	2	지방 청국급(廳局級) 간부
3	주요 중점대학 서기·부서기, 총장·부총장	3	주요 17개 중점대학 부서기·부총장, 19개 주요 사업 단위 영도 간부
4	주요 특정 기업과 사업단체 영도 간부		

자료: 안치영, 「중국의 엘리트 정치 충원 메카니즘과 그 특성」, 『아시아문화연구』 21집(2011년 3월), pp. 13-14.

다. 이때 공산당은 39개의 중관기업을 국가안보 및 국민경제의 '생명선(lifeline)'으로 지정하고, 그런 중관기업의 지도부(즉 당서기·이사회 회장·최고경영자)를 다시 '중앙 관리 간부직무명칭표'에 포함했다. 즉 공산당 중앙이 '직접' 인사권을 행사하기로 한 것이다. 그리고 2003년에 국무원 국자위가 설치되면서 중관기업에 대한 인사권이 다시 조정되었다. 이때 53개 중관기업의 지도부에 대해서는 공산당 중앙이 '직접' 인사권을 행사하고, 나머지 143개 중관기업의 인사권은 국무원 국자위로 이전되었다.[22] 마지막으로 앞에서 살펴보았듯이, 최근 들어—구체적인 시점은 잘 모르지만—공산당 중앙이 '직접' 인사권을 행사는 중관기업은 64개로 확대되었다.

(2) '중관기업'의 인사이동: '엿장수 맘대로?'

그렇다면 공산당 중앙은 중관기업의 지도부, 즉 당서기·이사회

회장·최고경영자를 실제로 마음대로 교체할 수 있을까? 중관기업 중에서 대다수는 국내외의 증권시장에 상장된 기업인데 말이다. 답은 '그렇다.'이다.

| 이동통신사의 최고경영자 상호 교체

예를 들어, 2004년에 공산당 중앙 조직부는 아무런 사전 예고 없이 중국의 3대 이동통신사의 최고경영자(CEO)에 대한 인사이동을 단행했다. 이들은 모두 국유기업으로, 차이나 텔레콤(China Telecom, 中國電信), 차이나 유니콤(China Unicom, 中國聯通), 차이나 모바일(China Mobile, 中國移動)을 말한다. 인사이동 방식은 세 회사의 최고경영자를 맞바꾸는 것이었다.

문제는 이런 인사이동을 이들 회사의 이사회나 경영진과 사전에 협의하지 않고 공산당 중앙이 단독으로 결정하여 발표했다는 사실이다. 그래서 공산당 중앙 조직부의 인사이동 발표 소식을 듣고 투자자들과 해당 회사의 임직원들은 큰 혼란에 빠졌다. 다른 국유기업들도 이런 공산당 중앙의 처사에 분노했다고 한다. 공산당 중앙이 인사 결정 과정에서 해당 기업 이사회나 경영진의 존재를 전혀 고려하지 않았기 때문이다. 공산당 중앙의 독단적인 인사 결정은 국유기업에 대한 '무시(無視)'라기보다는 오히려 '무지(無知)'에 가까웠다.

이와 같은 인사 교체 배경은 두 가지였다. 이들 기업의 경영진이 공산당 중앙의 의도와는 달리 공정한 경쟁과 사회이익의 확대보다는, 각자 자기 기업의 이익만을 추구하면서 무리한 경쟁에 돌입한 것이 첫 번째 이유였다. 게다가 이들은 막강한 경제력을 기반으로 공산당 영도에 의문을 제기할 수 있는 세력으로 성장하기 시작했다. 이동통신 산업은 국가안보와 관련된 중요한 전략 산업인데, 국유기업 최고경영자의 힘이 전보다 커지자 공산당 지도부들은 위기의식을 느낀 것이 두 번째 이유였다. 결국 공산당 중앙은 전격적인 인사이동을 통해 이들의 힘이 더 커지는 것을 미연에 차단하고, 국유기업의 '진짜 주인'이 누구인지를 이들에게 확인시켜줄 필요가 있었다.

차이나 넷컴(China Netcom)의 초대 회장을 지낸 한 최고경영자는 공산당 중앙의 인사 결정을 옹호했다. "당시 통신 업계의 경쟁은 마치 형제들이 뚜렷한 목적 없이 서로 싸우고 있는 것 같았다. 이때 공산당이 부모로서 형제간에 입장을 서로 바꿔서 생각해보라고 조언한 것이다. 그 결과 형제들이 서로를 더 잘 이해하고, 더욱 좋은 성과를 낼 수 있었다." 2009년 초에는 3대 국유 항공사 경영진 간의 인사이동이 추진되었다. 통신 회사 경영진의 인사이동은 이후에도 몇 차례 더 진행되었다.[23]

이처럼 공산당이 인사권을 행사하여 국유기업 최고경영자를 순환 배치하는 제도는 시진핑 시기(2012년~현재)에 들어 더욱 강화되었다. 시진핑은 '공산당 전면 영도' 원칙을 전보다 더욱 강력하게 추진했고, 이를 국유기업에도 그대로 적용한 것이다. 구체적인 실행 방안의 하나가 바로 최고경영자 순환 배치 제도의 엄격한 실행이다. 이렇게 하면, 이들이 특정 기업에서 '독립왕국'을 건설하여 공산당 중앙의 정책을 무시하는 폐단, 이들이 하청기업 등과 결탁하여 부정부패를 저지르는 일탈 행위를 막을 수 있기 때문이다.

이를 체계적으로 분석한 한 연구에 따르면, 후진타오 시기 (2002~2012년) 10년 동안 국무원 국자위가 관리하는 중관기업(제조업) 간에는 모두 14회의 최고경영자 인사이동이 있었다. 반면 시진핑 집권 1기(2012~2017년) 5년 동안에는 모두 19회의 인사이동이 있었다. 이를 매년 인사이동이 일어난 빈도수로 계산하면, 후진타오 시기는 매년 1.4회였고, 시진핑 시기는 매년 3.8회였다.[24] 이처럼 시진핑 시기에는 중관기업 지도부의 상호 인사이동이 더욱 빈번하게 일어났다.

| 중관기업의 '회전문 인사'?

그런데 중관기업의 당서기, 이사회 회장, 최고경영자는 기업에서만 평생을 보내지 않는다. 즉 이들 중에서 일부는 국무원 관련 부서 책임자(즉 부장이나 부부장)나 지방정부 수장(예를 들어, 성장이나 부성장) 등으로 자리를 옮겨 근무한다. 이전에는 주로 중화학공업의 국유기업, 예를 들어 석유화학이나 금속 철강 분야의 기업 지도자가 당정기관의 영도 간부로 승진했다. 석유산업 분야에서 성장한

저우융캉이 대표적이다. 최근에는 금융업이나 항공우주산업 등 다양한 분야의 경영자들이 정부에 진출하고 있다. 이런 측면에서 중국에서도 공산당, 정부, 기업 간에 '회전문(revolving door)'이 존재한다고 말할 수 있다. 혹은 중관기업이 당정 지도자를 배출하는 하나의 '통로'로 등장했다고 말할 수 있다.[25]

실제로 2002년 공산당 16차 당대회부터 국무원 국자위가 관리하는 중관기업(제조업)과 국무원 재정부가 관리하는 중앙 금융기관은 각각 독자적인 대표단을 구성하여 당대회에 참여했다. 이는 장쩌민의 '삼개대표 중요 사상'이 공산당의 통치 이념이 되면서 경제 엘리트를 중시한 결과였다. 이와 같은 조치는 매우 중요한 의의가 있다. 경제 엘리트를 정치 엘리트와 구별하여 독자적인 통치집단으로 인정했다는 사실을 의미하기 때문이다.

또한 공산당 16차 당대회(2002년) 때부터 일정한 수의 중관기업(금융업 포함) 책임자들이 공산당 중앙위원회 위원(후보위원 포함)에 선출되었다. 구체적으로 공산당 16차 당대회(2002년)에서는 366명의 중앙위원 중에서 18명(4.9%), 17차 당대회(2007년)에서는 371명 중에서 18명(4.8%), 18차 당대회(2012년)에서는 376명 중에서 17명(4.5%), 19차 당대회(2017년)에서는 372명 중에서 11명(3%)이 중관기업(금융업 포함) 지도자였다. 이렇게 되면서 중앙 당정기관, 지방 당정기관, 군에 이어 중관기업(금융업 포함)이 중앙위원을 배출하는 하나의 통로로 등장했다고 말할 수 있게 되었다.[26]

그러나 중관기업의 '회전문 인사'나 '승진 통로'를 너무 과장해서
는 안 된다. 예를 들어, 2003년부터 2012년까지 10년 동안 국무원
국자위가 관리하는 중관기업(제조업) 지도자 862명의 인사이동을
분석한 연구에 따르면, 국유기업에서 당정기관으로 자리를 옮긴
사람은 단지 40명으로, 전체 기업 지도자의 4.6%에 불과했다. 즉
95%가 넘는 대다수 국유기업 지도자는 기업 내에서 정년을 마쳤
다. 당정기관으로 옮긴 40명도 수평 이동이 37명이고, 승진은 3명
에 불과했다. 이를 보면, 공산당·정부·기업 간에 '회전문 인사'가
있기는 해도 규모가 매우 적다는 사실을 알 수 있다.[27]

　　2000년부터 2010년까지 10년 동안 중관기업(제조업)과 중앙 국
책은행 지도부의 인사 상황을 분석한 연구도 비슷한 결론을 제시
한다. 이 연구에 따르면, 중관기업과 중앙 국책은행 지도부 대다수
(70~80%)는 같은 업종의 한두 개 기업에서 평생을 근무한 후에 최
고경영자의 지위에 올랐다. 동시에 이들 최고경영자 중에서 해당
기업의 외부에서 온 사람은 극소수에 불과하고, 대부분은 기업 내
부인사(insiders)가 승진한 경우다. 이런 측면에서 볼 때, 국유기업 지
도자 중에서 '회전문 인사'에 해당하는 사례는 극소수다.

　　반대로 국유기업과 중앙 국책은행의 최고경영자들은 대개 이
공계를 전공한 고학력자다. 이들은 대학 졸업 후에 관련 분야에
서 오랫동안 전문 지식과 기술을 습득한 후 최고경영자 지위에
올랐다. 이런 측면에서 중관기업과 중앙 국책은행의 '경영자 전문

화(managerial professionalization)'가 상당히 진전되었다고 평가할 수 있다.[28]

5. 국유기업 조직 통제

다음으로 공산당이 국유기업을 통제하는 두 번째 수단인 조직 통제를 살펴보자. 이는 다시 두 가지 범주로 나눌 수 있다. 하나는 기업 상층부에 설치된 공산당 당조와 당 위원회를 통한 국유기업 통제다. 다른 하나는 기업 내 공산당 조직과 기업 경영조직 지도부를 통합하는 방식의 통제, 즉 인적 통합을 통한 통제다.

(1) 공산당 조직의 기업 영도: 당 위원회와 당조

인사권 행사가 '외부'에서 국유기업을 통제하는 방식이라면, 공산당 조직의 기업 경영조직 영도와 두 조직 간의 인적 통합은 '내부'에서 국유기업을 통제하는 방식이다. 이는 국유기업에 대해 공산당이 "기업 개혁과 발전에 대한 인도권(引導權), 중대 정책 결정에 대한 참여권(參與權), 주요 경영층 인선에 대한 주도권(主導權), 당정 간부의 행동에 대한 감독권(監督權), 직원과 노동자의 합법적인 권익에 대한 수호권(維護權), 사상정치공작과 기업문화에 대한 영도권(領導權)을 보장하고 관철"하기 위한 수단이다.[29]

먼저 모든 국유기업에는 공산당 위원회(당 위원회)가 설립되어 있다. 이렇게 설립된 당 위원회는 기업을 이끄는 '영도 핵심'이다. 또한 국유기업 가운데 중관기업에는 당 위원회 이외에 당조(黨組)가 구성되어 '핵심 영도기관' 역할을 담당한다. 앞에서 말했듯이, 당조는 공산당의 파견기관 성격을 띠고 있고, 이들은 공산당 중앙의 직접적인 통제를 받는다.

국유기업 상층부에 설치된 당조와 당 위원회의 역할은 매우 중요하다. 이는 단순한 관행이 아니라, 하나의 제도로 국유기업에 정착된 공산당의 통제 장치다. 단적으로 시진핑은 2016년 10월에 있었던 국유기업 당 건설공작회의에서 공산당 조직과 기업 경영조직을 합법적으로 융합하여 운영할 것을 지시했다. 즉 '공산당 조직이 기업(公司)의 법인 거버넌스 구조(法人治理結構) 내에서 법적 지위(法定地位)를 갖도록 개혁'하라는 것이다.

이런 시진핑의 지시에 따라 국무원은 2017년 1월에 〈국유기업 정관(章程)에 당 건설공작을 삽입(納入)하는 사항 통지(通知)〉를 하달했다. 이에 따르면, 모든 국유기업의 정관에는 공산당이 "영도 핵심과 정치 핵심 작용을 발휘한다"라는 내용이 추가되어야 한다. 또한 국유기업 정관에는, 〈당장〉과 〈중국 기업 국유자산법(企業國有資産法)〉이 정관의 집행 근거가 된다는 점을 명시해야 한다. 이렇게 되면 공산당이 〈당장〉과 〈기업 국유자산법〉에 따라 국유기업 내에서 '영도 핵심' 역할을 담당하는 것이 합법적인 일이 된다.

2017년 9월에 국무원 국자위는 소속 기업 전체의 정관 개정을 완료했다고 발표했다.[30]

중앙이 관리하는 국유기업(중관기업)의 실제 정책 결정 과정을 보면, 국유기업이 중대한 정책이나 인사 문제를 결정할 때는 해당 기업의 당조가 먼저 관련 내용을 '연구'하고 '토론'한다. 다음 단계에서 기업의 이사회와 경영층이 나서는데, 이들은 당조가 '연구'하고 '토론'한 결과에 근거하여 관련 내용을 '결정'한다.[31] 결국 기업 이사회와 경영층은 당조가 내부적으로 결정한 내용을 공식화하는 역할을 담당할 뿐이다. 당조가 설치되지 않은 국유기업, 즉 중관기업이 아닌 지방 국유기업에서는 당 위원회가 그 역할을 대신한다.[32]

이처럼 국유기업의 주요 인사와 정책은 당조 혹은 당 위원회가 결정하고, 기업 경영조직이 그런 결정을 추인 및 합법화하는 방식으로 처리된다. 이렇게 공산당 조직이 기업 경영조직을 '영도'한다.

(2) 공산당 조직과 기업 경영조직 간의 인적 통합

여기서 더 나아가 국유기업 내의 공산당 조직과 기업 경영조직은 인적으로 통합된다.[33] 이는 '쌍방향 진입(雙向進入)과 교차 겸직(交叉任職)의 기업 영도 체제' 수립이라는 방식을 통해 이루어진다.

| '쌍방향 진입(雙向進入)'과 '교차 겸직(交叉任職)'

첫째는 '쌍방향 진입'이다. 국유기업 내에 설립된 공산당 위원회 지도부, 즉 당서기·부서기·위원은 법정 절차를 거쳐 기업 이사회(董事會) 이사, 감사회(監事會) 감사, 경영층 성원(経理班子)에 선임되어야 한다. 동시에 기업 이사회 이사, 감사회 감사, 경영층 성원 중에서 조건에 맞는 사람, 예를 들어 공산당원인 사람은 당 위원회의 지도부에 선임되어야 한다.

둘째는 '교차 겸직'이다. 이사회가 설립된 기업에서는 이사회 회장(董事長)과 공산당 위원회 서기를 한 사람이 겸직하고, 이사회 회장과는 별도로 최고경영자(總経理)를 선임해야 한다. 여기서 최고경영자는 기업 경영만을 전문적으로 담당한다. 이사회가 없는 국유기업은 최고경영자가 당서기를 겸직한다. 이처럼 공산당 조직과 기업 경영조직 간의 최고 지도자가 교차 겸직하는 방식을 통해 당 조직과 기업 경영조직은 사실상 하나가 된다.[34]

이런 두 조직 지도부의 교차 겸직은 역시 시진핑 시기에 들어 더욱 강화되었다. 이를 분석한 한 연구에 따르면, 국유기업 당서기가 이사회 회장 혹은 최고경영자를 겸직하는 비율은 후진타오 시기 10년(2002~2012년) 동안에 76%였다. 그런데 시진핑 집권 1기(2012~2017년)에는 그 비율이 89%로, 13% 포인트나 증가했다. 특히 당서기가 기업 이사회 회장을 겸직하는 비율은 90%에 달했다.[35] 이것도 역시 시진핑 시기에 들어 교차 겸직을 통해 국유기업에 대한 공산당의 통제를 강화하려는 조치가 전보다 더욱 엄격하게 집행되었다는 사실을 보여준다.

| 쌍둥이 기업 거버넌스 구조

이상에서 살펴본 이유로 한 학자는, 중국의 국유기업에는 '쌍둥이 기업 거버넌스 구조(twin corporate governance structures)'가 작동하고 있다고 주장한다. 하나는 〈회사법(公司法)〉(1995년 제정/2005년 수정)에 따라 설립되어 운영되는 기업의 '법적 거버넌스(legal governance)' 구조다. 이는 주주총회, 이사회, 감사회, 최고경영자로 이루어진다. 예를 들어, 〈회사법〉에 따르면, 이사회는 기업 경영과 관련된 주요 정책과 인사 문제를 결정할 권한, 최고경영자의 경영활동을 감독하고 평가할 권한을 갖는다. 물론 앞에서 보았듯이, 국유기업에서는 이사회가 이런 권한을 실제로 행사하지 못한다. 대신 당조 또는 당 위원회가 그 권한을 행사한다.

다른 하나는 공산당 〈당장〉과 당규에 따라 설치되어 운영되는 기업 내 '정치적 거버넌스(political governance)' 구조다. 이는 공산당 당조와 당 위원회, 당 기층조직으로 구성된다. 앞에서 보았듯이 〈회사법〉의 규정과는 상관없이, 국유기업에서는 '정치적 거버넌스' 구조가 기업의 주요 정책과 인사 문제를 사실상 결정한다. 기업의 '법적 거버넌스' 구조는 이런 결정을 사후에 추인하여 합법화하는 역할만 담당할 뿐이다.

이처럼 국유기업의 '쌍둥이 기업 거버넌스 구조'에서는 '정치적 거버넌스'가 '법적 거버넌스'를 지배한다.[36] 마치 중국의 당-국가 체제는 공산당 영도 체제와 국가 헌정 체제로 구성되고, 실제 정치 과정에서는 전자가 후자를 영도할 뿐만 아니라 종종 대체하는 것처럼 말이다.

6. 정책 통제와 국유기업 동원

세 번째는 공산당이 국가 차원에서 각종 경제정책과 산업 정책을 결정하고, 그런 정책을 집행하기 위해 관련 국유기업(금융기관 포함)을 대규모로 동원하는 방식의 통제다. 국유기업 자체의 경영과 관련된 중요한 정책, 예를 들어 기업의 인수와 합병, 국내 및 해외 투자, 기업 개혁과 구조조정 등은 국유기업 내부에 설립된 공산당 당조와 당 위원회가 먼저 논의한 이후에 기업 경영조직이 이를 추인하여 합법화하는 방식으로 결정한다.[37] 이는 앞에서 살펴본 그대로다.

그런데 국가와 사회 전체에 영향을 미치는 중요한 경제정책과 산업 정책은, 공산당 중앙(즉 정치국과 정치국 상무위원회)과 국무원이 국유기업과는 상의 없이 직접 결정한다. 그리고 정책 결정 이후에 그런 정책을 집행할 국유기업을 선정하여 동원한다. 이런 일련의 과정에서 국유기업은 자신의 업무와 관련된 정책 결정에는 참여하지 못하지만, 공산당과 정부가 결정한 정책을 집행하는 과정에는 적극적으로 참여한다. 그것이 자신들에게 정치적으로 매우 유리하기 때문이다.

(1) 중국 알루미늄 공사의 리오-틴토 인수 시도 사례

이런 방식의 경제 통제를 보여주는 사례는 매우 많다. 그 가운데 국유기업인 중국 알루미늄 공사(中國鋁業公司, Chinalco)가 공산당 중앙과 국무원의 결정에 따라 호주의 광산기업인 리오-틴토(Rio-Tinto)를 인수하려다 실패한 사례를 살펴보자.

2007년 11월에 세계 최대의 광산업체인 빌리톤(BHP-Billiton)은 경영난에 빠진 리오-틴토를 1,470억 달러에 매수하겠다고 선언했다. 이것이 성사되면 빌리톤이 세계 철광석 무역의 1/3을 독점하게 된다. 문제는 이것이 중국 경제에 큰 위협이 될 수 있다는 사실이다. 중국은 세계 최대의 철광석 수입국으로, 국내 사용 철광석의 2/3를 해외 수입에 의존한다. 이런 상황에서 두세 개의 거대 철광석 다국적기업이 국제 철광석 가격을 통제한다면, 중국 경제는 이들에 의해 휘둘리는 위협에 직면할 수 있다.

공산당 중앙과 국무원은 빌리톤의 리오-틴토 인수를 저지하기로, 즉 중국이 직접 리오-틴토를 인수하기로 방침을 결정했다. 이를 위해 국무원은 먼저 여러 국유기업 중에서 중국 알루미늄 공사를 '대리인'으로 선정했다. 정부가 직접 해외기업을 인수할 수는 없기 때문이다. 또한 국무원은 리오-틴토 인수에 필요한 막대한 투자금을 원활히 조달하기 위해 국책은행인 중국개발은행(中國開發

銀行, China Development Bank/CDB)을 중심으로 리오-틴토 인수 컨소시엄을 구성했다.

이런 준비를 마친 다음 2008년 2월 1일에 중국 알루미늄 공사는 런던 증시를 통해 전격적으로 140억 달러를 투자하여 리오-틴토의 지분 9%를 매입했다. 이렇게 해서 중국 알루미늄 공사가 리오-틴토의 최대 주주가 되었다. 이는 중국 역사상 최대규모의 해외 증시 투자였다. 이에 따라 빌리톤은 리오-틴토의 인수를 포기해야만 했다. 공산당이 원래 설정했던 목표가 달성되는 순간이었다. 그러나 중국 알루미늄 공사는 리오-틴토의 주가가 계속 하락하면서 발생한 막대한 손해를 감수해야만 했다.

이후 중국 알루미늄 공사는 리오-틴토에 195억 달러를 다시 투자하여 9%의 주식을 추가로 인수하려고 시도했다. 만약 이 거래가 성사되면 중국 알루미늄 공사는 리오-틴토의 주식을 18%나 소유하게 되고, 이를 통해 이 회사를 사실상 지배할 수 있게 된다. 또한 이렇게 되면 중국 알루미늄 공사의 리오-틴도 인수는 당시 중국이 추진하는 국유기업의 '해외 진출 전략(走出去戰略)'의 중요한 프로젝트가 된다.

투자 거래는 최종적으로 성사되지 않았다. 2009년 6월에 리오-틴토가 입장을 변경하여 매매 계약을 파기했기 때문이다. 세계의 경제 상황이 좋아지면서 리오-틴토는 자체 능력으로 경영난을 충분히 극복할 수 있다고 판단한 것이 계약 파기의 첫 번째 이유였다.

두 번째 이유는 호주의 전략 산업인 광산업(철광석)의 선도기업을 중국에 매각하는 것에 대해 호주 여론이 매우 비판적이었고, 호주 정부도 이를 반대했다는 점이다. 계약 파기 이후, 중국 정부는 보복으로 중국에서 근무하던 네 명의 리오-틴토 직원을 간첩 혐의로 체포했다.[38]

(2) '일대일로' 정책과 국유기업 동원

이것 외에도 공산당이 중요한 국가 정책을 결정한 이후에 다수의 국유기업과 국책은행을 동원하여 정책을 집행한 사례는 매우 많다. 공산당에게 국유기업과 국책은행은 국가 정책을 집행하기 위해 언제든지 동원할 수 있는 중요한 경제 도구인 셈이다. 만약 공산당 중앙이 북한의 경제발전을 지원하겠다고 내부적으로 결정하면, 역시 국유기업과 국책은행이 동원되어 구체적인 사업을 추진할 것이다.

실제로 2013년부터 시진핑 정부가 핵심 국가사업으로 추진하고 있는 '일대일로(一帶一路, Belt and Road Initiative/BRI)' 정책, 즉 '실크로드 경제벨트(一帶)와 21세기 해상 실크로드(一路)' 정책은 국유기업과 국책은행가 중심이 되어 실행하고 있다. '일대일로' 정책은 일차로 중국이 아시아·유럽·북아프리카를 연결하는 거대한 '중화경제권'을 건설하기 위한 경제 프로젝트다. 또한 이것은 미국 오바마 정부의 아시아 회귀(pivot to Asia) 정책에 적극적으로 대응하기 위한 중국의 외교 안보 정책이기도 하다. 일대일로 사업은 시진핑이 남다른 애착을 갖고 추진하는 시진핑의 '대표 정책(signature policy)'이 되었다.

시진핑 정부는 일대일로 정책을 매우 공격적으로 추진했다. 그 결과 2013년부터 2020년까지 7년 동안 중국은 138개 국가 및 31개 국제 조직과 모두 201건의 일대일로 협력 협정을 체결했다고 발표했다.[39] 단 중국 정부는 지금까지 일대일로 사업에 투자한 자금의 전체 규모를 밝히지는 않았다. 자금 조달 문제는 일대일로의 출범 초기부터 국내외의 주요 관심사였는데 말이다.[40] 많은 사람이 지적했듯이, 일대일로 사업은 '돈 먹는 하마' 같아서, 막대한 자금 지원 없이는 실행할 수 없는 정책이다.

내가 볼 때, 중국 정부가 일대일로 사업에 투자한 자금의 전체 규모를 공개하지 않는 것은 두 가지 이유 때문이다. 첫째는 공산당이 국제사회의 비난을 의식해서다. 일대일로 사업이 탄력을 받자, 다시 말해 이 사업이 상당한 성과를 내자, 미국을 비롯한 서방의 주요 선진국은 이를 '신식민지주의(neo-colonialism)'니, '부채 함정 외교(debt-trap diplomacy)'의 전형이니 하면서 비난하기 시작했다. 이런 상황에서 중국이 막대한 투자금의 규모를 밝힐 경우, 그런 비난에 근거를 제공하는 셈이 될 수 있다.

둘째는 공산당이 국내 여론의 따가운 시선을 의식해서다. 중국 내로 눈을 돌리면, 낙후 지역 개발과 빈부격차 해소 등 공산당이 해결해야 할 과제는 아직도 산적해 있다. 이런 과제를 해결하기 위해서는 막대한 돈이 필요하다. 중국이 절대빈곤(하루 1달러 생활)을 해소하는 '전면적 소강사회 건설' 목표를 달성했다고는 하지만, 이는 '생존의 문제'를 해결한 것이지 '생활의 문제'를 해결한 것, 즉 전체 인민의 풍족한 삶을 실현한 것은 결코 아니다. 이런 상황에서 정부가 해외에 천문학적인 자금을 투자한 사실을 밝힐 경우, 일대일로 사업에 대한 국내의 차가운 시선은 더욱 차갑게 변할 가능성이 있다.

그런데 해외 연구기관과 투자회사에 따르면, 공산당은 국유기업과 국책은행을 동원하여 일대일로 정책을 추진하고 있다. 예를 들어, 리피니티브(Refinitiv)의 보고서에 따르면, 일대일로 사업은 국유기업이 중심이 되어 추진하고 있다. 이 사업에 참여하는 중국 기업 중에서 국유기업이 59%, 사영기업이 26%, 국유-사영 합작기업이 15%로, 국유기업이 전체 참여기업의 74%를 차지한다.[41] 사실 이전에도 국유기업이 중국의 해외직접투자(outbound FID)의 80% 이상을 담당했다.[42] 만약 공산당이 국유기업을 소유하지 않았다면 일대일로 같은 대형 국책 사업을 시작할 수 없었을 것이다. 이처럼 국유기업은 자신의 경영 판단이나 정책 의지와는 상관없이, 공산당 중앙의 결정에 따라 막대한 자금이 드는 해외 사업에 동원된다.

이런 결과는 당연히 시진핑 총서기가 주도한 것이었다. 그는 일대일로 정책을 추진하면서 국유기업이 이를 주도해야 한다고 강조

했다. 예를 들어, 2016년 10월에 개최된 국유기업 당 건설공작회의
에서 시진핑은 국유기업이 일대일로 사업과 '해외 진출 전략'에 적
극적으로 참여하라고 지시했다. 이후 국무원 국자위는 국유기업이
시진핑의 지시를 열심히 집행했다고 보고했다. 일대일로 정책이 실
행된 이후 3년 동안 국무원 국자위가 관리하는 101개의 제조업 중
관기업 가운데 47개 기업이 1,700개 이상의 프로젝트에 참여하고
있다는 것이다.[43]

(3) '일대일로' 정책과 국책은행 동원

공산당이 일대일로 사업에 필요한 자금을 조달하기 위해 국책
은행을 동원한 것도 마찬가지다. 중국 정부는 2011년 이후 현재
까지 3조 달러가 넘는 외환보유고를 자랑하고 있다. 그래서 국가
가 일대일로 사업에 필요한 자금을 직접 제공할 수 있는 여지는
충분히 있다. 실제로 중국 정부는 일대일로 정책을 추진하기 위
해 자본금 1,000억 달러의 아시아인프라투자은행(Asia Infrastructure
Investment Bank/AIIB)을 설립했고, 400억 달러의 실크로드 기금(Silk
Road Fund)도 조성했다. 또한 중국 정부는 브릭스(BRICS: 브라질, 러
시아, 인도, 중국, 남아프리카 공화국)와 함께 설립한 자본금 1,000억 달
러의 신개발은행(New Development Bank/NDB)을 일대일로 사업에 이
용하고 있다.

그런데 일대일도 사업에 투자한 실제 액수를 고려할 때, 이런

국제은행과 기금의 역할은 크지 않다. 다시 리퍼니티브의 보고서에 따르면, 2020년 상반기까지 중국은 해외에 모두 4조 달러를 투자했다. 이 중에서 1,590개 항목(project)의 1조 9,000억 달러가 일대일로 사업이고, 나머지 1,574개 항목의 2조 1,000억 달러가 다른 사업이다. 세계은행(World Bank)은 이보다 적은 액수를 제시한다. 2019년에 발간한 보고서에 따르면, 중국은 2013년부터 2018년까지 5년 동안 약 5,000억 달러를 일대일로 사업에 투자했다.[44]

실제 투자 액수가 1조 9,000억 달러건, 아니면 5,000억 달러건, 이는 모두 아시아인프라투자은행(AIIB)이나 실크로드 펀드의 자본금 규모를 훨씬 상회하는 액수다. 공산당이 국책은행을 동원해서 자금을 조달하지 않았으면 가능하지 않은 막대한 규모의 돈이다. 다시 말해, 공산당은 국책은행을 통해 일대일도 사업에 필요한 자금을 동원할 수 있다는 자신감이 있었기 때문에 이를 결정하고 추진한 것이다.

사실 중국의 국책은행은 공산당의 요구를 실행할 수 있는 충분한 자금을 보유하고 있다. 예를 들어, 「2017년 S&P 세계 시장정보 보고서(Global Market Intelligence Report)」에 따르면, 당시 세계 10대 은행 중에서 네 개가 중국의 국책은행이다. 즉 1위가 중국공상은행(中國工商銀行, ICBC), 2위가 중국건설은행(中國建設銀行, CCB), 3위가 중국농업은행(中國農業銀行, ABC), 5위가 중국은행(中國銀行, BOC)이다. 이들 네 개 은행의 자본금을 합하면 11조 9,200억 달러에 달한다(중국 전체 은행의 자본금 규모는 45조 달러다).[45] 이런 국책은행, 특히 중국건설은행이 공산당의 지시에 따라 일대일로 사업에 자금을 투자한 것이다.

(4) 공산당의 사영기업 통제

그렇다면 중국의 사영기업은 공산당의 경제 통제를 벗어날 수 있을까? 거의 불가능하다. 〈표 4-7〉은 이것을 정리한 것이다.

국유기업과 달리 사영기업은 국가가 소유주가 아니므로 세금 납부를 제외하고는 기업이윤을 정부에 이전(납부)할 필요가 없다. 또

<표 4-7> 공산당의 경제 통제 기제

영향 및 개입 기제	기업 소유 형태	
	국유기업	사영기업
소유자로서의 국가(기업이윤 이전)	○	×
경영자 등 인사권 행사	○	×
공산당 조직과 기업 조직의 통합*	○	△
금융 통제(은행 대출 제한 등)	○	○
산업 정책(자금 제공 프로그램)	○	○
사업 승인과 규제	○	○
소비자로서의 국가(국가 구매)	○	○

주: * 필자가 추가한 내용이다. 사영기업 내 공산당 조직은 기업 경영에 직접 개입하지 않지만 많은 기업에서 공산당 조직과 기업 조직이 통합되어 운영된다. 이 경우 당서기는 대개 기업 소유주(회장 또는 사장)가 겸직한다.

자료: Sebastian Heilmann (ed.), *China's Political System* (Lanham: Rowman & Littlefield, 2017), p. 211.

한 사영기업의 최고경영자는 공산당의 인사 통제를 받을 필요가 없다. 사영기업 내에도 공산당 기층조직이 설립되어 있지만, 그것이 기업 경영을 직접 담당하지는 않는다.[46] 다만 시진핑 시기에 들어서 대부분의 사영기업 내에 공산당 기층조직이 설립되고, 동시에 공산당의 역할이 전과 비교할 때 강화된 것은 사실이다.[47]

그러나 이뿐이다. 이것을 제외한 나머지 영역에서는 사영기업도 공산당의 경제 통제를 벗어날 수 없다.[48] 예를 들어, 공산당은 국책 은행을 통해 사영기업에 대한 금융 대출을 통제할 수 있다. 정부는 또한 각종 산업 정책과 인허가권 행사를 통해 사영기업의 사업 진출과 퇴출도 결정할 수 있다. 현대 경제에서 정부는 중요한 소비자이자 투자자이기도 한데, 이런 이유로 사영기업은 정부의 지시와 요구를 무시할 수 없다. 결국 "중국 경제 체제는 국가 자본주의의 통제 기제와 자유 시장의 경쟁 기제가 결합해 있다. 국유기업과 사영기업에 대한 국가 개입은 중요한 힘으로 남아있다."[49]

4-1 열병하는 덩샤오핑(톈안먼광장/1984년 10월)

덩샤오핑은 마오쩌둥과 마찬가지로 공산당의
지도자이면서 동시에 인민해방군의 지도자였
다. 그래서 1989년 11월에 모든 공식 직위에서
물러날 때까지 중앙군위 주석 자리를 내놓지 않
을 수 있었다. 특히 그는 1987년 공산당 13차 당
대회 이후 당내에서는 아무런 직위도 맡지 않는
'평당원'의 신분으로 중앙군위 주석을 맡았다.
이처럼 그는 혁명원로이자 건국의 아버지로서
개인적 권위와 카리스마적 지도력에 기반하여
군을 통제했다. 반면 장쩌민, 후진타오, 시진핑은
그런 권위를 가질 수 없었다.

4-2 인민해방군을 사열하는 총서기 후진타오(홍콩/2007년 6월)

〈중국 국방법〉에 따르면, '중국의 무장 역량'
은 인민해방군(人民解放軍/PLA), 인민 무장
경찰 부대, 민병으로 구성된다. 공산당은 이
런 세 가지의 군사력을 이용하여 무력 통제
를 실행한다. 이 중에서 핵심은 인민해방군
으로, 현재 병력은 200만 명이다. 인민해방
군은 중국의 상비군이자 정규군으로, 외적
으로부터 중국의 주권·영토·국민을 방어
하는 임무를 맡고 있다. 이런 점에서 보면, 인
민해방군은 다른 국가의 정규군과 크게 다
르지 않다.

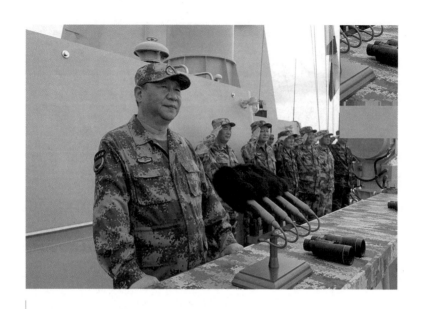

4-3 군함을 타고 사열하는 '총지휘' 시진핑
(2018년 8월)

시진핑은 2015년 하반기부터 획기적인 국방개
혁을 주도하면서 〈헌법〉에 명시된 중앙군위 주
석 책임제를 강조했다. 군에 대한 최종 지휘권은
공산당 총서기이면서 중앙군위 주석인 자신에
게 있음을 당과 군 모두에 상기시킨 것이다. 이를
통해 군내에서 시진핑의 지위를 높이고 권위를
강화할 뿐만 아니라, 군에 대해 공산당이 '절대
영도'를 실행하겠다는 의지를 확고히 천명했다.
현재 시진핑은 중앙군위 주석일 뿐만 아니라, 연
합작전 지휘센터의 '총지휘(總指揮, command-
in-chief)'이기도 하다.

4-4 인민해방군의 민주화 시위 진압(톈안먼/ 1989년 6월)

〈중국 국방법〉에 따르면, 인민해방군의 일차 임무는 '공산당 영도와 사회주의 제도의 공고화'다. 즉 군은 '공산당의 수호자'다. 이것이 공산당과 인민해방군 간에 존재하는 특수한 관계다. 중국에서 군을 '국가의 군대'가 아니라 '당의 군대'라고 부르는 이유이기도 하다. 1989년 톈안먼 민주화 운동 과정에서 경찰이 시위 진압에 한계를 보이자 군이 동원되어 시위를 무력 진압한 사실은 이를 잘 보여준다. 미래에도 이런 상황이 재현된다면 군은 공산당의 지시에 따라 언제든지 다시 출동할 것이다.

4-5 중국공군의 최신예 J-20 스텔스 전투기

지금까지 인민해방군이 공산당 영도 체제에 공개적으로 도전한 적은 단 한 번도 없었다. 1949년 중국 건국 이후 군이 정치 과정에 개입하여 무력을 행사한 적은 딱 두 번 있었다. 첫째는 문화대혁명 시기(1966 1976년)였고, 둘째는 1989년 6월 톈안먼 민주화 운동 진압 때였다. 이런 군의 정치 관여는 마오쩌둥과 덩샤오핑의 지시에 따른 것이지, 군이 스스로 결정한 것은 아니었다. 이처럼 공산당의 군 통제는 비교적 성공적으로 유지되고 있다고 평가할 수 있다.

4-6 중국해군의 제1호 항공모함 '랴오닝호'

공산당이 군을 통제하는 핵심 기제는 세 가
지다. 첫째는 '민간인' 지도자가 중앙군위 주
석을 맡고, 중앙군위는 당 위원회와는 달리
주석 책임제를 실행하는 제도다. 둘째는 군
대 내에 군 지휘관인 사령원(司令員: 사령관) 외
에, 공산당 지도자인 정치위원(政治委員)을
동시에 두는 제도다. 셋째는 군부대 내에 조
직된 공산당 위원회가 주요 문제를 집단으로
결정하고 통제하는 제도다. 현재까지 이런 통
제기제는 비교적 잘 작동하고 있다.

4-7(위) 중국 인민해방군 로켓군

4-8(아래) 중국 인민해방군 로켓군 미사일 DF-5B(2015년 9월)

인민해방군 정치위원 제도는 중국 건국 전의 사회주의 혁명 과정에서 소련으로부터 도입된 것이다. 이에 따르면, 각 군부대는 단위에 따라 다양한 명칭의 정치위원을 둔다. 이전에는 민간인 지도자 중에서 정치위원을 임명한 적도 있지만, 지금은 현역 군인(즉 직업군인) 중에서 임명한다. 정치위원은 계급으로 보면 각 부대에서 군사 업무를 주관하는 군 사령원(司令員)과 동급이다. 따라서 해당 군부대가 지시와 명령을 하달할 때는 군 사령원과 정치위원이 공동으로 서명해야 한다.

4-9 인민 무장경찰 부대의 훈련 모습(2020년 5월)

인민 무장경찰 부대(武警/PAP)는 장갑차와 자동 소총으로 무장한 일종의 전투경찰로, 경찰보다는 군대에 가깝다. 부대원은 현역병(의무병)으로 구성된다. 병력은 100만 명 정도다. 임무는 세 가지다. 첫째는 일상 임무로, 공항과 항만 등 국경 시설 경비, 기차역 등 주요 시설과 관공서 경비, 주요 행사와 활동 경호다. 우리가 중국을 여행할 때 기차역에서 자주 보게 되는 '군복 입은 사람'이 이들이다. 둘째는 긴급처리 임무로, 도로 봉쇄, 범죄 제지, 재난 피해자 구조, 시위 진압과 사회 질서 회복이다. 셋째는 테러 대응 임무다.

4-10 시위 진압 훈련을 받는 민병(2019년 12월)

민병(民兵/militia)은 현역으로 군 복무를 하지
않은 18세에서 35세 사이의 남자로 구성된다.
규모는 1,000만 명 정도다. 중국은 의무병제를
시행하고 있지만, 징집 대상자는 대부분 현역으
로 복무할 수 없다. 징집 규모는 작은 데 비해 징
집 대상자는 압도적으로 많기 때문이다. 이들은
생업에 종사하다가 전시에는 군 지원, 평시에는
치안유지, 시설 경비, 재난 지원 등의 임무를 수
행한다. 중국에서 코로나19가 발생했을 때, 매일
20만 명의 민병이 동원되어 방역과 차량 통제 등
의 임무를 수행했다.

4-11 중국 공안부 청사(2020년 5월)

중국에서는 공안(경찰)이 검찰원(검찰)과 행
정등급 면에서는 등급이지만, 정치적 지위
와 실제 능력 면에서는 상위에 있다. 따라서
한국에서처럼 검찰이 경찰을 지휘하는 일
은 없다. "큰 공안, 작은 법원, 있어도 좋고 없
어도 좋은 검찰원"이라는 말이 있는 것은 이
때문이다. 즉 현실에서는 공안이 법원보다
도 '상위'에 있고, 검찰원의 존재감은 '사실
상 없다'라는 뜻이다. 이는 공안이 정치적 지
위만 높은 것이 아니라, 인원·조직·재정 등
능력 면에서도 검찰원과 법원보다 훨씬 우
위에 있다는 사실을 보여준다.

4-12(위) 중화인민공화국 최고인민법원 청사(2017년 12월)

4-13(아래) 중화인민공화국 최고인민검찰원 청사(2019년 1월)

중국에서 중요한 사건은 공산당 정법위원회가 결정하기 때문에 검찰원의 자율적인 기소, 법원의 독립적인 판결은 처음부터 기대할 수 없다. 특히 당정간부가 관련된 부패 사건이나 직권 남용 사건, 대중 시위 등 사회적으로 파장이 큰 사건, 환경오염과 인재(人災)에 의한 대형 사고 등은 정법위원회의 지도하에 검찰원이 수위를 조절하여 기소하고, 법원은 사전에 결정된 형량에 따라 판결한다. 결국 공산당 영도 체제에서 사법독립은 기대할 수 없다.

4-14 국유기업을 방문하는 시진핑(2018년 6월)

"국유기업은 중국 특색 사회주의의 중요한 물질적 기초이자 정치적 기초이며, 우리 당이 집권하여 국가를 부흥시키는 중요한 기둥(支柱)이자 의지하는 역량(力量)이다. 따라서 국유기업에 대한 공산당 영도는 중대한 정치 원칙의 문제다."(2016년 10월 시진핑 연설 중에서). 한마디로 말해, 국유기업은 공산당 영도 체제를 지탱하는 중요한 기둥이고, 따라서 공산당은 국유기업에 대한 정치영도를 절대로 포기할 수 없다는 뜻이다.

4-15(위) 국유기업 개혁 만화

4-16(아래) 국유기업 개혁 만화

사영기업과 비교할 때, 국유기업은 심각한 문제를 안고 있다. 첫째, 기업이윤 창출과 자금 유동성 확보 등 여러 가지 경제 지표 면에서 볼 때 많이 뒤처진다. 둘째, 사회안정 유지에 관건이 되는 일자리 창출에도 별 역할을 담당하지 못한다. 주로 중화학공업에 집중되어 있기 때문이다. 셋째, 국가 부채의 증가, 과잉 생산, 자금 유용과 부정부패 등 부정적인 경제 문제를 유발하는 주범이다. 그러나 국유기업은 공산당 영도 체제를 지탱하는 핵심 기둥이기 때문에 앞으로도 유지될 것이다. 다만 개혁을 통해 일부 문제를 해결하려는 노력은 계속되고 있다.

4-17 국무원 국유자산 관리감독위원회(국자위)와 국유기업 당사(黨史)교육 동원대회 (2021년 3월)

2021년 상반기를 기준으로, 중국에는 모두 128개의 중관기업(중앙이 관리하는 국유기업)이 있다. 이 중에서 64개 중관기업의 지도자(즉 당서기·이사회 회장·최고 경영자)는 성부급(省部級: 장·차관급) 영도간부로, 공산당 중앙이 이들에 대해 '직접적으로' 인사권을 행사한다. 나머지 64개 중관기업의 지도자는 청국급(廳局級: 국장급) 영도간부로, 국무원 국자위와 재정부가 공산당 중앙의 비준하에 인사권을 행사한다. 즉 이들에 대해 공산당 중앙은 '간접적으로' 인사권을 행사한다.

**4-18 국무원 국유기업 개혁 영도소조 판공실 회의
(2019년 12월)**

시진핑 시기에 들어서 국유경제가 전체 경제에서
차지하는 비중이 오히려 크게 확대되었다. '국진민
퇴(國進民退)' 현상, 즉 국유경제의 전진과 민영경제
의 후퇴 현상이 나타난 것이다. 그 결과 국유기업의
문제는 경제 전반의 문제로 확대되었고, 경제가 점
차로 활력을 잃고, 잠재 성장률도 서서히 떨어지는
현상이 나타났다. 그러나 만약 공산당이 시장경제
원칙에 따라 국유기업을 철저히 개혁하고, 금융 체
계도 획기적으로 개혁한다면, 경제성장률은 이전
수준을 회복할 수 있을 것이다.

제5부

결론

공산당 통제 기제의 평가와 전망

◆◆◆◆

제1권에서 말했듯이, 내가 이번 책에서 해명하려고 하는 연구 주제는 하나다. 중국공산당이 소련 및 동유럽 사회주의 국가의 공산당과 달리 단순히 붕괴하지 않았을 뿐만 아니라 나날이 발전하고 있는 현상, 즉 공산당의 '성공'을 설명하는 일이 그것이다. 이런 공산당의 '성공'은 두 가지 문제를 동시에 설명해야 하는 어려운 과제다. 하나는 공산당이 어떻게 일당 지배의 권위주의 체제를 흔들림 없이 유지할 수 있는지를 설명하는 일이다. 다른 하나는 그러면서 동시에 공산당이 어떻게 비약적으로 사회경제적 발전도 달성할 수 있는지를 설명하는 일이다.

이를 설명하기 위해 제1권에서는 공산당 영도 체제를 살펴보았다. 이어서 이번 책에서는 공산당의 다섯 가지 통제 기제, 즉 인사 통제, 조직 통제, 사상 통제, 무력 통제, 경제 통제를 살펴보았다.

이것은 공산당 영도 체제를 성공적으로 지탱해주는 '다섯 가지의 기둥'이라고 할 수 있다. 즉 공산당은 이를 통해 권위주의 체제를 끈질기게 유지할 수 있다. 동시에 공산당은 이를 통해 눈부신 사회 경제적 발전도 달성할 수 있다. 이처럼 우리는 두 권의 책을 통해 공산당의 '성공'은 공산당 영도 체제와 그것을 지탱하는 통제 기제가 제대로 작동하기 때문에 가능하다는 점을 이해할 수 있었다.

이제 공산당 통제 기제를 종합적으로 평가하고 전망하면서 지금까지의 논의를 끝맺도록 하자. 그 전에 한 가지 말해둘 점이 있다. 앞에서 공산당 통제 기제를 설명할 때, 세 가지 '연성(soft)' 통제 기제, 즉 인사·조직·사상 통제에 초점을 맞추어 살펴보겠다고 말했다. 반면 '경성(hard)' 통제 기제, 즉 무력·경제 통제는 비교적 간략하게 검토한다고 말했다. 같은 맥락에서 여기서도 세 가지 '연성' 통제 기제에 초점을 맞추어 공산당 통제 기제를 평가하고 전망하려고 한다. 무력 통제 기제와 경제 통제 기제는 중국의 군사와 경제를 체계적으로 분석해야만 제대로 평가하고 전망할 수 있다. 이는 이 책의 연구 범위를 벗어나는 것으로, 이를 위해서는 별도의 연구가 필요하다.

공산당 통제 기제의 평가와 전망

우리가 공산당 통제 기제의 역할과 결과를 평가할 때, 주의해야 할 점이 하나 있다. 그것이 갖는 이중성(이중적 속성), 즉 '소극적 측면'과 '적극적 측면'을 모두 살펴보아야 한다는 점이다. 동시에 그런 이중성을 제대로 평가하기 위해서는 전체를 종합적으로 보려는 노력, 혹은 어느 한쪽으로 치우치지 않으면서 균형 감각을 유지하려는 노력이 필요하다. 그래야만 공산당의 '성공'과 관련된 두 가지 질문에 제대로 답할 수 있기 때문이다.

여기서 '소극적 측면'은, 공산당이 영도 체제를 군건히 지키기 위해 수단과 방법을 가리지 않고 통제 기제를 동원하여 국가와 사회를 통제하는 행위를 말한다. 이 측면에서는 공산당의 억압적이고 강제적인 성격이 두드러진다. 동시에 이것은 개혁·개방 시대에도 공산당이 안정적으로 일당 지배 체제를 유지하는 이유, 또는 중국에서 '권위주의의 끈질김(authoritarian resilience)'이 지속되는 이유를 설명해준다.

반면 '적극적 측면'은, 국가와 사회가 공산당 영도 체제를 기꺼이 수용하고 지지하도록 공산당이 통제 기제를 혁신적으로 개혁하고 민첩하게 활용하는 행위를 말한다. 이 측면에서는 공산당의 개혁적이고 유능한 성격이 강조된다. 또한 이것은 공산당이 개혁·개방 시대에 정치안정을 유지하면서 눈부신 사회경제적 발전을 이룩할 수 있는 이유를 설명해준다. 현실에서는 동전의 양면처럼 '소극적 측면'과 '적극적 측면'이 섞여있고, 실제로도 두 가지 측면은 동시에 나타난다.

| 인사 통제의 이중성 사례

공산당의 인사 통제를 사례로 통제 기제의 이중성을 살펴보자. '소극적 측면'에서 보면, 공산당은 '당관간부(黨管幹部: 공산당의 간부 관리)' 원칙에 근거하여 중앙에서 기층에 이르기까지 공산당에 충성하는 간부를 선발하고, 이들을 통해 당정기관을 철저히 통제한다. 또한 공산당은 국유기업, 공공기관, 인민단체의 간부에 대해서도 인사권을 행사함으로써 사회가 공산당 영도 체제에서 벗어날 수 없도록 통제한다. 이를 실행하는 핵심 수단이 바로 간부직무명칭표(幹部職務名稱表, nomenklatura) 제도다.

이런 공산당의 인사 통제 체제에서는 공산당의 인정을 받지 못한 사람은 그 누구도 당정기관과 공공기관의 주요 직위에 오를 수 없다. 따라서 당정기관, 국유기업, 공공기관, 인민단체 등에는 모두 공산당 영도 체제를 지지하고 충성하는 사람들로 가득 차게 된다. 또한 이런 공산당의 인사 통제 체제에서는 간부가 공산당에 반대할 이유도 없고 실제로 반대하려고 하지도 않는다. 이들은 공산당의 인사 통제로부터 커다란 혜택을 입은 '특권 집단'이기 때문이다. 공산당 영도 체제가 현재까지 유지되는 비결은 바로 여기에 있다.

그런데 '적극적 측면'에서 보면, 소련 및 동유럽 사회주의 국가와 달리 중국이 우여곡절을 겪으면서도 개혁·개방을 성공적으로 추진할 수 있었던 가장 중요한 이유는 바로 공산당의 정확하고 효과적인 인사권 행사 때문이다. 즉 공산당은 유능하고 개혁적인 간부를 충원했고, 이들이 개혁·개방 정책을 성공적으로 추진하는 주력군이 되었다는 것이다. 만약 중국이 러시아나 동유럽 사회주의 국가처럼 다당제와 경쟁적 선거 제도를 도입하는 등 정치 민주화를 추진했다면, 이런 방식으로 인사 정책을 추진하기는 어려웠을 것이다.

예를 들어, 1980년대에 공산당은 개혁·개방 정책을 본격적으로 추진하면서 늙고, 학력 수준이 낮은 노동자·농민·군인 출신의 혁명 간부(revolutionary cadre)를 퇴진시키고, 이들을 대신하여 젊고, 학력 수준이 높으며, 전문 지식과 능력을 보유한 기술관료(technocrat)를 대규모로 충원했다. 이런 통치 엘리트의 전면적인 세

대교체는 인류 역사에서 찾아볼 수 없는 일이다. 이후에도 공산당은 간부 선발과 교육 훈련에 많은 시간과 재정을 투자했고, 이를 통해 유능한 간부를 계속 충원할 수 있었다. 이런 사실을 놓고 볼 때, 만약 공산당이 인사 독점권을 행사하지 못했다면 개혁·개방은 성공할 수 없었을지도 모른다.

| 사상 통제의 이중성 사례

공산당의 사상 통제도 마찬가지다. 공산당은 수백만 명이 넘는 당정간부와 수천만 명에 달하는 당원을 선발하여 체계적으로 사상교육을 진행해왔고, 이를 통해 당 노선과 방침을 이해하고 실행할 수 있는 '공산당인(共産黨人)'을 대규모로 양성할 수 있었다. 이들이 바로 공산당 영도 체제를 수호하는 핵심 세력이다. 또한 일반 국민을 대상으로도 '정신문명 건설'과 '애국주의 교육' 같은 국민 교육 운동을 장기적으로 전개해왔다. 이를 통해 공산당은 국민이 공산당 영도 체제를 수용하도록 통제할 수 있었다.

반면 공산당 이념에 반대하거나 다른 정치 이념을 선전하는 집단과 개인은 여지없이 탄압했다. 1989년 톈안먼 민주화 운동의 무력 진압과 1997년 '중국민주당' 창당 주도자의 가혹한 탄압은 대표적인 사례다. 최근에도 계속되고 있는 인권 변호사와 사회 활동가에 대한 구속, 이들이 이끌었던 시민사회 조직에 대한 폐쇄는 일상적으로 이루어지는 공산당 탄압의 대표적인 사례다. 이것이 공산당 사상 통제가 가지고 있는 '소극적 측면'이다. 동시에 이런 이유로 우리는 중국의 정치 체제를 공산당 일당 지배의 권위주의 체제라고 부른다.

반면 공산당은 '공산당만이 이데올로기를 관리한다(黨管意識形態)'라는 원칙 아래에서 사회주의 이념을 끊임없이 혁신하고, 새로운 통치 이념을 개발하기 위해 노력해왔다. '사회주의 현대화 노선 (개혁·개방 노선)', '사회주의 초급 단계론(初級段階論)', '사회주의 시장 경제론' 등으로 이루어진 덩샤오핑 이론(鄧小平理論)은 사회주의 이념 혁신의 대표적인 성과물이다. 민족주의(民族主義), 중국식으로는 애국주의(愛國主義)의 통치 이념화, 전통 사상, 특히 유교 사상 (儒教思想)의 통치 이념화는 새로운 통치 이념 개발의 대표적인 사례다. 이 두 가지는 마오쩌둥 시대에 공산당이 추구했던 이념, 예를 들어 문화대혁명 시기의 '프롤레타리아 독재하의 계속 혁명'과는 상당히 다른 것이다.

이처럼 개혁·개방 시대에 창조적인 이념 혁신과 통치 이념 개발이 없었다면 공산당은 당내 통합을 유지하면서 개혁·개방 정책을 힘있게 추진할 수 없었을 것이다. 동시에 이것이 없었다면 공산당은 중국을 하나의 국가로 유지하고, 각 민족의 인민을 하나의 국민으로 통합하는 데에도 실패했을 수 있다. 대다수 중국인이 지난 40여 년 동안 공산당을 믿고 개혁·개방의 실행에 적극적으로 참여한 사실은 이를 잘 보여준다. 공산당의 사상 통제는 이처럼 '적극적 측면'도 갖고 있다. 다만 이런 새로운 통치 이념이 국제사회의 수용과 지지를 받지 못한다는 점은 큰 문제다.

1. 인사 통제:
'공산당 주도의 관본위(官本位) 체제' 등장

공산당의 인사 통제는 네 가지 제도를 통해 실현된다. 첫째는 인사 임명 제도다. 공산당은 '당관간부(黨管幹部)' 원칙에 따라 당정 기관, 국유기업, 공공기관, 인민단체의 인사권을 행사한다. 이를 위한 핵심 수단이 간부직무명칭표 제도다. 둘째는 간부 교육 훈련 제도다. 중앙과 지방, 즉 성급(省級)·시급(市級)·현급(縣級)에 설립된 당교(黨校)와 다양한 간부학원(幹部學院)이 이를 담당한다. 셋째는 인사 평가 제도다. 공산당은 이를 통해 유능한 간부를 발탁한다. 넷째는 인사 감독 제도다. 당정간부의 부정부패를 막고, 이들이 당 기율을 준수하도록 유도하기 위해 공산당은 다양한 감독 제도를 운용하고 있다.

(1) 인사 통제의 성과: 유능한 간부의 충원과 개혁·개방의 성공적 추진

개혁·개방 시대에 공산당의 인사 통제는 비교적 큰 성공을 거두었다고 평가할 수 있다. 무엇보다 공산당은 중앙과 지방에서 개혁·개방 정책을 추동할 수 있는 유능한 간부를 대규모로 충원하여 국가와 사회를 이끌어가는 '골간(骨幹)'으로 육성하는 데 성공했다. 이들은 교육 훈련을 통해 '홍(紅: 혁명성)'과 '전(專: 전문성)'의 두 가지 특징을 겸비한 간부, 다시 말해 공산당에 충성하는 '공산당인 (communist)'이면서 동시에 주어진 임무 수행에 필요한 전문 지식과 업무 능력을 갖춘 '전문가(expert)'로 성장했다.

특히 1990년 초부터 2010년대 초까지 20여 년 동안 기술관료 (technocrats)가 중앙과 지방의 지도부를 구성하고, 이들이 개혁·개방을 성공적으로 추진함으로써 공산당은 국민의 지지 속에서 영도 체제를 굳건히 유지할 수 있었다. 이는 공산당의 인사 통제가 제대로 작동했기에 가능한 일이다. 이것이 소련 및 동유럽 사회주의 국가의 공산당과 중국공산당이 결정적으로 다른 점이기도 하다. 미래에도 이와 같은 인사 통제가 지속된다면, 공산당 영도 체제는 굳건히 유지될 가능성이 크다.

(2) 인사 통제의 몇 가지 문제

그러나 공산당의 인사 통제는 몇 가지 구조적인 문제를 안고 있다. 이런 문제는 중국이 민주화되지 않는 한, 다시 말해 공산당 영도 체제가 무너지지 않는 한 계속될 것이다. 크게 세 가지 문제를 지적할 수 있다.

| '공산당 주도의 관본위 사회': 새로운 계급 사회의 출현

첫째, 공산당의 인사 통제로 인해 중국에는 새로운 '특권 집단'이 형성되고, 이들이 일반 국민 위에 군림하는 '새로운 계급 사회'가 출현했다. 전통 시대에도 그랬지만, 현재도 중국은 여전히 '관본위(官本位) 사회'다. 즉 국가—사회 혹은 국가—민간 관계에서 국가가 중심이고, 사회(민간)는 국가에 종속되는 위계질서(hierarchy)가 유지되고 있다는 것이다. 그런데 현재의 관본위 사회는 공산당에 의해 형성되고 유지된다는 특징, 즉 '공산당 주도의 관본위 사회'라는 특징이 있다. 이런 점에서 공산당 영도 체제 아래에서 형성된 관본위 사회는 전통 시대의 관본위 사회와는 분명히 다르다.

〈그림 5-1〉은 공산당 주도의 관본위 사회를 정리한 것이다.

〈그림 5-1〉 공산당 주도의 관본위 사회: 새로운 계급 사회의 출현

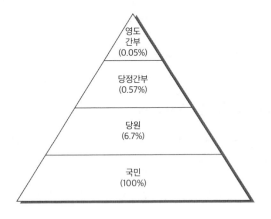

자료: 필자 작성

먼저 공산당에 가입한 수천만 명의 일반 당원(평당원)이 최하위의 '특권 집단'을 이룬다. 2021년 12월 기준으로 공산당원 규모는 9,671만 명이다. 이들은 전체 국민의 상위 6.7%를 차지하는 각계각층의 엘리트 집단, 공산당식으로 표현하면 '선진분자(先進分子)'다. 그래서 나는 공산당을 각계각층의 소수 엘리트로 구성된 '엘리트 결사체(elite association)' 혹은 '엘리트 정당(elite party)'이라고 규정한다. 이것이 공산당과 다른 국가의 집권 여당을 구분하는 가장 중요한 특징 중의 하나다.

공산당원은 당정기관은 말할 것도 없고, 국유기업·공공기관·인민단체 등 사회 영역에서도 상위 직위를 독차지한다. 이들은 비(非)당원과 비교해서 교육과 직업, 거주와 이동, 임금과 승진 등 여러 가지 면에서 특혜를 누린다. 이런 면에서 공산당원은 공산당에 의해 선택받은 인간, 즉 '정치적 선민(選民)'이라고 할 수 있다. 그래서 '정치적 선민'이 되기 위해 해마다 약 2,000만 명의 사람이 공산당에 입당을 신청하고, 몇 년에 걸친 엄격한 선발과 교육과정을 거쳐 이들 중에서 단지 10% 이내만이 '정치적 선민'(즉 정식당원)으로 선택받는다.

두 번째 특권 집단은 공산당원이면서 동시에 당정간부인 집단이다. 이들은 일반 당원보다 한 등급 위의 '특권 집단'이라고 말할 수 있다. 2021년 12월 기준으로 9,671만 명의 공산당원 중에서 약 8%에 해당하는 800만 명 정도가 당정기관, 국유기업, 공공기관, 인민단체를 이끌어가는 당정간부다(이들의 정확한 규모는 2021년 6월의 통계에 따르면, 777만 3,000명이다). 인구 대비로 계산하면, 전체 인구의 0.57% 정도다. 이들은 당정기관, 국유기업, 공공기관, 인민단체 등에서 같은 등급의 비당원 간부보다 우월한 지위에서 임금과 복지, 업무와 승진 등에서 다양한 특혜를 받는 집단이다.

세 번째 특권 집단은 영도간부(領導幹部), 즉 중앙의 처급(處級: 한국의 과장급) 이상과 지방의 현급(縣級: 한국의 군수·시장급) 이상의 고위급 당정간부다. 이들은 일반 당정간부가 보유하지 못하는 '조직자원(組織資源)'이라는 정치자원을 보유하고 있다는 특징이 있다. 즉 이들은 당정기관에서 현처급 이상의 '영도직무'를 차지하고, 이를 이용하여 다양한 특혜를 누리고 있는 특권 집단이다. 이 점에서 영도간부는 일반 당정간부와는 다른 '특권 집단 중의 특권 집단'이라고 말할 수 있다.

영도간부는 전체 당정간부 혹은 공무원의 상위 10% 정도를 차지한다. 규모로 보면 현재 70만 명에서 80만 명 정도로 추산된다. 좀 더 정확히 살펴보면, 2007년 통계로는 67만 4,000명이고, 2016년 통계로는 약 72만 명(즉 717만 명의 전체 공무원 중에서 상위 10%)이다. 여기에는 인민해방군(200만 명)의 영도간부, 그리고 인민 무장경찰 부대(최소 68만 명)의 영도간부가 포함되지 않았다. 따라서 이들 군 간부를 포함하면 그 인원은 72만 명보다는 많을 것이다. 전체 인구 대비 비율로 보면, 0.05% 정도다. 다시 영도간부 중에서 '최상층의 초특권 집단은 약 3,000명 정도인 성부급(省部級: 장·차관급) 간부다.

2000년대 초에 중국사회과학원 산하의 사회학연구소는 몇 년에 걸친 광범위하고 체계적인 조사 분석을 통해 중국 사회의 계층 분화에 대한 종합 보고서를 출간했다. 이에 따르면, 개혁·개방 시대에 중국의 사회계층은 '조직자원(당정기관 직위)', '경제자원(경제력)', '문화자원(지식과 기술)'의 보유 여부를 기준으로 모두 10개의 범주로 나눌 수 있다. 이는 마르크스−레닌주의의 계급론이 아니라 막스 베버(Max Weber)의 계층론으로 사회 집단을 분석한 연구다. 참고로 마르크스−레닌주의에 따르면, 계급은 생산수단의 소유 여부, 생산 과정에서의 역할, 잉여가치의 분배 방식에 따라 크게 자본가계급(bourgeoisie), 소시민계급(petty bourgeoisie), 노동자계급(proletariat) 등으로 나뉜다.

이런 10개 범주의 사회계층 중에서 첫 번째가 '조직자원'을 보유한 '국가 및 사회관리자 계층(國家與社會管理者階層)'이다. 이들이 바로 전체 인구의 0.05% 정도를 차지하는 당정기관의 영도간부이다. 두 번째가 '문화자원'과 '조직자원'의 일부를 보유한 국유기업의 경영자 계층(經營人員階層/CEO)이다. 세 번째가 '경제자원'을 보유한 사영기업가 계층(私營企業主階層)이다. 이렇게 개혁·개방의 과실은 상위 세 개의 계층이 가장 많이 차지했다. 그런데 문제는, 이 중에서 첫째와 둘째 계층이 공산당이 인사권을 행사하여 인위적으로 만든 '특권 집단'이라는 점이다. 반면 세 가지 자원을 거의 보유하지 못하거나, 아예 보유하지 못한 노동자는 여덟 번째, 농민은 아홉 번째, 무직(無業)과 실업 및 반(半)실업자는 열 번째 계층에 속한다.[1]

참고로 이 책은 중국 사회의 실상을 너무 적나라하게 보여주었다는 '죄목' 아닌 죄목으로 출판 직후에 판매가 금지되었다(지금은 어떤지 모르겠다). 노동자와 농민을 중심으로 한다는 '사회주의 국가' 중국에서 노동자와 농민이 개혁·개방 정책을 실행한 지 20여 년밖에 되지 않은 시점에서 최하위 사회계층으로 굴러떨어졌다는 사실을 만천하에 밝혔기 때문이다. 그것도 국무원 소속의 국책 연구기관이 말이다. 어쨌든 이 연구 결과는 중국이 '공산당 주도의 관본위 사회' 혹은 '공산당에 의한 새로운 계급 사회'가 만들어졌다는 사실을 분명히 보여주었다는 점에서 중요한 의의가 있다.

| '삼자 통치 연합'의 등장과 공산당 영도 체제의 공고화

미래에도 공산당이 형성한 '특권 집단'이 중국 사회를 지배하고 있는 한 공산당 영도 체제는 굳건히 유지될 것이다. 또한 공산당은 '특권 집단'을 계속 형성하기 위해 인사 통제를 강력하게 실행할 것이다. 특히 관건은, 1990년대 중반 이후에 '조직자원'을 보유한 영도간부 등 정치 엘리트, '경제자원'을 보유한 국유기업 관리자와 사영기업가 등 경제 엘리트, '문화자원'을 보유한 대학교수와 언론인 등 지식 엘리트가 특권 집단으로써 공산당을 매개로 똘똘 뭉쳐서 중국 사회를 지배하는 '삼자 통치 연합(tripartite ruling coalition)'을 형성했다는 점이다.[2]

중국에서 정치·경제·지식 엘리트의 '삼자 통치 연합'이 유지되는 한, 노동자와 농민 등 소외계층이 아무리 저항해도 공산당 영도 체제에는 흠집 하나 나지 않을 것이다. 농민을 제도적으로 차별하는 호적제도(戶籍制度)가 개혁·개방 정책을 추진한 지 40여 년이 지난 현재에도 여전히 유지되고 있다는 사실은 이를 잘 보여준다. 호적제도는 사회주의의 실현과는 아무런 연관이 없는, 단지 대도시 주민의 안락한 삶을 보호하려는 '도시 이기주의'에 따라 농민을 제도적으로 차별하고 착취하는 제도일 뿐이다. 동시에 국민의 가장 기본적인 권리 중 하나인 거주 이전의 자유를 제한하는 반인권적인 제도일 뿐이다.

중국의 정치 민주화는 '삼자 통치 연합'에 균열이 생길 경우에만 시작될 수 있다. 예를 들어, 지식인 계층이 당정간부의 횡포를 참지 못하고 공산당 영도 체제를 바꾸기 위해, 동시에 현 체제에서 불이익을 당하고 있는 노동자와 농민의 권리를 보호하기 위해 체제를 비판하는 투쟁에 나설 때, 민주화가 시작될 수 있다. 아니면 노동자와 농민의 시위가 확대되고, 이것이 지식인 집단의 참여를 유도하면서 새로운 '민중 연합'이 형성되어 공산당 영도 체제의 변화를 요구하는 대규모 시위를 전개할 때, 민주화가 시작될 수 있다. 그런 미래가 오기는 할지, 만약 온다면 언제나 올지 현재로서는 단정적으로 말할 수 없다.

| 간부와 공무원: 공산당의 대리인

둘째, 공산당의 인사 통제로 인해 공산당 간부와 국가 공무원은 '국민의 공복(公僕)'이 아니라, 공산당에 의해 선택받은 '특권 집단'이자 '공산당의 대리인'으로 국민 위에 군림한다. 지금까지 몇 번 강조했듯이, '당관간부' 원칙에 따라 오직 공산당만이 당정기관의 인사권을 행사한다. 따라서 현행 공산당 영도 체제에서는 일반 국민이 국가 주석이나 국무원 총리는 물론, 성장(省長)·시장(市長)·현장(縣長)·향장(鄕長) 등 지방정부 수장을 선임하는 데 직접 참여할 수 없다. 즉 국민이 이들의 '주인(主人)'이 아니다.

심지어 '인민대표(人民代表)'라고 불리는 전국인민대표대회(전국인대) 대표와 성급 및 시급 지방인민대표대회(지방인대) 대표도 국민이 직접 선출할 수 없다. 단지 현급 및 향급 지방인대 대표만을 지역 유권자가 직접 선출할 수 있을 뿐이다. 기층 자치조직인 촌민위원회와 사구 거민위원회의 주임·부주임도 촌민과 도시 주민이 직접 선출할 수 있지만, 이들은 국가기관이 아니라 군중 자치조직일 뿐이라는 한계가 있다. 이런 상황에서는 당정간부가 '국민의 공복'이 될 리 만무하다. 이들의 인사권자는 국민이 아니라 공산당이기 때문이다.

물론 공산당은 1921년 창당 이후 지금까지 '인민을 위해 복무한다(爲人民服務)'라는 원칙을 종지(宗旨)로 삼고 있다. 베이징시 자금성(紫禁城) 옆에 있는 중난하이(中南海)는 공산당 고위급 지도자들이 집단으로 거주하는 특별구역이다. 그곳을 출입하는 정문에는 마오쩌둥이 친필로 쓴 '인민을 위해 복무한다'라는 큼지막한 황금색 글자가 지금도 빛나고 있다. 또한 〈당장(黨章)〉에 따르면, "당원은 영원히 노동 인민의 평범한 일원"으로, "법률과 정책이 규정한 범위 내의 개인 이익과 업무 직권 이외에 어떠한 사익(私利)과 특권도 추구할 수 없다."

1949년 건국 이후 지금까지 중국이 공산당 영도 체제를 유지하고 있는 것을 보면, 일부 간부는 '인민을 위해 복무한다'라는 공산당의 종지와 〈당장〉의 규정을 지키고 있는 것 같다. 그러나 일부 간부는 이를 무시하고 국민 위에 군림하는 '소황제(小皇帝)'처럼 행세한다. 도를 넘은 간부의 일탈 행위가 지속되고, 이들의 부정부패가 만연한 현실은 이런 상황을 잘 보여준다.

따라서 당정간부를 '국민의 공복'으로 만들기 위해서는 공산당이 독점하고 있는 인사권을 국민에게 돌려주어야만 한다. 즉 국민이 이들의 인사권자이자 실제적인 '주인'이 되어야 한다. 이를 위해서는 주요 정치 지도자를 국민이 직접 선출하는 직접선거 제도를 도입해야 한다. 그래야만 간부는 국민의 말에 귀를 기울이고, 국민의 어려움을 해결하기 위해 노력할 것이다.

물론 현재의 공산당 영도 체제에서는 실현 가능성이 전혀 없는 이야기다. '당관간부' 원칙의 폐기는 곧 공산당의 권력 상실로 이어지고, 따라서 공산당이 스스로 그것을 실행할 가능성은 아예 없기 때문이다. 결국 중국에서 정치 민주화가 실현되기 전까지는 이런 문제가 계속 국민을 괴롭힐 것이다.

| 인사 감독 제도의 맹점: 부패 문제

셋째, 공산당의 인사 통제에서 최대 맹점(盲點)은 감독 제도다. 공산당은 당정간부의 일탈과 부정부패를 방지하기 위해 지금까지 부단히 노력해왔다. 예를 들어, 공산당은 다양한 반부패 기구를 설립했고, 2018년에는 그런 기구를 통폐합해서 국가감찰위원회(감찰위)를 설립했다. 간부의 부패를 금지하고 기율 위반을 단속하는 법률과 당규도 수백 건 넘게 제정했다. 특히 시진핑 시기(2012년~현재)에 들어서는 강력한 부패 척결 정책을 통해 영도간부들의 부정부패가 많이 해결된 것같이 보인다. 최소한 공산당과 중국인은 그렇게 평가한다.

그러나 공산당의 이런 시도가 성공적이라고 평가할 수는 없다. 시진핑 시기에 들어 반부패 정책이 전보다 더욱 강력하게 추진되었다는 사실, 그래서 정치국 상무위원 등 '호랑이(거물 지도자)' 사냥에도 성공했다는 사실은 인정한다. 그러나 그것은 부정부패가 발생하는 구조적인 원인을 제거하지 못한 정책, 그래서 한계가 너무도 뚜렷한 정책일 뿐이다. 이처럼 구조적 원인이 제거되지 않으면, 부패 문제는 언제든지 다시 기승을 부릴 수 있다. 아니면 지금도 '수면 아래에서는' 간부의 부정부패가 여전히 기승을 부리고 있을지도 모른다.

중국에서 부정부패가 만연하고, 반복되는 반부패 운동에도 불구하고 그것이 근절되지 않는 가장 근본적인 원인은, 정치권력이 견제받지 않는 '유일한 집권당'이자 '영도당'인 공산당에 집중되어 있기 때문이다. 현재까지 공산당이 실행해 온 반부패 운동은, 부패를 초래한 조직(즉 공산당)이 부패를 저지른 자기 조직원(즉 당정간부)을 단속하는 격이다. 문제는 부패 단속자와 부패 사범이 한 몸통이라서 전자가 후자를 제대로 처벌할 수 없다는 사실이다. 너무 심하게 처벌하면 몸통(공산당) 자체가 죽을 수도 있기 때문이다.

당정간부의 부정부패를 구조적으로 해결하려면 두 가지 방식을 동시에 사용해야 한다. 첫째는 행정적 방식으로, 싱가포르의 반부패 제도가 대표적이다. 이를 위해서는 최소한 '형식적 법치(法治)'—'법 앞에서의 평등'은 이를 상징한다—가 철저히 실행되어야 한다. 또한 정치 과정의 투명성을 높여 일반 국민이 당정기관과 간부의 활동을 쉽게 파악할 수 있어야 한다. 유능하고 효과적이며, 강력한 권한을 행사할 수 있는 독립적인 반부패 기관의 설립과 운영도 필수적이다. 이런 모든 요구를 뒷받침하기 위해서는 공무원의 정치적 중립 보장, 공직자 재산 신고 및 공개, 실제적인 금융 및 부동산 거래 실명제 실행, 국민의 정부 정보 청구권 보장, 법원 독립과 공정하고 효율적인 재판 보장 등 다양한 제도가 갖추어져야 한다.

둘째는 민주적 방식으로, 다당제와 경쟁 선거가 핵심 제도다. 경쟁 선거와 이를 통한 정기적인 정권교체만큼 강력한 반부패 정책은 없다. 부패를 저지른 정치인과 고위 공직자는 정권교체 후에 처벌될 가능성이 크기 때문에 집권 기간에도 조심할 수밖에 없다. 또한 자유경쟁 선거가 실행되면, 각 정당과 후보는 선거에서 승리하기 위해 경쟁 정당과 후보의 부정부패를 찾아내기 위해 혈안이 된다. 이런 활동이 자연스럽게 부정부패를 억제한다. 민주적 방식에는 언론 자유의 보장, 시민사회의 활동 보장도 포함된다. 언론의 부패 취재와 보도 없이는, 또한 공직사회의 부패에 대한 시민사회의 감시 없이는 방대한 규모의 당정기관과 간부를 제대로 감독할 수 없다.

이와 같은 두 가지 반부패 방식 중에서 공산당은 첫째인 행정적 방식만을 사용하고 있다. 그것도 아주 부분적으로만 말이다. 예를 들어, 공산당은 당정간부의 재산 신고제를 실행하고 있지만, 그것을 '당내(黨內)' 신고로 한정한다. 이 때문에 국민이 당정간부의 재산 변동 상황을 알 수 없고, 그것을 검증할 방법도 없다. 또한 언론 자유와 시민사회의 활동을 보장하지 않기 때문에 당정간부의 재산 신고제는 유명무실한 요식행위로 끝나고 만다. 다당제와 경쟁 선거가 없다는 점은 말할 필요도 없다. 그래서 시진핑 시기에 들어 공산당이 강력한 반부패 정책을 실행하면서 당정간부의 부정부패가 잠시 주춤한 것처럼 보이지만, 상황과 조건이 바뀌면 언제든지 원래대로 돌아갈 수 있다. 부패를 일으키는 구조적인 원인은 아직 그대로 남아있기 때문이다.

참고로 싱가포르에서는 인민행동당(People's Action Party)이 장기 집권하면서도 부정부패가 심하지 않은 것은, 싱가포르 정부가 앞에서 말한 행정적 방식을 철저히 실행하기 때문이다. 예를 들어, 싱가포르에서는 정부의 공정성과 투명성이 높고, '형식적 법치'도 철저히 실행된다. 즉 지위 고하를 막론하고 누구도 법 위에 군림할 수 없다. 또한 싱가포르의 반부패 기구인 탐오조사국(貪汚調査局)은 홍콩의 염정공서(廉政公署)와 함께 강력하고 효과적이며 독립적인 반부패 기구로 유명하다. 그 밖에도 싱가포르는 인구 약 550만 명의 '도시 국가'로, 행정적 방식을 철저히 집행하는 것만으로도 부패 문제를 해결할 수 있다.

반면 중국은 넓은 영토와 방대한 관료조직을 운영하기 때문에 행정적 방식을 아무리 철저히 실행해도 싱가포르처럼 부패 척결에 성공하기가 쉽지 않다. 실제로는 행정적 방식조차도 철저하게 실행하지 않는 상황에서는 말할 필요도 없다. 따라서 간부의 부정부패 문제는 인사 통제의 맹점으로 계속해서 공산당 영도 체제를 괴롭힐 것이다. 그 피해는 고스란히 국민에게 돌아간다. 정치 민주화가 일어나기 전까지는 그것을 감내할 수밖에 없을 것이다.

2. 조직 통제:
'통합형' 영도 체제의 재등장?

공산당의 조직 통제는 인사 통제와 비슷하게 네 가지 제도를 통해 실현된다. 첫째는 중앙과 지방 등 '지역', 주요 기관과 조직 등 '단위'에 설립된 공산당 위원회(당 위원회)다. 비유하자면, 공산당 중앙위원회는 공산당의 '머리'이고, 각급 당 지방위원회는 '몸통'이다. 이들 당 위원회는 해당 지역과 단위에서 당의 방침과 정책을 집행하는 '영도 핵심 역할'을 담당한다. 둘째는 공산당 밖의 국가기관, 국유기업, 공공기관, 인민단체에 설립된 공산당 당조(黨組)다. 당조는 해당 기관의 '핵심 영도기관'으로, 주요 정책과 인사 문제를 결정한다.

셋째는 공산당 중앙과 각급 당 지방위원회에 설치된 영도소조(領導小組)다. 영도소조는 '정책 결정 의사 조정(決策議事協調) 기구'로서, 정책의 결정·조정·감독 임무를 수행한다. 넷째는 도시와 농촌의 기층사회, 각 조직과 기관의 기층 단위에 설립된 공산당 기층조직(基層組織)이다. 당원이 100명 이상일 경우는 당 기층위원회(基層委員會), 당원이 50명에서 100명 사이일 경우는 당 총지부(總支部), 당원이 세 명에서 50명 이하일 경우는 당 지부(支部)가 설립된다.

이처럼 공산당 조직은 지역적으로는 중앙에서 지방을 거쳐 기층 구석구석에까지, 영역 별로는 당정기관에서 기업을 거쳐 사회조직 하나하나에까지, 공산당원이 세 명 이상 있는 모든 구역과 단위에 설립된다. 설사 공산당원이 하나도 없는 장소와 기관(조직)이라도 공산당이 중요하다고 판단하면 파견기관 형식으로 당 조직을 설립할 수 있다. 이렇게 공산당 조직은 중국 전역에 거미줄처럼 퍼져 있다.

이런 막강한 조직을 운영하기 때문에 공산당은 〈당장〉의 규정대로 "당(黨)·정(政)·군(軍)·민(民)·학(學)과, 동(東)·서(西)·남(南)·북(北)·중(中)에서 일체(一切)를 영도"할 수 있다고 주장한다. 중국 역사에서 이처럼 촘촘하게 정치조직을 설립하여 전국을 일사불란하게 통치한 왕조(王朝)는 일찍이 없었다. 이런 면에서 공산당 영도 체제는 전통 시대의 어떤 왕조와도 비교할 수 없는 강력한 정치 체제라고 말할 수 있다.

(1) 조직 통제의 성과: 공산당 영도 체제의 굳건한 유지

1949년 중국 건국 이후 지금까지 중국 내에서 공산당 영도 체제를 위협할 정도로 강력한 힘을 가진 정치 세력은 단 하나도 없었다. 이 하나의 사실만으로도 공산당의 관점에서 보면, 조직 통제는 성공했다고 말할 수 있다. 1976년의 '톈안먼 시위', 1986년 말과 1987년 초의 대학생 민주화 시위, 1989년의 톈안먼 민주화 운동 등 크고 작은 시위와 저항운동은 계속 있었다. 그러나 그 어느 것도 공산당 영도 체제에 위협이 될 정도는 아니었다.

더욱이 이런 시위와 운동은 주로 대학생이나 베이징 시민 등 일반 대중이 자연발생적으로 주도하고 참여한 것이지, 공산당에 반대하는 특정 정당이나 정치 세력이 계획적으로 주도한 것은 결코 아니었다. 1998년에 '중국민주당 창당 사건'이 있었지만, 이는 수백 명의 지식인이 인터넷을 이용하여 공개적이고 합법적으로 정치조직을 만들려는 시도였을 뿐이다. 그것도 공산당의 가혹한 탄압 앞에서 제대로 저항 한 번 못하고 사라진 '일회성 행사(event)' 성격의 정치운동이었다. 앞으로도 공산당의 조직 통제가 유지되는 한 공산당 영도 체제에 위협을 가할 수 있는 정치 세력이 등장할 가능성은 거의 없다.

(2) 조직 통제의 문제점

그러나 공산당의 조직 통제에는 구조적인 문제가 있다. 가장 심각한 문제는, '공산당 전면 영도'의 강화가 실행되면서 국가와 사회에 대한 공산당의 조직 통제가 전과는 다른 성격, 즉 마오쩌둥 시대의 '통합형' 혹은 '일원화(一元化)' 영도 체제와 비슷한 모습으로 변해가고 있다는 점이다. 그리고 이것이 계속되면 어느 시점에서는 현재의 조직 통제가 성과보다는 문제가 훨씬 더 많은 '괴물'로 바뀔 수도 있다는 점이다.

공산당은 레닌주의 정당으로서 민주집중제(民主集中制)를 조직 원칙으로 삼는다. 이에 따라 공산당 영도 체제는 자연스럽게 권력 집중형 체제라는 특징을 띠게 된다. 즉 모든 정치권력은 국가와 사회에서 공산당으로 집중하고, 그것은 다시 공산당 중앙에, 궁극적으로는 소수의 최고 통치집단과 최고 지도자에게 집중한다. 따라서 현행 공산당 영도 체제 그 자체만으로도 권력 집중형 체제에서 기인하는 여러 가지 부작용(문제)을 피할 수 없다. 당정간부의 관료주의와 형식주의, 전국에 퍼져있는 부정부패가 대표적인 사례다.

그런데 2000년대 후반 이후, 특히 시진핑 시기에 들어 공산당이 전면 영도를 강화한다는 방침을 강력하게 추진하면서 이런 권력 집중 문제는 더욱 심각하게 나타났다.

| '개인'으로의 권력 집중 심화

첫째, 정치권력이 공산당 중앙에서는 총서기 개인, 지방에서는 당서기 개인에게 집중하는 문제가 나타나고 있다. 그러면서 엘리트 정치에서 집단지도 체제가 전보다 약해지고, 대신 중앙에서는 총서기, 지방에서는 당서기의 개인 지배가 강화되는 문제가 발생했다. 소위 '당서기 천하(天下)'가 등장한 것이다. 이와 함께 최근에 나타난 시진핑의 개인숭배 강화 현상은, 지난 40여 년 동안 비교적 잘 지켜지던 개인숭배 금지 규범이 서서히 깨지고 있다는 사실을 보여준다. 이를 보면서 일부 언론과 학자들은 '마오쩌둥 시대의 일인 지배 체제가 다시 등장하는 것이 아닌가?'라는 의문을 제기한다.

반면 후진타오 시기부터 공산당이 추진해오던 집단지도의 강화와 '당내 민주(黨內民主)'의 확대, 이를 위한 새로운 다양한 민주 실험은 축소되거나 사실상 중단되었다. 예를 들어, 중요한 인사 문제를 결정할 때, 전에는 지방 당 위원회 서기와 부서기 등 소수의 지도자 외에, 당정기관의 영도간부들도 '민주추천(民主推薦)' 같은 제도를 통해 영향력을 행사할 수 있었다. 그러나 '공산당 전면 영도'의 강화가 실행된 이후에는 인사권이 당서기를 중심으로 하는 소수 지도부에 집중되고, 그 결과 일반 간부가 인사 결정에 참여하는 정도가 전보다 줄어들었다. 또한 일부 향(鄉)과 진(鎭) 등 기층에서 시험적으로 실시되던 각종 직접선거도 중단되었다. 인사권은 일반 국민이 행사할 수 없다는 공산당의 기본 방침, 즉 '당관간부' 원칙이 다시 강조된 결과였다.

| 국가·기업·사회의 활력 저하

둘째, 공산당-국가, 공산당-기업, 공산당-사회의 관계에서 권력이 국가·기업·사회에서 공산당으로 집중하는 현상이 나타나고 있다. 중앙-지방 관계에서도 권력이 지방에서 중앙으로 다시 집중하는 현상이 나타나고 있다. 모두 개혁·개방 시대의 핵심 정책 중 하나였던 분권화(decentralization)가 크게 후퇴하고 있는 현상이다. 이는 시진핑 시기에 들어, '공산당 전면 영도'의 강화 방침에 따라 국가·기업·사회에 대한 공산당의 조직 통제가 전보다 훨씬 강화되면서 나타난 자연스러운 결과다. 이에 따라 마오쩌둥 시대의 '통합형' 영도 체제가 다시 등장하는 것처럼 보이기까지 한다.

예를 들어, 공산당의 '영도소조 정치' 혹은 '소조치국(小組治國: 영도소조의 국가통치)'이 강화되면서 국무원과 그 산하 부서의 역할이 축소되고 있다.[3] 또한 국유기업은 말할 것도 없고, 사영기업에서도 '공산당 전면 영도'의 강화 방침이 추진되면서 당 기층조직이 기업 경영에 깊숙이 관여하는 문제가 발생하고 있다. 다양한 신생 사회 조직에 당 기층조직이 설치되어 활동을 통제하는 현상, 대학과 도시 기층사회에서 당 조직의 활동이 대폭 강화되어 대학과 도시 기층사회를 강력히 통제하는 현상도 마찬가지다.

셋째, 이렇게 되면서 이전과 비교해서 정부·기업·사회·지방의 활력이 크게 떨어지는 문제가 보편적으로 나타나고 있다. 예를 들어, 정부를 살펴보자. 개혁·개방 시대에 공산당은 각급 지방정부에 일정한 권한과 자율성을 부여하고, 지방정부는 그것을 기반으로 상황과 조건에 맞추어 알맞은 정책을 제정하여 집행함으로써 개혁·개방에 성공할 수 있었다. 이는 특히 광둥성(廣東省), 푸젠성(福建省), 저장성(浙江省), 장쑤성(江蘇省) 등 연해 지방에서 분명하게 나타났다.

그런데 시진핑 시기에 들어 공산당의 조직 통제가 강화되면서 각급 지방정부는 권한과 자율성을 잃고, 전과 다르게 공산당 중앙이 결정한 정책을 단순히 집행하는 수동적이고 무기력한 존재로 전락하고 있다. 기업과 사회도 마찬가지다. 그 결과 공산당의 조직 통제가 강화되면 강화될수록 정부·기업·사회는 더욱더 수동적인 존재로 변해가고, 그런 정부·기업·사회가 능동적이고 활발하게 움직이도록 다그치기 위해 공산당은 다시 조직 통제를 더욱 강화하는 '악순환'이 반복되고 있다.

현재 상황에서 보면, 위에서 살펴본 문제가 공산당 영도 체제에 위협을 가할 정도라고는 말할 수 없다. 그러나 '공산당 전면 영도'의 강화가 지금처럼 계속 실행되어 이런 문제가 누적된다면, 그것은 다른 상황을 초래할 수 있다. 1997년 공산당 15차 당대회 이후 중국의 당-국가 체제는 '절충형' 혹은 '법제화(法制化)' 영도 체제로 변화되었다. 이것이 마오쩌둥 시대의 '통합형' 영도 체제와 결정적으로 다른 점은, 공산당 영도 체제와 국가 헌정 체제가 의법치국(依法治國: 법률에 근거한 국가통치)과 의법집권(依法執政: 법률과 당규에 근거한 집권)의 원칙에 따라 각자의 역할과 임무를 수행한다는 점이다. 즉 법률과 당규에 따라 운영되는 당-국가 체제가 바로 '절충형' 영도 체제다.

그런데 '절충형' 영도 체제가 아무리 법률과 당규에 따라 운영된다고 해도 만약 공산당이 계속해서 '당의 전면 영도'를 강화한다면, 국가 헌정 체제의 영역은 점점 더 축소되고, 결국은 마오쩌둥 시대에 그랬던 것처럼 있으나 마나 한 왜소한 존재로 전락할 수도 있다. 결국 국가와 사회와 인민은 사라지고, 공산당만이 남게 된다는 것이다. 이렇게 되면 '절충형' 영도 체제냐 '통합형' 영도 체제냐

하는 구분은 사실상 의미가 없게 된다. 앞으로 공산당 영도 체제가 이렇게 변화할지는 좀 더 시간을 두고 지켜보아야 하겠지만, 시진핑 시기에 들어 그런 징조가 이미 나타난 것은 분명한 사실이다.

3. 사상 통제:
지식인 사회의 '질식 상태'와
'정체된 사회'의 출현

공산당의 사상 통제는 주요 대상과 실행 방식에 따라 몇 가지 범주로 나눌 수 있다. 첫째는 공산당이 당정간부를 대상으로 체계적으로 실시하는 사상 통제다. 이는 간부의 능력 향상을 위한 교육 훈련의 성격도 함께 가지고 있다. 중앙과 현급 이상의 지방에 설립된 당교(黨校)와 간부학원(幹部學院)이 이를 담당한다. 둘째는 당원을 대상으로 일상적으로 실시하는 사상 통제다. 공산당 정치국의 집단학습(集體學習) 제도, 당 위원회(당조) 이론학습 중심조(中心組)의 학습 제도, 일반 당원의 정치 학습(黨課) 제도가 대표적이다. 셋째는 정풍운동(整風運動)을 통한 사상 통제다. 정풍운동은 몇 년에 한 번씩 비정기적으로 실행되는데, 이 기간에 당원은 공산당 중앙의 방침에 따라 집중적으로 사상 학습을 진행한다. 또한 이때 당원은 각자 당성(黨性)을 점검하는 비판과 자기비판 활동을 전개한다. 넷째는 공산당이 일반 국민을 대상으로 실행하는 국민 교육 운동이다. '법률 지식 보급 운동(普法活動)', '정신문명(精神文明) 건설 운동', '사회주의 애국주의(愛國主義) 교육 운동'이 대표적이다.

이와 같은 공산당의 사상 통제에서는 두 가지 통제 기제가 매우 중요하다. 하나는 신문과 방송 등 전통 매체에 대한 통제다. 중국에서 언론은 사회문제를 비판하고 공정한 여론을 선도하는 '사회적 공기(社會的公器)'가 아니라, 공산당 노선과 방침을 국민에게 선전하고, 반당(反黨) 세력을 비판 및 공격하는 '공산당의 입(黨的喉舌)'이다. 과거에도 그랬고 현재와 미래에도 언론의 이런 역할은 공산당 영도 체제가 유지되는 한 변함 없이 이어질 것이다.

다른 하나는 인터넷과 소셜미디어(SNS) 같은 신(新)매체에 대한 통제다. 2000년대 이후 인터넷과 소셜미디어가 급속히 보급되면서 공산당의 사상 통제는 전통 매체에서 신매체로 그 중심이 옮겨가고 있다. 인터넷과 소셜미디어는 정보 확산 속도가 빠르고 영향력이 크며, 시민사회에 활동 공간과 투쟁 수단을 제공하기 때문에 공산당은 이를 통제할 수밖에 없다. 특히 전통 매체와 달리 신매체는 중국과 세계 사이의 경계를 허무는 특징을 가지고 있기에 공산당은 통제의 끝을 잠시도 놓을 수 없다.

(1) 사상 통제의 성과: 애국주의 열풍과 공산당 지지 증가

공산당의 사상 통제는 인사 및 조직 통제와 비교해서 더욱 어렵고 복잡한 임무다. 이를 평가하는 일도 마찬가지다. 성과와 문제를 눈으로 확인하는 방법 혹은 그것을 실증적으로 측정하는 방법이 부족하기 때문이다. 그런데 공산당의 관점에서 보면, 사상 통제는 지금까지 비교적 성공적이라고 평가할 수 있다. 단적으로 1989년 톈안먼 민주화 운동과 1991년 소련 붕괴 이후, 중국에서는 민주주의나 민주화가 일반 국민뿐만 아니라 지식인 집단에서도 주류 이념의 지위를 상실했다. 이에 따라 공산당 영도 체제에 도전하는 강력한 이념은 존재하지 않는다고 말할 수 있다. 최소한 중국에서는 그렇다.

대신 그때부터 지금까지 애국주의(patriotism) 열풍이 중국 전역을 휩쓸고 있다. 이는 1970년대 중반부터 1990년대 초반까지 전 세계 개발도상국과 사회주의 국가에서 '제3의 민주화 물결'이 몰아친 현상과는 선명히 대조되는 중국의 독특한 모습이다. 경제발전과 이에 따른 종합국력의 증강, 국민의 생활수준 향상과 자신감의 증가, 지식인의 민주화 운동에 대한 반성과 전통문화에 대한 재발견 등 여러 가지 요소가 애국주의 열풍의 등장에 영향을 미쳤다. 그러나 공산당의 지속적이고 체계적인 애국주의 교육 운동이 없었다면 이런 열풍은 없었을 것이다. 이런 면에서 공산당의 사상 통제는 성공했다고 평가할 수 있다.

또한 1989년 톈안먼 민주화 운동 이후 대학생 대부분은 중국의 민주화를 추구하지 않았다는 점, 주요 대학에서는 지난 30여 년 동안 대규모 민주화 관련 시위나 공산당 반대 시위가 한 번도 일어나지 않았다는 점은 공산당의 사상 통제가 효과적이었다는 사실을 증명한다. 여러 연구가 보여주듯이, 2000년대 이후 대학생은 공산당 입당을 가장 열망하는 사회 집단이 되었다. 이런 의미에서 현재 대학생은 사영기업가 계층 및 중산층과 함께 공산당 영도 체제를 지탱하는 가장 중요한 세력이 되었다고 평가할 수 있다.

반면 대학생들은 공산당이 주도하는 애국주의 선전에는 열광적으로 호응한다. 예를 들어, 1989년 톈안먼 민주화 운동 이후 30여 년 동안 대학생의 대규모 민주화 시위는 한 차례도 없었던 반면, 미국과 일본에 반대하는 민족주의 시위는 여러 차례 있었다. 1999년과 2001년의 반미(反美) 시위, 2005년과 2012년의 반일(反日) 시위가 대표적인 사례다. 이때 전국의 주요 대도시에서는 대학생이 주도하는 반미 및 반일 시위가 며칠 동안 계속되었다. 이들은 평화 시위를 넘어 미국 대사관과 영사관을 부수고, 일본인 관련 시설(예를 들어, 일본 백화점과 음식점)을 파괴하는 폭력 행위도 주저하지 않았다. 물론 공산당과 정부는 이들 시위를 수수방관하면서 사실상 '방조' 혹은 '묵인'하는 자세를 취했다.

1990년대 이후 노동자와 농민의 법률 지식이 증가하고, 그 결과 이들이 법률과 제도를 통해 불만을 해소하려는 시도가 많아졌다는 사실도 공산당의 사상 통제가 어느 정도 효과를 발휘했다는 점을 보여준다. 공산당은 1986년 제1차 5개년 법률 지식 보급 운동을 시작한 이후 지금까지 이를 이어오고 있다. 공산당은 노동자와 농민 등 사회 약자 집단이 시위나 폭동 같은 '불법 수단'이 아니라, 법원 소송 같은 '합법 수단'을 통해 불만을 제기하고 해결하도록 유도한다. 일종의 사회 안정화 정책인 셈이다. 만약 이와 같은 사상 통제를 실행하지 않았다면 민중이 주도하는 '군체성사건(群體性事件)'은 더 큰 규모로, 더 자주, 더 폭력적인 형태로 발생했을 가능성이 크다.

(2) 사상 통제의 문제점

그런데 공산당의 사상 통제는 몇 가지 문제를 낳았다. 현재와 같은 방식으로 사상 통제가 계속된다면, 이런 문제는 앞으로도 해결되지 않을 것이다.

| 집단주의와 '개인적 가치'의 수용 문제

첫째, 공산당의 사상 통제는 나날이 증가하는 중국인의 '개인적 가치'를 수용할 수 없다는 문제가 있다. 지금까지 공산당은 두 가지 목표를 달성하기 위해 국민 교육 운동을 전개했다. 하나는 국민이 공산당 영도 체제와 사회주의를 수용하도록 만드는 일이다. 다른 하나는 국가와 민족의 발전을 강조하는 민족주의(애국주의)를 수용하도록 만드는 일이다. 사실 이것은 하나의 목표로 연결된다. 즉 공산당이 국가발전과 민족중흥을 새로운 국정 목표로 제시하고,

국민이 이를 적극적으로 지지하고 참여함으로써 공산당 영도 체제를 안정적으로 유지하는 목표가 그것이다. 이것이 성공할 경우, 공산당은 국민으로부터 통치 정통성(legitimacy)을 인정받을 수 있다.

시진핑 정부가 강조하는 '중화민족의 위대한 중흥'을 실현하자는 '중국의 꿈(中國夢)' 선전이 이를 잘 보여준다. 이에 따르면, 중국에 있는 수많은 목표 중에서 '중화민족의 중흥'이 최고 목표다. 그래서 이것을 달성하는 일이 바로 '중국의 꿈'이라고 주장한다. 반면 중국인이 개인 차원에서 추구하는 다양한 꿈은 모두 '중국의 꿈'에 종속되고, 그것의 실현에 복무해야만 한다. 이처럼 '중국의 꿈'은 민족·국가·인민·공산당 등 집단의 발전을 중심에 놓고, 개인의 삶과 가치를 그것에 종속시키는 집단주의(collectivism) 가치다. 반면 '미국의 꿈(American dream)'은 개인의 행복과 가치를 중심에 놓고, 국가와 사회는 개인의 자유로운 활동을 지원하고 보장하는 개인주의(individualism) 가치다.

만약 중국인 대다수가 마오쩌둥 시대처럼 현실에서 공산주의를 실현하기 위해 자신의 모든 삶을 희생하면서 공산당의 정치운동에 참여한다면, 집단주의 가치를 강조하는 현재의 사상 통제는 큰 문제가 없을 것이다. 공산주의를 실현하려면 그렇게 하는 일이 타당하기 때문이다. 그러나 시장경제가 자리 잡고, 개인 소유제가 법률로 보장되는 개혁·개방 시대에는 그런 방식의 사상 통제만으로는 국민을 만족시킬 수 없다. 국민은 집단적으로는 국가발전과 '중화민족의 중흥'을 원하겠지만, 개인적으로는 그에 못지않게 다른 사람이 아닌 자기 자신이 '잘 먹고, 잘 살기'를 간절히 원하기 때문이다.

더 나아가서 개혁·개방 시대에 점점 더 많은 중국인은 사회 불평등과 자연 파괴가 심각해지고, 전 사회가 물질적 풍요를 최고의 가치로 숭배하면서 무한 경쟁을 벌이는 각박한 현실에 직면하여 갈 길을 잃고 방황하고 있다. 물질적으로뿐만이 아니라 정신적으로도 어떻게 사는 삶이 '잘 먹고, 잘 사는 삶'인지를 진지하게 고민하고, 그에 대한 답을 얻기를 간절히 바라고 있는 중국인이 늘고 있다는 것이다. 이는 한국을 포함한 전 세계의 자본주의 국가에서 오래전부터 나타난 사회 현상이다. 따라서 개혁·개방 40년을 통해 이미 '자본주의화한' 중국 사회에서 이런 현상이 나타난다고 해서 그렇게 특별한 일은 아니다.

문제는 국가발전과 '중화민족의 중흥' 같은 애국주의적 가치 혹은 집단주의 가치만으로는 이런 지극히 평범하고 개인적인 질문에 만족스러운 답을 줄 수가 없다는 점이다. 1990년대 이후 점점 더 많은 중국인이 천주교와 개신교 등 크리스트교(기독교)에 빠져드는 현상, 불교와 도교 등 전통 종교를 찾는 중국인이 계속 증가하고 있는 현상, 공산당이 미신(迷信)이라고 비판하는 무속 신앙 혹은 토속 신앙에 빠져드는 중국인이 계속 늘어가는 현상은 공산당이 선전하는 집단주의 가치만으로는 중국인이 원하는 정신적 삶을 만족시킬 수 없다는 점을 보여준다. 이것이 현실이다.

1990년대에 기공(氣功) 수련 조직인 파룬궁(法輪功)이 도시와 농촌의 기층사회를 급속히 파고들면서 수천만 명의 수련자(신도)를 거느린 거대한 종교 조직으로 발전한 일, 그래서 공산당은 1999년 상반기에 공권력을 총동원하여 파룬궁을 '사교(邪敎) 집단'으로 매도하고 발본색원하기 위해 강력히 탄압할 수밖에 없었던 일은 바로 이런 상황을 적나라하게 보여준다. 〈당장〉과 당규에 따르면, 공산당원은 사회주의와 공산주의의 신념 이외에 다른 어떤 종교적 신앙도 가질 수 없다. 그런데도 수많은 공산당원이 파룬궁에 가입해서 활동했다는 사실에 당 지도부는 경악하지 않을 수 없었다. 1999년 하반기부터 도시 기층사회에서 '사구(社區) 건설'과 '공산당 건설(黨建)'을 본격적으로 추진한 것, 2000년대 초에 '선진성 교육 운동'이라는 정풍운동을 전당적으로 강력하게 추진한 이유는 바로 이 때문이었다.

| 지식인의 '질식 상태'와 '정체된 사회'

둘째, 공산당의 사상 통제가 지식인 집단을 주요 공격 대상으로 삼으면서 지식인 집단의 창조적이고 비판적인 활동이 크게 위축되는 현상이 나타나고 있다. 어느 사회에서나 그러하듯이, 중국에서도 지식인 집단은 매우 중요한 역할을 담당한다. 새로운 지식과 가치를 창출하고 보급하는 일, 정치·경제·사회·문화 등 사회 각 영역에서 발생하는 문제를 비판하고 대안을 제시하는 일 등이 바로 그것이다. 지식인 집단이 이런 중요한 역할을 담당하기 위해서는 사상·학문·표현의 자유를 보장해야 한다. 또한 정치권력과 경제 권력으로부터 독립된 지식인 사회의 자율성을 인정해주어야 한다.

시진핑 시기 이전까지는 충분하지는 않았지만 그래도 지식인 집단이 활동할 수 있을 정도의 자유와 자율성은 허용되었다. 특히 1980년대는 지식인 사회가 크게 성장하여 공산당 내 개혁파(예를 들어, 후야오방과 자오쯔양)를 적극적으로 지원하는 중요한 세력이 되었다. 이런 측면에서 1980년대를 중국 지식인 사회의 '황금시대'라고 말할 수 있다. 당연히 이 시기에는 수많은 정치사상과 이념이 등장하여 주도권을 놓고 자웅을 겨루었다. 1989년 봄에 일어났던 톈안먼 민주화 운동은, 지식인 사회가 공급한 사상적 자양분을 먹고 자라난 수많은 대학생이 있었기 때문에 가능한 것이었다.

그런데 시진핑 시기에 들어 '공산당 전면 영도'의 강화 방침에 따라 대학교·연구소·언론매체·문화단체 등에 대한 공산당의 사상 통제가 강화되면서 지식인 집단은 숨 쉴 공간조차 잃어버린 '질식 상태'에 빠져버렸다. 예를 들어, 대학교수와 연구원의 임용에서는 연구 업적과 교육 실적이 아니라, 공산당에 대한 충성이라는 '정치 기준'이 가장 중요한 심사 기준이 되었다. 이에 따라 연구 업적과 교육 실적이 아무리 뛰어나도 공산당에 비판적인 사람은 교수나 연구원이 될 수 없다.

대학교와 연구소에 재직 중인 교수와 연구원도 공산당에 비판적인 언행을 조금이라고 할 경우는 가차 없이 파면된다. 민주·인권·법치 등을 고취하는 책과 논문은 대학 교재로 사용할 수 없고, 교수와 학생이 수업 시간에 그런 내용을 언급해서도 안 된다. 이를 감시하기 위해 대학의 강의실마다 서너 대의 CCTV 카메라가 설치되어 작동하고 있다. '검열의 눈초리'가 교수와 학생의 자유로운 학습 활동을 억누르고 있다는 것이다. 이런 상황에서 교수와 학생은 생존을 위해 스스로 자기의 생각과 언행을 감시하고 통제하는 자기검열(self-censorship)을 체질화하게 된다.

만약 지식인 집단에 대한 공산당의 사상 통제가 지금처럼 계속 강화된다면, 이들은 자신의 독자적인 생각은 말하지도 못하고 공산당의 주장만 되풀이하는 '앵무새'로 전락할 것이다. 시간이 더 지나서 이런 상황이 정상적인 일상이 되어 버린다면, 현재의 지식인 집단뿐만 아니라 미래의 지식인 집단(즉 대학생)도 모두 독립적이고 비판적으로 사고하는 방법과 자세를 잊어버릴 수 있다. 또한 지식인 집단의 창조적이고 비판적인 활동이 사라진 상황이 장기간 이어진다면, 중국 사회는 혁신 능력과 자정 능력을 상실한 '정체된 사회'로 퇴락할 것이다. 이런 상황에서는 개혁·개방도 지속될 수 없다.

지식인 집단의 '질식 상태'는 중국인과 중국 사회 전체에 회복할 수 없는 대참사와 대재앙을 초래할 수 있다. 1957년에 벌어졌던 '반우파투쟁(反右派鬪爭)'과 지식인 사회의 궤멸, 이후에 전국에서 발생한 대약진운동(1958~1960년)과 문화대혁명(1966~1976년)의 대혼란과 막대한 피해는, 지식인 집단이 본연의 역할을 발휘하지 못하고 '질식 상태'에 빠질 경우, 그 사회에서는 무슨 일이 벌어질 수 있는 가를 생생하게 보여준 대표적인 사례다. 미래에 이런 일이 다시 일어나지 말라는 법은 없다.

셋째, 공산당의 사상 통제는 여기에 멈추지 않고 언론매체와 인터넷 매체를 정조준하면서 비슷한 문제가 발생하고 있다. 한마디로 말해, 전통 매체와 신매체는 모두 '공산당의 입' 역할만을 수행하도록 통제되고, 그 결과 국가와 사회에 대한 언론의 건전한 비판과 감독 기능, '사회적 공기'로서의 언론의 생산적인 역할은 완전히 상실했다. 언론매체가 민주·인권·법치 등의 내용을 보도할 수 없다는 사실은 말할 필요도 없다. 이제 중국에서는 공산당과 국가의 활동을 비판하고 감시할 수 있는 대중매체는 거의 사라졌다고 말할 수 있다.

시진핑 시기 이전에는 간혹 일부 지방 신문과 방송이 당정기관과 간부의 문제점을 비판하고 시정을 요구하는 보도를 내보내고, 이를 본 당정기관이 그 문제를 해결하는 경우가 있었다. 중요한 사건과 사고에 대해 '어용 언론'이 침묵할 때, 일부 인터넷과 소셜미디어(SNS)가 문제를 보도하는 용기를 보인 적도 있었다. 그러나 현재는 이런 일이 거의 일어나지 않는다. 공산당의 사상 통제가 전보다 더욱더 체계적이고 철저하게 바뀌었기 때문이다. 이런 상황이 장기간 지속되면, 중국 사회는 자체적으로 문제를 지적하고 해결할 수 있는 자정 능력을 상실한 '정체된 사회'로 전락할 것이다.

| 중국과 국제사회 간의 충돌 가능성 증가

마지막으로, 공산당의 사상 통제가 강화되면서 중국과 국제사회 간의 인식 차이 혹은 인식 괴리가 더욱 확대되는 문제가 발생하고 있다. 공산당의 사상 통제로 인해 지식인 집단이 '질식 상태'에 빠지고, 언론매체는 '공산당의 입' 역할만 수행하면서, 중국에서는 공산당과 중화민족을 찬양하는 애국주의 열풍만이 맹렬히 불고 있다.

여기에 더해, 일반 국민이 개혁·개방 시대에 중국이 이룩한 급속한 경제발전과 높아진 국제적 위상을 자랑스럽게 생각하면서 이런 집단적 자기만족과 자부심은 더욱더 높아만 가고 있다. 이는 곧 공산당 영도 체제에 대한 높은 신뢰와 지지로 이어진다. 여러 설문조사 결과가 보여주듯이, 지난 10여 년 동안 중국인은 공산당과 정부에 대해 80%에서 90%에 달하는 높은 만족도와 신뢰도를 보인다.[4]

중국을 제외한 다른 민주주의 국가, 심지어 대부분의 권위주의 국가에서도 집권 여당과 정부가 10여 년 동안 이렇게 높은 신뢰도와 지지도를 받는 경우는 거의 없다. 중국의 이런 모습은 결코 정상이 아니다. 중국이 권위주의 체제라서 설문 조사가 제대로 될 수 없다는 사실을 지적하는 말이 아니다. 중국 사회에서는 지식인 집단과 언론의 비판이 사라졌고, 그래서 중국은 이미 공산당에 대한 찬양과 아부만이 난무하는 '정체된 사회'로 전락했기 때문에 이와 같은 현상이 나타났다는 말이다. 그래서 비정상이라고 주장하는 것이다.

반면 중국에 대한 국제사회, 특히 선진국 국민의 호감도는 갈수록 떨어지고 있다. 예를 들어, 2021년 상반기에 실시된 한 국제 여론조사에 따르면, 한국을 포함한 선진국 국민 중에서 '중국에 대해 호감(好感)을 느끼지 못한다(unfavorable)'라고 대답한 비율이 평균 73%에 달했다. 일본에서는 조사 대상자의 86%, 한국에서는 75%가 중국에 대해 좋지 않게 느낀다고 답했다.[5] 중국인이 공산당과 정부에 대해 80%에서 90%의 신뢰도 혹은 지지도를 보이는 것에 비해 선진국 국민은 중국에 대해 70%에서 80%의 비호감도를 보이는 괴리는 상당히 크다고 할 수 있다.

만약 이와 같은 중국과 국제사회 간의 인식 괴리가 지속된다면, 양자 간의 상호 이해와 소통은 점점 더 어려워지고, 이것은 모두에게 '불행한 결과'로 이어질 가능성이 있다. 단적으로 중국에서는 공산당이 선전하는 '피해의식'과 '포위심리'가 정당한 논리로 인정되어 일반 국민뿐만 아니라 지식인 집단 사이에서도 광범위하게 수용되고 있다. 반면 국제사회에서는 '중국 책임론'과 '중국 견제론'이 강조되고 있다. 현재 이 두 가지 논리는 접점을 찾지 못하고 평행선을 그리면서 팽팽하게 달려가고 있다.

중국의 논리에 따르면, '100년의 굴욕(百年恥辱)', 즉 중국이 아편전쟁(1840년)에서 중화인민공화국 건국(1949년)까지 100년 동안 서구 열강과 일본에 의해 침탈당한 굴욕의 역사가 끝난 지 이미 오래되었다. 그러나 미국을 포함한 서구 자본주의 국가는 여전히 중국의 합당한 국제적 지위를 인정하지 않는다. 오히려 중국을 '포위하고 공격'하면서 강대국으로 부상하려는 중국의 정당한 열망을 가로막고 있다. 이를 극복하기 위해서는 공산당 영도하에 전체 인민과 민족이 똘똘 뭉쳐 '종합국력'을 키워서 서구 열강에 당당히 맞서는 길밖에 없다. 이것이 공산당이 주장하는 '피해의식'과 '포위심리'의 논리다.

　반면 국제사회, 특히 선진국 국민은 '중국 책임론'을 강조한다. 중국은 개혁·개방에 성공해서 이미 강대국으로 성장했다. 그 과정에서 국제사회의 지원과 기여는 빼놓을 수 없는 중요한 요소였다. 따라서 이제 중국이 국제사회에서 그에 합당한 책임과 의무를 다해야만 한다. 그런데 중국은 이런 기대와는 달리 반대로 행동하고 있다. 즉 강대국으로서 자신의 책임을 다하면서 기존의 국제규범을 수용하기는커녕, 커진 국력을 바탕으로 권위주의적 가치와 체제를 전 세계에 확산시키려는 '공세적(assertive) 외교'를 보이기 시작한 것이다. 이런 현상은 후진타오 시기 말기 무렵인 2009년에 본격적으로 나타났고, 시진핑 시기(2012년~현재)에 들어서는 그런 성향이 더욱 강해졌다.

문제는 중국의 '오만함'과 '공격성'이 시간이 갈수록 더욱더 심해지고 있다는 사실이다. 국제사회의 비판과 항의에도 불구하고 계속되고 있는 티베트와 신장 위구르 지역의 소수민족 탄압, 홍콩 민주화 운동 탄압, 대만에 대한 무력 시위 확대, 남중국해 일부 섬의 군사기지화 등이 이를 잘 보여준다. 만약 이런 중국의 행태를 그대로 용인한다면, 국제사회는 기존의 민주적이고 평화로운 체제에서 중국이 주도하는 권위적이고 암울한 체제로 퇴보할 수 있다. 따라서 이런 일이 발생하지 않도록 민주주의 국가들이 힘을 합해 함께 대응해야 한다. 이것이 최근 선진국을 중심으로 등장한 '중국 견제론'의 논리다.

중국과 국제사회 간의 인식 괴리와 이로 인해 초래되는 '불행한 결과'는 앞으로 쉽게 해결되지 않을 것이다. 공산당의 사상 통제가 전보다 약해지거나, 지금까지와는 다른 방향, 예를 들어 집단주의 가치 대신에 민주적이고 개인적인 가치를 강조하는 방향으로 전개될 가능성은 매우 낮기 때문이다. 반대로 미국과 중국 간의 전략 경쟁(strategic competition) 또는 패권 경쟁(hegemonic rivalry)이 더욱 치열하게 전개되면서 이런 인식 괴리가 더욱 좋지 않은 방향으로 치달을 가능성은 전보다 더 커졌다. 그 결과 인식 괴리가 중국과 타국 간의 물리적(군사적) 충돌로 확대될 수도 있다는 것이다. 이처럼 공산당의 사상 통제는 의도하지도 않고, 예상하지도 못한 결과를 불러올 수도 있다.

4. 공산당 통제 기제는 계속될 것인가?

지금까지 다섯 가지의 공산당 통제 기제, 즉 인사 통제, 조직 통제, 사상 통제, 무력 통제, 경제 통제의 성과와 문제를 자세히 살펴보았다. 그렇다면 성과와 문제를 동시에 가지고 있는 공산당 통제 기제는 앞으로도 계속 작동하면서 공산당 영도 체제를 지탱해주는 기둥 역할을 담당할 수 있을까? 그럴 것 같다. '최소한 단기적으로는', 그것이 구체적으로 언제가 될지는 모르겠지만, 현재의 공산당 통제 기제는 계속될 것으로 보인다.

우선 공산당 통제 기제는 '연성' 기제와 '경성' 기제가 유기적으로 결합하여 상호 보완하면서 작동하고 있다. 인사·조직·사상 통제가 '연성' 기제라면, 무력·경제 통제는 '경성' 기제다. 일상적인 상황에서는 '연성' 기제가 주로 작동한다. 이런 이유로 개혁·개방 시대에 물질적 혜택을 경험하고, 현행 정치 체제에도 비교적 잘 적응해 살아가고 있는 대다수 중국인은 공산당 영도 체제가 그렇게 억압적이지 않다고 생각한다. 마오쩌둥 시대와 달리, 현재는 공산당이 금지하는 '일부 행동'만 하지 않으면 '경성' 통제의 매운맛을 경험할 일이 거의 없기 때문이다. 반면 '경성' 통제를 일상적으로 경험하면서 생활하는 중국인은 소수에 불과하다. 설사 '경성' 통제를 경험하는 중국인이 있다고 해도, 그것은 특별한 상황, 예를 들어 노동자들이 파업을 시도하거나, 농민들이 시위를 벌이는 등 제한된 범위의 경험이다. 이런 이유로 전체적으로 보면, 공산당 통제 기제는 안정적으로 작동할 수 있다.

또한 공산당 통제 기제는 단순히 억압적이고 강제적인 성격, 즉 '소극적 측면'만 가지고 있는 것이 아니다. 그것은 유능하고 개혁적인 성격, 즉 '적극적 측면'도 함께 가지고 있다. 우리는 인사·조직·사상 통제에 대한 개별적인 분석을 통해 이를 확인할 수 있었다. 또한 현재까지의 상황을 놓고 볼 때, 중국인들은 '소극적 측면'이 초래하는 부정적 결과에 불만을 느끼기보다는, '적극적 측면'이 초래하는 긍정적 결과에 더 만족하는 것처럼 보인다. 공산당과 현행 정치 체제에 대해 중국인이 높은 지지와 만족을 보이는 것은 이런 사실을 뒷받침한다.

조금 더 구체적으로 살펴보면, 공산당 통제 기제의 '소극적 측면'이 초래하는 문제는 결코 무시할 수 없다. 인사 통제는 공산당에 의한 '새로운 계급 사회'의 출현, '특권 집단'이자 '공산당의 대리인'으로 국민 위에 군림하는 당정간부의 양산, 고질적이고 만연한 당정간부의 부정부패를 초래한다. 조직 통제도 집단지도 체제의 약화와 당서기 개인의 권력 강화, '공산당 전면 영도' 강화에 따른 국가·사회·기업의 자율성 약화와 활력 저하를 초래한다. 사상 통제도 마찬가지다. 집단주의(특히 애국주의)의 강조와 '개인적 가치'의 수용 불가 문제, 지식인 집단의 '질식 상태'와 '정체된 사회'의 출현, 중국과 국제사회 간의 인식 괴리 확대와 '불행한 결과' 초래 가능성이 바로 그것이다.

그러나 중국인의 관점에서 보면, 공산당 통제 기제의 '적극적 측면'이 가져다주는 성과도 결코 작다고 할 수는 없다. 공산당은 인사 통제를 통해 유능한 간부를 충원하여 개혁·개방 정책을 성공적으로 추진할 수 있었다. 이는 소련 및 동유럽 사회주의 국가가 개혁·개방에 실패한 것과는 선명하게 대조되는 결과다. 또한 공산당은 조직 통제를 통해 공산당에 도전할 수 있는 정치 세력의 등장을 억제하면서 비교적 안정적으로 정치 체제를 유지하고 있다. 사상 통제의 성과도 이에 못지않다. 개혁·개방 시대에 사회주의 이념을 혁신하고 새로운 통치 이념을 개발함으로써 당내 단결을 높이고, 국민과 전체 민족의 통합을 유지할 수 있다.

게다가 공산당 통제 기제의 '소극적 측면'조차도 중국인에게는 현재의 세계 정치 상황과 비교할 때, 그렇게 나쁘게 보이지만은 않을 수 있다. 1990년대 후반기부터 전 세계는 '제3의 민주화 물결' 시대를 마감하고, '민주주의 후퇴' 시대에 접어들었다. 민주주의와 민주화가 주류 이념과 가치가 아닌 시대가 온 것이다. 실제로 프리덤 하우스(Freedom House)의 2022년 조사 보고서에 따르면, 전 세계 인구 중에서 단지 20.3%만이 한국처럼 자유로운 국가(free country)에 살고 있고, 41.3%는 부분적으로 자유로운(partly free) 국가, 38.4%는 중국처럼 자유롭지 못한(not free) 국가에 살고 있다. 이처럼 세계인 중에서 79.7%가 부분적으로 자유롭거나 자유롭지 못한 국가에서

살고 있다. 이는 1995년 이후 최악의 상황이다.⁶

'민주주의 후퇴' 사례는 주위에서도 쉽게 발견할 수 있다. 1999년에 집권하여 현재까지 23년 동안 대통령 노릇(몇 년 동안의 총리 노릇 포함)을 하는 러시아의 푸틴(V. Putin)이 대표적이다. 사실 2022년 2월에 러시아가 우크라이나를 침공(invasion)한 데에는 '푸틴 리스크(Putin risk)'가 상당한 영향을 미쳤다. 2024년에 대통령 임기가 끝나는 푸틴에게는 집권 연장을 위해 국민에게 내세울 '업적'이 필요했다. 또한 국민의 불만을 해외로 분출하도록 유도하고, 위기 상황을 조성해서 푸틴 정권에 대한 국민의 지지를 끌어올릴 필요도 있었다. 이처럼 우크라이나 침공은 푸틴 개인의 권력욕을 충족시키기 위해 양국 국민의 이익, 더 나아가서는 유럽 전체의 평화와 안정을 희생한 대표적인 사례다. 그 밖에도 영국의 유럽연합(EU) 탈퇴, 일명 '브렉시트(Brexit)'가 일어나는 과정에서 보여준 영국인의 무지와 무관심, 대통령 선거 결과에 불복할 뿐만 아니라 폭력을 통해 선거 결과를 번복하려고 시도한 미국의 '트럼프(Trump) 현상'은 '민주주의 후퇴'가 개발도상국만의 문제가 아님을 보여준다.

이런 상황에서 중국인에게 공산당 영도 체제는 비민주적이고 낙후된 '권위주의'라기보다는, 중국의 상황과 조건에 맞게 운영되는 '중국 특색의 민주주의'로 보일 수 있다. 공산당 선전이 효과를 발휘한다는 것이다. 특히 2019년 12월 중국에서 시작되어 전 세계로 퍼져나간 코로나19에 대처하는 중국의 '효율적이고 효과적인'

모습과 미국 등 선진국의 '우왕좌왕하는' 모습을 비교하면서, 중국인은 이런 판단을 더욱 굳혀가고 있다. 이처럼 중국인 대다수가 공산당의 선전을 수용하고, 공산당 영도 체제의 타당성을 신뢰하는 상황에서는 억압적인 통제 기제조차도 적절하다고 생각할 수 있다.

결론적으로, 중국이 커다란 사회경제적 위기나 정치적 위기에 직면하여 공산당 지도부가 현재의 통제 기제로는 국가와 사회와 인민을 제대로 통치할 수 없다고 판단하기 전까지는, 또한 그런 위기를 맞아 중국인 대다수가 현재의 통제 기제를 불신하고 거부하는 상황이 오기 전까지는, 공산당 통제 기제는 계속될 것이다. 공산당 통제 기제가 계속되는 한, 공산당 영도 체제도 유지될 것이다. 지금 세계 대부분의 지역에서 그러하듯이, 중국에서도 자유와 민주는 더 이상 국민이 갈망하고 꿈꾸는 그런 가치가 아니다. 공산당 영도 체제가 지속되기에는 더할 나위 없이 좋은 국내외 조건이 만들어진 것이다. 다만 그것이 언제까지 지속될지는 아무도 모른다. 정치는 끝없이 변화하는 '생물(生物)'이기 때문이다.

미주

공산당 통제 기제: '다섯 가지의 기둥'

1 朱光磊, 『當代中國政府過程』(修訂版)(天津: 天津人民出版社, 2002), pp. 56-
57; 王立峰, 『政府中的政黨: 中國共産黨與政府關係研究』(北京: 中國法
制出版社, 2013), pp. 91-98.

2 王立峰, 『政府中的政黨』, pp. 91-98, 118-125.

3 景躍進·陳明明·肖浜 主編, 『當代中國政府與政治』(北京: 中國人民大
學出版社, 2016), pp. 23-26; 王海峰, 『幹部國家』(上海: 復旦大學出版社,
2012), pp. 22-23; Sebastian Heilmann (ed.), *China's Political System* (Lanham:
Rowman & Littlefield, 2017), p. 401.

제1부 인사 통제

1 王立峰, 『政府中的政黨』, pp. 216, 236-253; 張執中, 「中共修訂〈黨政領
導幹部選拔任用工作条例〉評析」, 『展望與探索』17卷 5期(2019년 5월), pp.
16-21; Kjeld Erik Brodsgaard, "Management of Party Cadres in China",

Kjeld Erik Brodsgaard and Zheng Yongnian (eds.), *Bringing the Party Back in: How China Is Governed* (Singapore: EAI, 2004), p. 86; Zheng Yongnian, *The Chinese Communist Party as Organizational Emperor: Culture, Reproduction and Transformation* (London and New York: Routledge, 2010), pp. 103–107; Kjeld Erik Brodsgaard, "Introduction", Kjeld Erik Brodsgaard (ed.), *Critical Readings on the Chinese Communist Party* (Vol. 1) (Leiden and Boston: Brill, 2017), p. 20.

2 Joseph Fewsmith, *Rethinking Chinese Politics* (New York: Cambridge University Press, 2021), p. 5; David Shambaugh, *China's Leaders: From Mao to Now* (Medford: Polity, 2021), p. 19.

3 Dali L. Yang, *Remaking the Chinese Leviathan: Market Transition and the Politics of Governance in China* (Stanford: Stanford University Press, 2004), p. 66; Yumin Sheng, "Central–Provincial Relations at the CCP Central Committees: Institutions, Measurement and Empirical Trends, 1978–2002", *China Quarterly*, No. 182 (June 2005), pp. 343–347, 353.

4 Minxin Pei, *China's Trapped Transition: The Limits of Developmental Autocracy* (Cambridge, MA: Harvard University Press, 2006), pp. 39–44; Minxin Pei, *China's Crony Capitalism: The Dynamics of Regime Decay* (Cambridge, MA: Harvard University Press, 2016), pp. 24, 49, 258.

인사 임명: 간부와 공무원 통제

1 程文浩·盧大鵬, 「中國財政供養的規模及影響變量: 基於十年機構改革的經驗」, 『中國社會科學』, 2010年 2期, p. 86.

2 Yuen Yuen Ang, "Counting Cadres: A Comparative View of the Size of China's Public Employment", *China Quarterly*, No. 211 (September 2012), p.

679.

3 안치영, 「중국의 엘리트 정치 충원 메커니즘과 그 특성」, 『아시아문화연구』
21집(2011년 3월), pp. 4−5; 桂宏誠·彭思舟, 「大陸'公務員'和'幹部'之關係」,
『展望與探索』11卷 1期(2013), p. 30.

4 桂宏誠, 「中國大陸黨管幹部原則下的公務員體制」, 『中國大陸研究』
56卷 1期(2013), pp. 63−66, 68−69; 桂宏誠·彭思舟, 「大陸'公務員'和'幹
部'之關係」, p. 30.

5 桂宏誠·彭思舟, 「大陸'公務員'和'幹部'之關係」, p. 35.

6 程文浩·盧大鵬, 「中國財政供養的規模及影響變量」, p. 86.

7 안치영, 「중국의 엘리트 정치 충원 메커니즘과 그 특성」, pp. 4−5.

8 程文浩·盧大鵬, 「中國財政供養的規模及影響變量」, p. 89.

9 조호길·리신팅, 『중국의 정치권력은 어떻게 유지되는가: 강력한 당−국
가체제와 엘리트 승계』(서울: 메디치, 2017), pp. 147−153; 王曘, 『優選與嚴
管: 解讀中國幹部制度』(北京: 外文出版社, 2013), p. 30; Yang Zhong, *Local
Government and Politics in China: Challenges from Below* (Armonk: M.E. Sharpe,
2003), pp. 105−106.

10 John P. Burns and Wang Xiaoqi, "Civil Service Reform in China:
Impacts on Civil Servants' Behaviour", *China Quarterly*, No. 201 (March
2010), pp. 58−78.

11 Qingjie Zeng, "Democratic Procedures in the CCP's Cadre Selection
Process: Implementation and Consequences", *China Quarterly*, No. 225
(March 2016), pp. 82−85.

12 Bohdan Haraymiw, "*Nomenklatura*: The Soviet Communist Party's
Leadership Recruitment System", *Canadian Journal of Political Science*, Vol.
2, No. 4 (December 1969), pp. 495−496.

13 John P. Burns, *The Chinese Communist Party's Nomenklatura System: A Documentary Study of Party Control of Leadership Selection*, 1979—1984 (Armonk: M.E. Sharpe, 1989), pp. xxii—xxiii.

14 Kjeld Erik Brodsgaard, "Cadre and Personnel Management in the CPC", *China: An International Journal*, Vol. 10, No. 2 (August 2012), pp. 75—76.

15 Kjeld Erik Brodsgaard, "Institutional Reform and the *Bianzhi* System in China", *China Quarterly*, No. 170 (June 2002), pp. 363—365; Brodsgaard, "Cadre and Personnel Management in the CPC", pp. 76—77; Kjeld Erik Brodsgaard, "*Bianzhi* and Cadre Management in China: The Case of Yangpu", Kjeld Erik Brodsgaard and Zheng Yongnian (eds.), *The Chinese Communist Party in Reform* (London: Routledge, 2006), pp. 104—105, 118—119.

16 陳麗鳳, 『中國共産黨領導體制的歷史考察: 1921—2006』(上海: 上海人民出版社, 2007), pp. 174—178.

17 陳麗鳳, 『中國共産黨領導體制的歷史考察: 1921—2006』, pp. 174—178.

18 陳麗鳳, 『中國共産黨領導體制的歷史考察: 1921—2006』, pp. 314—317.

19 陳麗鳳, 『中國共産黨領導體制的歷史考察: 1921—2006』, pp. 314—317; Burns, *The Chinese Communist Party's Nomenklatura System*, pp. xviii—xix.

20 Pierre Landry, *Decentralized Authoritarianism in China: The Communist Party's Control of Local Elites in the Post-Mao Era* (New York: Cambridge University Press, 2008), pp. 44, 47.

21 桂宏誠, 「中國大陸黨管幹部原則下的公務員體制」, pp. 81—83; 안치영, 「중국의 엘리트 정치 충원 메커니즘과 그 특성」, pp. 12—14; John P. Burns, "Strengthening Central CCP Control of Leadership Selection: The 1990 Nomenklatura", *China Quarterly*, No. 138 (June 1994), pp.

458–491; Hon S. Chan, "Cadre Personnel Management in China: The *Nomenklatura* System, 1990–1998", *China Quarterly*, No. 179 (September 2004), pp. 703–734.

22 Chan, "Cadre Personnel Management in China", pp. 727–734.

23 중앙 순시조(巡視組)는 공산당 중앙이 관리하는 기관(단위)만 감독하는데, 2021년 5월에 실시된 19기 제7차 순시에서는 국무원 교육부와 함께 31개 중점대학이 감독 대상으로 선정되었다. 이는 중앙 관리 중점대학이 1998년에는 17개에서 현재는 31개로 증가했음을 의미한다. 「十九届中央第七輪巡視完成進駐」, 〈中國共産黨新聞網〉, 2021년 5월 12일, dangjian.people.com.cn (검색일: 2021. 5. 13).

24 조영남, 『파벌과 투쟁: 덩샤오핑 시대의 중국 2(1983–1987년)』(서울: 민음사, 2016), pp. 67–71.

25 Sebastian Heilmann (ed.), *China's Political System* (Lanham: Rowman & Littlefield, 2017), pp. 115–117.

26 Hon S. Chan and Edward Li Suizhou, "Civil Service Law in the People's Republic of China: A Return to Cadre Personnel Management", *Public Administration Review*, Vol. 67, No. 3 (May/June 2007), pp. 389–391; Yijia Jing and Qianwei Zhu, "Civil Service Reform in China: An Unfinished Task of Value Balancing", *Review of Public Personnel Administration*, Vol. 32, No. 2 (2012), pp. 139–140; Kjeld Erik Brodsgaard and Chen Gang, "China's Civil Service Reform: An Update", *EAI Background Brief*, No. 493 (December 2009), pp. 5–6; Kaifeng Yang, Fan Wu, Xiaolin Xu and Tao Chen, "The Challenge of Civil Servant Training in China: A Case Study of Nanning City", *Review of Public Personnel Administration*, Vol. 32, No. 2 (2012), pp. 170–173.

27 조영남, 『파벌과 투쟁: 덩샤오핑 시대의 중국II(1983–1987년)』(서울: 민음사, 2016), pp. 277–279.

28 조영남, 『중국의 엘리트 정치: 마오쩌둥에서 시진핑까지』(서울: 민음사, 2019), pp. 446–464.

간부 교육과 사상 통제

1 Frank N Pieke, *The Good Communist: Elite Training and State Building in Today's China* (New York: Cambridge University Press, 2009), pp. 59–65.

2 〈幹部教育培訓工作條例〉의 '제1장 총칙'의 제2조.

3 中共中央, 〈2018–2022年全國幹部教育培訓規劃〉(2018년 11월 반포).

4 Gregory T. Chin, "Innovation and Preservation: Remaking China's National Leadership Training System", *China Quarterly*, No. 205 (March 2011), pp. 19–39.

5 Charlotte Lee, *Training the Party: Party Adaptation and Elite Training in Reform-era China* (New York: Cambridge University Press, 2015), pp. 109–110; David Shambaugh, "Training China's Political Elite: The Party School System", *China Quarterly*, No. 196 (December 2008), pp. 834–845; Kai Zhou and Ge Xin, "Borrowing Wisdom from Abroad: Overseas Training for Political Elite in Reform-era China", *China Review*, Vol. 20, No. 4 (November 2020), p. 96.

6 Shambaugh, "Training China's Political Elite", pp. 830, 832.

7 Pieke, *The Good Communist*, p. 175.

8 Alan P.L. Liu, "Rebirth and Secularization of the Central Party School in China", *China Journal*, No. 62 (July 2009), p. 123.

9 何毅亭 等著, 『中國共產黨的成功奧秘與中央黨校』(北京: 外文出版社,

758

2018), pp. 155-168.

10 「習近平：堅持黨校姓黨根本工作原則, 切實做好新形勢下黨校工作」, 〈新華網〉 2015年 12月 12日, www.xinhuanet.com (2021. 7. 12).

11 〈中共中央關於加強和改進新形勢下黨校工作的意見〉(2015년 12월 하달).

12 상하이시 당교─정식 명칭은 '중공 상하이시위 당교(中共上海市委黨校)'─의 사례는 다음을 참고할 수 있다. Emilie Tran, "From Senior Official to Top Civil Servant: An Enquiry into the Shanghai Party School", *China Perspectives*, No. 46 (2003), pp. 27-40.

13 Chin, "Innovation and Preservation", pp. 36-37.

14 David Shambaugh, *China's Communist Party: Atrophy and Adaptation* (Washington D.C.: Woodrow Wilson Center Press, 2008), pp. 149-153.

15 Shambaugh, "Training China's Political Elite", p. 838.

16 Pieke, *The Good Communist*, p. 100.

17 何毅亭, 『中國共産黨的成功奧秘與中央黨校』, pp. 171-173.

18 何毅亭, 『中國共産黨的成功奧秘與中央黨校』, pp. 178-180.

19 Wen-Hsuan Tsai and Chien-Wen Kou, "The Party's Disciples: CCP Reserve Cadres and the Perpetuation of a Resilient Authoritarian Regime", *China Quarterly*, No. 221 (March 2015), pp. 8-14.

20 Jerome Doyon and F.B. Keller, "Knowing the Wrong Cadre? Networks and Promotions in the Chinese Party-State", *Political Studies*, Vol. 68, No. 4(2020), pp. 1040, 1051.

21 何毅亭, 『中國共産黨的成功奧秘與中央黨校』, pp. 178-180.

22 何毅亭, 『中國共産黨的成功奧秘與中央黨校』, pp. 178-180.

23 李慎明 總撰稿, 『蘇聯亡黨亡國20年際：俄羅斯人在訴說(六集DVD黨内教育参考片)』(北京：社會科學文献出版社, 2013).

24 Gang Tian and Wen-Hsuan Tsai, "Ideological Education and Practical Training at a County Party School: Shaping Local Governance in Contemporary China", *China Journal*, No. 85 (January 2021), pp. 13–14.

25 조영남, 『중국의 법치와 정치개혁』(파주: 창비, 2012), pp. 138–142.

26 Tian and Tsai, "Ideological Education and Practical Training at a County Party School", pp. 9–13.

27 Tian and Tsai, "Ideological Education and Practical Training at a County Party School", pp. 14–18.

28 「'大國戰疫'下架背後的紅與黑」, 〈多維新聞〉 2020년 3월 3일, www.dwnesw.com (검색일: 2020. 3. 3).

29 Tian and Tsai, "Ideological Education and Practical Training at a County Party School", pp. 14–18.

30 Pieke, *The Good Communist*, pp. 121–123, 147, 150–151.

31 Tian and Tsai, "Ideological Education and Practical Training at a County Party School", pp. 5–9.

32 이문기, 「중국공산당의 간부 교육과 정치적 통합」, 『현대중국연구』 20집 3호(2018년 12월), pp. 63–65; Ignatius Wibowo and Lye Liang Fook, "China's Central Party School: A Unique Institution Adapting to Changes", Kjeld Erik Brodsgaard and Zheng Yongnian (eds.), *The Chinese Communist Party in Reform* (London: Routledge, 2006), pp. 152–153; Lee, *Training the Party*, p. 28; Shambaugh, "Training China's Political Elite", p. 844.

33 Charlotte Lee, "Party Selection of Officials in Contemporary China", *Studies in Comparative International Development*, Vol. 48, No. 4 (2013), pp. 356–379.

34 Shambaugh, "Training China's Political Elite", p. 830.

35 Lee, *Training the Party*, pp. 113–116.

36 Zhou and Xin, "Borrowing Wisdom from Abroad", pp. 96, 102.

37 Lee, *Training the Party*, pp. 48, 51, 113–116; Zhou and Xin, "Borrowing Wisdom from Abroad", pp. 102–103.

38 Zhou and Xin, "Borrowing Wisdom from Abroad", pp. 103–108.

39 Zhou and Xin, "Borrowing Wisdom from Abroad", pp. 109–113.

인사 평가와 간부 승진

1 Sebastian Heilmann, *Red Swan: How Unorthodox Policy Making Facilitated China's Rise* (Hong Kong: Chinese University Press, 2018), pp. 183–185.

2 Melanie Manion, "The Cadre Management System, Post-Mao: The Appointment, Promotion, Transfer and Removal of Party and State Leaders", *China Quarterly*, No. 102 (June 1985), pp. 226–230.

3 Maria Edin, "State Capacity and Local Agent Control in China: CCP Cadre Management from a Township Perspective", *China Quarterly*, No. 173 (March 2003), pp. 37–42.

4 Cai (Vera) Zuo, "Promoting City Leaders: The Structure of Political Incentives in China", *China Quarterly*, No. 224 (December 2015), pp. 959–961.

5 榮敬本 外, 『從壓力型體制向民主合作體制的轉變: 縣鄉兩級政治體制改革』(北京: 中央編譯出版社, 1998); 榮敬本 外 『再論從壓力型體制向民主合作體制的轉變: 縣鄉兩級政治體制改革的比較研究』(北京: 中央編譯出版社, 2001).

6 Zuo, "Promoting City Leaders", pp. 959–961; Thomas Heberer and

Rene Trappel, "Evaluation Processes, Local Cadres' Behaviour and Local Development Processes", *Journal of Contemporary China*, Vol. 22, No. 84 (July 2013), pp. 1054–1055; Maria Heimer, "The Cadre Responsibility System and the Changing Needs of the Party", Kjeld Erik Brodsgaard and Zheng Yongnian (eds.), *The Chinese Communist Party in Reform* (London: Routledge, 2006), pp. 134–135.

7 Heimer, "The Cadre Responsibility System and the Changing Needs of the Party", pp. 122–138.

8 Gunter Schubert and Anna L. Ahlers, "County and Township Cadres as a Strategic Group: 'Building a New Socialist Countryside' in Three Provinces", *China Journal*, No. 67 (January 2012), pp. 67–86.

9 Heberer and Trappel, "Evaluation Processes, Local Cadres' Behaviour and Local Development Processes", pp. 1053–1057.

10 Zuo, "Promoting City Leaders", pp. 962–968.

11 Susan H. Whiting, "The Cadre Evaluation System at the Grass Roots: The Paradox of Party Rule", Barry J. Naughton and Dali L. Yang (eds.), *Holding China Together* (New York: Cambridge University Press, 2004), p. 110.

12 Yuen Yuen Ang, *China's Gilded Age: The Paradox of Economic Boom and Vast Corruption* (New York: Cambridge University Press 2020), p. 100.

13 Edin, "State Capacity and Local Agent Control in China", pp. 45–50; Maria Edin, "Remaking the Communist Party–State: The Cadre Responsibility System at the Local Level in China", *China: An International Journal*, Vol. 1, No. 1 (March 2003), pp. 13–15.

14 Whiting, "The Cadre Evaluation System at the Grass Roots", pp. 112–115.

15 Yuen Yuen Ang, *How China Escaped the Poverty Trap* (Ithaca and London: Cornell University Press, 2016), pp. 109–125.

16 Jie Gao, "Pernicious Manipulation of Performance Measures in China's Cadre Evaluation", *China Quarterly*, No. 223 (September 2015), pp. 618–637.

17 Hongbin Li and Li−An Zhou, "Political Turnover and Economic Performance: The Incentive Role of Personnel Control in China", *Journal of Public Economics*, Vol. 89, No. 9–10 (September 2005), pp. pp. 1751–1753; Ruxue Jia, David Seim, and Masyuki Kudamatsu, "Political Selection in China: The Complementary Roles of Connections and Performance", *Journal of the European Association*, Vol. 13, No. 4 (August 2015), p. 647; Pierre Landry, *Decentralized Authoritarianism in China: The Communist Party's Control of Local Elites in the Post-Mao Era* (New York: Cambridge University Press, 2008), pp. 90–95; Xin Jin and Xu Xu, "Incentivizing Corruption: An Unintended Consequence of Bureaucratic Promotion in China", *SSRN*, November 12, 2019, https://ssrn.com (검색일: 2021. 3. 10), p. 14.

18 Yasheng Huang, "Managing Chinese Bureaucrats: An Institutional Economics Perspective", *Political Studies*, Vol. 50, No. 1 (2002), pp. 61–79; Pierre F. Landry, "The Political Management of Mayors in Post−Deng China", Kjeld Erik Brodsgaard and Zheng Yongnian (eds.), *Bringing the Party Back in: How China is Governed* (Singapore: EAI, 2004), pp. 164–165.

19 Heberer and Trappel, "Evaluation Processes, Local Cadres' Behaviour and Local Development Processes", pp. 1059–1060; Yang Zhong, *Local Government and Politics in China: Challenges from Below* (Armonk: M.E. Sharpe,

2003), pp. 122–127.

20 Genia Kostka and Yu Xiaofan, "Career Backgrounds of Municipal Party Secretaries in China: Why Do So Few Municipal Party Secretaries Rise from the County Level", *Modern China*, Vol. 41, No. 5 (September 2015), pp. 467–505.

21 Jiangnan Zhu, "Why Are Offices for Sale in China", *Asian Survey*, Vol. 48, No. 4 (July/August 2008), pp. 558–579; Minxin Pei, *China's Crony Capitalism: The Dynamics of Regime Decay* (Cambridge, MA: Harvard University Press, 2016), p. 78–115.

22 Eun Kyong Choi, "Patronage and Performance: Factors in the Political Mobility of Provincial Leaders in Post–Deng China", *China Quarterly*, No. 212 (December 2012), pp. 965–969, 979; Stan Hok–Wui Wong and Yu Zeng, "Getting Ahead by Getting on the Right Track: Horizontal Mobility in China's Political Selection Process", *Journal of Contemporary China*, Vol. 27, No. 109 (January 2018), p. 64; Jia, Seim, and Kudamatsu, "Political Selection in China", p. 632; Chien–Wen Kou and Wen–Hsuan Tsai, "Sprinting with Small Steps Towards Promotion: Solution for the Age Dilemma in the CCP Cadre Appointment System", *China Journal*, No. 71 (January 2014), p. 168; Baoqing Pang, Shu Keng and Lingna Zhong, "Sprinting with Small Steps: China's Cadre Management and Authoritarian Resilience", *China Journal*, No. 80 (July 2018), pp. 90–93.

23 Daniel A. Bell, *The China Model: Political Meritocracy and the Limits of Democracy* (Princeton: Princeton University Press, 2015), pp. 139, 146–148, 151, 178, 179.

24 Li and Zhou, "Political Turnover and Economic Performance", pp.

1744, 1960—1961; Ye Chen, Hongbin Li, and Li—An Zhou, "Relative Performance Evaluation and the Turnover of Provincial Leaders in China", *Economics Letters*, Vol. 88, No. 3 (2005), pp. 421—425; Yumin Sheng, "Authoritarian Co—optation, the Territorial Dimension: Provincial Political Representation in Post—Mao China", *Studies in Comparative International Development*, Vol. 44, No. 1 (Winter 2009), pp. 71—93.

25 Zhiyue Bo, *Chinese Provincial Leaders: Economic Performance and Political Mobility Since 1949* (Armonk: M.E. Sharpe, 2002), pp. 140, 133—149; Stan, Wong and Zeng, "Getting Ahead by Getting on the Right Track", pp. 74—78.

26 Hsin—Hsien Wang, Chien—wen Kou, and Shinn—Shyr Wang, "Factors Leading to the Promotion of Provincial Cadres in Contemporary China: Political Connections, Economic Performance, or Social Stability?", Paper presented at 〈變動的國際秩序與台韓合作〉國際學術研討會, 2015年 12月 18日 臺北.

27 Xiaobo Lu and Pierre F. Landry, "Show Me the Money: Inter—jurisdiction Political Competition and Fiscal Extraction in China", *American Political Science Review*, Vol. 108, No. 3 (August 2014), pp. 706—722.

28 Chenggang Xu, "The Fundamental Institution of China's Reforms and Development", *Journal of Economy Literature*, Vol. 49, No. 4 (2011), pp. 1076—1151; Eric Maskin, Yingyi Qian and Chenggang Xu, "Incentives, Information, and Organizational Form", *Review of Economic Studies*, Vol. 67, No. 2 (April 2000), pp. 359—378.

29 Victor Shih, Christopher Adolph and Mingxing Liu, "Getting Ahead in the Communist Party: Explaining the Advancement of Central Committee Members in China", *American Political Science Review*, Vol. 106, No. 1 (February 2012), pp. 166–187.

30 Zhu, "Why Are Offices for Sale in China", pp. 558–579; Pei, *China's Crony Capitalism*, pp. 78–115.

31 Sonja Opper, Victor Nee, and Stefan Brehm, "Homophily in the Career Mobility of China's Political Elite", *Social Science Research*, No. 54 (2015), pp. 332–352.

32 Jia, Seim, and Kudamatsu, "Political Selection in China", pp. 631–668.

33 Ang, *China's Gilded Age*, p. 154.

34 Hui Li and Lance L. P. Gore, "Merit–Based Patronage: Career Incentives of Local Leading Cadres in China", *Journal of Contemporary China*, Vol. 27, No. 109 (January 2018), pp. 85–102.

35 Choi, "Patronage and Performance", pp. 965–969, 979.

36 Pierre, F. Landry, Xiaobo Lu and Hainyan Duan, "Does Performance Matter? Evaluating Political Selection Along the Chinese Administrative Ladder", *Comparative Political Studies*, Vol. 51, No. 8 (2018), pp. 1074–1105; Landry, *Decentralized Authoritarianism in China*, p. 261.

37 Choi, "Patronage and Performance", pp. 965–969, 979; Zuo, "Promoting City Leaders", p. 957.

38 성부급과 지청급까지 승진하는 데 필요한 시간을 계산하면, 성부급은 36년, 지급시의 당서기는 27년, 지급시의 시장은 26년이다. Lin Zhu, "Punishing Corrupt Officials in China", *China Quarterly*, No. 223 (September 2015), pp. 598. 만약 24세에 공무원을 시작해서 원활하게 승진

한다면, 성부급은 60세, 지청급은 50~51세에 도달할 수 있다. 그러나 실제로 이렇게 승진하는 간부는 극소수다.

39 Kou and Tsai, "Sprinting with Small Steps Towards Promotion", pp. 156–159; Pang, Keng and Zhong, "Sprinting with Small Steps", pp. 69–71.

40 Kou and Tsai, "Sprinting with Small Steps Towards Promotion", pp. 159–162; Jerome Doyon, "The Strength of a Weak Organization: The Communist Youth League as a Path to Power in Post–Mao China", *China Quarterly*, No. 243 (December 2019), pp. 780–800.

41 Kou and Tsai, "Sprinting with Small Steps towards Promotion", pp. 162–165.

42 Pang, Keng and Zhong, "Sprinting with Small Steps", pp. 79–82.

43 Kou and Tsai, "Sprinting with Small Steps towards Promotion", pp. 165–168.

44 Pang, Keng and Zhong, "Sprinting with Small Steps", p. 78.

45 Jerome Doyon, "Clientelism by Design: Personnel Politics under Xi Jinping", *Journal of Current Chinese Affairs*, Vol. 47, No. 3 (2018), pp. 87–110; Jerome Doyon, *Rejuvenating Communism: The Communist Youth League as a Political Promotion Channel in Post-Mao China* (PhD Dissertation, Columbia University, 2017), pp. 444–448.

46 Doyon, "Clientelism by Design", pp. 87–110; Doyon, *Rejuvenating Communism*, pp. 444–448.

47 조영남·안치영·구자선, 『중국의 민주주의: 공산당의 당내민주 연구』(파주: 나남, 2011), pp. 40–46, 157–167.

48 Doyon, "Clientelism by Design", pp. 87–110; Doyon, *Rejuvenating*

Communism, pp. 444-448.

인사 감독과 부패 척결

1 Leslie Holmes, "Combating Corruption in China: The Role of the State and Other Agencies in Comparative Perspective", *Economic and Political Studies*, Vol. 3, No. 1 (January 2015), pp. 44-45.

2 Rosey Rao and Krista Lewellyn, "Corruption in China: A Reivew", 『當代中國研究』 2017년 24권 2기, p. 161; Kilkon Ko and Cuifen Weng, "Structural Changes in Chinese Corruption", *China Quarterly*, No. 211 (September 2012), p. 720.

3 Yan Sun, "The Politics of Conceptualizing Corruption in Reform China", *Crime Law & Social Change*, No. 35 (2001), p. 221.

4 〈中共中央關於加強對'一把手'和領導班子監督的意見〉(2021년 3월 제정).

5 Ko and Weng, "Structural Changes in Chinese Corruption", pp. 723-726.

6 Ting Gong and Alfred M. Wu, "Does Increased Civil Service Pay Deter Corruption? Evidence from China", *Review of Public Personnel Administration*, Vol. 32, No. 2 (2012), pp. 197-200.

7 Ko and Weng, "Structural Changes in Chinese Corruption", pp. 729-734; Andrew Wedeman, "The Intensification of Corruption in China", *China Quarterly*, No. 180 (December 2004), pp. 914-920; Andrew Wedeman, "Anticorruption Campaigns and the Intensification of Corruption in China", *Journal of Contemporary China*, Vol. 14, No. 42 (February 2005), pp. 94-95; Yong Guo, "Corruption in Transitional China: An Empirical Analysis", *China Quarterly*, No. 194 (June 2008), pp. 354-356.

8 Ting Gong, "The Party Discipline Inspection in China: Its Evolving Trajectory and Embedded Dilemmas", *Crime, Law and Social Change*, Vol. 49, No. 2 (March 2008), pp. 149–152; Xuezhi Guo, "Controlling Corruption in the Party: China's Central Discipline Inspection Commission", *China Quarterly*, No. 219 (September 2014), pp. 602–612; Flora Sapio, "*Shuanggui* and Extralegal Detention in China", *China Information*, Vol. 22, No. 1 (March 2008), pp. 22–23; Melanie Manion, "Taking China's Anticorruption Campaign Seriously", *Economic and Political Studies*, Vol. 4, No. 1 (January 2016), pp. 5–6; Minxin Pei, *China's Crony Capitalism: The Dynamics of Regime Decay* (Cambridge, MA: Harvard University Press, 2016), pp. 74–75; Guo Yong, "The Evolution of the Chinese Communist Party Discipline Inspection Commission in the Reform Era", *China Review*, Vol. 12, No. 1 (Spring 2012), pp. 19–20.

9 王立峰, 『政府中的政黨: 中國共產黨與政府關係研究』(北京: 中國法制出版社, 2013), pp. 194–212.

10 Lawrence R. Sullivan, "The Role of the Control Organs in the Chinese Communist Party", *Asian Survey*, Vol. 24, No. 6 (June 1984), pp. 597–600.

11 Gong, "The Party Discipline Inspection in China", pp. 141–146, 149–152.

12 Fenfei Li and Jinting Deng, "The Limits of the Arbitrariness in Anticorruption by China's Local Party Discipline Inspection Committees", *Journal of Contemporary China*, Vol. 25, No. 97 (January 2016), p. 80; Xingmiu Liao and Wen-Hsuan Tsai, "Strengthening China's Powerful Commission for Discipline Inspection under Xi Jinping, with a Case Study at the County Level", *China Journal*, No. 84 (July 2020), pp. 29-50.

13 조영남, 「2016년 중국 정치의 현황과 전망」, 국립외교원 중국연구센터, 『2016 중국정세보고』(서울: 역사공간, 2017), pp. 35-38; 조영남, 「2018년 중국 정치의 현황과 전망」, 국립외교원 중국연구센터, 『2018 중국정세보고』 (서울: 역사공간, 2019), pp. 33-35.

14 Melanie Manion, *Corruption by Design: Building Clean Government in Mainland China and Hong Kong* (Cambridge, MA: Harvard University Press, 2004), pp. 130-140; Stephen K. Ma, "The Dual Nature of Anti-corruption Agencies in China", *Crime, Law and Social Change*, Vol. 49, No. 2 (March 2008), pp. 154-155; Yong, "The Evolution of the Chinese Communist Party Discipline Inspection Commission in the Reform Era", pp. 17-18; 吳秀玲, 「中共中央深化國家監察體制改革試點述評」, 『展望與探索』 15卷 2期 (2017年 2月), pp. 37-44; 王文傑, 「中共全面依法治國政策與影響: 法治運作與實踐-以監察法為中心」, 『展望與探索』 16卷 4期 (2018年 4月), pp. 89-102.

15 李建國, 「關於〈中華人民共和國監察法(草案)〉的説明」(2018년 3월 13기 전국인대 1차 회의), www.people.com.cn (검색일: 2018. 3. 30); 習近平, 〈關於深化黨和國家機構改革決定稿和方案稿的説明〉; 〈中共中央關於深化黨和國家機構改革決定〉(2018년 2월 공산당 19기 3중전회 通過).

16 Xuezhi Guo, "Controlling Corruption in the Party: China's Central Discipline Inspection Commission", *China Quarterly*, No. 219 (September 2014), pp. 604-608.

17 Ko and Weng, "Structural Changes in Chinese Corruption", pp. 726-727; Yongshun Cai, *State and Agents in China: Discipling Government Officials*

(Stanford: Stanford University Press, 2015), p. 106.

18 〈중국 형사소송법〉에 따르면, 입안이란 "공안기관, 인민검찰원, 인민법원이 범죄 신고, 고소, 고발, 자수에 대해 심사를 진행하여 사실과 법률에 근거하여 형사사건으로 수사를 진행하거나 재판을 진행할지를 결정하는 소송 절차"다. 이진권, 「중국 공안기관의 수사절차 중 입안제도에 대한 고찰」, 『한국경찰연구』 8권 1호(2009년 봄), p. 98.

19 Li and Deng, "The Limits of the Arbitrariness in Anticorruption", pp. 77, 81−84.

20 Guo, "Controlling Corruption in the Party", pp. 604−608; Cai, *State and Agents in China*, pp. 114−115.

21 Li and Deng, "The Limits of the Arbitrariness in Anticorruption", pp. 87−88.

22 Sapio, "*Shuanggui* and Extralegal Detention in China", pp. 11−16.

23 Liao and Tsai, "Strengthening China's Powerful Commission for Discipline Inspection under Xi Jinping", pp. 29−50; Sapio, "*Shuanggui* and Extralegal Detention in China", pp. 16−20.

24 Sapio, "*Shuanggui* and Extralegal Detention in China", pp. 20−23.

25 Cai, *State and Agents in China*, p. 131.

26 Gong, "The Party Discipline Inspection in China", pp. 148−149.

27 Liao and Tsai, "Strengthening China's Powerful Commission for Discipline Inspection under Xi Jinping", pp. 29−50.

28 Manion, *Corruption by Design*, pp. 130−140; Minxin Pei, "Fighting Corruption: A Difficult Challenge for Chinese Leaders", Cheng Li (ed.), *China's Changing Political Landscape: Prospects for Democracy* (Washington D.C.: Brookings Institution Press, 2008), pp. 231−232.

29 Wedeman, "Anticorruption Campaigns and the Intensification of Corruption in China", p. 99.

30 Manion, *Corruption by Design*, pp. 149–152.

31 Manion, *Corruption by Design*, pp. 152–154.

32 조영남, 『중국의 엘리트 정치: 마오쩌둥에서 시진핑까지』(서울: 민음사, 2019), p. 106; 안치영, 『덩샤오핑 시대의 탄생: 중국의 역사 재평가와 개혁』(파주: 창비, 2013), pp. 49–50.

33 Manion, *Corruption by Design*, pp. 172–196. 다른 학자의 시기 구분은 조금 다르다. 한 학자는 1982년, 1986년, 1989년, 1993년, 2003년으로 구분하고, 다른 학자는 1979년, 1982년, 1986년, 1989년, 1993년으로 구분한다. 그러나 이런 시기 구분은 그렇게 중요한 문제는 아니다. Leslie Holmes, "Combating Corruption in China: The Role of the State and Other Agencies in Comparative Perspective", *Economic and Political Studies*, Vol. 3, No. 1 (January 2015), pp. 54–57; Wedeman, "Anticorruption Campaigns and the Intensification of Corruption in China", p. 111.

34 Young Nam Cho, "Implementation of Anticorruption Policies in Reform-Era China: The Case of the 1993–97 Anticorruption Struggle", *Issues & Studies*, Vol. 37, No. 1 (January/February 2001), pp. 60–61; Wedeman, "Anticorruption Campaigns and the Intensification of Corruption in China", p. 106; Manion, "Taking China's Anticorruption Campaign Seriously", p. 6.

35 Pei, *China's Crony Capitalism*, pp. 264–265; Xiaobo Lu, *Cadres and Corruption: The Organizational Involution of the Chinese Communist Party* (Stanford: Stanford University Press, 2000), pp. 221–227; Manion, "Taking China's Anticorruption Campaign Seriously", p. 6; Yuhua Wang and Bruce J.

Dickson, "How Corruption Investigations Undermine Regime Support:
Evidence from China", *SSRN*, December 17, 2020, http://ssrn.com (검색
일: 2021.3.10).

36 Wedeman, "Anticorruption Campaigns and the Intensification of
Corruption in China", pp. 94—95, 114—115; Zeng, "Cadre Rotation and
Campaign Mobilization in China's Anticorruption Enforcement", pp.
173—174.

37 신종호, 「중국 시진핑 시기 반부패 정책의 특징과 함의」, 『현대중국연구』
21권 4호(2020년), pp. 167—203; Andrew Wedeman, "Xi Jinping's Tiger
Hunt: Anti-Corruption Campaign or Factional Purge?", *Modern China
Studies*, Vol. 24, No. 2 (2017), pp. 35—94; Erik H. Wang, "Frightened
Mandarins: The Adverse Effects of Fighting Corruption on Local
Bureaucracy", *SSRN*, January 7, 2021, http://ssrn.com (검색일: 2021.
3. 10.); Jiangnan Zhu, Qi Zhang and Zhikuo Liu, "Eating, Drinking,
and Power Signaling in Institutionalized Authoritarianism: China's
Antiwaste Campaign Since 2012", *Journal of Contemporary China*, Vol. 26,
No. 105 (June 2017), pp. 337—352; Ling Li, "Politics of Anticorruption in
China: Paradigm Change of the Party's Discipline Regime 2012—2017",
Journal of Contemporary China, Vol. 28, No. 115 (2019), pp. 47—63.

38 「十八屆中央紀律檢查委員會向中國共産黨十九次全國代表大會的工
作報告」, 〈人民網〉 2017年 10月 30日, www.people.com.cn (검색일: 2017.
10. 30).

39 謝春濤, 「全面從嚴治黨何以成效卓著」, 〈人民網〉 2021年 4月 12日,
www.people.com.cn (검색일: 2021. 4. 13).

40 「形成反腐敗鬥爭壓倒性態勢: 黨的十八大以來全面從嚴治黨成就綜

述」,〈新華網〉2017年 8月 16日, www.xinhuatnet.com (검색일: 2017. 8. 17).

41 Yukyung Yeo, "Complementing the Local Discipline Inspection Commission of the CCP: Empowerment of the Central Inspection Groups", *Journal of Contemporary China*, Vol. 25, No. 97 (January 2016), pp. 59–74; Ting Chen and James Kai-sing Kung, "Busting the 'Princelings': The Campaign Against Corruption in China's Primary Land Market", *Quarterly Journal of Economics*, Vol. 134, No. 1 (February 2019), pp. 185–226.

42 王岐山,「巡視是黨内監督戰略性制度安排彰顯中國特色社會主義民主監督優勢」,〈人民網〉2017年 7月 17日, www.people.com.cn (검색일: 2017. 7. 17).

43 조영남,「2016년 중국 정치의 현황과 전망」, 국립외교원 중국연구센터,『2016 중국정세보고』(서울: 역사공간, 2017), p. 29;「中紀委解讀一屆任期内重要巡視全覆蓋如何實現」,〈人民網〉2017年 6月 11日, www.people.com.cn(검색일: 2017. 6. 12).

44 Wang, "Frightened Mandarins", p. 12.

45 Li Lianjiang, "The Cadre Resignation Tide in the Wake of the 18th Party Congress", *China: An International Journal*, Vol. 17, No. 3 (August 2019), pp. 188–199.

46 Reuters Staff, "China raises wages for government workers at least 31 percent: document", *Reuters*, January 20, 2015, www.reuters.com (검색일: 2015. 1. 25).

47 Ting Gong and Alfred M. Wu, "Does Increased Civil Service Pay Deter Corruption? Evidence from China", *Review of Public Personnel*

Administration, Vol. 32, No. 2 (2012), p. 196.

48 Junyan Jiang, Zijie Shao and Zhiyuan Zhang, "The Price of Probity: Anticorruption and Adverse Selection in the Chinese Bureaucracy", *British Journal of Political Science*, Vol. 52, No. 1 (January 2022), pp. 41–64.

49 Peng Wang and Xia Yan, "Bureaucratic Slack in China: The Anti-corruption Campaign and the Decline of Patronage Networks in Developing Local Economies", *China Quarterly*, No. 243 (September 2020), pp. 615–634; Wang, "Frightened Mandarins", pp. 10–11, 30–31; Jun Mai, "Xi Jinping asks: Why do Chinese officials lack initiative and wait for orders from the top?", *South China Morning Post*, 11 July 2021, www.scmp.com (검색일: 2021. 7. 12).

50 조영남, 「2018년 중국 정치의 현황과 전망: 13기 전국인민대표대회 1차 연례회의를 중심으로」, 『2018 중국정세보고』(서울: 역사공간, 2019), pp. 35–40.

51 조영남, 「2019년 중국 정치의 현황과 전망」, 『2019 중국정세보고』(서울: 역사공간, 2020), pp. 37–45.

제2부 조직 통제

1 「黨組, 地方黨委, 黨的工作機關, 基層黨組織……定位有啥區別, 責任如何落實」, 〈中央紀委國家監委網站〉, http://fanfu.people.com.cn (검색일: 2021. 5. 20).

2 Zheng Yongnian, *The Chinese Communist Party as Organizational Emperor: Culture, Reproduction and Transformation* (London and New York: Routledge, 2010), pp. 100–103.

사영기업과 상업지역 통제

1 윤태희, 『공산당원이 된 중국 사영기업가들: 개혁기 중국의 국가-사영기업가 관계』(서울: 서울대학교출판문화원, 2021), pp. 65-98; 陸學藝 主編, 『當代中國社會階層研究報告』(北京: 社會科學文献出版社, 2001), pp. 200-210; Jie Chen and Bruce J. Dickson, *Allies of the State: China's Private Entrepreneurs and Democratic Change* (Cambridge, MA: Harvard University Press, 2010), pp. 18-37.

2 조영남, 『개혁과 개방: 덩샤오핑 시대의 중국1(1976-1982년)』(서울: 민음사, 2016), pp. 223-232.

3 陸學藝, 『當代中國社會階層研究報告』, p. 234.

4 정종호·윤태희, 「중국공산당의 사영분야 당조직 건설 정책 변화: 지방정책과 중앙정책의 상호작용을 중심으로」, 『국제·지역연구』 25권 4호 (2016년 겨울), pp. 133-165.

5 陸學藝, 『當代中國社會階層研究報告』, p. 221.

6 Bruce J. Dickson, *Red Capitalists in China: The Party, Private Entrepreneurs, and Prospects for Political Change* (New York: Cambridge University Press, 2003).

7 Cheng Li, "The Chinese Communist Party: Recruiting and Controlling the New Elites", *Journal of Current Chinese Affairs*, Vol. 38, No. 3 (September 2009), p. 20.

8 Bruce J. Dickson, *Wealth into Power: The Communist Party's Embrace of China's Private Sector* (New York: Cambridge University Press, 2008), pp. 96-100.

9 Hongbin Li, Lingsheng Meng and Junsen Zhang, "Why Do Entrepreneurs Enter Politics: Evidence from China", *Economic Inquiry*, Vol. 44, No. 3 (July 2006), pp. 559-578; Hongbin Li, Lingsheng Meng, Qian Wang, and Li-An Zhou, "Political Connections, Financing and

Firm Performance: Evidence from Chinese Private Firms", *Journal of Development Economics*, Vol. 87, No. 2 (October 2008), pp. 283–299; Rory Truex, "The Returns to Office in a 'Rubber Stamp' Parliament", *American Political Science Review*, Vol. 108, No. 2 (May 2014), pp. 235–251; Changdong Zhang, "Reexamining the Electoral Connection in Authoritarian China: The Local People's Congress and Its Private Entrepreneur Deputies", *China Review*, Vol. 17, No. 1 (February 2017), pp. 1–27; Gunter Schubert and Thomas Heberer, "Private Entrepreneurs as a 'Strategic Group' in the Chinese City", *China Review*, Vol. 17, No. 2 (June 2017), pp. 95–122.

10 Cheng Li (ed.), *China's Emerging Middle Class: Beyond Economic Transformation* (Washington, D.C.: Brookings Institution Press, 2010).

11 Margaret M. Pearson, *China's New Business Elite: The Political Consequences of Economic Reform* (Berkeley: University of California Press 1997); David L. Wank, *Commodifying Communism: Business, Trust, and Politics in a Chinese City* (New York: Cambridge University Press, 1999); Scott Kennedy, *The Business of Lobbying in China* (Cambridge, MA: Harvard University Press, 2005); Kellee S. Tsai, *Capitalism without Democracy: The Private Sector in Contemporary China* (Ithaca and London: Cornell University Press, 2007).

12 中共中央組織部, 「關於在個體和私營等非公有制經濟組織中加强黨的建設工作的意見(試行)」(2000), 中共中央辦公廳 外 編, 『中國共產黨黨內法規選編(1996~2000)』(北京: 法律出版社, 2009), pp. 146–150.

13 中共中央組織部, 「關於加强和改進非公有制企業黨的建設工作的意見(試行)」(2012), 中共中央辦公廳 外 編, 『中國共產黨黨內法規選編(2007~2012)』(北京: 法律出版社, 2013), pp. 376–387; 「習近平會見全國非公有制企業黨建工作會議代表」, 〈新華社〉 2012年 3月 21日, 〈中央政府

门户网站〉, www.gov.cn (검색일: 2022. 2. 2).

14 本書編写組 編, 『非公有制企業黨建工作問答』(北京: 黨建讀物出版社, 2017), pp. 17-18.

15 Patricia M. Thornton, "The New Life of the Party: Party-Building and Social Engineering in Greater Shanghai", *China Journal*, No. 68 (July 2012), pp. 63-64.

16 Xiaojun Yan and Jie Huang, "Navigating Unknown Waters: The Chinese Communist Party's New Presence in the Private Sector", *China Review*, Vol. 17, No. 2 (June 2017), pp. 47-49.

17 Yan and Huang, "Navigating Unknown Waters", pp. 49-50.

18 Minglu Chen, "From Economic Elites to Political Elites: Private Entrepreneurs in the People's Political Consultative Conference", *Journal of Contemporary China*, Vol. 24, No. 9 (2015), pp. 613-627.

19 Yan and Huang, "Navigating Unknown Waters", pp. 50-52.

20 Yan and Huang, "Navigating Unknown Waters", pp. 52-54.

21 本書編寫組, 『非公有制企業黨建工作問答』, pp. 214-218.

22 本書編寫組, 『非公有制企業黨建工作問答』, pp. 224-229

23 한우덕, 「중국공산당은 어떻게 기업을 장악하는가?」, 『중앙일보』 2019년 12월 3일; 한우덕, 「중국 IT 기업이 억대 연봉 주고 당서기 스카우트하는 이유」, 『중앙일보』 2021년 1월 20일, www.joins.com (검색일: 2021. 2. 21).

24 本書編写組, 『非公有制企業黨建工作問答』, pp. 230-234.

25 Thornton, "The New Life of the Party", pp. 58-59; Dickson, *Wealth into Power*, pp. 130-131.

26 Yan and Huang, "Navigating Unknown Waters", pp. 54-55; Thornton, "The New Life of the Party", pp. 75-78; Dickson, *Wealth into Power*, pp.

121–135; Zhang Han, "Party Building in Urban Business Districts:
Organizational Adaptation of the Chinese Communist Party", *Journal of
Contemporary China*, Vol. 24, No. 94 (July 2015), pp. 662–663.

27 本書編寫組, 『非公有制企業黨建工作問答』, pp. 162–166.

28 Thornton, "The New Life of the Party", pp. 71–75.

29 Zhang, "Party Building in Urban Business Districts", pp. 658–661; 張
漢, 「黨政調適理論視野中的城市商圈黨建: 理論脈絡與研究議題」,
『中共浙江省委黨校學報』2016年 3期, pp. 77–84.

30 張漢, 「城市基層黨組織調適的策略與結構: 一個組織研究的視角」,
『復旦政治學評論18輯』(2017年), pp. 178–180.

31 張漢, 「城市基層黨組織調適的策略與結構」, pp. 174–175.

32 Jong–Ho Jeong and Taehee Yoon, "From Gray to Red: Party Building
and the Transformation of Beijing's Zhejiangcun", *Journal of Contemporary
China*, Vol. 29, No. 126 (November 2020), pp. 934–949.

33 윤태희, 『공산당원이 된 중국 사영기업가들』, pp. 238–240.

34 윤태희, 『공산당원이 된 중국 사영기업가들』, pp. 169–201.

35 윤태희, 『공산당원이 된 중국 사영기업가들』, p. 5.

사회조직의 발전과 통제

1 이남주, 『중국 시민사회의 형성과 특징』(서울: 폴리테이아, 2007); Deng
Zhenglai (ed.), *State and Civil Society: The Chinese Perspective* (Singapore:
World Scientific, 2011); Teresa Wright, *Accepting Authoritarianism: State-
Society Relations in China's Reform Era* (Stanford: Stanford University Press,
2010); Andrew C. Mertha, *China's Water Warriors: Citizen Action and Policy
Change* (Ithaca and London: Cornell University Press, 2008); Zheng Yongnian

and Joseph Fewsmith (eds.), *China's Opening Society: The Non-State Sector and Governance* (London: Routledge, 2008); Qiusha Ma, *Non-Governmental Organizations in Contemporary China: Paving the Way to Civil Society?* (London: Routledge, 2006); Peter Hays Gries and Stanley Rosen (eds.), *State and Society in 21st-century China* (New York: Routledge Curzon, 2004); Baogang He, *The Democratic Implications of Civil Society in China* (London: Macmillan Press, 1997); Timothy Brook and B. Michael Frolic (eds.), *Civil Society in China* (Armonk: M.E. Sharpe, 1997); Brian Hook (ed.), *The Individual and the State in China* (Oxford: Clarendon Press, 1996); Gordon White, Jude Howell and Shang Xiaoyuan, *In Search of Civil Society: Market Reform and Social Change in Contemporary China* (Oxford: Clarendon Press, 1996).

2 백승욱·장영석·조문영·김판수, 「시진핑 시대 중국 사회건설과 사회관리」, 『현대중국연구』 17집 1호(2015년), pp. 1–51.

3 Chak Kwan Chan and Jie Lei, "Contracting Social Services in China: The Case of the Integrated Family Services Centres in Guangzhou", *International Social Work*, Vol. 60, No. 6 (2017), pp. 1343–1357; Patricia M. Thornton, "The Advance of the Party: Transformation or Takeover of Urban Grassroots Society?", *China Quarterly*, No. 213 (March 2013), pp. 1–18.

4 '사회단체' 용법 사례는 吳玉章 主編, 『社會團體的法律問題』(北京: 社會科學文獻出版社, 2004); 呂福春, 『中國複合型社團研究』(天津: 天津人民出版社, 2007); 賀立平, 『讓渡空間與拓展空間 : 政府職能轉變中的半官方社團研究』(北京: 中國社會科學出版社, 2007)을 참고할 수 있다. '민간조직' 용법 사례는 王名 等著, 『民間組織通論』(北京: 時事出版社, 2004); 王名 主編, 『中國民間組織30年』(北京: 社會科學文獻出版社, 2008); 黃曉勇 主編, 『中國

民間組織報告(2009-2010)』(北京: 社會科學文獻出版社, 2009); 吳玉章 主編,
『中國民間組織大事記(1978-2008)』(北京: 社會科學文獻出版社, 2010); 吳玉章
主編, 『民間組織的法理思考』(北京: 社會科學文獻出版社, 2010)을 참고할 수
있다.

5 안치영, 「현대 중국의 민간조직 관리」, 『중앙사론』 35집(2012년 6월), p. 34.

6 백승욱·장영석·조문영·김판수, 「시진핑 시대 중국 사회건설과 사회관
리」, 『현대중국연구』 17집 1호(2015년), p. 14; 조문영, 「혼종, 효용, 균열: 중
국 광둥 지역 국가 주도 사회건설에서 사회공작(사회복지)의 역할과 함의」,
『중소연구』 39권 3호(2015년), pp. 135-136.

7 조영남, 『중국 의회정치의 발전: 지방인민대표대회의 등장·역할·선거』(서
울: 폴리테이아, 2006), pp. 123-160.

8 중국 사회조직에 대한 자세한 설명은 안치영, 「현대 중국의 민간조직 관
리」, pp. 31-64을 참고할 수 있다.

9 이와 비슷하게, 한 연구에 따르면, 등록되지 않는 사회조직까지 포함하면
중국의 사회조직은 최소한 200만 개에서 최대 800만 개에 이른다고 한다.
조영남, 『중국 의회정치의 발전』, p. 124; Young Nam Cho, *Local People's
Congresses in China: Development and Transition* (New York: Cambridge University
Press, 2009), p. 113.

10 Chloe Froissart, "Changing Patterns of Chinese Civil Society", Willy
Wo-Lap Lam (ed.), *Routledge Handbook of the Chinese Communist Party*
(London and New York: Routledge, 2018), p. 353: Han Zhu and Lu Jun, "The
Crackdown on Rights-Advocacy NGOs in Xi's China: Politicizing the
Law and Legalizing the Repression", *Journal of Contemporary China* (October
2021), https://doi.org/10.1080/10670564.2021.1985a829, p. 2.

11 조영남, 「2015년 중국 정치의 현황과 전망」, 국립외교원 중국연구센터 편,

『2015중국정세보고』(서울: 역사공간, 2016), pp. 53-57.

12 Tony Saich, "Negotiating the State: The Development of Social Organizations in China", *China Quarterly*, No. 161 (March 2000), pp. 124-141; Mary E. Gallagher, "China: The Limits of Civil Society in a Late Leninist State", Muthiah Alagappa (ed.), *Civil Society and Political Change in Asia: Expanding and Contracting Democratic Space* (Stanford: Stanford University Press, 2004), pp. 419-452; Yongjiao Yang et. al., "The Abolition of Dual Administration of NGOs in China: Impertives and Challenges", *International Journal of Social Science and Humanity*, Vol. 5, No. 6 (2015), pp. 546-552.

13 조영남, 「2016년 중국 정치의 현황과 전망」, 국립외교원 중국연구센터 편, 『2016 중국정세보고』(서울: 역사공간, 2017), pp. 62-64.

14 國務院 民政部·財政部, 〈關於政府購買社會工作服務的指導意見〉 (2012년).

15 中共中央辦公廳·國務院辦公廳, 〈關於黨政機關領導幹部兼任社會團體領導職務的通知〉(1998년); 中共中央組織部, 〈關於規範退離休領導幹部在社會團體兼職問題的通知〉(2014년).

16 中共中央辦公廳·國務院辦公廳, 〈行業協會商會與行政機關脫鈎總體方案〉(2015년); 國務院 發展改革委員會 外, 〈關於全面推開行業協會商會與行政機關脫鈎改革的實施意見〉(2019년).

17 中共中央, 〈關於加強和改進黨的群團工作的意見〉(2015년).

18 Jude Howell, "Shall We Dance? Welfarist Incorporation and the Politics of State-Labour NGO Relations", *China Quarterly*, No. 223 (September 2015), pp. 702-723.

19 백승욱·조문영·장영석, 「'사회'로 확장되는 중국 공회(노동조합): 광둥성

공회의 체제 개혁을 중심으로」, 『한국사회학』 51집 1호(2017년), pp. 39-89.

20 中共中央辦公廳·國務院辦公廳, 〈關於改革社會組織管理制度促進社會組織健康有序發展的意見〉(2016년).

21 國務院民政部, 〈關於大力培育發展社區社會組織的意見〉(2017년).

22 中共中央·國務院, 〈關於加強基層治理體系和治理能力現代化建設的意見〉(2021년 4월).

23 中共中央組織部·民政部, 「關於在社會團體中建立黨組織有關問題的通知」(1998년), 中共中央辦公廳 外 編, 『中國共産黨黨内法規選編(1996-2000)』(北京: 法律出版社, 2009), pp. 111-112.

24 中共中央組織部, 「關於加強社會團體黨的建設工作的意見」(2000년), 中共中央辦公廳 外 編, 『中國共産黨黨内法規選編(1996-2000)』(北京: 法律出版社, 2009), pp. 142-145.

25 中共中央辦公廳, 〈關於加強社會組織黨的建設工作的意見(試行)〉(2015년).

26 Thornton, "The Advance of the Party", pp. 7-9, 10-14.

27 Han Zhang, "Who Serves the Party on the Ground? Grassroots Party Workers for China's Non-Public Sector for the Economy", *Journal of Contemporary China*, Vol. 27, No. 110 (March 2018), pp. 244-260.

28 國務院民政部, 〈關於在社會組織章程增加黨的建設和社會主義核心價値觀有關内容的通知〉(2018년).

29 Mimi Lau, "China to Boost Communist Party Presence in Mainland NGOs, Trade Unions and Foundations", *South China Morning Post*, September 29, 2015, www.scmp.com (검색일: 2021. 2. 21); Reuters Staff, "China to Strengthen Communist Party's Role in Non-Government

Bodies", *Reuters*, August 22, 2016, www.reuters.com (검색일: 2021. 2. 21).

30 Samon Yuen, "Delivering Services in China's Fragmented Local State: The Procurement of Social Work NGOs in Guangzhou", *China Review*, Vol. 20, No. 4 (November 2020), pp. 179−180.

31 Thornton, "The Advance of the Party", pp. 10−14.

32 Karita Kan and Hok Bun Ku, "Serving the People, Building the Party: Social Organizations and Party Work in China's Urban Villages", *China Journal*, No. 85 (January 2021), pp. 86−90.

33 Kan and Ku, "Serving the People, Building the Party", pp. 75−95.

34 Thornton, "The Advance of the Party", pp. 14−15; Kan and Ku, "Serving the People, Building the Party", pp. 90−93; Yuen, "Delivering Services in China's Fragmented Local State", pp. 177−179.

대학 통제: 학생과 교수

＊ 이 장은 다음 논문을 수정 보완한 것이다: 조영남, 「중국공산당의 대학 통제: 대학생들은 왜 민주화 시위에 나서지 않을까?」, 『중소연구』 46권 1호 (2022년 봄), pp. 7−49.

1 Limin Bai, "Graduate Unemployment: Dilemmas and Challenges in China's Move to Mass Higher Education", *China Quarterly*, No. 185 (March 2006), p. 129.

2 「中國大陸高等學校列表」, 〈維基百科〉, zh.wikipedia.org; 「中國有多少所大學?」, 〈大學生必備網〉, www.dxsbb.com (검색일: 2021. 7. 12).

3 Bai, "Graduate Unemployment", pp. 132−133; Qinghua Wang, "Crisis Management, Regime Survival and 'Guerrilla−Style' Policy−Making: The June 1999 Decision to Radically Expand Higher Education in China",

China Journal, No. 71 (January 2014), pp. 143–151.

4   Wang, "Crisis Management, Regime Survival and 'Guerrilla–Style' Policy–Making", pp. 871–876.

5   Wang, "Crisis Management, Regime Survival and 'Guerrilla–Style' Policy–Making", pp. 877–879.

6   Luo Xu, "Farewell to Idealism: Mapping China's University Students of the 1990s", *Journal of Contemporary China*, Vol. 13, No. 41 (2004), pp. 789–790.

7   Stanley Rosen, "The Effect of Post–4 June Re–education Campaigns on Chinese Students", *China Quarterly*, No. 134 (June 1993), p. 310; Qinghua Wang, "Strengthening and Professionalizing Political Education in China's Higher Education", *Journal of Contemporary China*, Vol. 22, No. 80 (March 2013), p. 335.

8   Lu Jie, "Ideological and Political Education in China's Higher Education", *East Asian Policy*, Vol. 9, No. 2 (2017), pp. 79, 90.

9   〈中國共産黨普通高等學校基層組織工作條例〉(2021년 수정)의 '제2장 조직 설치'의 제5조에서 제9조.

10 Hua Jiang and Xiaobin Li, "Party Secretaries in Chinese Higher Education Institutions: What Roles Do They Play?", *Journal of International Education and Leadership*, Vol. 6, No. 2 (2016), pp. 6–8.

11 Yan Xiaojun, "Engineering Stability: Authoritarian Political Control over University Students in Post–Deng China", *China Quarterly*, No. 218 (June 2014), pp. 499–500.

12 Zi Yang, "Political Indoctrination in Chinese Colleges", *China Brief*, Vol. 17, No. 6 (April 2017).

13 Jerome Doyon, "The Strength of a Weak Organization: The Communist Youth League as a Path to Power in Post—Mao China", *China Quarterly*, No. 243 (December 2019), p. 781; Jerome Doyon, *Rejuvenating Communism: The Communist Youth League as a Political Promotion Channel in Post-Mao China* (PhD Dissertation, Columbia University, 2017), p. 114.

14 「全國共有共青團員7271.5.6萬名」, 〈中國共產黨新聞網〉 2022년 5월 3일, cpc.people.com.cn (검색일: 2022. 5. 3). 이 통계에 따르면, 학생 단원이 4,381만 명(전체의 60.2%)인 데 비해 기업 단원은 565만 명(전체의 7.8%), 향진(촌) 단원은 1,327만 명(전체의 18.2%), 기관 및 사업단위 단원은 460만 명(전체의 6.32%), 도시 가도(사구) 단원은 457만 명(전체의 6.28%), 사회조직과 기타 단원은 181만 명(전체의 2.9%)이다.

15 Konstantinos Tsimonis, "'Keep the Party Assured and the Youth [Not] Satisfied': The Communist Youth League and Chinese University Students, *Modern China*, Vol. 44, No. 2 (2018), pp. 177—181.

16 「全國共有共青團員7271.5.6萬名」, 〈中國共產黨新聞網〉 2022년 5월 3일, cpc.people.com.cn (검색일: 2022. 5. 3).

17 Doyon, *Rejuvenating Communism*, pp. 207—208.

18 「全國共有共青團員7271.5.6万名」

19 Tsimonis, "'Keep the Party Assured and the Youth [Not] Satisfied'", p. 177.

20 Yan, "Engineering Stability", pp. 504—505; Tsimonis, "'Keep the Party Assured and the Youth [Not] Satisfied'", pp. 185—186.

21 Doyon, *Rejuvenating Communism*, pp. 204—205; Tsimonis, "'Keep the Party Assured and the Youth [Not] Satisfied'", p. 181.

22 Doyon, *Rejuvenating Communism*, pp. 151—156.

23 Doyon, *Rejuvenating Communism*, pp. 233–234.

24 Yan, "Engineering Stability", pp. 506–507; Tsimonis, "'Keep the Party Assured and the Youth [Not] Satisfied'", pp. 182–184; Doyon, *Rejuvenating Communism*, pp. 235–244.

25 習近平, 「思政課是落實立德樹人根本任務的關鍵課程」, 〈新華網〉 2020年 8月 31日, www.xinhuanet.com (검색일: 2021. 5. 17).

26 Yan, "Engineering Stability", pp. 500–504.

27 中共中央宣傳部·教育部, 「關於進一步加強和改進高等學校思想政治理論課的意見」(教社政5号), 〈中華人民共和國教育部〉2005年 2月 7日, www.moe.gov.cn (검색일: 2021. 5. 17).

28 中共中央辦公廳·國務院辦公廳, 「關於深化新時代學校思想政治理論課改革創新的若干意見」, 〈新華網〉2019年 8月 14日, www.xinhuanet.com (검색일: 2021. 5. 17).

29 教育部, 「關於印發《高等學校課程思政建設指導綱要》的通知」, 〈中華人民共和國教育部〉2020年 5月 28日, www.moe.gov.cn (2021. 5. 17).

30 中共中央辦公廳·國務院辦公廳, 「關於深化新時代學校思想政治理論課改革創新的若干意見」; 〈中國共產黨普通高等學校基層組織工作条例〉(2021년 수정) 제35조.

31 Cheng Li, "University Networks and the Rise of Qinghua Graduates in China's Leadership", *Australian Journal of Chinese Affairs*, No. 32 (July 1994), pp. 1–32; Cheng Li, *China's Leaders: The New Generation* (Lanham: Rowman & Littlefield, 2001), pp. 87–126; Bo Zhiyue, *China's Elite Politics: Political Transition and Power Balancing* (Singapore: World Scientific, 2007), pp. 139–140, 174–182; Wen-Hsuan Tsai and Xingmiu Liao, "The Impending Rise of the 'Tsinghua Clique': Cultivation, Transfer, and Relationships in Chinese Elite Politics", *Journal of Contemporary China*, Vol. 28, No. 120 (2019), pp. 948−964.

32 Doyon, *Rejuvenating Communism*, pp. 320−329.

33 Doyon, *Rejuvenating Communism*, pp. 320−329.

34 Yan, "Engineering Stability", pp. 499−500; Doyon, *Rejuvenating Communism*, pp. 320−329.

35 Doyon, *Rejuvenating Communism*, pp. 320−329; Yang, "Political Indoctrination in Chinese Colleges."

36 Doyon, *Rejuvenating Communism*, pp. 320−329; Yang, "Political Indoctrination in Chinese Colleges."

37 Stanley Rosen, "The State of Youth/Youth and the State in Early 21st−century China: The Triumph of the Urban Rich?", Peter Hays Gries and Stanley Rosen (eds.), *State and Society in 21st-century China: Crisis, Contention, and Legitimation* (New York and London: Routlege Curzon, 2004), p. 157−177.

38 Jie, "Ideological and Political Education in China's Higher Education", pp. 81−84; Wang, "Strengthening and Professionalizing Political Education in China's Higher Education", pp. 346−350.

39 Rosen, "The Effect of Post−4 June Re−education Campaigns on Chinese Students", pp. 310, 331; Yang, "Political Indoctrination in Chinese Colleges"; Chong Zhang and Catherine Fagan, "Examining the Role of Ideological and Political Education on University Students' Civic Perceptions and Civic Participation in Mainland China: Some Hints from Contemporary Citizenship Thoery", Citizenship, *Social and Economics Education*, Vol. 15, No. 2 (2016), pp. 117−142.

40 Yan, "Engineering Stability", pp. 500−504.

41 Gang Guo, "Party Recruitment of College Students in China", *Journal of Contemporary China*, Vol. 14, No. 43 (May 2005), pp. 373–382.

42 Lance L.P. Gore, *The Chinese Communist Party and China's Capitalist Revolution: The Political Impact of Market* (London and New York: Routledge, 2011), pp. 72–78, 127.

43 Guo, "Party Recruitment of College Students in China", pp. 373–382, 384–385.

44 Stanley Rosen, "The Victory of Materialism: Aspiration to Join China's Urban Moneyed Classes and the Commercialization of Education", *China Journal*, No. 51 (January 2004), pp. 43–44.

45 Xu, "Farewell to Idealism: Mapping China's University Students of the 1990s", pp. 782–785; Guo, "Party Recruitment of College Students in China", pp. 384–385, 387; Che–Po Chan, "The Political Pragmatism of Chinese University Students: 10 Years after the 1989 Movement", Journal of Contemporary China, Vol. 8, No. 22 (1999), pp. 381–403; Bruce J. Dickson, *Wealth into Power: The Communist Party's Embrace of China's Private Sector* (New York: Cambridge University Press, 2008), p. 125.

46 Chai Ling, Wei Jianwen, Han Yang, Zhang Jie and Dwight Hennessy, "Political Elite Selection in Contemporary Chinese Higher Education", *China: An International Journal*, Vol. 18, No. 2 (May 2020), pp. 143–160.

47 조영남, 「2014년 중국 정치의 현황과 전망」, 국립외교원 중국연구센터 편, 『2014중국정세보고』(서울: 역사공간, 2015), p. 47.

48 「堅持和完善黨委領導下的校長負責制」, 〈人民網〉 2014년 10월 16일, www.people.com.cn (검색일: 2014. 10. 16).

49 조영남, 「2015년 중국 정치의 현황과 전망」, 국립외교원 중국연구센터 편,

『2015중국정세보고』(서울: 역사공간, 2015), pp. 57-58.

50 「加強和改進新形勢下高校宣傳思想工作」, 〈求是網〉 2015년 1월 20일, www.qstheory.cn(검색일: 2015. 1. 20).

51 袁貴仁, 「把握大勢, 著眼大事, 努力做好新形勢下高效宣傳思想工作」, 〈求是網〉 2015년1월 31일, www.qstheory.cn (검색일: 2015. 10. 17).

52 조영남, 「2013년 중국 정치의 현황과 향후 전망」, 국립외교원 중국연구 센터 편, 『2013중국정세보고』(서울: 웃고문화사, 2014), pp. 21-23; 조영남, 「2014년 중국 정치의 현황과 전망」, p. 47.

53 王雅, 「中共再提意識形態鬥争, 七不講眞僞難辨」, 〈多維新聞網〉 2013年 5月 13日, www.dwnews.com (검색일: 2013. 5. 14); Patrick Boehler, "Chinese scholar challenges party in constitutional debate", *South China Morning Post*, May 24, 2013, www.scmp.com (검색일: 2013. 5. 27); Chris Buckley, "China Takes Aim at Western Ideas", *New York Times*, August 19, 2013, www.nytimes.com (검색일: 2013. 8. 19); 「中央9号文件」, 〈明鏡月刊〉 2013年 8月 20日, www.lagiqngdan.net (검색일: 2013. 12. 30).

54 Chris Buckley and Andrew Jacobs, "Maoists in China, Given New Life, Attack Dissent", *New York Times*, January 4, 2015, www.nytimes.com (검색일: 2015. 1. 5).

55 Suisheng Zhao, "Xi Jinping's Maoist Revival", *Journal of Democracy*, Vol. 27, No. 3 (July 2016), pp. 83-97.

56 Anne-Marie Brady, *Marketing Dictatorship: Propaganda and Thought Work in Contemporary China* (Lanham: Rowman & Littlefield, 2008), pp. 25-30, 117-119.

57 Heike Holbig, "Shifting Ideologies of Research Funding: The CPC's National Planning Office for Philosophy and Social Sciences", *Journal of*

Current Chinese Affairs, Vol. 43, No. 2 (2014), pp. 17–18.

58 Holbig, "Shifting Ideologies of Research Funding", pp. 18–21.

59 Jiawen Ai, "The Refunctioning of Confucianism: The Mainland Chinese Intellectual Response to Confucianism since the 1980s", *Issues & Studies*, Vol. 44, No. 2 (June 2008), pp. 29–78; Jiawen Ai, "Two Sides of One Coin: The Party's Attitude toward Confucianism in Contemporary China", *Journal of Contemporary China*, Vol. 18, No. 61 (2009), pp. 689–701.

도시 기층사회 통제

1 이 책에서는 농촌 기층사회에 대한 공산당의 통제를 살펴보지 않는다. 이에 대한 공산당 통제 방침과 정책은 다음을 참고할 수 있다: 〈中華人民共和國村民委員會組織法〉(1998년); 〈中國共産黨農村基層組織工作條例〉(1999년); 中共中央組織部, 〈關於加強村黨書記隊伍建設的意見〉(2009년); 中共中央組織部, 〈關於加強鄕鎭黨書記隊伍建設的意見〉(2010년); 〈中國共産黨農村工作條例〉(2021년).

2 Kazuko Kojima and Ryosei Kokubun, "The 'Shequ Construction' Programme and the Chinese Communist Party", Kjeld Erik Brodsgaard and Zheng Yongnian (eds.), *Bringing the Party Back in: How China is Governed* (Singapore: EAI, 2004), pp. 218–200, 225; 조문영·장영석·윤종석, 「중국 사회 가버넌스 확산 속 동북지역 사구 건설의 진화: 노후사구의 모범화」, 『중소연구』 41권 2호(2017년), pp. 191–192; 김도희, 「중국의 도시개혁과 기층 거버넌스」, 『국제정치논총』 4집 1호(2004년), pp. 455–456.

3 國務院 民政部, 〈關於在全國推進城市社區建設的意見〉(2000년 11월 제정).

4 國務院 民政部, 〈關於在全國推進城市社區建設的意見〉(2000년 11월 제

정); 조문영, 「'결함 있는' 인민: 중국 동북 노동자 밀집지역에서 기층간부들의 '사구자치'가 갖는 딜레마」, 『현대중국연구』 13권 1호(2011년), p. 445.

5 陳義平·徐理響 主編, 『當代中國的基層民主建設』(合肥: 安徽人民出版社, 2014), pp. 74-75.

6 〈中華人民共和國城市居民委員會組織法〉(1990년 제정).

7 조수성, 「정치변동 하의 베이징 후퉁 지역사회: 주민위원회 활동을 중심으로」, 『한국정치학회보』 35집 1호(2001년), pp. 273-276.

8 中共中央辦公廳·國務院辦公廳, 〈關於加強和改進城市社區居民委員會建設的意見〉(2010년 11월).

9 조문영, 「사회복지의 일상적 연행을 통해 본 중국 국가의 구조적 폭력: 선전 폭스콘 공장지대를 중심으로」, 『중소연구』 38권 1호(2014년), pp. 217-255; 조문영, 「혼종, 효용, 균열」, pp. 111-150.

10 國務院辦公廳, 〈十四五城鄉社區服務體系建設規劃〉(2021년 12월).

11 김재관, 「중국 도시 내 업주 권익 운동의 부상에 대한 국가의 대응: 상하이·선전 지역 '업주위원회'의 활동과 당정 개입을 중심으로」, 『한국정치학회보』 41집 4호(2007년), pp. 163-192; 김도희, 「선전의 사구 건설과 기층사회의 역동성」, 이일영 엮음, 『경제특구 선전의 복합성: 창과 거울』(오산: 한신대학교출판부, 2008), pp. 201-219; 김종현, 「거민위원회를 통해 본 도시 사구자치의 문제」, 『중국연구』 49권(2010년), pp. 309-331; 김수한, 「중국 도시 사구의 자율공간 형성 가능성 탐색: 주민위와 업주위 활동을 중심으로」, 『현대중국연구』 12권 2호(2011년), pp. 127-162; 조문영·장영석·윤종석, 「중국 사회 가버넌스 확산 속 동북지역 사구 건설의 진화」, pp. 181-223; 뤄쓰치·백승욱, 「'사회치리'로 방향전환을 모색하는 광둥성의 사회관리 정책」, 『현대중국연구』 17집 2호(2016년), pp. 37-78; Kojima and Kokubun, "The 'Shequ Construction' Programme

and the Chinese Communist Party", pp. 217–238; Luigi Tomba, *The Government Next Door: Neighborhood Politics in Urban China* (Ithaca and London: Cornell University Press, 2014), pp. 44–53,62–87, 88–116; Jude Howell, "Adaptation under Scrutiny: Peering Through the Lens of Community Governance in China", *Journal of Social Policy*, Vol. 45, No. 3 (2016), pp. 487–506; 陳義平·徐理響 主編, 『當代中國的基層民主建設』(合肥: 安徽人民出版社, 2014), pp. 67–107; 何海兵, 「我國城市基層社會管理體制的變遷: 從単位制街居制到社區制」, 『管理世界』2003年 6期, pp. 52–62; 夏建中, 「從街居制到社區制: 我國城市社區30年的變遷」, 『黒竜江社會科學』2008年 5期, pp. 14–19.

12   김도희, 「중국 도시 기층의 자율성: 사구의 조직과 행위를 통한 고찰」, 『중소연구』30권 3호(2006년), pp. 15–33; 김종현, 「중국 도시 '사구 건설'을 통해 본 사구제 질서의 본질」, 『중국학연구』40집(2007년), pp. 223–248; 박철현, 「중국 사구모델의 비교분석: 상하이와 선양의 사례」, 『중국학연구』69집(2014년), pp. 321–353; 박철현, 「중국 사구모델의 비교분석: 상하이와 선양의 사례」, 『중국학연구』69집(2014년), pp. 321–353; Yousun Chung, "Continuity and Change in Chinese Grassroots Governance: Shanghai's Local Administrative System", *Issue & Studies*, Vol. 54. No. 4 (December 2018), 1840010 (27 pages).

13   中共中央組織部, 〈關於加強街道黨的建設工作的意見〉(1996년), 中共中央辦公廳 外 編, 『中國共産黨黨内法規選編(1996-2000)』(北京: 法律出版社, 2009), pp. 98–101.

14   中共中央組織部, 「關於進一步加強和改進街道社區黨的建設工作的意見」(2004), 中共中央文獻研究室 編, 『十六大以來重要文獻選編(中)』(北京: 中央文獻出版社, 2006), pp. 365–374.

15 中共中央辦公廳, 〈關於加強和改進城市基層黨的建設工作的意見〉 (2019년 5월).

16 Wu Qiang, "Urban Grid Management and Police State in China: A Brief Overview", *China Change*, August 12, 2014; 張彰, 「城市網格化管理的兩種代表模式及其比較分析: 以北京市東城區與廣東省深圳市為案例」, 『深圳社會科學』 2019年 6期, pp. 122-130.

17 장윤미, 「중국 '안정유지(維穩)'의 정치와 딜레마」, 『동아연구』 64권(2013년 2월), pp. 105-143; 장윤미, 「'돈으로 안정을 산다' 시위 급증에 대처하는 중국식 해법」, 〈중앙일보〉 2020년 4월 8일, www.joins.com (검색일: 2020. 4. 8).

18 Minxin Pei, "Grid Management: China's Latest Institutional Tool of Social Control", *China Leadership Monitor*, No. 67 (Spring 2021); 뤼스치·백승욱, 「사회치리로 방향 전환을 모색하는 광동성의 사회관리 정책」, pp. 37-78; 백승욱·장영석·조문영·김판수, 「시진핑 시대 중국 사회건설과 사회관리」, pp. 1-51; 조문영·장영석·윤종석, 「중국 사회 거버넌스 확산 속 동북지역 사구 건설의 진화」, pp. 181-223.

19 Pei, "Grid Management."

20 Jonathan Schwartz and R. Gregory Evans, "Causes of Effective Policy Implementation: China's Public Health Response to SARS", *Journal of Contemporary China*, Vol. 16, No. 51 (May 2007), pp. 195-213.

21 조영남, 「중국은 어떻게 코로나19의 통제에 성공했나?: 후베이성과 우한시의 활동을 중심으로」, 『국제·지역연구』 29권 3호(2020년 가을호), pp. 107-138; 박철현, 「코로나19와 중국 스마트시티: 격자망화 관리, 방역관리 플랫폼, 건강정보 코드와 사회관리 체제」, 『중국 지식네트워크』 0권 S호(2020년), pp. 247-277.

22 「疫情防控要用好社區網格化管理」,〈人民網〉2020년 2월 10일, www.
people.com.cn (검색일: 2020. 2. 11).

23 「蔣超良召開省委常會會議暨省新型肺炎防控指揮部會議」,〈湖
北省人民政府門戶網站〉2020년 1월 29일, www.hubei.gov.cn (검색
일: 2020. 4. 8): Alex Jingwei He, Yuda Shi, and Hongdou Liu, "Crisis
Governance, Chinese Style: Distinctive Features of China's Response
to the Covid-19 Pandemic", *Policy Design and Practice*, Vol. 3, No. 3 (2020),
pp. 242-258.

24 김도희,「중국 사구연구의 쟁점에 관한 시론적 고찰」,『중국학연구』
33집(2005년), pp. 491-509; 김종현,「거민위원회를 통해 본 도시 사
구자치의 문제」, pp. 319-322; Kojima and Kokubun, "The 'Shequ
Construction' Program and the Chinese Communist Party", pp. 232-
234; Howell, "Adaptation under Scrutiny", pp. 487-506; Akio Takahara
and Robert Benewick, "Party Work in the Urban Communities", Kjeld
Erik Brodsgaard and Zheng Yongnian (eds.), *The Chinese Communist Party in
Reform* (London: Routledge, 2006), p. 169; Tomba, *The Government Next Door*,
pp. 76-79.

25 참고로 2001년에 전국 4개 성의 316개 촌민위원회에 대한 조사 결과를
보면, 촌민위원회 주임이 당원인 비율은 69%, 촌민위원회 구성원이 당
원인 비율은 74%였다. 이는 촌민위원회도 당원이 주도한다는 사실을 보
여준다. Lily L. Tsai, "The Struggle for Village Public Goods Provision:
Informal Institutions of Accountability in Rural China", Elizabeth J.
Perry and Merle Goldman (eds.), *Grassroots Political Reform in Contemporary
China* (Cambridge, MA: Harvard University Press, 2007), p. 122.

26 참고로 1997년에 허베이성(河北省) 지역의 11개 촌민위원회를 조사한 결

과에 따르면, 해당 지역의 당원 겸직 비율은 35%였다. Bjorn Alperman, "The Post-election Administration of Chinese Village", *China Journal*, No. 46 (July 2001), p. 53.

27 「2010年中國共產黨上海市黨內統計公報」,〈上海政務〉2011년 7월 3일, shzw.eastday.com (검색일: 2020. 7. 5).

28 Karita Kan and Hok Bun Ku, "Serving the People, Building the Party: Social Organizations and Party Work in China's Urban Villages", *China Journal*, No. 85 (January 2021), pp. 81-82.

29 조문영·장영석·윤종석,「중국 사회 거버넌스 확산 속 동북지역 사구 건설의 진화」, pp. 201-205.

30 조문영·장영석·윤종석,「중국 사회 거버넌스 확산 속 동북지역 사구 건설의 진화」, pp. 201-205.

31 조문영·장영석·윤종석,「중국 사회 거버넌스 확산 속 동북지역 사구 건설의 진화」, pp. 208-209.

제3부 사상 통제

1 「毛澤東:政治工作是革命軍隊的生命線」,〈人民網〉2017年 8月 11日, www.people.com.cn (검색일: 2021. 7. 12);「抗戰時期毛澤東對軍隊政治工作的貢獻」,〈人民網〉2016年 2月 2日, www.people.com.cn (검색일: 2021. 7. 12);「思想政治工作」,〈百度百科〉, baike.baidu.com (검색일: 2021. 7. 12).

2 「中共中央·國務院印發《關於新時代加強和改進思想政治工作的意見》」,〈人民網〉2021年 7月 13日, www.people.com.cn (검색일: 2021. 7. 14).

3 조영남,『중국의 엘리트 정치: 마오쩌둥에서 시진핑까지』(서울: 민음사, 2019), pp. 536-537; Victor Chung-Hon Shih, "'Nauseating' Displays of Loyalty: Monitoring the Factional Bargain Through Ideological

Campaigns in China", *Journal of Politics*, Vol. 70, No. 4 (October 2008), pp. 1177–1192.

정치 학습: '학습형 정당' 건설

1 「中共中央關於加強黨的執政能力建設的決定」(2004년), 中共中央文献研究室 編, 『十六大以來重要文獻選編(中)』(北京: 人民出版社, 2006), 271–296.

2 全國人大常委會 辦公廳研究室 編, 『全國人大常委會法制講座匯編』(北京: 中國民主法制出版社, 1999).

3 안치영, 「중국 고위층의 역사문화 집단학습」, 『동북아문화연구』 18집 (2009), pp. 245–265.

4 Wen-Hsuan Tsai and Nicola Dean, "The CCP's Learning System: Thought Unification and Regime Adaptation", *China Journal*, No. 69 (January 2013), pp. 91–94.

5 何毅亭 等著, 『中國共產黨的成功奧秘與中央黨校』(北京: 外文出版社, 2018), pp. 42–45; Tsai and Dean, "The CCP's Learning System", pp. 94–95, 100–105.

6 Tsai and Dean, "The CCP's Learning System", pp. 94–100.

7 Tsai and Dean, "The CCP's Learning System", pp. 94–100.

8 〈中國共產黨黨委(黨組)理論學習中心組學習規則〉(2017년 1월 제정)의 '제3장 학습 내용과 형식 및 요구'의 제8조.

9 何毅亭, 『中國共產黨的成功奧秘與中央黨校』, pp. 46–49.

10 中共中央辦公廳, 〈2019–2023年全國黨員教育培訓工作規劃〉(2019년 제정).

11 〈中國共產黨黨員教育管理工作条例〉(2019년 5월 제정).

12 조영남, 「2019년 중국 정치의 현황과 전망」, 국립외교원 중국연구센터 편,

『2019중국정세보고』(서울: 역사공간, 2020), pp. 25–26.

13 〈求是〉 2019년 2월 13일, www.qstheory.cn (검색일: 2019. 4. 11).

14 Javier C. Hernandez, "In China, an App About Xi Is Impossible to Ignore—Even If You Try", *New York Times*, April 7, 2019, www.nytimes. com (검색일: 2019. 4. 8); Jun Mai, "Mao Zedong's little red book gets modern twist with mobile app for studying Xi Jinping Thought", *South China Morning Post*, March 31, 2019, www.scmp.com (검색일: 2019. 4. 2).

15 宋曉明, 『中共黨建史(1921–1949)』(北京: 黨建讀物出版社, 1996), pp. 367–375; 中共中央黨史研究室, 『中國共産黨歷史: 第一卷(1921–1949)下冊』(北京: 中共黨史出版社, 2011), pp. 651–656; 中共中央黨史研究室, 『中國共産黨的九十年: 新民主主義革命時期』(北京: 中共黨史出版社, 2016), pp. 253–257; 中共中央黨史研究室, 『中國共産黨歷史(上卷)』(北京: 人民出版社, 1991), pp. 644–648.

16 劉吉 主編, 『中國共産黨七十年』(上海: 上海人民出版社, 1991), p. 368.

17 조영남, 『중국의 엘리트 정치: 마오쩌둥에서 시진핑까지』(서울: 민음사, 2019), pp. 543–546.

18 조영남, 『중국의 엘리트 정치』, pp. 541–542.

19 中共中央黨史研究室, 『中國共産黨的九十年』, pp. 247–253; 中共中央黨史研究室, 『中國共産黨歷史: 第一卷(1921–1949)下冊』, p. 619.

20 신종호, 「중국 시진핑 시기 반부패 정책의 특징과 함의」, 『현대중국연구』 21권 4호(2020년), pp. 167–203; Andrew Wedeman, "Xi Jinping's Tiger Hunt: Anti–Corruption Campaign or Factional Purge?", *Modern China Studies*, Vol. 24, No. 2 (2017), pp. 35–94; Erik H. Wang, "Frightened Mandarins: The Adverse Effects of Fighting Corruption on Local Bureaucracy", *SSRN*, Janary 7, 2021, https://ssrn.com (검색일: 2021.

3. 10); Jiangnan Zhu, Qi Zhang and Zhikuo Liu, "Eating, Drinking, and Power Signaling in Institutionalized Authoritarianism: China's Antiwaste Campaign Since 2012", *Journal of Contemporary China*, Vol. 26, No. 105 (June 2017), pp. 337–352; Ling Li, "Politics of Anticorruption in China: Paradigm Change of the Party's Disciplinary Regime 2012–2017", *Journal of Contemporary China*, Vol. 28, No. 115 (2019), pp. 47–63; Melanie Manion, "Taking China's Anticorruption Campaign Seriously", *Economic and Political Studies*, Vol. 4, No. 1 (January 2016), pp. 3–18; Peng Wang and Xia Yan, "Bureaucratic Slack in China: The Anti-corruption Campaign and the Decline of Patronage Networks in Developing Local Economies", *China Quarterly*, No. 243 (September 2020), pp. 611–634.

21 「中共中央關於在全黨興起學習貫徹'三個代表'重要思想新高潮的通知」, 新華月報 編, 『十六大以來黨和國家重要文獻選編上(1)』(北京: 人民出版社, 2005), pp. 154–163; 中共中央宣傳部, 『'三個代表'重要思想學習綱要』(北京: 學習出版社, 2003); Joseph Fewsmith, "Studying the Three Represents", *China Leadership Monitor*, No. 8 (October 2003).

22 曾慶紅, 「在中央保持共產黨員先進性教育活動工作會議上的講話」, 中共中央文獻研究室, 『十六大以來重要文獻選編(中)』, pp. 559–574; Joseph Fewsmith, "CCP Launches Campaign to Maintain the Advanced Nature of Party Members", *China Leadership Monitor*, No. 13 (Winter 2005).

23 「中共中央關於在全黨開展以實踐'三個代表'重要思想為主要內容的保持共產黨員先進性教育活動的意見」, 中共中央文獻研究室, 『十六大以來重要文獻選編(中)』, pp. 413–423.

24 David Shambaugh, *China's Communist Party: Atrophy and Adaptation* (Washington D.C.: Woodrow Wilson Center Press, 2008), p. 130.

25 Ji Fengyuan, "Linguistic Engineering in Hu Jintao's China: The Case of the 'Maintain Advancedness' Campaign", Anne-Marie Brady (ed.), *China's Thought Management* (London and New York: Routledge, 2012), pp. 90-103. 이하의 내용은 이 논문을 참고하여 작성한 것이다.

26 Ji, "Linguistic Engineering in Hu Jintao's China", pp. 96-99.

27 William Zheng, "Chinese Communist Party members take enterprising short cuts to study the thoughts of Xi Jinping", *South China Morning Post*, July 18, 2021, www.scmp.com (검색일: 2021. 7. 19).

28 Ji, "Linguistic Engineering in Hu Jintao's China", pp. 96-99.

29 Ji, "Linguistic Engineering in Hu Jintao's China", pp. 96-99.

30 Ji, "Linguistic Engineering in Hu Jintao's China", pp. 96-99.

31 Ji, "Linguistic Engineering in Hu Jintao's China", pp. 100-101.

선전과 국민 교육 운동

1 Anne-Marie Brady, *Marketing Dictatorship: Propaganda and Thought Work in Contemporary China* (Lanham: Rowman & Littlefield, 2008), pp. 3, 9.

2 Harold D. Lasswell, "The Theory of Political Propaganda", *American Political Science Review*, Vol. 21, No. 3 (August 1927), pp. 627, 628.

3 Daniela Stockmann, "What Kind of Information Does the Public Demand? Getting the News during the 2005 Anti-Japanese Protests", Susan L. Shirk (ed.), *Changing Media, Changing China* (Oxford: Oxford University Press, 2011), p. 180; Chin-Fu Hung, "China's Propaganda in the Information Age: Internet Commentators and the Weng'an Incident", *Issues & Studies*, Vol. 46, No. 4 (December 2010), p. 152.

4 「媒體解讀文化產業主管主辦制度」, 〈新華網〉 2012年 1月 20日, www.

xinhuanet.com (검색일: 2021. 7. 25).

5 宋筱元, 「從中共網絡治理看大陸網民維權運動」, 『展望與探索』 16卷
5期 (2018年 5月), p. 33.

6 Brady, *Marketing Dictatorship*, pp. 1–2.

7 Brady, *Marketing Dictatorship*, p. 23; 何清漣, 『中國政府如何控制媒體:
中國人權研究報告(*The Fog of Censorship: Media Control in China*)』 (New York: Human
Rights in China, 2004). 참고로 이 책의 중국어판에는 쪽수가 없어서 표시할
수가 없다. 아래에서도 마찬가지다.

8 習近平, 「"平語"近人: 習近平如何指導宣傳思想工作」, 〈新華網〉 2016年
2月 20日, www.xinhuanet.com (검색일: 2021. 7. 25).

9 聞言, 「新時代黨的宣傳思想工作的根本遵循, 學習習近平《論黨的宣傳
思想工作》」, 〈人民網〉 2021년 1월 4일, www.people.com.cn (검색일: 2021.
1. 5).

10 習近平, 「"平語"近人: 習近平如何指導宣傳思想工作」; 習近平, 「堅持正
確方向創新方法手段, 提高新聞輿論傳播力引導力」, 〈新華網〉 2016年
2月 19日, www.xinhuanet.com (검색일: 2021. 7. 25).

11 Yuezhi Zhao, *Media, Market, and Democracy in China: Between the Party Line
and the Bottom Line* (Lanham: Rowman & Littlefield, 1998), pp. 24–29.

12 何清漣, 『中國政府如何控制媒體』.

13 Brady, *Marketing Dictatorship*, p. 70; David Shambaugh, "China's
Propaganda System: Institutions, Processes and Efficacy", *China Journal*,
No. 57 (January 2007), pp. 26–27.

14 Juyan Zhang and Glen T. Cameron, "The Structural Transformation of
China's Propaganda: An Ellulian Perspective", *Journal of Communication
Management*, Vol. 8, No. 3 (2004), pp. 314–316.

15 Rongbin Han, *Contesting Cyberspace in China: Online Expression and Authoritarian Resilience* (New York: Columbia University Press, 2018), pp. 104–107.

16 Yuezhi Zhao, *Communication in China: Political Economy, Power, and Conflict* (Urbana and Chicago: University of Illinois Press, 2008), pp. 32–47; Brady, *Marketing Dictatorship*, pp. 78–87.

17 Daniela Stockmann, "Greasing the Reels: Advertising as a Means of Campaigning on Chinese Television", *China Quarterly*, No. 208 (December 2011), pp. 851–869; Miao Di, "Between Propaganda and Commercials: Chinese Television Today", Shirk, *Changing Media, Changing China*, pp. 91–114; Ashley Esarey, Daniela Stockmann, and Jie Zhang, "Supporting for Propaganda: Chinese Perception of Public Service Advertising", *Journal of Contemporary China*, Vol. 26, No. 103 (January 2017), pp. 101–117.

18 Shambaugh, "China's Propaganda System", pp. 27–30; David Shambaugh, *China's Communist Party: Atrophy and Adaptation* (Washington D.C.: Woodrow Wilson Center Press, 2008), pp. 106–111; Anne–Marie Brady and Wang Juntao, "China's Strengthened New Order and the Role of Propaganda", *Journal of Contemporary China*, Vol. 18, No. 62 (November 2009), p. 768.

19 Wang Juntao and Anne–Marie Brady, "Sword and Pen: The Propaganda System of the People's Liberation Army", Brady, *China's Thought Management*, pp. 122–145.

20 Brady and Wang, "China's Strengthened New Order and the Role of Propaganda", pp. 773–781.

21 Shambaugh, "China's Propaganda System", pp. 33–38.

22 Brady, *Marketing Dictatorship*, pp. 13–18.

23 焦國標(北大教授),「討伐中宣部」,『亞洲周刊』(2004년).

24 조영남,『중국의 법률 보급 운동』(서울: 서울대학교출판문화원, 2012).

25 「中共中央關於社會主義精神文明建設指導方針的決議」(1986년 9월), 中共中央文献研究室 編,『十二大以來重要文献選編(下)』(北京: 人民出版社, 1988), pp. 1173–1190.

26 Bruce Gilley, *Tiger on the Brink: Jiang Zemin and China's New Elite* (Berkeley: University of California Press, 1998), pp. 269–274.

27 김광억,『혁명과 개혁 속의 중국 농민』(서울: 집문당, 2000), pp. 421–457.

28 江澤民,「加快改革開放和現代化建設步伐, 奪取有中國特色社會主義的更大勝利」(1992년 10월), 中共中央文献研究室 編,『十四大以來重要文献選編(上)』(北京: 人民出版社, 1996), pp. 1–47;「中共中央關於構建社會主義和諧社會若干重大問題的決定」(2006년 10월), 中共中央文献研究室 編,『十六大以來重要文献選編(下)』(北京: 人民出版社, 2007), pp. 648–671; 윤휘탁,「중국의 사회주의 정신문명 건설과 유가적 전통문화: 21세기 중국인상의 모색과 관련하여」,『중국근현대사연구』10호(2000), pp. 91–123; Nicholas Dynon, "'Four Civilizations' and the Evolution of Post-Mao Chinese Socialist Ideology", *China Journal*, No. 60 (July 2008), pp. 83–109; Anne-Marie Brady, "The Beijing Olympics as a Campaign of Mass Distraction", Anne-Marie Brady (ed.), *China's Thought Management* (London and New York: Routledge, 2012), pp. 11–35; Gilley, *Tiger on the Brink*, pp. 269–274.

29 中共中央, 〈公民道德建設實施綱要〉(2001년 9월); 中共中央·國務院, 〈新時代公民道德建設實施綱要〉(2019년 10월).

30 「中共中央關於社會主義精神文明建設若干重大問題的決議」(1996년

10월), 中共中央文獻硏究室 編, 『十四大以來重要文獻選編(下)』(北京:人民出版社, 1999), pp. 2044-2069.

31 中共中央辦公廳, 〈關於培育和踐行社會主義核心價値觀的意見〉 (2013년 12월).

32 江澤民, 「愛國主義和我國知識分子的使命」(1990년 5월), 中共中央文獻 硏究室 編, 『十三大以來重要文獻選編(中)』(北京: 人民出版社, 1992), pp. 1046-1060; 「中共中央關於《愛國主義教育實施綱要》的通知」(1994년 8월), 中共中央文獻硏究室 編, 『十四大以來重要文獻選編(上)』(北京:人民出版社, 1996), pp. 919-933; 中共中央·國務院, 〈新時代愛國主義教育實施綱要〉(2019. 11). 〈人民網〉 2019年 11月 13日, www.people.com.cn (검색일: 2019. 11. 15); Suisheng Zhao, *A Nation-State by Construction: Dynamics of Modern Chinese Nationalism* (Stanford: Stanford University Press, 2004), pp. 209-247.

33 Suisheng Zhao, "Chinese Intellectuals' Quest for National Greatness and Nationalistic Writing in the 1990s", *China Quarterly*, No. 152 (December 1997), pp. 725-745; Peter Hays Gries, "Popular Nationalism and State Legitimation in China", Peter Hays Gries and Stanley Rosen (eds.), *State and Society in 21st Century China: Crisis, Contention, and Legitimation* (New York: Routledge Curzon, 2004), pp. 180-194.

34 William A. Callahan, "History, Identity and Security: Producing and Consuming Nationalism in China", *Critical Asian Studies*, Vol. 38, No. 2 (2006), pp 179-208.

35 Willy Wo-Lap Lam, *The Era of Jiang Zemin* (Singapore: Prentice Hall, 1999), pp. 267-276.

36 Zheng Wang, "National Humiliation, History Education, and the

Politics of Historical Memory: Patriotic Education Campaign in China",
International Studies Quarterly, No. 52 (2008), pp. 783–806.

37 Yongnian Zheng, *Discovering Chinese Nationalism in China: Modernization, Identity, and International Relations* (Cambridge: Cambridge University Press, 1999), pp. 87–110.

38 中共中央宣傳部・國家教育委員會・文化部・新聞出版署・共青團中央, 〈關於向全國中小學推薦百種愛國主義教育圖書的通知〉(1995년 5월).

39 中宣部, 「中央文明辦要求個體做好《百部愛國主義教育影片》進校園進社區工作」, 『社區』 2005–6下, www.cnki.net (검색일: 2021. 4. 5).

40 Frank N, Pieke, "Party Spirit: Producing Communist Belief in Contemporary China", Zheng Yongnian and Lance L.P. Gore (eds.), *The Chinese Communist Party in Action: Consolidating Party Rule* (London and New York: Routledge, 2020), pp. 99–117; 「愛國主義教育基地」, 〈百度百科〉, baike.baidu.com (검색일: 2021. 4. 10); 「全國愛國主義教育示範基地」, 〈維基百科〉, zh.wikipedia.org (검색일: 2021. 4. 10).

41 「一批重要黨史文物保護工程實施」, 〈人民網〉 2021年 5月 20日, www.people.com.cn (검색일: 2021. 5. 20).

42 中共中央辦公廳・國務院辦公廳, 「《2004–2010年全國紅色旅游發展規劃綱要》(2004年)」, 〈新華網〉 2012年 2月 22日, (검색일: 2021. 7. 25); 「正當紅！數看紅色旅游消費新變化」, 〈新京報〉 2021年 6月 30日, (검색일: 2021. 7. 25).

언론 통제: '공산당의 입'

1 景躍進・陳明明・肖浜 主編, 『當代中國政府與政治』(北京: 中國人民大學出版社, 2016), pp. 150–152, 159.

2   Ashley Esarey, "Cornering the Market: State Strategies for Controlling China's Commercial Media", *Asian Perspective*, Vol. 29, No. 4 (2005), pp. 39-53.

3   「中國總共有多少個電視台? 廣播電視機構最新名録一睹為快!」, www.sohu.com/a/4453312_683129 (검색일: 2021. 7. 21).

4   Daniela Stockmann, "Who Believes Propaganda? Media Effects during the Anti-Japanese Protests in Beijing", *China Quarterly*, No. 202 (June 2010), p. 271; Daniela Stockmann, "What Kind of Information Does the Public Demand? Getting the News during the 2005 Anti-Japanese Protests", Susan L. Shirk (ed.), *Changing Media, Changing China* (Oxford: Oxford University Press, 2011), pp. 177-178.

5   Hu Shuli, "The Rise of the Business Media in China", Shirk, *Changing Media, Changing China*, pp. 77-90.

6   Yuezhi Zhao, *Communication in China: Political Economy, Power, and Conflict* (Urbana and Chicago: University of Illinois Press, 2008), p. 84.

7   Esarey, "Cornering the Market", pp. 56-59.

8   Zhao, *Communication in China*, pp. 96-108; Juyan Zhang and Glen T. Cameron, "The Structural Transformation of China's Propaganda: An Ellulian Perspective", *Journal of Communication Management*, Vol. 8, No. 3 (2004), pp. 310-312.

9   景躍進・陳明明・肖浜, 『當代中國政府與政治』, p. 164.

10   Daniela Stockmann and Mary E. Gallagher, "Remote Control: How the Media Sustain Authoritarian Rule in China", *Comparative Political Studies*, Vol. 44, No. 4 (2011), pp. 442, 444, 445.

11   Miao Di, "Between Propaganda and Commercials: Chinese Television

Today", Shirk, *Changing Media, Changing China*, pp. 98–100; Peng Wang, Li-Fung Cho and Ren Li, "An Institutional Explanation of Media Corruption in China", *Journal of Contemporary China*, Vol. 27, No. 113 (September 2018), p. 754.

12 Anne-Marie Brady, *Marketing Dictatorship: Propaganda and Thought Work in Contemporary China* (Lanham: Rowman & Littlefield, 2008), pp. 78–87.

13 Brady, *Marketing Dictatorship*, pp. 140–142.

14 Zhao, *Communication in China*, pp. 79–81; Esarey, "Cornering the Market", 60–64.

15 Ashley Esarey, "Speak No Evil: Mass Media Control in Contemporary China", *Freedom At Issue: A Freedom House Special Report* (February 2006), pp. 9–10.

16 Jonathan Hassid, "Four Models of the Fourth Estate: A Typology of Contemporary Chinese Journalists", *China Quarterly*, No. 228 (December 2011), pp. 823–829.

17 Peng Wang, Li-Fung Cho and Ren Li, "An Institutional Explanation of Media Corruption in China", *Journal of Contemporary China*, Vol. 27, No. 113 (September 2018), pp. 755–761.

18 何清漣, 『中國政府如何控制媒體: 中國人權研究報告(*The Fog of Censorship: Media Control in China*)』 (New York: Human Rights in China, 2004). 참고로 이 책의 중국어판에는 쪽수가 없어서 표시할 수가 없다. 아래에서도 마찬가지다.

19 景躍進·陳明明·肖浜, 『當代中國政府與政治』, pp. 159–160; 「媒體解讀文化産業主管主辦制度」; 國務院辦公廳, 〈關於推進政務新媒體健康有序發展的意見〉(2018년 12월), 〈政府信息公開專欄〉, (검색일: 2021. 7. 15).

20 景躍進·陳明明·肖浜, 『當代中國政府與政治』, p. 161.

21 何清漣, 『中國政府如何控制媒體』.

22 景躍進·陳明明·肖浜, 『當代中國政府與政治』, p. 162.

23 〈報紙出版管理規定〉(2005년 수정)의 '제2장 신문 출간과 신문 출판 단위 설립(報紙創辦與報紙出版單位設立)'의 제8조에서 제23조까지의 내용.

24 何清漣, 『中國政府如何控制媒體』.

25 景躍進·陳明明·肖浜, 『當代中國政府與政治』, p. 163.

26 中華全國新聞工作者協會, 〈中國新聞工作者職業道德準則〉(2019년 11월 수정).

27 Maria Repnikova, "Thought Work Contested: Ideology and Journalism Education in China", *China Quarterly*, No. 230 (June 2017), pp. 399–419.

28 Hassid, "Four Models of the Fourth Estate", pp. 813–832; Fen Lin, "A Survey Report on Chinese Journalists in China", *China Quarterly*, No. 202 (June 2010), pp. 421–434.

29 何清漣, 『中國政府如何控制媒體』.

30 Di, "Between Propaganda and Commercials", pp. 110–111.

31 Bing Guan, Ying Xia and Gong Cheng, "Power Structure and Media Autonomy in China: The Case of Southern Weekend", *Journal of Contemporary China*, Vol. 26 No. 104 (March 2017), pp. 233–248.

32 이 내용은 조영남, 『중국의 꿈: 시진핑 리더십과 중국의 미래』(서울: 민음사, 2013), pp. 215–216을 옮긴 것이다.

33 「社評: 有必要冷靜思考〈南方週末〉事件」, 『環球時報』 2013年 1月 4日, www.huanqiu.com (검색일: 2013. 1. 4); 「南方周末'致讀者'實在令人深思」, 『環球時報』 2013年 1月 7日, www.people.com.cn (검색일:2013. 1. 8); 「社評: 在動態梳理中重現中國新聞實景」, 『環球時報』 2013年 1月 9日,

www.huanqiu.com (검색일: 2013. 1. 9).

34 Kathrin Hille, "Echoes of Tiananmen resound in China", *Financial Times*, January 9, 2013, www.ft.com (검색일: 2013. 1. 10); Teddy Ng and Li Jing, "Media crisis spreads as row erupts over state meddling at Beijing News", *South China Morning Post*, January 10, 2013, www.scmp.com (검색일: 2013. 1. 10).

35 Teddy Ng, Mimi Lau and Li Jing, "Southern Weekly reporters to return to work after censorship stand—off", *South China Morning Post*, January 9, 2013, www.scmp.com (검색일: 2013. 1. 9); Li Jing, "Southern Weekly agrees to autonomy deal, says censor", *South China Morning Post*, January 22, 2013, www.scmp.com (검색일: 2013. 1. 22).

36 조영남, 「2013년 중국 정치의 현황과 향후 전망」, 국립외교원 중국연구센터, 『2013중국정세보고』(서울: 웃고문화사, 2014), pp. 23-25.

37 何清漣, 『中國政府如何控制媒體』.

38 David Shambaugh, "China's Propaganda System: Institutions, Processes and Efficacy", *China Journal*, No. 57 (January 2007), pp. 44-45.

39 景躍進·陳明明·肖浜, 『當代中國政府與政治』, pp. 160-161; Zhao, *Communication in China*, pp. 24-32.

40 브래디 교수는 아홉 가지의 '선전 지침'을 발견할 수 있다고 주장한다. (1) 긍정적 사고(think positive), (2) 명절이나 민감한 시가에는 나쁜 뉴스 보도 금지, (3) 쉽게 해결할 수 없는 문제(예를 들어, 빈부격차) 보도 금지, (4) 경제 중심 보도, (5) 미국의 악마화 보도, (6) 적의 관점 홍보 금지, (7) 국내 여론 조성 위한 국제 뉴스(예를 들어, 중국 칭찬하는 언급이나 사례) 활용, (8) 정확한 표현법(提法)과 규격(口徑: 범주) 사용, (9) 정부 공식 입장의 반복(예를 들어, '대만은 중국의 일부다')이 그것이다. Brady, *Marketing Dictatorship*, pp.

95-104.

41 윤태희, 「시진핑 시기 사영 분야 정책의 변화와 함의」, 『Issue Brief』 2021년 8월(서울대 국제학연구소), p. 17.

42 Anne-Marie Brady and He Yong, "Talking up the Market: Economic Propaganda in Contemporary China", Anne-Marie Brady (ed.), *China's Thought Management* (London and New York: Routledge, 2012), pp. 36-56.

43 何清漣, 『中國政府如何控制媒體』.

44 Florian Schneider and Yih-Jye Hwang, "The Sichuan Earthquake and the Heavenly Mandate: Legitimazing Chinese Rule Through Disaster Discourse", *Journal of Contemporary China*, Vol. 23, No. 88 (2014), pp. 636-656.

45 Brady and Wang, "China's Strengthened New Order and the Role of Propaganda", pp. 773-781, 785-787.

46 Yanzhong Huang, "The Myth of Authoritarian Superiority: China's Response to Covid-19 Revised", *China Leadership Monitor*, No. 68 (Summer 2021), p. 8.

47 이하의 내용은 Ya-Wen Lei, *The Contentious Public Sphere: Law, Media and Authoritarian Rule in China* (Princeton: Princeton University Press, 2018), pp. 145-154; Brady and He, "Talking up the Market", pp. 49-53: 리처드 맥그레거, 김규진 역, 『중국공산당의 비밀(The Party: The Secret World of China's Communist Party)』(서울: 파이카, 2012), pp. 255-285를 참고해서 정리한 것이다.

48 Wen-Hsuan Tsai, "A Unique Pattern of Policymaking in China's Authoritarian Regime: The CCP's *Neican/Pishi* Model", *Asian Survey*, Vol. 55, No. 6 (November/December 2015), pp. 1093-1115.

인터넷과 소셜미디어 통제

1 Freedom House, *Freedom on the Net 2018: The Rise of Digital Authoritarianism* (October 2018), pp. 1-10.

2 Rebecca MacKinnon, "China's 'Networked Authoritarianism'", *Journal of Democracy*, Vol. 22, No. 2 (April 2011), pp. 33, 36.

3 SCMP, *China Internet Report 2020* (July 2020).

4 이민자, 『중국 인터넷과 정치개혁: 새장 속의 자유』(서울: 서강대학교출판부, 2015), pp. 88-92; Margaret E. Roberts, *Censored: Distraction and Diversion Inside China's Great Firewall* (Princeton: Princeton University Press, 2018), pp. 105-107; Ya-Wen Lei, *The Contentious Public Sphere: Law, Media and Authoritarian Rule in China* (Princeton: Princeton University Press, 2018), pp. 175-177.

5 「總體布局統籌各方創新發展, 努力把我國建設成為網絡強國」, 〈人民網〉2014년 2월 28일, www.people.com.cn (검색일: 2014. 2. 28); 王雅, 「習近平再掌握核心小組, 網絡安全為改革護航」, 〈多維新聞網〉2014년 2월 27일, www.dwnews.com (검색일: 2014. 2. 28); Stephen Chen, "Xi Jinping heads new panel on internet security and promoting IT", *South China Morning Post*, February 28, 2014, www.scmp.com (검색일: 2014. 2. 28).

6 高君·王雅, 「中共組建三大超級機構, 現中國夢思路」, 〈多維新聞網〉 2014년 3월 4일, www.dwnews.com (검색일: 2014. 3. 4).

7 高君·王雅, 「中共組建三大超級機構, 現中國夢思路」(2014).

8 施豫, 「中國地方政府密集成立網絡安全小組」, 〈多維新聞網〉2014년 5월 8일, www.dwnews.com (2014. 5. 9); 「全國10省份已成立網絡領導小組」, 〈人民網〉2014년 7월 7일, www.people.com.cn (검색일: 2014. 7. 7).

9 國務院 新聞辦公室, 〈中國互聯網狀況〉(白皮書)(2010년 6월).

10 國務院 新聞辦公室, 〈中國互聯網狀況〉(白皮書)(2010년 6월).

11 國務院 新聞辦公室, 〈中國互聯網狀況〉(白皮書)(2010년 6월).

12 宋筱元, 「從中共網絡治理看大陸網民維權運動」, 『展望與探索』16卷 5期 (2018年 5月), pp. 35-60.

13 이민자, 『중국 인터넷과 정치개혁』, p. 104; 景躍進·陳明明·肖浜 主編, 『當代中國政府與政治』(北京: 中國人民大學出版社, 2016), pp. 164-168; 國務院 新聞辦公室, 〈中國互聯網狀況〉(白皮書)(2010년 6월).

14 Rongbin Han, *Contesting Cyberspace in China: Online Expression and Authoritarian Resilience* (New York: Columbia University Press, 2018), pp. 43-45; MacKinnon, "China's 'Networked Authoritarianism'", p. 37.

15 가오전위·백승욱, 「시진핑 시대의 인터넷 정책: 네트워크 사회관리로 전환」, 『현대중국연구』19집 1호 (2017년 6월), p. 19.

16 宋筱元, 「從中共網絡治理看大陸網民維權運動」, pp. 35-60.

17 Lei, *The Contentious Public Sphere*, pp. 177-181.

18 가오전위·백승욱, 「시진핑 시대의 인터넷 정책」, pp. 36-39; 王佳煌, 「浅析中國大陸的網絡監控政策」, 『展望與探索』12卷 10期 (2014年 10月), pp. 36-38.

19 이민자, 『중국 인터넷과 정치개혁』, p. 104; 리처드 맥그레거, 김규진 역, 『중국공산당의 비밀』(서울: 파이카, 2012), pp. 134-141.

20 何清漣, 『中國政府如何控制媒體: 中國人權研究報告(*The Fog of Censorship: Media Control in China*)』(New York: Human Rights in China, 2004). 참고로 이 책의 중국어판에는 쪽수가 없어서 표시할 수가 없다. 아래에서도 마찬가지이다.

21 「全國公安信息化建設項目金盾工程通過國家驗收」, 〈中央政府網站〉 2006年 1月 17日, www.gov.cn (검색일: 2021. 7. 15); 「公安部在鄭州召開全國金盾工程二期工作會議」, 〈中央政府網站〉 2009年 1月 15日, www.

gov.cn (검색일: 2021. 7. 15).

22 何清漣, 『中國政府如何控制媒體』.

23 何清漣, 『中國政府如何控制媒體』.

24 Jesper Schlager and Min Jiang, "Official Microblogging and Social Management by Local Governments in China", *China Information*, Vol. 28, No. 2 (2014), p. 193; Min Jiang and Heng Xu, "Exploring Online Structures on Chinese Government Portals", *Social Science Computer Review*, Vol. 27, No. 2 (May 2009), p. 174.

25 Sonali Chandel et al. "The Golden Shield Project of China: A Decade Later An In-depth Study of the Great Firewall", Paper presented at the 2019 Cyber C, pp. 114–115.

26 何清漣, 『中國政府如何控制媒體』.

27 Chandel, "The Golden Shield Project of China", pp. 114–115.

28 이민자, 『중국 인터넷과 정치개혁』, pp. 32–45.

29 Lei, *The Contentious Public Sphere*, pp. 177–181.

30 Chandel, "The Golden Shield Project of China", pp. 112–113.

31 Chandel, "The Golden Shield Project of China", p. 117.

32 Ryan Fedasiuk, "A Different Kind of Army: The Militarization of China's Internet Trolls", *China Brief*, Vol. 21 No. 7 (April 2021), p. 8.

33 王佳煌, 「浅析中國大陸的網絡監控政策」, p. 36; Gary King, Jennifer Pan and Margaret E. Roberts, "How Censorship in China Allows Government Criticism but Silences Collective Expression", *American Political Science Review*, Vol. 107, No. 2 (May 2013), pp. 326, 328; 이민자, 『중국 인터넷과 정치개혁』, pp. 105–108.

34 Peter Lorentzen, "China's Strategic Censorship", *American Journal of*

Political Science, Vol. 58, No. 2 (April 2014), p. 403.

35 King, Pan and Roberts, "How Censorship in China Allows Government Criticism but Silences Collective Expression", p. 331.

36 Roberts, *Censored*, pp. 206–208.

37 Roberts, *Censored*, pp. 206–208.

38 Roberts, *Censored*, pp. 27–29.

39 Roberts, *Censored*, pp. 42–43, 60–64.

40 Roberts, *Censored*, pp. 163–177.

41 Lorentzen, "China's Strategic Censorship", p. 403.

42 King, Pan and Roberts, "How Censorship in China Allows Government Criticism but Silences Collective Expression", p. 326.

43 Gary King, Jennifer Pan, and Margaret E. Roberts, "Reverse–Engineering Censorship in China: Randomized Experimentation and Participant Observation", *Science*, Vol. 345, No. 6199 (August 2014), pp. 1251722–1~10.

44 Joss Wright, "Regional Variation in Chinese Internet Filtering", Information, *Communication and Society*, Vol. 17, No. 1 (2014), pp. 121–141.

45 Chin–Fu Hung, "China's Propaganda in the Information Age: Internet Commentators and the Weng'an Incident", *Issues & Studies*, Vol. 46, No. 4 (December 2010), pp. 149–180.

46 Han, *Contesting Cyberspace in China*, pp. 113–122.

47 아래 내용은 다음 논문을 정리한 것이다. Wen–Hsuan Tsai, "How 'Networked Authoritarianism' Was Operationalized in China: Methods and Procedures of Public Opinion Control", *Journal of Contemporary China*,

Vol. 25, No. 101 (September 2016), pp. 731–744. 따라서 특별한 인용 표시 없는 내용은 모두 이 논문에서 가져온 것이다.

48 공산당은 5개 범주의 '위험인물'을 지정하고 이들을 일상적으로 감시한다. 첫째는 권익옹호 변호사, 둘째는 지하 종교 혹은 미등록종교 추종자, 셋째는 반체제인사, 넷째는 여론 지도자(opinion leaders), 다섯째는 '약세 군체(弱勢群體)'다. '약세 군체'는 도시의 철거민, 실업자, 농민공, 농촌에서 농토를 빼앗긴 농민 등을 지칭하는 말이다. Lei, *The Contentious Public Sphere*, pp. 181–194.

49 실제로 2013년부터 2016년까지 22명의 '빅 브이'가 중앙텔레비전(CCTV)에서 죄상을 고백하고 참회하는 모습을 방영했다. Lei, *The Contentious Public Sphere*, pp. 181–194.

50 宋筱元, 「從中共網絡治理看大陸網民維權運動」, pp. 34–35.

51 聞言, 「新時代黨的宣傳思想工作的根本遵循, 學習習近平《論黨的宣傳思想工作》」, 〈人民網〉 2021년 1월 4일, www.people.com.cn (검색: 2021. 1. 5); 가오전위·백승욱, 「시진핑 시대의 인터넷 정책: 네트워크 사회 관리로 전환」, 『현대중국연구』 19집 1호 (2017년 6월), pp. 26–39.

52 聞言, 「新時代黨的宣傳思想工作的根本遵循, 學習習近平《論黨的宣傳思想工作》」.

53 Eric Harwit, "The Rise and Influence of Weibo (Microblogs) in China", *Asian Survey*, Vol. 54, No. 6 (2014), p. 1082.

54 Harwit, "The Rise and Influence of Weibo (Microblogs) in China", p. 1082.

55 Gary King, Jennifer Pan and Margaret E. Roberts, "How the Chinese Government Fabricates Social Media Posts for Strategic Distraction, Not Engaged Argument", *American Political Science Review*, Vol. 111, No. 3

(2017), pp. 488–493.

56 King, Pan and Roberts, "How the Chinese Government Fabricates Social Media Posts for Strategic Distraction, Not Engaged Argument", pp. 488–493.

57 King, Pan and Roberts, "How the Chinese Government Fabricates Social Media Posts for Strategic Distraction, Not Engaged Argument", pp. 488–493.

58 Roberts, *Censored*, pp. 210–215.

59 Roberts, *Censored*, pp. 210–215.

60 Blake Miller, "Automated Detection of Chinese Government Astroturfers Using Network and Social Metadata", *SSRN Electronic Journal* (2016), pp. 1–38.

61 Lei, *The Contentious Public Sphere*, pp. 194–196; Fedasiuk, "A Different Kind of Army", pp. 9–10.

62 Fedasiuk, "A Different Kind of Army", p. 11.

63 Han, *Contesting Cyberspace in China*, pp. 123–128; Lei, *The Contentious Public Sphere*, pp. 197–201.

64 Han, *Contesting Cyberspace in China*, pp. 157–160.

65 Han, *Contesting Cyberspace in China*, pp. 160–169.

66 Han, *Contesting Cyberspace in China*, pp. 2, 19–20, 176–187.

67 Schlager and Jiang, "Official Microblogging and Social Management by Local Governments in China", p. 193; Jiang and Xu, "Exploring Online Structures on Chinese Government Portals", p. 174.

68 이민자, 『중국 인터넷과 정치개혁』, pp. 151–156.

69 Liang Ma, "Diffusion and Assimilation of Government Microblogging:

Evidence from Chinese Cities", *Public Management Review*, Vol. 16, No. 2 (2014), pp. 274—295; Liang Ma, "The Diffusion of Government Microblogging: Evidence from Chinese Municipal Police Bureaus", *Public Management Review*, Vol. 15, No. 2 (2013), pp. 288—309.

70 Jiang and Xu, "Exploring Online Structures on Chinese Government Portals", p. 182.

71 Nele Noesselt, "Microblogs and the Adaptation of the Chinese Party—State's Governance Strategy", *Governance*, Vol. 27, No. 3 (July 2014), pp. 462—463.

72 Jiang and Xu, "Exploring Online Structures on Chinese Government Portals", pp. 185—190; Noesselt, "Microblogs and the Adaptation of the Chinese Party—State's Governance Strategy", pp. 452—456, 462—463.

73 Jonathan Hassid, "China's Responsiveness to Internet Opinion: A Double—Edged Sword", *Journal of Current Chinese Affairs*, Vol. 44, No. 2 (2015), pp. 39—68.

74 Ashley Esarey, "Winning Hearts and Minds? Cadres as Microbloggers in China", *Journal of Current Chinese Affairs*, Vol. 44, No. 2 (2015), p. 74; Maria Repnikova and Kecheng Fang, "Authoritarian Participatory Persuasion 2.0: Netizens as Thought Work Collaborators in China", *Journal of Contemporary China*, Vol. 27, No. 113 (September 2018), pp. 765—768.

75 Esarey, "Winning Hearts and Minds?", pp. 75—76.

76 Esarey, "Winning Hearts and Minds?", pp. 79, 91—93.

77 Schlager and Jiang, "Official Microblogging and Social Management by Local Governments in China", p. 202.

78 Repnikova and Fang, "Authoritarian Participatory Persuasion 2.0", p. 770.

79 Repnikova and Fang, "Authoritarian Participatory Persuasion 2.0", pp. 772–775.

80 Repnikova and Fang, "Authoritarian Participatory Persuasion 2.0", pp. 775–777.

81 Harwit, "The Rise and Influence of Weibo (Microblogs) in China", pp. 1062–1064; David Bandurski, "Can the Internet and Social Media Change the Party?", Willy Wo–Lap Lam (ed.), *Routledge Handbook of the Chinese Communist Party* (London and New York: Routledge, 2018), p. 372.

82 이민자, 『중국 인터넷과 정치개혁』, pp. 177–180, 268–273; Joyce Y. M. Nip and King–wa Fu, "Challenging Official Propaganda? Public Opinion Leaders on Sina Weibo", *China Quarterly*, No. 255 (March 2016), pp. 122–123; Ronggui Huang and Xiaoyi Sun, "Weibo Network, Information Diffusion and Implications for Collective Action in China", *Information Communication and Society*, Vol. 17, No. 1 (2014), p. 86.

83 Jonathan Hassid, "Safety Valve or Pressure Cooker? Blogs in Chinese Political Life", *Journal of Communication*, Vol. 62, No. 2 (2012), pp. 212–230; Jingrong Tong and Landong Zuo, "Weibo Communication and Government Legitimacy in China: A Computer–Assisted Analysis of Weibo Messages on Two 'Mass Incidents'", *Information Communication and Society*, Vol. 17, No. 1 (2014), pp. 66–85.

84 Yanqi Tong and Shaofua Lei, "War of Position and Microblogging in China", *Journal of Contemporary China*, Vol. 22, No. 80 (2013), pp. 292–293; Jonathan Sullivan, "China's Weibo: Is Faster Different?", *New Media and*

Society, Vol. 16, No. 1 (2014), p. 25.

85 다음과 같은 연구가 대표적이다: Yongnian Zheng, *Technological Empowerment: The Internet, State, and Society in China* (Stanford: Stanford University Press, 2008), pp. 10-11; Guobin Yang, *The Power of The Internet in China: Citizen Activism Online* (New York: Columbia University Press, 2009), pp. 213-216, 222-223; Guobin Yang, "Technology and Its Contents: Issues in the Study of the Chinese Internet", *Journal of Asian Studies*, Vol. 70, No. 4 (November 2011), pp. 1043-1050; Ashley Esarey and Xiao Qiang, "Digital Communication and Political Change in China", *International Journal of Communication*, No. 5 (2011), pp. 298-319; Qian Gang and David Bandurski, "China's Emerging Public Sphere: The Impact of Media Commercialization, Professionalism, and the Internet in an Era of Transition", Susan L. Shirk (ed.), *Changing Media, Changing China*, (Oxford: Oxford University Press, 2011), pp. 38-76; Xiao Qiang, "The Rise of Online Public Opinion and Its Political Impact", Shirk, *Changing Media, Changing China*, pp. 202-224.

86 다음과 같은 연구가 대표적이다. 이민자, 「중국식 인터넷 문화: 민족주의 담론 분석」, 『현대중국연구』 20집 2호 (2018년 9월), pp. 55-90; Tong and Lei, "War of Position and Microblogging in China", pp. 292-311; Jonathan Hassid, "The Politics of China's Emerging Micro-blogs: Something New or More of the Same?", APSA 2012 annual Meeting Paper, *SSRN* (July 2014), http://papers.ssrn.com; Rogier Creemers, "The Pivot in Chinese Cybergovernance: Integrating Internet Control in Xi Jinping's China", *China Perspectives*, No. 2015/4 (2015), pp. 5-13; Rogier Creemers, "Cyber China: Upgrading Propaganda, Public Opinion

Work and Social Management for the Twenty—First Century", *Journal of Contemporary China*, Vol. 26 No. 103 (January 2017), pp. 85—100; David K. Herold, "Xi Jinping's Internet: Faster, Truer, More Positive and More Chinese?", *China: An International Journal*, Vol. 16, No. 3 (August 2018), pp. 52—73.

87 Lei, *The Contentious Public Sphere*, p. 197—201; Han, *Contesting Cyberspace in China*, pp. 45—53, 103—104.

88 Harwit, "The Rise and Influence of Weibo (Microblogs) in China", pp. 1075—1080.

89 Teresa Wright, "Contesting State Legitimacy in the 1990s: The Chinese Democracy Party and the China Labor Bulletin", Peter Hays and Stanley Rosen (eds.), *State and Society in 21st-century China: Crisis, Contention, and Legitimation* (New York and London: Routlege Curzon, 2004), p. 123—140.

90 이민자, 『중국 인터넷과 정치개혁』, pp. 240—264; Zheng, *Technological Empowerment*, pp. 142—164; Gang and David Bandurski, "China's Emerging Public Sphere", pp. 62—70.

91 Maria Bondes and Gunter Schucher, "Derailed Emotions: The Transformation of Claims and Targets during the Wenzhou Online Incident", *Information Communication and Society*, Vol. 17, No. 1 (2014), pp. 45—65; Christopher Cairns and Allen Carlson, "Real—world Islands in a Social Media Sea: Nationalism and Censorship on Weibo during the 2012 Diaoyu/Senkaku Crisis", *China Quarterly*, No. 255 (March 2016), pp. 23—49.

92 Tong and Lei, "War of Position and Microblogging in China", pp. 307—311.

93 James Leibold, "Blogging Alone: China, the Internet, and the Democratic Illusion?", *Journal of Asian Studies*, Vol. 70, No. 4 (November 2011), pp. 1022–1041.

94 Larry Diamond, "Liberation Technology", *Journal of Democracy*, Vol. 21, No. 3 (July 2010), pp. 69–83.

제4부 물리적 통제
무력 통제: 군대와 정법기관

1 宋筱元, 「從中共網絡治理看大陸網民維權運動」, 『展望與探索』 16卷 5期 (2018年 5月), p. 33; 何清漣, 『中國政府如何控制媒體: 中國人權研究報告(*The Fog of Censorship: Media Control in China*)』 (New York: Human Rights in China, 2004). 참고로 이 책의 중국어판에는 쪽수가 없어서 표시할 수가 없다.

2 Xuezhi Guo, *China's Security State: Philosophy, Evolution, and Politics* (New York: Cambridge University Press, 2012), p. 2.

3 Anthony H. Cordesman and Martin Kleiber, *Chinese Military Modernization: Force Development and Strategic Capabilities* (Washington D.C.: CSIS, 2007), p. 184; Guo, *China's Security State*, p. 221; Zi Yang, "The Chinese People's Armed Police in a Time of Armed Forces Restructuring", *China Brief*, Vol. 16, No. 6 (March 2016); Ivan Y. Sun and Yuning Wu, "The Role of the People's Armed Police in Chinese Policing", *Asian Criminology*, Vol. 4, No. 3 (2009), p. 115.

4 Guo, *China's Security State*, pp. 221–255; Tai Ming Cheung, "Guarding China's Domestic Front Line: The People's Armed Police and China's Stability", *China Quarterly*, No. 146 (June 1996), pp. 525–547.

5 〈中華人民共和國人民武裝警察法〉(2020년 6월 수정)의 「제1장 총칙」; Joel

Wuthnow, *China's Other Army: The People's Armed Police in an Era of Reform* (Washington D.C.: National Defense University Press, 2019), pp. 9−24; 謝游麟, 「析論中國大陸武警改革之意涵與發展」, 『展望與探索』 17卷 2期 (2019년 2월), pp. 122−138.

6 〈民兵工作条例〉〉(2011년 수정).

7 Cordesman and Kleiber, *Chinese Military Modernization*, p. 187; Dennis J. Blasko, *The Chinese Military Today: Tradition and Transformation for the 21st Century* (London and New York: Routledge, 2006), pp. 24−25; Dennis J. Blasko, "People's War in the Twenty−First Century: The Militia and the Reserves", David M. Finkelstein and Kristen Gunness (eds.), *Civil-Military Relations in Today's China: Swimming in a New Sea* (Armonk: M.E. Sharpe, 2007), pp. 270−303.

8 김태호, 「후진타오 시대 중국의 당−군관계 전망」, 『중소연구』 27권 4호 (2003/2004), p. 52; David M. Lampton, *Following the Leader: Ruling China, From Deng Xiaoping to Xi Jinping* (Berkeley: University of Berkeley Press, 2014), p. 166; Nan Li, *Chinese Civil-Military Relations in the Post-Deng Era* (New Port: China Maritime Studies Institute, 2010), pp. 2−4.

9 덩샤오핑 이후 시기의 당−군(party−military) 관계에 대해서는 아직도 논쟁이 계속되고 있다. 다양한 모델에 대한 자세한 정리는 Michael Kiselycznyk and Phillip C. Saunders, *Civil-Military Relations in China: Assessing the PLA's Role in Elite Politics* (Washington D.C.: National Defense University Press, 2010)을 참고할 수 있다. 사회주의 국가 일반의 민−군 관계 모델에 대해서는 최명, 「중공에 있어서 당과 군의 관계: 민군관계의 공산권 모델에 대한 일고찰」, 『한국정치학회보』 17집(1983년), pp. 261−278을 참고할 수 있다.

10 조영남, 『중국의 엘리트 정치: 마오쩌둥에서 시진핑까지』(서울: 민음사, 2019), pp. 36−40.

11 Jing Huang, "Institutionalization of Political Succession in China: Progress and Implications", Cheng Li (ed.), *China's Changing Political Landscape: Prospects for Democracy* (Washington D.C.: Brookings Institution Press, 2008), pp. 87−88; You Ji, "The Supreme Leader and the Military", Jonathan Unger (ed.), *The Nature of Chinese Politics: From Mao to Jiang* (Armonk: M.E. Sharpe, 2002), pp. 275−277.

12 김태호, 「후진타오 시대 중국의 당−군관계 전망」, pp. 54−59; Phillip C. Saunders and Andrew Scobell, "Introduction: PLA Influence on China's National Security Policymaking", Phillip C. Saunders and Andrew Scobell (eds.), *PLA Influence on China's National Security Policymaking* (Stanford: Stanford University Press, 2015), pp. 2−6; David Shambaugh, *Modernizing China's Military: Progress, Problems, and Prospects* (Berkeley: University of California Press, 2002), pp. 12−14; Li Nan, "Institutional Changes and the Possible Role of the Military in Transition to the Post−Xi Jinping Leadership", *China: An International Journal*, Vol. 18, No. 1. (February 2020), pp. 134−151.

13 景躍進·陳明明·肖濱 主編, 『當代中國政府與政治』(北京: 中國人民大學出版社, 2016), pp. 175−177.

14 김현승, 「중국군 정치동원의 구조적 요인 연구: 마오쩌둥과 덩샤오핑 시기 사례 분석을 중심으로」, 『중국사회과학논총』 3권 2호(2021년), pp. 135−163; 조영남, 『덩샤오핑 시대의 중국3(1988−1992년)』(서울: 민음사, 2016), pp. 191−225; Ellis Joffe, "Party−Army Relations in China: Retrospect and Prospect", *China Quarterly*, No. 146 (June 1996), pp. 307−

309; Li, "Institutional Changes and the Possible Role of the Military in Transition to the Post—Xi Jinping Leadership", p. 134.

15 Saunders and Scobell, "Introduction", pp. 15, 23—25; You Ji, "The PLA and Diplomacy: Unraveling Myths about the Military Role in Foreign Policy Making", *Journal of Contemporary China*, Vol. 23, No. 86 (2014), pp. 238—240, 246—248; Issac B. Kardon and Phillip C. Saunders, "Reconsidering the PLA as an Interest Group", *Saunders and Scobell, PLA Influence on China's National Security Policymaking*, pp. 44—50; Wang Juntao and Anne—Marie Brady, "Sword and Pen: The Propaganda System of the People's Liberation Army", Anne—Marie Brady (ed.), *China's Thought Management* (London and New York: Routledge, 2012), p. 142.

16 Amos Perlmutter and William M. LeoGrande, "The Party in Uniform: Toward a Theory of Civil—Military Relations in Communist Political Systems", *American Political Science Review*, Vol. 76, No. 4 (December 1982), pp. 778, 788.

17 Guo, *China's Security State*, pp. 416—417; Ellis Joffe, *The Chinese Army After Mao* (Cambridge, MA: Harvard University Press, 1987), pp. 166—169; David Shambaugh, "The Soldier and the State in China: The Political Work System in the People's Liberation Army", Brian Hook (ed.), *The Individual and the State in China* (Oxford: Clarendon Press, 1996), p. 144

18 Wang and Brady, "Sword and Pen", pp. 124, 132—135, 138.

19 Guoguang Wu, "A Setback or Boost for Xi Jinping's Concentration of Power? Domination versus Resistance with the CCP Elite", *China Leadership Monitor*, No. 58 (Winter 2018).

20 Joel Wuthnow and Phillip C. Saunders, "Introduction: Chairman

Xi Remakes the PLA", Phillip C. Saunders et al. (eds.), *Chairman Xi Remakes the PLA: Assessing Chinese Military Reforms* (Washington D.C.: National Defense University Press, 2019), pp. 14–15; Chien–wen Kou, "Xi Jinping in Command: Solving the Principal–Agent Problem in CCP–PLA Relations", *China Quarterly*, No. 232 (December 2017), pp. 867–870.

21 Lampton, *Following the Leader*, pp. 172–177, 185–191; Phillip C. Saunders and Joel Wuthnow, "Large and In Charge: Civil–Military Relations under Xi Jinping", Saunders et al., *Chairman Xi Remakes the PLA*, pp. 524–525.

22 陳煥森,「習近平軍隊指揮結構改革工作之研究」,『展望與探索』14卷 10期 (2016年 10月), p. 60.

23 Phillip C. Saunders and Joel Wuthnow, "Conclusion: Assessing Chinese Military Reforms", Saunders et al., *Chairman Xi Remakes the PLA*, pp. 711–727.

24 박창희,「2016년 중국의 군사: 국방개혁을 중심으로」, 국립외교원 중국연구센터,『2016 중국정세보고』(서울: 역사공간, 2017), pp. 382–385; Wuthnow and Saunders, "Introduction: Chairman Xi Remakes the PLA", pp. 13–15; David M. Finkelstein, "Breaking the Paradigm: Drivers Behind the PLA'S Current Period of Reform", Saunders et al., *Chairman Xi Remakes the PLA*, pp. 48–54; Saunders and Wuthnow, "Large and In Charge", pp. 530–537;謝游麟,「中共軍隊體制編制改革之研究」,『探索與展望』14卷 12期 (2016年 12月), pp. 50–74; 國務院 新聞辦公廳,〈新時代的中國國防〉(2019年 7月),「四. 改革中的中國國防和軍隊」.

25 You Ji, "Unravelling the Myths About Political Commissars",

Finkelstein and Gunness, *Civil-Military Relations in Today's China*, pp. 146–170; Wang and Brady, "Sword and Pen", pp. 128–132; 景躍進·陳明明·肖浜, 『當代中國政府與政治』, pp. 177–179. 중국과 대만의 군 정치위원 제도에 대해서는 Cheng Hsiao-shih, *Party-Military Relations in the PRC and Taiwan: Paradoxes of Control* (Boulder: Westview Press, 1990)을 참고할 수 있다.

26 景躍進·陳明明·肖浜, 『當代中國政府與政治』, pp. 177–179.

27 景躍進·陳明明·肖浜, 『當代中國政府與政治』, pp. 177–179.

28 Kou, "Xi Jinping in Command", pp. 878–881; Saunders and Wuthnow, "Large and In Charge", pp. 536–537.

29 Sebastian Heilmann (ed.), *China's Political System* (Lanham: Rowman & Littlefield, 2017), pp. 147–152.

30 You, "Unravelling the Myths About Political Commissars", pp. 153–163.

31 景躍進·陳明明·肖浜, 『當代中國政府與政治』, pp. 177–179.

32 Wang and Brady, "Sword and Pen", pp. 128–132; 景躍進·陳明明·肖浜, 『當代中國政府與政治』, pp. 177–179.

33 최지영, 「중국공산당 정법위원회의 조직과 역할 연구」, 『국제정치논총』 54집 1호(2014년), pp. 69–97; 袁怡棟, 「中共18大以後政法委變革分析」, 『展望與探索』 15卷 12期 (2017年 12月), pp. 76–103; 邵健, 「中共中央政法委員會評介」, 『展望與探索』 1卷 3期 (2003年 3月), pp. 83–88; 陳麗鳳, 『中國共産黨領導體制的歷史考察: 1921–2006』(上海: 上海人民出版社, 2008), pp. 356–357; 景躍進·陳明明·肖濱, 『當代中國政府與政治』, pp. 128–130.

34 조영남, 「2013년 중국 정치의 현황과 향후 전망」, 국립외교원 중국연구센터, 『2013 중국정세보고』(서울: 웃고문화사, 2014), pp. 18–20.

35 袁怡棟, 「中共18大以後政法委變革分析」, pp. 85-88.

36 「中共中央政法委員會」, 〈維基百科〉, zh.wikipedia.org (검색일: 2021. 9. 15); Minxin Pei, "The CCP's Domestic Security Taskmaster: The Central Political and Legal Affairs Commission", *China Leadership Monitor*, No. 69 (Fall 2021), pp. 6-8.

37 Pei, "The CCP's Domestic Security Taskmaster", p. 8.

38 景躍進·陳明明·肖浜, 『當代中國政府與政治』, pp. 140-142.

39 朱光磊, 『當代中國政府過程』(修訂版)(天津: 天津人民出版社, 2002), pp. 187-188; 施九青·倪家泰, 『當代中國政治運行機制』(山東: 山東人民出版社, 1993), pp. 401-403.

40 景躍進·陳明明·肖浜, 『當代中國政府與政治』, pp. 123-125, 139-142.

41 景躍進·陳明明·肖浜, 『當代中國政府與政治』, pp. 128-130; Young Nam Cho, *Local People's Congresses in China: Development and Transition* (New York: Cambridge University Press, 2009), pp. 64-82.

경제 통제: 국유자산과 국유기업

1 김영명, 『동아시아 발전 모델의 재검토: 한국과 일본의 경우』(서울: 소화, 1996), pp. 15-39; 박은홍, 「싱가포르 모델'의 형성, 진화, 적응: 예외적 발전국가」, 김대환·조희연 엮음, 『동아시아 경제변화와 국가의 역할 전환』(서울: 한울아카데미, 2003), pp. 183-210; 왕젠환, 「수출주의의 구조조정: 대만 성장 모델의 이행」, 김대환·조희연, 『동아시아 경제변화와 국가의 역할 전환』, pp. 211-249; Chalmers Johnson, *MITI and the Japanese Miracle: The Growth of Industrial Policy, 1925-1975* (Stanford: Stanford University Press, 1982), pp. 3-34; Stephan Haggard, *Pathways from the Periphery: The Politics of Growth in the Newly Industrializing Countries* (Ithaca and London: Cornell University

Press, 1990), pp. 23—48; Peter Evans, *Embedded Autonomy: State & Industrial Transformation* (Princeton: Princeton University Press, 1995), pp. 3—20; Chung—in Moon and Rashemi Prasad, "Networks, Politics, and Institutions", Steve Chan, Cal Clark and Danny Lam (eds.), *Beyond the Developmental State: East Asia's Political Economy Reconsidered* (Hampshire: Macmillan, 1998), pp. 9—24; Adrian Leftwich, "Forms of the Democratic Developmental State", Mark Robinson and Gordon White (eds.), *The Democratic Developmental State: Political and Institutional Design* (Oxford: Oxford University Press, 1998), pp. 52—83.

2 조영남, 『개혁과 개방: 덩샤오핑 시대의 중국 1(1976-1982년)』(서울: 민음사, 2016), pp. 75—232; Willy Wo—Lap Lam, *China after Deng Xiaoping: The Power Struggle in Beijing since Tiananmen* (Singapore: John Wiley & Sons, 1995), p. 128

3 Dianqing Xu, "The KMT Party's Enterprises in Taiwan", *Modern Asian Studies*, Vol. 31, No. 2 (May 1997), pp. 399—413; Mitsutoyo Matsumoto, "Political Democratization and KMT Party—Owned Enterprises in Taiwan", *Developing Economies*, Vol. 40, No. 3 (September 2002), pp. 359—380.

4 Tai Ming Cheung, *China's Entrepreneurial Army* (Oxford: Oxford University Press, 2001); James Mulvenon, "Soldiers of Fortune, Soldiers of Misfortune: Commercialization and Divestiture of the Chinese Military—Business Complex, 1978-99", Chien—min Chao and Bruce J. Dickson (eds.), *Remaking the Chinese State: Strategies, Society, and Security* (London and New York: Routledge, 2001), pp. 204—227.

5 조영남, 『중국 정치개혁과 전국인대: 개혁기 구조와 역할의 변화』(서울: 나남, 2000); 조영남, 『중국 의회정치의 발전: 지방인민대표대회의 등장·역

할·선거』(서울: 폴리테이아, 2006); Young Nam Cho, *Local People's Congresses in China: Development and Transition* (New York: Cambridge University Press, 2009).

6 Minxin Pei, "China: From Tiananmen to Neo-Stalinism", *Journal of Democracy*, Vol. 31, No. 1 (January 2020), pp. 149-152.

7 國家電網黨校 黨建研究課題組 編, 『國有企業黨建工作指導手冊』(北京: 紅旗出版社, 2016), pp. 219-223.

8 Elizabeth C. Economy, *The Third Revolution: Xi Jinping and the New Chinese State* (New York: Oxford University Press, 2018), pp. 106-107.

9 Nicholas R. Lardy, *The State Strikes Back: The End of Economic Reform in China?* (Washington D.C.: Peterson Institute for International Economics, 2019), pp. 99-129.

10 Lardy, *The State Strikes Back*, pp. 134-136.

11 Cheng Siwei and Han Wei, "China Reports $67 Trillion Book of State Assets", *Caixin Global*, October 24, 2019, www.caixinglobal (검색일: 2021. 9. 2).

12 國家統計局, 「2020年國民經濟和社會發展統計公報」, 〈國家統計局〉, www.stats.gov.cn (검색일: 2021. 9. 2).

13 Margaret Pearson, Meg Rithmire, and Kellee S. Tsai, *Party-State Capitalism in China* (Working Paper 21-065) (Harvard Business School, 2020).

14 Jude Blanchette, "From 'China Inc.' to 'CCP Inc.': A New Paradigm for Chinese State Capitalism", *China Leadership Monitor*, No. 66 (Winter 2020).

15 Kjeld Erik Brodsgaard, "Politics and Business Group Formation in China: The Party in Control?" *China Quarterly*, No. 211 (September 2012), p. 633; Curtis J. Milhaupt and Wentong Zheng, *Why Mixed-Ownership Reforms Cannot Fix China's State Sector* (Paulson Institute, 2016), p. 7.

16 Andrew Szamosszegi and Cole Kyle, *An Analysis of State-owned Enterprises and State Capitalism in China* (Report submitted to U.S.-China Economic and Security Review Commission) (Washington D.C., October 2011), pp. 5–11.

17 강동수·이준엽, 『중국 기업의 소유구조와 경영성과』(연구보고서 2006-02) (KDI, 2006), pp. 45–48.

18 「央企名録」, 〈國務院國有資産監督管理委員會〉, www.sasac.gov.cn (검색일: 2021. 6. 25).

19 Szamosszegi and Kyle, *An Analysis of State-owned Enterprises and State Capitalism in China*, pp. 75–78; Minxin Pei, "The Dark Side of China's Rise", *Foreign Policy*, No. 153 (March/April 2006), pp. 35–36.

20 「2021中國央企排名最新央企名単」, www.500.bldoor.com (검색일: 2021. 6. 25). 참고로 위키피디아는 중관기업을 129개, 공산당 중앙이 직접 인사권을 행사하는 기업을 79개로 보고 있다. 「中央企業」, 〈維基百科〉, zh.wikipedia.org/wiki/中央企業 (검색일: 2021. 6. 25). 또한 한 학자는 2007년 중앙 조직부 직원과의 인터뷰를 통해 알아낸 53개 중관기업을 중앙이 직접 인사권을 행사하는 기업으로 제시했다. Brodsgaard, "Politics and Business Group Formation in China", pp. 633–637. 2012년에는 이런 내용이 중국 언론에도 보도되었다. 그런데 문제는 이런 53개 중관기업이 국무원 국유자산 감독관리위원회(국자위)가 소유 및 관리하는 '제조업'으로, 국무원 재정부가 투자한 '금융업'을 포함하고 있지 않다는 점이다. 만약 금융업을 포함하면 그 규모는 53개보다 더 많아질 것이다. Jiangyu Wang, "The Political Logic of Corporate Governance in China's State-Owned Enterprises", *Cornell International Law Journal*, Vol. 47, No. 3 (Fall 2014), p. 659.

21 張全景, 「中組部前部長直言高官管理, 曾向高層提減副建議」, 『南方周

末』2006年 11月 9日, new.sohu.com (검색일: 2021. 9. 20).

22 Cheng Li, "Holding 'China Inc.' Together: The CCP and the Rise of China's Yangqi", *China Quarterly*, No. 228 (December 2016), pp. 936–939.

23 리처드 맥그레거 저, 김규진 역, 『중국공산당의 비밀(*The Party: The Secret World of China's Communist Rulers*)』(서울: 파이카, 2012), pp. 134–141.

24 Wendy Leutert, "Firm Control: Governing the State–owned Economy under Xi Jinping", *China Perspectives*, No. 2018/1·2 (2018), p. 30.

25 Kjeld Erik Brodsgaard et al., "China's SOE Executives: Drivers of or Obstacles to Reform?", *Copenhagen Journal of Asian Studies*, Vol. 35, No. 1 (2017), pp. 527–75; Cheng Li and Lucy Xu, "The Rise of State–owned Enterprise Executives in China's Provincial Leadership, *Brookings*, February 22, 2017, www.brookings.edu (검색일: 2021. 9. 20).

26 Kjeld Erik Brodsgaard, "Moving Ahead in China: State–Owned Enterprises and Elite Circulation", *China: An International Journal*, Vol. 18, No. 1 (February 2020), pp. 107–122. 다른 자료에서는 공산당 18기 중앙위원 중에는 모두 19명의 중관기업 책임자가 있다고 주장한다. Cheng Li, *Chinese Politics in the Xi Jinping Era: Reassessing Collective Leadership* (Washington D.C.: Brookings Institution Press, 2016), pp. 178–179.

27 Wendy Leutert, "The Political Mobility of China's Central State–Owned Enterprise Leaders", *China Quarterly* No. 233 (March 2018), pp. 1–21.

28 Li–Wen Lin, "Reforming China's State–owned Enterprises: From Structure to People", *China Quarterly*, No. 229 (March 2017), pp. 107–129.

29 國務院國資委黨委, 「在全面深化國有企業改革中加强黨的建設工作」, 『求是』2016年 6月 2日, 〈群衆網〉, www.qunzh.com (검색일: 2021. 9. 2).

30 Hong Yu, "Reform of State–owned Enterprises in China: The Chinese

Communist Party Strikes Back", *Asian Studies Review*, Vol. 43, No. 2 (2019), p. 338; Leutert, "Firm Control", p. 31; 「〈所出資企業黨建工作總體要求納入公司章程内容〉解讀」, 〈福建省人民政府國有資産監督管理委員會〉 2017年 6月 11日, gzw.fj.gov.cn (검색일: 2021. 9. 20).

31 〈中國共産黨黨組工作条例〉(2019년 제정), 제20조; 〈中國共産黨國有企業基層組織工作条例〉(2019년 제정), '제2장 조직 설치'와 '제3장 주요 직책.'

32 〈共産黨國有企業基層組織工作条例〉, '제4장 공산당 영도와 회사 거버넌스.'

33 Lance L.P. Gore, *The Chinese Communist Party and China's Capitalist Revolution: The Political Impact of Market* (London and New York: Routledge, 2011), pp. 88–93.

34 中央組織部·國務院國資委黨委, 〈關於加強和改進中央企業黨建工作的意見〉(2004); 中央組織部·國務院國資委黨委, 〈關於中央企業黨委在現代企業制度下充分發揮政治核心的意見〉(2013); 共産黨中央辦公廳, 〈關於在深化國有企業改革中堅持黨的領導加強黨的建設的若干意見〉(2015); 中共中央·國務院, 〈關於深化國有企業改革的指導意見〉(2015); 國務院辦公廳, 〈關於進一步完善國有企業法人治理結構的指導意見〉(2017).

35 Leutert, "Firm Control", p. 30.

36 Wang, "The Political Logic of Corporate Governance in China's State–Owned Enterprises", pp. 648–660.

37 Yukyung Yeo, *Varieties of State Regulation: How China Regulates Its Socialist Market Economy* (Cambridge, MA: Harvard University Asia Center, 2020), pp. 58–62, 62–68.

38 맥그레거, 『중국공산당의 비밀』, pp. 101–106; William J. *Norris, Chinese*

Economic Statecraft: Commercial Actors, Grand Strategy, and State Control (Ithaca and London: Cornell University Press, 2016), pp. 90−96.

39 「中國已與138個國家、31個國際組織簽署共建'一帶一路'合作文件」,
〈中國新聞網〉 2020年 11月 13日, www.chinanews.com (검색일: 2020. 12. 3)

40 서봉교, 『중국 경제와 금융의 이해: 국유은행과 핀테크 은행의 공존』(서울: 오래, 2017), pp. 335−340.

41 Kinling Lo, "What is China's Belt and Load Initiative all about?", *South China Morning Post*, 10 December, 2020, www.scmp.com (검색일: 2020. 12. 10).

42 Blanchette, "From 'China Inc.' to 'CCP Inc.'".

43 Yu, "Reform of State−owned Enterprises in China", p. 340.

44 Cissy Zhou, "China Debt: Beijing may cut belt and road lending due to domestic pressure, to ensure future of project", *South China Morning Post*, 24 November, 2020, www.scmp.com (검색일: 2020. 11. 24).

45 Bob Berger, "The 10 Largest Banks in the World", *The Dough Roller*, July 2, 2021 (modified date), www.doughroller.net (검색일: 2021. 9. 10).

46 Gore, *The Chinese Communist Party and China's Capitalist Revolution*, pp. 93−97.

47 Yan Xiaojun and Huang Jie, "Navigating Unknown Waters: The Chinese Communist Party's New Presence in the Private Sector", *China Review*, Vol. 17, No. 2 (June 2017), pp. 37−63; Lauren Yu−Hsin and Curtis Milhaupt, "Party Building or Noisy Signaling? The Contours of Political Conformity in Chinese Corporate Governance", *Law Working Paper*, No. 493/2020 (February 2020), European Corporate Governance Institute.

48 Milhaupt and Zheng, *Why Mixed-Ownership Reforms Cannot Fix China's State Sector*, pp. 10−12.

49 Sebastian Heilmann (ed.), *China's Political System* (Lanham: Rowman & Littlefield, 2017), pp. 210−212.

제5부 결론
공산당 통제 기제의 평가와 전망

1 陸學藝 主編, 『當代中國社會階層研究報告』(北京: 社會科學文獻出版社, 2002), pp. 8−9.

2 조영남, 『21세기 중국이 가는 길』(파주: 나남, 2009), pp. 34−37.

3 Weixing Hu, "Xi Jinping's 'Major Country Diplomacy': The Role of Leadership in Foreign Policy Transformation", *Journal of Contemporary China*, Vol. 28, No. 115 (2019), p. 12.

4 Edward Cunningham, Tony Saich and Jessie Turiel, "Understanding CCP Resilience: Surveying Chinese Public Opinion Through Time" (Ash Center for Democratic Governance and Innovation, July 2020); Andrew J. Nathan, "The Puzzle of Authoritarian Legitimacy", *Journal of Democracy*, Vol. 31, No. 1 (January 2020), pp. 158−168; "Level of Trust in Government in China from 2016 to 2020", *Chinese Communist Party CCP* (Statista, 2021), p. 18.

5 Laura Silver, Kat Devlin, and Christine Huang, "Large Majorities Say China Does Not Respect the Personal Freedoms of Its People", Pew Research Center, June 30, 2021, www.pewresearch.org (검색일: 2021. 7. 3).

6 Freedom House, "Freedom in the World 2022: The Global Expansion of Authoritarian Rule", https://freedomhouse.org (검색일: 2022. 2. 25).

KI신서 10371

중국의 통치 체제 2: 공산당 통제 기제

1판 1쇄 발행 2022년 9월 19일
1판 2쇄 발행 2023년 12월 22일

지은이 조영남
펴낸이 김영곤
펴낸곳 (주)북이십일 21세기북스

콘텐츠개발본부 이사 정지은
인문기획팀장 양으녕 **인문기획팀** 이지연 정민기 서진교 노재은
표지 디자인 THIS-COVER **본문 디자인** 푸른나무디자인
출판마케팅영업본부장 한충희
마케팅2팀 나은경 정유진 박보미 백다희 이민재
출판영업팀 최명열 김다운 김도연
e-커머스팀 장철용 권채영 전연우
제작팀 이영민 권경민

출판등록 2000년 5월 6일 제406-2003-061호
주소 (10881) 경기도 파주시 회동길 201(문발동)
대표전화 031-955-2100 **팩스** 031-955-2151 **이메일** book21@book21.co.kr

ⓒ 조영남, 2022
ISBN 978-89-509-4150-5 94340
       978-89-509-4148-2 94340 (세트)

(주)북이십일 경계를 허무는 콘텐츠 리더

21세기북스 채널에서 도서 정보와 다양한 영상자료, 이벤트를 만나세요!
페이스북 facebook.com/jiinpill21   **포스트** post.naver.com/21c_editors
인스타그램 instagram.com/jiinpill21   **홈페이지** www.book21.com
유튜브 youtube.com/book21pub

서울대 가지 않아도 들을 수 있는 명강의! 〈서가명강〉
'서가명강'에서는 〈서가명강〉과 〈인생명강〉을 함께 만날 수 있습니다.
유튜브, 네이버, 팟캐스트에서 **'서가명강'**을 검색해보세요!